本书是全国教育科学规划国家青年课题"中小学校长生存状态的实证研究"（CHA180269）的阶段性成果

中小学校长的生存状态

测量与评价

宁　波◇著

中国社会科学出版社

图书在版编目(CIP)数据

中小学校长的生存状态：测量与评价 / 宁波著．—北京：中国社会科学出版社，2022.9
ISBN 978 – 7 – 5227 – 0584 – 2

Ⅰ.①中… Ⅱ.①宁… Ⅲ.①中小学—校长—学校管理—研究 Ⅳ.①G637.1

中国版本图书馆 CIP 数据核字（2022）第 132746 号

出 版 人	赵剑英
责任编辑	马　明
责任校对	赵　洋
责任印制	王　超

出　　版	中国社会科学出版社
社　　址	北京鼓楼西大街甲 158 号
邮　　编	100720
网　　址	http://www.csspw.cn
发 行 部	010 – 84083685
门 市 部	010 – 84029450
经　　销	新华书店及其他书店

印　　刷	北京明恒达印务有限公司
装　　订	廊坊市广阳区广增装订厂
版　　次	2022 年 9 月第 1 版
印　　次	2022 年 9 月第 1 次印刷

开　　本	710×1000　1/16
印　　张	28.5
字　　数	472 千字
定　　价	149.00 元

凡购买中国社会科学出版社图书，如有质量问题请与本社营销中心联系调换
电话：010 – 84083683
版权所有　侵权必究

序　　言

常言道：一位好校长就是一所好学校。正因为校长对学生充分发展、教师专业发展和学校永续发展的重要性，自现代中小学出现以来，校长就一直受到世人的关注。然而，真正系统地研究校长，真正把校长作为一种专业、一个特殊人群、一项高深学问来研究，还是最近五十多年的事。

1970年，亨克利等人出版了《小学校长学》[1]，掀起了一波研究中小学校长的热潮。涌现出嘉科布逊等人的《校长学：新观念》和美国中学校长协会的三卷本《高中校长》[2] 等具有影响力的论著，使校长研究成为一般公共管理学和教育行政管理学的一个独特研究领域。20世纪80年代中期，随着新自由主义和新管理主义的兴起，欧美学界与政府对校长任职资格、专业标准、绩效问责的研究再掀浪潮，一时间校长研究精彩纷呈、校长学著作汗牛充栋，美英还先后推出了《州际协议：学校领导者标准》（美国，1996）和《校长专业标准》（英国，1998）。人们希望通过研究校长，来培养造就更多优秀的学校校长。当然，在研究中，也有一些欧美学者鼓吹校长来源多元化，希望聘用企业管理者来出任校长，或者用企业管理的办法来管理学校，提升管理效率。

进入新千年之后，新自由主义和新管理主义似乎受到了挑战，人们开始从关注标准控制与校长管理绩效，转向注重校长自身的"领导"与"治理"才能，转向倡导校长的"道德引领"；人们还开始对校长的个人素养提升、对授权赋能校长和提升自我效能寄予更大的期望。

---

[1] Stephen P. Hencley, Lloyd E. McCleary and J. H. McGrath, *The Elementary School Principalship*, New York: Dodd, Mead & Company, 1970.

[2] Paul B. Jacobson, James D. Logsdon and Robert R. Wiegman, *The Principalship: New Perspectives*, Englewood Cliffs, NJ: Prentice Hall, 1973.

在校长研究的每个发展阶段，我们还可以发现各国研究者丰富多彩的研究范式和分析技术。其中，既有从校长个体出发的人类学、民族志的研究，1984年由沃洛特出版的《校长办公室里的那个人：一项民族志研究》[①]，发现校长个体的行为、思索与影响的"秘密"，堪称经典、影响深远；也有基于大规模问卷调查的校长研究成果，多德与科勒的《十年研究：幼儿园至八年级学校的校长》[②]，以大量数据描画校长群体的日常生活、时间分配、任务工作、工作对象，以引起社会和政府对这一特殊专业群体的关注与支持。近十年来，国际组织也介入了对各国校长的研究，他们希望通过跨国调查倾听校长们的声音，了解他们的生存状况和社会需要，从而为各国政府提供"最佳案例"、"成功政策"和决策咨询。具有全球影响力的研究显然当推2008年以来由经济合作与发展组织（OECD）研发举办的"教师教育国际调查"（TALIS）和世界银行（WB）研发的"改进教育成效的系统研究"（SABER），这两项研究都专门设置了校长问卷调查，获得了可资国际比较的数据资料。更多的论著仍然基于前人文献、通过归纳与推演，建构校长研究学问的系统结构，或者倡导新概念新理论、推介分享成功经验，甚至警醒校长或者世人某些重要但被忽视的问题与方法[③]；当然还有众多以咨询研究成果为基础的校长专业标准、道德行为规范以及相关的政策解读和实施建议，并希望以专业标准和相关政策使校长通过专业研修发展达至社会期望的水平，也使校长们的社会地位和工作环境得以改善。

各国校长研究的论著成果、理念标准和研究范式与方法技术，都为我们提供了丰富的学习研究资源，有助于我们更为深刻地认识校长作为一种重要的专门职业所需要的资质与训练，校长作为一个专业群体所需具备的才能与德行，校长作为一个社会个体的生活和专业经历、面对的挑战、任务与工作。不止于此，各国研究者和研究成果也有助于我们更深刻地意识

---

① ［美］哈里·F. 沃尔科特：《校长办公室里的那个人：一项民族志研究》，白亦方译，中国台湾：师大书苑2001年版。

② James L. Doud, *A Ten-year Study*: *K - 8 Principal in 1998*, Alexandria, VA: National Association of Elementary School Principals, 1998.

③ Thomas J. Sergiovanni, *The Principalship*: *A Reflective Perspective*, Boston, MA: Allyn & Bacon, 1995.

到：作为研究者和校长发展辅助者，我们应该且可以如何研究校长，为校长们选择和提供什么理念、知识与技术，为校长这支不可或缺的专业队伍的成长、为更多教育家校长的涌现提供什么政策建议。

我国改革开放的四十多年，正是我们政府、学界和社会日益关注校长队伍建设、授权赋能、提高地位的最佳时期。改革开放之初，邓小平就提出了尊重人才、评选特级教师的倡议，1985年党和国家在《关于教育体制改革的决定》中又提出了"实行校长负责制"的改革。进入新千年以后，温家宝总理多次号召要"教育家办学"。党的十八大以来，习近平总书记更明确地指出，校长教师"是立教之本、兴教之源，承担着让每个孩子健康成长、办好人民满意教育的重任"。基于中小学校长的专业特性、办学规律和社会期盼，教育部于2013年印发了《义务教育学校校长专业标准》，上海和全国各地先后开展了"校长职级制"和"正高级校长"评定工作。所有这些，都使中国的校长研究、政策标准和专业发展逐渐赶上了中国社会经济发展的要求和人民群众对优质教育的需求，同时我们也日益缩小与世界发达国家之间的差距。2013年和2018年的"教师教学国际调查"（TALIS）结果表明，上海初中校长在在职进修参与比例、学习时间、培训多样性等许多方面都远高于国际平均值，在工作时间安排上也呈现出上海校长的关注教育教学、关注学生发展的专业特色。

宁波博士的这本专著充分反映了其团队对国内关于中小学校长研究发展脉络和研究重点的认识理解，在此基础上，宁波团队又开展了对国内多个地区中小学校长的实际工作和生活状况的调查研究。在对国内校长研究的发展脉络研究中，宁波博士尝试运用了CiteSpace等多种现代文献计量工具和分析技术，使其研究发现比较坚实和更为明晰。在对校长研究生活状况的研究中，宁波博士更多地受到了TALIS和SABER的影响和启发，力图在这两项研究的框架、技术和成果基础上，形成其自身的数据采集框架、问卷设计内容结构，将大型国际教育测评的方法延展到国内不同地区的校长调查比较之中。宁波博士的专著可以说是一次尝试与创新，即在文献计量分析和国际大型调查的基础上展开研究方法技术上的二次创新，以实证之术调查中国中小学校长的工作与生存状况。宁波博士的研究涉及校长的能力结构、学校治理、制度设计、家庭背景、时间分配和职业幸福等六个方面。

从这六大方面可以发现，宁波团队的另一大创新在于：他们不仅关注校长校内的专业行为、能力和工作状态，而且努力将校长视为一个社会人，努力发现家庭和社会生活等校外因素对校长自我效能、工作业绩和专业发展的直接与间接影响，这样的研究在国内还不多见。然而，人们已经越来越清晰地意识到，校长的自我效能和幸福感影响校长的工作成效，而校长的自我效能和幸福感不仅仅来自他们的学校、工作与成就，而且与他们的家庭背景、社会生活、外部压力息息相关。笔者希望各位读者在阅读了宁波的研究后，能够关注校长们的家庭与社会生活，让他们每一天都能够心情愉快、轻装高效阵地投入学校工作。

有人说，社会科学研究可以分为几种指向：发现描述性研究，即揭示复杂事物的本来面目并通过文本呈现出来；评鉴分析性研究，即对现象事实作出价值判断与分析解释；处方配置性研究，即对发现的问题迹象作出前瞻预见、提供决策咨询、解决问题方案。实证性、大数据、问卷调查的校长研究大多属于"描述性研究"，当然这已经是一个巨大进步，远远超越了仅凭个人感受经验的"估摸"。然而，更为重要的是，在了解认识了校长及其生存状况、发展经历之后，研究者还需要从现象中发现问题与规律，或者对现象作出鞭辟入里的解构解释；但即便达到这一层面，研究者也可以继续向前，即去寻找、创造和配置符合规律、满足需要、解决问题、实施有效的决策建议与资源环境，从而让广大师生、社会和国家拥有更为宏大的优秀校长队伍，也让广大校长能胸怀理想、神宁气爽、智慧专业地接受挑战、开展工作。这是宁波博士和我们所有关心和研究校长的人们都应该矢志不移为之努力的。

是为序。

张民选
2021 年 8 月 22 日

目　　录

绪论　中小学校长队伍建设：理论研究与实践探索 …………………（1）
　　第一节　国内同行的校长研究议题 ………………………………（1）
　　第二节　校长生存状态的研究缘起 ………………………………（20）
　　第三节　校长生存状态的几个微缩画面 …………………………（28）
　　第四节　校长生存状态研究的专题研讨 …………………………（44）

第一章　生存状态：理解校长的多维视角 ………………………………（51）
　　第一节　校长生存状态测评的基本构想 …………………………（52）
　　第二节　校长专业状态的测评指标体系 …………………………（60）
　　第三节　校长生活状态的测评指标体系 …………………………（77）
　　第四节　校长生存条件的测评指标体系 …………………………（80）

第二章　能力结构：专业标准视角下的校长队伍建设 …………………（86）
　　第一节　初中校长的能力结构 ……………………………………（86）
　　第二节　初中校长的性别结构和领导风格 ………………………（100）
　　第三节　校长的教育领导对学校科学成绩的影响 ………………（109）
　　第四节　校长自身的专业成长 ……………………………………（127）

第三章　学校治理：校长业务领导和变革能力的核心要求 ……………（141）
　　第一节　质量标准：学校教育的目标与导向 ……………………（141）
　　第二节　内涵建设：常规工作的提质增效 ………………………（155）
　　第三节　深化改革：催生教育品质 ………………………………（164）
　　第四节　教育信息化：技术发展带来的教育变革 ………………（172）

第四章　制度设计：校长队伍建设的关键议题 …………（180）
　　第一节　新时代教育评价改革的政策解读 ……………（180）
　　第二节　校长对于教育发展水平的总体评价 …………（186）
　　第三节　学校自主权对于学校教育质量的影响 ………（209）
　　第四节　校长专业发展对于学校氛围建设的影响 ……（226）

第五章　家庭背景：理解校长成长历程的前置条件 ……（246）
　　第一节　教师成长为校长的社会阶层固化程度较低 …（246）
　　第二节　校长的学历水平与家庭成员的职业构成有关 …（252）
　　第三节　校长的职级水平与家庭成员的职业构成有关 …（261）
　　第四节　校长的任职学校类型与家庭成员的职业构成有关 …（265）

第六章　时间分配：理解校长工作职责的重要路径 ……（269）
　　第一节　时间维度下的校长工作：文献梳理 …………（269）
　　第二节　时间维度下的校长工作：调查数据 …………（286）
　　第三节　学校管理情境中的上海初中校长时间分配 …（295）
　　第四节　工作时间分配的个体倾向性及对策建议 ……（314）
　　第五节　工作时间分配的区域差异与结构特征 ………（323）

第七章　职业幸福：走向积极的自我实现 …………………（338）
　　第一节　校长职业幸福的文献梳理 ……………………（338）
　　第二节　做个校长幸福吗？ ……………………………（354）
　　第三节　校长的个人背景与职业幸福 …………………（370）
　　第四节　校长的家庭背景与职业幸福 …………………（377）
　　第五节　校长的成长历程与职业幸福 …………………（392）
　　第六节　学校因素影响校长的职业幸福 ………………（403）

余论　校长领导应该走向何方？ ……………………………（407）

附　表 …………………………………………………………（416）

参考文献 ………………………………………………………（420）

后　记 …………………………………………………………（447）

绪论　中小学校长队伍建设：
理论研究与实践探索

第一节　国内同行的校长研究议题

一　校长研究的总体情况：基于 CSSCI 来源刊物的定量分析

校长是指"学校行政的最高负责人，对外代表学校，对内主持全面校务，由国家教育行政部门、有关办学团体、个人任命或委派，或通过一定程序推举产生"[1]。校长能力与学校发展紧密相关：校长引领学校的发展方向，学校发展推动校长专业能力的提升。中小学校长承担的教育责任更加重大。初中和小学教育是整个教育体系的基础部分，为每个人提供必要的生活知识和技能保障。高中教育强调专业化与理论化的基础知识与研究方法，为社会培养专业人才奠定基础。对中小学校长的研究能够从理论和实践两个层面指导学校发展。随着校长与学校发展之间的联系越来越紧密，提升校长能力已成为提高中小学教育质量的重要途径。

为了明确校长研究议题的发展历程，我们以中文社会科学引文数据库（CSSCI）收录的 1998—2020 年中小学校长研究期刊论文为数据源，运用聚类、突显等分析方法，通过 CiteSpace 分析软件绘制文献数量统计图。以"校长"为篇名搜索，排除会议综述、个人采访、演讲、高校校长等文献，共获得学术论文 529 篇。对期刊文献的非介入性分析，最重要的是明确"谁说了什么，对谁说，为什么说，如何说，以及产生什么影响"[2]，具有直观、客观、系统和量化的优点。我们希望通过对论文作者、选题内容、研究方式、引证文献等要素的变迁过程进行分析，呈现校长研究的发展现

---

[1] 《教育大词典》第 1 卷，上海教育出版社 1990 年版，第 235 页。
[2] ［美］艾尔·巴比：《社会研究方法》，邱泽奇译，华夏出版社 2009 年版。

状和未来趋势。

CiteSpace 软件的知识图谱分析技术被广泛应用在情报学、科学、管理学等领域。[1] 这款软件提供的共被引功能可以呈现研究热点，而突显分析功能可以描述研究前沿及最新趋势。[2] 在我们的文献分析中，通过对 CSSCI 数据库中的原始文献信息进行处理，然后导入 CiteSpace 软件，以一年为一个单位，以作者、关键词、引证文献等作为节点类型，对文献进行可视化处理，并生成研究聚类图和突显图。此外，我们还将根据文献内容进行读取、分类和记录等文本分析。校长研究在数量和影响上发生的变化，包括研究作者、选题内容、研究方法、共引文献等，能够反映出校长研究现在的热点和前沿。

二 基于发文数量的分析结果

（一）缺失充分合作影响研究的深度挖掘和发展效率

绝大多数高产出学者都处于单打独斗状态。在图 0-1-1 中，线段的端点代表研究者（姓名不显示表明研究者在该领域不显著），线段代表研究者之间的合作关系，红色区域代表研究者的聚类，即研究主题相似能够聚集成一类。主要特点包括：研究者相互之间比较分散；少数研究者之间有合作关系；小部分研究者具有共同关注的核心主题。例如，叶宝娟分别与郑清、刘林林、董圣鸿、方小婷等人合作研究校长的心理授权[3]、职业认同[4]、情绪智力[5]、职业韧性[6]、工作满意度[7]等因素，旨在寻找合理路

---

[1] 陈悦、陈超美、刘则渊等：《CiteSpace 知识图谱的方法论功能》，《科学学研究》2015年第2期。

[2] 曾汶婷：《2000—2018 年教育管理领域研究热点与趋势：基于国际权威学术期刊的计量学分析》，《现代教育科学》2019 年第 8 期。

[3] 叶宝娟、郑清：《心理授权对农村小学校长工作满意度的影响：职业认同的中介作用与情绪智力的调节作用》，《心理科学》2017 年第 3 期。

[4] 叶宝娟、刘林林、董圣鸿等：《农村小学校长心理授权对组织承诺的影响：职业认同的中介作用》，《中国临床心理学杂志》2017 年第 1 期。

[5] 叶宝娟、游雅媛、董圣鸿等：《情绪智力对农村小学校长职业倦怠的影响：领导效能和工作满意度的链式中介作用》，《心理科学》2018 年第 6 期。

[6] 叶宝娟、方小婷、董圣鸿等：《职业韧性对农村小学校长职业倦怠的影响：胜任力和工作满意度的链式中介作用》，《中国临床心理学杂志》2017 年第 3 期。

[7] 叶宝娟、郑清、董圣鸿等：《胜任力对农村小学校长工作满意度的影响：领导效能与职业认同的中介作用》，《心理发展与教育》2017 年第 3 期。

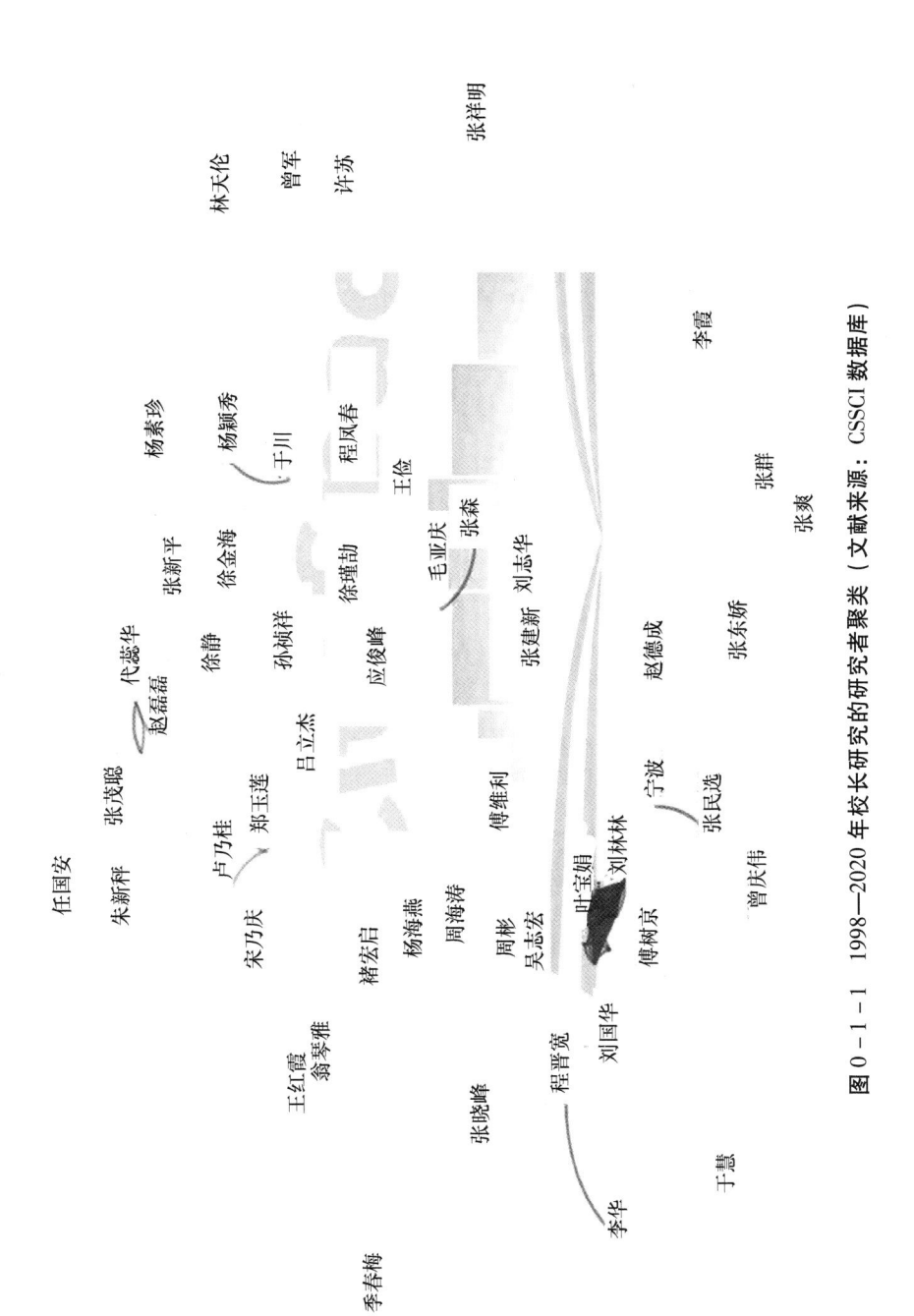

图 0-1-1 1998—2020 年校长研究的研究者聚类（文献来源：CSSCI 数据库）

径减轻校长的职业倦怠，提升工作绩效①。

合作能够拓展研究成果的广度和深度，提高论文的学术中心性。例如，褚宏启的主要研究方向是校长专业化②，杨海燕的研究方向是校长管理制度③，他们的合作——在宏观视角下的校长专业化及其制度保障④，有效地将专业化与管理制度加以融合。郑玉莲等关注校长培训⑤和校长轮岗⑥两个主题，卢乃桂等对教师领导⑦有深入研究，他们的合作研究聚焦在校长培训和学校领导力发展之间的关系⑧。于川和杨颖秀的合作研究深入挖掘校长的任职资格制度问题⑨。赵磊磊的研究方向是校长的信息化领导力，代蕊华的研究方向是校长的教学领导力⑩，他们的合作研究有助于加深对校长信息化领导力的理论研究。⑪ 张森和毛亚庆等的合作研究聚焦在校长诚信领导方面，旨在探索诚信领导对于学生、教师的影响。⑫ 李华和程晋宽在研究校长领导力对学生的作用⑬基础上，提出校长支持策略⑭；宁波和

---

① 叶宝娟、雷希、刘翠翠等：《心理资本对农村小学校长工作绩效的影响机制》，《中国临床心理学杂志》2018 年第 3 期。
② 褚宏启：《走向校长专业化》，《教育研究》2007 年第 1 期。
③ 杨海燕：《建立和完善我国中小学校长管理制度：校长专业化的制度分析》，《教育理论与实践》2005 年第 1 期。
④ 褚宏启、杨海燕：《校长专业化及其制度保障》，《教育理论与实践》2002 年第 11 期。
⑤ 郑玉莲、陈霜叶：《促进教育均衡发展的校长培训机构改革：现状与政策评估》，《教育研究与实验》2014 年第 6 期。
⑥ 郑玉莲：《轮岗后的校长继任与学校持续发展：十位"空降兵"校长的经验及启示》，《全球教育展望》2014 年第 2 期。
⑦ 卢乃桂、陈峥：《赋权予教师：教师专业发展中的教师领导》，《教师教育研究》2007 年第 4 期。
⑧ 郑玉莲、卢乃桂：《个人职业生涯为本的校长培训与学校领导力发展》，《教育发展研究》2011 年第 6 期。
⑨ 于川、杨颖秀：《美国中小学校长资格认证制度的法学视角分析》，《外国教育研究》2016 年第 12 期。
⑩ 代蕊华、万恒：《构建学习共同体中的校长教学领导力研究》，《教师教育研究》2016 年第 2 期。
⑪ 赵磊磊、代蕊华：《校长的信息化领导力与领导效能：内涵，特征及启示》，《教师教育研究》2016 年第 5 期。
⑫ 张森、于洪霞、毛亚庆：《校长诚信领导对教师建言行为的影响：领导—成员交换的中介作用及程序公平的调节作用》，《教育研究》2018 年第 4 期。
⑬ 李华、程晋宽：《校长领导力是如何影响学生成绩的？——基于国外校长领导力实证研究五大理论模型的分析》，《外国教育研究》2020 年第 4 期。
⑭ 李华、程晋宽：《为每所学校配备优秀校长：美国中小学校长支持策略研究》，《比较教育研究》2020 年第 3 期。

张民选在了解校长工作时间分配国际差异的基础上，研究校长性别结构和领导风格造成的学校差异。①

（二）研究选题普遍聚焦校长的专业状态

通过对进入样本框的598篇论文的关键词进行词频分析，可以将校长研究的内容分为如下六类：专业标准、专业素养、专业发展、职业幸福、行政管理、宏观环境（见表0-1-1）。特别值得一提的是，这些校长研究大多围绕校长的专业状态展开，缺乏对校长生活状态的研究。在六类关键词中，专业素养类的研究数量最多（276篇，46.15%），其次是关于专业发展的研究（151篇，25.25%）。此外，专业标准研究的数量为54篇（9.03%），行政管理研究59篇（9.87%），宏观环境研究38篇（6.35%），职业幸福研究20篇（3.34%）。

表0-1-1　　　　1998—2020年CSSCI校长研究内容框架

分类	具体内容	数量
专业标准	专业标准、任职资格、职级制、评价、绩效考核	54
专业素养	领导能力、教学能力、科研能力、工作投入、工作价值观、德行伦理	276
专业发展	培训、专业化、自我修炼、校长沙龙、教育家办学、名校长	151
职业幸福	工作压力、职业倦怠、工作满意度、幸福感	20
行政管理	校长负责制、校长权力、校长的管理制度、轮岗制、校长更替、对校长的管理	59
宏观环境	信息素养、新世纪、课程改革、素质教育、现代学校制度、教育改革、农助工程	38

基于CiteSpace文献可视化软件的关键词聚类分析结果显示，校长研究领域的多数高频关键词之间的联系较为松散。例如，德行伦理、教学管理、学校文化、校长领导权、校长培训、校长专业标准等高频关键词，彼此之间并没有较多交集，均为相对独立的研究议题。部分存在相互关联的高频关键词组包括：学校发展—校长专业发展—农助工程、校长管理制

---

① 宁波、张民选：《初中校长的性别结构和领导风格：以上海市为例》，《全球教育展望》2018年第2期。

度—信息化领导力、校长领导力—学校管理—教育改革。

通过对相关文献的梳理我们发现，校长研究受政策环境影响较大（图0-1-2）。比如2000年前后，学者们关注的话题围绕校长职责展开。当时的一个政策环境是，校长负责制的酝酿与出台。2005—2010年，学者们关注的重点是学校治理结构改革、课程改革等议题，同样存在相应的政策环境。2011年之后，较多学者关注校长领导力，特别是教学领导力、信息化领导力等。这些研究与校长职级制度改革、校长专业发展制度的酝酿和出台密切相关。

图0-1-3显示了过去22年中校长研究发文数量和研究主题的变迁情况。统计结果显示，2009年前后是校长研究的高峰，年度发文量呈中间高、两边低的分布状态。2005—2010年是校长研究的黄金时期（均值44篇/年）。其中，校长专业素养和专业发展研究的数量最多，且两类研究的高发阶段存在一定程度的重叠。校长专业素养的研究主要集中在2007—2010年，每年的相关论文都在20篇以上。校长专业发展的研究主要集中在2003—2012年，每年的相关论文在7篇以上。此外，校长专业标准的研究高发期也集中在2006—2013年。特别值得一提的是，我国学者对于校长专业标准的研究，主要通过国际比较[1]、理论思辨[2]等方式，旨在为校长专业标准的研制和实施服务。

在校长专业发展研究领域，研究主题主要集中在培训质量、自我修炼、教育家办学三个方面。重要的政策节点有两个。2010年，教育部努力倡导教育家办学，把加强教师、校长队伍建设作为未来10年推进教育事业科学发展的重要保障[3]。2014年，教育部启动实施中小学校长国家级培训计划，明确提出在培养推进农村教育改革发展带头人的同时，造就一批在国内外具有较大影响力的教育家型校长[4]。

---

[1] 索丰：《韩国中小学校长公选制度评析》，《外国教育研究》2009年第6期；张晓峰：《中小学校长专业标准的构建研究：英国的经验和启示》，《全球教育展望》2009年第8期；艾述华：《中澳中小学校长专业标准比较及启示》，《中国教育学刊》2013年第11期。

[2] 陈永明、许苏：《我国中小学校长专业评价指标体系探究》，《中国教育学刊》2009年第1期；褚宏启、贾继娥：《我国校长专业标准：背景，结构与前景》，《中国教育学刊》2013年第7期。

[3] 熊丙奇：《教育家型校长到底该怎样养成》，2021年5月6日，《光明日报》2021年1月27日，https://baijiahao.baidu.com/s?id=1689987054186790373&wfr=spider&for=pc。

[4] 熊丙奇：《教育家型校长到底该怎样养成》，2021年5月6日，《光明日报》2021年1月27日，https://baijiahao.baidu.com/s?id=1689987054186790373&wfr=spider&for=pc。

绪论 中小学校长队伍建设：理论研究与实践探索

Keywords	Year	Strength	Begin	End	1998—2020
素质教育	1998	5.29	1999	2004	
校长负责制	1998	4.16	1999	2002	
中小学教育	1998	2.05	1999	2004	
教育改革	1998	3.89	2000	2006	
中小学	1998	2.82	2001	2002	
中学教育	1998	3.06	2003	2007	
基础教育	1998	2.6	2004	2007	
学校管理	1998	8.79	2005	2007	
美国教育	1998	2.19	2005	2006	
教育现代化	1998	2.19	2005	2006	
教育研究	1998	4.32	2006	2007	
学校发展	1998	5.63	2007	2009	
教育管理	1998	2.4	2007	2008	
校长	1998	3.89	2008	2008	
课程改革	1998	3.2	2008	2008	
课程领导	1998	2.68	2008	2008	
校长培训	1998	5.36	2009	2013	
中小学校长	1998	2.73	2011	2017	
校长领导	1998	2.47	2011	2012	
中学校长	1998	2.17	2011	2012	
教学领导力	1998	2.12	2011	2014	
信息化领导力	1998	4.24	2013	2020	
校长专业标准	1998	1.97	2013	2013	
校长领导力	1998	3.69	2014	2020	
校长信息化领导力	1998	2.35	2014	2016	

校长职责 → 学校治理 → 校长领导力

校长研究受政策环境影响较大

研究主题的变迁

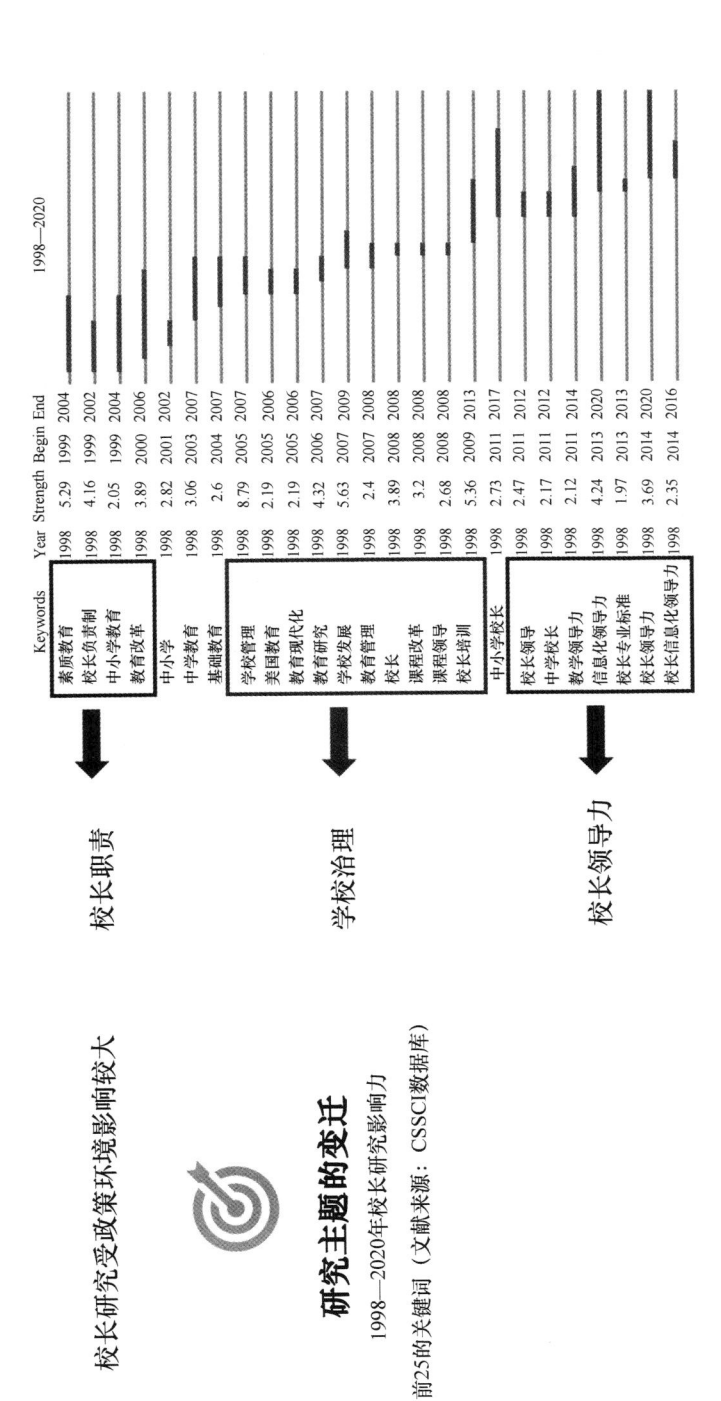

1998—2020年校长研究影响力
前25的关键词（文献来源：CSSCI数据库）

图 0-1-2 校长研究主题的变迁

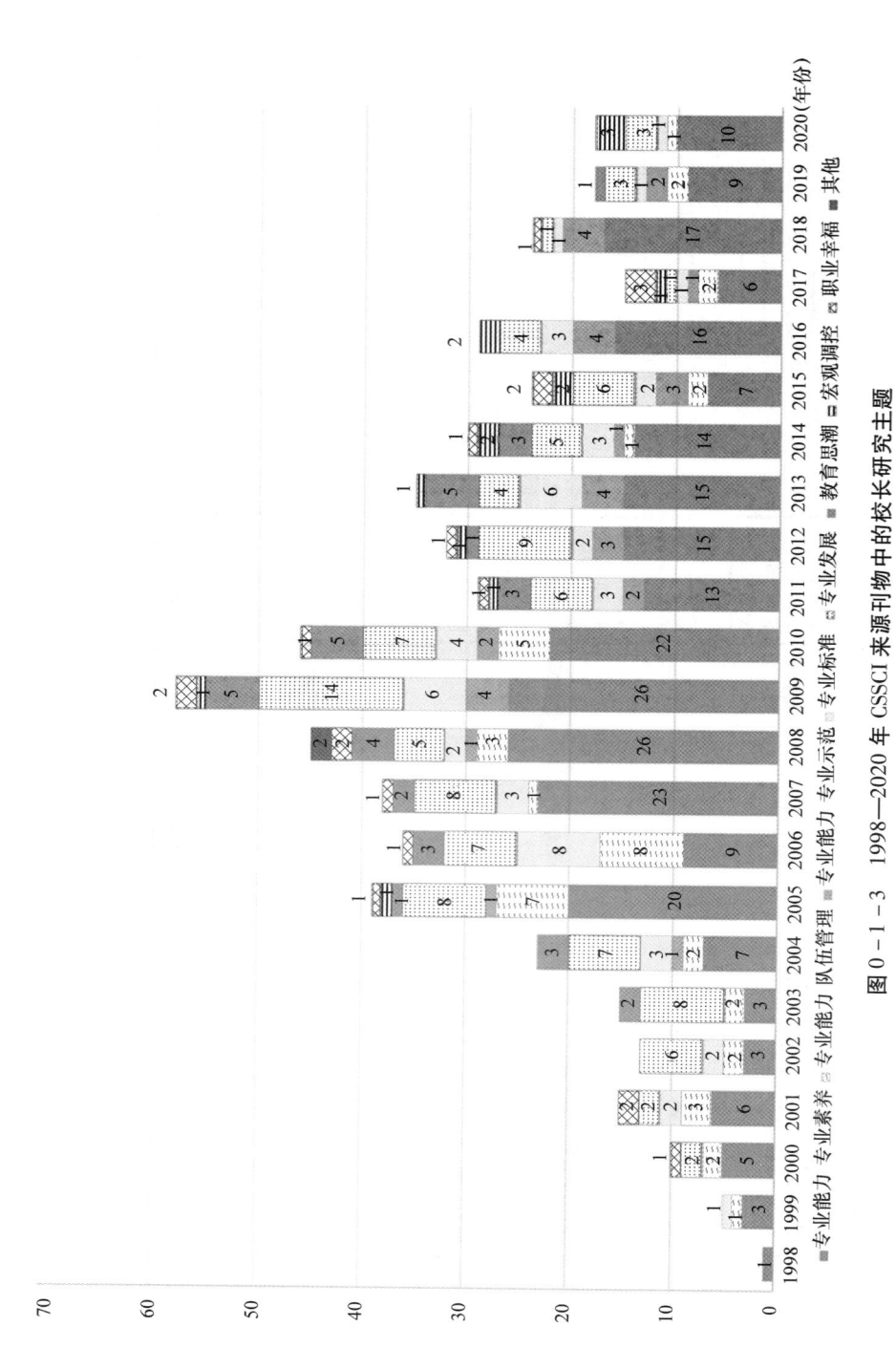

图 0-1-3 1998—2020 年 CSSCI 来源刊物中的校长研究主题

校长队伍的行政管理研究出现三个热点期，分别是2005年（7篇）、2006年（8篇）、2010年（5篇）。就年度发文量总体趋势而言，以2006年为峰点，呈现先增长后减少的态势。在此期间，校长的角色定位经历了从"校长负责制"向"分布式领导"的变迁过程[①]，研究者对校长管理权力的重视程度逐渐下降，对校长领导力的重视程度逐渐上升。2012年，教育部发布《实施中小学校长轮岗交流制度的几点思考》，认为校长轮岗交流制度有利于减少腐败现象、实现教育整体均衡发展、调节学校领导的矛盾。[②] 轮岗制的实施导致对校长管理的研究大幅增加。

对校长队伍建设宏观环境的研究主要出现在2003—2014年，包括课程改革、农助工程、信息化等。

相对而言，关于校长职业幸福的研究最少，且时间分布较为广泛。

（三）越来越多的研究者从理论思辨转向经验分析

在教育研究领域，多数学者对于研究方法的分类具有一致性。我们参考陆根书等人对于教育研究方法的分类标准[③]，将校长研究的方法分为思辨研究、质性研究、定量研究和混合研究四类；将思辨研究细分为文献综述、概念分析和理论研究；将质性研究细分为案例、叙事、历史、行动、民族志、文本、话语和其他质性研究（表0-1-2）。

现有的校长研究重视政策落实和实践改进。在研究方法方面，为数众多的研究使用政策分析、逻辑推理、经验总结等基本方法；比例较低的研究使用问卷调查、深度访谈等量化分析和质性分析方法；同样缺乏基于跟踪调查、对比实验、脑科学等更为科学的研究（图0-1-4）。总体而言，对于校长的思辨研究数量较多（402篇），实证方法仍旧较少（131篇）。在思辨研究中，理论研究最多（388篇），概念分析（9篇）、文献综述（3篇）较少。在实证研究中，定量研究（67篇）、质性研究（41篇）、混合研究（23篇）依次减少。我们的统计结果显示，没有学者采用行动研

---

① 郑玉莲、卢乃桂：《个人职业生涯为本的校长培训与学校领导力发展》，《教育发展研究》2011年第6期。

② 中华人民共和国教育部：《实施中小学校长轮岗交流制度的几点思考》，人民出版社2012年版。

③ 陆根书、刘萍、陈晨等：《中外教育研究方法比较——基于国内外九种教育研究期刊的实证分析》，《高等教育研究》2016年第10期。

究和话语分析方法两种常用的质性研究方法进行校长研究。几个可能原因包括：CSSCI来源刊物的发文主体为高校和科研机构的学者，缺乏中小学校长群体的行动研究论文；校长研究的多数议题具有清晰的理论和概念体系，缺乏需要进行话语分析的内容。

表0-1-2　　　　　　　　研究方法分类标准

实证研究		思辨研究	通过言辞辩论对事物性质进行探讨，包括文献综述、概念分析、理论研究等
	质性研究	案例研究	以特定的事件为观察对象并提出参考性或咨询性意见的研究
		叙事研究	通过故事叙述的形式来揭示研究对象的内在世界
		历史研究	对具有标志性意义的重大历史事件进行逻辑分析，揭示历史发展规律，寻找历史对今天的启示
		行动研究	研究重点不在于描述事实，而在于制定行动方案，改善行动
		民族志研究	强调实地考察，进行田野研究，解释研究对象独特的理解世界的方式和生活方式
		文本分析	以搜集到的文本资料为对象，对其进行比较、分析、综合，从而提炼出更深刻、全面的见解
		话语分析	对话语的有关维度进行综合性的描述，既包括语言使用、信念传递、社会情境中的互动等，也包括批判性话语分析
		其他质性研究	不属于上述7类的其他质性研究
	定量研究		定量研究既包括采用描述性统计分析、方差分析、回归分析、时间序列分析、生存函数等方法的研究，也包括采用分层线性模型（HLM）、数据包络分析（DEA）、社会网络分析等高级统计分析方法
	混合研究		既采用质性研究方法，又采用定量研究方法

在大多数时间中，理论研究的比例均明显高于其他类型的研究。相对而言，理论研究的优势是具有基础性和前瞻性，劣势在于缺乏鲜明的实践关切，容易造成理论与实践脱节。特别值得一提的是，自2009年开始，实证研究特别是定量研究的数量大幅增加；2016—2020年，定量研究的数量逐渐与理论研究平分秋色。与此同时，质性研究也发生一些改变。2009年之前，质性方法中案例研究占主导；2016—2020年，文本分析研究占主

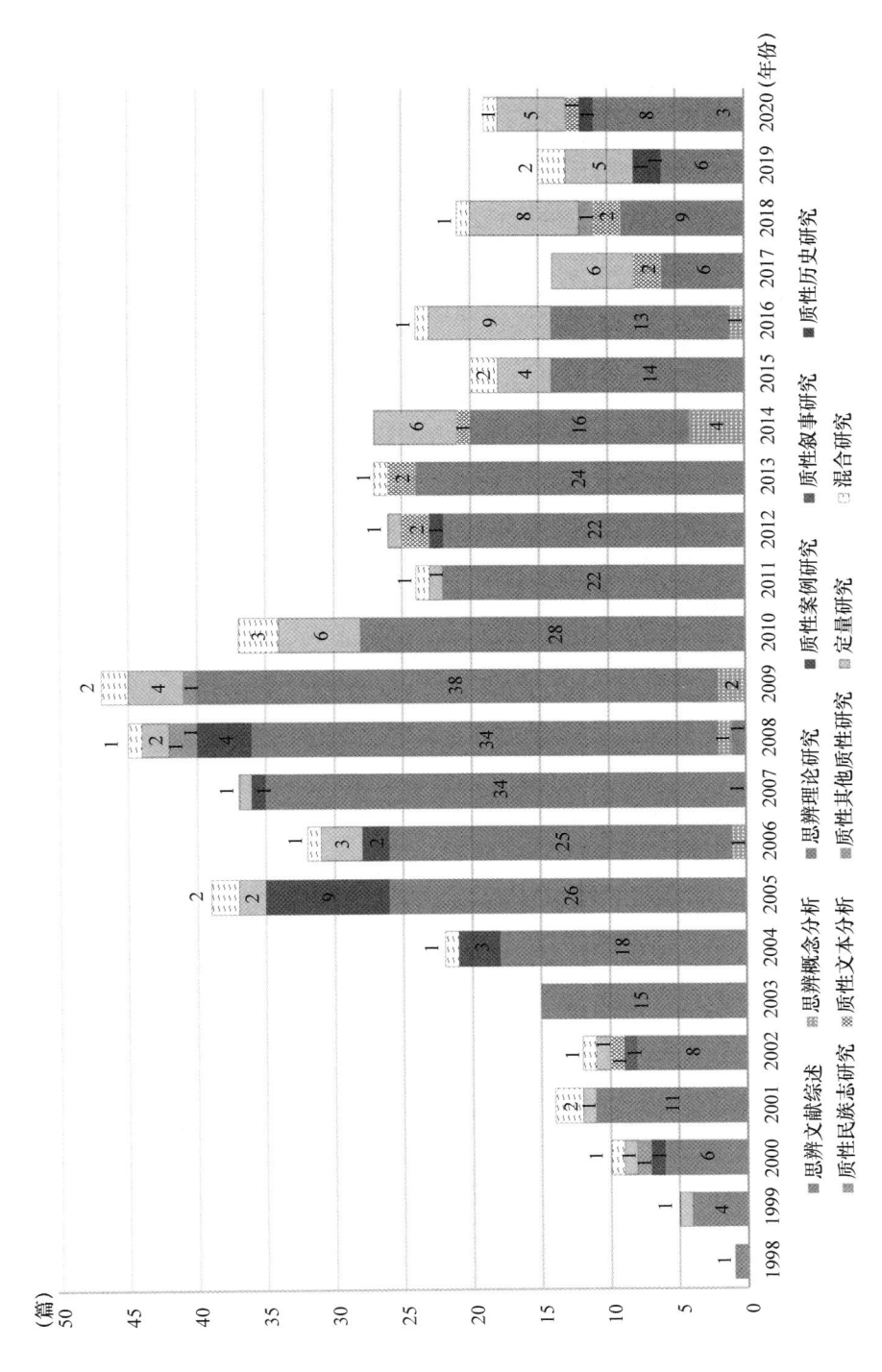

图 0-1-4 1998—2020 年 CSSCI 来源刊物中的校长研究方法

导。相对而言，案例研究所选取的研究对象更少，突出的是研究对象的特殊性；文本分析的研究对象更为丰富，突出的是大量文本内容中的普遍性。

三　基于论文学术影响力的分析结果

（一）多数论文的深刻程度和普适性有待提高

研究者的突显强度和时间周期反映研究成果的针对性与普适性。影响力的时间长度和强度都能说明研究者对于校长研究领域的学术贡献。研究者的影响时间长，表明研究成果具有相对较为长久的普适性和稳定性，受到学校发展或教育思潮影响较小。研究者的影响强度高，表明研究成果具有较为突出的时代价值，能够解决较为急迫的理论和现实问题。CiteSpace软件帮助我们截取了影响力前20位的高突显研究者，包括他们的突显强度和时间周期（图0-1-5）。[①] 从影响时间周期的长短看，褚宏启、应俊峰、杨海燕、傅树京、林天伦是校长研究中影响力持续时间较长的作者。其中，褚宏启的研究影响时间最长，从2002年持续至2009年。其他研究者的影响消退较快，大部分在1—3年就失去其影响力。从影响力的强弱看，周海涛（3.79）、赵磊磊（3.25）、徐金海（3.07）、郑玉莲（2.85）、应俊峰（2.59）、卢乃桂（2.53）是校长研究中影响力较强的研究者。其他研究者的影响力相对较弱（<2.5）。

进一步的数据分析结果显示，研究者的影响时间周期与影响强度之间并不存在正相关。换言之，研究者受到同行关注的时间和程度并不具有一致性，影响时间较长的研究者其影响强度并不一定高。例如，影响时间最长的褚宏启（2002—2009），其影响强度（1.61）远低于周海涛（3.51），尽管周海涛的影响时间突显周期仅在2017年。相对而言，应俊峰的影响强度（2.59）和影响时间周期（2001—2005年）均处于较高水平。

研究者的影响时间存在代际差异。根据高突显研究者的影响时间，可以将他们分为三个阶段。其中，应俊峰、杨海燕、褚宏启、傅树京、周海

[①] 突显是指特定一时间周期内，研究者、关键词、共被引文献等指标有较大变化的情况，高突显表示突显程度在时间段内最明显。突显时间即研究者发挥影响的时间，突显强度即研究者的影响力强度。

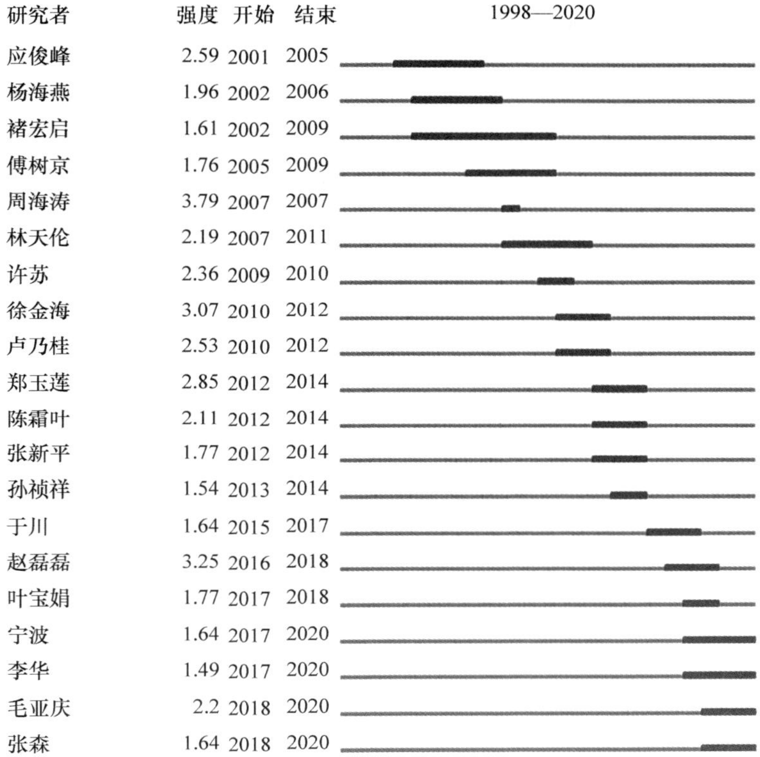

研究者	强度	开始	结束	1998—2020
应俊峰	2.59	2001	2005	
杨海燕	1.96	2002	2006	
褚宏启	1.61	2002	2009	
傅树京	1.76	2005	2009	
周海涛	3.79	2007	2007	
林天伦	2.19	2007	2011	
许苏	2.36	2009	2010	
徐金海	3.07	2010	2012	
卢乃桂	2.53	2010	2012	
郑玉莲	2.85	2012	2014	
陈霜叶	2.11	2012	2014	
张新平	1.77	2012	2014	
孙祯祥	1.54	2013	2014	
于川	1.64	2015	2017	
赵磊磊	3.25	2016	2018	
叶宝娟	1.77	2017	2018	
宁波	1.64	2017	2020	
李华	1.49	2017	2020	
毛亚庆	2.2	2018	2020	
张森	1.64	2018	2020	

图 0-1-5 1998—2020 年校长研究突显研究者前 20 位
（文献来源：CSSCI 数据库）

涛等人影响时间的重合度较高（2001—2007 年），他们是校长研究的第一阶段代表。林天伦、许苏、徐金海、卢乃桂、郑玉莲、陈霜叶、张新平、孙祯祥等人影响时间的重合度较高（2007—2014 年），他们是校长研究的第二阶段代表。于川、赵磊磊、叶宝娟、宁波、李华、毛亚庆、张森等人（2015—2020 年）是第三阶段的代表。

相对而言，第一阶段校长研究者的影响强度最高（均值 2.34），影响时间最长（均值 3.8），其中的多位研究者主要从事理论研究。总体来说，2001—2007 年的校长研究论文相对较少，研究主题较为稳定、作者之间的互引较多。第二阶段研究者的影响力强度较高（均值 2.30），影响时间最短（均值2.0），其中的多位研究者主要从事政策研究。总体来说，2007—2014年的校长研究论文较多，研究主题的变化较快、作者之间缺乏紧密的合作关系。除了卢乃桂—郑玉莲—陈霜叶之间的合作关系外，这个时期的研究者大多处于彼此独立的学缘关系。第三阶段研究者的影响强度最弱（均值1.95），影响时间居中（均值2.57），其中多位研究者主要从事实践研究。特别值得报告的是，第三阶段研究者的影响仍在持续建立过程中，而且他们大多具有影响力较强的合作者，如：于川与杨颖秀、叶宝娟团队、宁波与张民选、李华与程晋宽、毛亚庆与张森。

一个特别值得关注的问题是，绝大多数学者只是在特定时间段关注校长研究（图0-1-6）。只有少数学者相对持续地从事相关研究。例如，丁笑梅的学术影响从2002年持续到2008年；杨颖秀的研究从2007年持续到2016年。

（二）研究选题反映校长角色演变和研究方向的多样性

通过对CiteSpace软件提取的前20位高突显关键词进行初步整理后发现，校长研究的主要内容包括：校长管理制度、专业素养、专业发展，以及宏观环境对校长的影响（图0-1-7）。其中，影响时间周期较长的关键词包括："教育改革"（7年）、"校长负责制"（6年）、"学校管理"（6年）、"校长领导力"（6年）、"教育管理"（5年）、"信息化领导力"（5年）、"校长培训"（4年）。影响程度较强的关键词包括："学校管理"（9.21）、"校长培训"（5.99）、"学校发展"（5.61）、"校长负责制"（5.07）、"信息化领导力"（4.30）。

根据研究选题呈现高突显水平的时间顺序，可以将校长研究大致分为两个阶段：第一阶段是1998—2008年；第二阶段是2008—2020年。在第一个阶段，关于学校管理的校长研究影响力不仅持续时间长，而且影响强度高，包括"校长负责制""学校管理""教育管理"等。校长负责制是改革开放以来我国学校管理领域的一项关键制度设计。1985年，《中共中央关于教育体制改革的决定》明确指出："中等及中等以下各类学校实行校长负责制，校长要全面贯彻国家的教育方针和政策，依靠教职工办好学校①"。1999年，上海市颁布《关于上海市中小学校实行校长负责制的若

---

① 中华人民共和国教育部：《中共中央关于教育体制改革的决定》，人民出版社1985年版。

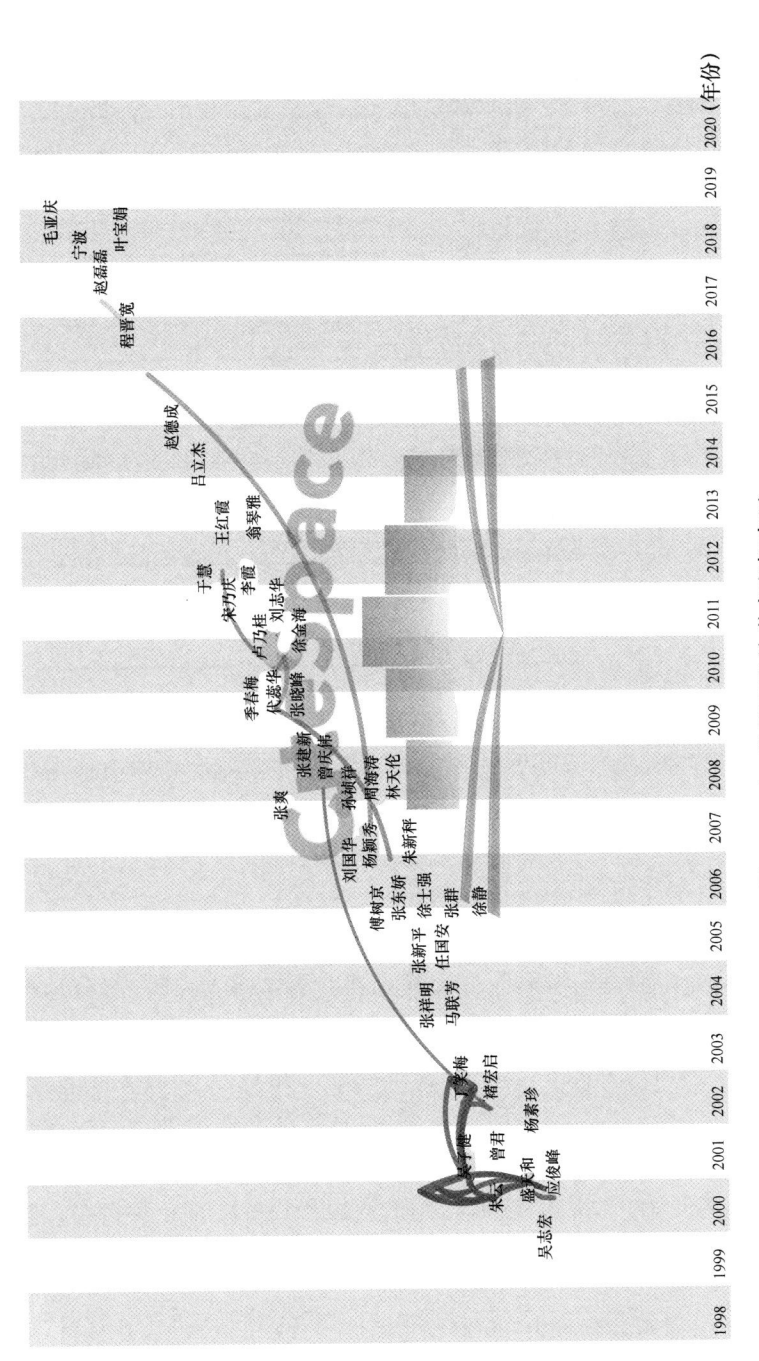

图 0-1-6 校长研究的学术兴趣变迁

关键词	强度	开始	结束	1998—2020
校长负责制	5.07	1999	2005	
素质教育	2.81	1999	2002	
教育改革	3.36	2000	2007	
学校管理	9.21	2001	2007	
中小学	2.08	2001	2004	
校长角色	2.76	2003	2004	
教育管理	2.4	2003	2008	
教育研究	3.29	2006	2007	
学校发展	5.61	2007	2009	
校长	3.36	2008	2008	
课程改革	3.25	2008	2008	
课程领导	2.64	2008	2008	
校长培训	5.99	2009	2013	
领导力	2.04	2010	2012	
校长领导	2.46	2011	2012	
教学领导力	2.11	2011	2014	
中小学校长	1.99	2011	2011	
校长专业标准	3.04	2013	2014	
校长领导力	3.36	2014	2020	
信息化领导力	4.3	2015	2020	

图 0-1-7　1998—2020 年校长研究高突显关键词前 20 位

（文献来源：CSSCI 数据库）

干意见》（沪教党〔1999〕158 号）及三个配套文件，全面实行中小学校长负责制[①]。在之后的几年中，全国开始推广校长负责制。部分地区因为上述政策的出台，1999 年前后出现的校长研究大多讨论校长负责制，并且以上海校长作为研究对象。这个阶段对校长的角色定位是学校的管理者，他们需要为"学校发展"全面负责，实际上强化了校长维持学校发展秩序的行政职责。

从 2008 年开始，"课程领导"的概念强化了校长的专业素养，特别是

[①] 《关于进一步完善上海市中小学校校长负责制的若干意见》，2021 年 4 月 28 日，https://dtc.hpe.cn/hjgk/zdjs/501055.htm。

校长领导力研究。这一时期的校长研究主题包括"领导力""校长领导""教学领导力""校长领导力""信息化领导力"等。校长的角色定位从管理者转向领导者，意味着校长在维持学校正常运行的基础上，还要创新型地开拓和引领学校改进，发挥变革型领导能力。领导者角色不仅考验校长的管理能力，更看重校长的规划、组织、激励、沟通、合作等分布式领导能力。

与此同时，宏观环境对于校长研究主题的变迁影响较大。例如，"素质教育""教育改革""学校发展""课程改革""信息化"等宏观环境，在校长研究的发展中占据重要地位。主要类型有二：激发创新活力的宏观环境催生开拓型校长的相关研究，开辟了新的研究方向；转变发展理念的宏观环境催生变革型校长的相关研究，导致校长研究调整了研究方向，朝着更加完善、更加和谐的方向发展。例如，科技发展导致信息化融入校长研究，信息化领导力等研究内容成为校长研究的重要议题。同关注教学领导、课程领导的经典校长研究相比，信息化领导力能够很好地反映校长的开拓精神。再者，素质教育概念的持续发酵，导致整个教育理念的根本变化，要求校长在所有关键领域都做出变革。

（三）共被引文献聚焦的核心研究者

如果早期发表的两篇或多篇论文同时被后来发表的一篇或多篇论文引证，使得早期发表的文献之间产生联系，则称这两篇论文构成共被引关系。与之相应，共被引作者是同时被多篇文献引用的研究者群体。依据CSSCI校长研究数据对共被引文献进行分析，通过线段相连的研究均为被同一文献引用。共被引文献的聚类主要形成两类，核心词均为中小学校长。其中，陈玉琨（2009）、周在人（1999）、卢乃桂（2010）、孙祯祥（2013）等人的四篇论文形成聚类结构；蔡怡（2007）和褚宏启（2007）的两篇论文形成聚类结构；李卫兵（2003）和褚宏启（2002）、赵德成（2010）和褚宏启（2010）、Garcia K.（2004）和褚宏启（2007）、Meyer M. J.（2009）和 Meyer M. J.（2011）、吴景松（2007）和杨蓉（2007）五组论文在多篇论文中分别出现共同被引用的现象（图0-1-8）。

其中，同一篇文献被引用次数较多的研究论文是褚宏启（2007）和孙祯祥（2013）的两篇论文；所有文献累计被引用次数最多的研究者是褚宏启，其次是孙祯祥和 Meyer MJ。基于上述分析的研究结论包括：第一，共

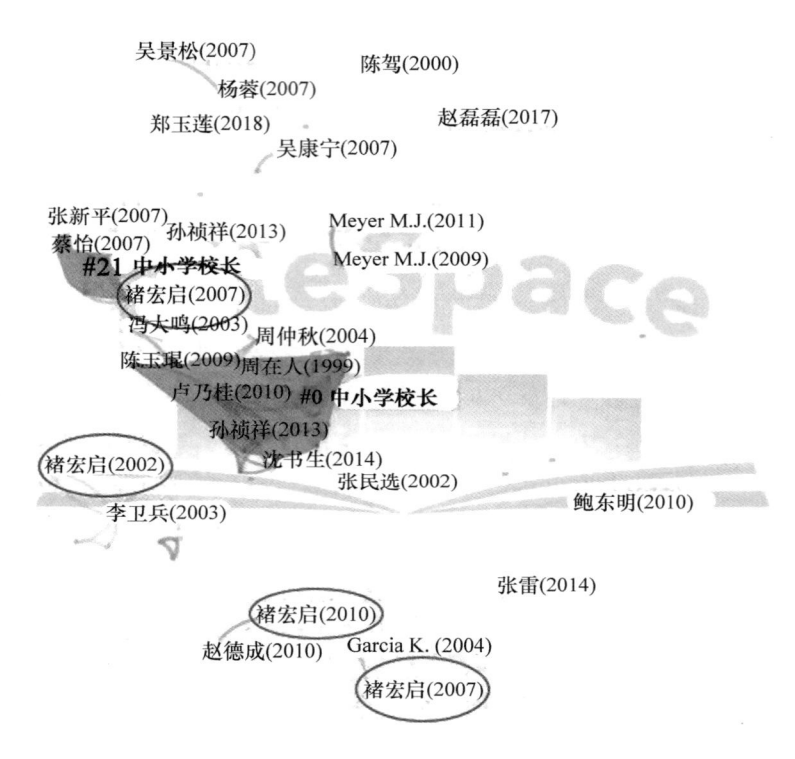

图 0-1-8　1998—2021 年共被引文献的聚类（文献来源：CSSCI 数据库）

被引文献聚类分析突显的校长研究关键作者是褚宏启和孙祯祥。他们的研究奠定了校长研究的重要理论基础，特别是在校长培训这个领域中。第二，对于外国校长研究论文的引用相对较少，只出现了两位外国研究者的文献被选为高突显的共引用论文。第三，共被引文献的聚类只呈现"中小学校长"这个核心词，表明校长研究并没有共同关注的具体主题。

我们通过对高突显共被引文献的影响力持续时间分析发现，大部分共被引文献的影响时间都不长（1—2 年），仅有卢乃桂（2010）的影响时间持续 3 年（图 0-1-9）。部分共被引文献的影响强度较高，例如：褚宏启（2003）、李卫兵（2003）、卢乃桂（2010）、沈书生（2014）。

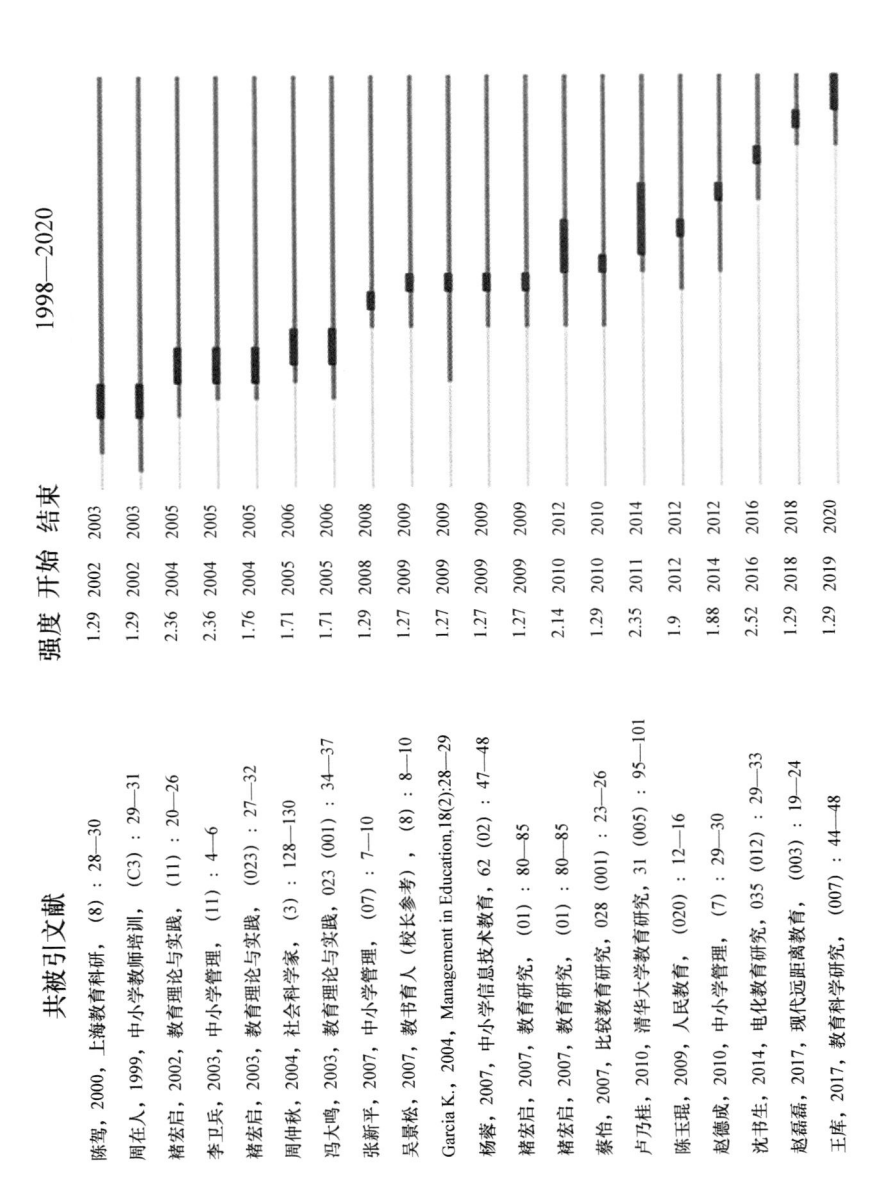

共被引文献	强度	开始	结束	1998—2020
陈玺, 2000, 上海教育科研, (8): 28—30	1.29	2002	2003	
周在人, 1999, 中小学教师培训, (C3): 29—31	1.29	2002	2003	
褚宏启, 2002, 教育理论与实践, (11): 20—26	2.36	2004	2005	
李卫兵, 2003, 中小学管理, (11): 4—6	2.36	2004	2005	
褚宏启, 2003, 教育理论与实践, (023): 27—32	1.76	2004	2005	
周仲秋, 2004, 社会科学家, (3): 128—130	1.71	2005	2006	
冯大鸣, 2003, 教育理论与实践, 023 (001): 34—37	1.71	2005	2006	
张新平, 2007, 中小学管理, (07): 7—10	1.29	2008	2008	
吴景松, 2007, 教书育人(校长参考), (8): 8—10	1.27	2009	2009	
Garcia K., 2004, Management in Education,18(2):28—29	1.27	2009	2009	
杨蓉, 2007, 中小学信息技术教育, 62 (02): 47—48	1.27	2009	2009	
褚宏启, 2007, 教育研究, (01): 80—85	2.14	2010	2010	
褚宏启, 2007, 教育研究, (01): 80—85	1.29	2010	2010	
蔡怡, 2007, 比较教育研究, 028 (001): 23—26	2.35	2011	2014	
卢乃桂, 2010, 清华大学教育研究, 31 (005): 95—101	1.9	2012	2012	
陈玉琨, 2009, 人民教育, (020): 12—16	1.88	2014	2014	
赵德成, 2010, 中小学管理, (7): 29—30	2.52	2016	2016	
沈书生, 2014, 电化教育研究, 035 (012): 29—33	1.29	2018	2018	
赵磊磊, 2017, 现代远距离教育, (003): 19—24	1.29	2019	2020	
王库, 2017, 教育科学研究, (007): 44—48				

图 0-1-9 1998—2020年校长研究高突显共被引文献前20位（文献来源：CSSCI数据库）

共被引文献影响的开始时间并不一致，有的间隔 1 年后开始产生影响力，有的 2—3 年开始，最长的是 5 年后开始产生影响力。研究的发表时间与影响开始时间相隔得越久，说明该研究越具有较高的前瞻性，对未来的发展方向越有准确的预测。例如，Garcia K.[1]、赵德成[2]、周在人[3]、褚宏启[4]、陈玉琨[5]等。他们的研究至少提前三年发表，之后才成为共被引文献，影响力得到扩大。而另一部分研究紧扣时代发展脉搏，论文发表后很快就成为共被引文献。例如：李卫兵等[6]、褚宏启[7]、周仲秋[8]等。尽管前瞻性研究能够为未来的校长研究指明方向，但前瞻性与影响力之间的相关程度并不高，即具有前瞻性的研究并不必然具有高影响力，说明这些研究为后面研究发展提供的参考价值是不同的。

第二节　校长生存状态的研究缘起

一　当东方遇到西方：校长研究的理念冲突与折中融合

自 2010 年进入比利时荷语鲁汶大学从事教育绩效与评价专业的博士研究开始，我的研究范式逐渐开始向实证研究方向偏转。在鲁汶的四年中，我沿用欧洲国家普遍使用的分析框架从事学校绩效与学校改进研究，特别关注的话题是学校氛围对于学生学业成绩的影响。这些研究工作主要使用 PISA2009 和 2012 数据，进行本土和国际比较研究。在我看来，这些研究更多的是一些自下而上的分析。立论的基本假设是，学校之间的差异部分的是由学校自身的原因造成的，特别是：学校的学生构成；物质条件和师资资源；学校氛围；学校治理方式。

这种研究范式和分析框架，在我进入上海师范大学国际与比较研究院

---

[1] Kim Garcia, "The National Standards for Headteachers-now being revised", *Management in Education*, Vol. 18, No. 2, 2004, pp. 28 – 29.
[2] 赵德成：《校长教学领导力：领导什么与怎么领导》，《教育情报参考》2010 年第 7 期。
[3] 周在人：《中外中小学校长素质比较研究》，《中小学教师培训》1999 年第 3 期。
[4] 褚宏启：《走向校长专业化》，《教育研究》2007 年第 1 期。
[5] 陈玉琨：《中学校长培训的新理念与新策略》，《人民教育》2009 年第 20 期。
[6] 李卫兵、李轶：《校长职业化与校长专业化》，《中小学管理》2003 年第 11 期。
[7] 褚宏启：《校长专业化的知识基础》，《教育理论与实践》2003 年第 23 期。
[8] 周仲秋：《论行政问责制》，《社会科学家》2004 年第 3 期。

工作之后仍然得以延续。与在鲁汶的学术研究不同的是，研究院承担着较多政府决策咨询服务和政策研究职能。在这些工作过程中，我逐渐开始理解中国基础教育质量保障的一些基本逻辑，开始从系统设计的层面思考教育绩效问题。比如，我国教育绩效研究的重要开拓者孙绵涛教授，在这一领域的奠基性研究围绕"体制"这一中国教育绩效自身的关键概念展开。在我看来，这是一种符合中国国情的系统设计思想，立论基础是：政府的制度设计是理解学校绩效、从事学校改进的根本前提和决定因素。系统层面的学校教育质量提高，比如学区化集团化办学改革、教师流动制度等，均具有很强的可操作性，能够很好地推动教育质量的优质均衡发展。

过去几年中，随着研究院工作重心的偏转，我对于学校绩效与学校改进的关注点也在发生偏转，逐渐从对学校氛围的深度分析转移到对于教师、校长等人力资源建设领域。在这个过程中，研究院承担的几项大型测评项目直接促成了这种学术兴趣的转移。2015年，受上海市教委委托，我们承担了"义务教育学校校长职级制度建设项目"，为相关政策的制定和落实提供前导性的研究支撑。同年，我们接受上海市教委委托，参与了世界银行组织的"系统层面改进教育结果项目（SABER）"。2017年，受教育部教师工作司和上海市教委委托，我们承担了"中小学教师专业发展指标体系建设研究项目"，探索测量教师成长的关键指标和影响因素。2014年和2018年，我们先后两次代表上海市教委参与了经合组织主导的"教与学国际调查项目（TALIS）"。特别值得一提的是，TALIS上海项目组还参与了TALIS2018教学视频研究的调研框架和指标建设项目，从国际大型教育测评的参与者转变为开发者。基于上述大型教育测评项目的工作经验，我在2018年开始承担国家哲社教育学青年项目"中小学校长生存状态的实证研究"。与各位读者见面的这本专著，就是这项课题的一个主要研究成果。

在这本书中，我们将向读者呈现我们在校长队伍建设领域开展的四个测评项目，包括义务教育学校校长职级制度建设项目；学校教育现代化指标体系建设项目；深化新时代教育评价改革专项研究；中小学校长生存状态测评项目。这些校长测评项目的理论原型和具体职责存在较大差异。其中，义务教育学校校长职级制度建设研究项目，侧重于描述校长个体的能力结构和成长起点；学校教育现代化指标体系建设项目，侧重于描述校的学校发展职责和目标达成情况；教育评价改革指标建设项目，侧重于描述校长对于整个教育体系发展困境和改进方向的理解和判断；中小学校长生存状态测评项目，希望从专业状态、生活状态、生存条件三个维度描述校长的实然状态。与此同时，我们还将报告部分基于大型国际教育测评项目（PISA、TALIS、SABER）的相关研究结果。

图 0-2-1 西方人想象中的东、西方校长行为范式（漫画）

二 生存状态：理解校长工作的"宽口径"视角

我们对于校长生存状态的关注主要基于如下几个方面的原因。第一，校长工作很重要，负有探索精神的好校长能够改变学校发展方向、氛围，教师和学生的成长轨迹。第二，校长劳动是情绪劳动。校长工作具有强人际交往性，校长的态度、情感对于教师和学生的影响很大。校长的职业幸福具有社会意义，即便是为了教师发展和学生成长，校长也需要让自己感觉幸福。第三，校长工作非常庞杂，总是需要选择优先事项和最优策略。校长需要经常面临紧急突发事件，而且很多都是非常规性的情况。第四，校长的专业自主权在很大程度上取决于校长的业务素养和专业权威。教育系统承载着巨大的社会稳定责任，校长需要在"鸡不叫，狗不跳"的前提下，承担学校改进和学校发展职责。

在过往的校长研究中，研究者通常将校长限定在"专业人"的范畴内，专注地审视校长的工作内容、成长历程和职业幸福。由于学术研究视角的不同，国内研究者关注的重心通常聚焦在校长成长历程和工作内容的特定方面，比如校长专业发展、职级制度、课程领导力等。这些研究通常会从"体制机制建设"的宏观角度出发，探寻校长队伍建设的有效路径和影响因素。无独有偶，许多西方国家的研究者关注的重心是校长的工作内容和职业幸福的特定内容，比如工作时间分配、领导风格、职业满意度等。这些研究通常会从"专业自决"的微观视角出发，探寻校长领导的有效路径和影响因素。我们认为，这种边界相对清晰的校长研究，能够帮助我们认识校长工作领域中的特定内容，却无法很好地解释校长特定工作内容背后的深层次原因。其中的一个重要原因是，没有呈现校长工作、生活和生存条件的全貌。

在这项研究中，我们希望能够从更为宽广的视角出发来理解校长工作，将校长放在"社会人"的角色定位上。在这样的角色定位中，我们将校长工作视为一个积极的自我实现过程，需要综合考虑校长工作的个人价值和社会价值。我们希望能够综合考虑校长专业状态，而非排他性地关注校长工作内容、成长历程和职业幸福的特定领域。同时，我们希望能够将校长的专业状态同他们的生活状态、生存条件放在一起加以审视。一个朴素的观点是，只有同时关注校长的"七情六欲"和生存境遇，从"生命意义"和生态系统的高度出发，才能够更好地理解他们的专业状态。

在真实的社会情境中，校长会统筹考虑自己的专业状态、生活状态和生存条件。尽管校长工作需要投入大量的时间和精力，多数校长会努力实现工作和生活之间的平衡，并尽量避免彼此之间的相互损益。工作时间和工作压力是调节工作状态和生活状态的关键指标，多数校长会努力实现工作对生活的积极影响和生活对工作的促进作用。在校长生活状态诸项指标中，校长的行为习惯（如睡眠、就餐、抽烟饮酒等）、家庭责任（如养育子女、承担家务等）和休闲娱乐（如文体活动、休闲方式等）被纳入考察范围。这些生活状态指标能够反映校长的生命质量，与校长的专业状态具有同样重要的个人意义。就校长的生存条件而言，校长个人和家庭的背景信息、学校环境、区域教育政策和当地社会经济文化状况，共同构成了校长工作和生活的基本场域。这些生存条件在很大程度上决定了校长工作和生活的成长起点、努力方向和发展上限。

我们的指标体系建设会同时关注校长工作的制度环境和校长个人的主观能动性。希望我们的研究结果能够同时服务教育体制建设，激发基层首创精神。我们会采用"教育绩效研究"的工作范式，关注校长工作的"环境、投入、过程和结果"等所有主要环节。我们会特别重视"测评指标体系建设"，为校长选拔、培养和评价服务，为校长研究学术共同体建设服务。

在我们看来，这是一个更为务实的学术研究视角。很多前人研究中无法解释的现象，比如26岁、39岁、59岁现象等，当我们综合考虑校长的专业状态、生活状态和生存条件之后，就能够得到很好的理解。也正是在这项研究中，我们开始认真地将校长的成长历程、工作内容和职业幸福放在同一个分析框架中，更为综合地探讨校长的专业状态。例如，在实现个人和学校发展愿景的过程中，校长可能从自身成长需要、目标达成所需付出努力、个人主观体验和身体条件等多个维度出发，综合确定个人和学校的发展定位和前进方向。对于26岁、39岁、59岁校长而言，他们的个人和学校发展愿景的一致程度可能存在较大差异。相对而言，26岁校长更有可能将努力工作作为实现个人发展愿景的重要路径；39岁校长更有可能将个人和学校发展愿景统一考虑；部分59岁校长有可能让学校发展愿景让位于个人发展愿景，努力实现个人职业生涯的平稳"着陆"或者最后"疯狂"。

三 限定条件：校长的成长起点、奋斗目标与评价体系

随着这项研究的不断推进，我们逐渐认识到其他一些关键议题，特别是校长的成长起点、奋斗目标与评价体系，对于理解校长同样具有重要意义。基于这一认识，我们将另外三项校长测评的基本构想和研究结果纳入这本书中。

《义务教育学校校长专业标准》（以下简称《专业标准》）为我们提供了理解校长成长起点的限定条件，包括领导课程教学、引领教师成长、规划学校发展、营造育人文化、优化内部管理、调试外部环境。作为校长选拔、培养和职级晋升的重要依据，这些指标能够帮助我们更好地理解校长的能力结构。义务教育学校校长职级制度建设项目的理论原型是《专业标准》。这项调查研究最核心的使命是，为义务教育学校校长职级制度建设提供研究支撑。在这项调查研究中，我们需要考察义务教育学校的校长在《专业标准》规定的六个能力维度上的普遍性和差异性，以及不同能力水平校长的成长特征（如性别、任职年限等）和影响因素（如参加的培训项目、承担的研究课题等）。就这一部分与整本书之间的关系而言，《专业标

准》是校长选拔的准入门槛和校长培养的主要指标，因而也是理解校长能力结构的关键条件。

实现教育现代化是整个教育体系和全体教育工作者的奋斗目标。自1983年邓小平同志提出"教育要面向现代化，面向世界，面向未来"的战略思想之后，这个奋斗目标在我国教育界逐渐得以确立。《中国教育现代化2035》及其附属文件为我们理解校长的奋斗目标提供了限定条件，特别体现为学校教育的质量标准和学校的内涵建设、深化改革和教育信息化等。学校教育现代化指标体系建设项目的理论原型是《中国教育现代化2035》，主要指标来自《上海教育现代化2035》《中共上海市委上海市人民政府关于贯彻〈中共中央、国务院关于深化教育教学改革　全面提高义务教育质量的意见〉的实施意见》《国务院办公厅关于新时代推进普通高中育人方式改革的指导意见》和《中共中央国务院关于学前教育深化改革规范发展的若干意见》等政策文件。在这项调查中，我们围绕校长在实现学校教育现代化过程中的发展职责展开，梳理学校教育现代化对于校长业务领导和变革能力的核心要求。

《深化新时代教育评价改革总体方案》（以下简称《总体方案》），为校长的业务领导和变革能力提供了宏观环境。深化新时代教育评价改革专项研究的理论原型是《总体方案》。对标《总体方案》的核心理念和主要内容，我们希望通过专项调查理解中小学校长对于"新时代"和"高质量发展"两个重要主题的认识情况，包括办学导向、教育体制、发展理念、评价功能四个宏观维度。与学校教育现代化指标体系建设项目相比，这项研究将校长置身于更加宏观的国家和社会发展环境中，尝试梳理校长对于办学导向等具有国家战略和社会发展意义的关键指标的判断。

在本书中，细心的读者能够清晰地发现东西方在教育绩效研究方式上的不同之处。比如，中小学校长生存状态测评指标研究，主要借鉴欧洲国家普遍使用的"元素论"思想，尝试选取描述校长生存状态的关键指标和影响因素。教育现代化质量标准测评项目等其他三个测评项目，则遵从我国教育界普遍秉承的"系统论"思想，从政策解读和制度分析着手，建构能够描述校长业务领导和变革能力的指标体系。需要特别指出的是，义务教育学校校长职级制度建设调查项目采用了TALIS2013上海调查项目的抽样框，纳入考察范围的200位校长全部来自初中学段。中小学校长生存状态测评指标研究等其他三项研究采用了整群抽样的方法，上海市的330所学校的校长全部纳入考察范围，覆盖幼儿园、小学、中学等多个学段。在这本书的第二部分，我们基于上述测评项目和其他一些我们参与完成的调查项目，对校长专业状态、生活状态和生存条件的部分内容进行了简要梳理，包括校长队伍的现状描述、时间分配、家庭背景、职业满意度等。最后，我们使用PISA、TALIS等国际大型教育测评项目的调查数据，对校长专业素养、专业发展与学校教育质量之间的关系进行了简要分析。

四　研究传统与数据采集

上海师范大学具有校长研究的现代传统。2000年前后，我校学者主要关注校长专业发展、学校治理架构等议题（表0-2-1）。代表性学者包括张民选，魏志春。2006—2010年，学者们关注的重点是校长专业标准。这一时期，我们学校成立了现代校长研修中心，并且参与了《义务教育学校校长专业标准》的研制。2011—2015年，学者们关注的重点是校长职级制度、学校办学思想等议题。我们参与了上海市的校长职级制度建设和部分学校的办学思想、发展规划制定。同时，我们积极承担上海市初任校长研修项目。也是在这一阶段，基于TALIS上海测评项目的研究结果陆续发表。总体来说，我校的校长研究具有"服务决策、讲求实用"两个主要特征。

表0-2-1　　　　　　上海师范大学的校长研究传统

时间	议题	代表性学者
1998—2005	校长专业发展　学校治理架构	张民选　魏志春
2006—2010	校长专业标准	张民选　魏志春　高耀明　胡国勇
2011—2015	校长职级制度　办学思想	张民选　陈永明　陈建华　张晓峰　许苏
2016年至今	校长领导力　学校改进	高耀明　宁波　徐瑾劼
未来	……	……

研究院的校长研究具有"政策咨询、实践改进"两个重要传统。在这两个方面，我们都非常重视国际比较和经验研究，包括参与国际大型教育测评和组织国内大型调研活动。在过去几年的工作中，我们发现国内的校

长研究非常重视政策研究和制度建设，国外的校长研究非常重视校长的专业自主和主观能动性。同时，我们的很多研究设计建立在特定政策框架基础上，通过数据分析建立模型推动教育实践发展。西方的很多校长研究往往是理论驱动的，体现为以特定理论模型为基础进行数据采集和模型建设，最终致力于推动理论发展。我们希望能够融合东西方视角，探索"体现国家制度优势，发挥基层首创精神"的可行性。

在这项研究工作中，我们进行了三轮主要的数据采集（表0-2-2）。2017年的数据采集，建立在张民选教授主持的《中小学教师专业发展指标体系建设项目》的基础上，我们采集了东、中、西部典型省市的37000名教师和校长的数据。2018年的数据采集，建立在王洁教授主持的《中小学教师测评指标体系建设项目》基础上，我们在上海采集了1.2万名教师和校长的数据。2020年的数据采集，建立在宁波博士主持的《中小学校长生存状态的实证研究》项目基础上，我们在上海采集了330位校长的数据。每一次数据采集都能够支持我们进行大量的关联分析。特别难能可贵的是，三轮数据采集能够支持我们对同时参与三个项目的校长进行跟踪数据分析。除此之外，这项研究还有一些重要的补充数据来源。例如，基于对薄弱学校和新建学校的改进研究，我们可以对校长进行个案分析。基于TALIS、PISA数据，我们可以将校长的个体特征、专业发展、领导风格与教师的专业表现、学生的学习结果建立联系。

表0-2-2　　　　　　　　　　**本项研究中的数据采集**

类型	采集范围	不一致内容	一致内容	一致内容	研究价值
作为教师的校长（2017）	上海、杭州、青岛、濮阳、临汾、白银、云南	教师专业状态	—	支持条件	区域比较
作为教师的校长（2018）	上海	教师专业状态	生活状态	支持条件	关联分析
作为学校管理者的校长（2020）	上海	校长专业状态	生活状态	支持条件	关联分析

续表

类型	采集范围	不一致内容	一致内容	一致内容	研究价值
学校改进中的校长	上海	—	薄弱学校（2017—2021）新建学校（2020—2022）	—	个案分析
国际视野中的校长	TALIS、PISA参与国家和地区	—	教师专业表现；学生学习结果	—	国际比较

第三节 校长生存状态的几个微缩画面

尽管前进的道路上充满荆棘坎坷，但校长的精神世界充满了蓝天白云。在世界上的大多数教育系统中，校长在学校管理与改进中都扮演着重要角色。我们经常听到的一句话是，"一位好校长就是一所好学校"。很多时候，社会各界对于校长的专业地位深信不疑。名校长的社会声望会引发一所新学校备受追捧，甚至能够催生学校周边房价的大幅上升。在学术研究领域，人们对于校长如何发挥作用倍感兴趣，并不断进行深入细致的研究。在这项研究中，我们已经完成了部分论文发表，涉及如下主题：校长的工作时间分配；校长的教育领导与学生学习结果；校长专业发展的有效性；校长的性别差异和领导风格。这些研究主要聚焦于校长的工作职责。

一 专业素养

《义务教育学校校长专业标准》明确规定，校长负有领导学校发展的六项专业素养，包括规划学校发展；营造育人文化；领导课程教学；引领教师成长；优化内部管理；调适外部环境。在现实的学校领导过程中，校长工作往往围绕学校的办学质量展开，通过发挥专业素养来为学校发展服务。

在真实的学校领导情境中，校长们对于所有六项专业素养的优先等级界定存在较大差异。有些校长非常重视学校的顶层设计，通过制定学校发展规划来凝聚人心，形成学校发展的方向和合力。有些校长非常重视校园文化氛围建设，通过文化软实力的提升，来增强全校师生的自信心和精气神。比例较高的校长重视领导课程教学和引领教师成长，希望通过常规工作的提质增效来实现学校的内涵发展。

对于比例较高的校长而言，优化学校内部管理是所有专业素养中最难的两项之一。在任何时候，学校的安全稳定都是第一位的。校长需要在"鸡不叫，狗不跳"的情况下，实现学校内部治理结构的调整。在此之前，校长通常会反复权衡各种利弊得失，特别是自己的业务权威和行政资历是否能够"镇得住场面"。我们的研究结果显示，在本校由副转正的校长更有可能面临来自学校内部的各种挑战和质疑，在职业生涯的最初几年，往往会通过萧规曹随、稳扎稳打来逐渐积累权威和资历。而从外校调任的校长，特别是从教育局和教育学院调任的校长，往往牵绊比较少，更有可能通过大刀阔斧的人事调整来实现自己的办学理念。

调试外部环境是很多校长无法掌握的另一项专业素养。确切地说，较高比例的校长能够或多或少地获得来自教育系统内部的支持，包括区县教育局、教育学院、教研室等。然而，只有为数不多的校长能够获得来自教育系统以外的社会支持，比如各种企事业单位的捐助、校友资源的充分挖掘、当地社区的广泛支持等。其中的原因可能很多，比如政策红线对学校接受社会捐赠有严格限制，导致校长的动力不足。然而，校长根本无法将学校办在真空环境中，缺乏主动出击的一个可能结果是被堵在家门口解决各种问题。例如，在一些人际关系紧张的社区，校长往往也会被各种社会矛盾和突发事件卷入其中。

当然，在我们的学校改进工作中，也遇到许多优化学校内部管理和调试外部环境的权力运作高手。有一位刚刚从外校副校长调任的新手校长，当他发现学校内部管理体系失灵、学校中层甚至副校长缺乏进取心的时候，并没有急于对学校班子进行调整，而是通过深入细致的教师队伍考察，他在校内建立了一个以年轻教师为骨干的影子管理团队，作为学校中层和副校长的助手开展工作。同时，为了树立积极进取的学校风气，他开始频繁邀请校外专家和骨干教师来校指导工作，充分借用外脑来刺激学校管理团队。

特别值得一提的是，这位校长对于"各路神仙"都能够用其所长，并没有被各种外部力量牵着鼻子走。例如，有些专家团队希望将学校改进的工作重心放在教师队伍建设方面，有些专家团队希望通过学校发展规划的修订来重新凝聚人心，有些专家建议充分依靠所在的学校集团。基于审慎的校情分析，这位校长并没有盲目跟随任何一位外部专家的建议，而是选择以建立学生和教师自信心重建为核心的学校改进路径，所有专家的真知灼见都只是在技术层面为学校改进的中心工作服务。

特别希望说明的是，世界各国的校长职责并不完全一致（图0－3－1）。欧洲国家的校长工作以行政为主，东亚国家的校长工作需要同时兼顾行政、领导、课程与教学三项职责。换言之，就工作职责和时间分配而言，在我国当校长，跟在欧洲国家和美洲国家根本就不是一回事。开展基于事实证据的本土研究，对于我国的校长工作队伍建设具有尤为重要的意义。我们的校长大多从优秀教师当中选拔，具有较为丰富的学生工作经验。同时，校长的课程与教学素养也具有有坚强的制度保障。从这个角度出发，对于校长领导素养和行政素养的培养具有非常重要的意义。

二 时间分配

时间分配是理解校长工作的重要载体。通过对个体层面的校长工作时间分配结构分析，我们能够判断校长个体目标达成的方式（图0－3－2）。研究结果显示，行政和领导职责是校长工作的中心环节和主要抓手，领导职责是中心的中心，校长的人际互动、课程和教学职责，均指向校长的行政和领导职责，并限制校长在行政和领导职责中的时间投入。学生互动是调节校长的行政和领导职责的重要中介。通过对国家层面的校长工作时间分配结构分析，我们能够判断校长职务的制度设计（图0－3－3）。研究结果显示，课程与教学事务是校长职务的中心职责。世界各国对于校长工作职责的制度设计大多围绕课程和教学任务的达成展开，学生互动是调节各项工作职责的重要中介变量。

由于对校长的社会期望不断提高，时间分配已经成为很多国家的学校校长面临的一个复杂问题。部分地因为这一原因，Hallinger和Murphy等国际同行认为，时间不足是校长领导力在学校改进方面的核心事项。[1] 我们在上海的调查结果显示，中小学校长每个工作日的平均工作时间是10.88

---

[1] Philip Hallinger and Joseph F. Murphy, "Running on empty? Finding the time and capacity to lead learning", *NASSP Bulletin*, Vol. 97, No. 1, 2013, pp. 5–21.

绪论　中小学校长队伍建设：理论研究与实践探索

校长工作时间分配	低表现（464以下）	中低表现（465—499）	中高表现（500—529）	高表现（530以上）
行政、领导并重（26%—35%）				受沙尼亚
行政、领导为主（26%—35%），领导为辅（21%—25%）	斯洛伐克	俄罗斯、匈牙利、捷克、立陶宛、挪威	丹麦、荷兰	芬兰
领导为主（26%—35%），教学与课程（16%—20%）	保加利亚、罗马尼亚、沙特、南非	意大利、克罗地亚	比利时、葡萄牙、斯洛文尼亚、澳大利亚	
领导为主（26%—35%），课程与教学并重（16%—20%）	哥伦比亚、墨西哥、阿根廷	奥地利、拉脱维亚、法国、美国	新西兰	
行政为主（26%—35%），家长互动并重（15%左右）	土耳其			
领导为主（31%—35%），行政、课堂互动并重（20%左右）				新加坡
行政、课程与教学并重（25%左右）			韩国	上海
行政、领导、教学与课程并重（20%左右）		西班牙、以色列	越南	
行政、领导、教学与课程、学生互动均衡（20%左右）	塞浦路斯、格鲁吉亚、阿联酋、塔吉克斯坦、巴西、智利			日本、中国台湾、阿尔伯塔

图 0-3-1　校长工作时间分配的国际差异

注：➢ 选取PISA2015（或PISA2012）中的科学成绩来反映各国学生的学业表现。
　　　校长工作时间分配与学生科学成绩：国家间差异

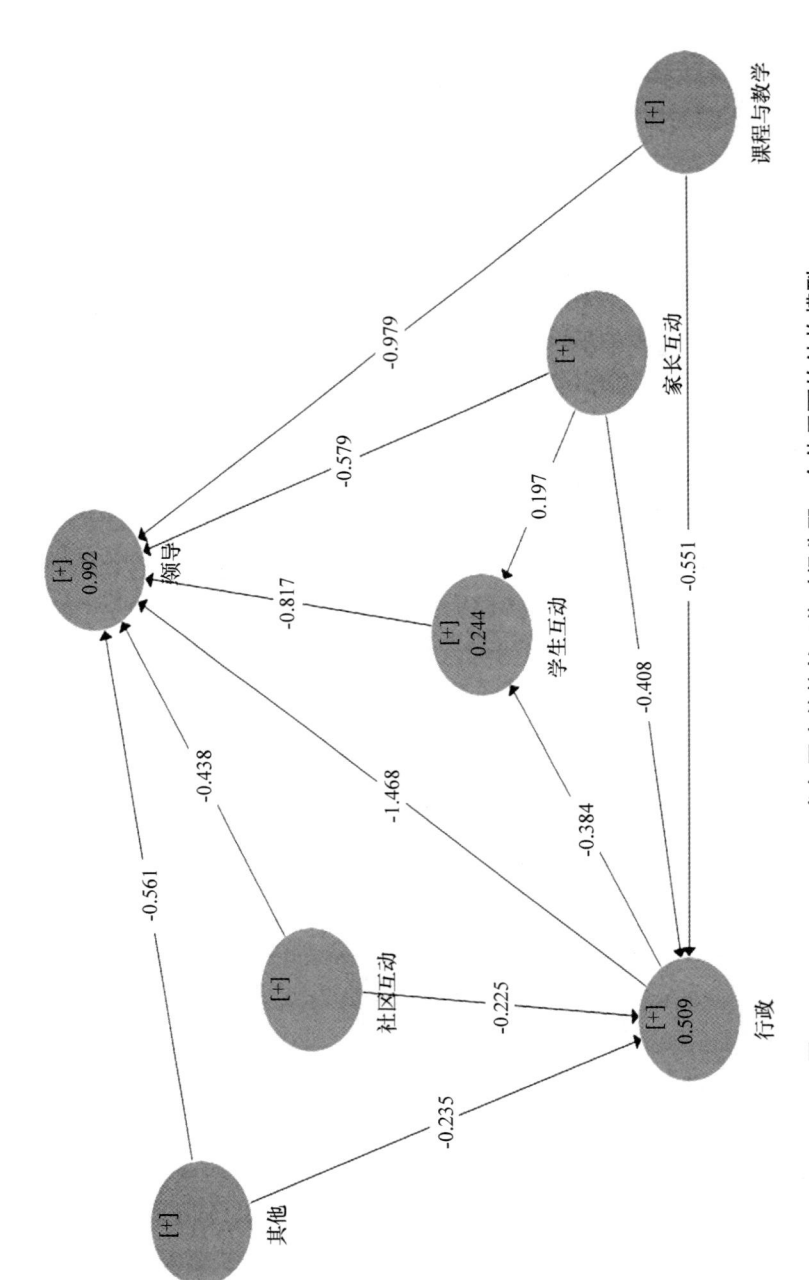

图 0-3-2 TALIS2018 参与国家的校长工作时间分配：个体层面的结构模型

资料来源：TALIS2018 参与国家和地区初中学段校长数据。

图0-3-3 TALIS2018 参与国家的校长工作时间分配：国家层面的结构模型

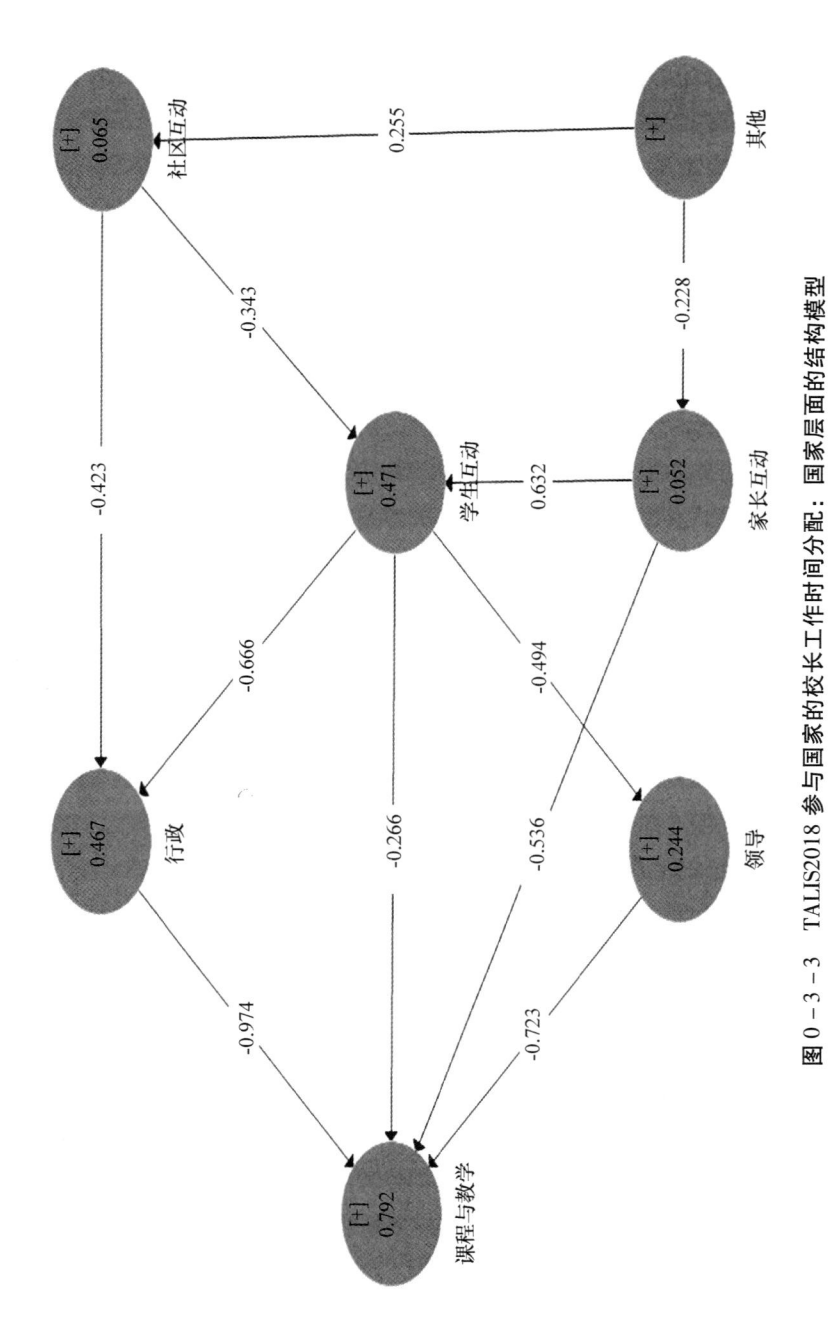

资料来源：TALIS2018 初中国家（地区）均值数据。

小时，在承担家庭责任（0.88 小时）、就餐（0.7 小时）、学习（0.65 小时）、运动（0.41 小时）等其他维度的时间投入都比较低。很多校长都是"嫁给学校的人"，基本上是除了睡觉（6.35 小时）就是工作。

在绝大多数情况下，校长的工作清单是永远都不可能完成的。很多校长需要持续在优先事项当中做出选择，并且要随时准备应对各种紧急突发事件和干扰因素。对于大多数校长而言，个人事务都要让位给学校工作需要。在接受我们跟踪研究的校长中，有一位非常勤奋聪明、刚刚获得博士学位的校长。他的博士研究非常成功，获得了学术界的高度评价。然而，这篇博士学位论文的主体部分是在他攻读博士学位的第六年完成的。由于他所就读的大学规定博士学位必须在六年之内完成，他才不得不在第六年的时候将这项"专业成长"的工作放在最优位置。

特别值得一提的是，我们基于 TALIS2013 数据的国际比较研究结果显示，上海初中校长的时间分配结构堪称各国同行的典范。比例较高的上海初中校长能够平衡各项工作职责，在行政与领导、课程与教学、人际互动三个维度的时间投入各占三分之一。与国际同行相比，良好的课程和教学素养是中国校长的基本任职要求，也是他们获取校内外同行尊重的基本前提。比例较高的中国校长会坚持承担教学任务，并且努力发挥示范引领作用。与此同时，比例较高的校长在任职之前，具有担任学校中层和副校长的工作经历，具有较为娴熟的行政素养。相对而言，校长的领导素养和人际素养，特别是分析组织结构及理论、鼓励教师参与学校领导、与社会团体机构合作等方面更有可能存在不足，值得教育行政和业务指导部门的重视和支持。

三　自我实现

2020 年 9 月 22 日，为了进一步激发基层中小学校长的首创精神，教育部等八部委联合发布《关于进一步激发中小学办学活力的若干意见》，提出通过深化教育"放管服"改革，落实中小学办学主体地位。在实际的学校办学权力运作过程中，校长的行政资历和业务权威同样起到举足轻重的作用。资历深厚的校长能够游刃有余地获取教育行政和业务部门的必要支持，并且避免来自学校外部的行政和"业余"干预。然而，资历尚浅的校长则更有可能接受来自教育行政和业务部门的"过度指导"，甚至是学生入学和教师招聘等关键核心领域。面对这些权力危机，有些经验不足的校长会通过向上请示汇报、向下行政授权等方式，尽量避免行使各项学校治理权力，从而成为事实上的"教务处长""教导主任"。

在现有的学校治理架构中，积极的自我实现是中小学校长能够获得的最大激励。与其他优秀教师对于课堂教学的专注不同，多数校长在成长为校长的过程中都非常重视对于学校发展的贡献。部分成长为校长的优秀教师还会积极探索通过公开课、教研论文等形式，在区域和学校范围内承担学术引领和业务交流的职责。这种主动探索、锐意进取、乐于奉献的精神品质，使得这些优秀教师逐渐赢得领导和同事的信任和尊重，继而成长为校长。在成为学校主要领导以后，大多数校长都面临这样那样的新挑战，他们需要不断调整自己的角色定位以便尽快适应。同时，主动探索、锐意进取、乐于奉献等精神品质，仍然是支撑许多校长从角色适应走向卓越的内部原因。

我们最近正在做一些有意思的研究，主要考察校长的自我实现。包括校长的职业幸福；健康状况；我们还在做一个薄弱学校校长的个案分析。过去三年中，这位校长取得了非常了不起的成绩，让一个非常消沉的学校焕发朝气。特别难能可贵的是，这个学校在没有改变生源结构的情况下，学生学业成绩从全区垫底的第 24—25 名（2018 年），逐渐提高到第 19 名（2019 年）、第 17 名（2020 年）、第 13 名（2021 年）。当然，这个校长也累病了，先是腰椎出现严重问题，后来是眼睛。

我们也在将这些数据用于研究生培养。例如，我们的一个研究生想通过分析校长的职业规定性（包括工作时间和工作内容）对于校长个体幸福和队伍质量的影响。同时，我们也希望分析校长的职业幸福对于队伍质量的影响，包括离职与转任、社会影响力、职业操守、职业价值等方面。在未来一段时间，我们还特别想分析卓越校长的典型特征和成长路径，包括关键事件；关键人物；关键时间等。

我们也非常期待对于校长生活状态的分析，让校长形象变得更加立体。我们跟伦敦大学的 Karen Edge 交流过这个想法，得知她也要做类似的研究，或许我们可以开展一些合作。我们知道很多校长面临巨大的工作压力，经常需要非常坚定地控制自己的情绪波动。我们与北京师范大学的心理学团队取得联系，正在进行一项教师心理健康的数据采集工作。后期，我们非常期待能够找到一些心理舒缓的方法，避免各种心理卫生问题把校长压垮，或者让他们选择不作为。

作为联合国教科文组织领导的教师教育专门机构，我们坚信"好教师成就好教育"。作为从事校长研究的一名学者，我们坚信"好校长具有放大效应，能够让好教育好上加好"。我们希望能够为国内外学者、教育行政人员和中小学校长提供一个宽广友善的交流平台。我们希望能够通过持续的跟踪研究和深入的个案研究，增加更高质量的领域性知识和方法积累。通过广泛的合作研究，提升自身的专业能力和工作水平。通过广泛的信息分享发掘上海经验的中国价值和中国模式的世界价值。通过专业的技术支持，帮助更多校长成长为卓越的教育家。为了实现这些目标，我们会更加坚定地将决策咨询、实践改进和科学研究充分结合。服务国家和上海市的宏观决策，服务数据提供者的学校改进，服务国内外同行的学术发展需要。

四 工作压力

在当下的社会环境中，每个学生都承载着整个家庭的殷切希望，迫切需要学校教育能够具有点石成金的本领。然而，人们对于教育结果的理想追求，远远超过了学校教育所能达到的现实条件。"每个孩子都能成功"，"没有教不好的学生，只有不会教的老师"等宣传口号，将全社会对于学生成绩的殷切希望都寄托在学校教育上。相对稀缺的优质教育资源和升学机会，进一步助长了学生之间、学校之间的相互竞争。对于大部分的学生家长而言，学生的学业成绩具有尤为重要的现实意义。家长的学业期望在很大程度上强化了校长对于学生学业表现的重视程度。热播的电视连续剧《小舍得》，便是这种社会现象的戏剧化呈现。

对于具有审慎专业判断的校长而言，每个学校的教师和学生都是有成长起点和发展上限的。例如，薄弱学校的校长更有可能重视学生的基础知识和基本技能，这些内容是确保学生在各项考核中基本达标的关键。对于学校排名处于中游水平的校长而言，将工作重心放在学生的理解能力和行为自律方面，因为这有可能提高学校的平均成绩。对于学校排名靠前的学校而言，为学生提供尽可能丰富且高质量的课程资源，并且努力为学生提供自由探索的广泛空间，具有尤为重要的学校改进意义。当然，在学校办学质量的诸多考察指标中，学生的学业表现只是其中非常重要，但绝非唯一的一个。

从对校长工作压力诸项指标的分析可见，校长对于不同类型工作压力的评价存在较大差异。总体来说，较高比例的校长对于教学压力的评价较高，对于职业压力的评价较低。在教学压力诸项指标中，学生成绩仍然是校长面临较大压力的来源，11.48%的校长认为压力很大，24.4%的校长认为压力较大；与之相似，学生家长的教育期望同样是校长面临较大压力的来源，5.74%的校长认为压力很大，21.53%的校长认为压力较大。此外，对较多校长影响较大的因素还包括班级管理（15.3%）、学校管理制度（14.4%）、在职培训要求（10.5%）、教学激励（11%）。这项研究结果表明：鼓励校长缓慢就餐、多次适量饮水、重视社会交往活动、尽量在学校完成所有工作，均有助于降低他们的工作压力。

五　专业准备

校长的领导风格存在较大的个体差异。其中，校长领导风格的性别差异，主要体现在规划学校发展、调试外部环境两个方面（图0-3-4）。在引领教师成长、优化内部管理两个方面的差异较少。这项研究的指标体系选择是建立在《义务教育学校校长专业标准》基础上的，这六个方面是专业标准规定的校长职责。

引领教师成长: 2/20	领导课程教学: 5/15
优化内部管理: 3/15	营造育人文化: 4/12
规划学校发展: 5/10	调试外部环境: 5/10

图0-3-4　上海初中校长领导风格的性别差异

校长在教育领导中的时间投入，对于不同学业表现的学校都有积极影响（图0-3-5）。对于学业表现最差的学校而言，校长在教育领导中的时间投入普遍较高，教育领导对于学校改进也有积极效应。但是，这种改进的程度是有限的，单凭校长的教育领导无法将薄弱学校推到相对较高的水平。还需要其他的支持条件，比如师资队伍建设和教育经费的政策倾斜等。我们在参与薄弱学校改进的过程中，也得到了相似的结论。

学校氛围建设是校长工作的重要手段。图0-3-6显示，校长的专业发展障碍和机会均会显著影响他们的工作环境满意度。校长的专业发展障碍对于学校多元文化氛围、组织创新氛围、学业期待氛围均具有显著消极影响。然而，校长的专业发展机会对于学校氛围的积极影响则较为微弱。

导致校长专业发展活动效果不佳的原因很多。可能有体制原因。比如，校长每个工作日的平均工作时间是10.85小时。在这个工作时间的基础上，"挤时间"参加各种专业发展活动，对于校长心智的消耗程度可想而知。当然，也有校长专业发展活动的质量和针对性问题。比如，对于村镇学校而言，校长的专业发展障碍对于他们的工作环境满意度和学校氛围，均具有较大程度的消极影响（图0-3-7）。然而，校长的专业发展机会对于他们的工作环境满意度和学校氛围的影响均不显著。

例如，校长专业发展活动并没有关注：与社会团队机构合作【领导素养：获取教育系统外部资源】；分析组织结构及理论【领导素养：组织结构优化】；鼓励教师参与学校领导【领导素养：分布式领导】；提供有效反馈【领导素养：评价与反馈】等内容（图0-3-8）。这些专业技能实际上同样是非常重要的。现有的校长专业发展活动主要提供容易提供的内容，需要进行基于需求分析的供给侧改革。我们主张将校长测评作为校长专业发展项目的起点和终点。在项目开始之前，先了解校长的发展需求，以及在特定领域的知识准备。在项目结束的时候，再次测量校长专业发展诉求的达成情况。

政策分析往往需要国际比较的视角。其中一个重要原因是，特定政策对于所在国家和地区的学校影响往往具有一致性。通过对于学校办学自主

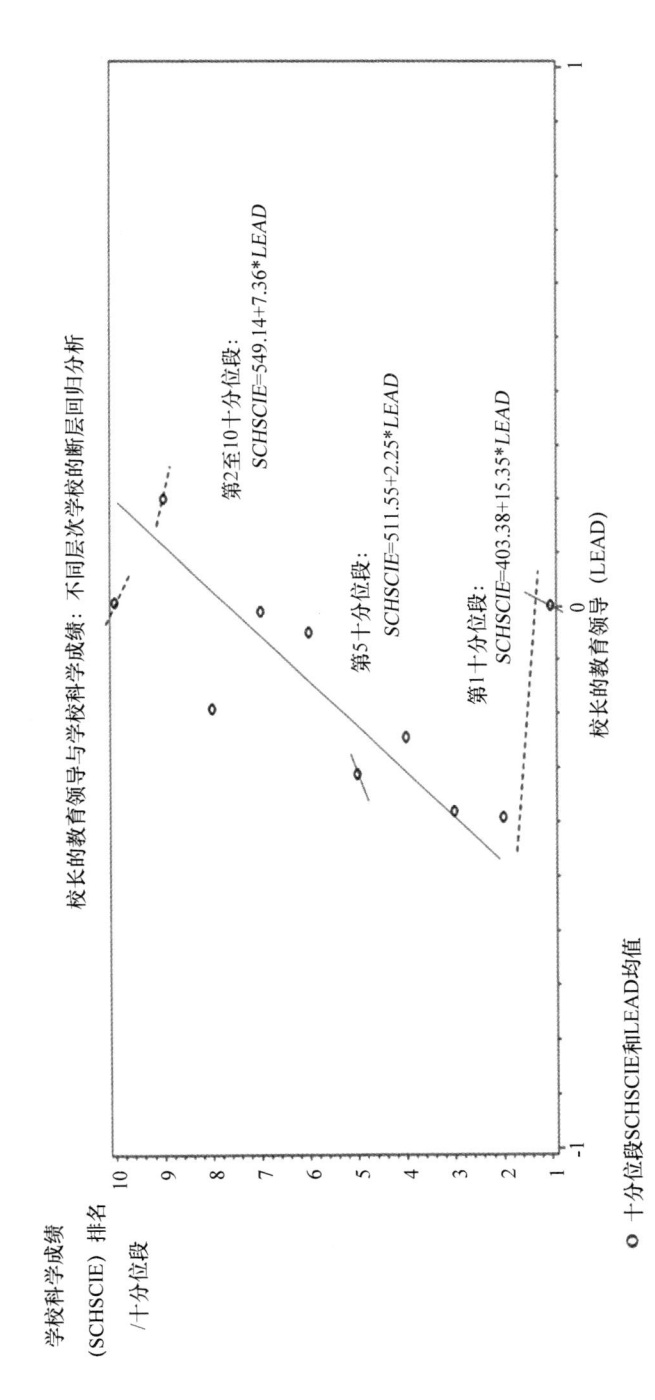

图 0-3-5　校长的教育领导与学校科学成绩：不同层次学校断层回归分析

第2至10十分位段：
$SCHSCIE=549.14+7.36*LEAD$

第5十分位段：
$SCHSCIE=511.55+2.25*LEAD$

第1十分位段：
$SCHSCIE=403.38+15.35*LEAD$

○ 十分位段SCHSCIE和LEAD均值

资料来源：PISA2015 中国四川川市。

注：LEAD=校长的教育领导；SCHSCIE=学校科学成绩。

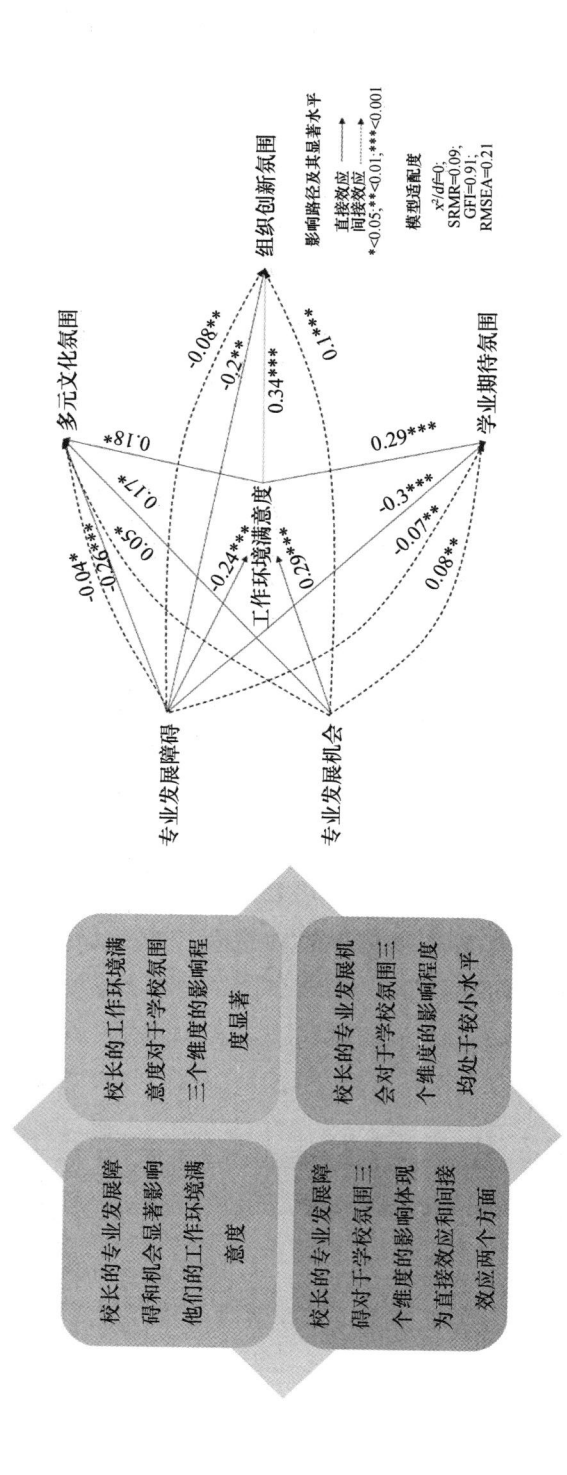

图 0-3-6 校长专业发展与学校氛围建设

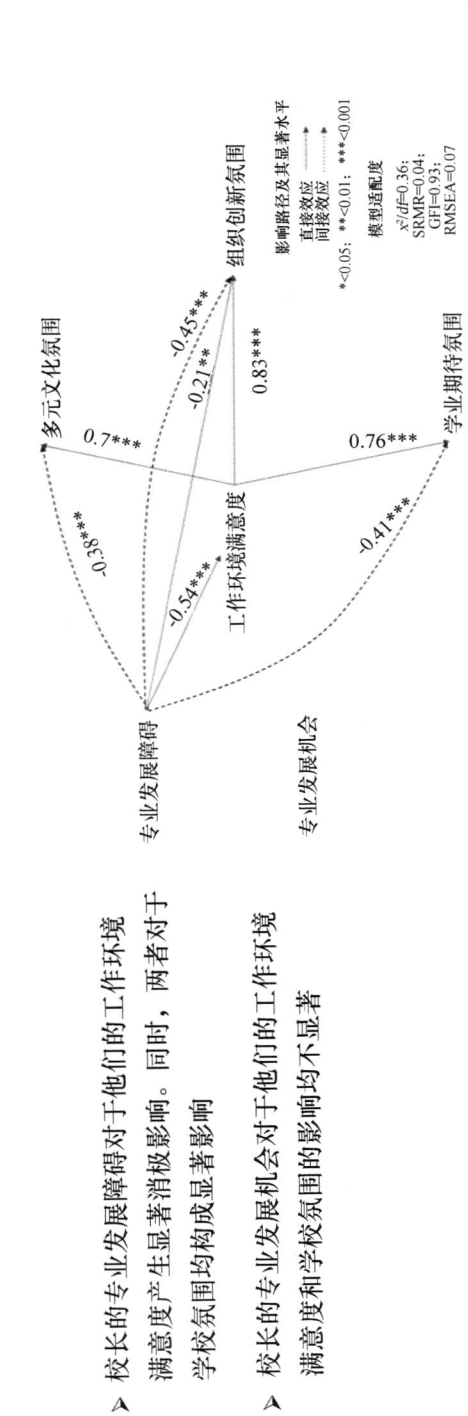

绪论 中小学校长队伍建设：理论研究与实践探索

图 0-3-7 校长专业发展与学校氛围建设：村镇学校

▲ 校长的专业发展障碍对于他们的工作环境满意度产生显著消极影响。同时，两者对于学校氛围均构成显著影响

▲ 校长的专业发展机会对于他们的工作环境满意度和学校氛围的影响均不显著

41

权与学校教育结果、学校革新氛围之间关系的分析我们发现，学校自主权的宽松和多样化程度对于特定国家的学校教育结果、学校革新氛围的质量和均衡程度的影响存在较大差异（图0-3-9）。例如，宽松的学校课程自主权有助于较为均衡地提高国家的学生科学成绩。然而，由于政策宽松导致的学校革新氛围下降和同质性发展同样值得关注。一种可能的解释是，宽松的学校课程自主权会引导学校在学习材料选择、校本课程开发和利用方面投入较多的时间和精力，从而总体改善学生的科学成绩。然而，宽松的学校课程自主权对于学校改进的显著效果，会导致学校漠视教育发展的新理念、新思路、新方法，限制学校革新氛围的开放程度和综合水平。

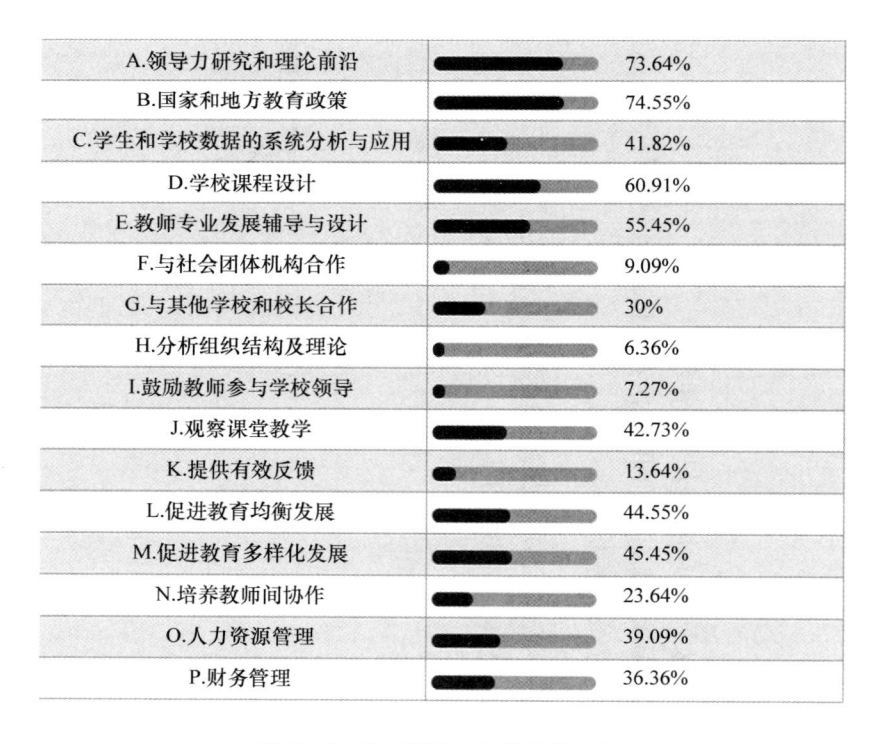

项目	比例
A.领导力研究和理论前沿	73.64%
B.国家和地方教育政策	74.55%
C.学生和学校数据的系统分析与应用	41.82%
D.学校课程设计	60.91%
E.教师专业发展辅导与设计	55.45%
F.与社会团体机构合作	9.09%
G.与其他学校和校长合作	30%
H.分析组织结构及理论	6.36%
I.鼓励教师参与学校领导	7.27%
J.观察课堂教学	42.73%
K.提供有效反馈	13.64%
L.促进教育均衡发展	44.55%
M.促进教育多样化发展	45.45%
N.培养教师间协作	23.64%
O.人力资源管理	39.09%
P.财务管理	36.36%

图0-3-8　校长专业发展的内容

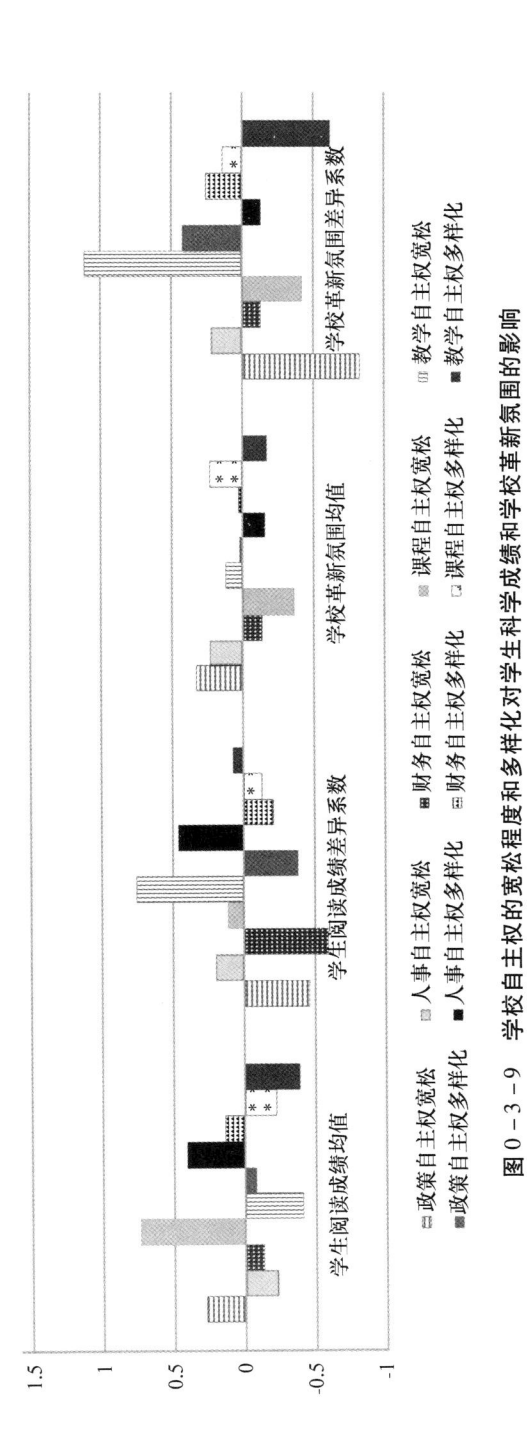

图 0-3-9 学校自主权的宽松程度和多样化对学生科学成绩和学校革新氛围的影响

第四节　校长生存状态研究的专题研讨

为了获取国内外同行的思考和建议，我们在 2021 年 5 月 7 日至 9 日举行了一次校长论坛，论坛的主题为"中小学校长队伍建设的实证研究"。同期，静安区教育局作为项目协同单位在上海市风华初级中学举办校长分论坛，主题为"校长的时间都去哪儿了"。本期论坛尝试摆脱"校长作为专业人员"的视角束缚，从更为宽广的"社会人"视角来审视校长的生存状态。特别关注如下四个方面：校长群体的专业状态；校长群体的生活状态；校长获得的支持条件；校长群体的时间分配。论坛邀请来自国内外的知名学者、教育部门决策者、国际组织代表、中小学幼儿园校园长等，围绕校长专业状态、生活状态、支持条件相关议题进行广泛和深入的讨论，为推进校长研究领域的理论体系构建做出贡献，也为深化新时代的校长队伍建设建言献策。

上海师范大学国际与比较教育研究院院长张民选在致辞中指出，校长对于学校教育质量保障的意义重大。校长队伍建设应该围绕校长工作的核心任务展开，助力学校发现并培养好栋梁之材，让每一个孩子都能够在更加幸福、更为愉悦的环境当中茁壮成长。教育行政部门既要放眼世界，以虚怀若谷的态度看待其他国家的先进经验；又要着眼于我国教育发展的价值导向和现实需要，脚踏实地地解决本土问题。教育研究者要用哲学、历史学、统计学、心理学等跨学科的方法去研究我们的校长，促进校长专业发展，提升中小学、幼儿园的办学水平。在新时代，我国教育工作者不仅要真正做到办人民满意的教育、创人民满意的学校，更要为世界教育事业贡献中国经验、中国智慧、中国力量。

一　校长群体的专业状态：道德引领与业务领导并重

对于校长道德领导的核心地位和重要意义，教育行政人员、学者和中小学校长的评价较为一致。上海市教育委员会副主任贾炜指出，校长应该是学校精神家园的奠基者、守护者、践行者，强调校长首先是一个具有人文关怀的教育工作者。只有建立起学校的精神家园，才能培养具有坚定社会主义核心价值观的教师队伍和学生群体。华东师范大学副教授刘胜男认为道德型领导能够通过信号效应,从更深层次激发教师积极投入专业学习社群,通过树立道德权威激励教师的责任感和义务承诺感。新中高级中学校长刘爱国提出,校长应扮演好四个角色:做立德树人、"五育"并举等党和国家教育方针的贯彻和执行者;做学生成长、成才、成人的守护者;做教师发展的领头人;在发展教师的同时提升自己,成为终身的学习者。校长应汲取时代所赋予的育人智慧,开阔视野,进而提升在新时代背景下创新育人能力。

上海市教委教研室主任王洋的演讲聚焦课程领导力,强调校长需要领导全体教师创新课程形式,以问题导向聚焦学校热点、难点问题,进一步完善学校课程计划,提升教育质量。校长应不断丰富自身的专业内涵,提升课程领导力,逐步成为专业型校长,以研究、指导、服务为己任。杨浦区教育督导室主任邵世开同样强调课程育人,认为校长的时间分配体现了校长的办学理念,主张通过课程实施将校长的教育理念落到实处。为了让课程更好地运行,校长应通过完善学校规划、营造学校氛围、优化学校内部管理、引领教师职业发展等路径,来有效运行课程内部体系的知识系统,从而培养有理想、有道德、有文化、有纪律的新时代社会主义接班人。

校长专业能力评价是本次论坛关心的热点话题。与会专家通过理论研究阐释了校长评价体系建设的思路,提供了国别比较的观察视野,为我国校长队伍建设提供了可资参考的标准。国际学校绩效与学校改进协会创始主席 David Reynolds 教授,简要介绍了校长绩效研究中取得的国际经验和未来的发展趋势。有效的校长既要通过展示高期望、制定规则来推动教师以及学生群体前进,也要通过制定规则建设良好校园生态,激发教师工作的热情与学生学习的潜能,来拉动学校的整体发展。校长要积极投身课堂引领与教学活动,通过自身的行为向学生传递正确的观念。要充分利用社区资源,重视家长的参与和帮助,并让学生积极参与到学校管理当中。在很多时候,校长需要根据学校的特点,思考适合的办学方式,并敢于打破规则和传统教育理念。David Reynolds 教授呼吁各国学者积极开展具有更强本土适应性的实证研究。同时,教育行政和业务部门应该努力探索基于校长需求分析的供给侧改革,将校长测评和需求分析作为校长专业发展项目的起点和终点。

中央财经大学吕云震博士梳理了美国教育学界关于校长领导力对学生学业成绩影响的相关文献，将这类研究分为"类型研究"与"影响模式研究"。主要结论包括：校长领导力与学生学业成绩呈显著正相关；影响力较大的几项校长特质分别是：教学指导能力（0.24）、理念和价值观（0.25）、专业知识储备（0.32）。有效的学校改进策略包括支持"学习社区"的发展，给予教师及时有效的教学反馈，支持课堂评价的量化等。北京联合大学陈丹博士报告了中德两国在校长领导有效性方面的文化差异。这是一项基于PISA2015数据的定量研究，主要结论是：中德两国具有相似的初中校长领导力概念模型，但是有效的领导行为存在较大差异。其中，校长将较多时间用于确定学校发展目标和愿景对于两国学生的关键素养（阅读、数学、科学、协作式问题解决）均具有显著积极影响。校长将较多时间用于教学领导对于德国学生的关键素养具有消极影响，对于中国学生的影响不显著。校长将较多时间用于教师专业发展对于中国学生的关键素养具有消极影响，对于德国学生的影响不显著。

二 校长群体的生活状态：幸福感驱动领导力提升

校长群体的生活状态同样值得关注。好的生活状态有助于促进校长专业状态的持续提升。正如邓小平同志在《关于科学和教育工作的几点意见》中提出的："搞好劳逸结合，不仅不会降低而且有助于提高教学质量。"对校长而言，工作与生活是不可分割的一体两面，是相辅相成的有机共赢关系。完满生活的体验对校长和教师同样重要，一位拥有良好生活状态的校长，其专业形象通常也更真实、立体。同时，校长的心理状态也可能通过示范效应影响校内教师。

英国伦敦大学教育学院教授Karen Edge，强调校长在教师群体关怀氛围建设中肩负的重要职责。她强调了校长自身幸福感的重要性，主张校长通过支持性文化建设对教师进行人文关怀，增强教师职业归属感、提升其工作幸福感。校长要注重领导方式，积极表达对教师校外生活的理解与支持，使教师充分体验到关怀与尊重。同时，校长要首先实现学校工作与校外生活的平衡，起到模范作用，促使校长与教师群体专业状态的持续提升。基于大量访谈数据的整理和分析，南京师范大学敬少丽教授从女性主义、社会性别理论及关怀伦理理论出发，提出了女性校长在工作和生活中遇到的常见问题，深入分析中学女校长的性别意识形成过程和相关影响因素。同时，敬少丽教授在此基础上进一步探讨了性别歧视和平等等更加突出但关系紧密的社会热点议题。

上海师范大学宁波副教授报告了在上海开展的中小学校长生存状态跟踪研究。这项研究关注过去5年中样本校长群体在专业状态、生活状态和支持条件三个维度的变化情况，以及彼此之间的相互影响。宁波副教授提出"政策和数据双轮驱动"的校长队伍建设路径，强调将校长放在"普通社会人"的视角中加以审视，充分理解和尊重校长的生活冷暖和精神世界。上海师范大学吕杰昕副教授在论坛中指出，目前对校长幸福感研究的空缺，可能是由于在学术层面对"幸福感"的定义不统一、解释力不够。结合典型个案事例和当前校长工作的普遍现状，可以推论不同工作年限的校长对于幸福感的定义与主观感受不同，难以用现成量表进行量化研究。并且，还存在其他诸多因素，如动机、工作年限等因素，都可能影响校长幸福感。因此基于不同框架，充分纳入可能相关的影响因素进行积极探索，是未来对于校长幸福感研究的主要方向。

三 校长群体的制度支持：创新形式赋能高效办学

与会专家认为，中国特色的中小学校长队伍建设制度，包括职级制度、绩效工资制度、专业发展制度、校际流动制度等，对于确保基础教育质量和均衡程度具有重要意义。在制度执行过程中，教育行政部门需要充分重视基于科学研究和现实需要的精准支持策略，不断探索基于事实证据的校长队伍建设路径，并为校长队伍的发展提供充分的外部支持条件。

上海市静安区教育局局长陈宇卿指出，作为每个校长最坚实的后盾，教育行政部门要提供有效的资源与配套政策，激活每一个校长的发展潜力，使每一所学校能够成为最好的自己。同时，教育行政部门应该努力使校长做到免予低效任务、免予低俗竞争、免予低专业表现。只有创造良好的行政管理生态，才能让校长凝神聚力在当前的课程改革当中，不断丰富教学模式，催生个性化学校。上海市教育功臣、成功教育研究所所长刘京海认为，在利用教育行政手段改善校长管理生态的同时，应该积极引导校长聚焦自身主责主业，注重学校课程建设及教师队伍建设。校长应该特别重视对所在学校的研究工作，通过制度确立、氛围营造，建立研究型学校，通过科学的思维方法提升工作效益。学校研究制度的确立和研究文化的形成，是学校发展、校长发展、教师发展乃至学生发展的原动力。

上海市实验学校党委副书记陈慧博士认为，应该重视校长和学校自主权的国际比较研究和本土调查研究，区分学校自主权的实际分配情况（包括校内—校外、教师—校长两个维度）和校长的专业诉求，核心目标是在规范办学行为与激发办学活力之间找到一个平衡点。基于大规模问卷调查和深度访谈，结合定量与定性数据的实证研究结果，浙江大学张佳副教授探讨了轮岗经历是如何以及在多大程度上影响校长领导力以及学校的科学发展的。研究结果表明，轮岗能显著提高校长的领导力水平，且对领导力的提升存在"黄金频次"效应。在教育实践过程中，校长轮岗的积极性应当得到重视，更好发挥轮岗对校长领导力发展的积极作用，有效促进义务教育均衡发展。

义务教育集团化办学是促进教育均衡发展的一项重要实践探索。通过发挥示范学校的引领辐射作用，推动教育公平与教育效能的全面提升。中国教育发展战略学会现代教育管理专委会秘书长王刚介绍了他们在义务教育集团化办学中的校长领导职能研究，强调抓好校长队伍建设就是抓住了提高教育质量的关节环节之一。通过政策梳理、实践总结、问卷调查等方法，研究团队得出了三个代表中小学教育集团领导职能的公共因子，包括战略规划、专业引领和资源赋能，分别代表了校长工作中所需要的前瞻性、精确性和全局性。以战略规划为基础，专业引领与资源赋能共同引领、相辅相成，构成了中小学教育集团校长领导职能框架体系。

海南师范大学沈有禄教授报告了中小学教师和校长的基本生存状态，基于广泛调查了解他们对于《义务教育法》所规定的中小学教师工资水平的看法。比例较高的教师认为应该切实提高教师的社会经济地位、工资收入水平等，呼吁相关部门督查基层政府落实《义务教育法》规定的教师工资待遇。沈有禄教授建议将职称评审改为自动晋升，拉低不同职称间的工资待遇差距，并切实提高贫困地区、农村地区教师以及代课、聘任、幼儿园、高中教师收入水平，有效调整津贴分配等绩效调节手段。

四 校长群体的时间分配：理解校长工作和生活状态的重要路径

时间分配是理解校长工作和生活的重要路径。为了更好地理解校长的工作和生活状态，上海市静安区教育局完成了一次覆盖全体中小学校长的问卷调查，可以用于探讨校长时间分配所体现的办学价值。上海师范大学王洁教授从校长群体的时间效能入手，发布了静安校长工作和生活状态的调研报告。这项研究强调职业幸福对于校长专业成长的重要性，主要发现包括：（1）校长工作面临着工作时间长、工作内容多、工作压力大等挑战。（2）工作和生活的动态平衡对于校长的职业幸福具有至关重要的影响。（3）宏观的政策环境和行政干预能够影响校长工作和生活的动态平衡。

本期论坛在上海市风华初级中学设置的校长分论坛以这项调查项目为基础，围绕"校长的时间都去哪儿了"展开。校长分论坛尝试描述和探讨校长群体最真实的工作—生活现状，希望促成更多校长对自己所承担的专业工作形成共识，积极构建教育治理的新生态，激发更多基层学校的办学活力和自主性。分论坛的讨论环节进行得非常激烈，不同校长对于时间分配的背后价值有着不同的解读。在校长的所有工作内容中，占用时间最多的三项内容依次为：处理行政事务；承担日常教学管理；制定学校发展规划。能够形成较为广泛共识的内容包括如下三个方面。

第一，课程和教学领导是校长工作的基础。校长需要重视学校课程建设，努力提升课程领导力，将教育教学理念转化为教师的具体课堂行为。校长应该通过制度设计将更多时间投入学校的日常教研当中，与教师建立紧密的专业伙伴关系，在真实的课堂教学中探讨课改重难点的破解、教育理念的落实以及学科课程核心素养的落地，促使教师群体的发展与国家课程改革理念的落地。

第二，确定学校发展的目标与愿景是校长工作的有效路径。站在新的时代背景和全球视野下，校长需要积极投身于学校发展的谋划当中，持续更新自身办学理念，包括办学定位、办学目标、学生发展、队伍建设等。通过打造和完善学校课程文化、教师文化、课堂文化等办学举措，校长可以提升自己的办学境界和办学智慧。同时，校长要始终坚持治校育人，将学生发展和教师成长作为一切办学行为的核心指标，通过目标引领与问题导向，不断评估与反思教育是否真正符合社会的需求以及教育改革的需要。

第三，优化外部环境是校长工作的薄弱环节。对于很多校长而言，家长和社会的教育期望远远高于学校教育的承载能力，校长需要应对需求性关注、接受监督性关注、回应合作性关注、指导非理性关注。很多时候，校长不得不将很多时间用于各种紧急突发事件和非常规事件的应对当中，无法更好地关注学校内部的工作需要。

　　上海市教育学会会长尹后庆在总结与点评环节指出，校长要重视提高有限工作时间的有效性，核心的专业素养包括：（1）建立完整的学校制度以及长期的制度文化以保障学校工作的有序运行。（2）转变工作观念，以专业自觉丰富专业生活，用科学手段合理利用碎片化的工作时间。（3）打造学校品牌，形成校内外办学合力，努力将上级教育部门交付的工作与学校的发展愿景和工作目标相结合。

第一章　生存状态：理解校长的多维视角

在我国的中小学校长选拔和培养中，倡导教育家办学始终是一个基本的价值取向。基于这一选拔和培养理念，大多数中小学校长在进入校长队伍之前就已经成长为具有较高业务水平的优秀教师，特别体现为卓越的课程和教学能力、一定程度的领导和行政能力，以及同教育系统内其他同行的业务交往能力。在进入校长队伍以后，绝大多数校长仍旧没有放弃教育教学业务能力的积极提升。与此同时，教育行政和业务指导部门积极为校长提供各种培训和研修机会，努力提升校长的领导和行政能力。

与其他优秀教师对于课堂教学的专心投入不同，多数校长在成长为校长的过程中都非常重视对于学校发展的贡献。部分成长为校长的优秀教师还会积极探索通过公开课、教研论文等形式，在区域和学校范围内承担学术引领和业务交流的职责。这种主动探索、锐意进取、乐于奉献的精神品质，使得这些优秀教师逐渐赢得领导和同事的信任和尊重，继而成长为校长。在成为学校主要领导以后，大多数校长都面临这样那样的新挑战，他们会不断调整自己的角色定位以便尽快适应。同时，主动探索、锐意进取、乐于奉献等精神品质，仍然是支撑许多校长从角色适应走向卓越的内部原因。

遗憾的是，已有研究中绝少有从更为宽广的"社会人"视角理解校长的。在这一章，我们将从校长生存状态测评的视角出发，展开对校长队伍建设的讨论。

第一节 校长生存状态测评的基本构想

一 中小学校长测评的学术史梳理及研究动态

国内外学者对中小学校长的测评研究集中在校长的工作绩效及其影响因素上,核心是校长的专业表现和支持条件,缺乏对校长专业态度和生活状态的研究。该领域的研究主要有如下两个趋势。

第一,通过校长专业标准和测评框架的研制,对校长的专业知识和专业能力进行测评。这类测评的前提假设是:校长的专业知识和专业能力是可以测评的,尽管教育的复杂性决定了测评结果的可信度遭到质疑。校长的专业知识和专业能力与校长的工作实践密切相关,能够反映校长的工作状况,并且对校长的专业成长起到引导作用。在国内,这类研究的代表包括王继华[1]、褚宏启[2]、杨海燕[3]、魏志春[4]、陈永明[5]等人对于校长职业化、专业化的相关研究,旨在为建立中小学校长的国家标准奠定工作基础。2013 年 2 月,我国教育部颁布《义务教育学校校长专业标准》,确立了校长在领导课程教学、引领教师成长、规划学校发展、营造育人文化、优化内部管理、调试外部环境六个方面的基本要求。在其他国家,这类研究的代表包括英国师资教育署(Teacher Training Agency)和美国国家校长协会(National Association of Headteachers)关于校长专业标准的研究。

第二,通过较大规模的调研和访谈,对校长的专业成长历程及其影响因素进行测评。在国内,这类研究的早期代表包括卢元楷在 70 年代主持的校长成长相关因素研究和北京教育行政学院在 80 年代主持的中小学校长成长规律研究。这些研究旨在对校长专业发展的阶段特征、一般规律和限制条件进行归纳总结。近年来,随着《义务教育学校校长专业标准》的颁布实施,对校长专业成长历程和影响因素的研究,开始聚焦于具体的校长专业素养。为了制定基于专业标准的校长职级标准,作者所在机构于

---

[1] 王继华:《校长职业化:教育创新的抉择》,《人民教育》2004 年第 1 期。
[2] 褚宏启:《校长专业标准与校长核心素养》,《中小学管理》2015 年第 3 期。
[3] 杨海燕:《中小学校长专业发展的影响因素》,《教育理论与实践》2003 年第 1 期。
[4] 魏志春、高耀明:《中小学校长专业标准研究》,北京大学出版社 2010 年版。
[5] 陈永明、徐苏:《我国中小学校长专业标准研究》,《中国教育学刊》2009 年第 1 期。

2014—2015年对上海市初级中学校长展开抽样调查。在本次调查中，随机抽取的192位校长完成了研究者提供的自评问卷，30位具有典型性的校长完成了关于个人成长历程的半开放式访谈，能够很好地反映上海市初级中学校长的基本特征和成长阶段性。其他具有代表性的国内研究包括曾天山[1]、钟启泉[2]、林天伦[3]等人对于校长领导风格、行政领导与课程领导、校内和校外影响力的研究，致力于探索校长专业成长的影响因素。在其他国家，这类研究的代表包括Darling-Hammond[4]、DuFour[5]等人对于美国校长在专业成长历程与专业培训设计、应对变革环境和建构学习型组织、职业倦怠与人员流失等方面的研究。

除上述两类关于校长工作的专门测评之外，许多关于学生、教师、学校的大型国际调查项目，如"国际学生评价项目（PISA）""教与学国际调查项目（TALIS）""系统层面改进教育结果项目（SABER）"等，均涉及对校长专业状态和所处环境的调查。这些调查项目以学生成长、教师发展、学校改进为目标，可以帮助我们确认有助于实现这些目标的校长行为、态度和支持条件。目前，关于有效校长的研究包括如下几个方面：学校目标和理念建设、课程与教学领导、行政管理与人际交往、学校氛围建设。在PISA-2009、PISA-2012、TALIS-2013、TALIS-2018、SABER-2014中，上海师范大学国际与比较教育研究院代表上海市参与到这些项目的组织和研究。

通过该领域的文献梳理，我们发现目前的研究断层主要表现为：（1）校长专业标准与测评框架的研发缺乏整体的眼光。将校长置于一个相对孤立状态下的"专业人"来测评其专业知识和能力，缺乏对校长生存状态的全面描述，也无法提供关于校长专业状态的准确定位和合理解释。这些测评大多围绕校长的专业状态展开，对于校长的生活状态缺乏应有的重

---

[1] 曾天山、时伟：《京津沪渝四直辖市中小学校长专业化水平调查比较分析》，《教育理论与实践》2010年第30期。
[2] 钟启泉：《从"行政权威"走向"专业权威"》，《教育发展研究》2006年第4A期。
[3] 林天伦：《校长影响力生成与提升策略探析》，《教育发展研究》2014年第4期。
[4] Darling-Hammond, L., *Preparing principals for a changing world: Lessons from effective school leadership programs*, San Francisco: Jossey-Bass, 2010.
[5] DuFour, R., *Learning by doing: A handbook for professional learning communities at work*, Bloomington, IN: Solution Tree Press, 2010.

视。(2) 校长专业成长的测评没有瞄准"成长"。测评的指标体系相对静止，没有将校长的专业状态视为一个随着生活状态和支持条件而不断发生变化的"动态过程"。(3) PISA、TALIS 等国际调查项目以 OECD 国家的教育现状为分析基础，关注的重点是国际可比性，缺乏对中国本土情境的关注。同时，围绕学生成长、教师发展、学校改进展开对校长的研究，关注的重心是校长的专业状态对学生、教师、学校的影响，没有将校长的生存状态置于研究的核心位置。

二 本项研究的基本构想：校长生存状态测评框架的搭建

上述分析既为本项研究提供了切入点，也让我们的研究有了深化的方向。本研究中的"校长生存状态"关注如下三个方面（图 1-1-1）：第一，校长群体的专业状态，特别关注与学生成长、教师发展紧密相关的校长专业表现与专业态度，包括工作内容、成长历程、职业幸福。第二，校长群体的生活状态，特别关注与校长专业状态密切相关的工作压力、工作时间、健康状况、文体活动和家庭责任五个方面。第三，校长形成特定专业状态和生活状态所获支持条件，包括个体、家庭、学校、教育行政支持和社会经济文化背景。对于校长生存状态的实证研究，致力于探索校长专

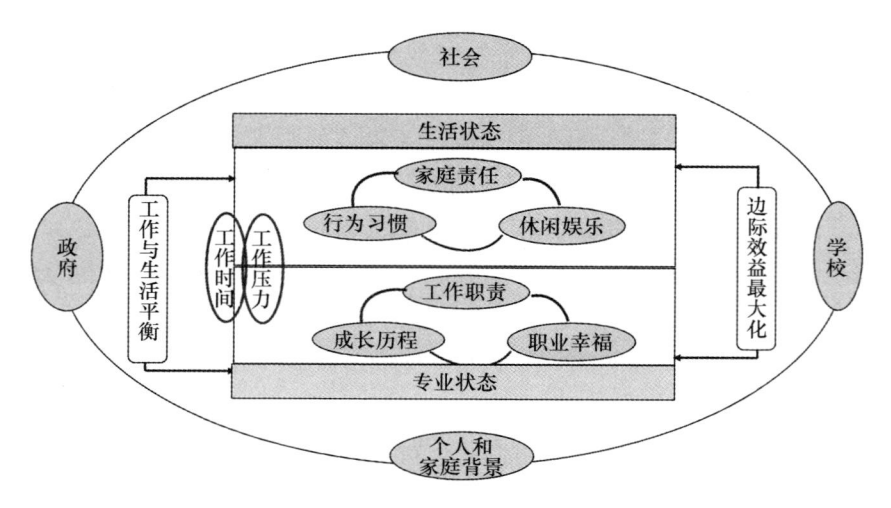

图 1-1-1 中小学校长生存状态研究的概念框架

业状态、生活状态、支持条件的现状及其相互关系，以期形成能够反映不同区域和不同成长阶段校长特征的指标体系和"动态模型"。概言之，通过定性研究和定量研究，形成能够描述在不同工作环境和支持条件下，校长的专业状态和生活状态的各种重要指标和主要结论。

（一）理解校长的生活状态是理解其专业状态的重要前提

上述概念框架建立在如下两个基本假设的基础上。第一，校长的专业状态与生活状态同样重要，校长会努力实现专业状态和生活状态的平衡，工作时间和工作压力是调节两者之间动态平衡的关键指标。第二，校长的生活状态与专业状态是相互扶持的，校长会努力实现专业状态和生活状态边际效益的最大化——校长对于美好生活的追求，需要同时兼顾自己的专业状态，反之亦然。从整个教育体系效率优化的角度出发，综合考虑校长的生活状态与专业状态，有助于教育行政部门和学校领导者的科学决策和精准施策。我们希望通过对校长生活和工作状态的调查研究，帮助教育行政部门和学校领导者寻找调解校长生活状态与专业状态的各种临界点，引导校长实现美好生活与专业发展的优化与平衡（表1-1-1）。

表1-1-1　　　　中小学校长生存状态研究的指标体系

	二级指标	细分维度	主要描述	核心观念
专业状态	工作职责	工作表现	学校的质量标准；内涵建设；深化改革；教育信息化	办学
		工作时间	分布情况；分配方式；教学职责	效率
		工作压力	压力来源（教学；人际；制度；职业）；重大教育变革的影响	强度
	职业幸福	价值维度	职业满意度；学校满意度；工作价值；工作负担；薪资满意度；对于工作和生活的总体评价	满意程度
		身心维度	身心失调现象；身心失调现象的频率；专注程度；积极情感；常见职业病	身心素养
		人际维度	组织信任氛围；同事关系；与教育局的关系；师生关系	社会交往

续表

	二级指标	细分维度	主要描述	核心观念
专业状态	成长历程	专业标准	领导课程教学；引领教师成长；规划学校发展；营造育人文化；优化内部管理；调试外部环境	起点
		工作经历	首次在上海开始工作的时间；在外省市工作经历；成为校长的路径；担任校长的时间；不同学校担任校长经历	经历
		专业发展活动	参与情况；参与时间；参与内容	提升
		职级晋升	职级情况；晋升挑战	认定
生活状态		行为习惯	睡眠时间和睡眠质量；就餐和饮水；抽烟和饮酒	活力
		休闲娱乐	体育活动；娱乐活动；业余爱好	优雅
		家庭责任	陪伴家人或做家务的时间；子女数量和计划生育情况	和谐
生存条件		个人	性别、年龄、户籍等人志特征；原始学历、后续学历、学科背景、就读学校和专业情况等教育背景	职业准备
		家庭	家庭结构；配偶的户籍情况；家庭成员的职业构成	家庭条件
		学校	学校性质；学校规模；学校区位；学校类型；学校氛围；教师互助	学校条件
		政府	教育优先发展战略的落实情况；人民群众普遍关心的教育问题的解决情况；科学的成才观念；正确的人才导向	教育治理
		社会	社区居民的文化修养提升态度；社区居民的主流文化；所在学区的社会公共资源；社会融入面临的挑战	社会环境

（二）学术价值和应用价值

1. 学术价值。从多维度、动态角度审视校长工作，在借鉴上海参加PISA、TALIS等国际大型教育调查项目经验的基础上，构建有针对性和本土适用性的校长生存状态测评指标体系，具有重要的理论意义。校长工作绩效提升的主要推动力在于校长工作与生活的平衡发展和两者边际效益最大化，相关测评必须考虑校长专业状态、生活状态、支持条件的动态性，尝试由静态的、描述性指标主导的达标测评，向兼顾动态与静态的、解释性指标主导的成长测评转变。

2. 在这项研究中，我们希望将多指标综合指数体系作为校长生存状态测评的工具。这个多指标综合指数体系可以通过镶嵌的指标构成关系——上级指标由下级指标合成，逐层次分析校长专业状态和生活状态的关键指标及相关影响因素，为中小学校长队伍建设提供可操作性的诊断工具。对于特定区域的教育行政部门和校长培训机构而言，通过与其他区域校长生存状态的重要指标进行比较，可以了解本地区校长队伍的优势和劣势，以及影响不同区域校长队伍建设的主要因素，科学地做出本地校长未来发展的决策。

（三）总体框架与主要目标

本项研究旨在通过文献梳理，对我国（地方行政部门、研究机构、高校等）已有的校长专业状态、生活状态、支持条件的测评经验进行筛选，对上海参加TALIS两轮测试的经验及相关工具、数据进行分析。从"理性分析"和"经验总结"两条相互结合的路径，去构建中国中小学校长生存状态测评框架，并开发相应的工具。这个测评体系的搭建，能够支持我们完成如下几项工作。（1）描绘校长工作。通过对中小学校长生存状态相关数据的分析，深入了解和把握中小学校长工作的基本情况，包括专业状态、生活状态和支持条件。（2）探索校长成长历程。通过分析普通教师、骨干教师、学校中层干部、副校长、初级校长、高级校长在专业状态和生活状态诸方面的差异性，为教育行政部门的校长选拔（发现具有校长潜质的教师）和职级评定（确定校长职级标准）提供决策咨询建议。（3）确认区域和城乡差异。通过对东、中、西部典型区域校长生存状况的分析，探索校长专业状态、生活状态与校长支持条件之间的依存关系。同时，本研究还将特别关注农村、郊区、城区校长在专业状态和生活状态方面的差异性，以及这些差异性与校长支持条件之间的关系。（4）追踪校长队伍变化。通过对典型区域校长持续三年的跟踪，了解校长在专业状态、生活状态、支持条件三个方面的变化过程及其相互关系。

（四）重点难点

本研究的重点是建构基于"义务教育学校校长专业标准"的"中小学

校长生存状态测评框架"。基本思路是，以"校长专业标准"为基础建设"校长专业状态"指标体系，以"校长专业状态"指标体系为核心建构"校长生存状态"指标体系。"校长生活状态"和"校长支持条件"的相关指标，围绕"校长专业状态指标体系"展开。

"校长生存状态测评框架"的研发，需要确保"测评框架"的"宽度"和"长度"，使之能够反映不同区域校长所面临的"典型情境"和校长成长历程的"持续变化"。基于这一认识，我们将校长的奋斗目标与评价体系纳入考察范围。《中国教育现代化2035》及其附属文件为我们理解校长的奋斗目标提供了限定条件，特别体现为学校教育的质量标准和学校的内涵建设、深化改革和教育信息化等。《深化新时代教育评价改革总体方案》，为校长的业务领导和变革能力提供了宏观环境。如何处理"测评框架"与"典型情况""持续变化"之间的关系，是本研究的难点。应对这一难题的基本思路是，建设包括骨干校长、校长培训专家、教育绩效研究学者、社会学专家的联合研究团队。

（五）基本思路与具体方法

这项研究的基本研究思路为（图1-1-2）：第一，通过文献研究和大规模访谈，把握中小学校长生存状态测评的现状，梳理相关理论和政策、制度。第二，基于文献研究和访谈结果，研发"校长生存状态测评框架和指标体系"，开发"校长生存状态测评问卷"。第三，利用上述过程开发的测评问卷，获取能够反映不同区域、不同发展水平、不同学校类型的校长

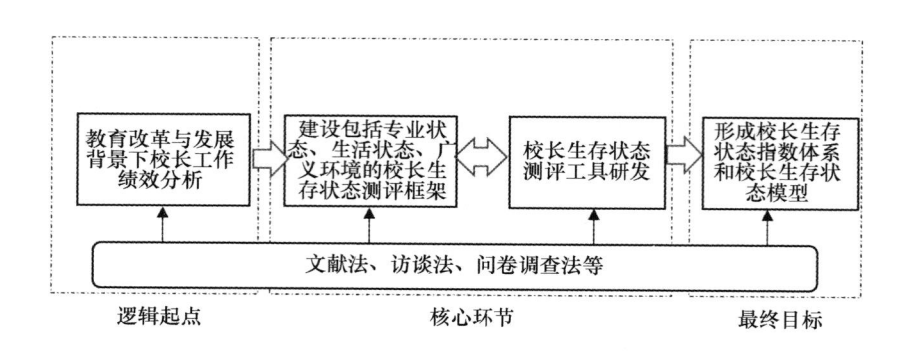

图1-1-2 中小学校长生存状态研究的基本思路

数据。基于对这些数据的分析，形成校长生存状态指数体系和校长生存状态模型。

具体研究方法如下。

1. 文献分析。文献分析的主要作用是梳理中小学校长生存状态测评的研究现状和相关政策，包括：归纳现有测评理论和主要研究发现；梳理现有测评实践；分析现有测评政策与制度对校长工作和校长管理的影响。

2. 专题访谈。出于"自上而下"和"自下而上"两方面考虑，本研究选取教育行政官员、研究机构与校长培训机构工作人员、具有代表性的校长和教师群体，开展访谈。我们将运用 CiteSpace 软件对访谈结果进行解构和编码，从而获得各类访谈对象对校长生存状态的看法。

3. 问卷调查。问卷开发建立在校长生存状态测评框架的基础上，问卷调查的实施将在征得相关教育行政部门的许可和支持之后通过网络投放。拟采用整群分层抽样的方式进行抽样，并平衡各类型学校的校长样本比例，以确保样本代表性。

三 研究的创新之处

（一）学术思想

教育行政部门、校长培训机构、校长群体对于校长生存状态的评价，很大程度上体现了当前社会对校长工作的认识和理解。目前，学术界对于校长生存状态的实证研究仍显不足，需要利用区域比较和跟踪研究的方式审视校长工作的体制特点和成长性。建构校长生存状态的测评指标和知识体系，能够为我国不同地区政府制定校长管理的相关政策提供事实依据，为其他机构和个人在引导校长专业发展、保障校长生活水平、创建校长工作环境方面的相关研究和实践，提供咨询建议和支持。

（二）学术观点

校长生存状态测评是校长绩效研究的重要组成部分。校长生存状态测评研究有助于提高校长的工作效率和生活品质，并为教育行政部门制定校长支持政策提供依据。1. 将校长"专业状态"分为专业表现和专业态度两个维度，特别关注与"学生核心素养培养"和"新时代教师队伍建设"密切相关的校长专业表现与专业态度，为校长个人积极投入教育教学改革，提供一个"框架式"的指导。2. 特别关注与校长专业状态密切相关的校长"生活状态"维度，包括工作压力、工作时间、健康状况、文体活动和家庭责任五个方面。3. 将校长工作置于"个人、家庭、学校、教育行政与当地经济文化环境"五个要素构成的一个大背景下，以一种全局的、系统的眼光来看待校长的专业状态和生活状态。

（三）研究方法

（1）描述性分析。大样本调查可以反映校长在各个区域、学校类型、服务年限和职级水平的"专业状态和生活状态"，可以用来监测校长在一段时间内的专业成长程度和生活质量改善情况。（2）线性分析。通过对校长工作绩效和生活质量的"输入—过程—输出"分析，从校长个人、区域校长队伍两个层面出发，揭示校长生存状态的相关规律。（3）结构方程分析。校长的专业状态和生活状态是各种要素的综合效应。校长研究应该从单一要素决定论向多要素互动论过渡，对影响校长专业状态和生活状态的关键要素及其影响程度进行整体讨论。

第二节　校长专业状态的测评指标体系

从更为宽广的"社会人"视角出发，理解校长的专业状态是这项研究的出发点。为了较为清晰地描述校长的专业状态，我们从校长的工作职责、成长历程和职业幸福三个维度进行指标建设。其中，工作职责维度主要围绕校长的学校建设职责展开，理论原型是《中国教育现代化2035》，包括校长的工作表现、工作时间和工作压力三个子维度。成长历程维度围绕校长专业成长的进展情况展开，理论原型是《义务教育学校校长专业标准》，包括专业标准、工作经历、专业发展活动、职级晋升四个子维度。职业幸福维度围绕校长的职业体验展开，理论原型是塞利格曼的层压理论，包括价值维度、身心维度和人际维度三个子维度。

一　校长工作职责测评框架建设

（一）基于"教育现代化"发展目标的校长职责体系

教育现代化是中国政治体制和社会发展的基本需要，体现了当前教育发展需要遵守的基本规律和路径选择。"十四五"时期，以习近平新时代中国特色社会主义思想为引领,包括校长在内的全体教育工作者需要不断强化"办人民满意的教育"(政治使命),探寻"以生活为中心的教育"(价值追求),实践"学校与社会的深度融合"(实现形式)。校长工作职责测评框架以中共中央、国务院印发的《中国教育现代化2035》为出发点,对标《上海教育现代化2035》《中共上海市委上海市人民政府关于贯彻〈中共中央、国务院关于深化教育教学改革 全面提高义务教育质量的意见〉的实施意见》《国务院办公厅关于新时代推进普通高中育人方式改革的指导意见》和《中共中央国务院关于学前教育深化改革规范发展的若干意见》等政策文件。

以校长的学校发展职责为主线,我们主张采集校长的工作表现、工作时间和工作压力信息(表1-2-1)。对于校长工作表现的调查围绕教育现代化的概念展开,调研的指标体系可以分为四个维度,分别指向质量标准、内涵建设、深化改革、教育信息化。其中,质量标准回答的是什么是教育现代化的问题;内涵建设和深化改革回答怎样建设教育现代化的问题;教育信息化回答在怎样的技术背景下建设教育现代化。就工作时间而言,我们希望考察校长在不同时间段的时间分布情况、在各项工作内容上的分配情况,以及校长的教学职责等。就工作压力而言,纳入考察范围的指标包括校长的压力来源和重大教育变革的影响两个方面。其中,工作时间能够反映校长的工作效率,工作压力则能够体现校长的工作强度。

表1-2-1　　　　　　　　校长工作职责的测量指标

二级指标	细分维度	主要描述	核心观念
工作职责	工作表现	学校的质量标准;内涵建设;深化改革;教育信息化	办学
	工作时间	分布情况;分配方式;教学职责	效率
	工作压力	压力来源(教学,人际,制度,职业);重大教育变革的影响	强度

(二)校长的工作表现(表1-2-2)

在中国教育的话语体系中,学校教育的培养目标是德、智、体、美、劳全面发展的社会主义事业建设者和接班人。① 校长的业务领导和变革能力需要围绕这一质量标准展开，不断完善"五育并举"的课程、教学和评价体系。校长的业务领导与变革能力特别体现为坚定务实的政治信念（思想作风、思政党建）、与时俱进的探索精神（发展动能）、开放包容的学习态度（胸怀抱负）、积极作为的工作态度（干事创业、队伍建设）。

内涵建设的政策背景是，在基础设施、人力资源、制度建设等学校发展的基本条件建设完成之后，学校教育开始从提质增效的角度出发寻求高质量、高效率增长的发展路径，主要特征是从重点关注数量提升向重点关注质量提升转变。校长的业务领导和变革能力需要重视学校常规工作的提质增效，具体表现为优化课程管理、提高课堂教学实效、加强学教研工作、加强教材管理、加强作业管理五个方面。

基础教育领域持续深化改革提出的背景是，随着政治、经济、社会、文化的持续发展，教育领域不断出现一些新形势，需要通过教育品质的转型升级来完成。校长的业务领导和变革能力需要特别关注深化改革的关键议题，包括创新创造教育的发展需要、提升教育对外开放的层次、探索多方参与的学校治理机制、进一步发展教育质量体系。

进入新时代，信息技术革命是世界经济社会发展的重要变革力量。② 教育信息化是科学技术领域的变革式发展向教育发展提出的新要求。教育

---

① 求是：《培养德智体美劳全面发展的社会主义建设者和接班人》（2018年10月8日），2021年4月28日，http：//theory.people.com.cn/n1/2018/1008/c40531-30328238.html。

② 信息技术革命（information technical revolution）是指人类社会中信息存在形式和信息传递方式以及人类处理和利用信息的形式所发生的革命性的变化。人类的社会活动过程，就是人类交流信息和应用信息的过程。人类社会的发展和进步必然伴随着信息的存在、流通和加工利用方式的进步与发展。人类社会已经经历了五次信息技术革命。(1) 语言的创造，从猿向人转变时发生。劳动创造了人类，人类创造了语言，获得了人类特有的交流信息的物质手段，有了加工信息的特有的工具概念。(2) 文字的发明，发生于原始社会末期。它使人类信息传递突破了口语的直接传递方式，使信息可以储存在文字里，超越直接的时空界限，流传久远。(3) 造纸和印刷术的发明，是在封建社会发生的变革。这一发明扩大了信息的交流和传递的容量和范围，使人类文明得以迅速传播。(4) 电报、电话、电视等现代通信技术的创造，发生在19世纪末20世纪初期。这些发明创造，使信息的传递手段发生了根本性的变革，加快了信息传输的速度，缩小了信息的时空范围，信息能瞬间传遍全球。(5) 电子计算的发明和应用，20世纪中叶出现的电脑，从根本上改变了人类加工信息的手段，突破了人类大脑及感觉器官加工处理信息的局限性，极大地增强了人类加工、利用信息的能力。

信息化对当代教育的根本改变在于，信息处理和存储方式取得了颠覆性改变。与之相应，学校教育有条件从关注知识的保存和传播转向知识的发现和使用，从以班级授课制为基础的教学组织形式转向基于计算机辅助教学的因材施教甚至自主学习。校长的业务领导和变革能力需要反映技术发展带来的教育变革需要，体现为信息技术与学校育人的深度融合、支撑学习者自主学习的智慧学校、提升教师适应未来学习形态的能力、优质教育资源的共建共享共赢四个方面。

表1-2-2　　校长工作表现的指标体系：学校办学质量的视角

领域	维度	指标
1. 质量标准[1]	1.1 注重德育实效	1.1.1 习近平新时代中国特色社会主义思想的落实情况 1.1.2 "立德树人"综合改革在学生行为习惯养成中的实效性 1.1.3 思政课与学科德育的课程协同效应的实效性 1.1.4 政治启蒙和价值观塑造的实效性 1.1.5 红色文化等教育资源的实效性 1.1.6 心理健康教育体系 1.1.7 生态文明教育专项行动的实效性[2]
	1.2 提高智育水平	1.2.1 国家课程方案和标准的落实情况 1.2.2 因材施教的有效路径 1.2.3 深度学习的实践模式 1.2.4 学校 STEM 教育的实施水平 1.2.5 学校教学观念转变 1.2.5.1 学校教学与学生生活之间的关联性 1.2.5.2 学校教学在培养终身学习中的作用 1.2.5.3 学校教学在培养创新实践中的作用 1.2.5.4 学校教学在培养问题解决能力中的作用 1.2.5.5 学校教学在培养探索精神中的作用 1.2.6 学校的学业质量监测与督导

---

[1]　理念层面。教育现代化的目标：培养德、智、体、美、劳全面发展的社会主义建设者和接班人；实现素质教育的方式：完善"五育并举"的课程体系。中国教育工作的根本任务和教育现代化的目标：培养德、智、体、美、劳全面发展的社会主义建设者和接班人。（信息来源：中共上海市委上海市人民政府关于贯彻《中共中央、国务院关于深化教育教学改革　全面提高义务教育质量的意见》的实施意见）

[2]　共青团中央：《"美丽中国·青春行动"实施方案（2019—2023年）》，人民出版社2019年版。

续表

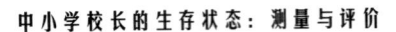

领域	维度	指标
1. 质量标准	1.3 强化体育锻炼	1.3.1 学校高水平体育的实施情况 1.3.2 学校体育课程建设和实施情况 1.3.2.1 运动项目数量① 1.3.2.2 学生每天运动时间② 1.3.3 课程、教学、教师、资源的有效利用③ 1.3.3 学校的体育赛事动员机制：运动普及与提高的相结合 1.3.4 普通学生的体育运动技能④ 1.3.5 学校的近视综合防控工作
	1.4 提升美育素养	1.4.1 学校艺术特色项目 1.4.2 学校美育课程 1.4.3 学校的中华优秀文化传承项目 1.4.4 学校的高水平学生艺术团体 1.4.5 普通学生的艺术爱好和特长
	1.5 加强劳动教育	1.5.1 学校的劳动教育课程 1.5.2 学校的社会劳动项目（公益劳动⑤；劳动技能实践；勤工助学） 1.5.3 学校的家庭劳动教育
2. 内涵建设⑥	2.1 优化课程管理	2.1.1 学校课程建设的过程管理 2.1.2 学校课程建设的依托力量 2.1.3 学校课程建设的能力 2.1.4 校长的课程领导力（观察指标，不计入指数建设）
	2.2 提高课堂教学实效	2.2.1 课堂教学方式改革 2.2.2 基于学科的课程综合化教学 2.2.3 跨学段跨年级的学科教学衔接 2.2.4 优秀教学成果的推广和应用 2.2.4.1 在本校应用优秀教学成果 2.2.4.2 向外校推广优秀教学成果 2.2.4.3 区域共享课程建设

① 执行标准：7 项为合格。
② 执行标准：1 小时为合格。
③ 信息来源：上海市教委《上海市小学体育兴趣化、初中体育多样化课程改革指导意见（试行）》。
④ 执行标准：每位学生掌握 1—2 项运动技能为合格。
⑤ 执行标准：20 课时为及格。
⑥ 围绕常规工作的提质增效展开。（信息来源：中共上海市委上海市人民政府关于贯彻《中共中央、国务院关于深化教育教学改革 全面提高义务教育质量的意见》的实施意见）

续表

领域	维度	指标
2. 内涵建设	2.3 加强学校教研工作	2.3.1 健全学校教研机构设置 2.3.2 优化教研队伍建设 2.3.3 构建结构形态多样的教研合作共同体 2.3.4 提高教研工作效率
	2.4 加强教材管理	2.4.1 义务教育阶段国家统编教材的使用情况 2.4.2 学校课程资源挖掘情况 2.4.3 教辅材料管理情况
	2.5 加强作业管理	2.5.1 学校对学习结果评估、考试命题、作业布置的统筹管理和科学指导 2.5.2 教师的命题能力和作业设计能力 2.5.3 校内课后服务机制
3. 深化改革①	3.1 深化创新创造教育②	3.1.1 学校组织创新的研究与实践探索（引领性课题或项目） 3.1.2 学校的创新人才培养路径 3.1.3 支持创新的社会制度环境
	3.2 提升教育开放水平	3.2.1 国际教育资源的本土融合创新 3.2.2 对外交流与合作（长三角、全国和境外） 3.2.3 外籍学生随班就读 3.2.4 优秀外籍人才引进
	3.3 完善多方参与体制机制	3.3.1 学校自主权 3.3.2 学校制度和经费管理 3.3.3 政府支持 3.3.4 家校共育 3.3.5 区域发展 3.3.6 学校党建③ 3.3.6.1 党员基础数据 3.3.6.2 表彰情况

① 核心观点：社会变革催生教育品质的转型升级。信息来源：《上海教育现代化2035》。

② 信息来源：中共上海市委上海市人民政府关于贯彻《中共中央、国务院关于深化教育教学改革 全面提高义务教育质量的意见》的实施意见。

③ 核心观点：中国特色社会主义的最根本特征是中国共产党的领导。坚持中国共产党的领导是中国社会最基础的政治制度，是中国社会持续快速稳定发展的重要基石。教育领域的思政党建是新时代中国特色社会主义建设的重要构成部分，是适应经济社会领域持续变革和高速发展的重要稳定器。信息来源：中共上海市委上海市人民政府关于贯彻《中共中央、国务院关于深化教育教学改革 全面提高义务教育质量的意见》的实施意见。

续表

领域	维度	指标
3. 深化改革	3.4 健全教育标准，高质量发展	3.4.1 教育标准的规范化培训和知晓程度 3.4.2 教育质量标准 3.4.3 教师队伍建设标准 3.4.3.2 各学科教师编制的充足程度 3.4.4 学校建设标准 3.4.5 教育评价标准 3.4.6 对于宝山基础教育总体优势和短板的判断（理念；视野；干部；教师；课程；财务制度；后勤保障）
4. 教育信息化①	4.1 信息技术与学校育人的深度融合	4.1.1 学生信息思维的培养 4.1.2 数据驱动的教学模式变革 4.1.3 新技术在教育教学质量保障机制中的应用 4.1.4 数字化教材运行保障机制 4.1.5 未来学校和未来教室建设探索
	4.2 支撑学习者自主学习的智慧学校	4.2.1 学校的信息化环境建设 4.2.2 学校教学场所的立体综合应用 4.2.3 学校的教育教学技术支撑和服务能力 4.2.4 学校的科学化、精细化、智能化治理水平
	4.3 提升教师适应未来学习形态的能力	4.3.1 教师信息素养提升 4.3.2 教师信息技术应用
	4.4 优质教育资源的共建共享共赢	4.4.1 教育资源共建 4.4.2 教育资源共享 4.4.3 教育资源的区外辐射
	4.5 新冠肺炎疫情期间的线上教学的总体感受（应急处置）	4.5.1 线上教学的认可程度 4.5.2 教师的胜任程度 4.5.3 新冠肺炎疫情结束后开展线上线下混合设计的可行性

（三）校长的工作时间

1. 工作时间的分布情况。涉及的观察指标包括工作日学校工作时间、工作日在家工作时间、周末工作时间。基于上述三个指标，合成"每周工作时间"。

---

① 核心观点：技术发展带来的教育变革。信息来源：《上海教育现代化2035》。

2. 工作时间分配方式。在 TALIS2018 的校长工作时间分配模型中，校长工作被切割为如下几个部分：行政事务；领导事务；课程和教学事务；与学生互动；与教师互动；与家长互动；与社区互动；其他。在这项研究中，我们将不同块面进行进一步切割，形成如下工作职责架构（表 1-2-3）。

表 1-2-3　　　　　　校长的工作职责与具体内容

工作职责	具体内容
行政事务	包括规章制度、报告、学校预算、准备课表、班级构成，应对区县、市级政府部门或国家教育官员要求
领导事务	包括战略规划、领导和管理工作，如制订学校发展计划以及处理人力资源及人事问题，如雇用职工
教学事务	包括教学、课堂观察、学生评价
课程事务	包括课程开发、监测与评价
与学生互动	包括辅导和有组织学习活动外的谈话，纪律管理
与教师互动	指导教师、参与教师专业发展
与家长或学生监护人互动	包括正式和非正式互动
与地方和地区社区、企业和行业互动	/
其他	/

3. 教学职责。校长的教学工作职责是时间占用较多的领域，纳入考察的指标包括是否承担教学任务、任教学段、任教学科、每周课时数、所教与所学的一致性。

（四）校长的工作压力

校长的工作压力被区分为教学压力、人际压力、制度压力、职业压力四种类型，基于因子分析方法建立了 4 个工作压力的类型指数，并且在 4 个类型指数的基础上建立了 1 个工作压力的总体指数。其中，教学压力的构成指标包括学生成绩、班级管理、学生家长的教育期望、学校领导的教学激励四个指标。[①] 制度压力的构成指标包括学校管理制度；在职培训要

---

① 四个指标的因子负重分别为 0.15；0.37；0.32；0.19。模型的拟合优度较好（*Chi - Square* = 10.67；*DF* = 2；*Pr > Chi - Square* = 0.005；*SRMR* = 0.03；*RMSEA* = 0.15；*BentlerCFI* = 0.97）。

求；职称晋升。① 人际压力的构成指标包括学生家长的教育期望、学校同事的竞争关系、学校领导的教学激励。② 职业压力的构成指标包括社区居民的职业评价、家人和亲属的职业评价、朋友的职业评价。③ 基于教学压力、制度压力、人际压力、职业压力四个构成指标，我们建构了工作压力指数。④

二 校长职业幸福的测评指标体系

（一）校长职业幸福测评的理论原型

在本项研究中，校长职业幸福测评的理论原型是塞利格曼（Martin Seligman）的层压理论（PERMA theory）。追求幸福是人的一项生物本能，也是积极心理学（positive psychology）研究的基本假设。在现有的学校治理架构中，积极的自我实现是中小学校长能够获得的最大激励。在这项研究中，对于校长专业状态的测评框架建立在塞利格曼的层压理论基础上。⑤ 这个理论认为，人们在从事某项职业的过程中具备一些基本动机，包括积极情感（positive emotion）、专注式参与（engagement）、人际关系（relationships）、工作意义（meaning）、工作成就（accomplishment）五个维度，首字母缩写为 PERMA。

1. 积极情感。在现实的工作和生活当中，我们会基于"感觉好"而做很多事情，比如跳舞、阅读、志愿服务等。与此同时，我们也会经历一些消极情感。为了维持幸福体验，我们需要采取积极情感来对抗消极情感。

2. 专注式参与。当我们全身心地投入某项工作中的时候，我们可能是

---

① 3个指标的因子负重分别为 0.3；0.7；0.12。模型的拟合优度较好（$Chi-Square=0$；$DF=0$；$Pr>Chi-Square=$；$SRMR=0.03$；$RMSEA=$；$BentlerCFI=1$）。

② 3个指标的因子负重分别为 0.12；0.35；0.63。模型的拟合优度较好（$Chi-Square=0$；$DF=0$；$Pr>Chi-Square=$；$SRMR=0.03$；$RMSEA=$；$BentlerCFI=1$）。

③ 3个指标的因子负重分别为 0.06；0.33；0.82。模型的拟合优度较好（$Chi-Square=0$；$DF=0$；$Pr>Chi-Square=$；$SRMR=0.03$；$RMSEA=$；$BentlerCFI=1$）。

④ 4个二级指数的因子负重分别为 0.37；0.28；0.38；0.09。模型的拟合优度较好（$Chi-Square=4.05$；$DF=2$；$Pr>Chi-Square=0.13$；$SRMR=0.02$；$RMSEA=0.08$；$BentlerCFI=0.996$）。

⑤ Martin E. P. Seligman, *Flourish: A visionary new understanding of happiness and well-being*, New-York: Free Press, 2011.

认为这件事情非常重要或者值得投入，同时会感觉到时间过得飞快，并获得愉悦体验。对于许多领导者而言，愉悦的工作体验同样可以促使他们在工作中投入较多时间。在现实的工作环境中，会出现很多的干扰因素，如突发事件或者情境变化，影响这种投入式的参与，并且带来不爽的情感体验。

3. 人际关系。在很多时候，良好的人际关系能够给我们带来愉悦体验，从而成为我们努力工作的一个重要原因。与之相反，与上级领导、同事和工作对象之间的不睦关系，可能会让我们感觉工作一团糟，导致组织归属感、信任关系和工作价值的丧失。

4. 工作意义。在很多时候，我们能够从有意义的工作中获得愉悦体验。当我们反思和思考工作意义的时候，也有可能产生愉悦体验。同时，我们会将工作中的具体事项赋予不同程度的意义，在优先程度和时间投入上予以区别对待。当这种优先程度和时间投入无法实现时，我们同样会产生不好的情感体验。对于刚刚进入特定工作岗位的人而言，他们同样能够从探索工作中的新奇和不确定性中体验快乐和不适。

5. 工作成就。人们能够从自己的工作成就中获得愉悦体验，包括工作的完成情况、获得的报酬、对于工作环境的认同等。通常，能够通过努力来应对的挑战，更有可能带来愉悦体验。

基于塞利格曼的层压理论，OECD 在 TALIS2022 中确定了教师职业幸福的调研框架，包括：认知维度（cognitive dimension）、主观维度（subjective dimension）、生理和心理维度（mental and physical dimension）、人际维度（relational dimension）。[①] 基于层压理论的概念框架与 TALIS2022 的调研框架，我们确定了校长职业幸福的指标体系，包括价值维度、身心维度、人际关系三个维度（表 1-2-4）。整个调研框架围绕支持和保障校长的积极自我实现这一中心任务展开。

---

① 在 PISA2022 的调查框架中，校长的职业幸福体现为：认知、主观、生理和精神、人际四个维度，分别体现在校长的胜任程度、满意程度、身心健康、社会交往四个方面。其中，认知维度关注校长的工作专注程度、时间投入和分配情况、工作负担三个方面，分别对专注、时间、压力。主观维度关注校长的职业满意度、工作环境满意度、生活满意度、职业情感、职业价值感。生理和精神维度关注校长的身体不适、心理不适两个方面，涉及身心失调现象和频率两个指标。人际维度关注校长的同事关系、与教育局的关系、师生关系、学校信任氛围。

表 1-2-4　　　　　　　　校长职业幸福的测量框架

二级指标	细分维度	主要描述	说明
职业幸福	价值维度	职业满意度；学校满意度；工作价值；工作负担；薪资满意度；对于工作和生活的总体评价	满意程度
	身心维度	身心失调现象；身心失调现象的频率；专注程度；积极情感；常见职业病	身心素养
	人际维度	组织信任氛围；同事关系；与教育局的关系；师生关系	社会交往

（二）价值维度

1. 职业满意度。纳入考察范围的指标包括：如果给我再次选择的机会，我还是会选择当校长；我在想换一个职业会不会更好；总之，我满意自己的工作；我后悔自己决定做校长。三分之一左右的校长对于自己的职业不满意或者非常不满意，体现在不愿意做校长、希望换个职业两个方面。为了获得更具代表性的概念，上述四个方面的指标被用来合成职业满意度指数。

2. 学校满意度。纳入考察范围的指标包括：如果有可能，我想换一所学校；我很享受在本校的工作；我会向人推荐我所在的学校是个工作的好地方；我满意自己在本校的表现。多数校长对于自己的学校满意或者非常满意，体现不愿意换一所学校、享受本校工作、向他人推荐自己的学校、满意自己在本校的表现四个方面。为了获得更具代表性的概念，上述四个方面的指标被用来合成职业满意度指数。

3. 工作价值。纳入考察范围的指标包括：我在工作中保持清晰的方向感和目标；我的日常活动经常是琐碎和不重要的；我很享受为将来制订工作计划；我有时候会感觉工作没有用处。多数校长对于校长工作价值的认同感较高，体现在目标清晰、日常活动重要、享受制订工作计划、感觉工作有用等方面。

4. 工作负担。纳入考察范围的指标包括：我有足够的时间完成工作中需要完成的事情；有很多次我都无法实现每个老师的工作支持预期；我在工作日仍有稍许闲暇；我的工作不允许我在个人生活中投入时间。多数校长对于自己的工作负担感到满意或者非常满意，体现为有足够时间完成工作、能够实现教师的工作支持预期、工作日有些许闲暇、能够在个人生活中投入时间 4 个方面。

5. 绩效工资的满意程度。纳入考察范围的指标包括知晓程度、满意度、对于收入水平的影响。其中，满意程度包括总体情况、国家工资、基础绩效、工作量绩效、奖励性绩效、工资外收入。

6. 校长对于工作满意度和生活满意度的总体评价。除了上述 4 个主要指标之外，我们还要求校长填写对于工作、生活的总体满意程度。按照从低到高评分，1 为完全不满意，10 为完全满意。

（三）身心维度

1. 工作专注程度。纳入考察范围的指标包括我的思路不如往常清晰、我很难思考复杂的事情、我比往常思考速度慢了、我经常分神。基于样本区域的调研结果显示，在过去一个学期中，多数校长对于自身专注能力的评价较高，体现在思维的清晰程度、复杂问题的思考能力、思考速度、分神情况等多个方面。

2. 积极情感。纳入考察范围的指标包括我感觉很开心并且精神状况良好、我感觉平静并且放松、我感觉很积极并且富有活力、我会以饱满舒缓的状态开始一天的学校工作、我对每天的工作感兴趣并且投入。在过去一个学期中，多数校长对于自己的积极情感评价较高，体现为精神状况、放松程度、活力水平、舒缓程度、投入水平等多个方面。为了获得更具代表性的概念，上述 5 个方面的指标被用来合成积极情感指数。

3. 身体不适。纳入考察范围的指标包括头疼、胃疼、背疼、晕眩。在过去一个学期中，多数校长均出现一定程度的身体不适，体现为头疼、胃疼、背疼、眩晕等。为了获得更具代表性的概念，上述 4 个方面的指标被用来合成身体不适指数。

4. 心理不适。纳入考察范围的指标包括沮丧、不安、紧张、焦虑。在过去一个学期中，多数校长均出现一定程度的身体不适，体现为沮丧、不安、紧张、焦虑等。为了获得更具代表性的概念，上述 4 个方面的指标被用来合成身体不适指数。

5. 身心不适。除了上述四个主要指标之外，我们还建立了一个"身心不适"的综合指标。在过去一个学期中，多数校长均出现一定程度的身心不适，体现为身体不适、心理不适、疲劳、失眠等。为了获得更具代表性的概念，上述 4 个方面的指标被用来合成身心不适指数。

6. 校长因为身心不适而无法工作的天数。除了上述指标之外，我们还采集了校长因为身体不适而无法工作的天数，用来体现强烈的身心不适现象及其影响。

7. 常见职业病发病率。纳入调查的常见职业病包括慢性咽喉炎，肩椎、颈椎、腰椎病，静脉曲张，心理疾病，肠胃病，痔疮，心血管疾病，内分泌疾病，肺部疾病，其他。

（四）人际维度

1. 组织信任氛围。纳入考察范围的指标包括：教师可以依赖学校提供的专业支持；我对教师的专业素养充满信心；即便在很艰难的情境下，我们学校的老师仍然相信我；我们学校的教师可以彼此依赖；我感觉可以相信我们学校的老师。多数校长对于学校的组织信任氛围评价较高，体现为教师可以依赖学校提供的专业支持、校长对教师的专业素养充满信心、教师信任校长、教师彼此依赖、校长信任教师。为了获得更具代表性的概念，上述 5 个方面的指标被用来合成组织信任氛围指数。

2. 与同事的关系。纳入考察范围的指标包括：我感觉我总是被排除在各种活动之外；我跟我们学校的老师相处融洽；我在学校中感觉尴尬和不适；我们学校的老师看起来喜欢我。多数校长对于自己的同事关系满意或者非常满意，体现为融入、融洽、适应、喜爱四个方面。为了获得更具代表性的概念，上述 4 个方面的指标被用来合成同事关系指数。

3. 与教育局的关系。纳入考察范围的指标包括：教育局很欣赏我的工作能力；教育局对我做的事情感兴趣；教育局了解我的学校情况；教育局能够感受到我的需要；教育局将校长视为专业人员。多数校长对于自己的领导关系满意或者非常满意，体现为教育局欣赏我的工作能力、对我做的事情感兴趣、了解我的学校情况、理解我的需要、将我视为专业人员 5 个方面。为了获得更具代表性的概念，上述 5 个方面的指标被用来合成与教育局的关系指数。

4. 与学生的关系。纳入考察范围的指标包括：我对学生做的事情发自内心地感兴趣；如果我的学生走进学校的时候感觉不安，我会关注他们；我享受在自己的学校工作；我们学校的学生很尊重我；如果我们学校毕业的学生未来能够回访我的学校，我会非常开心。多数校长对于自己的领导关系满意或者非常满意，体现为对学生的事情感兴趣、关注学生情绪波动、享受学校工作、受到学生尊重、享受毕业生回访等5个方面。为了获得更具代表性的概念，上述5个方面的指标被用来合成同事关系指数。

三 校长成长历程的测评指标体系

（一）基于专业标准的成长测评体系建设

进入20世纪以后，基础教育的普及和质量保障，成为世界各国普遍关心的重要议题。在各种教育理念和思潮的影响下，基础教育领域不断涌现各种形式的改革和实验活动。在过去三四十年当中，以持续提高教育绩效作为基本价值追求，世界各国先后推出旨在促进中小学校长和教师专业发展的各项举措。在这一轮的教育变革当中，一些教育发达国家和地区先后以政府或者非政府机构的名义，推出具有指导意义的中小学校长专业标准。[1] 这些标准的确立和实施，既为中小学校长正确履行自己的职责、有效管理学校提供了一个专业标尺，又为教育行政部门遴选、考核和评价中小学校长的教育绩效、促进校长专业发展提供了客观依据。

进入20世纪80年代以后，我国政府相继启动了一系列针对中小学管理体制的改革，导致学校校长在国民教育体系中角色的变化和职能的不断扩大。1985年颁布的《中共中央关于教育体制改革的决定》，正式确立了中小学管理的"校长负责制"。自此，校长越来越多地需要对学校的发展、对学校教育的结果特别是学生的学业成绩负责。在这样的背景下，校长能否承担起这样的职责，如何承担这样的职责，谁最适合做校长，怎样培养一名合格乃至优秀的校长，成为我国教育界广泛关注的一个热点问题。[2] 2009年4月到2010年12月受教育部委托，我们参与了《中国中小学校长专业标准（草案）》的前期研究和文件起草工作。2013年2月，教育部正式印发《义务教育学校校长专业标准》（以下简称《标准》）[3]。

《标准》明确规定，校长作为专业人员，在履行学校领导与管理工作职责的过程中，需要始终坚持如下基本理念：以德为先；育人为本；引领

---

[1] 褚宏启：《走向校长专业化》，《教育研究》2007年第1期。
[2] 魏志春、高耀明：《中小学校长专业标准研究》，北京大学出版社2009年版，第1页。
[3] 中华人民共和国教育部：《义务教育学校校长专业标准》，人民出版社2013年版。

发展；能力为重；终身学习。其中，校长的品德修养包括：坚持社会主义办学方向；热爱教育事业和学校管理工作；具有高尚的职业操守。校长的育人职责体现为：将学生健康成长作为学校工作的出发点和落脚点；遵守教育规律、重视教育内涵发展；坚持正确的人才观和科学的质量观。校长在引领发展方面的职责体现为：对于学校、教师和学生的发展负有重要职责；秉承发展的、先进的教育和管理理念。校长的能力结构体现为：重视管理理论与实践相结合；持续提升自己的专业素养；坚持实践—反思—实践的自我提升路径。校长的终身学习要求体现为：秉承学以致用的原则；重视知识结构的持续优化；重视教育的时代特征和国际趋势；重视学习型组织建设。

基于对校长专业标准的深度分析，我们建构了校长成长历程的四个子维度（表1-2-5），包括专业标准、工作经历、专业发展活动、职级晋升等，分别对应于校长成长经历的起点、经历、提升和认定。其中，校长专业标准不仅决定了进入校长队伍的专业素养，而且在很大程度上决定了校长的成长经历、专业发展活动和职级晋升情况。

表1-2-5　　　　　　　　校长成长历程的测量框架

二级指标	细分维度	主要描述	说明
成长历程	专业标准	规划学校发展；领导课程教学；引领教师成长；优化内部管理；营造育人环境；调适外部环境	起点
	工作经历	首次在上海开始工作的时间；在外省市工作经历；成为校长的路径；担任校长的时间；不同学校担任校长经历	经历
	专业发展活动	参与情况；参与时间；参与内容	成长
	职级晋升	职级情况；晋升挑战	认定

（二）校长的专业标准

为了深入调查和了解《标准》在校长培养、选拔和评价中的实施情况，2014年到2015年，我们承担上海市教委委托项目"义务教育学校校长职级制度建设研究项目"。在这项研究中，我们对上海市初级中学校长在领导课程教学、引领教师成长、规划学校发展、营造育人文化、优化内

第一章 生存状态：理解校长的多维视角

表1-2-6 校长专业标准的测量指标

维度	学校治理水平	校长专业素养
规划学校发展	学校发展规划的参与者、利益群体和修正路径；办学特色	内涵建设；依法治校；开门办学；开放程度；校情分析；协调传承与发展之间的关系；特殊需要群体的利益保护
领导课程教学	面向全体与因材施教；教学的一致性与多样性；校本课程的数量、形式和来源；国家课程、地方课程与校本课程之间关系；学生体育运动情况；义务教育课程标准的落实情况；学生课业负担；教研活动方式；教学评价制度	教学专业知识；教学原理与方法；教育信息化技术的原理与方法；教学评价和反馈
引领教师成长	教师的专业准备；教师的入职教育；临时教师的评聘；学校改革的依托力量；教师专业发展的依托力量；教师培养的特色；青年教师培养制度建设；研训经费占比；教师专业发展档案	擅长的学科领域；党组织参与学校重大决策；了解教师专业发展诉求的手段
优化内部管理	（私立学校）校董会的人员构成和职权范围；学校法务专业化水平；校委会的人员构成和设置；公开招聘或教师评聘或学术委员会的设置情况；预算申报、公用经费使用；信息化管理程度；财务公开程度；规章制度的完善程度；校园安全事故的应急处置	管理自主权；广纳建议
营造育人环境	学校德育工作体系建设；社会主义核心价值观融入校园文化建设；促进优秀文化融入学校教育的途径；弘扬传统文化和地域文化的主题活动；融合学校特点和教育理念的校园标识；重大节庆日活动；营造安全、健康网络及校园氛围的核心力量；学校文化建设的核心载体；学生社团建设的原则	了解校园文化建设理念、途径、方式和方法的主要途径；学校文化建设的专业知识
调适外部环境	家委会建设；家校共建情况；家校发展中的重要校外力量；学校发展的社会公共服务机构；校园绿化放的规范性；参访或服务比较多的社会公共服务机构；校外志愿者参与学校互动过程中的突出问题	了解学生家庭、对学校贡献最大的校外人士

75

部管理、调试外部环境六个方面的素养，展开抽样调查。每个方面的专业素养均体现为如下三个维度：专业理解与认识；专业知识与方法；专业能力与行为。在问卷设计过程中，纳入考察范围的内容包括学校治理水平和校长专业素养两类，具体指标如下。

（三）校长的工作经历

对于校长的工作经历，纳入考察范围的指标包括：首次在上海开始工作的时间；在外省市工作经历；成为校长的路径；担任校长的时间；不同学校担任校长经历。这些指标不仅有助于我们理解校长的成长历程，而且能够帮助我们分析校长的履职情况、职业幸福和生活状态。

（四）校长的专业发展活动

根据上海市校长培养的基本情况，纳入考察范围的指标包括：参与市、区两级专业发展活动的情况；参与专业发展活动的天数；参与专业发展活动的内容三个方面。其中，参与专业发展活动的内容包括（图1-2-1）：领导力研究和理论前沿；国家和地方教育政策；学生和学校数据的系统分析与应用；学校课程设计；教师专业发展辅导与设计；与社会团体机构合作；与其他学校和校长合作；分析组织结构及理论；鼓励教师参与学校领导；观察课堂教学；提供有效反馈；促进教育均衡发展；促进教育多样化发展；培养教师间协作；人力资源管理；财务管理。

内容	比例
财务管理	31.18%
人力资源管理	20.00%
培养教师间协作	25.29%
促进教育多样化发展	42.35%
促进教育均衡发展	39.41%
提供有效反馈	17.65%
观察课堂教学	49.41%
鼓励教师参与学校领导	11.76%
分析组织结构及理论	11.76%
与其他学校和校长合作	25.29%
与社会团体机构合作	5.29%
教师专业发展辅导与设计	67.06%
学校课程设计	74.12%
学生和学校数据的系统分析与应用	24.12%
国家和地方教育政策	64.71%
领导力研究和理论前沿	90%

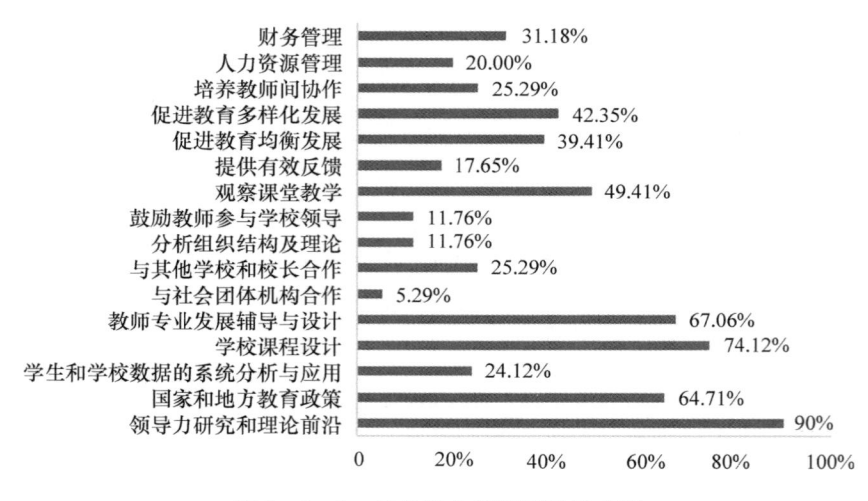

图1-2-1 校长专业发展活动的内容

（五）职级晋升

职级情况。在现有的校长职级体系中，存在如下几个等级：未定级；初级校长；中级校长；高级校长；特级校长。

晋升挑战。校长的职级晋升具有明确的标准，包括如下几个方面：思想素质；道德品质；办学思想；学校管理；教育教学；师资建设；办学实绩；社会影响；学历要求；专业技术职务要求；原职任职年限要求；教学工作量要求；年度考核等级要求；区域指标限制。校长在上述指标中面临挑战的程度存在差异。

第三节 校长生活状态的测评指标体系

一 研究基础：教育工会视角中的教师"生活状态"测评

随着工业化的发展，教师职业从一项兼职工作（如作为哲学家和社会活动家的柏拉图）逐渐走向拥有专门从业者的普通职业，再到需要掌握专门知识和技能的成熟专业（如经过职前培养、入职教育和职后发展的现代教师）。在这种转变过程中，教师的伦理赋值、科学赋值逐渐提高，教师被推向无比高尚、无所不能的神坛。[1] 在教师队伍建设中，人们通常会强调教师是社会的代表，其行为举止必须与一定的社会期望保持一致，不应以其个性特征和主观体验为转移。[2] 于是乎，教师所从事的教育工作与他们的日常生活成为两个割裂的、互不相通的世界。在教育向教师的自我实现转向，向教师的生命质量转向的当下，我们必须意识到教师不仅是一种职业定位，还是一种充满个性的自然和社会存在。[3] 教育教学不只是教师谋生的职业，而且应该指向教师的完满生活，成为教师生命和社会价值的实现形式。

教师的生活状态是教育工会工作重点关注的内容。一个成功的教师不仅需要有良好的专业发展状态，而且其生活质量也应该是良好的。在尊重生命质量、追求教育品质的现代教育中，如何利用教育工会组织的传统优

---

[1] 李学书、范国睿：《生命哲学视域中教师生存境遇研究》，《教师教育研究》2016年第1期。
[2] 荀渊：《新时代基础教育教师队伍建设的目标、内容与路径——基于〈中国教育现代化2035〉教师队伍建设内容的分析》，《教师教育研究》2019年第2期。
[3] 王磊、靳玉乐：《社会分层理论视域下的教师身份考量》，《教师教育研究》2018年第1期。

势，创造性地开展工作，成为各级教育工会着力思考的内容。毕进杰等人对过去 20 年美国教师工会研究的文献综述结果显示，美国研究者特别强调教师作为"经济人"和"社会人"的人性假设，关注教师的利益诉求、行为逻辑与情感特征等。[①] 接受中国教育工会 J 区委员会（以下简称 J 区教育工会）委托，研究团队对该区基础教育教师（包括学前、小学、初中、高中、中职校、特殊教育和校外机构）进行调研。调研的目的不仅在于揭示 J 区基础教育教师的生活状态，更重要的是关注生活状态对专业状态的影响，考察教师的生活状态在其工作领域的溢出效应，进而为 J 区教育工会制定教师支持和教师激励政策提供咨询建议。

这项研究中关注的教师"生活状态"不是全面衡量教师生活的完整指标体系，而是选择与其专业状态有关联的要素（效率、强度、和谐、优雅、活力）。其选择依据主要有两个方面：第一，是家庭经济学视角。[②] 家庭经济学旨在分析家庭成员如何通过优化时间配置来实现家庭利益的最大化。经典的家庭经济学理论将家庭生活分为四个维度：工作压力与劳动报酬、休闲和娱乐活动、家务劳动和子女抚育、身体修复（睡眠、就餐、饮水等）与健康状况。在这项研究中，我们特别关注家庭生活对教师工作的影响，考察家庭生活对工作领域的溢出效应。第二，社会—情感心理学的视角。[③] 社会—情感心理学旨在考察人的"社会—情感技能"对生活质量和工作竞争力的影响。与学业成绩、学历、技能证书等认知技能相比，"社会—情感技能"属于非认知技能的范畴（如利他性、自控性和情绪稳定性等）。这类技能通常在日常生活和人际交往中培养和形成，既可带来家庭责任、休闲娱乐、健康状况的边际报酬递增或递减，又可以"外溢"到工作中，提高或者消减工作绩效。本研究特别考察可能形成这些"社会—情感技能"的教师日常生活片段。

[①] 毕进杰、彭虹斌：《近 20 年美国教师工会研究的概念框架及应用》，《教师教育研究》2019 年第 3 期。

[②] 魏翔、李伟：《生活时间对工作绩效影响的现场实验研究》，《中国工业经济》2015 年第 9 期。

[③] Organization for Economic Co-operation and Development, *Skills for Social Progress*: *The Power of Social and Emotional Skills*, OECDSkills Studies, Paris: OECD Publishing, 2015, https://doi.org/10.1787/9789264226159 – en.

在这项研究中，我们通过与 J 区教师、教育行政人员、教育科研人员的深入沟通，建立了一套基于对 J 区教师总体状况进行初步诊断的"生活状态"的指标体系。这套指标体系包括工作时间、工作压力、家庭责任、休闲娱乐和健康状况五个方面，涵盖了对教师专业状态有促进或者抑制作用的 17 项关键指标。其中，工作时间和工作压力是联结教师生活状态和工作状态的主要指标，能够较好地反映教师的工作效率和强度；家庭责任、休闲娱乐和健康状况则分别体现教师生活的和谐、优雅和活力等核心要素。

二 校长生活状态测评指标体系建设

基于在教师生活状态测评领域的工作经验，我们确立了校长生活状态测评的指标体系，包括行为习惯、休闲娱乐和家庭责任三个子维度，分别反映校长生活的活力、优雅与和谐情况（表 1-3-1）。就行为习惯而言，纳入考察的指标包括睡眠时间和睡眠质量、就餐和饮水情况、抽烟和饮酒情况。就休闲娱乐而言，纳入考察的指标包括体育运动、娱乐活动、业余爱好。就家庭责任而言，纳入考察的指标包括陪伴家人或做家务的时间、子女数量和计划生育情况。

表 1-3-1　　　　　　　校长生活状态的测量框架

一级指标	细分维度	主要描述	核心观念
生活状态	行为习惯	睡眠时间和睡眠质量；就餐和饮水；抽烟和饮酒	活力
	休闲娱乐	体育运动；娱乐活动；业余爱好	优雅
	家庭责任	陪伴家人或做家务的时间；子女数量和计划生育情况	和谐

（一）行为习惯

1. 睡眠情况

考察指标包括：工作日每晚的睡眠时间；周末每晚的睡眠时间；工作日每天的午休时间；周末每天的午休时间；过去一个学期的失眠情况。

2. 就餐和饮水情况

就餐和饮水情况能够反映校长的营养水平和从容程度。对于就餐和饮水情况的考察涉及如下指标：工作日早餐、午餐和晚餐的用餐地点；工作日早餐、午餐和晚餐的用餐时间长度；工作时间的主要饮料类型；工作日每天的饮料量。

3. 工作日的抽烟和饮酒情况

抽烟和饮酒情况能够反映校长的部分行为习惯，这些行为习惯可能与校长的健康状况有关。对于抽烟和饮酒情况的考察涉及如下指标：抽烟数量（包括不抽烟）；饮酒类型（包括不饮酒）；饮酒量。

（二）休闲娱乐

纳入测评范围的指标包括：工作日五天的体育锻炼时长；周末两天的体育锻炼时长；工作日的体育锻炼类型；周末的体育锻炼类型；工作日的娱乐活动类型；周末的娱乐活动类型；业余爱好情况。

（三）家庭责任

纳入考察范围的家庭责任履职情况包括：工作日每天陪伴家人或做家务的时间；周末每天陪伴家人或做家务的时间；抚育子女和计划生育情况。

第四节 校长生存条件的测评指标体系

一 基于《总体方案》的校长生存条件测评指标体系

2020年10月，中共中央、国务院印发了《深化新时代教育评价改革总体方案》（简称《总体方案》）。《总体方案》以问题为导向，着力构建科学的、系统的、符合时代要求的教育评价制度和机制，对破除教育领域评价的"五唯"顽疾，迈向教育2035具有全面而深远的意义。[①]《总体方案》为校长的学校领导工作提供了宏观政策环境，包括教育改革的重点领域和实施路径，以及提升基础教育内涵和品质的努力方向。

对于校长生存状态的描述需要全面考察校长的生存条件。这将是一个非常庞大的系统工程。有鉴于本项研究中对于校长生存状态的分析围绕校

---

① 其中，教育评价改革的问题导向体现为：党中央关心、群众关切、社会关注。教育评价改革的科学性体现为：科学使用结果评价、过程评价、增值评价、综合评价；信息技术和大数据的广泛使用。教育评价改革的系统性体现为：不同主体、不同学段、不同类型教育的统筹兼顾、分类设计、稳步推进；改革的系统性、整体性、协同性。教育评价改革的时代特征体现为：中华民族的伟大复兴；攻坚克难、科学发展；中国特色、扎根中国、融通中外。

长专业状态的持续改进展开，对于校长生存条件的描述也将围绕校长专业状态的关键支持条件展开。对于校长生存条件的测评，我们希望能够描述中小学校长的个人背景、家庭条件、学校环境、教育行政支持和所在社区情况（表1-4-1）。这些基本特征能够反映校长队伍建设的时代特征，并且与校长的专业状态和生活状态存在高度相关。其中，校长的个人教育背景和工作经历反映校长的成长起点和发展过程，家庭条件制约校长的工作状态和生活品质，学校环境是校长进行学校管理的基础条件，政府支持决定了校长能够获得的重要办学资源，社会环境能够反映学校办学的生源结构、文化取向和经济基础。

表1-4-1　　　　　　校长生存条件的测量框架

一级指标	细分维度	主要描述	核心观念
生存条件	个人	性别、年龄、户籍等人种志特征；原始学历、后续学历、学科背景、就读学校和专业情况等教育背景	职业准备
	家庭	家庭结构；配偶的户籍情况；家庭成员的职业构成	家庭条件
	学校	学校性质；学校规模；学校区位；学校类型；学校氛围；教师互助	学校条件
	政府	教育优先发展战略的落实情况；人民群众普遍关心的教育问题的解决情况；科学的成才观念；正确的人才导向	教育治理
	社会	社区居民的文化修养提升态度；社区居民的主流文化；所在学区的社会公共资源；社会融入面临的挑战	社会环境

二　个人背景特征

在校长测评中，通常会纳入考察范围的个人背景特征包括两类：性别、年龄、户籍等人种志特征；原始学历、后续学历、学科背景、就读学校和专业情况等教育背景。

三　校长的家庭背景

对于校长的家庭背景，纳入考察范围的指标包括家庭结构、配偶的户籍情况、家庭成员的职业构成。

1. 家庭结构。包括如下几个类型：单身或已婚无子女，与父母共同生活；单身或已婚无子女，不与父母共同生活；已婚有子女的核心家庭（小家庭），您或配偶的父母居住在附近，可以帮忙照料家庭生活；已婚有子女的核心家庭（小家庭），您或配偶的父母均不居住在附近，无法帮忙照料家庭生活；已婚有子女，和您或配偶父母居住在一起的大家庭；离异有子女，独自照顾子女；离异有子女，与父母共同生活或者父母居住在附近，可以帮忙照顾家庭生活；不适用或不方便回答。

2. 配偶的户籍情况。包括如下几种情况：无配偶；出生后即获得上海市常住户口；童年时期获得上海市常住户口；工作后获得上海市常住户口；无上海市户口；不适用或不方便回答。

3. 家庭成员的职业构成。纳入考察的家庭成员包括：父亲；母亲；配偶；最年长的子女。提供的职业类型包括：教师；公务员；职员、专业技术人员；工人；农民；大型企业主或高管；小型企业主或商贸从业者；其他；不适应或不方便回答。

四 学校背景

学校背景是校长测评的重要维度。纳入考察范围的指标包括：学校性质；学校规模；学校区位；学校类型；学校氛围。

1. 学校性质。提供的选项包括：区教育局直属公立学校；镇（街道）管理的公立学校；市属公立学校；私立学校；民办公助学校；不适用或无法回答。

2. 学校规模。纳入考察范围的内容包括：教师数量和构成；学生数量和构成；班级数量。其中，在教师数量和构成方面，纳入考察的指标包括：教师总数；教师的性别结构。在学生数量和构成方面，纳入考察的指标包括：学生总数；学生的性别结构；家庭经济困难学生数量；随班就读学生数量；非上海户籍学生数量。

3. 学校区位。考察的内容是学校所在乡镇街道。

4. 学校类型。考察的内容是：幼儿园；小学；初中；九年一贯制学校；高中；完中；职业技术学校；校外教育机构。

5. 学校氛围。纳入考察的内容包括：与学生行为和态度相关的学校氛围；与教师行为和态度相关的学校氛围；与学校管理相关的学校氛围；与家长支持相关的学校氛围。

与学生行为和态度相关的学校氛围指数建构的指标包括：学生的学习积极性；学生的社会—情感安全感；学生的人身安全感；班级的课堂纪律氛围；学生对待教师的态度；学生对待学校领导和行政人员的态度。①

与教师行为和态度相关的学校氛围指数建构的指标包括：教师对待专业学习的态度；教师对待教研组活动的态度；教师对待学生的态度；教师对待帮助同事取得专业发展的态度；教师对待同事间相互协作、共同进步的态度。②

与学校管理相关的学校氛围指数建构的指标包括：教师对待学校领导和行政人员的态度；教师对学校文化和办学理念的认同感；教师对校长参与教师教学改进的认同感；教师对教研组长参与教师教学改进的认同感；教师对资深教师参与教师教学改进的认同感。③

与教师参与学校管理相关的学校氛围指数建构的指标包括：教师对参与学校日常管理（如整理档案、假期值班）的认同感；教师对承担班主任工作的态度；教师对参与学校团队活动（共青团或少先队）的态度；教师对家校合作、与家长沟通的态度。④

与家长参与学校管理相关的学校氛围指数建构的指标包括：家长对于学生取得良好学业成绩的期望水平；家长对于参与或协助学校教学、管理工作的态度；家长对于学校学生管理的态度；家长对于学校教育结果的满意程度。⑤

---

① 6个二级指数的因子负重分别为：0.1；0.16；0.19；0.28；0.7；0.44。模型的拟合优度较好（$Chi-Square=126.77$；$DF=9$；$Pr>Chi-Square<0.0001$；$SRMR=0.08$；$RMSEA=0.27$；$BentlerCFI=0.85$）。

② 5个二级指数的因子负重分别为：0.31；0.3；0.31；0.49；0.54。模型的拟合优度较好（$Chi-Square=66.9$；$DF=5$；$Pr>Chi-Square<0.0001$；$SRMR=0.05$；$RMSEA=0.26$；$BentlerCFI=0.91$）。

③ 6个二级指数的因子负重分别为：0.38；0.41；0.59；0.29；0.15；0.17。模型的拟合优度较好（$Chi-Square=40.68$；$DF=9$；$Pr>Chi-Square<0.0001$；$SRMR=0.03$；$RMSEA=0.14$；$BentlerCFI=0.97$）。

④ 4个二级指数的因子负重分别为：0.43；0.48；0.74；0.29。模型的拟合优度较好（$Chi-Square=11.26$；$DF=2$；$Pr>Chi-Square=0.004$；$SRMR=0.02$；$RMSEA=0.16$；$BentlerCFI=0.99$）。

⑤ 4个二级指数的因子负重分别为：0.04；0.33；1.27；0.15。模型的拟合优度较好（$Chi-Square=9.67$；$DF=2$；$Pr>Chi-Square=0.008$；$SRMR=0.02$；$RMSEA=0.15$；$BentlerCFI=0.98$）。鉴于指标载重的偏差较大，后续研究应该对这项指数建设进行改进。数据分析结果显示，"家长对于学生取得良好学院成绩的期望水平"和"家长对于学校教育结果的满意程度"两项指标对于指数建设的贡献率很低。

基于上述 5 个学校氛围指数，我们建立了一个学校氛围的总体指数，包括：与学生态度和行为相关的学校氛围；与教师态度和行为相关的学校氛围；与学校管理相关的学校氛围；与教师参与学校管理相关的学校氛围；与家长参与学校管理相关的学校氛围。[①]

6. 教师互助。我们要求教师报告学校的教师关爱基金（1 万元）应该使用的方向。其中，比例较高的校长希望用于如下内容：教师的文化休闲活动（80.33%）；教师的健身活动（78.14%）；支持教师的社会拓展活动（51.37%）；支持教师的在职进修（30.05%）；捐给经济困难教师（24.04%）；为教师购买生日礼物（21.31%）；发到教师的工资卡上（14.75%）。

五　政府支持

进入新时代，我国致力于探索公平、创新、多样化的高质量发展道路。现有的教育评价体系使得整个教育体系脱离了人的全面发展，并且导致整个社会的创新能力不足。教育评价体制改革致力于建设"学业达标＋成长空间"的教育评价体系，通过创设"多样化的成功路径"让每个学生都有获得感和幸福感。新的教育公平集中体现为，让每个学生在体验成功的过程中，实现精英教育和普通教育的高度融合。传统的教育评价体系围绕以"知识和能力的掌握"为中心的教育体系展开，未来的教育评价体系围绕以"知识和能力的探索与发现"为中心的教育体系展开。传统教育属于传承体系，未来教育属于发展体系。

1. 教育优先发展战略的落实情况。观察点：突出教育的政治属性；公立学校的主导地位；持续提高教师的工资待遇。

2. 人民群众普遍关心的教育问题的解决情况。观察点：教育的生活价值和生命意义；科学规划教育发展；已有学校的整合；重视规划的系统性和周期性。

3. 科学的成才观念。观察点：坚持以德为先、能力为重、全面发展；

[①] 5 个二级指数的因子负重分别为：0.08；0.41；0.29；0.21；0.1。模型的拟合优度较好（$Chi-Square = 31.51$；$DF = 5$；$Pr > Chi-Square < 0.0001$；$SRMR = 0.05$；$RMSEA = 0.17$；$Bentler-CFI = 0.96$）。

坚持面向人人、因材施教、知行合一；坚决不用分数给学生贴标签；重视过程性评价；完善综合素养评价体系；引导学生坚定理想信念、厚植爱国情怀、加强品德修养、增长知识见识、培养奋斗精神、增强综合素养。

4. 正确的用人导向。观察点：改变唯名校、唯学历的用人导向；建立以品德和能力为导向、以岗位需求为目标的人才使用制度；改变人才高消费情况。

六　社会环境

纳入考察范围的指标包括：社区居民的文化修养提升态度；社区居民的主流文化；所在学区的社会公共资源；社会融入面临的挑战。

1. 社区居民的文化修养提升态度。提供的选项包括：不重视；重视并能够投入大量精力；重视但无法投入大量精力；无法判断。

2. 社区居民的主流文化。提供的选项包括：重商文化；重教文化；官本位文化；其他；无法判断。

3. 所在学区的社会公共资源。要求校长回答"所在学区的社会公共资源（如公共图书馆、电子阅览室）中，是否有支持教师（校长）专业发展的资源"。提供的选项包括：有大量的教育学相关资源，可以直接应用到教师（校长）的工作当中；有大量的教育学相关资源，但无法直接应用到教师（校长）的工作当中；没有太多的教育学相关资源，仅仅能够获得公共生活或其他领域的资源；有太多可供使用的社会公共资源；适用或无法判断。

4. 校长在社会融入中面临的挑战。纳入考察范围的指标包括：寻找配偶；购买住房；子女入学；上海话或本地方言；政府公共服务；社区邻里交往；建立和维系友谊；维系与配偶之间的关系；维系与父母之间的关系；维系与子女之间的关系。

第二章　能力结构：专业标准视角下的校长队伍建设

第一节　初中校长的能力结构

一　校长首先是教学专家

"教而优"是大多数教师成长为校长的基本路径。概括地说，大多数初级中学校长是来自语文、数学、英语等主干学科的骨干教师。与之相应，校长们普遍对于自身的教学论、学习论水平评价较高。绝大多数校长认为自己对不同年龄阶段学生的身心发展规律、主要学科领域分阶段的培养目标、主要学科领域分阶段的课程标准、课程编制、课程开发与实施、课程评价的相关知识、教材教辅的使用政策能够熟练掌握或者掌握（见表2-1-1）。与此同时，大多数校长认为自己对教师和学生在教学中所处地位和发挥作用、学生在学习中主体地位的具体表现、教师如何发挥其教学中的主导作用、学生知识建构等的一般原理和方法能够熟练掌握或者掌握。

表2-1-1　校长对自己专业知识的评价：教学论、学习论和信息技术素养

	分项指标	比较了解	一般了解	不太了解	不了解
教学论	不同年龄阶段学生的身心发展规律	79%	21%		
	主要学科领域分阶段的培养目标	48%	48%	3%	
	主要学科领域分阶段的课程标准	44%	52%	3.5%	0.5%
	课程编制、课程开发与实施、课程评价的相关知识	58%	40%	2%	
	教材教辅的使用政策	82%	17%	1%	

续表

	分项指标	比较了解	一般了解	不太了解	不了解
学习论	教师和学生在教学中所处地位和发挥作用	65%	35%		
	学生在学习中主体地位的具体行为表现	60%	35.5%	0.5%	
	教师如何发挥其教学中的主导作用	59%	40.5%	0.5%	
	学生知识建构	51%	48%	0.5%	0.5%
信息技术素养	多媒体（影音）资源的运用	31%	51%	15%	3%
	教学课件（如PPT）的制作	38.5%	50%	9%	1.5%
	信息化课堂（如网络交互式教学）	15%	42%	38%	5%
	使用电子教材授课	11%	32%	39%	18%
	开发电子教材	5%	13%	39%	43%
	建设基于信息技术的学校课程体系	6%	22%	40%	32%

注：缺失值未计算在内。

相对而言，年龄较大的校长更有可能认为自己对"主要学科领域分阶段的培养目标"（r=0.16）和"主要学科领域分阶段的课程标准"（r=0.19）了解较多；具有本科学历的校长更有可能认为自己对"教材教辅的使用政策"（r=0.16）了解较多；公办学校的校长更有可能认为自己对"主要学科领域分阶段的课程标准"（r=0.18）了解较多；城区学校的校长更有可能认为自己对"学生在学习中主体地位的具体行为表现"（r=0.25）和"学生学习是一个不断进行知识建构的过程"（r=0.16）的一般原理和方法掌握较好。

校长对于自身在信息技术素养各个指标的评价存在差异。概括地说，大多数校长认为自己对多媒体（影音）资源的运用、教学课件（如PPT）的制作能够熟练掌握或者掌握；一半左右的校长认为自己对信息化课堂（如网络交互式教学）、使用电子教材授课能够熟练掌握或者掌握；小部分的校长认为自己能熟练掌握或者掌握开发电子教材、建设基于信息技术的学校课程体系等方面的知识和技能。

需要特别说明的是，所有上述6个方面信息技术素养的内在一致性程度非常高（Cronbach raw alpha = 0.85）。也就是说，具有某一方面信息技术素养的校长，非常有可能同时具有其他方面的素养。相对而言，年龄较小的校长更有可能认为自己对"多媒体（影音）资源的运用"（r = 0.27）、"教学课件（如 PPT）的制作"（r = 0.32）、"信息化课堂（如网络交互式教学）"（r = 0.2）、"使用电子教材授课"（r = 0.17）等方面的一般原理与方法掌握程度较高；具有研究生学历的校长更有可能认为自己对"信息化课堂（如网络交互式教学）"（r = 0.17）的一般原理与方法掌握程度较高。

二 引领教师成长是校长的重要工作

总体上说，上海的初级中学校长对于教师专业素养重要性的认识，具有较高的一致性。所有校长都认为教师的知识素养（76%；24%）、能力素养（89%；11%）、职业道德素养（98%；2%）和教育思想素养（87%；13%）的作用非常重要或者比较重要。进一步的分析结果显示：（1）校长擅长指导的学科具有多样性，大多数校长擅长多个学科的指导工作；（2）擅长数学、语文、外语等主干学科和心理健康、思想品德等辅助学科指导工作的校长较多；（3）擅长体育、历史、艺术、信息技术等辅助学科指导工作的校长较少。这一结论与校长的学科背景相符。

在了解教师专业发展需求时，大多数校长会采用个别交流（85%）、教学观察与评价（80%）等方式；一半多的校长采用集体座谈（56%）、教师问卷（58%）等方式。此外，有些校长非常重视学生对教师素养的要求，主张采用学生访谈（20%）的方式了解教师亟待补充和完善的知识和技能。对于大多数校长而言，旁听学校教师，特别是年轻教师的课是教学指导工作的一项重要内容。初步的统计结果显示，校长在最近一个学期的听课节数存在较大差异。16%的校长听课30节及以下，44%的校长听课31—40节，22%的校长听课41—50节，11%的校长听课51—60节，7%的校长听课60节以上。值得肯定的是，大多数校长（78%）都会在听课后立即与任课教师沟通，部分校长（10%）会召开专门的听课反馈讨论会，少数校长会给教师书面反馈（3%）或者通过工作绩效、职称评定等给予间接反馈（4%），仅有5%的校长表示不会给予反馈，而是将听课作为把握教师教学水平的参考。

在支持教师专业发展的各类专业机构当中，所有校长都认为学校（包括年级、学科教研室）的作用非常重要（92%）或者比较重要（8%）；

大多数校长认为区教育学院的作用非常重要（58%）或者比较重要（36%）；大多数校长认为市教研室的作用非常重要（29%）或者比较重要（51%）；半数左右的校长认为合作高校的作用非常重要（11%）或者比较重要（45%）。一项有趣的发现是，市教研室、教育学院和合作高校等外部支持机构在教师专业发展中的重要程度具有很强的内在关联性。也就是说，重视外部支持机构的校长，倾向于综合考虑来自各方的影响。相对而言，具有本科学历的校长更有可能重视区教育学院的重要性（r = 0.15）；郊区学校更有可能重视"市教研室"的重要性（r = 0.15），城区学校更有可能重视"合作高校"的重要性（r = 0.15）。

三 校长应具备制定学校发展规划的能力

1. 学校发展规划是学校管理的纲领性文件，理想的学校发展规划应该能够体现校长的办学理念。校长（特别是第一任校长）的规划能力和倾向性在很大程度上决定了学校发展的品质、方向和连续性。

可以理解的是，校长们对"在确定学校规划中的内涵发展项目时最重要的依据是什么？"意见不一，见仁见智。初步的统计结果显示，44%的校长认为应该优先支持最能体现学校办学特色的项目，35%的校长认为应该优先支持最能够体现素质教育要求的项目，10%的校长认为应该优先支持最能弥补学校发展中存在不足的项目，11%的校长认为应该优先支持最能够提高整体学业水平的项目。

在处理学校传统和改革创新之间的关系时，各校长也意见不一。51%的校长认为应该更加注重继承学校优良传统、提炼学校特色，44.5%的校长认为应该更加注重根据学校当前实际情况进行改革创新，4%的校长主张应该将继承传统与改革创新结合起来，仅有1位校长（0.5%）表示在制定发展规划时没有考虑这个问题，但是在日常工作中都考虑到了。

在农民工子女、残疾儿童少年、家庭经济困难学生等弱势群体权益保障方面，校长的重视程度不同。28%的校长表示"已经将相关内容专门列入学校发展规划"，43%的校长表示"没有单独列出，但是将相关内容融入发展规划其他内容当中"，26%的校长表示"没有列入，但是会在日常工作中考虑到"。

2. 学校发展规划的制定需要遵守一定的原则和规范，能够较为平衡地体现学校教育相关各方意愿。

　　学校管理自主权是校长领导学校规划、变革和发展的基本前提。校长对于学校管理自主权的评价差异很大（见表2-1-2）。概言之，多数校长认为自己具有招聘录用教师的权力（76%）、制定财务预算的权力（69%）、制定和管理教职工津贴或奖金的权力（65%）；少数校长认为自己具有制定和管理教职工工资的权力（33%）、解聘教师的权力（25%）、募集资金的权力（16%）。相对而言，年龄较大的校长（r=0.21）和女性校长（r=0.17）更有可能认为自己具有解聘教师的权力。民办学校的校长更有可能认为自己具有制定和管理教职工工资的权力（r=0.38）、制定和管理教职工津贴或奖金的权力（0.17）、募集资金的权力（r=0.29）、招聘录用教师的权力（r=0.18）、解聘教师的权力（r=0.53）。城区学校的校长更有可能认为自己具有招聘录用教师的权力（r=0.17）、解聘教师的权力（r=0.24）。

表2-1-2　　　　　　校长对于学校管理自主权的评价

	有	仅仅理论上有	没有
制定和管理教职工工资的权力	33%	32%	34%
制定和管理教职工津贴或奖金的权力	65%	26%	9%
募集资金的权力	16%	9%	75%
制定财务预算的权力	69%	22%	9%
招聘录用教师的权力	76%	18%	6%
解聘教师的权力	25%	41%	34%

　　注：缺失值未计算在内。

　　国家法律法规和教育方针政策，是制定学校发展规划的根本依据。对于国家法律法规和教育方针政策，94%的校长表示与工作直接相关的比较熟悉，75%的校长表示上级教育行政部门特别传达的比较熟悉，64%的校长表示对于在各种形式的校长培训中心被强调的比较熟悉。简单的相关分析显示，在各种形式的校长培训中经常被强调的法律法规和教育方针政策，大多是上级教育行政部门特别传达的内容，与校长日常工作联系较为密切的法律法规和教育方针政策存在不一致性。相对而言，任职年限较短的校长（r=0.16）更有可能对"在各种形式的校长培训中被强调的国家法律法规和教育方针政策"比较熟悉。

校情分析是制定学校发展规划的重要依据。在进行校情分析时，校长最擅长的方法存在很大差异。总体上说，最擅长 SWOT 分析方法（Superiority，Weakness，Opportunity，Threats）的校长相对较多（28%），其次是个别访谈法（23%），再次是优先事项排序（17%）和问卷法（17%），最后擅长头脑风暴法（9%）和校史分析（5%）的校长相对较少。与此同时，在进行校情分析时，不同利益群体的影响力不同。大多数校长认为学校领导层（71%）、校中层领导班子（74%）和普通教师（60%）的影响力较大；将近半数的校长（46%）认为校外专家的影响力较大；大多数校长认为家委会（70%）、上级教育行政部门（76%）和学生（65%）的影响力不显著。相对而言，公办学校的校长（r=0.17）更有可能会重视学生的影响力。

国内外中小学校改革和发展的基本趋势，是制定学校发展规划的重要参考。在学习优秀校长的办学经验过程中，校长们对于最值得学习的内容存在不同的认识。38%的校长认为提炼办学特色的经验最有启示和借鉴意义，17%的校长强调聚焦课堂教学，30%的校长强调促进教师专业发展，13%的校长强调发展素质教育。在搜集相关信息过程中，校长们对于最优方式的认识存在差异。17%的校长认为最好利用网络平台，19%的校长认为各种形式的校长培训最好，25%的校长认为书籍、报纸、杂志阅读的方式最好，37%的校长认为国内外实地考察、交流最好。

四 校长应该努力营造育人环境

校长们普遍认为自己在育人文化建设方面的专业素养较高，体现在专业知识、社会主义核心价值观教育、传统文化教育和校园氛围（网络安全）建设四个方面（完全认同；比较认同）。（1）大多数校长认为自己在校园文化建设基本理论（23%；59%）、初中学生思想品德形成特点（27%；53%）、初中学生健康心理发展规律（28%；58%）、学生思想与品行养成过程及教育方法（31%；61.5%）等方面的专业知识能够熟练掌握或者掌握。（2）大多数校长认为社会主义核心价值观在学校德育工作体系（57%；39%）、学生日常行为规范（53%；47%）、师德评定（47%；48%）和各类主题活动（57%；42%）中得到了很好或者较好的体现。（3）大多数校长表示已经将优秀传统文化融入学校德育目标（79%）、德育课程和教材体系（83%）中，并致力于组织师生开展传统文化校园教育活动（83%）；半数以上的校长致力于全面提升优秀传统文化教育的师资队伍水平（59%），并努力增强优秀传统文化教育的多元支撑（如校内网络平台建设、校外家长支持等）（52%）。（4）大多数校长会对学生进行依法、文明、健康、安全上网教育（99%），开展防范不良的流行文化、网络文化的宣传活动（79%），定期向师生推荐优秀的精神文化作品（77%），组织学生学习先进模范人物事迹（67%）。

相对而言，年龄较小的校长所在的学校更有可能开展依法、文明、健康、安全上网教育（$r=0.19$），年龄较大的校长更有可能较为熟练地掌握校园文化建设基本理论（$r=0.14$）。任职年限较长的校长在学校德育工作体系（$r=0.19$）、学生日常行为规范（$r=0.18$）两个方面对于自己所在的学校具有较高评价。女校长更有可能组织师生开展传统文化校园教育活动（$r=0.17$），并定期向师生推荐优秀的精神文明作品（$r=0.16$）。公办学校更有可能开展防范不良的流行文化、网络文化宣传活动（$r=0.16$）。郊区学校的校长更有可能较为熟练地掌握学生思想与品行养成过程及教育方法（$r=0.16$），城区学校的校长更有可能将优秀传统文化融入学校德育目标（$r=0.15$）。

校长学习和了解育人文化建设理念和方法的途径也不尽相同。初步的统计结果显示，41%的校长表示主要通过校长培训来了解，33%的校长表示主要通过日常工作需要来了解，11%的校长表示主要通过校长间经验介绍来了解。部分校长还列举了一些其他途径，包括阅读、参观和实践反思等。与此同时，校长对育人文化建设力量的认识存在分歧。24%的校长最重视领导班子，强调发挥领导干部带头作用；68%的校长最重视教师群体，强调发挥教师群体凝聚作用；8%的校长最重视学生群体，强调发挥学生及团体的主体作用。

最后，受到学校物理环境限制，各学校在校园绿化、美化方面的水平和层次不同。34%的校长表示自己的学校在这方面"很有成效，校园绿化、美化方面是学校突出发展特色之一"；41%的校长表示自己的学校在这方面"较有成效，学校师生对校园绿化、美化方面满意度较高"；20%的校长表示自己的学校在这方面受"场地限制，校园绿化、美化方面成效一般，但校园内（含教学楼）其他布置已具特色"；5%的校长表示自己的学校在这方面受"场地所限，在校园绿化、美化方面有先天不足，但教学楼内布置有特色"。相对而言，女校长（r = 0.18）更有可能在校园绿化、美化方面对自己的学校评价较高。

五 校长应该具备协调校内外支持力量的能力

为了实现学校的规范和健康发展，校长必须团结协调每位教师，形成合力。与此同时，校长还必须具有较强的沟通协调能力，积极争取外部资源（力量）的支持和帮助。在学校改革和发展的支撑力量方面，大多数校长认为上级机构（65%；32.5%）、学校领导班子（89%；11%）、普通教师（85%；15%）、社会支持（45%；49%）的作用非常重要或者比较重要。然而，校长对为本校发展贡献最大的校外人士的认识不同。36%的校长认为是教育专家、学者，32%的校长认为是各级教研员，15%的校长认为是上级教育行政人员，8%的校长认为是其他学校校长和教师同行。

学校基层党组织是学校决策的重要力量。96%的校长表示在制定学校规划方面会听取党组织的意见，92%的校长表示在人事管理方面会听取党组织的意见，73%的校长表示在财务管理方面会听取党组织的意见。此外，部分学校的基层党组织在如下几个方面同样发挥作用："三重一大"、安全防控、廉政建设、制度制定、教师评优、组织建设方案等。相对而言，公办学校的校长在财务方面（r = 0.23）更有可能听取党组织的建议。

在许多方面，校长还需要听取学生、教职工和家长的意见和建议。概括地说，面对面的交谈（99%）是校长听取意见和建议的最主要方式。与此同时，大多数校长也会采用校长信箱（86%）、网络平台（78%）、校长接待日（67%）等方式与学生、教职工和家长进行交流和沟通。然而，校长接待日、校长信箱、网络平台和面对面交谈四种方式的内在一致性水平一般（Cronbach raw alpha = 0.47）。也就是说，除了面对面交谈之外，每位校长通常会以其中一种或者两种方式为主，与学生、教职工和家长进行交流和沟通。相对而言，年龄较大的校长（r = 0.25）和民办学校的校长（r = 0.26）更有可能采用校长接待日的方式听取学生、教职工和家长的意见和建议；女性校长（r=0.23）和任职年限较短的校长（r=0.2）更有可能采用网络平台听取学生、教职工和家长的意见和建议。此外，我们还专门调查了校长了解学生家庭情况的方式。总体上说，大多数校长会采用班主任反馈（95%）、家庭信息调查表（82%）、家长会（76%）、家访（58%）等方式。此外，有些校长还提到了德育处反馈、与学生面谈、家长接待日、社区干部访谈、校长信箱、与中层干部和任课教师谈话等方式。

六　结语

近年来，"一位好校长成就一所好学校"正在成为社会各界的共识。据此，关注中小学教育的人们对校长提出了各种各样的要求。在很长一段时间内，教育学者、行政人员和基层教育工作者都非常强调校长的教学专业素养，要求他们精通教育教学，能够著书立说，成为教学专家和学术权威。[①]在这个过程中，教育界涌现出一批有影响力的校长，推动了学校教育的发展。然而，任何一位校长都无法仅靠自己的教学专长来领导和管理学校。[②]单纯对校长提出教学专家和学术权威方面的要求，已经不能满足新的历史条件下校长面临的各种问题与挑战。作为学校的领导者和管理者，校长应该同时具备领导课程教学的能力，引领教师成长的能力，规划学校发展的能力，营造育人环境的能力，和协调校内外支持力量的能力。

我们认为：第一，改革开放以来，特别是上海实施校长职级制、强化校长专业发展以来，上海初中校长在课程教学领导、引领教师发展、规划学校发展、协调校内管理、培育育人文化和调适外部条件等方面的专业能力水平都有相当程度的提升。特别是上海初级中学的校长对自己在领导课程教学、引领教师成长和营造育人环境方面的素养评价普遍较高。

第二，在育人环境建设能力和协调能力方面，校长的差异明显。在这些方面，与校长的年龄、性别、受教育程度，以及所在学校的类型和区位特征相关。例如，与本科学历的校长相比，具有研究生学历的校长更有可能具有新颖的知识结构、开阔的视野和广泛的社会关系。与男性校长相

[①] 魏志春、高耀明：《中小学校长专业标准研究》，北京大学出版社2009年版，第19页。
[②] 倪梅、陈建华：《参与式规划与学校发展》，北京大学出版社2009年版，第11页。

比，女性校长更为直观，具有更强的艺术表现力，更加希望自己的学校能够体现出一定的办学特色。与郊区学校的校长相比，城区学校的校长更有可能具有较为新颖的办学理念和方法，并且更为重视学校的办学主体地位；但是，他们更有可能对办学过程中的细节问题和学生的思想品行问题关心不足。与民办学校的校长相比，公办学校的校长更加关注管理制度的规范性，更加关心具体的课堂教学问题，并且更为重视校内外支持机构（力量）的作用；但是，他们更有可能拥有较小的学校管理自主权。

第三，相对而言，校长们对自身的现代信息技术运用的专业能力评价不高、差异较大、自信心不足。这与上海师大学者几乎同时进行的 TALIS 项目（教师教学国际调查项目）、PISA（国际学生评估项目）的研究结果高度相关。上海初中教师"每周要求学生用信息交际技术完成作业或学习任务"的比例不到国际平均值的一半（上海 15.0% 的教师用这一教学策略，而国际平均值高达 38.2%），上海 15 岁学生在 PISA "以计算机为基础的创造性问题解决"测试中，表现也低于阅读、数学和科学，获得并列第四，而且测试结果显示，上海学生使用计算机的能力和实践都低于最发达国家。这应该引起我们的充分注意，上海校长认为，他们并不缺少网络、硬件，而最大的问题是工作软件和教学软件。我们发现，上海教育行政部门、校长教师对"信息技术"的认识亟待提升，信息"展现"技术和"传输"技术，要提高到信息"互动"技术的水平，上海市教育行政部门要及早更新校长和教师的信息交互技术的培训内容。

第四，调查还发现，校长协调校内力量和校外行政力量的能力，要远远强过校长与高校、社区等非行政力量的协调能力。上海初中校长在主动运用校外教育资源，包括争取大学、科研院所、社会组织的专业支持，在争取社区和家长支持办学方面，都还有巨大的改进空间。在校长面对各种危机的时候，如何面对危机、面对大众媒体、面对社会和家长的关心方面，明显训练不足。建议各级政府通过改善培训、支持社会组织援助学校、向社会组织购买教育培训服务，来加强校长和社会各界的联系，增进校长主动联系社会、适应社会变化，培养教师和学生与社会结合的能力。

国家颁布《义务教育学校校长专业标准》才三年，本次问卷调查也仅仅在上海初级中学进行，其中的局限是十分明显的。例如，我们并没有对

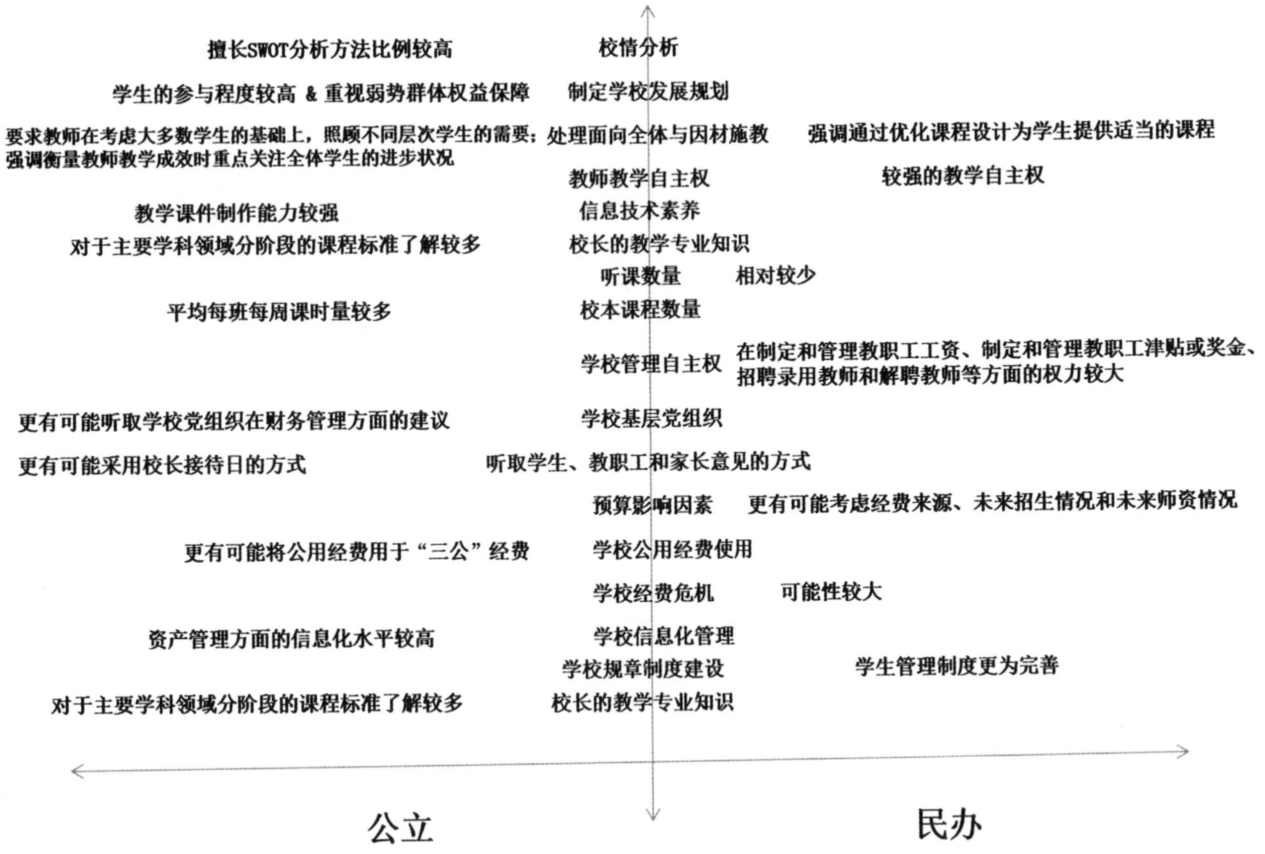

中小学校长的生存状态：测量与评价

公立 ← → **民办**

公立学校特征（左侧）：
- 校长SWOT分析方法比例较高
- 学生的参与程度较高 & 重视弱势群体权益保障
- 要求教师在考虑大多数学生的基础上，照顾不同层次学生的需要；强调衡量教师教学成效时重点关注全体学生的进步状况
- 教学课件制作能力较强
- 对于主要学科领域分阶段的课程标准了解较多
- 平均每班每周量时较多
- 更有可能听取学校党组织在财务管理方面的建议
- 更有可能采用校长接待日的方式
- 资产管理方面的信息化水平较高
- 对于主要学科领域分阶段的课程标准了解较多

中间（校情分析）：
- 制定学校发展规划
- 处理教学自主权
- 教师教学自主权
- 信息技术素养
- 校长的教学专业知识
- 校本课程数量
- 学校管理自主权
- 学校基层党组织
- 预算影响因素
- 听取学生、教职工和家长意见的方式
- 学校公用经费使用
- 学校经费危机
- 学校信息化管理
- 学校规章制度建设
- 校长的教学专业知识

民办学校特征（右侧）：
- 强调通过优化课程设计为学生提供适当的课程
- 较强的教学自主权
- 相对较少
- 在制定和管理教职工工资、制定和管理教职工津贴或奖金、招聘录用教师和解聘教师等方面的权力较大
- 更有可能考虑经费来额、未来招生情况和未来师资情况
- 可能性较大
- 学生管理制度更为完善

图2-1-1 初中校长的能力结构差异：公立学校与私立学校

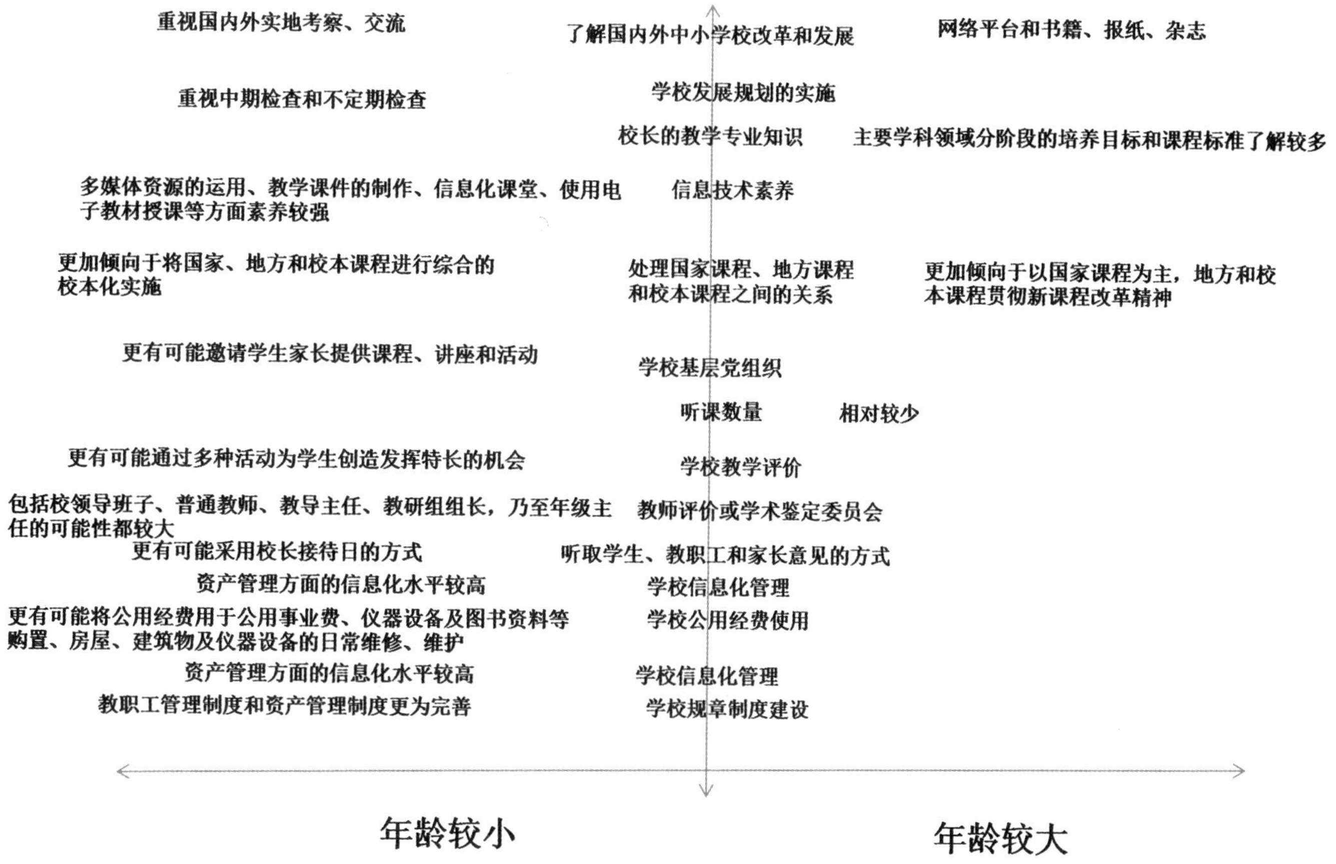

第二章 能力结构：专业标准视角下的校长队伍建设

图2-1-2 初中校长的能力结构差异：年轻校长与年长校长

年龄较小

- 重视国内外实地考察、交流
- 重视中期检查和不定期检查
- 多媒体资源的运用、教学课件的制作、信息化课堂、使用电子教材授课等方面素养较强
- 更加倾向于将国家、地方和校本课程本课程进行综合的校本化实施
- 更有可能邀请学生家长提供课程、讲座和活动
- 更有可能通过多种活动为学生创造发挥特长的机会
- 包括校领导班子、普通教师、教导主任、教研组长，乃至年级主任的可能性都较大
- 更有可能采用校长接待日的方式
- 资产管理方面公用事业费、仪器设备及图书资料等购置、房屋、建筑物及仪器设备的日常维修、维护
- 教职工管理方面的信息化水平较高
- 资产管理制度和资产管理制度更为完善

年龄较大

- 了解国内外中小学校改革和发展
- 学校发展规划的实施
- 校长的教学专业知识
- 信息技术素养
- 网络平台和书籍、报纸、杂志
- 主要学科领域分阶段的培养目标和课程标准了解较多
- 处理国家课程、地方课程和校本课程之间的关系
- 更加倾向于以国家课程为主，地方和校本课程贯彻新课程改革精神
- 学校基层党组织
- 听课数量 相对较少
- 学校教学评价
- 教师评价或师术鉴定委员会
- 听取学生、教职工和家长意见的方式
- 学校信息化管理
- 学校公用经费使用
- 学校信息化管理
- 学校规章制度建设

中小学校长的生存状态：测量与评价

（左上象限·本科生）
擅长个别访谈的校长比例较高
更有可能吸收同类标杆学校的成功经验
对于教材教辅的使用政策了解

（右上象限·研究生）
重视弱势群体权益保障
擅长优先事项排序法的校长比例较高

（坐标轴标签）
学校发展规划
校情分析
制定发展规划
校长专业知识
校本课程数量
处理国家课程、地方课程和校本课程之间的关系

（右下象限·研究生）
正在使用的较多
更加倾向于在保证国家课程的基础上，考虑地方课程和校本课程

（左下象限·本科生）
更加倾向于将国家、地方和校本课程进行综合的校本化实施

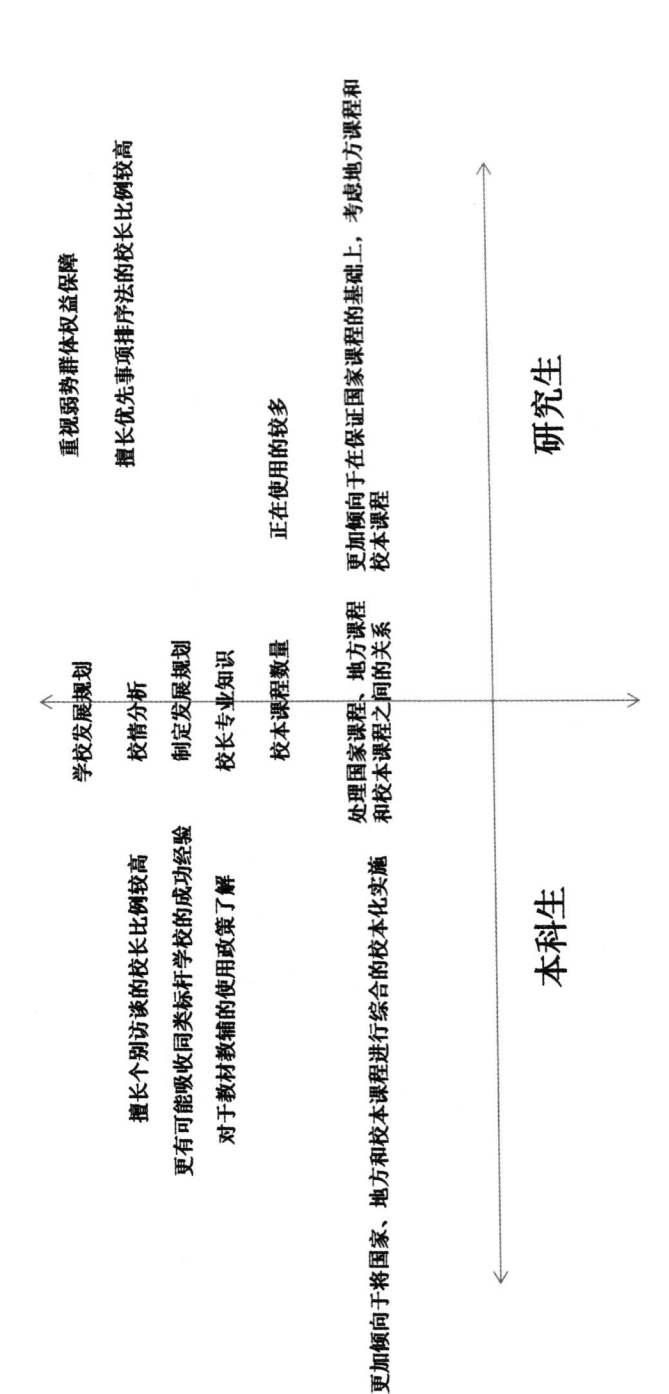

图 2 - 1 - 3　初中校长的能力结构差异：本科学历与研究生学历

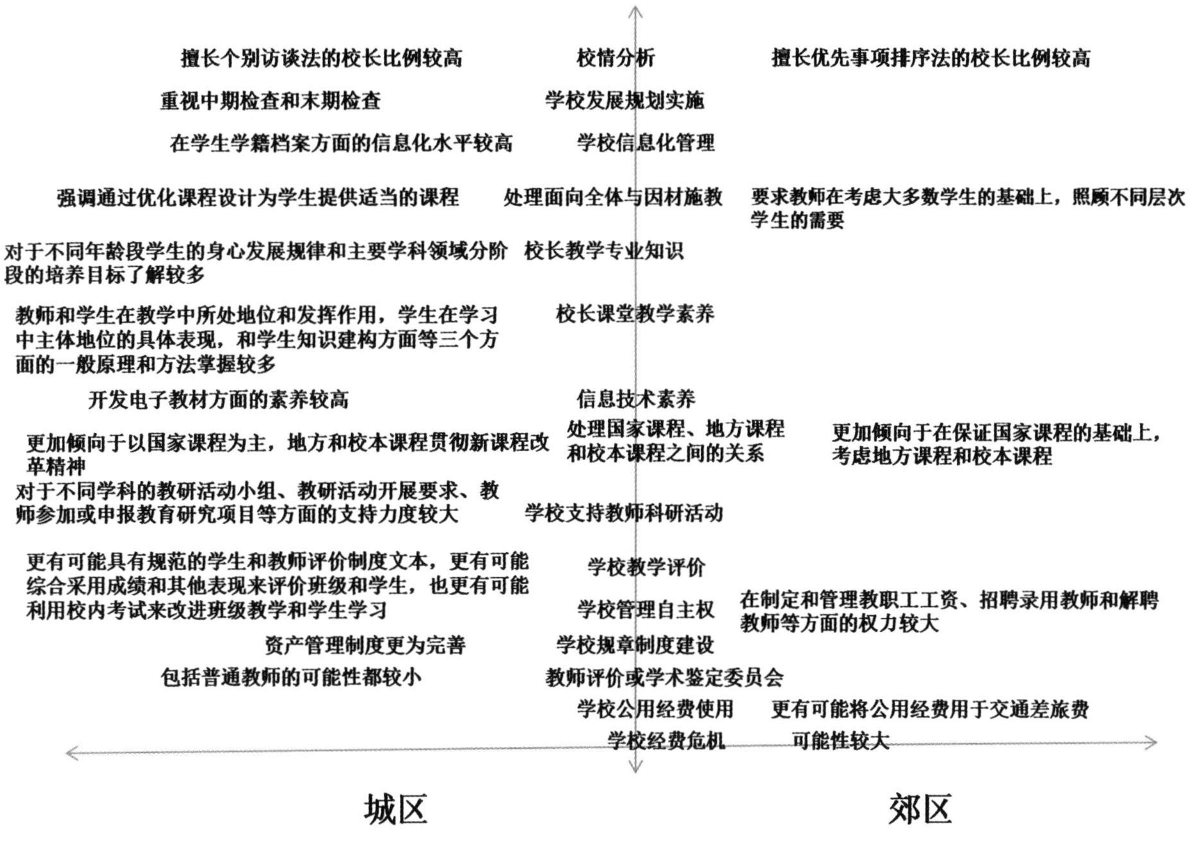

第二章 能力结构：专业标准视角下的校长队伍建设

图 2-1-4 初中校长的能力结构差异：城区学校与郊区学校

城区 ←———————————————————————→ 郊区

校情分析
- 学校发展规划实施
- 学校信息化管理

擅长个别访谈法的校长比例较高 / 擅长优先事项排序法的校长比例较高
重视中期检查和未期检查
在学生学籍档案方面的信息化水平较高

处理面向全体与因材施教
- 校长教学专业知识
- 校长课堂教学素养

强调通过优化课程设计为学生提供适当的课程 / 要求教师在考虑大多数学生的基础上，照顾不同层次学生的需要
对于不同年龄段学生的身心发展规律和发展阶段的具体目标了解较多
教师和学生在教学中所处地位和发挥作用、学生在学习中主体地位的具体表现，和学生知识建构方面等三个方面的一般原理和方法掌握较多
开发电子教材方面的素养较高

信息技术素养
- 处理国家课程、地方课程和校本课程之间的关系
- 学校支持教师科研活动

更加倾向于以国家课程为主，地方和校本课程贯彻新课程改革精神 / 更加倾向于在保证国家课程的基础上，考虑地方课程和校本课程
更加参加或申报教育科研项目等方面的支持力度较大

学校教学评价
- 学校管理自主权
- 学校规章制度建设

更有可能具有规范和示范性的学生和教师评价制度文本，综合采用学生和教师评价其他表现来改进班级教学和学生学习
利用校内考试改来进班级教学和学生学习
学校管理制度更为完善
包括普通教师的可能性都较小

教师评价或学术鉴定委员会
- 学校公用经费使用
- 学校经费危机

在制定和管理教职工工资、招聘录用教师和解聘教师等方面的权力较大
更有可能将公用经费用于交通差旅费
可能性较大

校长的个人素养和品质做专门调查，我们也未将上海的校长与其他地区校长做实证比较。然而，我们相信，这份调查已经在一定程度上揭示出上海初中校长这个群体的特点、能力结构与水平；看到了政府校长专业发展政策和培训的成效，发现了校长政策的弱点。我们希望，这些都能为校长个人专业发展和政府未来校长政策的制定，提供些许数据资料和循证基础。

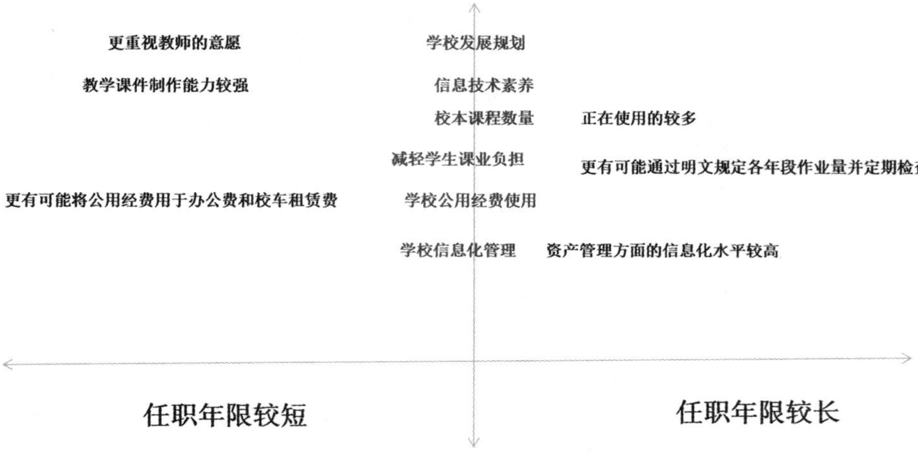

```
                    ↑
更重视教师的意愿         学校发展规划
教学课件制作能力较强      信息技术素养
                    校本课程数量         正在使用的较多
                    减轻学生课业负担      更有可能通过明文规定各年段作业量并定期检查
更有可能将公用经费用于办公费和校车租赁费  学校公用经费使用
                    学校信息化管理        资产管理方面的信息化水平较高
←───────────────────┼───────────────────→
   任职年限较短                          任职年限较长
```

图2-1-5　初中校长的能力结构差异：新任校长与资深校长

第二节　初中校长的性别结构和领导风格

一　女校长的崛起："一场静悄悄的革命"

"女教师教书男教师管理"曾经是各国中小学的一个较为普遍的现象。[①] 然而，随着中小学教师性别结构的持续改变，越来越多的女教师走上校长岗位。我们的抽样调查结果显示，在上海市各区县的小学校长当中，女校长所占比例均超过70%，女性已经成为小学管理的主导力量。事实上，女性在小学教学和管理中的"双重多数"，已经成为许多国家较为

---

① 张新平：《"女人教书男人管校"现象探析——女性在学校管理中的应为与难为》，《教育发展研究》2010年第8期。

关注并尝试予以干预的现象。① 在初中教育阶段，女校长的比例也在逐步提高。OECD 组织的教与学的国际调查（Teaching and Learning International Survey，TALIS）显示，在 2008 年和 2013 年先后两次参加这项调查的 16 个国家和地区当中，初中女校长所占比例的平均值已经从 47% 增长到 50%。② 2014 年，TALIS 在上海的调查结果显示，上海市初级中学中女校长的比例为 41%，在参与这次调查的国家和地区当中处于相对较低水平。③ 然而，与其他数据的合并统计结果显示，在 2008 年到 2014 年，上海市初级中学女校长的比例增加 8 个百分点，与其他 TALIS 参与国家和地区女校长比例稳步增长的总体趋势一致。利用调查和访谈数据系统分析男、女校长的数量差异和分布特点，对于调节和改善校长队伍的性别结构、制定科学合理的校长培养和选拔机制，具有重要参考价值。

作为一个性别群体，虽然女校长并不具有完全相同或者一致的管理策略和手段，但是确实具备一些有别于男校长的领导风格，在一定程度上影响学校管理的有效性。大量研究显示，女性管理者在认识世界、自我认识和交往模式上，与男性管理者存在差异。④ 女性倾向于认为自己生活在彼此关联和裹挟的"社会网络"当中，而男性则倾向于认为自己生活在成就取向和层级鲜明的"社会阶梯"当中。⑤ 男性管理者倾向于从权力和竞争的角度看待社会组织，而女性管理者则倾向于从爱、责任和关心的角度看待社会组织。同时，女校长也更为重视自己和其他教师的情感体验和直觉判断，更为相信自己的工作能力，而对其他教师的期望值相对较低，在情

---

① Organisation for Economic Co-operation and Development, *TALIS 2013 results: An international perspective on teaching and learning*, Paris: OECD Publishing, 2016b, https://doi.org/10.1787/9789264196261-en.

② Organisation for Economic Co-operation and Development, *TALIS 2013 results: An international perspective on teaching and learning*, Paris: OECD Publishing, 2016b, https://doi.org/10.1787/9789264196261-en.

③ Organisation for Economic Co-operation and Development, *Shanghai (China) - Country note-Results from TALIS 2013 - 2014*, OECD Publishing, Paris, 2015, http://www.oecd.org/edu/school/TALIS-2014-country-note-Shanghai.pdf.

④ Charol Shakeshaft, *Women in educational administration*, New York: Sage Publication Inc., 1989, p. 190.

⑤ Juanita Ross Epp, Larry E. Sackney, and Jeanne M. Kustaski, "Reassessing levels of androcentric bias in educational administration quarterly", *Educational Administration Quarterly*, No. 30, 1994, pp. 451–471.

绪控制方面也要弱于男校长。① 全面、系统地展示男女校长的领导风格及其差异，对于提高学校管理绩效、丰富学校管理知识、改善校长和教师的学校工作体验，具有指导意义。

2014年9月，第六届世界大学女校长论坛北京共识指出："领导力不因性别的差异而有高低优劣之分。女性有基于自身性别特征的领导力，女性领导力应得到充分尊重与体认。"② 诺斯豪斯（Northouse）甚至认为，女性领导者所喜爱的合作或"网络结构"领导方式与发展21世纪全球化领导的要求相符，女性领导者所倾向的参与式领导风格，更适合21世纪全球化组织的领导方式。③ 在教育领域当中，小学阶段女校长的比例较高，部分地因为小学教育的功能和文化特征与女性的性格特征（如擅长沟通和交流）和管理方式（如侧重人文关怀、待人宽容）相符。④ 在这项研究中，我们将系统分析初中校长的性别结构变化及其原因。

二 男女校长的分布特点：校长的年龄和任职年限以及所在学校的性质和区位

（一）女教师成长为校长的机会成本较高（表2－2－1）

我们在上海的抽样调查结果显示：在初中教育阶段，女教师的比例（72%）远远高于男教师（27%）；然而，女教师成长为校长的可能性（42.93%）要小于男性（57.07%）；而且，女性担任校长的平均年限（4.84年）也小于男性（5.9年）。尽管女教师成长为校长的平均年龄（47.6岁）小于男性（51.41岁），考虑到女性的退休年龄（55岁）要早于男性（60岁），这种平均年龄的性别差异并不意味着女教师具有成长为校长的机会成本优势。

---

① 白丽波：《关于中小学女校长决策形象现状调查》，《教育发展研究》2005年第2期。
② 第六届世界大学女校长论坛：《第六届世界大学女校长论坛北京共识》，《现代传播》2014年第11期。
③ ［美］彼德·诺斯豪斯：《领导学：理论与实践》，吴荣先等译，江苏教育出版社2002年版。
④ 曾天山、时伟：《京津沪渝四直辖市中小学校长专业化水平调查比较分析》，《教育理论与实践》2010年第10期。

表 2-2-1　校长的性别构成：数量、年龄和任职年限的差异

	校长数量（所占比例）	平均年龄（标准差）	平均任职年限（标准差）
男性	109（57.07%）	51.41（6.56）	5.9（4.17）
女性	82（42.93%）	47.6（6.69）	4.84（3.56）
总体	191（100%）	49.77（6.86）	5.44（3.94）

（二）女校长在整个校长群体中所占比例呈现稳步增长趋势（表2-2-2）

第一，女校长比男校长成长迅速。就本次调查的样本而言，40岁以下的校长均为女性。在40—44岁和45—49岁两个年龄段，女校长的比例均大于男校长。在50—54岁、55—59岁和59岁以上三个年龄段，女校长的比例均小于男校长。事实上，考虑到女校长的退休年龄要小于男校长，男、女校长的数量差异比实际数据要小很多。在所有55岁以下的校长当中，男校长的比例（43.46%）仅仅略高于女校长的比例（38.22%）。第二，女校长的选拔数量呈现增长趋势。在任职3年及以下的校长中，男女比例相同；随着任职期限的增长，男女校长的比例均呈下降趋势，女校长所占比例的下降速度快于男校长。如果继续保持这种增长趋势，随着时间的推移，女校长在整个校长群体中所占比例将逐渐赶上甚至超过男校长。

表 2-2-2　校长的性别构成：年龄段、任职年限、
学校性质和区位特征的分口径统计

		男	女	合计
年龄段	40 岁以下	0	3.14%	3.14%
	40 岁至 44 岁	6.81%	8.9%	15.71%
	45 岁至 49 岁	14.66%	20.42%	35.08%
	50 岁至 54 岁	21.99%	5.76%	27.75%
	55 岁至 59 岁	7.33%	1.05%	8.38%
	59 岁以上	6.28%	3.66%	9.94%

续表

		男	女	合计
任职年限	3 年及以下	20.42%	20.42%	40.84%
	4 年至 6 年	13.61%	9.42%	23.03%
	7 年至 9 年	13.61%	8.9%	22.51%
	10 年至 12 年	6.28%	2.62%	8.90%
	13 年及以上	3.14%	1.57%	4.71%
学校性质	公办学校	47.84%	32.77%	80.61%
	民办学校	9.16%	10.23%	19.39%
学校区位	城区学校	25.24%	30.26%	55.50%
	郊区学校	26.89%	11.44%	38.33%

（三）男、女校长在不同性质和区位的学校中所占比例不同

在民办学校和城区学校中，女校长所占比例均已超过男校长；而在公办学校和郊区学校中，女校长所占比例仍然较低。另外，其他研究结果显示，女校长的分布还存在区域差异，东部省市中女校长所占比例较高，中西部较少。[①]

三 校长领导风格的性别差异

在这项研究中，我们发现男、女校长的领导风格在大多数调查指标上都不存在显著差异。在所有 82 项调查指标当中，仅有 24 项指标存在显著性别差异。其中，在引领教师成长的所有 20 个指标当中，仅有 2 个指标存在显著性别差异；在优化内部管理的所有 15 个指标当中，仅有 3 个指标存在显著性别差异。相对而言，在规划学校发展（共 10 个指标）和调试内部环境（共 10 个指标）两个调查领域，男、女校长之间的差异较多，均有半数指标存在显著性别差异。在领导课程教学（共 15 个指标）和营造育人文化（共 12 个指标）两个领域，均有三分之一的指标存在显著性别差异。通过聚类分析对上述存在显著性别差异的 24 个指标进行整合后，我们可以将男、女校长在领导风格上的差异概括为如下四个方面。

---

① 张利冰：《对中小学校长领导行为的性别差异调查及分析》，《教学与管理》2014 年第 9 期。

（一）在引导和应对学校变革的时候，女校长更有可能趋于保守

在处理学校传统与改革创新之间的关系时，男校长"更加注重根据学校当前情况进行改革创新"，女校长则"更加注重继承学校优良传统、提炼学校特色"。在确定学校发展规划的内涵发展项目时，男校长更有可能重视"最能够体现素质教育要求的项目"，而女校长则更有可能重视"最能体现学校办学特色的项目"。在教学创新方面，男校长更有可能认为"学校会鼓励教师在教学方面的新颖做法"，而女校长则更有可能主张"在落实课程标准的基础上，允许教师有一些教学上的变化"。在农民工子女、残疾儿童少年、家庭经济困难学生等弱势群体的权益保障方面，男校长更有可能"将相关内容专门列入学校发展规划"，女校长则更有可能"没有列出保障这部分学生受教育权利的内容，但在日常工作中都考虑到了"。在将优秀传统文化融入学校教育方面，女校长更有可能"组织师生开展传统文化校园教育活动"。最后，男校长所在的学校的信息公开程度更高，更有可能设立信息公告栏并公开较多信息，在一定程度上体现了男校长对于学校内部监督的开放态度。

（二）在学校管理的价值取向上，女校长更为关注教师的专业发展和生活体验，重视学校管理的人际关系维度

为了更好地落实义务教育课程标准，女校长更有可能"定期组织教师学习任教学科的课程标准"。为了提高教师的教研能力，女校长更有可能"支持教师参加或申报教育研究项目"。为了保障教师身心健康，女校长更有可能"组织开展心理咨询、保健讲座等活动"。在营造安全、健康的校园网络和校园氛围方面，女校长更有可能"定期向师生推荐优秀的精神文明作品"，并且"组织学生学习先进模范人物事迹"。在面对教师维权问题时，女校长认为教师求助于校长本人的比例也高于男校长。在组织家校互动时，女校长更加倾向于站在教师的立场上。相对而言，女校长更有可能认为家校互动中最突出的问题是"有些家长与学校教师的教育理念不一致"，而男校长更有可能认为最突出的问题是"有些家长参与学校教育以智育为主，忽视全面发展"。最后，女校长更有可能在校园绿化、美化方面对自己的学校评价较高，倾向于在这些方面投入较多的人力和物力。

（三）在决策策略方面，女校长更有可能采用直观、新颖的方法来获取信息，男校长则更有可能采用辩证、综合的方法来获取信息

对于了解国内外中小学校改革和发展基本趋势的最好方式，校长们的认识存在较大差异。相对而言，男校长更有可能通过书籍、报纸、杂志阅读的方式来了解，而女校长则更有可能通过网络平台和国内外实地考察、交流来了解。与此同时，女校长也更有可能采用网络平台听取学生、教职工和家长的意见和建议。在进行校情分析时，女校长更有可能最擅长头脑风暴法，男校长则更有可能最擅长优先事项排序法。在教学评价方面，男校长所在的学校更有可能"通过多种活动为学生创造发挥特长的机会"，女校长所在的学校更有可能"对教师的评价主要看所任班级的成绩情况"。此外，为了形成和提高学校凝聚力，男校长所在的学校更有可能具有融合学校特点和教育理念的校训。

（四）在资源整合方面，女校长更为重视校外教育资源的作用

组织学生参观、访问、服务社会公共服务机构是学校调试外部环境的重要手段，也是学生社会实践活动的重要途径。女校长对于"爱国类公共服务机构，比如观看消防、武警演习等"和"服务类公共服务机构，比如火车站、邮局等"的关注程度高于男校长。在校本课程资源的开发方面，女校长更有可能重视"由学生家长提供的课程、讲座和活动"。在女校长管理的学校，校外志愿者更有可能参与"学生的智育工作（校本课程的设计与实施，为学生开展讲座等）"；家委会更有可能负有"为学校争取社会资源"的职责；女校长本人也更有可能采用家访的形式了解学生的家庭状况。

四　讨论与反思

"女教师教书男教师管理"曾经是各国中小学的一个较为普遍的现象。这种现象在许多国家和地区的小学已经发生根本变化，女性早已成为教学和管理的"双重多数"。对于中学校长性别结构和分布特征的变化趋势，国内外学术界的相关研究成果极少。通过对上海市初级中学校长的抽样调查，我们发现，尽管女教师成长为校长的机会成本较高，女校长在整个初中学校体制中所占比例正在逐步提高。而且，在城区学校和私立学校当中，女校长都已成为"多数派"。我们认为，在分析男、女校长在初中学

校中的数量差异和分布特点时，应该同时关注教师的职业发展规划和校长的培养和选拔机制两个方面，对"女校长的崛起"保持客观审慎的态度。

第一，大多数女教师缺乏成长为校长的意愿。通过对教师职业生涯规划的分析，我们发现，尽管大多数年轻教师并不满足于终生从事课堂教学工作，但是男女教师的选择存在差异。相对而言，更多的男教师希望通过良好的教学工作表现转入行政岗位；而女教师则更有可能将教学视为婚姻与母职的补充，并没有成为校长的意愿和规划。这一发现与国内相关研究结果一致。[①] 通过对部分校长的访谈我们发现，校长的工作负担要远远大于普通教师。成功的校长必须主动牺牲自己的许多工作外时间，用于沟通校园内外教育和社会资源。这种工作状态并不为大多数女教师所接受，她们更加愿意从事简单的教学工作，并努力成长为教学骨干和教学名师。显然，教师职业发展和自我实现的各种路径应该得到同样的理解和尊重。

校长性别构成的区位差异，与男女教师对工作环境的适应和职业选择密切相关。相对而言，郊区学校的物质环境和生活条件要比城区学校艰苦。面对校长岗位的竞争，男教师更有可能投入更多的时间和精力，并努力提高自己的管理水平和群众威望；而女教师则更有可能因为家庭和婚姻原因，争取成为教学骨干以便调到城区学校。而且，城区学校中女教师的比例已经远远高于郊区学校，较高的女教师比例使得城区学校更有可能产生女校长。

第二，校长的培养和选拔机制不利于女教师成长为校长。对于学校管理而言，25岁到35岁是每位教师成长为校长的关键期，大多数教师通过担任班主任、学校中层干部和校级副职，逐步走上校长岗位。与普通教师相比，额外的工作时间和劳动付出，是青年教师取得同事理解和信任，获得领导赏识并委以重任的重要基础。事实上，25岁到35岁，对于女教师成长为校长尤为重要。因为女教师的退休年龄比男教师要早，相应地，对于女校长的选拔和培养需要女教师能够尽快成熟起来。在我们对部分区县教育局局长的访谈当中，多位受访者均提到此类女教师成长的困境。年龄太小的女教师（25岁以下）缺乏教学和管理经验，而年龄适中（25岁到35岁）的女教师又因为家庭原因而精力分散，无法全身心投入学校管理工作中。国内相关研究结

---

① 孙军：《中小学校长的时间问题》，博士学位论文，南京师范大学，2014年。

果显示，只有到了 35 岁以后，女教师才越来越多地将精力用于学校管理当中。① 这些发现与一项基于美国数据的研究结果一致。② 显然，适当延长女校长的选拔年限，允许女校长选择与男校长具有同样的退休年龄，将更加有助于女校长的职业发展。

女校长在私立学校中的"多数派"地位，同样可以在上述校长选拔和培养机制的框架内加以解释。公立与私立学校在校长性别构成方面的差异，与校长的单向流动机制（公立学校向私立学校流动）有关。我们的调查结果显示，大多数私立学校校长在进入所在工作岗位之前，都有在公立学校中任教或者参与学校管理的经历。在公立学校中展现出来的教学能力、学校管理经验和社会影响力，使得这些公立学校的校长、退休校长和校长储备人才具备管理私立学校的声誉和能力。在面临成为私立学校校长的机会时，部分这类人才会选择进入私立学校。面对私立学校，对于学生学业表现出更为执着的追求，女教师和学校管理人员在教学表现方面的相对优势和在学校管理经验方面的相对不足，使得她们更有可能选择成为私立学校的校长。而女性较早的退休年龄，同样使得她们更有可能到私立学校发挥余热。

最后，我们应该充分认识到男、女校长在领导风格方面的差异，并认真研究不同领导风格对学生成长、教师工作和学校发展产生的影响。领导风格的性别差异是许多社会科学领域的研究者关注的重要议题。这项研究的一个独特贡献在于，在《义务教育学校校长专业标准》框架下，系统分析初中校长在领导风格上的性别差异，包括变革理念、价值取向、管理策略和资源整合四个方面。在校长的培养和选拔过程中，我们应该将性别视角引入教育管理知识的生产、建构和使用当中，使中小学校长、校长储备人才和基层教师能够更好地认识学校管理的性别差异，具有兼容并包的知识体系。这一观点与国内相关学者一致。③ 所不同的是，我们认为应该避免通过对男性和女性行为和语言特征的归纳、概括和总结，强制或者引导中小学校长、校长储备人才和基层教师形成所谓的男性或者女性行为范

---

① 杨宇红：《对中小学女校长发展现状及成因的社会学分析》，《教学与管理》2014 年第 8 期。
② 陈红燕：《在校长研究中引入社会性别视角：意义与策略》，《教育理论与实践》2014 年第 5 期。
③ 张利冰：《对中小学校长领导行为的性别差异调查及分析》，《教学与管理》2014 年第 9 期。

式。事实上，在关于学校领导风格的大多数调查指标上，男、女校长并不存在显著差异。而某种所谓男性或女性行为范式一经形成，可能会影响男性或者女性的认知、归因、动机、行为方式和职业选择，以便"活得像个男人/女人"。①

第三节 校长的教育领导对学校科学成绩的影响

一 校长的教育领导需要植根于特定的学校教育环境

国家的教育政策为校长的学校领导提供了基本的宏观环境。过去四十年中，课程改革、教师评价和校长专业发展政策的出台，赋予校长越来越多的工作职责。学校政策环境的急剧变化，均以校长能够在既有工作基础上不断承担更多职责作为基本假设，导致校长不得不在各项职责的优先程度上做出选择。2013 年，在我国政府颁布的《义务教育学校校长专业标准》中，校长的工作职责被界定为如下六个方面：领导课程教学、引领教师成长、规划学校发展、营造育人文化、优化内部关系、调试外部环境。②新的校长工作职责框架要求校长的领导方式发生根本转变，从专注课程和教学工作的教育领导范式，转向重视校内权力分配和管理体制建设的分布式领导范式和聚集学校持续创新和改进的变革型领导范式。我们在上海的调查结果显示，许多初中校长在落实优化内部关系、调试外部环境等校长职责过程中存在挑战。③

学校学业水平的持续提升仍然是多数校长的基本诉求。国外学校绩效研究的一个广泛共识是，成功的校长领导方式是确保学生良好学习结果的重要条件。④ 前期研究结果显示，校长领导方式对于学生学业成绩的影响

---

① 王敬、刘怡：《美国高中校长在角色冲突、角色承担和工作满意度上的性别差异》，《外国教育研究》2005 年第 6 期。

② 中华人民共和国教育部：《义务教育学校校长专业标准》，人民出版社 2013 年版。

③ 宁波：《初中校长的性别结构和领导风格：以上海市为例》，《全球教育展望》2018 年第 2 期。

④ Handford Victoria and Kenneth Leithwood, "Why teachers trust school leaders", *Journal of Educational Administration*, Vol. 51, No. 2, 2013, pp. 194–212.

可能是直接的①、间接的②，或者是交互的③。校长可以通过改善学校氛围④、组织架构⑤、资源配置⑥、教学活动⑦等，来提高学生的学习结果。在大多数情况下，校长通过影响教师群体或者个体，来间接地影响学生的学习结果。⑧ 为了分析校长行为和工作绩效，Hallinger 和 Heck 将校长的主要工作归纳为如下三个方面：确立学校发展目标和愿景；实施学校管理；维持积极的学校氛围。⑨ Robinson 等人认为，有效的校长领导包括：确立目标和期望；有策略的分配、规划、协调和评价教学和课程；促进和参与教师学习和发展；确保有序和相互支持的环境。⑩ Leithwood 等人认为，校长可以通过如下三个方面的学校领导来结构性改善学生的学习结果：确定学校发展方向；人力资源开发；优化组织结构。⑪ 在 OECD 组织的国际教师

---

① Edmonds Ronald, "Effective schools for the urban poor", *Educational Leadership*, Vol. 37, No. 1, 1979, pp. 15 – 24.

② Kenneth Leithwood and Jantzi Doris, "The effects of transformational leadership on organizational conditions and student engagement with school", *Journal of Educational Administration*, Vol. 38, No. 2, 2000, pp. 112 – 129.

③ Heck Ronald H. and Hallinger Philip, "Collaborative leadership effects on school improvement: Integrating unidirectional and reciprocal-effects models", *The Elementary School Journal*, Vol. 111, No. 2, 2010, pp. 226 – 252.

④ Philip Hallinger and Ronald H. Heck, "Exploring the principal's contribution to school effectiveness: 1980 – 1995", *School Effectiveness and School Improvement*, Vol. 9, No. 2, 1998, pp. 157 – 191.

⑤ Bernard M. Bass and Ruth Bass, *The Bass handbook of leadership*, New York: Free Press, 2008, p. 89.

⑥ Neena Banerjee, Elizabeth Stearns, and Stephanie Moller, et al., "Teacher job satisfaction and student achievement: The roles of teacher professional community and teacher collaboration in schools", *American Journal of Education*, Vol. 123, 2017, pp. 1 – 39.

⑦ Helen M. Marks and Susan M. Printy, "Principal leadership and school performance: An integration of transformational and instructional leadership", *Educational Administration Quarterly*, Vol. 39, No. 3, 2003, pp. 370 – 397.

⑧ Geert Devos, Melissa Tuytens, and Hester Hulpia, "Teachers' organizational commitment: Examining the mediating effects of distributed leadership", *American Journal of Education*, Vol. 120, No. 2, 2013, pp. 205 – 231.

⑨ Philip Hallinger and Ronald H. Heck, "Reassessing the principal's role in school effectiveness: A review empirical research, 1980 – 1995", *Education Administration Quarterly*, Vol. 32, No. 1, 1996, pp. 5 – 44.

⑩ Viviane Robinson, Margie Hohepa, and Claire Lloyd, *School leadership and student outcomes: Identifying what works and why*, Auckland, New Zealand: University of Auckland, 2009, p. 31.

⑪ Kenneth Leithwood, Karen Seashore Louis, and Stephen Anderson, et al., *How leadership influences student learning*, New York: The Wallace Foundation, 2004, p. 45.

第二章　能力结构：专业标准视角下的校长队伍建设

调查项目（Teaching and Learning International Survey 2018，TALIS2018）框架中，校长的工作时间分配被划分为：课程和教学事务；领导和管理事务；与学生、家长和社区互动。[①]

在所有上述工作职责中，校长围绕课程和教学事务展开的教育领导（educational leadership，又称业务领导、专业领导），对于学生学业成绩的提高起到至关重要的作用。部分地基于这一原因，OECD 组织的国际学生调查项目（Programme for International Student Assessment 2015，PISA 2015）将校长的教育领导（LEAD）作为一个重要测评内容。在 PISA2015 的概念框架中，校长的教育领导包括教育目标管理（LEADCOM）、教师教学激励（LEADINST）、教师专业引领（LEADPD）、教师参与治理赋权（LEAD-TCH）四个方面。在经典的校长领导力理论中，这四个方面分别对应校长的道德领导、（狭义）教学领导、人力资源开发和分布式领导。其中，校长的教育目标管理通过测量校长在四个观察指标上的时间投入，确定校长对于教师活动和学生学习结果与学校教育目标和课程开发之间一致性的重视程度。校长的教师教学激励通过测量校长在三个观察指标上的时间投入，确定校长对教师的合理教学行为进行引导和表扬的重视程度。校长的教师专业引领通过测量校长在三个观察指标上的时间投入，确定校长对教师的教学改进和能力建设的重视程度。校长的教师参与治理赋权通过测量校长在三个观察指标上的时间投入，确定校长对吸纳教师参与学校决策、学校文化建设、学校管理评价的重视程度。

对于校长形象和角色的描述离不开校长所处的社会和学校环境。有鉴于学校工作的复杂性，多数研究者认为，对于校长领导方式与学生学习结果之间关系的研究，应该充分考虑校长、教师、学生的背景特征、学校和当地社区的工作环境、整个国家的教育制度安排等。[②] 在学校改进工作中，校长需要结合具体的教育情境，采取综合性的或者有针对性的措施和手段。[③] 对

[①] Organization for Economic Co-operation and Development, *TALIS 2018 Results*: *Teachers and school leaders as lifelong learners*, Paris: OECD Publishing, 2019.

[②] Fullan Michael, *The six secrets of change*: *What the best leaders do to help their organizations survive and thrive*, San Francisco: Jossey-Bass, 2011, p. 2.

[③] Soehner David and Ryan Thomas, "The interdependence of principal school leadership and student achievement", *Scholar-Practitioner Quarterly*, Vol. 5, No. 3, 2011, pp. 274–288.

于中国校长而已,学校的学业水平是其教育领导的重要环境因素。探索在不同学业水平的学校中,校长的教育领导与学校学业表现之间的关系,对于制定精准的校长配备方案和学校改进方案具有指导意义。以上海市为例。近年来出台的精准学校改进政策包括针对薄弱学校的"公办初中强校工程",针对中间水平学校的"新优质学校集群发展计划"和"特色普通高中建设计划",针对优质公办学校的"实验性示范性高中建设项目"。在学校改进政策实施过程中,对于校长的教育领导方式进行有针对性的指导,有助于学校改进政策的落实。

在这项研究中,我们将基于PISA2015中国四省市数据,通过断层线性回归分析方法探索校长教育领导的不同内容对于学校科学成绩的影响,以期确定对于不同学业水平学校具有针对性的教育领导策略。选取科学成绩作为学校教育结果的分析指标,主要基于如下几个方面的原因:(1)每一轮PISA测试都有一个专门的主测领域,相应的学生、教师和校长调查问卷都会围绕主测领域展开。(2)学生科学成绩是PISA2015的主测领域,包括5个细分领域的测评内容,能够较好地反映学生的学习结果和学校的学业成绩。(3)学校治理方面的因素对于学校的阅读、数学、科学成绩的影响具有较大程度的一致性,在较为复杂的研究设计中,研究者通常会选择PISA测评的主测领域来反映学校的学业成绩。[1]

需要特别说明的是,尽管校长的教育领导主要围绕课程与教学事务展开,学校的学业成绩,特别是作为一个专门领域的学校科学成绩,并不能作为衡量校长教育领导是否有效的排他性指标。学生的整体发展、教师的工作状态、学校的整体水平等,都应该成为评价校长的教育领导是否有效的内容。与此同时,校长的教育领导并不是校长影响学校教育结果的唯一路径,行政管理、财务管理、工作分配等校长工作内容同样起到至关重要的作用。期待后续研究能够在这些领域有所突破。

二 研究方法

(一)抽样调查与研究变量

在PISA2015调查中,来自中国北京、上海、江苏、广东四省市的

---

[1] Ning Bo, A cross-country comparative study of school climate in relation to student reading achievement, Ph. D. dissertation, KU Leuven, 2014.

第二章 能力结构：专业标准视角下的校长队伍建设

9841 名学生和 268 名校长参加了调查，能够很好地反映四省市学生和校长的一般特征。

学校科学成绩。在这项研究中，我们使用每所学校学生科学成绩（PV1SCIE-PV10SCIE）的平均数来反映学校的教育结果。在 PISA2015 中，学生科学素养的测试包括 184 个题目。① 出于节约时间的考虑，PISA2015 采用旋转测试设计原则（rotated design of testing），每个学生仅完成每个学科领域的部分测试问卷和部分背景问卷。学生的最终测试成绩取决于他自己的答案和与他存在较大相似性的学生答案（没有作答部分）。为了获得可信的学生学习结果分数，同时反映抽样误差和计算误差导致的不可靠性，学生在每个测试领域的表现均被赋予 10 个可能值。在 PISA2015 中，学生科学成绩的赋值以 PISA2006 的学生科学成绩为基础。OECD 国家 15 岁学生在 PISA2006 中的科学表现被标准化为均值 500，标准差 100 的基线成绩。在 PISA2015 中，中国四省市学生科学成绩的平均分（均值：518；标准差：103）高于 OECD 国家的平均水平（均值：493 分；标准差：93）。然而，中国四省市学生的个体成绩差异水平和校际成绩差异水平（119.2%，63.1%），都远大于 OECD 平均水平（100%，31%）。探索导致中国学校之间成绩差异的原因，对于学校改进工作具有参考价值。

校长的教育领导。在 PISA2015 中，对于校长领导力的考察聚焦在校长的教育领导（见表 2-3-1）。除了教育领导（LEAD）这个综合指数外，还包括四个专门指数，分别是教育目标管理（LEADCOM）、教师教学激励（LEADINST）、教师专业引领（LEADPD）、教师参与治理赋权（LEADTCH）。校长教育领导的综合指数和专门指数的赋值，建立在项目反应理论模型（IRT）基础上，通过 13 个观察指标来测量校长参与各种领导和管理活动的频率来实现（见表 2-3-1）。校长需要回答在过去一个学年当中，每个观察指标所描述的活动和行为在自己的学校管理中出现的频率。其中，1 表示从未发生；2 表示一年当中发生 1—2 次；3 表示一年当中发生 3—4 次；4 表示每月一次；5 表示每周一次；6 表示每周一次以上。为了产生具有国际可比性的数据，OECD 将校长教育领导的综合指数和专门指数的赋值进行了标准化处理。每个指数均被转化成以 OECD 国家

---

① Organization for Economic Co-operation and Development, *PISA 2015 Technical Report*, Paris: OECD Publishing, 2017.

平均值为 0，OECD 国家标准差为 1 的标准化指数。

在中国四省市，构成教育领导的 13 个观察指标的效度值（KMO & Bartlett test）为 0.885，表明抽样的充足水平较高，校长样本能够反映中国四省市校长群体的总体特征。其中，教育目标管理的指标效度为 0.68，教师教学激励的指标效度为 0.731，教师教学激励的指标效度为 0.755，教师参与治理赋权的指标效度为 0.807。这些观察指标的信度值分布在 [0.733，0.830] 的区间范围内，13 个观察指标的总体可信度为 0.888，表明这些指标的选取是充分的（>0.7，经验值）。总体而言，中国校长在教育领导方面的时间投入（-0.14）低于 OECD 国家平均水平。其中，中国校长在教师参与治理赋权方面的时间投入（-0.69）远低于 OECD 国家平均水平，在教育目标管理方面的时间投入（-0.06）略低于 OECD 国家平均水平，在教师教学激励方面的时间投入（0.05）略高于 OECD 国家平均水平，在教师专用引领方面的时间投入（0.2）高于 OECD 国家平均水平。

表 2-3-1　　校长教育领导指数的构成指标及其赋值情况

综合指数	专门指数	构成指标	数量	原始均值	加权均值
教育领导（LEAD）	教育目标管理（LEADCOM）	利用学生学习结果来确立学校教育目标（X1）	265	2.40（0.95）	2.78（1.01）
		确保教师的专业发展活动与学校的教学目标一致（X2）	264	3.41（1.22）	3.85（1.19）
		确保教师的工作与学校教育目标一致（X3）	265	3.76（1.32）	4.22（1.24）
		在教职员工大会上与教师一起讨论学校的学习结果目标（X13）	265	3.35（1.17）	3.76（1.17）
	教师教学激励（LEADINST）	基于最新的教育研究结果改善教师的教学实践（X4）	264	3.07（1.13）	3.48（1.18）
		根据学生是否积极参与学习活动，对教师进行表扬或批评（X5）	265	4.11（1.15）	4.43（1.10）
		引导教师重视学生的批判能力和社会交往能力的发展（X7）	265	3.97（1.34）	4.42（1.26）

续表

综合指数	专门指数	构成指标	数量	原始均值	加权均值
教育领导（LEAD）	教师专业引领（LEADPD）	当教师在课堂教学中遇到问题时，发起讨论问题的动议（X6）	265	4.69（1.21）	5.00（1.08）
		关注课堂中的违纪行为（X8）	265	4.88（1.30）	5.22（1.02）
		当教师提出一个课堂问题的时候，与他一起解决问题（X12）	265	2.94（1.11）	3.36（1.26）
	教师参与治理赋权（LEADTCH）	为教职员工提供参与学校决策的机会（X9）	264	3.64（1.26）	4.07（1.26）
		引导教师参与建立持续改进的学校文化（X10）	265	3.12（1.17）	3.56（1.29）
		邀请教师参与对学校管理活动的评价（X11）	263	4.44（1.27）	4.80（1.15）

注：原始均值指未对缺失值进行替代、未考虑学生权重的情况下计算的均值。加权均值指对缺失值进行替代并考虑学生权重的情况下计算的均值。标准差在括号内。加权标准差的计算公式为 $sd_w = \sqrt{\dfrac{\sum_{i=1}^{N} W^i (X_i - X_w)^2}{(N'-1)\sum_{i=1}^{N} W_i / N'}}$。其中，$W_i$ 是第 i 个观察值的权重，N' 是非零权重值的数量，$\bar{X}_w$ 是所有观察值的加权均值。在这项研究中，我们使用 Markov Chain Monte Carlo（MCMC）方法，为所有构成指标的每一个缺失值产生一个模拟值。[①]

（二）分析过程

在这项研究中，我们采用断层线性回归分析方法，根据学校科学成绩在全部 PISA2015 中国学校中的排名情况，分段建立学校科学成绩与校长教育领导之间的回归模型。与简单线性回归分析相比，断层线性回归分析方法旨在对符合特定标准的样本群体进行回归分析，以期获得更有针对性的分析结论。在这项研究中，选取断层线性回归分析方法的原因有二。

[①] Craig K. Enders and Amanda Gottschall,"Multiple imputation strategies for multiple group structural equation models", *Structural Equation Modeling: A Multidisciplinary Journal*, Vol. 18, No. 1, 2011, pp. 35–54.

第一，学校改进是一个逐渐完成的过程，大多数学校不可能一蹴而就地实现跨越式发展。对于具有相似学业表现的学校进行回归分析，能够获得更加具有针对性和现实意义的学校改进建议。同时，学校科学成绩与校长教育领导之间，可能并非简单的线性关系。在不同学业水平的学校中，有效的校长教育领导可能存在较大差异。例如，在中等学业表现的学校中，在教育目标管理中的时间投入可能对学校科学成绩产生消极影响；然而，在高学业水平的学校中，在教育目标管理中的时间投入可能会产生积极影响。

第二，校长在教育领导中的时间投入，对于学校科学成绩的影响可能存在"总体趋势"和"局部趋势"两个层面。例如，校长在教师教学激励方面的时间投入，可能是导致不同学业水平的学校（如高、中、低三种学业水平）之间成绩差异的一个原因，也可能是导致特定学业水平的学校（如低水平学校）之间成绩差异的一个原因。

基于上述原因，这项研究的分析过程如下：第一，根据学校的科学成绩将学校分为10个十分位段，不同十分位段具有相同的学校数量，每个十分位段的学校具有相似的科学成绩（见表2-3-2）。在每个十分位段，建立学校科学成绩与校长教育领导之间的回归分析模型，筛选具有显著统计意义的回归关系。第二，计算每个十分位段的科学成绩均值、校长的教育领导均值（综合指数和专门指数）。根据不同十分位段的学校科学成绩均值和校长教育领导均值的分布情况，对学校科学成绩和校长教育领导之间关系的总体趋势进行分析。截取具有明显线性回归特征的若干十分位段，建立学校科学成绩与校长教育领导的回归分析模型，筛选具有显著统计意义的回归关系。

三 校长的教育领导与学校的科学成绩：分布情况和回归分析

（一）校长的教育领导与学校的科学成绩

1. 校长教育领导与学校科学成绩的分布情况。在图2-3-1中我们可以看出，校长的教育领导和学校的科学成绩之间并非简单的线性关系。根据校长的教育领导和学校的科学成绩，可以将中国校长和学校分为六个族群。排名在第1十分位段的学校，校长的教育领导处于中间水平，接近OECD国家平均水平。排名在第2—5十分位段的学校，校长在教育

表2-3-2 不同学业水平学校的科学成绩均值和校长教育领导均值

	学校科学成绩	教育领导	教育目标管理	教师教学激励	教师专业引领	教师参与治理
第1十分位段	404.17 (27.01)	0 (0.68)	−0.02 (1.13)	0.16 (0.64)	0.4 (0.87)	−0.63 (0.8)
第2十分位段	444.79 (10.31)	−0.39 (1.01)	−0.32 (1.12)	−0.24 (0.85)	−0.19 (0.89)	−0.7 (1.18)
第3十分位段	470.94 (8.82)	−0.38 (1.52)	−0.49 (1.25)	−0.21 (1.1)	0.21 (1.27)	−0.69 (1.2)
第4十分位段	492.12 (5.57)	−0.24 (0.8)	−0.33 (0.82)	0.06 (0.71)	0.08 (0.92)	−0.76 (1.01)
第5十分位段	510.84 (4.62)	−0.31 (0.8)	−0.29 (1)	−0.01 (0.9)	0.08 (0.9)	−0.94 (0.9)
第6十分位段	530.21 (7.15)	−0.05 (1.3)	0.08 (1.17)	0.11 (0.88)	0.11 (1.15)	−0.67 (1)
第7十分位段	553.33 (6)	−0.01 (0.74)	0.16 (0.88)	0 (0.78)	0.51 (0.87)	−0.67 (1.07)
第8十分位段	579.01 (8.2)	−0.19 (0.88)	0.14 (0.78)	0.05 (0.88)	0.06 (1.08)	−0.81 (0.97)
第9十分位段	606.31 (7.25)	0.2 (0.96)	0.04 (0.88)	0.41 (0.71)	0.62 (0.92)	−0.46 (1.14)
第10十分位段	644.19 (19.94)	0.01 (0.76)	0.43 (0.65)	0.15 (0.83)	0.13 (1.04)	−0.55 (1.03)
总体	518.52 (71.77)	−0.14 (0.98)	−0.06 (1.01)	0.05 (0.84)	0.2 (1.01)	−0.69 (1.03)

注：标准差在括号中。

领导中的时间投入相似，均处于较低水平。排名在第 6—7 十分位段的学校，校长在教育领导中的时间投入相似，处于中间水平。排名在第 8—10 十分位段的学校，校长在教育领导中的时间投入差异较大。排名在第 8 十分位段的学校，校长在教育领导中的时间投入处于中等偏下水平。排名在第 9 十分位段的学校，校长在教育领导中的投入处于最高水平。排名在第 10 十分位段的学校，校长的教育领导处于中间水平，接近 OECD 国家平均水平。

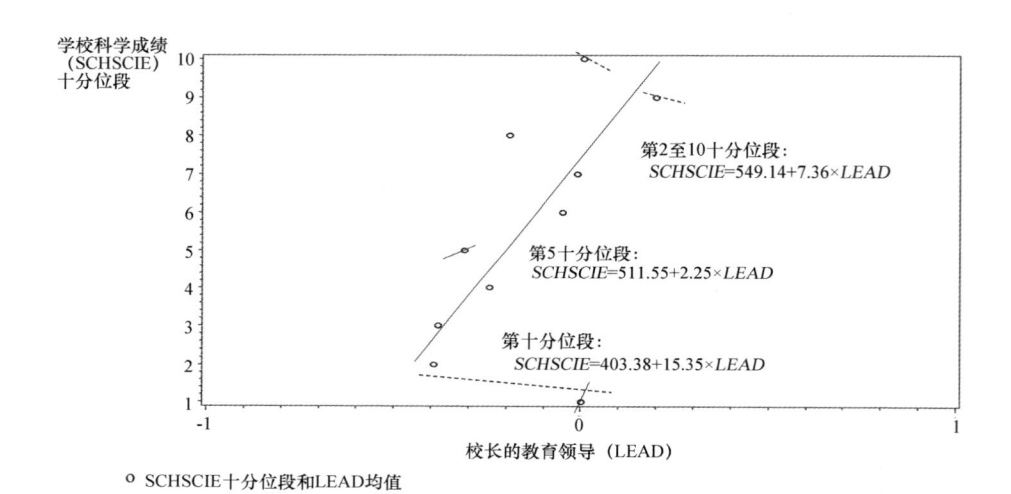

第2至10十分位段：
$SCHSCIE=549.14+7.36\times LEAD$

第5十分位段：
$SCHSCIE=511.55+2.25\times LEAD$

第十分位段：
$SCHSCIE=403.38+15.35\times LEAD$

○ SCHSCIE十分位段和LEAD均值

图 2-3-1　校长的教育领导与学校科学成绩：不同层次学校的断层回归分析

2. 校长的教育领导与学校的科学成绩之间的回归关系。在排名前 90% 的学校（第 2—10 十分位段），校长在教育领导方面的时间投入，会带来学校科学成绩的提高（ = 7.36；SE = 3.82；p = 0.05）。在排名后 20% 的学校（第 1—2 十分位段），校长的教育领导与学校科学成绩之间的消极关系并不显著（ = -1.34；SE = 4.71；p = 0.78）。在排名后 10% 的学校（第 1 十分位段），校长在教育领导方面的时间投入，对于学校科学成绩的积极作用较大（ = 15.35；SE = 7.52；p = 0.05）。在排名居中的学校（第 5 十分位段），校长在教育领导方面的时间投入，同样有助于学校科学成绩的提高（ = 2.26；SE = 1.09；p = 0.05）。需要特别说明的是，在排名前 90% 的学校（第 2—10 十分位段），校长在教育领导中的时间投入对于学校科学成绩的积极影响仅仅体现为一个总体趋势。换言之，不同学业水平的学校族群之间的成绩差异（高、中、低水平），与校长在教育领导中时间投入的差异有关。在排名最高的两个十分位段（第9—10十分位段），校长在教育领导中的时间投入对于学校科学成绩均表现为不显著的消极影响（$PCTSCIE9$： = -1.13；$SE = 1.52$；$p = 0.46$；$PCTSCIE10$： = -0.23；$SE = 5.26$；$p = 0.97$）。这一发现表明，对于学业成绩同样处于较高水平的学校而已，校长在教育领导中的时间投入并不是导致校际成绩差异的重要原因。这一点与成绩较差的学校和处于中间水平的学校不同。

（二）校长的教育目标管理与学校的科学成绩

1. 校长的教育目标管理与学校的科学成绩分布情况（见图2-3-2）。根据校长在教育目标管理方面的时间投入和学校的科学成绩两个指标，可以将中国学校和校长分成四组。在科学成绩最好的学校（第10十分位段），校长在教育目标管理中的时间投入远高于处于其他学业水平的学校。排名在中上水平的学校（第6—9十分位段），校长在教育目标管理中的时间投入同样处于较高水平，且彼此的差异较小。排名在中下水平的学校（第2—5十分位段），校长在教育目标管理中的时间投入均处于较低水平，学校排名在第3十分位段的校长在教育目标管理中的时间投入最低。在科

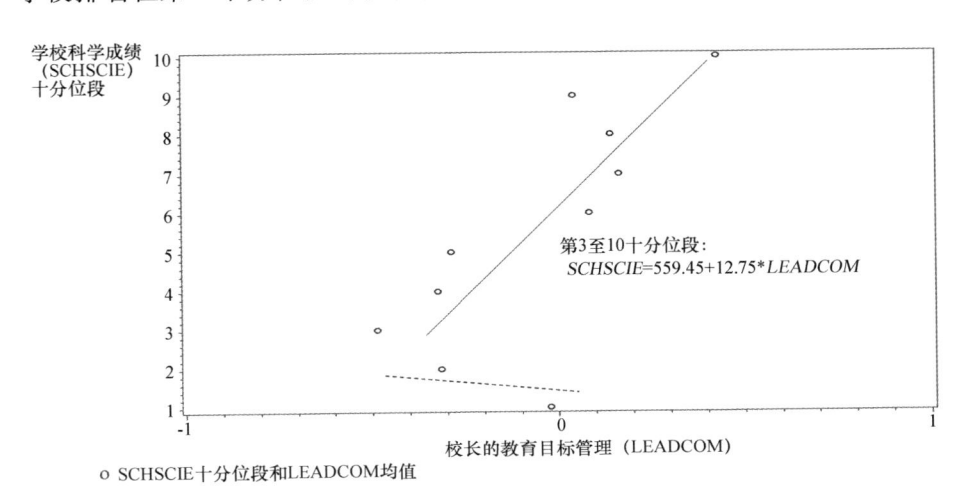

图2-3-2 校长的教育目标管理与学校科学成绩：
不同层次学校的断层回归分析

学成绩最低的学校（第1十分位段），校长在教育目标管理中的时间投入高于成绩较差的学校，略低于成绩较好的学校，接近OECD国家平均水平。

2. 校长的教育目标管理与学校的科学成绩之间的回归关系。对于科学成绩处于中、高水平的学校而言（第3—10十分位段），校长在教育目标管理中的时间投入越多，学校的科学成绩越高（ = 12.75；SE = 4.03；$p <$ 0.01）。对于科学成绩较低的学校而言（第1—3十分位段），校长在教育目标管理中的时间投入对于学校科学成绩的消极影响不显著（ = －2.77；SE = 3.16；p = 0.38）。需要特别说明的是，对于科学成绩处于中、高水平的学校（第3—10十分位段）而言，校长的教育目标管理对于学校科学成绩的积极影响表现在总体趋势层面，对于处于相似水平的学校之间成绩差异的影响（局部趋势）并不显著。

（三）校长的教师教学激励与学校的科学成绩

1. 校长的教师教学激励与学校的科学成绩分布情况（见图2－3－3）。总体而言，中国校长在教师教学激励方面的时间投入差异相对较小。根据校长在教师教学激励中的时间投入和学校的科学成绩两个指标，可以将中国学校和校长分成五组。在科学成绩较好的学校（第9十分位段），校长

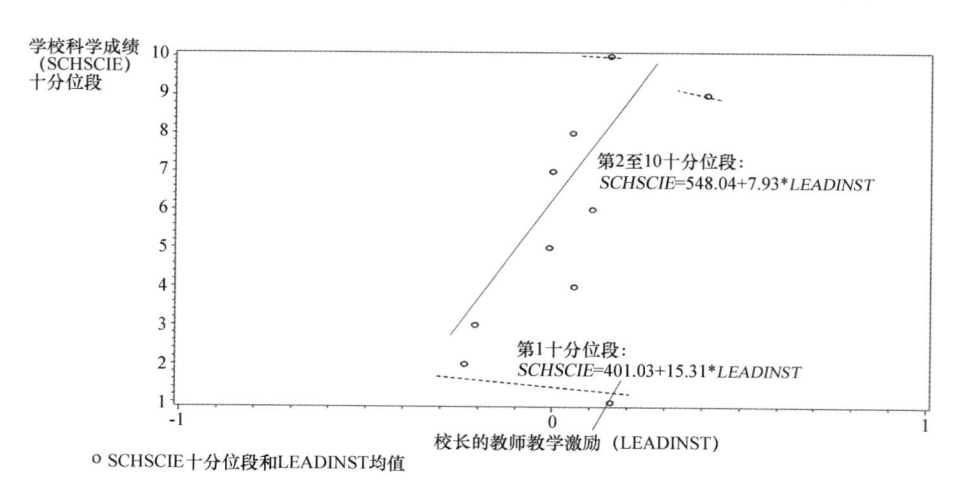

图2－3－3 **校长的教师教学激励与学校科学成绩：不同层次学校的断层回归分析**

在教师教学激励中的时间投入高于处于其他学业水平的学校。排名最高的学校（第10十分位段）和最低的学校（第1十分位段），校长在教师教学激励中的时间投入低于排名在第9十分位段的学校，略高于排名居中的学校（第4—8十分位段）。在排名居中的这些学校，校长在教师教学激励中的时间投入相似，均接近OECD国家平均水平。排名在较低水平的学校（第2—3十分位段），校长在教师教学激励中的时间投入处于最低水平。

2. 校长的教师教学激励与学校的科学成绩之间的回归关系。对于成绩在第2—9十分位段的学校而言，校长在教师教学激励方面投入时间的提高，有利于提高学校的科学成绩（$=7.93$；$SE=4.5$；$p=0.08$）。对于科学成绩在第1—2十分位段的学校而言，校长在教师教学激励方面的时间投入，对学校科学成绩的消极影响不显著（$=-2.42$；$SE=5.35$；$p=0.65$）。在排名后10%的学校（第1十分位段），校长在教师教学激励中的时间投入有助于学校科学成绩的提高（$=15.31$；$SE=8.11$；$p=0.07$）。然而，对于成绩最好的学校（第9和第10十分位段）而言，校长在教师教学激励方面的时间投入，对于学校科学成绩产生不显著的消极影响（$PCTSCIE9$：$=-0.45$；$SE=1.68$；$p=0.79$；$PCTSCIE10$：$=-0.3$；$SE=6.1$；$p=0.96$）。

（四）校长的教师专业引领与学校的科学成绩

1. 校长的教师专业引领与学校的科学成绩分布情况（见图2-3-4）。除第2十分位段之外，多数成绩段的校长在引领教师专业发展中的时间投入均高于OECD国家平均水平。然而，在不同学业水平的学校之间，校长的时间投入呈现出较为复杂的分布特征。在成绩较差的学校（第1—3十分位段），校长在引领教师专业发展方面的时间投入差异较大。排名在第2十分位段的学校，校长的时间投入远低于其他学校。然而，排名在第1十分位段的学校，校长的时间投入远高于多数其他成绩水平学校的校长。与此同时，在成绩较好的学校（第7—10十分位段），校长在引领教师专业发展方面的时间投入差异同样较大。在第7和第9十分位段的学校，校长的时间投入相似，远高于排在第8和第10十分位段的学校校长。在排名居中的学校（第4—6十分位段），校长的时间投入相似，略高于OECD国家平均水平。

2. 校长的教师专业引领与学校的科学成绩之间的回归关系。对于成绩

```
学校科学成绩
(SCHSCIE)
十分位段
```

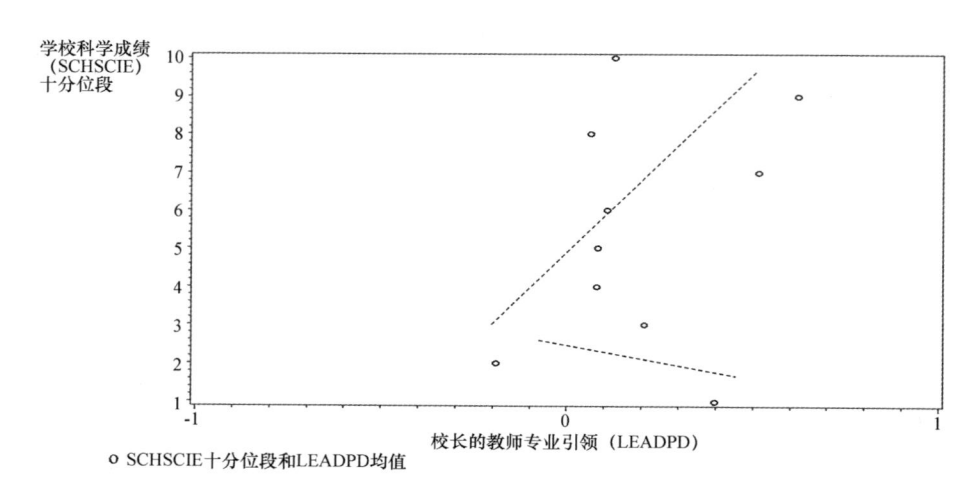

○ SCHSCIE十分位段和LEADPD均值

**图 2-3-4 校长的教师专业引领与学校科学成绩：
不同层次学校的断层回归分析**

较好的学校（第 4—10 十分位段）而言，校长增加在教师专业发展方面的时间投入，对于学校科学成绩的积极影响并不显著（ = 1.51；SE = 3.69；p = 0.68）。对于成绩较差的学校（第 1—4 十分位段）而言，校长增加在教师专业发展方面的时间投入，对于学校科学成绩的消极影响并不显著（ = -2.67；SE = 3.52；p = 0.45）。此外，在每一个十分位段，校长在教师专业引领中的时间投入与学校科学成绩的回归关系均不显著。

（五）校长的教师参与治理赋权与学校的科学成绩

1. 校长的教师参与治理赋权与学校的科学成绩分布情况（见图 2-3-5）。总体上说，中国校长对于吸纳教师参与学校治理的时间投入远低于 OCED 国家平均水平。在不同学业表现的学校，校长对于教师参与学校治理的赋权情况相差较小。根据校长在吸纳教师参与学校治理方面的时间投入和学校的科学成绩两个指标，可以将中国学校分为四个族群：科学成绩较差的学校（第 1—4 十分位段）、科学成绩居中的学校（第 5 十分位段）、科学成绩较好的学校（第 6—8 十分位段）、科学成绩最好的学校（第 9—10 十分位段）。在科学成绩较差的学校（第 1—4 十分位段）和成绩较好的学校（第 6—8 十分位段），校长对于吸纳教师参与学校治理的时间投入相似，均在 -0.6 至 -0.8 之间。在成绩最好的学校（第 9—10 十分位段），校长对于吸纳教师参与学校治理的时间投入相对较高，但仍然远低于OECD国家平均水平。在科学成绩居中的学校（第5十分位段），校长对于吸纳教师参与学校治理的时间投入最低。

学校科学成绩（SCHSCIE）十分位段

第5十分位段：
$SCHSCIE=513.69+3.04*LEADTCH$

校长的教师参与治理赋权（LEADTCH）

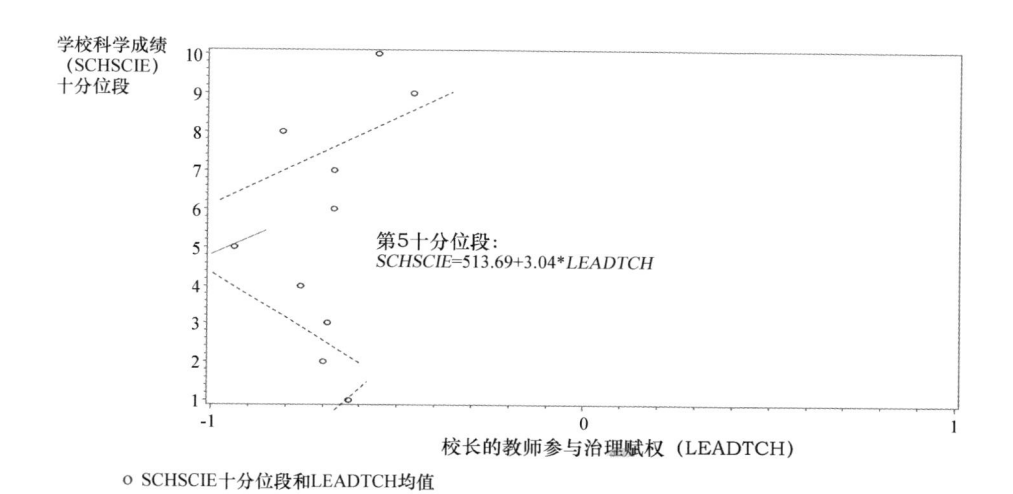

○ SCHSCIE十分位段和LEADTCH均值

图2-3-5 校长的教师参与治理赋权与学校科学成绩：不同层次学校的断层回归分析

2. 校长的教师参与治理赋权与学校的科学成绩之间的关系。在科学成绩较差的学校（第1—5十分位段的学校），校长在吸纳教师参与学校治理中的时间投入，对学校科学成绩的消极影响不显著（ = -2.18；SE = 3.42；p = 0.53）。在科学成绩较好的学校（第5—10十分位段），校长在吸纳教师参与学校治理中的时间投入，对于学校科学成绩的积极影响同样不显著（ = 5.58；SE = 3.65；p = 0.13）。然而，对于科学成绩居中的学校而言（第5十分位段），校长在吸纳教师参与学校治理中的时间投入，对于学校科学成绩产生显著积极影响（ = 3.04；SE = 0.85；p = 0.002）。特别需要指出的是，在科学成绩最差的学校（第1十分位段），校长在吸纳教师参与学校治理中的时间投入，对于学校科学成绩具有较大但不显著的积极影响（ = 8.72；SE = 6.77；p = 0.21）。这一分析结果表明，对于科学成绩最差的学校而言，校长在吸纳教师参与学校治理中的时间投入，对于学校科学成绩的影响具有较大不一致性。对于多数学校而言，吸纳教师参与学校治理能够提高学校的科学成绩。

四 讨论与结论

（一）中国学校教育情境中的校长教育领导：学校科学成绩改进的视角

在我国的学校教育中，校长在教育领导中的时间投入，对于学校科学成绩具有积极影响。然而，校长在每种教育领导中的时间投入，对于学校科学成绩的意义不同。校长在教育目标管理和教师教学激励两个方面的时间投入，对于学校改进的积极影响同时体现在中、高学业水平的学校当中。与之相反，校长在教师专业引领和教师参与治理赋权两个方面的时间投入，对于多数成绩段的学校科学成绩影响并不显著。

我国学校的管理文化和校长的专业素养，是教育目标管理和教师教学激励发挥积极影响的重要原因。一项国际比较研究显示，在中国、日本等秉承集体主义文化的国家中，学校管理者通常会聚焦于集体目标和利益，尽量避免冲突事件的发生，以便维护整个机构的和谐氛围和每个成员的脸面。[1] 与此同时，由于我国中小学校长通常在卓越教师中提拔任命，他们普遍拥有较高的教学素养和专业权威，但是在行政素养、交际能力方面存在较大差异。校长的教育目标管理和教师教学激励，综合体现了校长的上述专业素养，因而对于学校间成绩差异的解释能力较强。

需要特别说明的是，这项研究中关于引领教师专业发展的结论，与我国教育界的主流观点并不完全一致。例如，PISA2009 和 PISA2012 上海项目负责人张民选教授认为，上海学生在 PISA 中的卓越表现与上海教育行政部门对于教师专业发展的高度重视密切相关，呼吁通过扩大教师专业发展项目的政府供给来改善薄弱学校。[2] 我们认为，增加教师专业发展项目的政府供给，或许能够有效提高我国学校的总体教学质量，却无法显著缩小学校的成绩差距。尽管我国校长对于引领教师专业发展的重视程度普遍

---

[1] Maris G. Martinsons and Robert M. Davison, "Strategic decision-making and support systems: Comparing American, Japanese, and Chinese management", *Decision Support Systems*, Vol. 43, No. 1, 2007, pp. 284–300.

[2] 张民选、闫温乐：《英国教师眼中的中国数学教育秘密——上海师范大学国际与比较教育研究院院长张民选教授专访》，《外国中小学教育》2015 年第 1 期。

第二章　能力结构：专业标准视角下的校长队伍建设

较高，为数众多的教师专业发展项目效率低下。我们的前期研究结果显示，超过七成的培训项目被教师认定为低维持型或者耗竭型时间投入，仅有不足三成的培训项目被教师认定为突破型或者补充型时间投入。① 薄弱学校在培训资源竞争中的相对弱势地位，导致这些学校的教师更有可能获得低质量的教师专业发展项目。而"公办初中强校工程"等学校改进项目，通过有针对性地为薄弱学校提供优质教师专业发展项目，对于提高校际均衡程度具有积极意义。

此外，西方经典的教师专业发展理论认为，在课堂教学和学校管理中给予教师充分的赋权，是培养教师专业自主性和工作积极性的重要手段，有助于教学质量的改进。② 在英美等秉承个人主义文化的国家当中，学校管理者在学校决策中会倡导个体贡献、接受合理冲突，对于最优决策的珍视程度要高于机构内的和谐人际关系。③ 与之相应，校长在引导教师参与学校治理方面的时间投入，更有可能对于学校科学成绩具有积极影响。与西方国家和地区的同行相比，中国教师工作状态的一个重要特征是，大多数教师将教学视为最主要的甚至是排他性的工作任务。在多数情况下，中国教师不愿意在学校决策中提供自己的意见或者付出自己的努力。基于TALIS2013 上海数据的研究结果显示，教师是否参与学校管理对于校长在各项工作职责上的时间投入并不存在显著影响。④ 一方面，大多数中国校长都成长于一线教师，他们能够较好地理解教师视角，从教师的角度出发做出学校决策，因而对于教师直接参与决策的依赖程度不高。另一方面，多数校长特别是新校长，缺乏将学校权力分配给教师的权威性和行政依据，在遇到教师消极抵抗之后往往缺乏强有力的行政手段。换言之，校长

---

① 王洁、宁波：《国际视域下上海教师工作时间与工作负担：基于 TALIS 数据的实证研究》，《教师教育研究》2018 年第 6 期。
② Thang Dinh Truong, Hallinger, and Kabini Sanga, "Confucian values and school leadership in Vietnam: Exploring the influence of culture on principal decision making", *Educational Management, Administration and Leadership*, Vol. 45, No. 1, 2017, pp. 77–100.
③ Thang Dinh Truong, Hallinger, and Kabini Sanga, "Confucian values and school leadership in Vietnam: Exploring the influence of culture on principal decision making", *Educational Management, Administration and Leadership*, Vol. 45, No. 1, 2017, pp. 77–100.
④ 宁波：《校长日常工作时间分配：国际差异、个体倾向性及对策建议》，《中国教育学刊》2017 年第 9 期。

本身也在是否赋予教师更多学校管理职责这个问题上左右摇摆。

(二) 校长教育领导的整体效应和局部效应

校长在教育领导中的时间投入对于学校科学成绩的影响，存在整体效应和局部效应两种情况。以校长的教育目标管理为例。成绩中下的学校（第3—5十分位段）、成绩中上的学校（第6—9十分位段）和成绩最好的学校（第10十分位段）之间在教育目标管理方面同时存在"整体差异"和"局部差异"。校长在教育目标管理方面时间投入的增加，对于学校成绩的"整体差异"具有积极影响，能够部分地解释最好、中上、中下学校之间的成绩差异。然而，校长在教育目标管理中时间投入的增加，对于学校成绩的"局部差异"影响并不显著，既无法解释成绩最好的学校之间（第10十分位段）存在的成绩差异，也无法解释成绩中上的学校之间（第6—9十分位段）存在的成绩差异。

更有甚者，校长在教育领导中的时间投入，对于学校科学成绩的整体趋势和局部趋势的影响，可能存在不一致性。以校长的教师教学激励为例。成绩较差的学校（第2—3十分位段）、成绩居中的学校（第4—8十分位段）和成绩较好的学校（第9—10十分位段）之间，在教师教学激励方面同时存在"整体差异"和"局部差异"。校长在教师教学激励方面时间投入的增加，对于学校成绩的"整体差异"具有积极影响，能够部分地解释好、中、差学校之间的成绩差异。然而，对于第9十分位段和第10十分位段的学校而言，校长在教师教学激励方面的时间投入，对于学校科学成绩具有不显著的消极影响。

(三) 在不同学业水平学校中，校长教育领导的可为之处和不可为之处

仅仅依靠校长在教育领导中的时间投入，无法从根本上改进学业表现最差的学校（第1十分位段）。在学业表现最差的学校中，校长对于教育领导的时间投入普遍较高，同时体现在学校教育目标管理、教师教学激励、教师参与学校治理、教师专业发展四个方面。一方面，这种较高水平的时间投入仍然无法改变学校的科学成绩排名。另一方面，校长在教育领导中的时间投入，对于学校科学成绩具有积极影响，体现在校长的教师教学激励和教师参与治理赋权两个方面。这一点说明，对于薄弱学校而言，校长在教育领导中的时间投入是学校改进的必要条件，但并不是充分条

件。对于为数众多的薄弱学校而言，较多的处境不利学生、较差的学生行为习惯和学习氛围、落后的软硬件条件是制约学校发展的前置条件。只有当其中的一个或者多个方面得到根本改善，其他学校的改进策略才能发挥作用。为了获得在这些前置条件上的根本改变，校长需要在行政和领导事务中投入较多时间，并且积极寻求来自社区和教育行政系统的支持和帮助。教育行政部门应该优先考虑将行政能力和社会交往能力较强的校长配置到这类学校，或者加强对这类素养的专业培训。

排名居中的学校更有可能通过校长的教育领导，获得小幅度的成绩提升。对于排名居中的学校而言（第5十分位段），校长在教育领导中的时间投入对于学校成绩提高的影响非常显著，是导致"段内"成绩差异的重要因素。对于这类学校而言，校长应该特别重视吸纳教师参与学校治理。与此同时，排名居中的学校（第5十分位段），可以视为教师参与学校管理有效性的关键节点。在高于和低于这一关键节点的学校，教师参与学校治理对于学校改进的意义完全不同。对于排名在前60%的学校而言，教师参与学校管理与学校的科学成绩具有不显著的正相关。而对于排名在后50%的学校而言，教师参与学校管理与学校的科学成绩具有不显著的负相关。

加强教育目标管理是推动优秀学校走向卓越的重要途径。在学业表现最好的学校（第10十分位段），校长在教育领导方面的时间投入低于学业表现居于第9十分位段的学校校长，同时体现在教师教学激励、教师专业引领、教师参与学校治理赋权三个方面。然而，在学校表现最好的学校，校长在教育目标管理方面的时间投入，则高于位于第9十分位段的学校校长。在优质学校的校长培训中，教育行政部门应该特别重视教育目标管理方面的内容，帮助学校走好成绩提升的"最后一公里"。

第四节 校长自身的专业成长

一 校长的任职经历

在上海开始工作的时间和外省市工作经历。基于样本区域校长的调查结果显示，绝大多数校长在1980—2002年期间开始在上海工作（95.69%），比例极低的校长具有在外省市工作经历（3.21%）（见图2-4-1）。

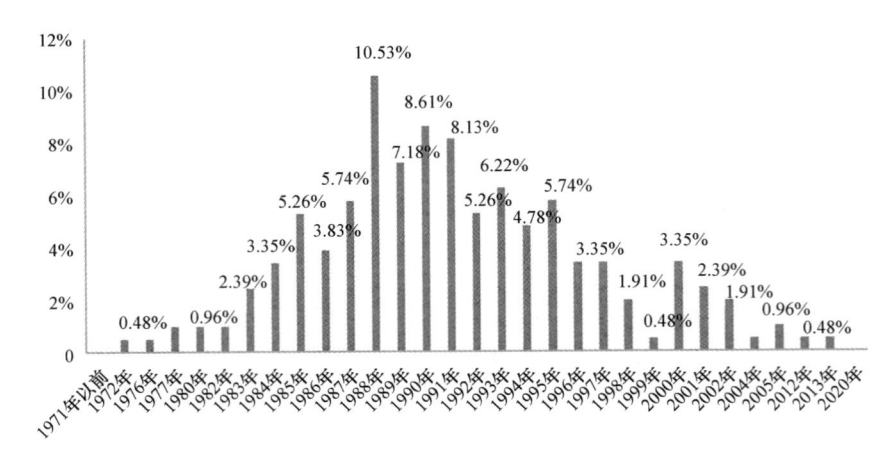

图 2-4-1 校长在上海开始工作的时间

成长为校长的路径。根据上海市校长选拔和任用的实际情况，纳入考察的入职路径包括：在本校由副职成长为校长；在外校担任副职，调任本校校长；在外校担任校长（书记）后，调任本校校长；教育局、教育学院等行政和业务部门调任；非教育系统的其他职业转岗；其他（见图2-4-2）。

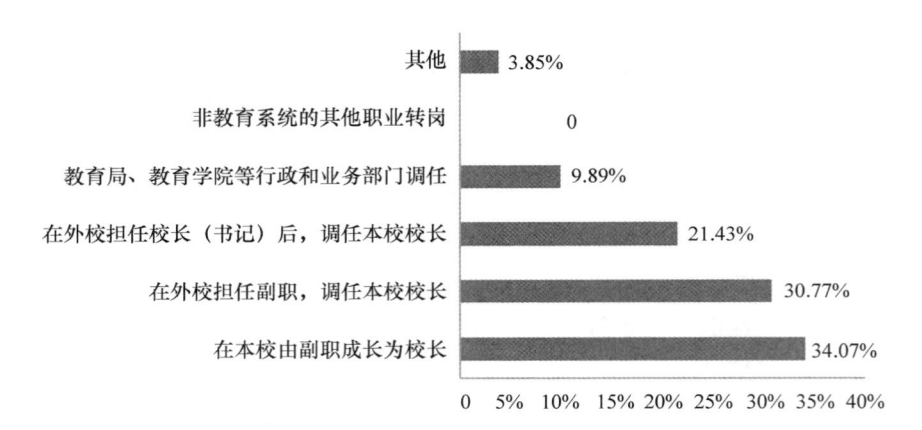

图 2-4-2 样本区域校长的选拔路径分布情况

担任校长职务的时间。样本区域的调研数据显示，不同任职年限的校长呈现波浪式分布状态（见图2-4-3）。其中，任职1—7年是一个波段，校长人数逐渐下降；7—10年是第二个波段，校长数量逐渐上升；10—14年是第三个波段，校长数量逐渐下降；14—18年是第四个波段，校长数量逐渐上升；19—21年及以上是第五个波段，校长数量的变化情况无法判断。

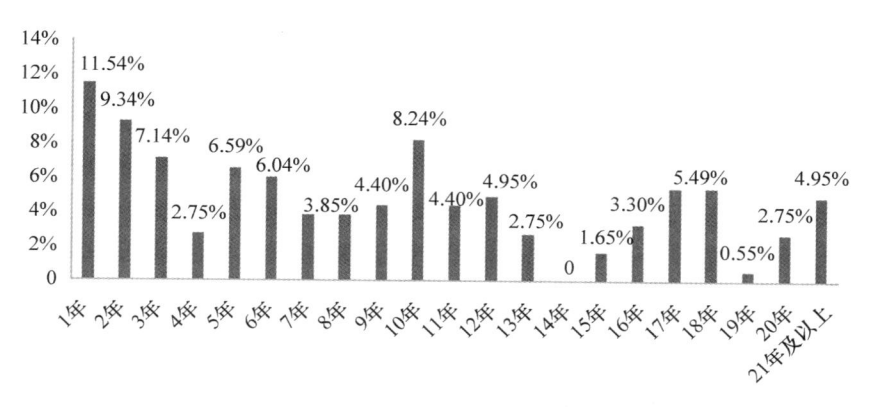

图2-4-3 样本区域校长的任职年限分布情况

在不同学校担任校长的任职经历。基于样本区域的调研数据显示，多数校长没有在其他学校担任校长的任职经历（70.33%）；部分校长有在另一所学校担任校长的任职经历（19.78%）；少数校长有在另外2所（7.14%）、3所（1.65%），甚至4所及以上学校（1.10%）担任校长的经历（见图2-4-4）。

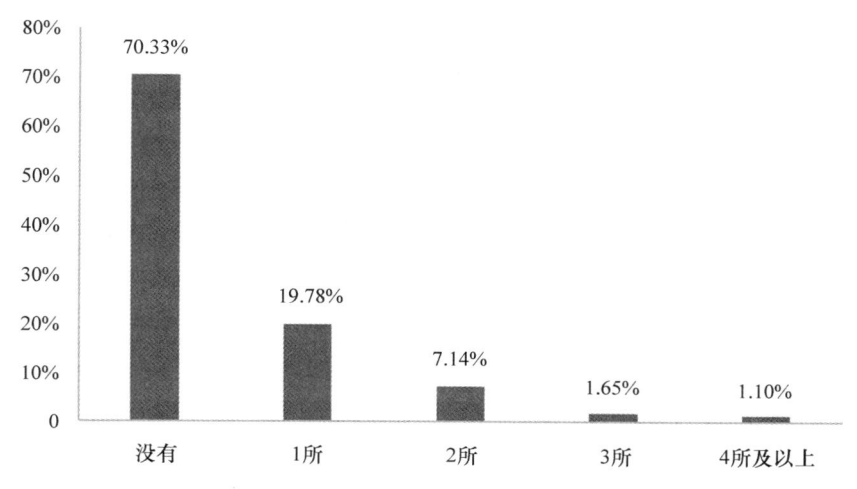

图2-4-4 样本区域校长的任职学校数量：分布情况

在不同学校担任校长的任职经历，对于校长工作和生活的影响不同。在具有承担多数学校校长经历的54位校长中，多数校长认为不同学校的任职经历对他的生活和专业发展都起到积极影响（79.63%，43位）；比例较低的校长认为对生活起到积极影响，对专业发展不利或者影响不大（7.41%，4位）；比例较低的校长认为对生活起到消极影响，对专业发展起到积极影响（3.70%，2位）；比例较低的校长认为对生活和专业发展影响不大或者起到消极影响（1.85%，1位）（见图2-4-5）。

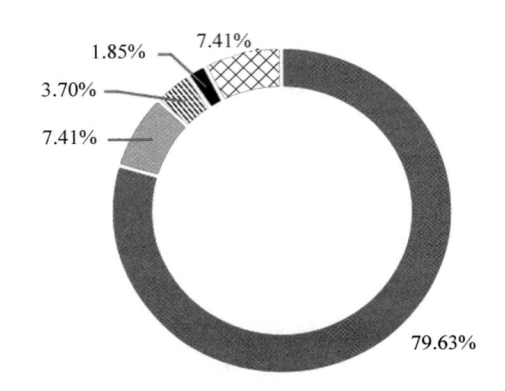

■ 对校长的生活和专业发展都起到积极影响
▨ 对校长的生活起到积极影响，对专业发展不利或者影响不大
▩ 对校长的生活起到消极影响，对专业发展起到积极影响
■ 对校长的生活和专业发展影响不大或者起到消极影响
✕ 不适用或不方便回答

图2-4-5 多校担任校长的任职经历对于校长专业和生活的影响

二 校长的研修活动

任何职业都需要有一套专门的、与众不同的专业知识和技能，从业者从中获得合法性和声望。"专业知识和技能是一组通过高级资格证书得到承认的共同知识和技能，这些构成该专业成员的核心要素"（OECD，2019）。校长需要高层次教育水平以及相关的专业知识和技能，这些通常是通过职前和持续在职专业发展获得的。换言之，校长知识和技能的发展发生在其职业路径的不同阶段。

1. 一年内校长平均研修时间为36.5天，不同学段略有差异

在过去1年中，81.34%的校长曾经参加过市级或区级进修活动，平

均研修时间为36.49天。其中，全年累计研修活动在5天及以下的校长占14.75%；全年累计研修活动在6—10天的校长占11.48%；11—20天的校长占20.76%；21—30天的校长占9.84%；31—40天的校长占6.01%；全年累计研修时间在41天及以上的校长占18.03%，其中91天及以上的校长占5.46%。

样本区域81%的校长表示，最近一年内参加过市级或者区级培训活动，四个学段校长参加培训的时间略有差异。特别值得一提的是，校长在上述专业发展活动中的参与情况与他们的专业状态均不具备显著的相关关系。为数不多的例外是，参与这些专业发展活动的校长均表示与教育局有较为良好的关系；参与促进教育多样化发展研修的校长更有可能对于自己的工作价值具有较高认同感。

2."引领教师成长"与"课程教学"是校长培训的主要内容

进一步的数据探索结果显示（见表2-4-1），现有校长专业发展和研修活动的内容主要集中在管理理论、政策法规、课程建设、教师发展四个维度，体现为如下几个方面的内容：领导力研究和理论前沿；国家和地方教育政策；学校课程设计；教师专业发展辅导与设计；课堂教学观察；促进教育均衡发展；促进教育多样化发展。在许多学校管理的专门领域，多数校长培训并没有涉猎，包括：财务管理；人力资源管理；教师协作；有效反馈；校际合作；社会合作；学校数据分析；组织结构分析；权力分配等。一种可能原因是，这些培训内容涉及学校管理的实务，很难通过讲座、沙龙、课程班等传统校长研修手段开展。

表2-4-1　　　　　　　　　校长培训内容

		总体趋势	幼儿园	小学	初中	高中
政策与理念	领导力研究和理论前沿	90%	89.04%	91.11%	89.74%	100%
	国家和地方教育政策	64.71%	58.90%	73.33%	61.54%	57.14%
	组织结构及理论	11.76%	8.22%	6.67%	25.64%	14.29%
	促进教育均衡发展	39.41%	20.55%	60.00%	41.03%	57.14%
	促进教育多样化发展	42.35%	38.36%	55.56%	28.21%	28.57%

续表

		总体趋势	幼儿园	小学	初中	高中
引领教师发展	人力资源管理	20%	15.07%	22.22%	28.21%	14.29%
	教师专业发展	67.06%	67.12%	77.78%	58.97%	42.86%
	鼓励教师参与学校领导	11.76%	9.59%	13.33%	15.38%	14.29%
	培养教师间协作	25.29%	21.92%	24.44%	33.33%	14.29%
教学	学校课程设计	74.12%	76.71%	80.00%	66.67%	42.86%
	课堂教学观察	49.41%	53.42%	51.11%	43.59%	42.86%
	学生/学校数据系统	24.12%	8.22%	44.44%	30.77%	28.57%
	提供有效反馈	17.65%	16.44%	22.22%	15.38%	14.29%
行政	与社会团体合作	5.29%	2.74%	6.67%	7.69%	14.29%
	与其他学校合作	25.29%	12.33%	44.44%	30.77%	14.29%
	财务管理	31.18%	23.29%	35.56%	38.46%	14.29%

三 校长的职级晋升

在样本区域的校长队伍中，未定级校长（27.27%）和初级校长（19.14%）的比例仍旧较高，特级校长（2.87%）和高级校长（16.75%）不足两成；校长在职业晋升过程中面临的挑战存在差异（见图2-4-6）。

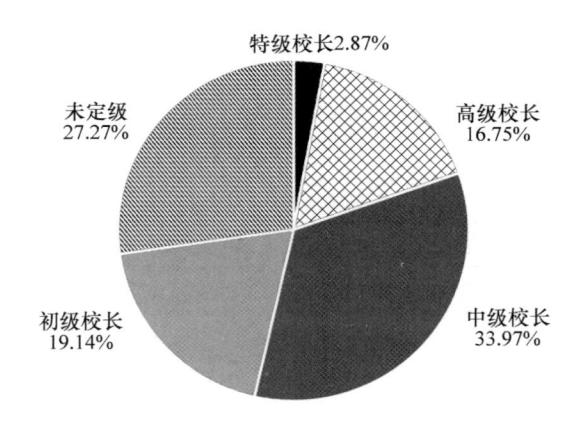

图2-4-6 样本区域校长的职级结构

在现有的校长职级晋升制度下，校长面临的较为突出的挑战包括（见图2-4-7）：办学实绩（非常大：19.14%；一般：37.80%）；师资建设（非常大：19.14%；一般：31.10%）；社会影响（非常大：14.83%；一般：34.93%）。

表2-4-2　　　　　　　样本区域校长职级晋升面临的挑战

题目/选项	没有挑战	非常小	一般	非常大	无法完成的挑战	不适用或者不方便回答
思想素质	68.42%	19.14%	9.09%	0.48%	0.48%	2.39%
道德品质	74.16%	14.83%	8.13%	0	0.48%	2.39%
办学思想	36.84%	27.27%	21.53%	11.48%	0	2.87%
学校管理	20.1%	35.41%	31.10%	10.53%	0.48%	2.39%
教育教学	23.44%	33.97%	31.58%	8.61%	0	2.39%
师资建设	16.27%	30.62%	31.10%	19.14%	0.48%	2.39%
办学实绩	16.27%	24.4%	37.80%	19.14%	0	2.39%
社会影响	19.14%	28.23%	34.93%	14.83%	0.48%	2.39%
学历要求	53.59%	22.01%	19.14%	1.91%	0.48%	2.87%
专业技术职务要求	45.93%	22.49%	25.36%	3.35%	0	2.87%
原职任职年限要求	48.8%	22.01%	22.01%	3.35%	0.96%	2.87%
教学工作量要求	45.93%	22.97%	24.4%	4.31%	0	2.39%
年度考核等级要求	36.36%	25.36%	26.79%	8.13%	0.96%	2.39%
区域指标限制	22.49%	30.62%	32.54%	8.61%	1.44%	4.31%

部分校长在校长职级评聘的领导力指标上面临挑战（见图2-4-7），包括：办学思想（非常大：11.48%；一般：21.53%）；学校管理（非常大：10.53%；一般：31.10%）。部分校长在校长职级评聘的常规指标上面临挑战，包括：区域指标限制（非常大：8.61%；一般：32.54%）；教育教学（非常大：8.61%；一般：31.58%）；年度考核等级要求（非常大：8.13%；一般：26.79%）。

多数校长在思想素质、道德品质、学历要求、专业技术职务要求、原职任职年限要求、教学工作量要求等指标上面临的挑战较小。

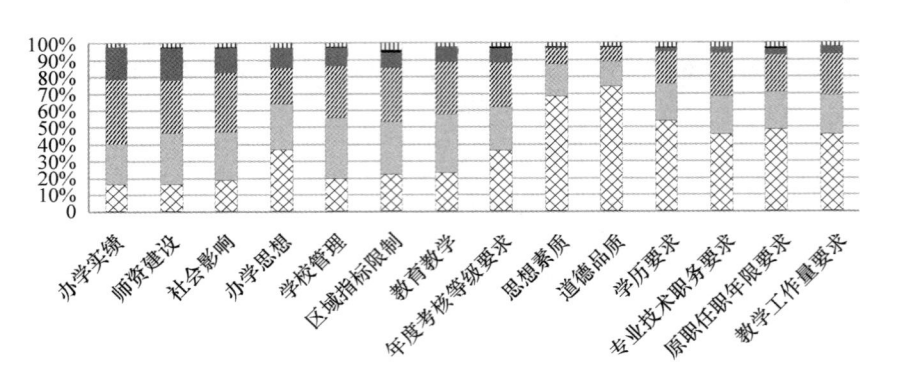

中小学校长的生存状态：测量与评价

⊠没有挑战 ▤非常小 ▨一般 ▦非常大 ▥无法完成的挑战 ▥不适用或者不方便回答

图2-4-7 校长晋升的挑战

四 校长的职级晋升与培训辅导脱节，校长队伍建设体系有待完善

（一）缺乏针对不同职级校长的分类指导机制

不同职级的校长面临的晋升挑战存在较大差异。相对而言，未定级校长在绝大多数指标上面临的挑战均处于较高水平（见图2-4-8）。在职级晋升培训中，未定级校长的培训包括职级晋升的每个方面。

对于特级校长而言，职级晋升所面临的较大挑战包括：社会影响；区域指标限制；教育教学；年度考核等级要求；思想素质；道德品质；学历要求；专业技术职务要求；原职任职年限要求；教学工作量要求。除社会影响、区域指标限制两个指标外，其余多数指标均为常规指标限制。特级校长在职级晋升中具备的独特优势包括：师资建设；办学思想；学校管理。可以邀请特级校长在这些方面，引领其他职级校长获得专业发展。另外，特级校长在职级晋升中面临挑战的内部差异远远高于其他职级的校长，反映出特级校长的个体独特性较大，需要提供具有针对性的专业支持。

对于高级校长而言，职级晋升面临的较大挑战包括：办学思想；区域指标限制；年度考核等级要求；思想素质；道德品质。他们在职级晋升中具备的相对优势包括：办学实绩；教育教学；原职任职年限要求。与特级校长的简单对比分析显示，对于特级校长和高级校长而言，思想素质和道

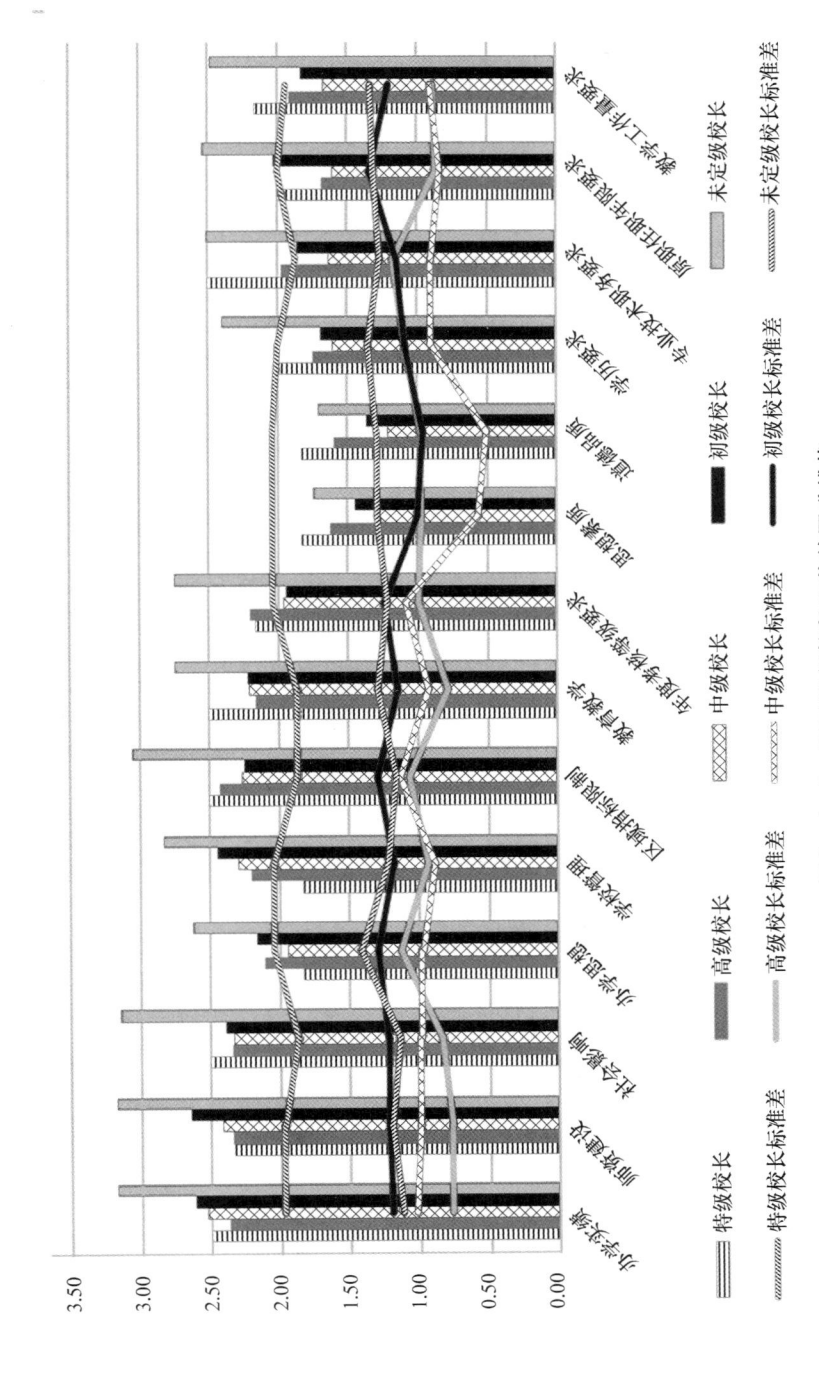

第二章 能力结构：专业标准视角下的校长队伍建设

图 2-4-8 不同职级校长面临的晋升挑战

德品质等更高水平的内在要求，成为他们职级晋升的重要限制条件。高级校长在办学实绩、教育教学等学校发展的关键指标中已经没有问题，他们在办学思想方面仍需提高。与之相对，特级校长更需要关注的是社会影响等更具宏观意义的指标。相对而言，高级校长在职级晋升诸多指标上的内部差异较小，在一定程度上反映出他们的挑战具有较高水平的同质性。可以通过专家引领、学术沙龙等形式，为高级校长的专业发展提供标准化的高水平支持（如教育名家、高级教育行政人员的办学思想、思想素质、道德品质等）。

中级校长和初级校长具有一定程度的相似性，在大多数指标上中级校长面临的挑战弱于初级校长。他们面临的共性挑战包括：办学实绩；学校管理。他们具有的共性优势包括：区域指标限制；教育教学；年度考核等级要求；思想素质；道德品质；学历要求；专业技术职务要求；教学工作量要求。初级校长面临的较大挑战包括：办学思想；原职任职年限要求。与特级校长和高级校长的对比分析显示，中级和初级校长正在经验和资历的积累期，他们在教育教学、年度考核、思想品德、学历职称等常规考核指标上面临的挑战已经较小；但是仍然需要通过办学实绩、学校管理等学校教育质量提升的常规路径来实现自己的专业提升。对于这些校长而言，借助专业力量和高水平校长的引领，支持他们实现自己的办学目标和学校改进方案具有尤为重要的现实意义。与此同时，教育行政和业务部门应该引导他们认识到更高水平的思想素质、道德品质、办学思想，对于晋升更高级别的校长职级的重要性，引导他们提前做好准备。

（二）缺乏针对不同类型学校校长的分类指导机制

初中和高中校长的职级晋升制度需要调整（见图2-4-9）。对于初中校长而言，他们在大多数指标上均面临较小挑战，不存在较大挑战。与之相反，高中校长在绝大多数指标上均面临较大挑战，包括：办学实绩；社会影响；办学思想；教育教学；年度考核等级要求；学历要求；专业技术职务要求；原职任职年限要求；教学工作量要求。他们没有相对较小的指标。

对于幼儿园园长而言，职级晋升面临较大挑战的内容包括：办学实绩；师资建设；学校管理。他们在其他多数指标上均面临中等水平的挑战（见图2-4-9）。

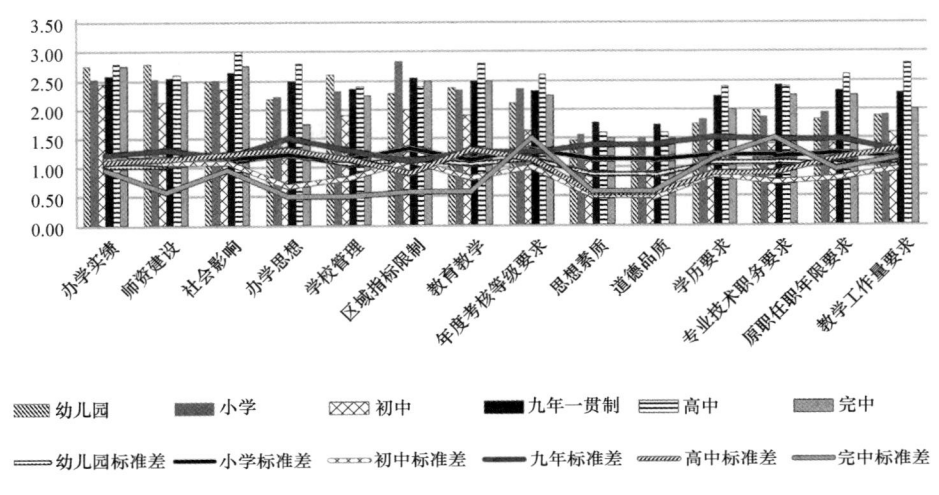

图 2-4-9 不同类型校长的职级晋升挑战

对于小学校长而言，面临较大挑战的内容是区域指标限制。他们面临的较小挑战是办学实绩。他们在其他多数指标上均面临中等水平的挑战。

对于九年一贯制学校校长而言，面临较大挑战的内容包括：学历要求；专业技术职务要求；原职任职年限要求。他们在其他多数指标上均面临中等水平的挑战。

对于完中校长而言，面临较大挑战的内容包括：办学实绩；社会影响；区域指标限制；教育教学；专业技术职务要求；原职任职年限要求。他们面临的较小挑战是办学思想。

五 校长队伍建设的政策建议

（一）校长选拔

重视校长队伍的思想素养。在选拔、培养、管理、使用、评价的全过程，树立为党育才、为国育人的职业发展愿景与情怀。

重视对储备校长职业动机和坚毅品质的甄选。有针对性地选拔热爱教育事业、尊重教师职业，并且具有奉献精神和社会服务意识的教师进入储备校长队伍。

明确校长职务是一个自我实现的路径。激励校长通过学校发展，实现

137

自己的个人价值和社会价值。鼓励校长通过科学管理和有效规划，以自己认为最优的方式在学校甚至更高层面实现自己的完满人生。

探索教育人才交流的旋转门机制，吸收校长储备人才到区直机关、教育局、教育学院、乡镇政府或街道办事处短期工作后，再流转到需要的学校任职。

重视卓越校长梯队建设。充分重视高级校长和特级校长的年龄结构，创设特殊人才成长的专门通道，让年轻校长能够摆脱资历限制尽快脱颖而出，成长为在上海乃至全国具有高影响的教育家。

（二）校长培养

重视校长储备人才的培养。制定科学规范的职前培养方案，帮助储备校长有针对性地发展学校工作所需的业务素养、管理能力、人际资源，支持他们有效地参与与学校成功相关的各种做法。特别关注的内容包括：发展和传达共同愿景、培养共同实践、领导团队实现学校目标、教学改进、发展组织能力和管理变革。

重视初任校长培训的系统性。通过呈现校长工作的全貌，明确每项工作职责的潜在智力和行政支持来源，为其终身发展提供框架性、支撑性的支撑。同时，区域教育行政需要以协调一致的方式设计职前和在职培训的课程，确保初任校长的培训内容与之后持续专业发展活动间的联系。

重视校长培训的实用性和高需求领域。本项调研数据显示，校长参加最多的培训内容为"课程教学"与"教师专业发展"。随着社会和科技的发展，校长培训需要根据社会需要和教育政策的优先事项，更新学校领导能力的领域，如对有特殊需要学生的课程与教学、信息和通信技术用于项目或课堂作业、多元文化背景教学等。

为未来储备人才。将教师和校长的人口学特征及其动态变化，作为吸引和遴选储备校长时重点考虑的影响因素，认真考虑今后10—15年内教育系统的人员配置需求和计划。

（三）校长管理

从校长选拔指标和实践的现状出发，科学认识现有校长队伍的结构特点。在中国、日本等秉承集体主义文化的国家中，学校管理者通常会聚焦于集体目标和利益，尽量避免冲突事件的发生，以便维护整个机构的和谐氛围和每个成员的脸面。与此同时，由于我国中小学校长通常在优秀教师中提拔任命，他们普遍拥有较高的教学素养和专业权威，但是在行政素养、交际能力方面存在较大差异。

明确校长工作的基本内容，包括：课程和教学工作、领导和管理职责、人际交往。明确告知校长，课程和教学职责并非校长工作的全部内容，也有可能不是学校提升教学质量的有效路径。校长职务更大的学校提升杠杆包括：营造积极进取的学校氛围，并且让每位教师都参与其中；挖掘和引入更多的外部资源，让尽可能多的教师体会到成功；向副手、中层和教师充分赋权，形成分布式的学校领导架构。

科学计算校长工作的劳动量，制定科学合理的劳动报酬。探索将校长职级、学校规模、办学质量、优先事项（如薄弱学校、特殊需要儿童聚集学校等）作为校长薪酬的计算依据。综合考察学校的办学质量，包括：既有办学水平、过去几年的变化情况、面临的核心挑战、发展潜力的培养。

（四）校长使用

充分重视每所学校校长岗位的独特性，寻找适当的校长人选，并且引导校长采用适当的教育领导方式。同时，科学评价校长与当地社会的融合程度，以及校长对于教育事业和所在学校的认同程度，避免储备校长和卓越校长的流失。

重视对于校长的组织保护。支持校长在机构创新、学校危机事件处理中的合规行为，为校长营造能干事、敢干事、敢成事的行政支持氛围。

重视校长的身心健康和可持续发展。行政部门在师德师风建设中，应该将"生命质量"与"奉献精神"放在同等重要的地位，重视对工作安全、身体健康、心情愉悦等校长基本生存需要的满足，努力提升校长的获得感、幸福感和荣誉感。

（五）校长评价

明确校长岗位的职业使命，校长需要同学校发展同呼吸共命运。校长的成绩体现在他的办学业绩、对于区域校长队伍建设和教育质量的贡献，校长个人的成绩和水平应该处于从属地位。

校长需要重视培育学校发展的长期潜力和内在活力，既要避免临渊羡鱼，又要防止竭泽而渔。鼓励和支持校长引入社会力量实现学校发展目标，通过提供有针对性的专业支持，让校长特别是初任校长能够成事，并且在成事的过程中成长。

明确校长的人才培养使命，在教师队伍、学校管理人才储备方面负有重要职责。重视学校管理的行政架构，引导校长科学分配校内治理权限，包容副职和其他教师的管理能力不足。

校长应该成为当地社区的领导者，而不仅仅是所教学科的教学专家。增加校长社会活动的能力，鼓励校长在学校内部采用分布式领导，强化校长的理念和价值引领能力。同时，校长和教师工作应该成为全社会公共话题。教育行政部门应该努力为全体民众提供参与这一社会公共话题的社会和文化资源，如图书资料等。

第三章　学校治理：校长业务领导和变革能力的核心要求

实现教育现代化是整个教育体系和全体教育工作者的奋斗目标。自1983年邓小平同志提出"教育要面向现代化，面向世界，面向未来"的战略思想之后，这个奋斗目标在我国教育界逐渐得以确立。《中国教育现代化2035》及其附属文件为我们理解校长的奋斗目标提供了限定条件，特别体现为学校教育的质量标准、学校的内涵建设、深化改革和教育信息化四个方面。在本章中，学校教育现代化指标体系建设项目的理论原型是《中国教育现代化2035》，主要指标来自《上海教育现代化2035》《中共上海市委上海市人民政府关于贯彻〈中共中央、国务院关于深化教育教学改革　全面提高义务教育质量的意见〉的实施意见》《国务院办公厅关于新时代推进普通高中育人方式改革的指导意见》和《中共中央国务院关于学前教育深化改革规范发展的若干意见》等政策文件。在这项调查中，我们围绕校长在实现学校教育现代化过程中的发展职责展开，梳理学校教育现代化对于校长业务领导和变革能力的核心要求。

第一节　质量标准：学校教育的目标与导向

培养德、智、体、美、劳全面发展的社会主义建设者和接班人，始终是中国教育发展的航向标。对于校长的学校教育质量管理，我们主要从德育工作、智育工作、体育工作、美育工作、劳动教育工作五方面进行分析和展示。

一　注重实效的学校德育

在这项调查中，学校的德育工作质量主要通过六个方面体现（见

图 3-1-1）：（1）社会主义核心价值观的落实情况；（2）"三全育人"综合改革在学生行为习惯养成中的效果；（3）思政课与学科德育的协同效应；（4）政治启蒙和价值观塑造的实效性；（5）红色文化等教育资源的运用；（6）心理健康教育体系。基于这项研究的政策建议包括：在未来五年的学校德育工作中，重点研究不同学段、不同类型学校德育工作的途径和方式；重点支持学校心理健康工作体系的建设，心理辅导教室和专职教师队伍建设是未来工作的重点内容；重点支持小学、初中和九年一贯制学校。

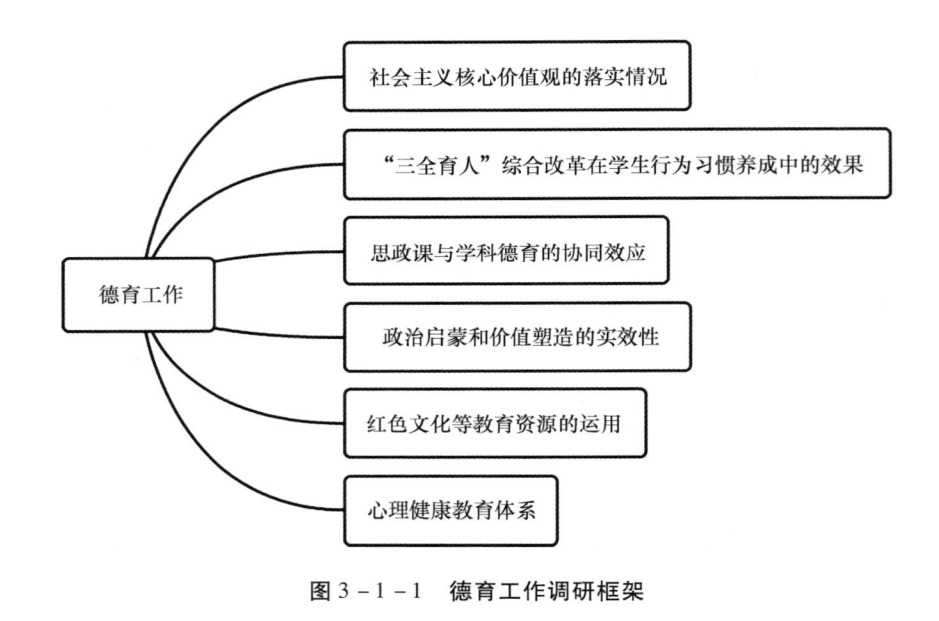

图 3-1-1 德育工作调研框架

（一）学校德育工作扎实丰富，网络等开始成为德育的重要资源

学校德育工作从来不是空喊口号，而是有策略的行动。现阶段学校德育是通过"进教材""进课堂"的方式进行的，其最终的目标是"进头脑"，成为学生的自觉。校长问卷的统计数据显示，在近50%的学校中，通过"进课堂""进教材"的方式落实"社会主义价值观"是非常有效的。超过40%的校长表示完全能够"进头脑"。

超过一半的学校通过共青团、少先队组织、学生社会实践基地、红色文化活动基地、思政课等多种途径，开展学校德育并认为完全有效。进一步的调查数据显示，八成左右的校长认为，思政课和学科德育之间的协同效应大部分有效或完全有效。在使用经典红色文化教育资源开展学校德育时，学校经常使用或频繁使用的资源依次是：网络（电子）资源（86%）、学校（实体）资源（79%）、区域（实体）资源（72%）。

（二）"立德树人"综合改革进展顺利，但存在学校差异

"立德树人"综合改革进展顺利。多数校长认为理想信念、爱国主义等内容可以有效融入学生日常生活习惯。在"社会主义核心价值观"和"立德树人"综合改革中，存在的短板是幼儿园阶段的学校。建议下一阶段需要关注的工作重点是，探索幼儿园阶段进行"立德树人"综合改革的方法与路径。

（三）德育专项行动效果好

大部分校长认为德育多数专项行动大部分有效或完全有效。以生态文明教育系列活动为例："保护母亲河"行动（75.81%）、"减霾：守护蓝天"行动（83.72%）、"减塑：守护净土"行动（79.53%）、"减排：守护碧水"行动（80.47%）、"资源节约：青春先行"专项（83.25%）、"垃圾分类·青春助力"行动（92.56%）。

其中，作为上海市近期重点推进的"生态环境保护工程"活动，超过六成学校报告"垃圾分类·青春助力"行动完全有效。特别值得注意的是，除"垃圾分类·青春助力"行动（4.65%）外，其他各类活动均有10%左右的学校报告没有参与。

（四）所有校长对学生心理健康工作都有关注，但关注度需要提升

学校心理工作调研了五个方面：（1）专职教师队伍；（2）心理辅导教室；（3）心理健康预防课程；（4）心理健康干预课程；（5）心理健康阅读资料。

·专职教师队伍方面，仅有19.07%的校长报告非常完善，39.53%的校长报告初步完善，18.14%的校长报告建设中，9.3%的学校报告为初步启动，13.95%的学校报告尚未启动。

·心理辅导教室方面：仅有20.93%的校长报告非常完善，34.88%的校长报告初步完善，18.14%的校长报告建设中，4.65%的学校报告为初步启动，21.4%的学校报告尚未启动。

·心理健康预防课程方面，仅有14.88%的校长报告学校有心理健康预防课程且非常完善，超过四成学校尚未启动（9.77%）、初步启动

（11.16%）或者处于建设中（22.79%）。

·心理健康干预课程方面，仅有 11.16% 的校长报告学校有心理健康干预课程且非常完善，接近五成学校尚未启动（12.56%）、初步启动（12.09%）或者处于建设中（24.19%）。

·心理健康辅导材料建设是相对较为完善的领域，接近六成学校已经初步完善（17.21%）或者非常完善（42.33%），四成的学校尚未启动（7.91%）、初步启动（12.09%）或者处于建设中（20.47%）。

从上述数据中可以预判："十四五"时期，学生心理健康教育工作值得重视和持续改进，其中优先领域可能为心理辅导教室和专职教师队伍建设。

小学、初中和九年一贯制学校是未来工作的重点支持对象，专职教师队伍与心理辅导教室的建设是未来工作的重点内容。调研显示：五成以上的小学学校心理健康教育工作初步完善，在心理健康工作的不同方面仍需加强；四成以上的初中学校心理健康工作已非常完善，特别是心理辅导教室的建设，但仍有四成左右的初中学校属于初步完善阶段，仍需加强。九年一贯制学校在心理健康工作的不同方面建设不均衡，仍有 26% 的校长报告他们的心理健康教室正在建设中。

二 关注质量提升的学校智育

研究者从六个方面对学校智育的工作质量进行调研（见图 3-1-2）：（1）国家课程方案和标准的落实情况；（2）因材施教的有效路径；（3）深度学习的实践模式；（4）学校 STEM 教育的实施水平；（5）学校教学观念转变；（6）学校的学业质量监测和督导。其中，学校教学观念的转变细化为 5 个三级指标：学校教学与学生生活之间的关联性；学校教学在培养终身学习中的作用；学校教学在培养创新实践中的作用；学校教学在培养问题解决能力中的作用；学校教学在培养探索精神中的作用。

调研数据显示，多数校长认为智育方面的大部分工作是大部分有效或完全有效的（见图 3-1-3）。其中，校长对"国家课程方案和课程标准落实情况"的评分最高，超过八成的校长认为落实好（29.3%）和非常好（64.65%）。在"因材施教"问题上，校长对于针对特殊学生（学困、资优）因材施教的有效路径（43.72%；45.58%），针对特定教学情境实施因材施教的教学氛围和制度（49.77%；44.65%）方面的判断，同样处于较高水平。

第三章　学校治理：校长业务领导和变革能力的核心要求

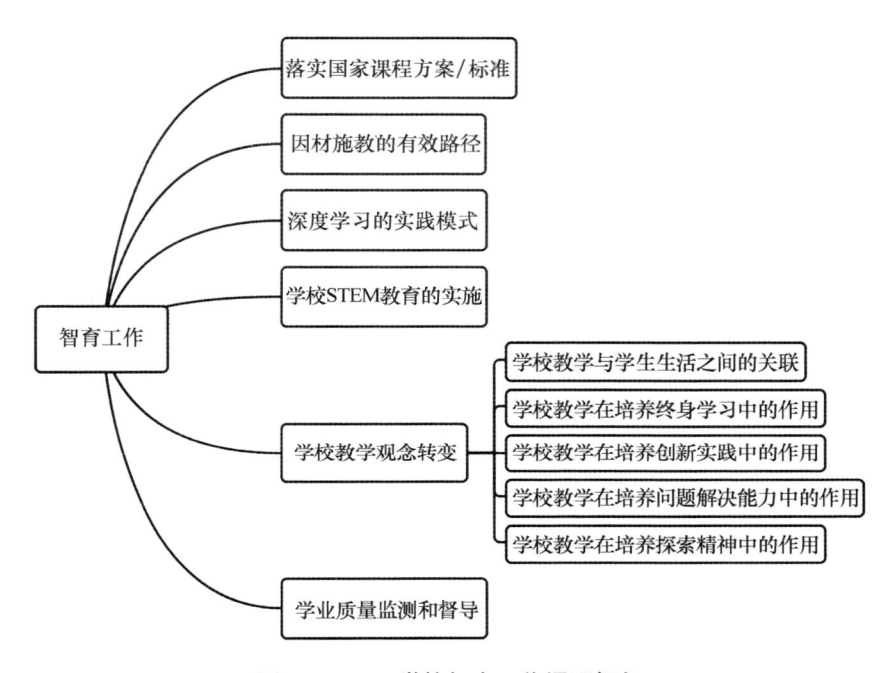

图 3 - 1 - 2　学校智育工作调研框架

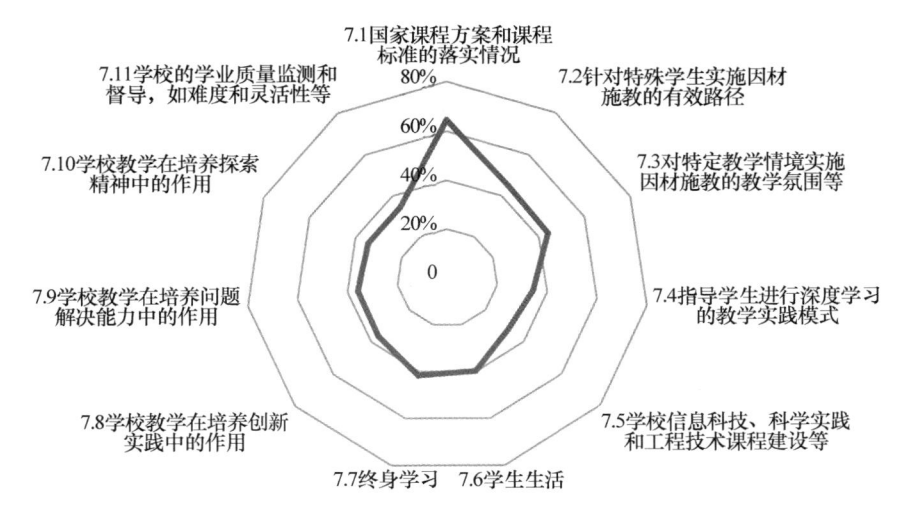

图 3 - 1 - 3　校长对于学校智育工作完全有效的判断

但数据也提示我们需要关注如下四个方面（见图3－1－3）：（1）深度学习的教学实践模式的探索；（2）学校STEM课程建设和实施；（3）学校教学如何培养学生的创新实践能力、探究精神以及学生的问题解决能力；（4）学校的学业质量监测和督导。在这四个方面，前三个是学校层面的问题，学校通过自身努力、区域支持提升能力，而后一个方面需要区域层面来解决，区域需要有相应的制度建设与对学校进行专业支持。

三 保持体育锻炼时间与质量，提升学生身心健康水平

项目组主要从四大方面展开调研（见图3－1－4）：（1）学校体育整体情况；（2）学生用眼卫生；（3）学校体育教师；（4）学校体育课程。

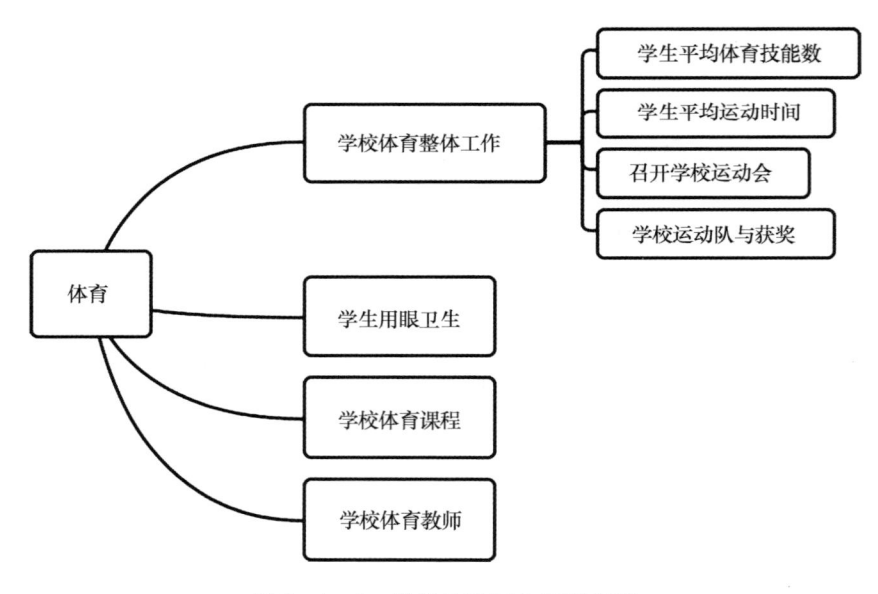

图3－1－4 学校体育工作调研框架

（一）学校体育工作稳步开展

学校体育工作质量从四个方面体现：学生平均拥有的体育技能数；学生平均运动时间；学校召开运动会情况；学校拥有的运动队数目及获奖状况。其中前三个方面，是学校体育工作的题中之义，而运动队及获奖则与学校的体育特色有关。学校层面数据显示：

第三章 学校治理：校长业务领导和变革能力的核心要求

- 96%的学校的学生拥有至少一项运动技能，近六成的学生至少拥有三项或以上的运动技能（见图3-1-5）。

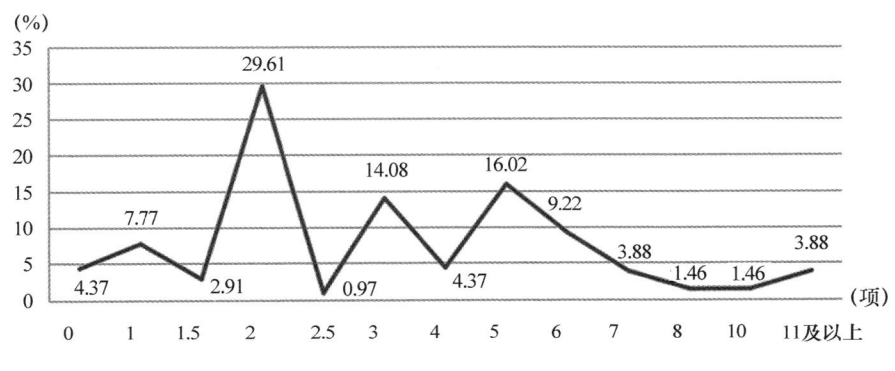

图3-1-5 拥有不同体育技能数的学校占比

- 大多数学段的学生每天平均运动时间在1小时左右，幼儿园孩子的每天平均运动时间长，为1.74小时/天。值得注意的是，幼儿园、高中和小学的学校的差异处于较高水平。需要对这些学段和处于低水平的学校进行监管和督导，确保高质量的体育课程和项目（见图3-1-6）。

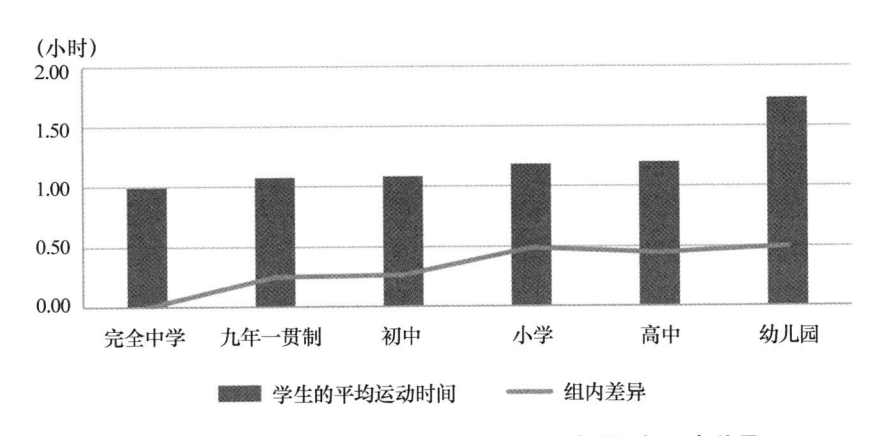

图3-1-6 不同类型学校学生的平均运动时间与组内差异

- 超过九成的学校会按常规举行学校或者年级运动会，仅有7.91%的学校采用非常规安排。其中，近半数（46.51%）的学校每年举行一次学校或者年级运动会，38%的学校每年举行两次，5%的学校每年举行三次及以上，只有近3%的学校每两年一次。

·超六成（60.75%）的学校拥有至少一个运动队，近5%的学校拥有10个运动队。不同学校运动队的学生数存在较大差异，与学校类型和规模存在较大相关。超三成（34.58%）的学校没有运动队，其中大多是幼儿园。

·在过去一年中，38.33%的学校没有在区级体育赛事中获奖，这些学校大多是幼儿园，可能与幼儿园没有学校一级的运动队有关联。在过去的一年中，有5.14%的学校获得一个、14.49%的学校曾经获得2—10个国家体育赛事奖项。31.03%的学校曾经获得1—10个市级体育赛事奖项；32.71%的学校曾经获得1—10个区级体育赛事奖项。

（二）学校体育课程在健体方面是有效的，但专项体育教师队伍建设有短板

近半数的校长认为，体育课在健身和实践性方面是非常有效的，体育课的组织形式是有趣和多样的。近三成的校长认为，体育课在应用现代教育技术、网络教育资源和校外教育资源方面是非常有效的。但只有约二成的校长认为，专项体育教师队伍的建设是有效的。

与有效程度较高的学校体育课程建设和教学组织形式相比，体育教师队伍建设仍然存在较大短板。其中，约26%的校长认为无法进行专项体育教师队伍建设，15%的校长认为无法进行基础体育教师队伍建设，特别体现为小学和九年一贯制学校的体育教师招募。项目组的预判是：首先，在基础教育的未来发展中，或许可以尝试实施学区内流动教师，鼓励现有的专项教师在区域内多所学校任教；其次，要积极吸引体育教育毕业生以及退役专业运动员，加入中小学体育教师队伍。

（三）依托学校资源和本校教师力量，打造学校体育特色

在这项调研中，我们采集了学校在体育特色项目、竞技体育课程、传统体育传承项目中的自主探索和尝试（见图3-1-7）。在学校体育特色项目建设中，依托学校资源和本校教师自建的学校占60.47%，依托外聘教师授课（43.26%）、引进社会资源授课（39.07%）和国家课程的校本化（33.02%）同样是许多学校的重要选择。在竞技体育课程建设中，依托学校资源和本校教师自建（45.12%）同样是较多学校的选择，依托外聘教师授课（32.09%）、引进社会资源授课（26.51%）和国家课程的校

第三章 学校治理：校长业务领导和变革能力的核心要求

本化（19.53%）只是部分学校的选择。

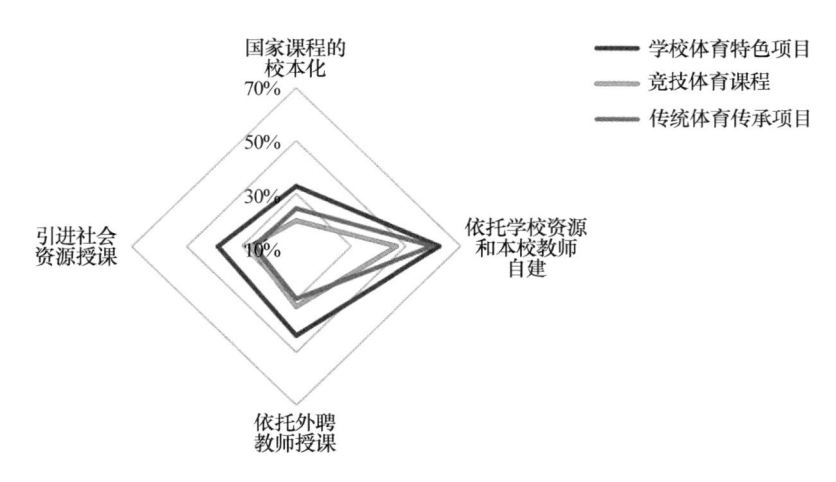

图3-1-7 学校体育课程建设的探索与尝试

（四）从小学、初中到高中，学生的近视率呈上升态势

调查结果显示，近视率的提升已经进入低龄化发展阶段（见图3-1-8）。其中，小学阶段的近视率攀升较大，超过35%的学生近视发生在这一阶段。初中阶段的近视率同样攀升较大，超过30%的学生近视发生在这一阶段。进入高中后，学校的平均近视率达到85%左右。

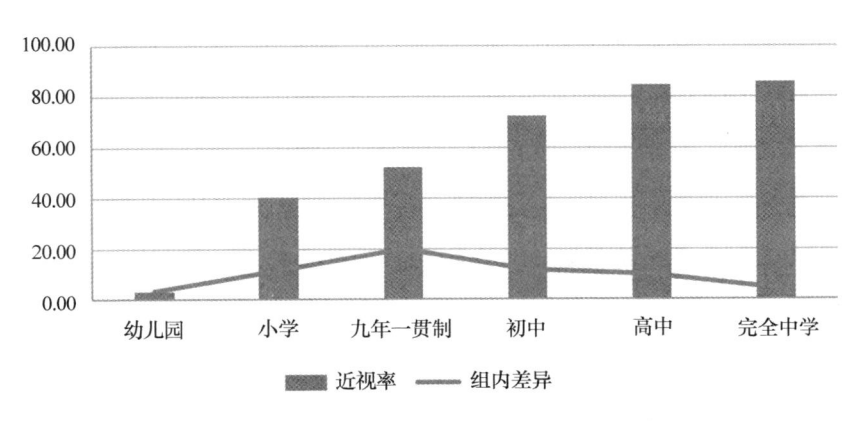

图3-1-8 不同类型学校学生的近视率与组内差异

特别值得一提的是，九年一贯制学校的近视率差异较大，表明不同学

校在预防近视方面的成效存在较大差异,这一阶段的近视预防工作具有可行性。同样值得一提的是,完全中学的近视率高于初中和高中学校,且组内差异较小,应该成为重点监测和预防的学校类型。

四　有待普及的学校美育

项目组从一个相对"窄"的角度,去定义和了解学校美育现状,主要涉及两个方面:(1)学校美育课程建设;(2)学校艺术特长学生发展(见图3-1-9)。

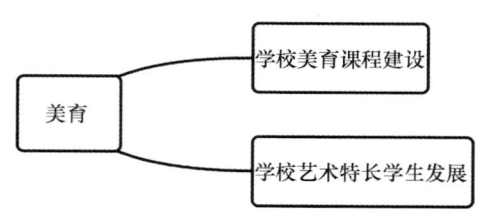

图3-1-9　学校体育工作调研框架

(一)国家课程的校本化实施是学校美育的主要途径

调研发现,国家课程的校本化实施是学校美育的重要路径(见图3-1-10)。进一步数据发现,至少有六成的学校,依托学校资源和本校教师自建艺术特色项目、学校美育特色项目和中华优秀文化传承项目等。其中,引进社会资源授课和依托外聘教师授课是中华优秀文化传承项目较为

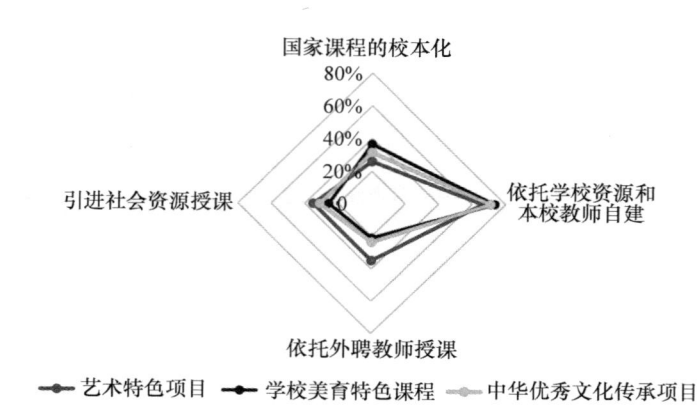

图3-1-10　学校美育课程建设的探索

第三章　学校治理：校长业务领导和变革能力的核心要求

重要的建设路径。

（二）不同类型学校的艺术特长学生差异较大

数据显示，除学前外，各学段学校中至少有15%的艺术特长生（见图3-1-11）。高中学校艺术特长学生比例最高，超过35%。小学次之，约为25%。但高中学校的校际差异最大（均值：36.75%；标准差：34.9）。幼儿园具有艺术特长的比例最低（均值：8.33%；标准差：16.88）。

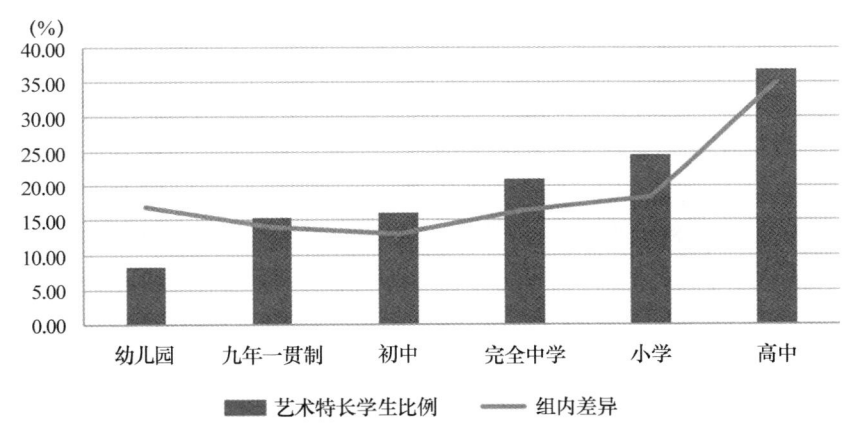

图 3-1-11　学校艺术特长学生比例

五　培养社会主义事业建设者和接班人的劳动教育

项目组从三个方面去考察学校的劳动教育：（1）学校劳动教育整体状况，包括劳动教育类型与课时数、家庭劳动教育课时数；（2）校外劳动教育实践基地；（3）学校劳动教育课程建设（见图3-1-12）。

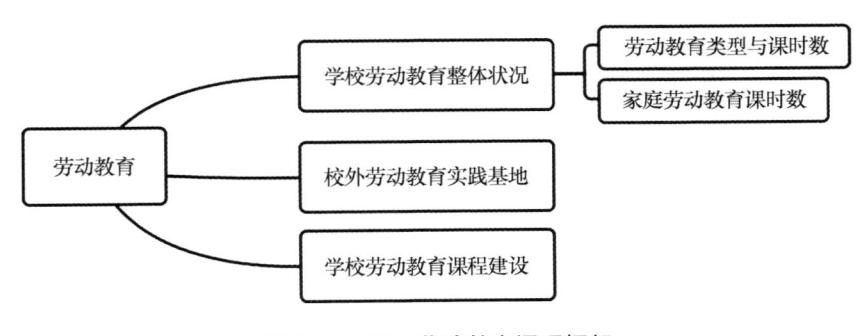

图 3-1-12　劳动教育调研框架

151

(一) 不同类型学校、不同类型劳动课程的课时数存在较大差异

在不同类型的学校中，不同类型劳动教育课程的课时数存在较大差异（见图3-1-13）。在小学阶段，公益劳动、劳动技能实践、家庭劳动教育课程的课程数均处于较高水平，劳动技能实践课时数高于其他两类课程。在高中、九年一贯制学校、初中和完全中学，公益劳动课时数逐渐增加，劳动技能课时数逐渐降低。需要特别说明的是，初中阶段的家庭劳动教育课时数处于较低水平，且组内差异较小。

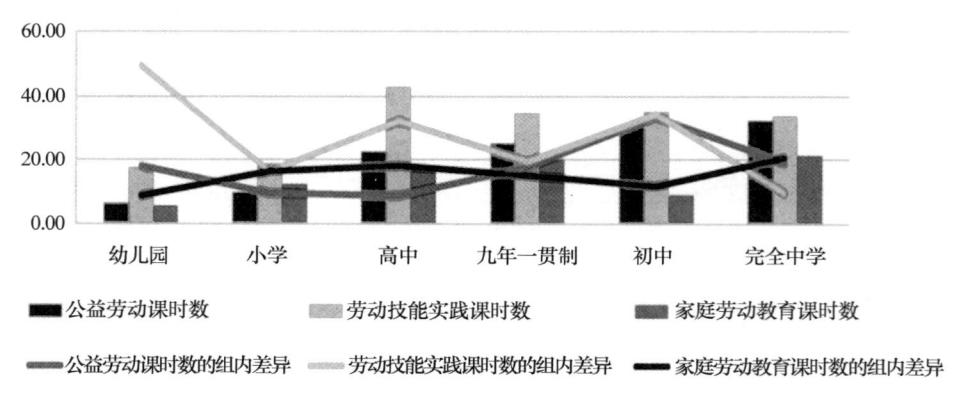

图3-1-13 不同类型学校的劳动教育

在不同类型学校中，家庭劳动教育的课程数和课时数都存在较大差异（见图3-1-14）。就家庭劳动教育课程数而言，高中学校的数量最少

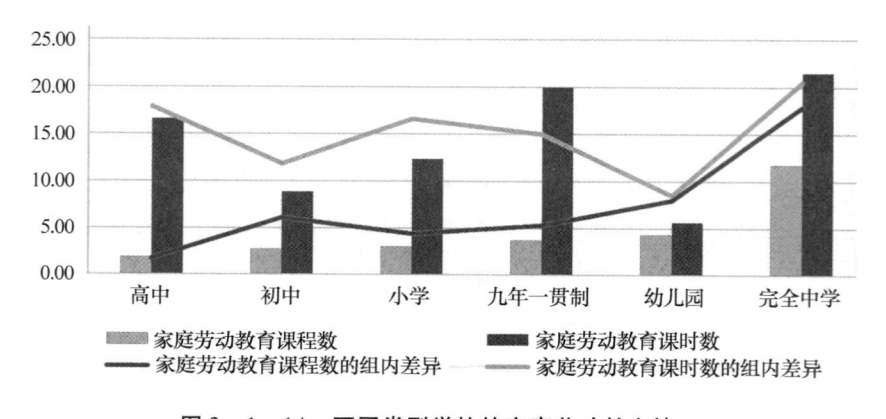

图3-1-14 不同类型学校的家庭劳动教育情况

(1.83)，然后依次是初中（2.76）、小学（3）、九年一贯制学校（3.76）、幼儿园（4.3），完全中学的课程数量（11.75）远高于其他类型学校。就家庭劳动教育的生均课时数而言，幼儿园（5.63）的数量最低，小学（12.36）和初中（8.88）居中，高中（16.6）、九年一贯制学校（20）和完全中学（21.5）处于较高水平。

（二）学校对校外劳动实践基地较为满意

多数校长对校外劳动实践基地的满意度较高，主要表现在有效、便捷、安全、卫生四个方面。进一步的调查数据显示，56.28%的校外劳动实践基地是学校自主联系的，其中49.3%的校长表示满意度较高；34.42%的校外劳动实践基地是区域教育行政部门推荐的，其中13.95%的校长表示非常满意。

（三）大多数学校依托学校资源和本校教师自建校本劳动课程

在学校劳动教育课程建设中，依托学校资源和本校教师自建是大多数学校的主要实施路径（见图3-1-15），包括：通用劳动技能教育项目、劳动精神和劳动模范宣传教育、传统手工艺传承项目。除了依托学校资源和本校教师自建之外，国家课程的校本化实施是通用劳动技能教育项目的重要建设路径，引进社会资源授课是传统手工艺传承项目较为重要的建设路径，依托外聘教师授课的项目数量均处于较低水平。

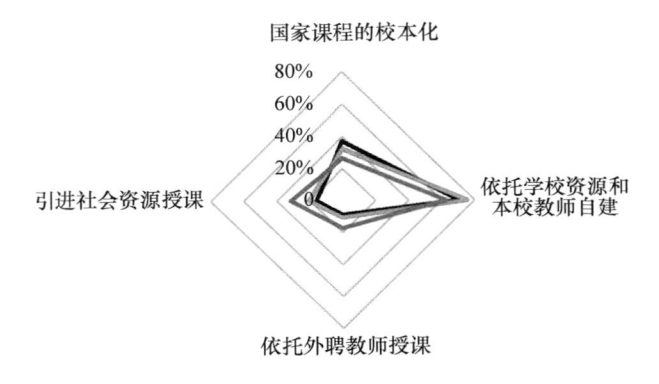

图3-1-15 学校在劳动教育建设方面的尝试

六　结语

校长对学校德育工作有信心，但存在学段差异。目前学校德育工作除了"进课堂"和"进教材"两大主渠道，还涉及其他丰富的活动内容与类型。其中以专项活动方式开展的德育工作具有很好的实效性，不同类型的网络资源也开始成为学校开展德育工作的重要资源。此外，学校心理健康工作仍需受到关注，调研数据显示，仅有60%左右的学校具有较为完善的心理健康教育工作体系，主要表现在专职心理教师和心理辅导教室相对缺乏。在未来五年的学校德育工作中，应重点关注如下三方面工作：第一，需要重点研究不同学段、不同类型学校德育工作的途径和方式；第二，重点支持学校心理健康工作体系的建设，心理辅导教室和专职教师队伍建设应成为未来工作的重点内容；第三，小学、初中和九年一贯制学校可能是未来工作的重点支持对象。

校长认为学校的大部分智育工作是有效或完全有效的。其中，超过八成的校长认为学校很好地落实了"国家课程方案和课程标准"，近半数的校长认为学校在"因材施教"方面实施效果较好。但数据也提示我们需要关注如下四方面工作：（1）深度学习的教学实践模式的探索；（2）学校STEM课程建设和实施；（3）学校教学如何培养学生的创新实践能力、探究精神以及学生的问题解决能力；（4）学校的学业质量监测和督导。

学校体育工作总体比较平稳。96%的学校的学生至少拥有一项运动技能，近六成的学生至少拥有三项或三项以上的运动技能；大多数学段的学生平均每天运动时间在1小时左右，幼儿园孩子平均每天运动时间最长，为1.74小时/天。超过九成的学校会按常规举行学校或者年级运动会，近半数的学校每年举行一次学校或者年级运动会，38%的学校每年举行两次。近半数的校长认为，学校体育课在健身和实践性方面是非常有效的，而且体育课的组织形式是有趣和多样的。但是在体育师资队伍建设方面，区域内有近八成的校长对专项体育教师队伍建设有要求。

学生近视已经进入低龄化发展阶段；小学阶段的近视率攀升较大，学生近视率超过35%；初中阶段的近视率同样攀升较大，近视率超过30%。进入高中后，学校学生的平均近视率达到85%左右。

学校美育主要通过国家课程的校本化实施进行，至少有六成的学校，依托学校资源和本校教师自建学校艺术特色项目、学校美育特色项目和中华优秀文化传承项目等。其中,引进社会资源授课和依托外聘教师授课也是学校美育建设的重要路径。数据显示:除学前外,各学段学校中至少有15%的艺术特长生,高中学校艺术特长学生比例最高,超过35%。

在不同类型的学校中,校长都比较关注学生的劳动教育。在校本劳动教育课程建设方面,将近八成的学校依托学校资源和本校教师自建。小学阶段,学生的公益劳动、劳动技能实践和家庭劳动教育的课时数多,高中阶段公益劳动课时数增加,劳动技能实践课时数减少。在校外劳动实践基地建设方面,至少有七成的校长对校外劳动实践基地满意,其中超过半数的劳动实践基地是学校自主联络的,三成是由区域教育行政部门推荐的。近四成的校长对自主寻找的基地满意度更高。

第二节 内涵建设:常规工作的提质增效

在学校治理能力调研中,对于校长进行学校内涵建设的考察,主要是从构成学校教育的三个最重要要素着手:课程、课堂和教学。加强三方面的建设,能使得学校的常规工作提质增效。

一 课程建设和管理:有基础,但部分学校有待于进一步提升

项目组对于学校课程现状的调研主要从三个方面着手:(1)学校课程建设的过程管理;(2)学校课程建设的专业支持;(3)校长的课程领导力(见图3-2-1)。

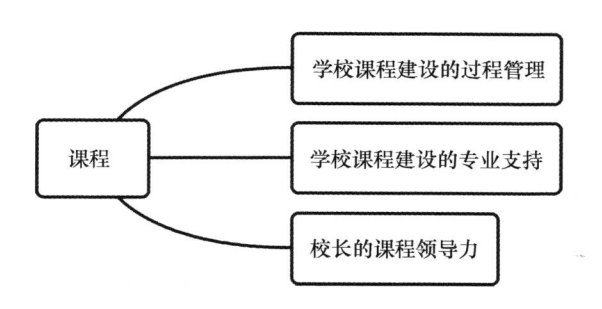

图3-2-1 学校课程调研框架

(一) 至少八成学校在高质量使用统编教材，近半数学校积累了学校课程建设经验（图 3-2-2）

就学校课程建设而言，超过五成的学校在"优化学校课程结构"方面已有部分（51.63%）或非常成熟（9.77%）的经验；近四成的学校在"探索跨学科课程"方面有部分（38.6%）或非常成熟（4.65%）的经验；超四成的学校在"探索校本精品课程"方面有部分（40.93%）或非常成熟（6.05%）的经验；近四成的学校在"开发基于学生发展的个性化课程"方面有部分（39.07%）或非常成熟（6.05%）的经验。

在学校课程建设中，近八成的校长表示"会充分挖掘课程资源和空间，开设多样化综合实践活动课程"（76.74%），然而，只有近两成的校长表示"已经建立健全教辅材料管理制度"（19.53%），近四成校长表示学校课程"主要依赖自编教材"（36.74%）。不难看出，这类学校对于学校课程的认识是比较窄化的。我们的预判是，"十四五"时期，支持不同类型的学校研发学校课程，挖掘学生潜能发展个性必须成为校长专业学习的一个重要方面。

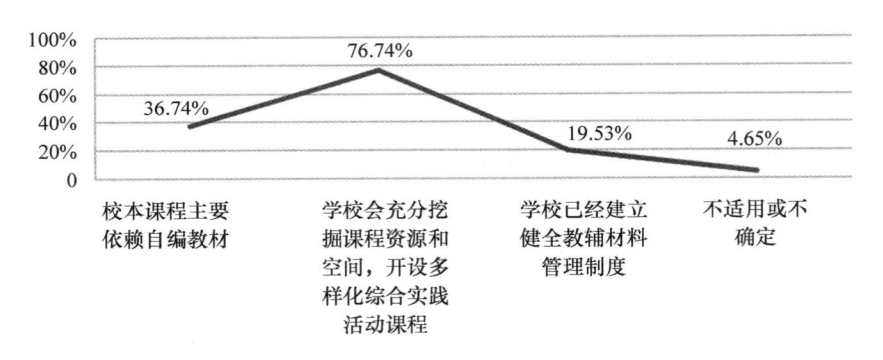

图 3-2-2 学校在校本课程建设方面的选择

(二) 教师和教研员等"局内人"是校本课程研发的主要力量（图 3-2-3）

在大多数学校，学校教师是校本课程研发的主要力量（97.67%）。教研员团队（67.91%）是来自校外的主要研发者，其次是学生家长（34.88%）和企业（33.95%），近三成的学生（26.98%）也参与了校本课程的研发。少数学校会吸纳学者（16.74%）和大学教师（14.88%）参与其中。本校教师和教研员作为"局内人"参与学校校本课程研发，不仅有利于课程开发，也有利于教师的专业发展。但是，一个学校课程的研发仅有"局内人"的固有视野是不够的，如何引导和支持学校通过相互合作、购买服务等形式参与到校本课程开发中来，应该成为区教育局课程管理部门的一个工作方向。

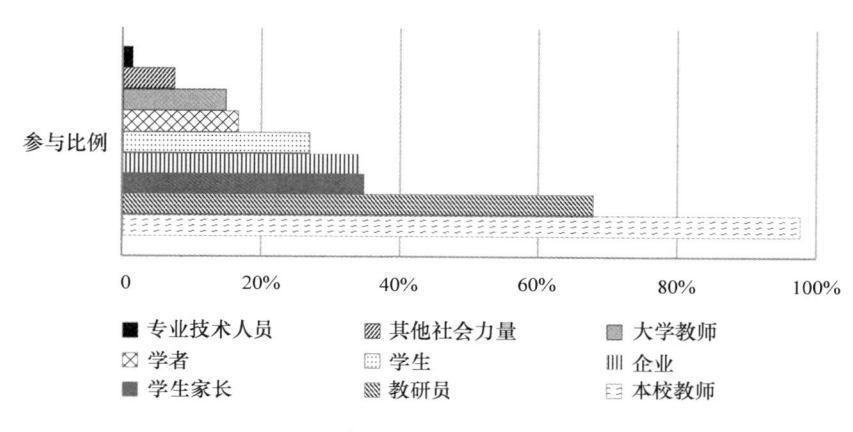

图 3-2-3　参与校本课程研发的人员类型

（三）多数校长对于自己的课程领导评价较高

本次调研中，我们将校长的课程领导分解为学校课程建设、学科教学管理和教师教研指导三个方面（见图 3-2-4）。调查数据显示，校长对

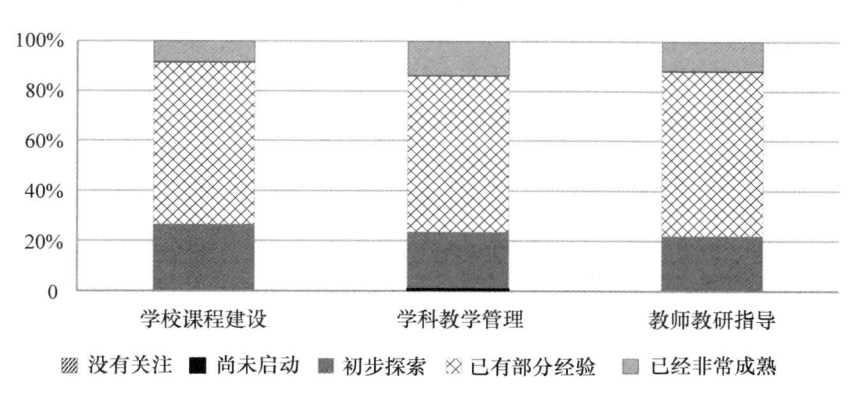

图 3-2-4　校长对于课程领导力的自我评价

教研指导自我评价最高，其次是学科教学管理，学校课程建设的评分略低。在课程领导的三个指标中，极少有校长表示没有关注或者尚未启动，三分之二左右的校长表示已经有部分经验，超过两成的校长表示处于初步探索阶段，一成左右的校长表示已经非常成熟。

在学校课程管理的诸多维度中，多数校长均表示已有部分经验，少数校长认为已经非常成熟，部分校长表示处于初步探索阶段，极少有校长表示没有关注或尚未启动（见图3-2-5）。相对而言，对于学校课程评估处于初步探索阶段的学校比例最高（37.21%），具有部分经验（55.35%）和成熟经验（6.05%）的学校比例最低，应该特别重视学校之间的经验交流与分享。值得注意的是，有近6%的学校没有关注或尚未启动国家课程的校本化实施。教育行政和业务部门应该重视薄弱学校的相关工作。

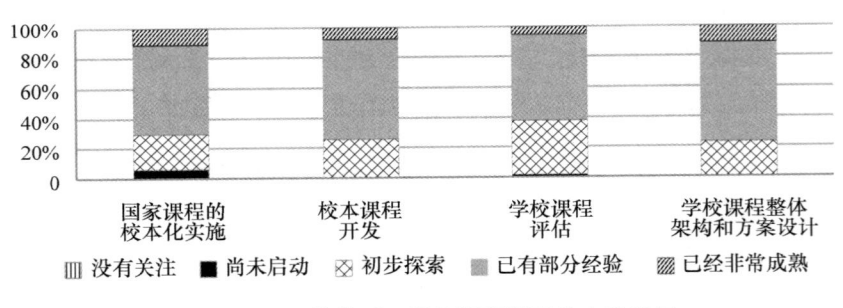

图3-2-5 校长对于学校课程管理的自我认识

二 近八成的学校在探索以学生为中心的教学方式，且教师有较好的教学评价能力和素养

教学是学校教育的核心，涉及学校工作的方方面面。对于学校教学现状的调研，无法做到面面俱到，需要从最能反映学校育人理念的三个核心问题入手：（1）"以学生为中心"的教学探索；（2）教师的教学评价能力；（3）学校作业管理（见图3-2-6）。

（一）"以学生为中心"探索形成初步经验，但需探索有针对性支持学生发展的策略

调研数据显示，所有的学校都已经开始了"以学生为中心"的教学模式

第三章　学校治理：校长业务领导和变革能力的核心要求

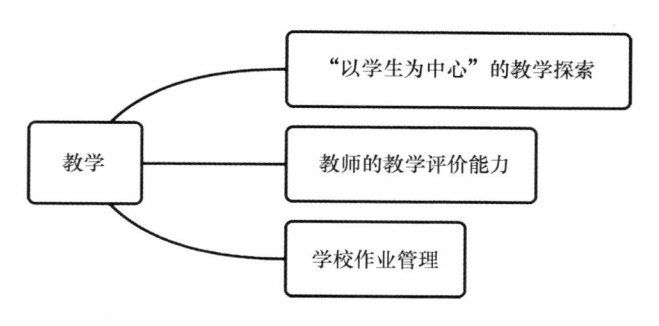

图 3-2-6　教学调研框架

的探索，超过六成的学校已经基本形成了"以学定教（65.6%）、以教促学（66.5%）、教学相长（66.5%）"的部分经验，至少有 10% 的学校已经有了非常成熟的经验。相应地，至少有六成的学校在"跨学科的综合教学（60%）、跨年级的教学衔接（57.67%）、诊断性评价的应用（41.86%）"，有了初步探索或已有部分经验（见图 3-2-7、图3-2-8）。

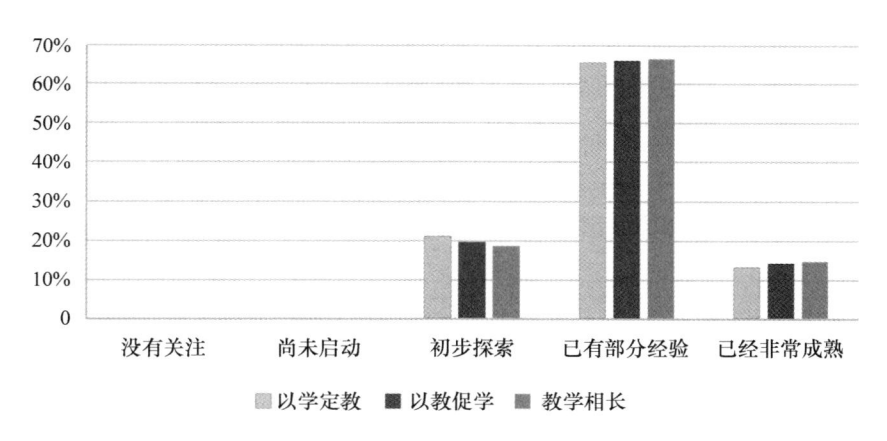

图 3-2-7　以学生为中心的教学探索

但是，许多学校无法准确识别，并且为具有不同禀赋的学生提供有针对性的支持条件，特别体现为学校在差异化的人才支持策略方面需要大量调整或者亟须探索：学生创业能力（28.38%）、创造能力（28.36%）、成果转化能力（29.31%）、设计能力（27.91%）的关注和培养（见图 3-2-9）。

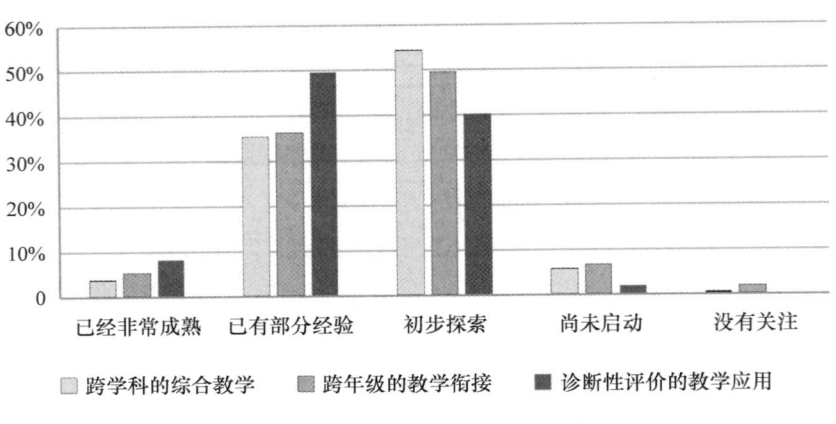

图 3-2-8 教学方式的新探索

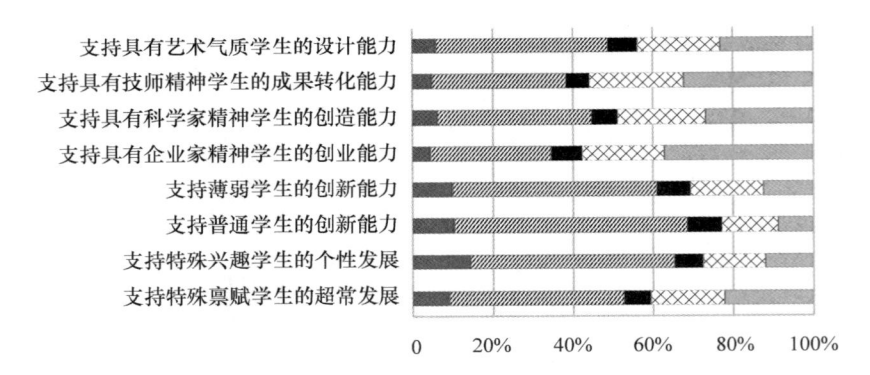

图 3-2-9 有针对性支持学生差异发展策略

（二）教师的教学评价能力良好

教师的教学评价能力是教师的关键能力之一，本项调查考察教师的考试评价理念、学业诊断能力和自主命题能力（见图 3-2-10）。调研显示，四分之一的校长认为教师的上述能力无法确定或者不适用，超过半数的校长认为教师的上述能力表现良好，有 5% 左右的校长认为教师的上述能力表现卓越，有 15% 左右的校长认为教师的上述能力表现一般，极少数的校长认为教师的上述能力表现非常差或者存在明显不足。

第三章　学校治理：校长业务领导和变革能力的核心要求

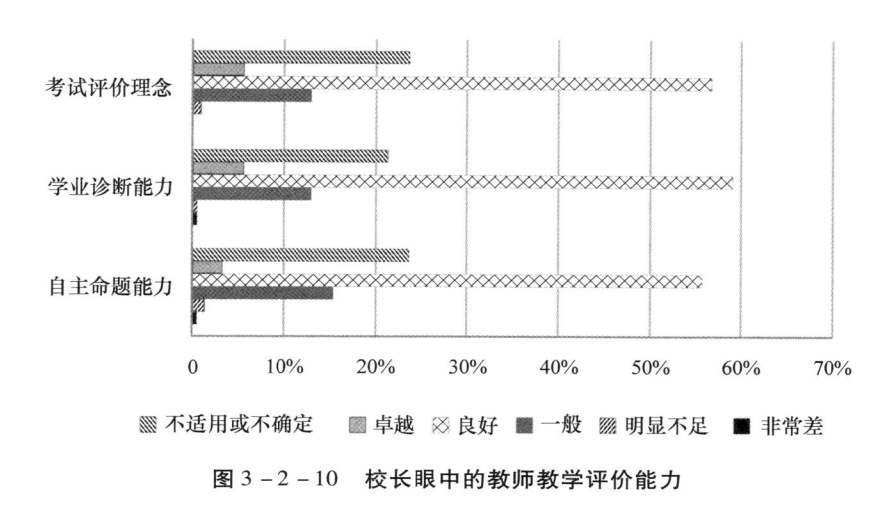

图 3-2-10　校长眼中的教师教学评价能力

（三）部分学校的作业管理仍然存在一些问题，区域内对于作业的研究与交流少

作业管理是学校的常规工作之一（见表3-2-1）。然而，调研数据显示，半数多的学校将教师的作业设计能力视为学校校本研修、教研活动的重要内容（55.81%）；近四成的学校建立了符合实际需要的作业长效管理机制（39.53%）；三分之一多的学校将教师的作业设计能力视为教师教育教学能力评价的重要内容（35.81%）；在过去一年中，近四分之一的学校曾经同区域内其他学校开展作业设计交流（23.26%），不足五分之一的学校曾经组织教师专题研修长周期、综合性作业（如调查报告、研究报告等）的布置和指导（17.21%）。此外，四分之一多的学校在放学后为学生提供免费的课后作业辅导（26.05%）。特别值得说明的是，这次调研的数据采集时间是2020年4月，自2021年9月的新学期开始，上海市的所有中小学都会为学生提供免费的课后作业辅导。

表3-2-1　学校的作业管理

选项	比例
将教师的作业设计能力作为教研活动的重要内容	55.81%
学校建立了符合实际需要的作业长效管理机制	39.53%
在过去一年中，学校同区域内其他学校开展作业设计交流	23.26%

续表

选项	比例
在我们学校,教师的作业设计能力是教学能力评价的重要内容	35.81%
在过去一年中,学校曾组织教师学习长周期、综合性作业(如调查报告、研究报告等)的布置和指导	17.21%
放学后,学校为学生提供免费的课后作业辅导	26.05%

三 教学研究与教研组活动中面临的挑战

我们对于学校教研的调研从两个角度切入:(1)教研活动的规范;(2)跨学科教研的开展(见图3-2-11)。

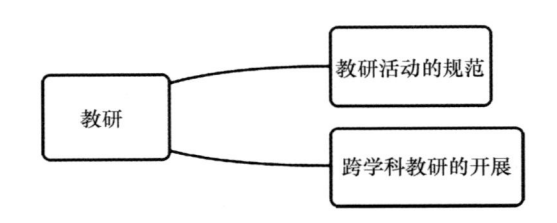

图3-2-11 教研调研框架

(一)制度性的教研组活动面临挑战,教研工具研发势在必行

在纳入调查范围的教研组建设挑战中,主题教研规程的落实问题是学校最有可能面临的挑战(80%)(见图3-2-12)。16.28%的学校处于初

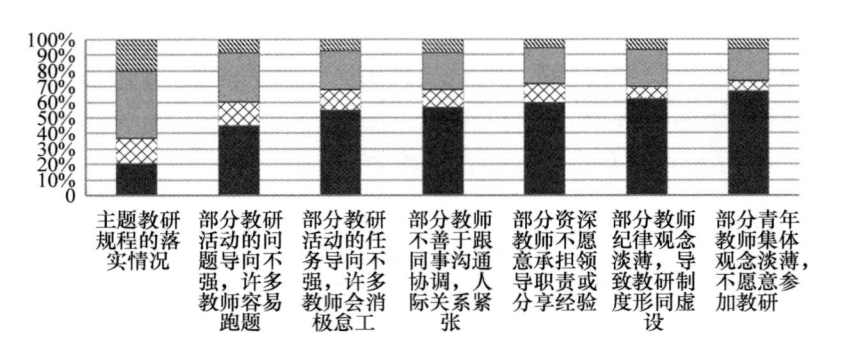

图3-2-12 学校教研组面临的挑战

步探索阶段，43.26%的学校已经有部分经验，20%的学校已经非常成熟。此外，教研活动的问题导向不强，也是部分学校经常面临的挑战（56.35%）。在这一问题上，部分学校已经有部分经验（32.09%）或者已经非常成熟（8.37%），部分学校仍然处于初步探索当中（14.42%）。

为了避免教学研究的随意性和封闭性，多数学校会开发和应用教研工具（如课堂观察指南、学生评价手册等）和教研组活动指南（如教研组活动规范等）。在开发和应用教研工具方面，44.19%的学校处于初步探索阶段，40.93%的学校已有部分经验，仅有少数学校尚未启动（6.05%）或已经非常成熟（7.44%）。在开发和应用教研组活动指南方面，44.19%的学校处于初步探索阶段，45.12%的学校已有部分经验，仅有少数学校尚未启动（1.86%）或已经非常成熟（7.44%）。

（二）对于跨学科教研的认识，校长的归因值得商榷

在半数左右的学校中，校长认为跨学科教研并不存在挑战（见图3-2-13）。相对而言，学校面临的较大挑战包括：没有固定的跨学科教研活动；不同学科教师的话语方式存在较大差异；部分教师无法从教学法的角度理解其他学科的教学；部分教师认为跨学科教研弊大于利，不愿意积极参与；部分教师不愿意同不同学科的同事分享自己的教学经验。

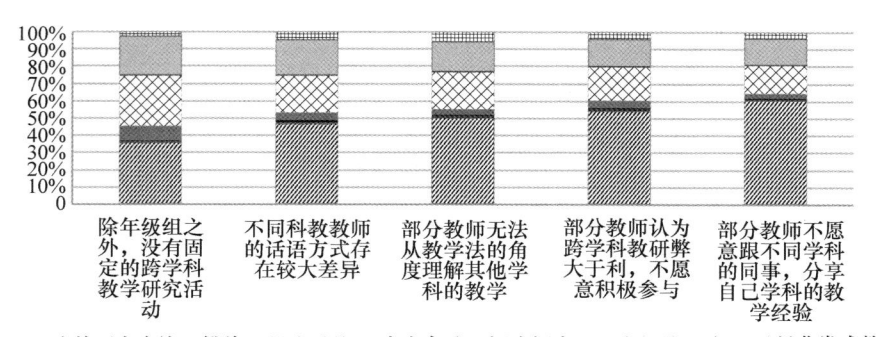

图3-2-13 对于跨学科教研的看法（校长）

四　结语

总体来说，多数学校在课程建设和管理方面，有较好的基础，但部分学校有很大的提升空间。超过八成的校长报告，学校在高质量地推进国家

统编教材的使用。但是有近6%的学校没有关注或尚未启动国家课程的校本化实施工作，这必须引起关注。

不少于四成的学校报告，已经在"优化学校课程结构""探索学校精品课程""探索跨学科课程"和"开发基于学生发展的个性化课程"等方面具备部分经验或非常成熟。有近八成的校长表示"会充分挖掘课程资源和空间，开设多样化综合实践活动课程"。然而，有四成校长表示校本课程的建设"主要依赖自编教材"（36.74%）。不难看出，这类学校对于校本课程的认识是比较窄化的。

教师和教研员等"局内人"是校本课程研发的主要力量，其次是学生家长（34.88%），只有少数学校会吸纳学者（16.74%）和大学教师（14.88%）参与校本课程研发。如何引导和支持学校通过相互合作、购买服务等形式参与到校本课程开发中来，应该成为区教育局课程管理部门的一个工作方向。

此外，多数校长对自身的课程领导力评价较高，尤其对于指导教学研究能力的自我评价最高。

区域内几乎所有的学校都在探索"以学生为中心"的教学策略与方法，超过六成的学校已经基本形成了"以学定教（65.6%）、以教促学（66.5%）、教学相长（66.5%）"的部分经验，至少有10%的学校已经有了非常成熟的经验。至少六成的学校开始了"跨学科、跨年级、以评促教"的探索并已有部分经验。但是区域内学校对作业的研究如作业的设计、长作业、个性化作业布置等研究不足，学校之间的交流更少。

作为制度性的教研组活动面临挑战，主要体现在教研活动策划（如如何设置研讨问题等）与教研技能（如教师间的相互理解与沟通等）两个方面。虽然近五成的学校自认为在教研工具研发上有了初步的经验，但是有效性和科学性需要进一步论证。其次，如何打破传统的教研模式，开展跨学科教研，倡导教师间的多元互动和经验分享是下一步必须研究的问题。

第三节　深化改革：催生教育品质

面对高质量发展的战略转型和全球化、信息化时代的挑战，基础教育需要持续地改革创新。唯有如此，区域的教育品质才能慢慢沉淀、提升。

第三章　学校治理：校长业务领导和变革能力的核心要求

从校长的学校治理能力视角出发，我们认为学校教育的深化改革需要重点关注如下四个方面：行政管理与学校制度创新；不同层级和内涵的教育开放；教师队伍建设需要与短缺；学校建设标准的时代性（见图3-3-1）。

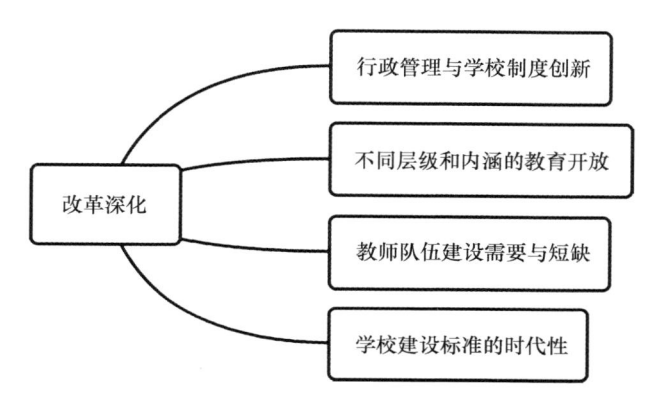

图3-3-1　深化改革的调研框架

一　行政管理与学校制度创新

在本次调研中，我们对于学校制度创新的调研，主要关注三个方面：学校当前的关注点与经验；校长对于学校自主权的期待；教育行政部门对学校的支持方向与经费使用（见图3-3-2）。

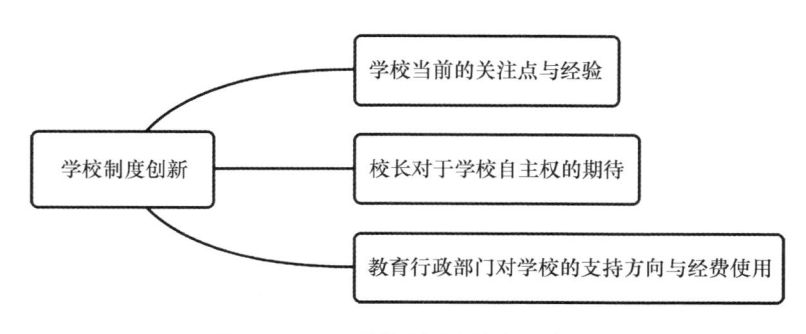

图3-3-2　学校制度创新调研框架

（一）支持教师研究和实验是学校组织创新的经验，校本课程、教学命题改革等仍在起步

目前，大多数学校在学校组织创新的多个维度仍然处于建设阶段，提

供有针对性的能力建设应该成为学校发展的重要诉求（见图3-3-3）。相对较为成熟的维度（已经对外推广；较为成熟）包括：对学校发展起到引领作用的研究课题（9.3%；22.33%）；支持教师在真实情境下进行教学实践的学校氛围（4.65%；36.28%）；供学生开展动手实践或活动排练的专用教室或场所（4.19%；42.79%）。相对较为薄弱的维度包括（尚未考虑；规划中；建设中）：体现教育转型的校本课程（7.44%；13.49%；58.6%）；创新创造教育的课堂教学改革（3.72%；17.21%；56.74%）；围绕学生思维的深刻性、灵活性、独创性展开的考试命题改革（20%；13.49%；45.58%）；学校和教师的创新创造教育实验（6.05%；19.53%；53.95%）。数据显示，支持教师研究、在真实情境下进行教育教学实验是学校组织创新已经有的经验，但校本课程、教学命题改革等内容在大多数学校仍旧处于酝酿起步期。我们的研判是，学校已经开始从关心外围发展向关注内涵发展转型。

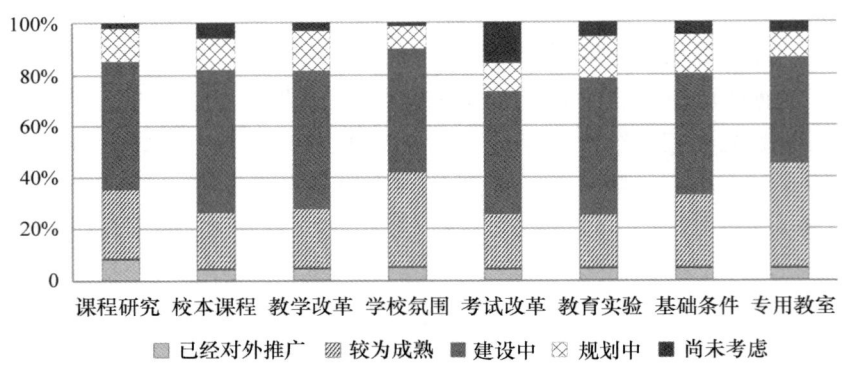

图3-3-3 学校组织创新的关注点与经验

（二）校长满意现有的自主权，但期待在教师招聘、教学安排和专项资金上有更大的自主权

超过一半的校长对目前拥有的学校自主权感到满意（见图3-3-4）。至少有三成的校长希望在三个方面能扩大自主权：教师招聘和辞退的人事自主权（38.6%）；教学形式和时间分配的自主权（37.67%）；专项资金的灵活处置权（36.74%）。

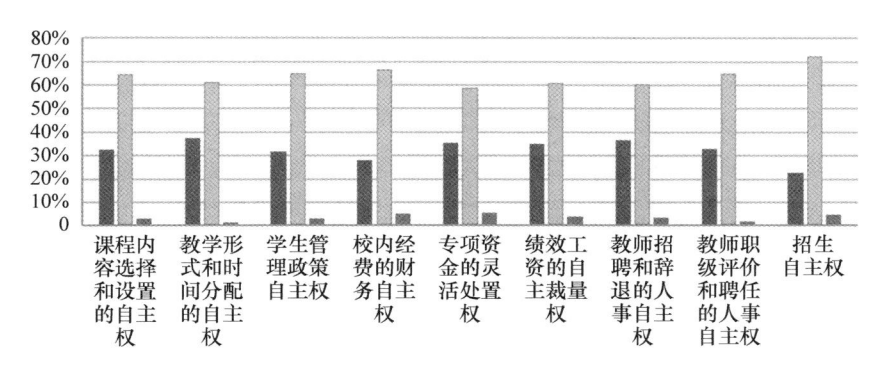

第三章　学校治理：校长业务领导和变革能力的核心要求

图 3-3-4　校长对学校自主权的看法

（三）提高教师的工资待遇和生均经费是校长最想得到的支持

校长对于行政部门推行清单式管理制度是满意的，但也是对此项举措的改革呼声最强烈的（59.53%）（见图 3-3-5）。提高教师工作待遇（79.07%）和提高生均公用教育经费数额（85.58%），是校长最想得到的行政支持。

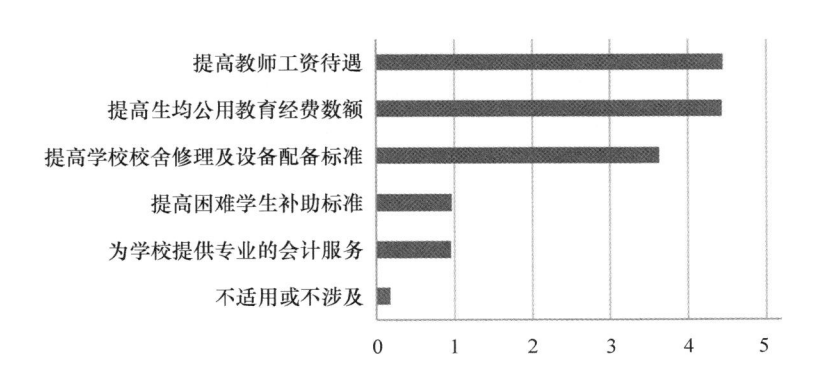

图 3-3-5　提高教师工资待遇和生均经费仍是最强烈的诉求

二　区域学校与外界同行有交流，但知识的共享、创造仍有上升空间

围绕校长的学校治理能力，我们对于教育开放方面的调研，集中在两个维度：区域内外的教育交流与合作；优秀教育成果的应用与推广

（见图 3-3-6）。

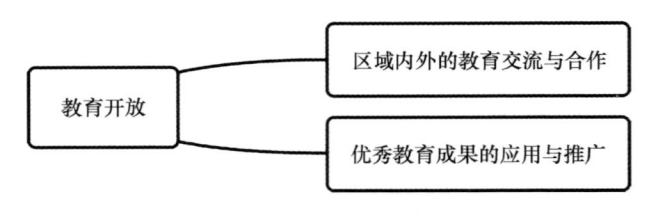

图 3-3-6 教育开放调研框架

（一）学校重视教育交流与合作，但涉外活动频率低，同校外机构的合作交流少

本项调查考察学校的涉外活动、学校同长三角地区（不含上海境内）教育和社会机构开展交流合作活动、学校同长三角以外国内地区（含港澳台）的教育和社会机构开展交流合作活动三方面情况（见表 3-3-1）。总体而言，学校涉外活动频率较低，同其他教育和社会机构开展合作交流活动少。

教育行政和义务部门应该支持更多有能力的学校开展涉外活动，为他们搭建涉外交流资源与平台支持。对于绝大多数学校而言，在过去一年中，并没有举行任何形式的涉外活动。在所有涉外活动中，接待境外同行来访（7.17%）和同境外友好学校校际交流（5.86%）的比例相对较高。

表 3-3-1　　　　学校在过去一年的涉外活动频率

涉外活动内容	频率
接待外国学者、行政人员、教师到本校访问	7.17%
同境外友好学校开展至少一次校际交流活动	5.86%
校长或教师到境外中小学访问或教学交流（如中英数学教师交流项目）	4.56%
本校教师或学生参加国际赛事（如运动会、奥数等）	4.23%
本校校长或教师参与外籍专家和同行在国内开设的工作坊	2.28%
校长或教师到境外高校选修课程、攻读学位	1.95%
本校校长或教师为外籍专家和同行在国内开设的工作坊	0.65%

第三章 学校治理：校长业务领导和变革能力的核心要求

本项调查对如下事项进行调研，包括：接待外地教师来访或进修；访问外地兄弟学校；参与跨区域的教育交流平台；开展跨区域的产学研合作；开展跨区域的教学研究合作；开展跨区域的学生交流等（见图3-3-7）。数据显示：

· 在过去一年中，半数左右的学校没有发生同国内其他地区的教育和社会机构的交流合作。

· 接待外地教师来访或进修的比例最高（27.04%，28.01%）。

· 开展跨区域的产学研合作（4.56%，4.56%）与开展跨区域的学生交流（6.19%，4.23%）均较低。

基于上述分析的政策建议包括：支持更多有能力、有特色的学校开展对外活动，为他们在不同交流层面提供资源与平台支持，鼓励所有学校始终保持开展对外活动交流的态度与信心。

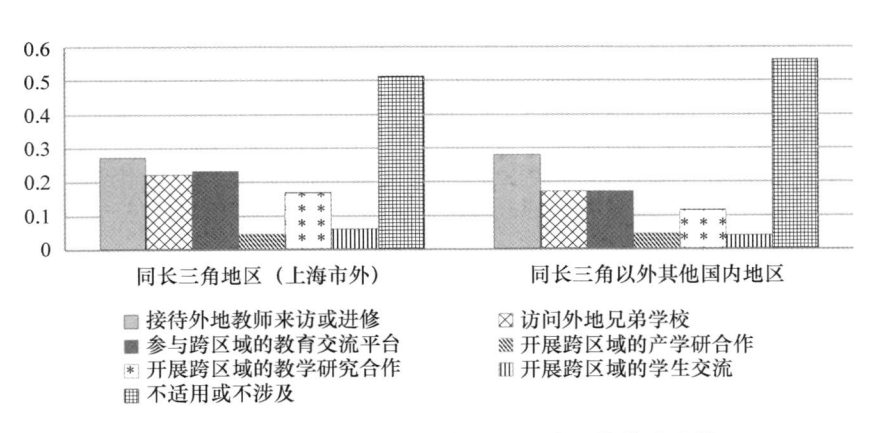

图3-3-7 学校同国内地区教育和社会机构的交流情况

（二）重视优秀教学成果的应用和推广是知识增值的重要路径

进入我们调研框的区域有着优秀的教育教学成果，在上海市乃至全国都获得诸多奖项。优秀教学成果的应用和推广，应该成为推动课堂教学改革的重要路径。调研显示，学校对国家级、市级和区级教学成果的应用程度较低（初步探索；尚未启动；没有关注），许多学校没有充分重视将本校的优秀教学成果进行校外推广（见图3-3-8）。

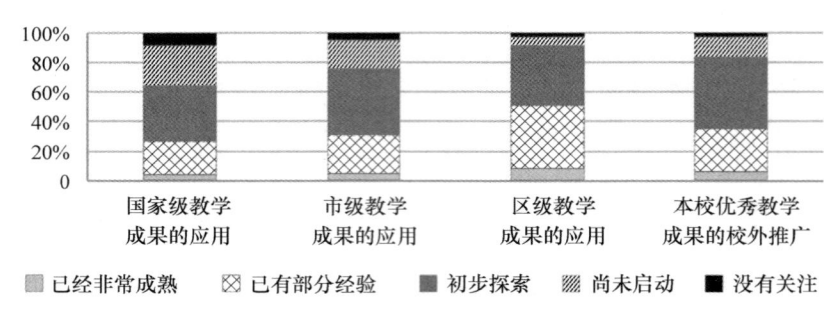

图 3-3-8　优秀教育教学成果推广与应用现状

三　学校建设标准的实现程度有待于进一步提高

学校建设标准的完善程度反映了校长对于学校现状与学校建设标准的差异。部分学校亟须建设的内容包括：学校教学和辅助用房标准；实验实习实训场所标准；仪器设备标准；运动场地标准（见图 3-3-9）。受到城市发展周期的限制，过去几十年中修建的学校可能已经无法满足现代教育的需要，学校基础设施建设滞后于学校发展需要。过高的标准成为部分学校无法达成的目标。超过半数的校长认为，应该建设支持学生个别学习和课题研究的微实验室，三成以上的校长认为需要建设数字化学习空间、地下停车场、基于课程的创新实验室、公共开放空间。

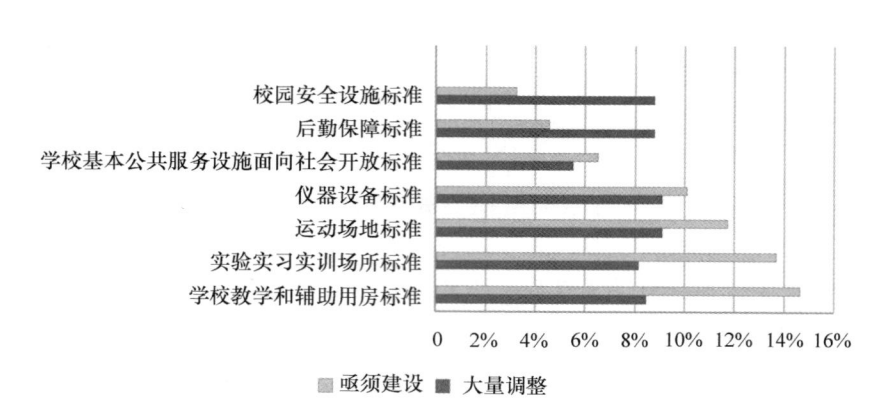

图 3-3-9　现有学校设施与标准的差距（校长视野）

四　结语

我们的调研结果显示，多数学校已经具备支持教师从事课题研究、进

第三章　学校治理：校长业务领导和变革能力的核心要求

行教学实验的经验。对于校本研究、围绕学生思维的深刻性、灵活性、独创性展开的考试命题研究和实践也在起步。我们的研判是，比例较高的校长已经开始从关心外围发展向关注内涵发展转型。

至少有超过一半的校长对目前拥有的学校自主权感到满意。有三成的校长希望在三个方面扩大自主权：教师招聘和辞退的人事自主权（38.6%）；教学形式和时间分配的自主权（37.67%）；专项资金的灵活处置权（36.74%）。提高教师的工资待遇和生均经费是校长最想得到的支持方面。

学校重视教育交流与合作，但涉外活动频率低，同校外机构的合作交流少，在过去一年中，半数左右的学校没有发生同国内其他地区的教育和社会机构的交流合作。在所有涉外活动中，接待境外同行来访（7.17%）和同境外友好学校进行校际交流（5.86%）的比例相对较高。随着中国对外开放程度的逐渐提高，支持更多有能力、有特色的学校开展对外活动，为他们在不同交流层面提供资源与平台支持，鼓励所有学校始终保持开展对外活动交流的态度与信心，应该成为我国教育开放包容、彰显特色的重要支撑。

接受调查的区域有着优秀的教育教学成果，在上海市乃至全国都获得诸多奖项。但是，学校对国家级、市级和区级教学成果的应用程度较低，许多学校没有充分重视将本校的优秀教学成果进行校外推广。优秀教学成果的应用和推广是知识增值的重要路径，这必须成为区域行政和专业部门的关注点。

学校建设标准的实现程度有待于进一步提高。受到城市发展周期的限制，过去几十年中修建的学校可能已经无法满足现代教育的需要，学校基础设施建设滞后于学校发展需要。超过半数的校长认为，应该建设支持学生个别学习和课题研究的微实验室，三成以上的校长认为需要建设数字化学习空间、地下停车场、基于课程的创新实验室、公共开放空间。

最后，特别值得强调的是，教师短缺是基础教育面临的重要挑战。我们的调查结果显示，小学阶段，超过六成的学校存在体育与健身教师短缺情况。此外，探究型课程、拓展型课程、自然、劳动技能、唱游等学科存在教师短缺的学校也超过六成。初中阶段，超过五成的学校存在研究型课程、历史、拓展型课程教师短缺；地理、思想品德等学科存在教师短缺的学校也超过三成。高中阶段，拓展型课程、研究型课程、生命科学等学科存在教师短缺的学校超过80%。地理、语文、外语、思想政治、历史、社会、体育与健身等学科的教师短缺也超过60%。

第四节　教育信息化：技术发展带来的教育变革

技术发展催生教育变革，同时也向包括校长在内的全体教育工作者提出挑战：信息技术如何与学校育人目标深度融合？技术如何支撑学习者自主学习？教师如何提升能力适应未来学习形态？优质教育资源如何共建共享共赢？本次校长测评对区域教育信息化的调研（见图3-4-1），主要从五个维度出发：（1）学校层面的信息化建设现状；（2）信息技术与教学；（3）学生的信息素养；（4）教师的信息素养；（5）新冠肺炎疫情期间样本区域线上教学进展。调查结果显示，几乎所有的学校都已经具备基本的信息技术装备，但学校和教师对于信息技术装备的使用程度和质量不足。从长期发展来看，学校的基础信息技术设施与5G时代的要求——万物互联、人工智能、人机互动等存在较大差距。

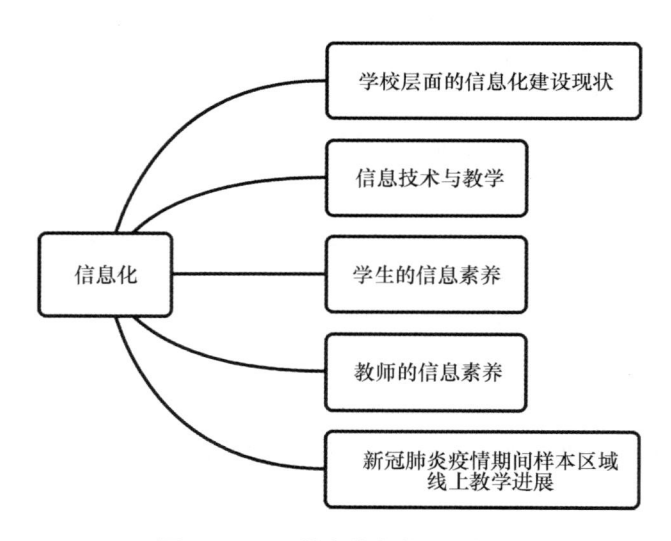

图3-4-1　教育信息化调研框架

第三章　学校治理：校长业务领导和变革能力的核心要求

一　学校层面的信息化建设进程

我们对于区域内学校层面的信息化建设的调研（见图3-4-2），主要关注三个方面：（1）学校在信息化建设中的探索与薄弱环节；（2）学校对于立体综合教学场所的开发；（3）学校的教育教学技术和服务能力建设。

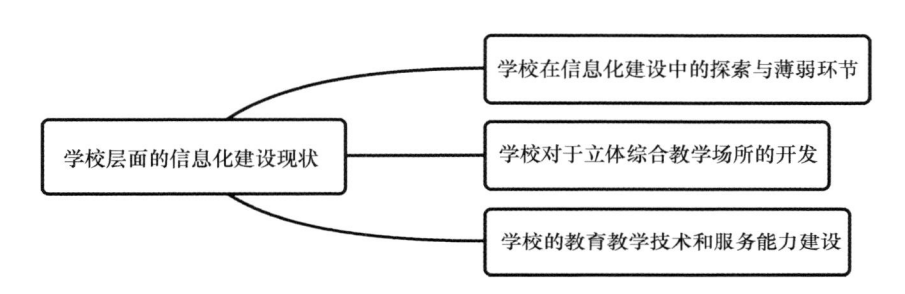

图3-4-2　学校层面的信息化建设现状

学校在信息化环境建设的基础设计上做了积极的尝试，但是在建设信息化教学环境方面仍需要改进（见图3-4-3）。具体表现为：基础设施设计和采购（66.05%）；建筑空间规划和改造（36.74%）；绿色节能理念创新和技术改进（29.77%）。约半数学校存在四个薄弱环节：凸显信息化应用实践导向（理念）（44.65%）；建设信息化教学环境（54.88%）；完善信息化基础设施（57.67%）；信息化管理机制与网络安全保障（46.98%）。

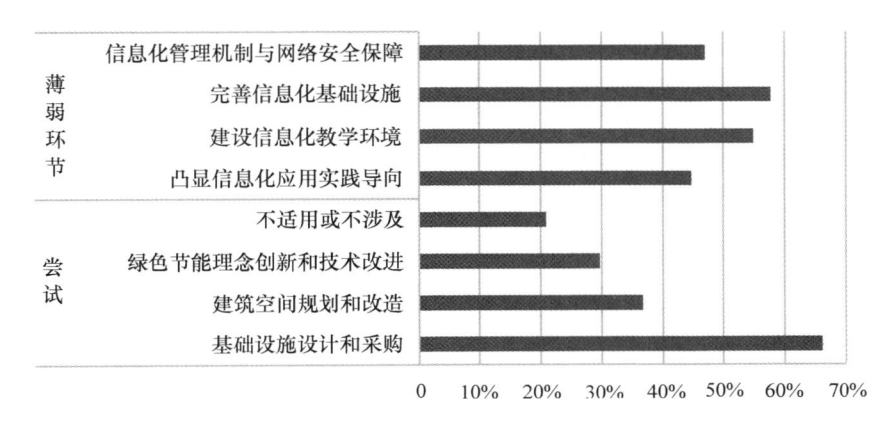

图3-4-3　学校在信息化环境建设方面的尝试和薄弱环节

部分学校在开发综合教学场所建设方面，进行了积极尝试（见图3－4－4），包括：强化图书馆、校史馆、博物馆等场馆的教育功能（49.3%）；推动学习区、活动区、休息区等空间资源基于智能技术的适时转化和重组（35.81%）；建设可感知、物联化和泛在化的智能学习空间（信息技术实验室）（15.35%）；建设全空间、触摸式的信息互动教室（未来教室）（10.23%）等。

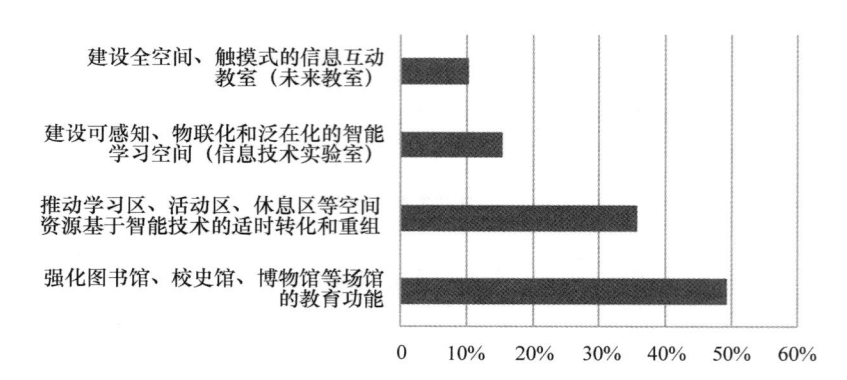

图3－4－4 学校立体综合教学场所的开发与建设

学校在教育教学技术支撑和服务能力建设的不同领域，都有所探索（见图3－4－5）。但比较多的学校致力于"持续加强学校的信息化建设"（73.95%），其次是"持续提升学校信息技术设备的使用频率和范围"

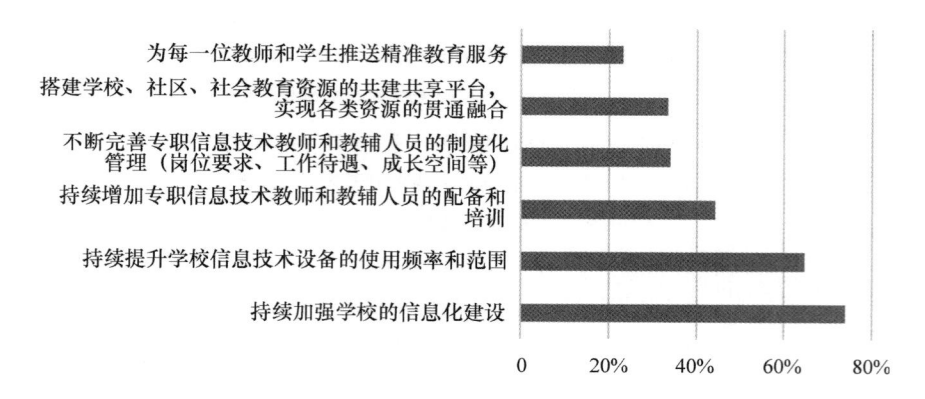

图3－4－5 教育教学技术和服务能力建设

（64.65%）。相对少的是"为每一位教师和学生推送精准教育服务"（23.26%）。只有四成左右的学校在探索"持续增加专职信息技术教师和教辅人员的配备和培训"（44.19%），"不断完善专职信息技术教师和教辅人员的制度化管理（岗位要求、工作待遇、成长空间等）"（33.95%）。

二 信息技术与教学

我们在学校层面对于信息技术与教学进行调研（见图3-4-6），主要关注三个方面：（1）数据驱动的教学模式变革；（2）利用新技术重构教育教学质量中出现的薄弱环节；（3）促进信息技术与教育教学深度融合的尝试。

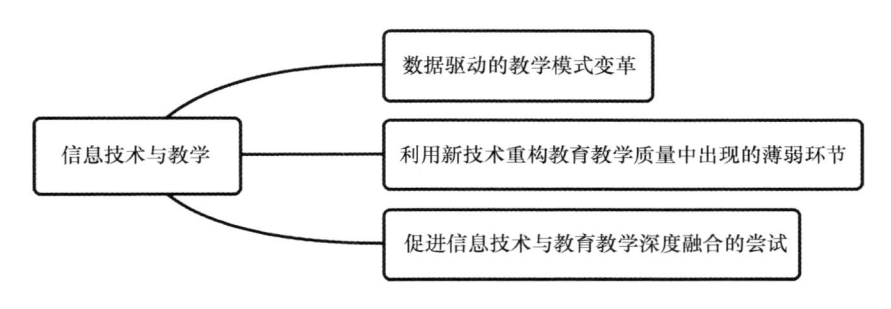

图3-4-6 信息技术与教学调研框架

约三分之一的学校在推动"数据驱动的教学模式变革"上，存在薄弱环节（见图3-4-7）。我们的调查数据显示，近半数（47%）的学校在展开"基于大数据的因材施教"，教育信息化应用对于教师和学生的覆盖面不到四成（38.1%），四成多的学校具有教材数字化和智能化的智慧体验课堂（44%）。相对而言，比例较低的学校在探索信息化时代学生德、智、体、美、劳人才培养模式（37.67%）；建设在线学习智能辅助系统，实现自适应学习（36.28%）。

半数左右的学校在利用新技术重构教育教学质量保障机制（基于大数据、人工智能等新技术的学习信息管理系统）过程中存在薄弱环节（见图3-4-8），包括：精准、动态、数据化反映学生学情（50.23%）；作业、测评、课程的智能化适配（47.44%）；提供教育质量监控、反馈和改进机制的智能化修正方案（51.16%）；完成跨学段、长周期、全覆盖的记录、跟踪和评价系统（55.35%）。

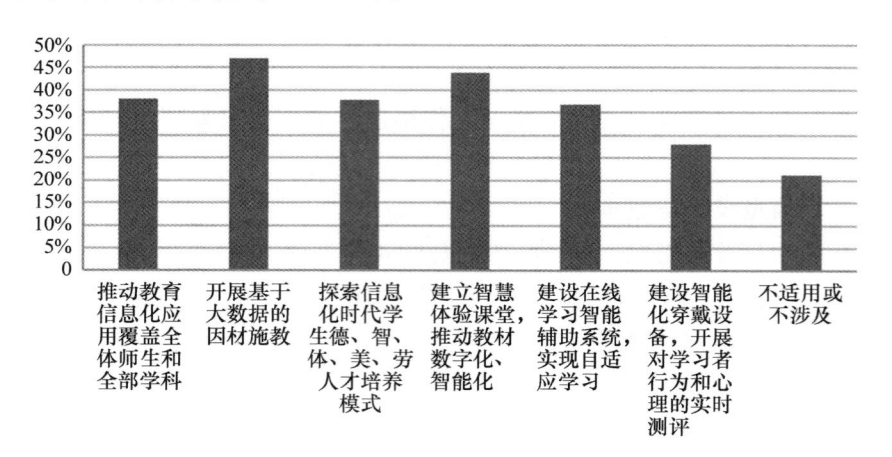

图 3-4-7 学校推进数据驱动教学模式变革中的薄弱环节

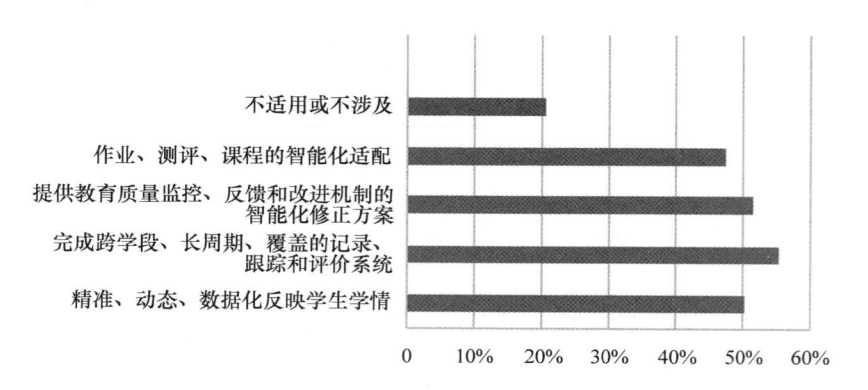

图 3-4-8 利用新技术重构教育教学质量保障机制中的薄弱环节

多数学校在促进信息技术与教育教学的深度融合方面的成熟经验少（见图 3-4-9），诸方面处于初步探索或者尚未启动阶段：超半数的学校在开展数字教材的教、研、训有效整合建设（51.16%），但四分之一的学校尚未启动（25.58%）；约四成的学校基于物联网、大数据、虚拟现实、人工智能，开展未来学校和未来教室建设的尝试（40.47%），超过三成（33.02%）的学校尚未启动；近五成（49.77%）的学校基于信息技术进行教学精准分析和反馈改进，推动个性化学习的尝试，超过三成（33.02%）的学校尚未启动。

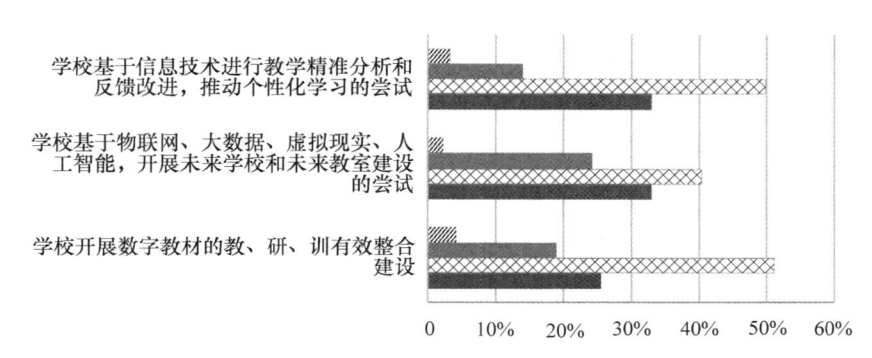

图3-4-9 信息技术与教育教学深度融合的尝试

三 教师与学生的信息素养

在实际的教师专业发展环境中，教师参加了大量针对教育信息化的专项培训（见图3-4-10）。但是，如何引导教师转变角色，运用信息化技术，照顾学生的差异，对学生进行有针对性的、个性化的支持和指导的培训还需加强。我们的调查数据显示，教师参加的培训中：引导教师开展针对精准化教学和学情的动态分析和评价的仅占34.42%；引导教师向学生的学习发展启蒙者、学习方案提供者和学习成长伙伴的教师转变的占30.23%；引导教师基于信息技术（教学智能化助手），开展个性化教学和作业辅导的占41.4%。

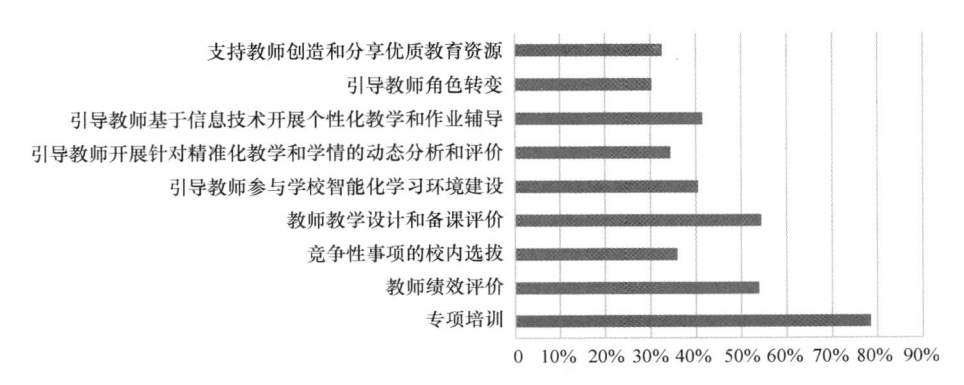

图3-4-10 教师参加信息素养提升培训

校长在引导学生正确使用互联网和信息技术的过程中（见图3-4-11），做出的积极尝试包括：开发具有上海特色的信息技术课程（26.05%）；重视学生的数字化学习实践能力（46.05%）；重视学生的信息安全意识和风险防范意识（53.02%）等。但三分之一左右的校长认为，学校在培养学生信息思维过程中存在薄弱环节，体现在信息伦理（25.58%）、信息知识（26.05%）、信息规范（30.23%）、信息理念（39.53%）和信息技能（44.19%）等方面。

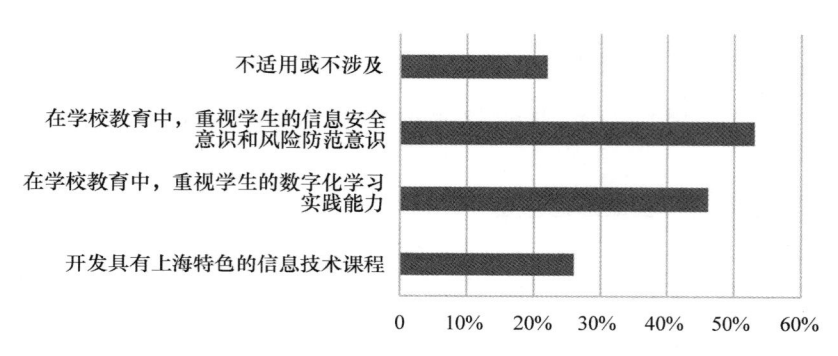

图3-4-11　学校为学生开设的信息化

四　结语

多数学校在信息化环境建设的基础设计方面做出了积极尝试，但是超过六成学校的关注点仍为基础设施设计和采购（66.05%）。至少有四成的学校在如下三个方面急需加强：凸显信息化应用实践的理念（44.65%）；建设信息化教学环境（54.88%）；完善信息化管理机制与网络安全保障（46.98%）。

多数学校在信息技术支持教学方面有探索。但关注比较多的是"持续加强学校的信息化建设"（73.95%），其次是"持续提升学校信息技术设备的使用频率和范围"（64.65%）。只有两成的学校关注"为每一位教师和学生推送精准教育服务"（23.26%）。只有四成左右的学校在探索"持续增加专职信息技术教师和教辅人员的配备和培训"（44.19%）以及"不断完善专职信息技术教师和教辅人员的制度化管理"（岗位要求、工作待遇、成长空间等）（33.95%）。

第三章　学校治理：校长业务领导和变革能力的核心要求

在大多数学校，教师参加了大量的教育信息化的专项培训。数据显示，在教师参加的培训中："针对精准化教学和学情的动态分析和评价"的培训仅占34.42%；"成为学生学习发展的启蒙者、学习方案提供者和学习成长伙伴"的培训占30.23%；"基于信息技术（教学智能化助手），开展个性化教学和作业辅导"的培训占41.4%。教育行政和业务部门以及中小学校长应该积极引导教师转变角色，运用信息化技术，照顾学生的差异，对学生进行有针对性的、个性化的支持和指导的培训必须加强。

在引导学生正确使用互联网和信息技术的过程中，虽然大多数学校做出了积极尝试，但三分之一左右的校长认为学校在培养学生信息思维过程中存在薄弱环节，主要体现在信息伦理、信息知识、信息规范、信息理念和信息技能等方面。

第四章　制度设计：校长队伍建设的关键议题

第一节　新时代教育评价改革的政策解读

一　对于新时代教育评价改革总体要求的解读[①]

《深化新时代教育评价改革总体方案》（以下简称《总体方案》），为校长的业务领导和变革能力提供了宏观环境。对标《总体方案》的核心理念和主要内容，我们希望通过专项调查理解中小学校长对于"新时代"和"高质量发展"两个重要主题的认识情况。与学校教育现代化指标体系建设项目相比，这项研究将校长置身于更加宏观的国家和社会发展环境中，尝试梳理校长对于办学导向等具有国家战略和社会发展意义的关键指标的判断。《总体方案》明确了通过深化新时代教育评价改革，推动办学导向、教育体制、发展理念、评价功能改革的总体思路。通过对习近平总书记关于教育的重要论述和全国教育大会精神的深入学习，我们认为应该从如下几个维度解读《总体方案》对于校长队伍建设的指导意义。

1. 办学导向。（1）坚持社会主义办学方向，强化为党育人、为国育才的政治属性，引导全社会正确处理如下三者之间的关系：党和政府；国家、集体和个人；伦理与法制。基本立场：中国特色社会主义的最本质特征是坚持中国共产党的领导；国家利益高于一切，国家安全人人有责；新时代集体主义价值观是社会主义意识形态的本质体现；推进全面依法治国必须以科学理论为指导。（2）坚持立德树人的质量标准，培养社会主义建设者和接班人。基本立场：办好人民满意的教育，强调平民教育的独特价

[①] 我们对于新时代教育评价改革总体要求的解读，主要通过文献研究和专家访谈来实现。

值；重视卓越拔尖人才的培养，为新思想、新理念的成长留足空间。（3）坚持全面发展的培育目标，特别体现为：德、智、体、美、劳全面融合发展。基本立场：德育为先、全面发展、面向全体、知行合一；重视特殊人才的培养和冷门绝学的传承。

2. 教育体制。（1）公立学校的主体地位。基本立场：强调公立学校在整个教育体系中的主导地位；坚持公立学校的公共属性；重视优质均衡的公立学校系统对于人才培养、社会融合、政治正确的独特价值。（2）学校治理的多方参与、全员全程全方位育人。[①] 基本立场："政府—学校—社会"分享学校领导权；办好教育事业，家庭、学校、政府、社会都有责任；教师、行政人员、后勤人员相互协调；在幼儿园、小学、中学、大学循序渐进地开设思政课。（3）教育行政部门的专业领导。基本立场：围绕经济社会发展需要；尊重科学规律；重视专家咨询和群众路线。（4）教育业务部门的循证管理。基本立场：尊重事实证据；秉承健康的质疑态度；强调建设性和实效性。

3. 发展理念（破"五唯"，立五项）。（1）人才标准。基本立场：摒弃唯分数论，重视教师和学生的伦理—道德发展、社会—情感发展。（2）成才路径。基本立场：摒弃唯升学论，重视学校教育过程；弱化考试的指挥棒效应，引导学校教育围绕学生成长展开。（3）人才选拔和使用。基本立场：摒弃唯文凭、唯论文、唯帽子论，强调有能者上、务实者赢，发挥集体作用。

4. 评价功能（充分认识评价工具的器物特征）。（1）重视不同评价工具的局限性，科学使用结果评价、过程评价、增值评价、综合评价。（2）重视大数据和信息技术手段，探索全面质量控制的有效路径和伦理局限。（3）重视人的发展规律，探索大中小幼发展目标的一致性和差异性。

二 对于新时代教育评价改革组织实施的解读[②]

1. 落实改革责任。（1）党委和政府。观察点：将深化教育评价改革

---

① 张润杰、齐成龙：《实现全员全程全方位育人》，《人民日报》2020年2月20日第9版。
② 对于新时代教育评价改革组织实施的解读，主要通过专家访谈实现。访谈的对象包括上海市的教育行政人员、专家学者和一线的教育工作者。

列入重要议事日程；重视统筹协调、宣传引导和督促落实。（2）学校。观察点：落实情况。

2. 加强专业化建设。观察点：（1）多元参与。（2）控制评价数量。（3）创新评价方法。（4）完善评价结果使用。（5）重视国际合作。

3. 营造良好氛围。观察点：（1）全社会的选人用人理念。（2）新闻媒体的宣传鼓动。（3）家长教育。（4）经验推广。

三 对于教育评价改革关键议题的提炼

《总体方案》提出，改革学校评价，推进落实立德树人根本任务；改革教师评价，践行教书育人使命；改革学生评价，促进德、智、体、美、劳全面发展。在"稳步推进"教育评价改革的背景下优先优化学校、教师、学生评价，不但可以促进学校、教师、学生本身的发展，更可以形成促进党委、政府、学校、社会等层面教育评价观转变不可或缺的"自觉"力量，进而可以从整体上优化全社会的教育评价生态。同时，教育评价改革需要充分重视特殊拔尖人才的选拔、培养和激励，以及教育评价政策工具对于基层学校独创精神和创新空间的侵蚀和限制，避免矫枉过正。鉴于此，我们希望了解各位校长对本区教育系统"五唯"最突出问题的认识；了解学校层面和教师层面已有的经验和成效；了解学校评价、教师评价、学生评价方面存在的突出问题；探索党委和政府在推进教育发展的过程中可能存在的障碍和"瓶颈"，以及可能的突破路径和方法；剖析社会各界在选才用才中存在的问题，以及可能的政策干预路径。

教育评价中的"五唯"顽疾，导致作为人才选拔的评价工具严重影响人才培养的质量和水平，继而导致我国教育的办学导向和教育体制发生严重扭曲。对学校和教师的"五唯"评价是一种偏离实际能力与实际贡献的评价。"五唯"评价忽略了学校和教师的成果内容及其与经济社会发展关联的评价，忽略了学校和教师的实际能力和实际贡献，只看历史和出身，不看未来。对学校和教师的"五唯"评价忽略了组织和个体的差异性，忽略了评价客体自身的使命与职责，忽略了实际能力和实绩，是用一套固定的标准简单以过去的成就对评价客体做出价值判断的终结性评价。对学校和教师的"五唯"评价，本质是把成果或结果的形式特征、数量特征作为能力、贡献、绩效的唯一标准，是一种有违学术发展规律、教育发展规律、人才成长规律、学校发展规律的评价管理行为。

对于学校和教师评价"五唯"现象的成因分析，可以从如下5个方面审视教育评价的利弊得失和发展方向。

1. 社会层面。教育的问题虽然出现在教育领域，但其深层次的原因总是在社会政治经济文化大环境中，"盲目追求高大上"，狭隘的成功观等激发了人们对"高""优""特"等指标数量的过度追求。

2. 制度设计。在制度设计中，是否存在把教师的职称评聘、职务晋升、项目申报与论文、"帽子"、职称、学历、奖项建立简单联系，且与经济利益直接挂钩，导致教师盲目追逐。在党委和地方政府的办学评价中，有无把上述内容作为重要的评价指标，导致被评价对象盲目攀比等现象。

3. 学校的办学观念。学校是否从盲目追求升学率的"狂热"中脱离出来，将学生得奖、升入"好"学校、教师的奖项级别、高称号教师比例等指标作为高水平学校的排他性标志，而未能切实把立德树人作为根本任务。

4. 评价难度。在学校内部，对教师进行评价是否只能由人事部门牵头，在教学、科研、社会服务等部门的参与下进行。这些管理部门对教师的专业性活动能否做出专业性评价，是否只能借助教师成果的可量化指标对教师进行评价。

5. 教师成长。是否存在教师自觉放弃教书育人的根本任务，坐不得"冷板凳"。从社会声誉、工作压力、薪酬待遇、工作环境、劳动保障等五个维度审视教师职业的吸引力，探索高素质教师的引入和留任策略。

四 校长对于新时代教育评价体制改革的建议

（一）树立服务高质量发展的教育评价理念

1. 教育评价事关教育发展方向。传统的教育评价体系围绕以"知识和能力的掌握"为中心的教育体系展开，使得整个教育体系脱离了人的全面发展目标，并且导致整个社会的创新能力不足。进入新时代，我国逐渐走上高质量发展道路，亟须建立以"知识和能力的探索与发现"为中心的教育体系。

2. 建设高质量教育体系，需要从五个角度来认识：一是学生实现主动健康发展；二是教师体验到立德树人的内在尊严和欢乐；三是学校实现多样态特色化的发展；四是教育服务社会，民族复兴的能力强；五是人民群众对教育的满意度高。①

3. 教育评价体制改革致力于建设"学业达标＋成长空间"的教育评价体系，通过创设"多样化的成功路径"让每个学生都有获得感和幸福感。建构体现卓越、公平、多样性的质量评价体系。新的教育质量集中体现为让每个学生在体验成功的过程中，实现精英教育和普通教育的高度融合。

4. 教育评价的对象包括党委政府、社会、学校、教师、学生等利益相关各方。教育评价需要纵贯学生发展的全过程，充分反映大、中、小、幼学生成长的阶段特征和连贯性。教育评价需要覆盖学生德、智、体、美、劳全面发展的全部要素及其相互关系。在评价理念上需要突出"教育的生活意义和生命价值"，在评价技术上需要重视与人工智能和大数据的深度融合。

（二）建设以服务学生成长、教师发展、学校改进为导向的教育质量综合评价体系②

1. 多元评价。评价主体不仅是学生，还同时将教师、校长、家长纳入。在综合评价数据采集、问卷调查、实地考察中，要求学校全覆盖、教师和学生全参与，实行全样本客观评价。

2. 过程评价。评价不仅关注结果，更注重考察过程，关注学生、教师成长过程及学校的发展变化历程。同时，探索将学生综合素质评价与教育质量综合评价相结合，将常规检查资料融入综合评价中，实现过程性评价与阶段性评价相结合。

3. 智慧评价。依托上海市智慧教育的推进，利用智慧教育云平台，实现日常教育教学数据、体质健康监测、综合实践活动等各项数据的汇聚，开展基于大数据的综合评价，力求实现报告生成自动化、结果可视化、数据呈现一体化。

4. 诊断评价。评价目的在于引导学生成长、教师发展、学校改进，通

---

① 本观点来自浙江大学教育学院孙元涛教授的公开讲座。
② 本观点来自长沙市教育局副局长缪雅琴的"长沙经验分享"，演讲主题为"基础教育质量综合评价改革的区域推进"。更多信息可见《中国教育报》2020年11月25日的报道，题目为《"牛鼻子"改革的长沙探索》。

过对关键性指标的诊断，引导学校关注数据背后的价值，找寻教育发展规律，诊断教育发展问题，为学校教育决策和管理提供科学依据。

5. 减负评价。评价实施应力求挖掘已有数据，不给学生和教师添加过多负担。

（三）系统提升区域教育质量监测队伍、学校管理团队和普通教师的教育评价素养

1. 区域整体推进，营造积极氛围。通过主题论坛、学术沙龙、教学展示、成果分享等形式探索、确立和分享新的评价理念。通过开展学科命题质量研讨会、课堂教学关键问题排除等活动，营造全体教师共同参与学业质量评价体系建设的积极氛围。

2. 构建联动机制，注重评价培训。教育业务部门可以举办教育质量评价素养研修班，进行教育评价理念、知识与方法的培训。建立区县教育学院、学科教研员、名师工作室和学科教师联动机制，开展针对特定学科"评价目标、内容、方法"的现场培训与研讨，从学科层面落实课堂教学评价。

3. 以质量监测为抓手，提升教师的教学评价素养。包括：依据课程标准开发评价工具的能力；根据测评数据有效分析的能力；将评价结果有效运用以改进教与学的能力；在教学过程中有效实施评价的能力。

（四）建设以服务教师发展为导向的教师评价体系

1. 破"五唯"并非倡导平庸。基础教育事业的发展需要具有广泛影响的人民教育家。教师评价的内容应该包括能力、实绩、贡献、潜力。对教师的成果进行系统性考察，需要看其能否相互支撑，是否具有连续性、偶然性等特点。强化教师教研能力评价，提高教师课堂育人水平。

2. 严格落实师德师风要求。系统检视新时代中小学幼儿园教师职业行为准则的落地情况，严把入口关、考核关、监督关、惩处关。完善教师荣誉表彰制度体系，开展好师德传统教育、师德榜样教育，营造尊师重教氛围。坚持德法并举，强化政治意识和品质修养，打造德才兼备的高素质教师队伍。

3. 深化教师管理综合改革。研究完善中小学岗位设置管理，畅通教师发展渠道。优化教师资源配置，推进中小学幼儿园校园长、教师交流轮岗，深入实施"特岗计划"、银龄讲学计划等，选派更多优秀教师到农村

薄弱学校任教。

4. 健全教师减负长效机制，清理与教育教学无关的活动，让教师静心专心教学。形成以教学评价素养为核心的"教学—科研—专业发展协同机制"，围绕"精准施教"开展科研活动和教师专业发展活动。教育行政部门和学校管理者需要认真分析教师的工作内容和时间分配情况，围绕"有效教学"搭建教师评价体系，通过提升教学效率和学习质量实现教师减负、学生减压，避免"经常加班就是好老师""只教学不研究就是作风扎实"等简单判断。同时，教育行政部门和学校管理者需要重视信息技术的教学应用，通过提升教学评价的"人工智能"水平，引导教师和学生走出"题海战术"误区。

5. 教育行政部门需要养蓄责任担当意识，自觉为校长和教师的改革创新站台、背书，并严厉制止部分学校中出现的"惰政"和"平稳着陆"风气。

第二节　校长对于教育发展水平的总体评价

一　党委和政府的科学履职

（一）落实教育优先发展战略

校长对于党委和政府落实教育优先发展战略的评价较高（基本完善；非常完善），体现在：顶层制度设计；发展规划布局；发展过程中出现的问题。其中，对于顶层制度设计的评价最高，九成左右的校长对于突出教育的政治属性（29.95%；64.98%）、公立学校的主导地位两个指标评价较高（38.71%；50.23%）。对于发展规划布局的评价居中，超过八成校长对于教育资源优化配置（40.45%；41.94%）、学校规划布局（40.55%；38.71%）两个维度的评价较高（基本完善或非常完善）。特别值得一提的是，在学校规划布局问题上，比例较高的九年一贯制学校校长表达了改进诉求（大部分需要改进：8%；小部分需要改进：40%）；在教育资源优化配置问题上，比例较高的完全中学校长表达了改进诉求（大部分需要改进：50%；小部分需要改进：25%）。

相对而言，较多校长对于区域教育发展过程中存在的问题表示关切（亟须全面改进；大部分需要改进；小部分需要改进），体现为：公立学校

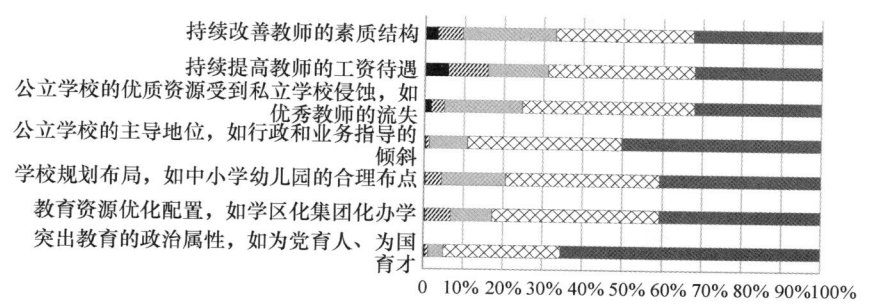

第四章 制度设计：校长队伍建设的关键议题

图4-2-1 校长对于党委和政府落实教育优先发展战略的评价

的优质资源受到私立学校侵蚀（1.84%；3.23%；19.82%）；持续提高教师的工资待遇（5.99%；10.14%；15.21%）；持续改善教师的素质结构（3.23%；6.45%；23.5%）。

特别值得说明的是，初中和高中学段面临的突出问题较为严重。就公立学校的优质资源受到私立学校侵蚀而言（亟须全面改进；大部分需要改进；小部分需要改进），完中（25%；0；25%）、高中（0；0；42.86%）、九年一贯制学校（4%；8%；36%）更有可能存在问题。就持续提高教师的工资待遇而言（亟须全面改进；大部分需要改进；小部分需要改进），完中（50%；0；25%）、高中（0；28.57%；28.57%）、初中（10%；15%；10%）、九年一贯制学校（4%；12%；28%）更有可能存在问题。就持续改善教师的素质结构而言（亟须全面改进；大部分需要改进；小部分需要改进），完中（25%；25%；25%）、高中（0；28.57%；42.86%）、初中（5%；10%；30%）、九年一贯制学校（4%；16%；32%）更有可能存在问题。

（二）解决人民群众普遍关心的教育问题

校长对党委和政府在解决人民群众普遍关心的教育问题的评价较高（基本完善；非常完善）（见图4-2-2），体现在：学校教育质量改进；学生课业负担；学校教育过程。其中，超过九成的校长对于学校教育质量改进充满信心，体现为：高质量落实公民同招政策（32.26%；58.53%）；现行的公办学校招生政策（30.88%；59.45%）；推动"一校一品"的特色学校建设（35.48%；52.07%）。相对较为薄弱的环节是缩小公立学校差距的有效政策（35.48%；45.62%），14.29%的校长认为小部分需要改进，4.15%的校长认为大部分需要改进，0.46%的校长认为亟须全面改进。

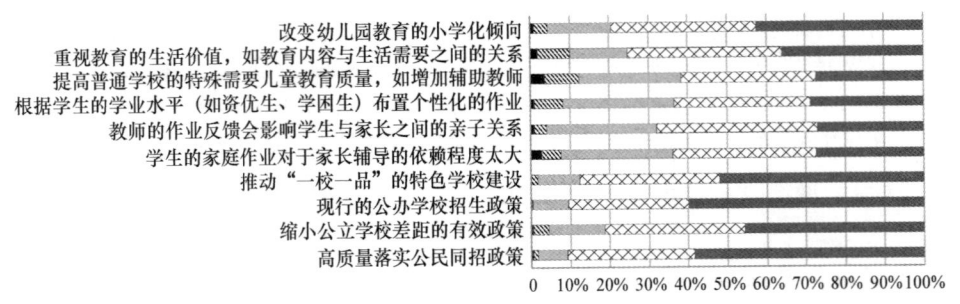

图 4-2-2 校长对党委和政府在解决人民群众普遍关心的教育问题的评价

相对而言，较多校长对于学生课业负担仍旧表示关切（亟须全面改进；大部分需要改进；小部分需要改进），体现为：学生的家庭作业对于家长辅导的依赖程度太大（2.76%；5.07%；28.58%）；教师的作业反馈会影响学生与家长之间的亲子关系（0.92%；3.23%；28.11%）；根据学生的学业水平（如资优生、学困生）布置个性化的作业（0.92%；7.37%；28.57%）。其中，在"学生的家庭作业对于家长辅导的依赖程度太大"问题上（亟须全面改进；大部分需要改进；小部分需要改进），完中校长（0；0；50%）、初中校长（5%；5%；35%）、小学校长（0；3.57%；39.29%）、九年一贯制学校校长（0；4%；40%）、高中校长（0；0；57.14%）更有可能认为需要改进。在"教师的作业反馈会影响学生与家长之间的亲子关系"问题上（亟须全面改进；大部分需要改进；小部分需要改进），完中校长（0；0；75%）、九年一贯制学校校长（0；0；40%）、高中校长（0；0；57.14%）更有可能认为需要改进。在"根据学生的学业水平（如资优生、学困生）布置个性化的作业"问题上（亟须全面改进；大部分需要改进；小部分需要改进），完中校长（0；25%；75%）、九年一贯制学校校长（4%；4%；40%）、高中校长（0；14.29%；42.86%）更有可能认为需要改进。

就学校教育过程而言，校长对于不同指标的评价存在较大差异（亟须全面改进；大部分需要改进；小部分需要改进）。其中，较多校长表示关切的内容是"提高普通学校的特殊需要儿童教育质量，如增加辅助教师"（3.69%；8.76%；26.27%）；"重视教育的生活价值，如教育内容与生活需要之间的关系"（1.84%；8.29%；14.75%）和"改变幼儿园教育的小学化倾向"（0.92%；3.69%；16.13%）两个方面略好。其中，在"提高普通学校的特殊需要儿童教育质量，如增加辅助教师"问题上（亟须全面改进；大部分需要改进；小部分需要改进），小学校长（5.36%；10.71%；32.14%）、初中校长（5%；15%；30%）、九年一贯制学校校长（0；8%；40%）、高中校长（0；0；42.86%）更有可能认为需要改进。在"重视教育的生活价值，如教育内容与生活需要之间的关系"问题上（亟须全面改进；大部分需要改进；小部分需要改进），完中校长（25%；50%；25%）、初中校长（5%；0；35%）、九年一贯制学校校长（0；16%；40%）更有可能认为需要改进。特别有趣的是，在"改变幼儿园教育的小学化倾向"问题上（亟须全面改进；大部分需要改进；小部分需要改进），认为需要改进的幼儿园园长比例较低（0；1.01%；5.05%）；然而，完中校长（25%；25%；0）、初中校长（5%；10%；30%）、九年一贯制学校校长（0；8%；40%）和高中校长（0；0；42.86%）更有可能认为需要改进。

（三）区域教育质量监测能力

校长对于区域教育质量监测的专业力量配备情况评价较高（基本完善；非常完善）（见图4-2-3），体现在如下四个方面：拥有专业的教育质量监测队伍（38.25%；50.23%）；能够获得上级业务部门的专业支持（41.47%；48.85%）；能够吸收专业社会力量的参与（39.63%；46.08%）；拥有专项经费和仪器设备（41.01%；47%）。需要特别强调的是，仍有超过10%的校长认为本区的教育质量监测队伍的专业力量配备有待改进。

校长对于区域教育质量监测队伍的各项专业素养的评价略有差异（见图4-2-4），体现在：对于"数据采集和数据管理"等基本素养的评价略高；对于过程评价、增值评价、专门评价、综合评价等高级应用素养的评价略低。其中，数据采集和数据管理的基本素养包括：能够实现数据采集的统一规划和科学性；能够确保数据的有效利用；能够确保数据安全和

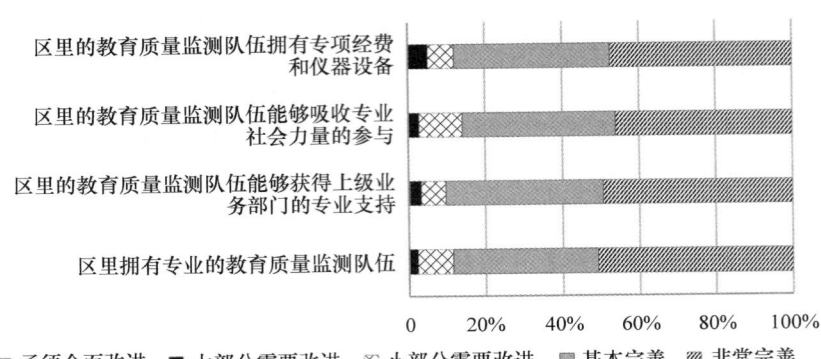

图 4-2-3　校长对于区域教育质量监测的专业力量配备情况的评价

数据使用伦理；能够减少评价频率，综合使用各种评价结果。较多校长评价略低的专门素养包括：不同评价工具的局限性；教师和学生的社会—情感发展；教师和学生的综合素养；学校改进过程和结果；中小幼教育目标的一体化（一致性和差异性）。特别值得一提的是，相对较多的校长认为，教育质量监测队伍对于教师评价的能力弱于对于学生评价的能力，同时体现在社会—情感发展和综合素养两个维度。

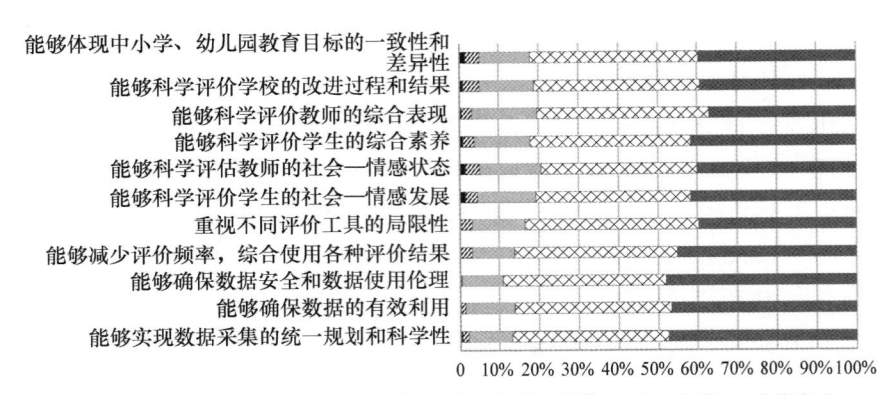

图 4-2-4　校长对于区域教育质量监测队伍的各项专业素养的评价

八成左右的校长对于区域教育质量监测队伍给予学校的精准支持表示

第四章 制度设计：校长队伍建设的关键议题

满意（基本完善；非常完善）（见图4-2-5），同时体现在如下五个方面：科学性；及时性；有效性；系统性；专门性。总体而言，中学校长对于精准支持的改进诉求更强烈。在科学性问题上（亟须全面改进；大部分需要改进；小部分需要改进），完中校长（0；25%；25%）、初中校长（0；15%；35%）、九年一贯制学校校长（4%；8%；28%）、高中校长（0；0；42.86%）更有可能提出改进诉求。在及时性问题上（亟须全面改进；大部分需要改进；小部分需要改进），完中校长（0；25%；25%）、初中校长（0；15%；35%）、九年一贯制学校校长（4%；4%；32%）更有可能提出改进诉求。在专门性问题上（亟须全面改进；大部分需要改进；小部分需要改进），初中校长（0；10%；30%）、九年一贯制学校校长（4%；4%；24%）更有可能提出改进诉求。在系统性问题（如综合报告）上（亟须全面改进；大部分需要改进；小部分需要改进），初中校长（0；10%；20%）、九年一贯制学校校长（4%；8%；28%）更有可能提出改进诉求。在专门性问题（如体质、心理、学业等专项）上（亟须全面改进；大部分需要改进；小部分需要改进），初中校长（0；10%；25%）、九年一贯制学校校长（4%；8%；32%）更有可能提出改进诉求。

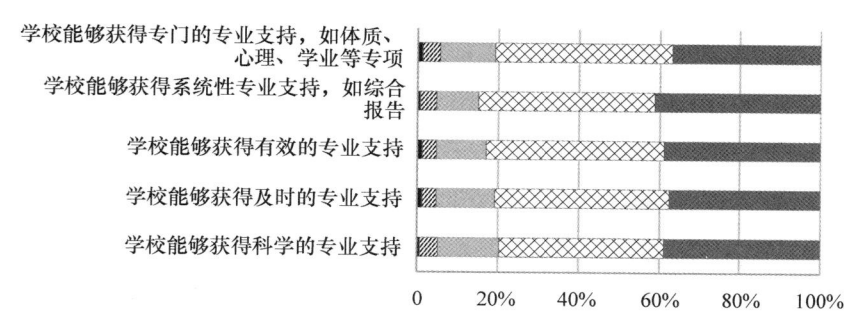

图4-2-5 校长对于区域教育质量监测队伍给予学校的精准支持做出评价

（四）部分校长在寻求党委政府部门支持的过程中总是遇到障碍

学校教育是一个系统工程。部分校长缺乏寻求党委政府行政支持的能力。在同区委区政府构成部门进行沟通过程中（见图4-2-6），较多校长总是面临障碍的内容包括：宣传部门的正面宣传和舆论引导工作，营造

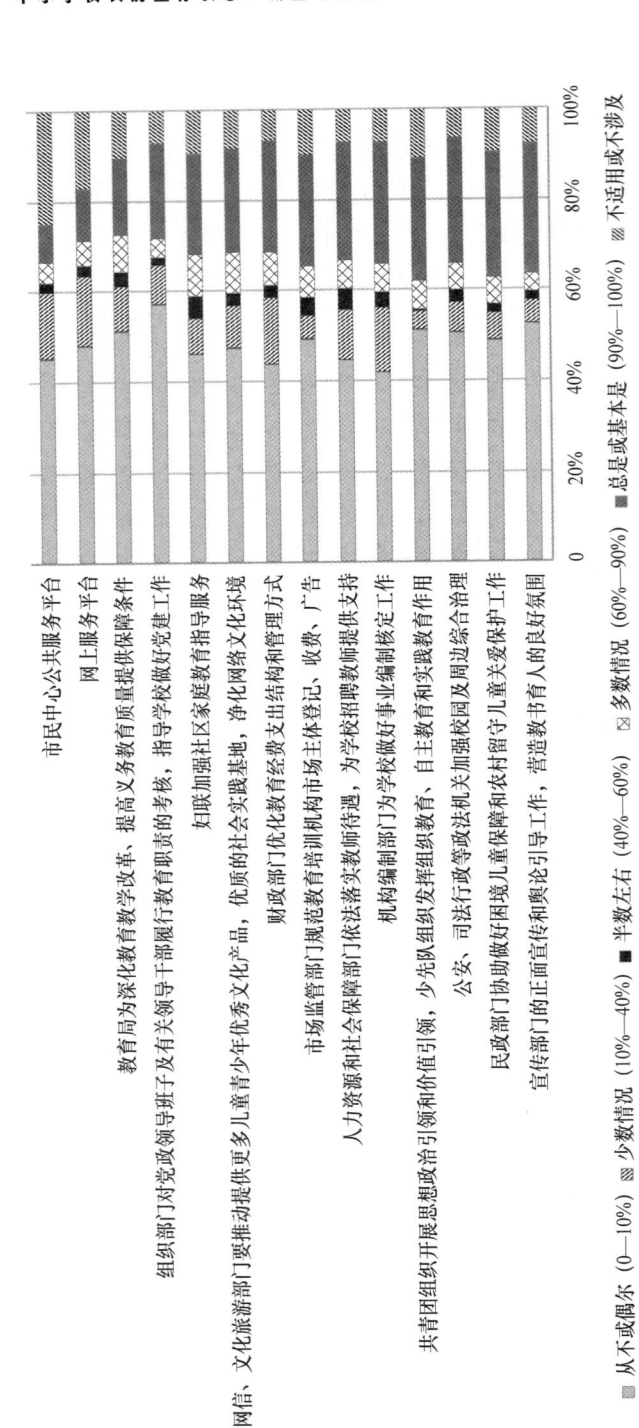

图 4-2-6 校长在寻求党委政府部门支持过程中遇到的障碍

教书育人的良好氛围（28.44%）；民政部门协助做好困境儿童保障和农村留守儿童关爱保护工作（27.98%）；公安、司法行政等政法机关加强校园及周边综合治理（27.52%）；共青团组织开展思想政治引领和价值引领，少先队组织发挥组织教育、自主教育和实践教育作用（26.61%）；机构编制部门为学校做好事业编制核定工作（26.61%）；人力资源和社会保障部门依法落实教师待遇，为学校招聘教师提供支持（26.15%）。特别值得一提的是，较高比例高中校长在上述事务中面临较多挑战（多数情况；总是或基本是）。

二 学校的立德树人条件

（一）学校人才培养的社会属性和时代特征

绝大多数校长对于学校人才培养的社会属性评价较高（基本完善；非常完善）（见图4-2-7），体现在：学校的校训、办学思想、发展规划中均体现了为党育人、为国育才的精神实质；学校的党建和团建工作完善，拥有完备的基层党团组织，并定期开展活动。

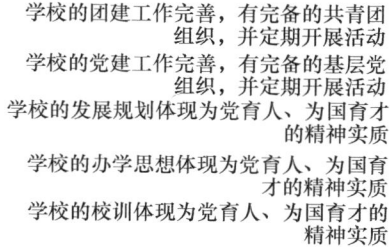

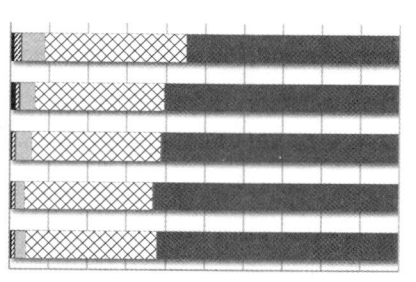

图4-2-7 校长对于学校人才培养社会属性的评价

同时，绝大多数校长对于学校办学目标的时代特征评价较高（基本完善；非常完善）（见图4-2-8），体现在面向人人、开拓创新、重视集体等精神实质。

（二）学校人才培养的短视和功利主义的现象

校长对学校教育中常见的短视和功利主义现象评价不同，体现为：社

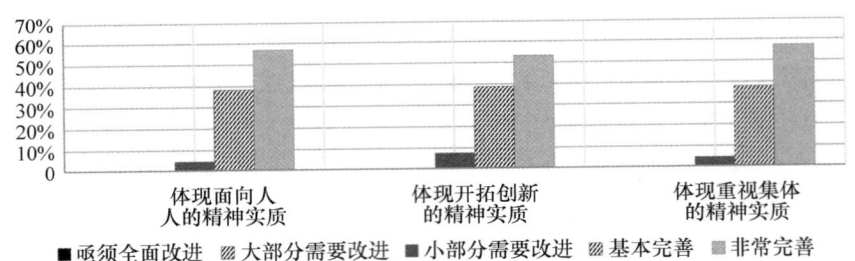

图 4-2-8 校长对于学校办学目标时代特征的评价

会联系；知识探索与发现；中长期发展规划。多数校长认为学校具有中长期发展规划，不盲目跟风（基本完善：42.4%；非常完善：49.77%）。比例较高的校长认为学校应该在"重视知识发现、探索过程"方面有小部分改进（18.43%）。

就社会联系而言，校长对于学校履行社会职责和吸收社会力量办学两个方面的评价差异较大。在履行社会服务职责方面，较低比例的校长认为所在学校应该有所改善（亟须全面改进；大部分需要改进；小部分需要改进），体现为：缺乏有效的社会联系，脱离当地社区（0；0.46%；15.67%）；学校仅关注学生的学业成长和教师发展，忽略必要的社会服务职责（0；1.38%；12.44%）；培养精致的利己主义者，忽视服务社会、与人合作等公共价值（0；0.92%；12.44%）。然而，较高比例的校长认为学校应该在吸收社会力量参与学校治理方面有所改进（0.92%；3.23%；23.5%）；其中，初中校长（5%；5%；35%）、高中校长（0；0；57.14%）、九年一贯制学校校长（0；4%；40%）报告此类问题的比例较高。

（三）学校的内源式发展

较高比例的校长认为学校在内源式发展方面需要有所改进（小部分或者大部分），体现为学校的主动发展动力不足（21.66%）、部分教师员工缺乏归属感和主人翁意识（21.66%）；较低比例的校长认为学校在基于自身条件制定发展道路方面需要部分改进（11.52%）。就"学校的主动发展动力不足"而言，初中（35%）和高中（42.86%）校长提出小部分改进诉求的比例较高。就"教师员工缺乏归属感和主人翁意识"而言，同样是初中（35%）和高中（57.14%）校长提出小部分改进诉求的比例较高。

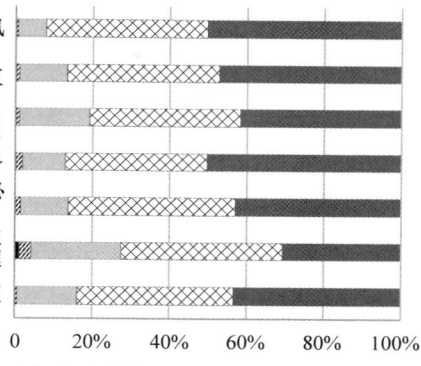

第四章 制度设计：校长队伍建设的关键议题

图4-2-9 校长对学校教育中常见的短视和功利主义现象的评价

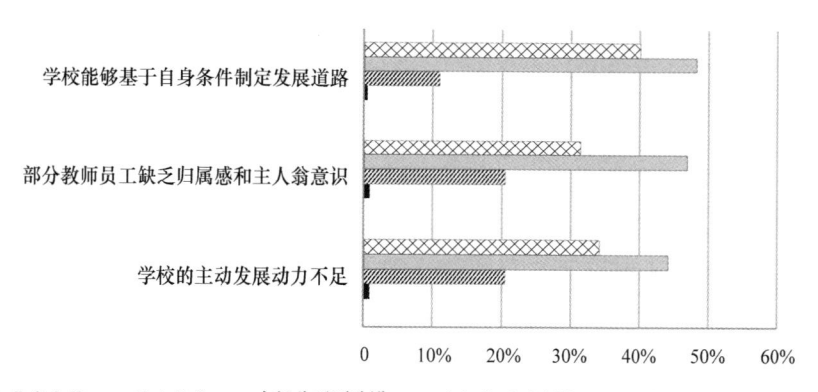

图4-2-10 校长对于学校内源式发展的评价

（四）学校管理团队的教育评价素养

较高比例的校长认为学校管理团队的教育评价专业水平有待进一步提升（大部分需要提升；小部分需要提升）（见图4-2-11），体现在如下四个方面：提升结果评价，如学生的学业水平测试（1.38%；17.05%）；强化过程评价，如学生的努力程度和作业情况（1.84%；18.43%）；探索增值评价，如学生的进步情况（4.15%；15.67%）；健全综合评价，如绿色指标体系的使用（1.38%；19.82%）。在"提升结果评价"方面，九年一贯制学校（4%；28%）、高中（0；42.86%）校长提出大部分或小部分改进诉求的比例较高。在"强化过程评价"方面，完中（50%）、初

195

中（35%）、九年一贯制学校（8%；28%）、高中（28.57%）校长提出小部分改进诉求的比例较高。在"探索增值评价"（大部分需要改进；小部分需要改进）方面，完中（0；50%）；初中（10%；20%）、九年一贯制学校（12%；16%）和高中（28.57%）校长提出改进诉求的比列较高。在"健全综合评价"方面，完中（50%）、高中（28.57%）、九年一贯制学校（28%）校长提出小部分改进诉求的比例较高。

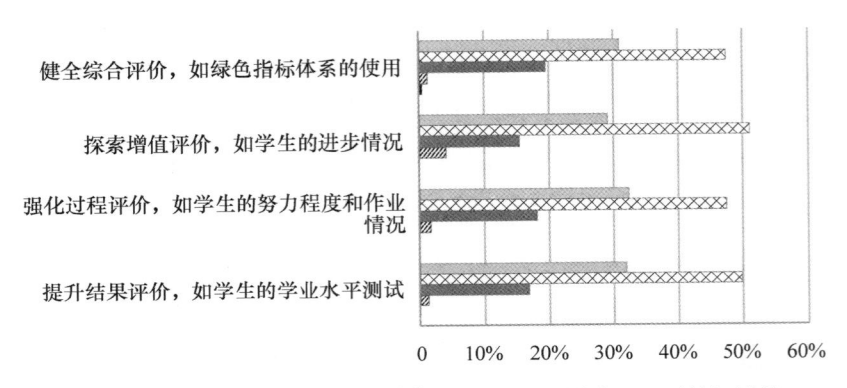

图 4-2-11　校长对于学校管理团队教育评价专业水平的评价

绝大多数校长对于教育评价改革的认可程度较高（基本认可；完全认可），同时体现在体制机制改革和教师评价改革两个层面（见图 4-2-12）。其中，体制机制改革层面的因素包括：完善立德树人体制机制；扭转不科学的教育评价导向；破除"五唯"顽疾，如唯分数、唯升学；提高教育治理能力和水平；强化为党育人、为国育才的政治导向；完善党对教育工作的全面领导；完善对政府的教育职责评价。教师评价改革层面的因素包括：将师德师风作为教师评价的第一标准；在教师评价中突出教育教学实绩；重视教师的班主任工作经验；推进人才称号回归学术性和荣誉性；严格执行学生学业质量标准。

三　校长和教师的教书育人职责

（一）学校课程的质量和丰富程度

绝大多数的校长对于学校课程的质量评价较高（符合；比较符合）

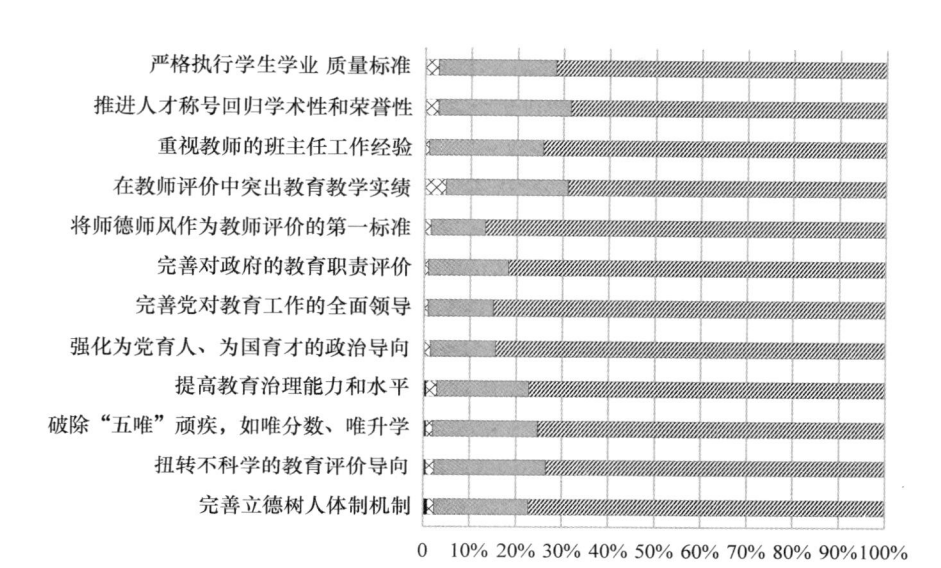

第四章 制度设计：校长队伍建设的关键议题

图4-2-12 校长对于教育评价改革认可程度的评价

（见图4-2-13），体现在如下几个方面：课程内容与学生能力发展相关联（56.22%；39.63%）；课程内容难度适中（53.46%；43.32%）；学生总能有所收获（51.15%；46.08%）；校本课程开发兼顾学生的能力差异（51.15%；46.08%）。校长评价相对较低的指标包括：课程的多样性程度（如果学生想要学习某一方面的知识或技能，总能在学校里找到相应的课程）（38.71%；47.47%）；课程的素质教育导向（学校所有课程的考核以能力测试为准）（42.86%；45.16%）；心理卫生课程（学校为不同学生开设心理课程或提供心理咨询）（44.7%；46.54%）。特别值得说明的是，幼儿园（15.15%）和完中校长50%更有可能报告"心理卫生课程"，存在改进空间；高中（57.14%）和完中校长（50%）更有可能报告"课程的多样性程度"，存在改进空间；幼儿园园长（15.15%）和初中校长（15%）更有可能报告"课程的素质教育导向"，存在改进空间；幼儿园园长（15.15%）更有可能报告"心理卫生课程"，存在改进空间。

（二）课堂教学的质量和丰富程度

绝大多数校长对所在学校的课堂教学质量评价较高（见图4-2-14），

图 4-2-13　校长对于学校课程的质量评价

体现在如下几个观察指标上：鼓励学生表达对某一问题的看法或观点；如果学生有内容不懂，老师常常会给机会和时间让学生探索；经常会让几个同学共同解决一个问题或做一件事情；将注意力集中在学科思维与学科所特有的解决问题的方式上；特别关注每个学生在小组活动中是否都会对小组做出贡献；特别关注教学内容与社会主义核心价值观相结合；特别关注特殊学生（如资优生、学习困难学生、偏科生等）的学习需求和兴趣。

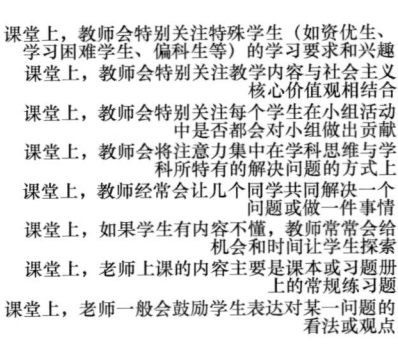

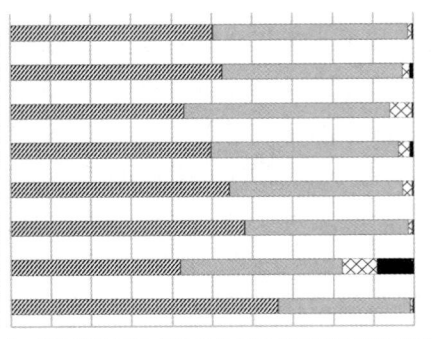

图 4-2-14　校长对所在学校课堂教学质量的评价

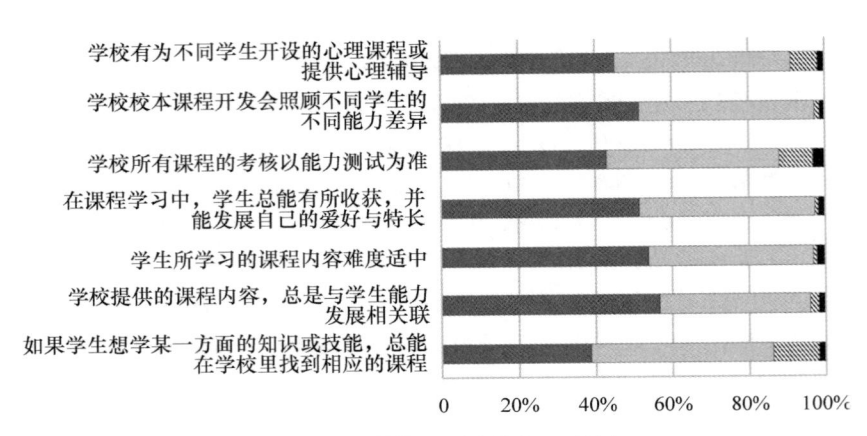

第四章 制度设计：校长队伍建设的关键议题

（三）教师的教学评价能力

校长对教师教学评价能力诸维度的评价水平存在一定差异（完全胜任；胜任）（见图 4-2-15），体现在：试卷设计与应用；评价结果分析；评价结果的教学应用。就试卷设计与应用而言，教师选择试卷的胜任程度较高（29.49%；66.82%），选择试题组织试卷的胜任程度在其次（31.8%；63.59%），独立设计试卷的胜任程度较弱（29.49%；60.83%）。就评价结果分析而言，教师运用统计方法比较自己所教班级的成绩与年级平均成绩的胜任程度（32.72%；59.45%）和解释评价结果的胜任程度（31.8%；60.83%）较弱，向非专业人士通俗汇报和解释评价结果的胜任程度（34.1%；61.29%）较强。就评价结果的教学应用而言，教师"运用评价结果改进教学设计、开发课程以及提高教学质量"（30.41%；59.45%）的胜任程度较弱，"为不同层次的学生布置适合他们水平的作业"（29.95%；60.83%）的胜任程度在其次，"通过各种方式了解和评价学生的兴趣、态度和学习方法"的胜任程度（34.56%；61.29%）和"在课堂上让学生参与评价，让学生学会自我监督、自我管理和自我评价的方法"（32.26%；63.13%）的胜任程度较强。

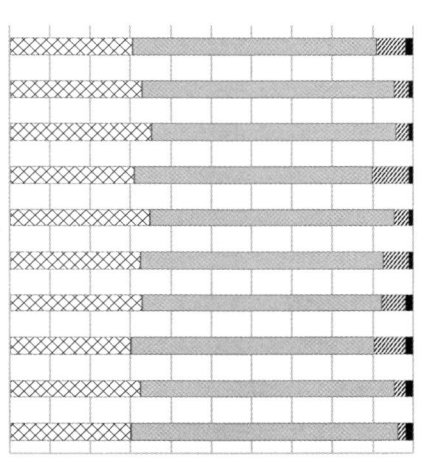

图 4-2-15 校长对教师教学评价能力诸维度的评价

（四）校长参加研修活动的动机

校长参与研修活动的动机呈现多样化特征（见图4-2-16）。绝大多数校长认同参与研修活动的如下动机（同意或非常同意）：提升专业能力（97.24%）、遵守政策规范（94.47%）、开阔视野（95.4%）。同时，比例较高的校长认同参与研修活动的如下动机（同意或非常同意）：扩大专业群体圈（84.79%）、满足学校和领导期待（80.19%）、职称晋升（70.51%）。半数左右的校长认同参与研修活动的如下动机（同意或非常同意）：薪酬和晋升激励（65.9%）、效仿其他同事（37.78%）。

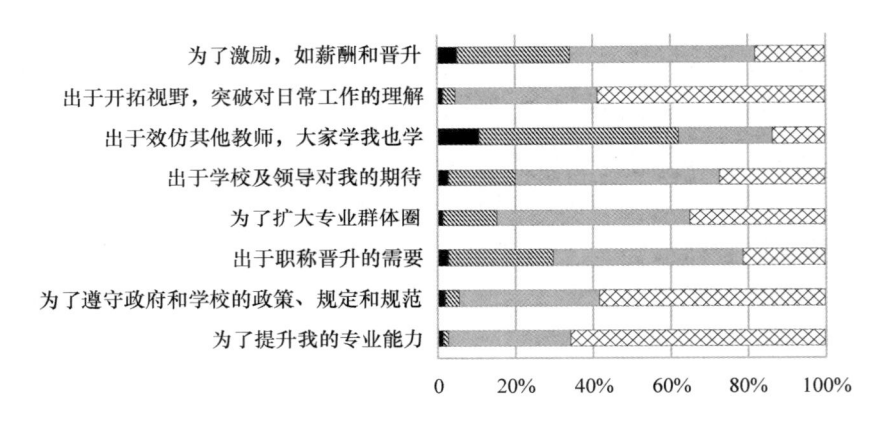

图4-2-16 校长参与研修活动的动机

就参与研修活动的动机而言，较高比例的完中校长（50%）、初中校长（35%）、九年一贯制学校校长（48%）、小学校长（39.28%）并不考虑职称晋升因素；较高比例的初中校长（45%）、九年一贯制学校校长（48%）、小学校长（46.43%）并不考虑薪酬和晋升激励因素；较高比例的初中校长（35%）、九年一贯制学校校长（32%）、高中校长（28.57%）并不考虑满足学校和领导期待；较高比例的初中校长（20%）、九年一贯制学校校长（20%）、小学校长（19.64%）并不考虑扩大专业群体圈。

（五）学校的教师评价指标

绝大多数校长对于所在学校教师评价关键指标的认可程度具有一致性

第四章　制度设计：校长队伍建设的关键议题

（符合或非常符合）（见图4-2-17），包括：教师对学生思想品德的培养（99.54%）；教师个人的专业知识和能力（99.54%）；教师为学校所做贡献（99.54%）。校长之间存在一定差异的指标包括：教师任教班级或学科的学生学习情况（83.87%）；教师所取得的奖项或称号（88.94%）；教师的科研成绩（94.01%）。其中，较高比例的小学（19.65%）和九年一贯制（24%）校长，在教师评价中不看重教师任教班级或学科的学生学习情况；较高比例的初中（15%）和九年一贯制（20%）校长，在教师评价中不看重教师所取得的奖项或称号。

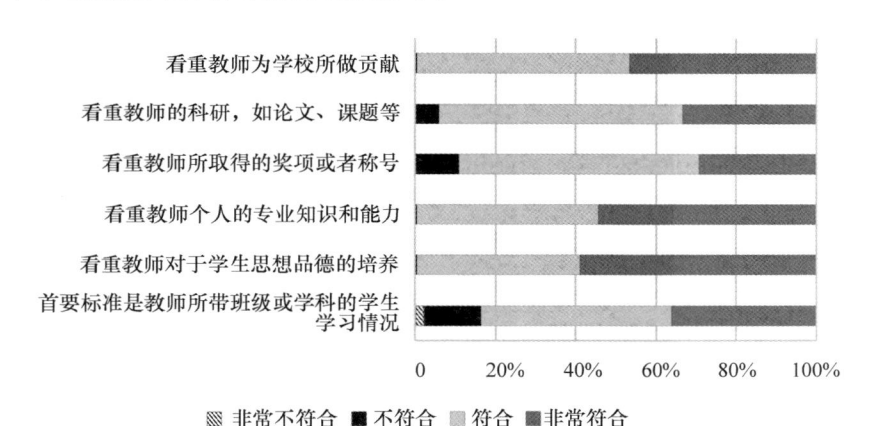

图4-2-17　校长对于所在学校教师评价关键指标的认可程度

大多数校长对于教师评价改革的完备程度评价较高，体现在制度建设和风气养成两个方面。在制度建设方面，绝大多数校长认为如下维度已经基本完善或者非常完善：强化教师的思想政治素养（93.09%）；完善教师荣誉制度（91.7%）；实施师德失范行为通报警告制度（90.32%）；执行违纪教师的全行业禁入制度（91.24%）。在风气养成方面，部分校长认为所在区域在教师评价改革的如下维度仍然存在改进空间：纠正重科研轻教学现象（17.51%）；纠正重教学轻育人现象（13.82%）；切实提高教师的成就感（13.36%）；回归人才称号的荣誉性（14.28%）。就纠正重科研轻教学现象而言，较高比例的高中校长（71.43%）、初中校长（28%）、九年一贯制学校校长（28%）认为仍然存在小部分改进空间；就纠正重教学轻育人现象而言，较高比例的高中校长（57.14%）、九年一贯制学校校长（24%）认为仍然存在小部分改进空间；就切实提高教师的成就感而言，较高比例的高中校长（57.14%）、九年一贯制学校校长（28%）认为仍然存在小部分改进空间；就回归人才称号的荣誉性而言，较高比例的高中校长（57.14%）、初中校长（25%）认为仍然存在小部分改进空间。

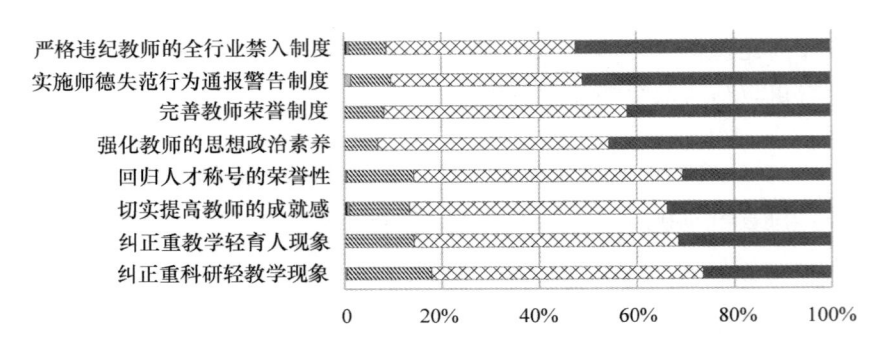

图 4-2-18　校长对于教师评价改革完备程度的评价

相对而言，比例较高的校长认为教师职业重塑的如下维度仍然有待于进一步改进（见图 4-2-19）：切实降低教师工作负担，让教师成为有思

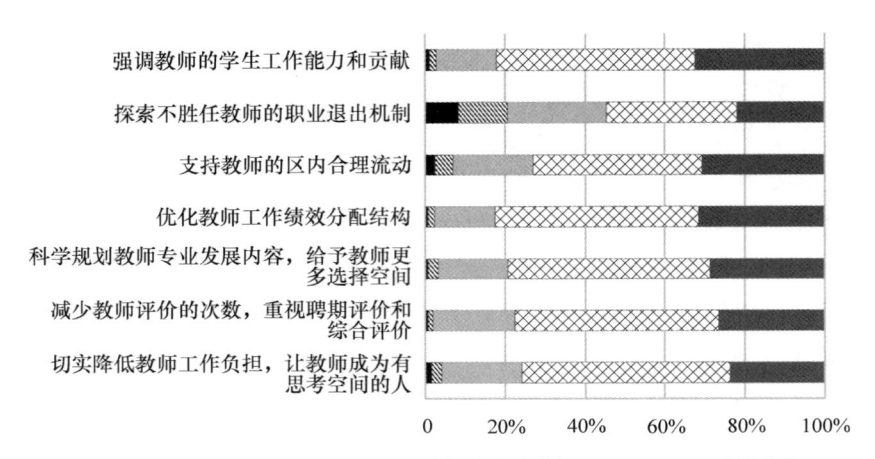

图 4-2-19　校长对于教师职业重塑的多维度评价

考空间的人（23.96%）；减少教师评价的次数，重视聘期评价和综合评价（22.58%）；科学规划教师专业发展内容，给予教师更多选择空间（20.73%）；优化教师工作绩效分配结构（17.51%）；支持教师的区内合理流动（26.73%）；探索不胜任教师的职业退出机制（45.15%）；强调教师的学生工作能力和贡献（17.97%）。

就"切实降低教师工作负担"而言，较高比例的高中校长（57.14%）、初中校长（30%）、九年一贯制学校校长（36%）认为仍然存在小部分改进空间；就"减少教师评价的次数"而言，较高比例的高中校长（57.14%）、九年一贯制学校校长（44%）、初中校长（25%）认为仍然存在小部分改进空间；就"科学规划教师专业发展内容"而言，较高比例的高中校长（71.43%）、九年一贯制学校校长（32%）、初中校长（25%）认为仍然存在小部分改进空间；就"优化教师工作绩效分配结构"而言，较高比例的高中校长（71.43%）、九年一贯制学校校长（28%）、初中校长（25%）认为仍然存在小部分改进空间；就"支持教师的区内合理流动"而言，较高比例的高中校长（71.43%）、小学校长（28.58%）、九年一贯制学校校长（36%）、初中校长（30%）认为仍然存在小部分改进空间；就"探索不胜任教师的职业退出机制"而言，较高比例的高中校长（71.43%）、小学校长（48.21%）、九年一贯制学校校长（52%）、初中校长（65%）、完中校长（50%）认为仍然存在小部分改进空间；就"强调教师的学生工作能力和贡献"而言，较高比例的高中校长（71.43%）、九年一贯制学校校长（32%）、初中校长（35%）认为仍然存在小部分改进空间。

四　学生的全面发展目标

（一）好学生的评价标准

校长对所在学校在学生评价如下维度的完备程度上评价不同（亟须全面改进；大部分需要改进；小部分需要改进）（见图4-2-20）：符合全面发展的考试内容（5.9%；4.97%；15.12%）；重视开放性试题，减少死记硬背和机械刷题现象（6.06%；5.22%；16.28%）；改变以考试成绩为唯一标准的招生制度（6.38%；5.68%；14.69%）；使用大数据、人工智能等信息技术手段，实现德、智、体、美、劳全要素的横向评价（6.44%；6.17%；16.35%）。

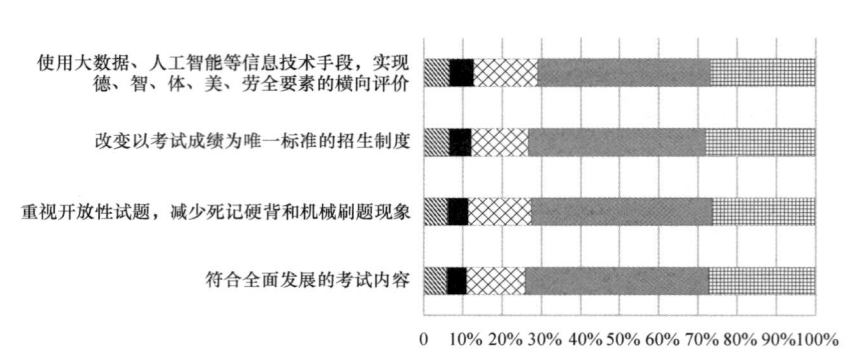

图 4-2-20 校长对所在学校学生评价完备程度的评价

多数校长认同"好学生"的如下标准（符合或非常符合）（见图4-2-21）：我认为好学生是比较自律，会有意识地培养自己学习习惯的人；我认为好学生不仅自己学习好，也会乐意帮助同学；好学生有能力和意愿积极影响自己的生活和周围的世界；好学生有明确的目标，不论遇到什么困难，都能够坚持下去；好学生能够长时间集中精力专注地去做一件事情；好学生是清楚地了解自己的兴趣、优势和不足，会找到适合自己发展方向的人；好学生是具有创新思维的人。唯一的例外是，校长对于将学习成绩好作为好学生的首要标准的认同程度存在较大差异。

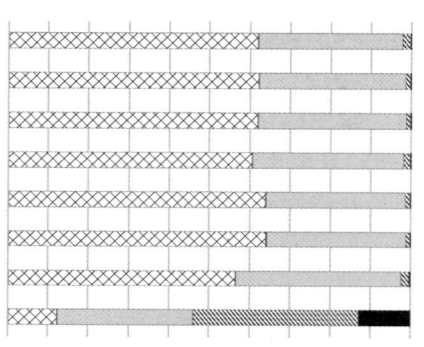

图 4-2-21 校长认可的"好学生"评价标准

绝大多数校长对于所在学校学生的社会情感状态评价较高，体现在如下几个方面（符合或非常符合）（见图4-2-22）：学生大多数时候心情很舒畅；大多数学生愿意向老师或同学倾诉心中的苦恼或秘密；大部分学生在困境中也能保持积极状态；大部分学生在学校里有自己的朋友；大部分学生凡事都能认真对待，尽力而为；大部分学生能够根据场合控制自己的情绪；大部分学生觉得世界是美好的，对未来充满着希望；大部分学生的目标和自己的能力比较一致。

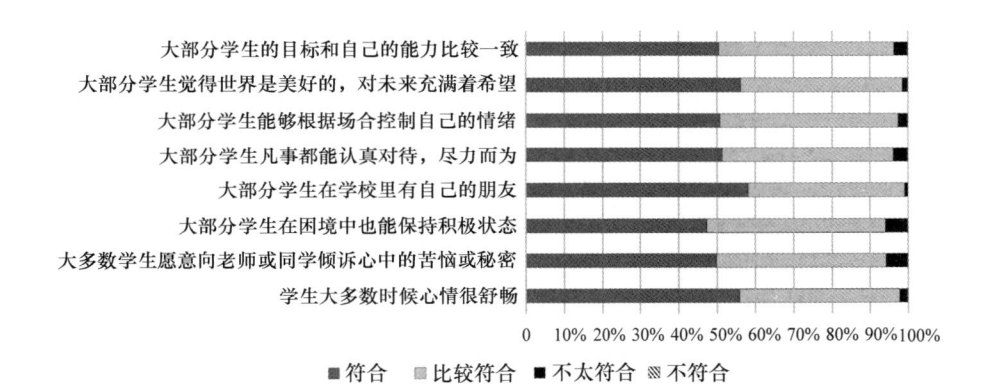

图4-2-22 校长对于所在学校学生社会情感状态的评价

校长对于班集体活动规则的评价存在差异（符合或者比较符合）（见图4-2-23），体现在如下几个方面：班集体中，一般学习成绩好的同学会比较受人喜欢（85.99%）；学校评选优秀班级的首要指标是学生学习成绩突出（64.03%）；为了不被别人超过，班上同学在学习上谁也不敢松懈（61.15%）；学生班集体的事情，基本上都是班主任一个人说了算（42.53%）；不担任班主任的教师，上完课后基本和学生班集体关系不大（35.53%）。

大多数校长对所在学校的学生班集体的集体凝聚力评价较高（符合或者比较符合），体现在如下几个方面：在参加学校重大活动时，每个班集体都有强的班级荣誉感（97.94%）；班上同学如果有不懂的地方，其他同学一般愿意提供帮助（97.64%）；学生在班集体中有一种安全感和归属感（97.56%）；我们学校的学生与班主任关系比较亲近（96.76%）。

不担任班主任的教师，上完课后基本和
学生班集体关系不大

学生班集体的事情，基本上都是班主任一
个人说了算

为了不被别人超过，班上同学在学习上谁
也不敢松懈

学校评选优秀班级的首要指标是学生学习
成绩突出

班集体中，一般学习成绩好的同学会比较
受人喜欢

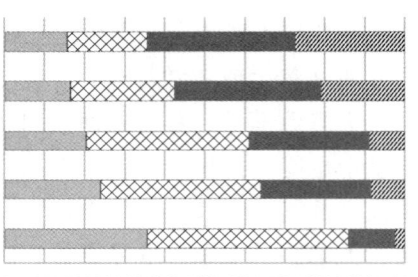

0 10% 20% 30% 40% 50% 60% 70% 80% 90%100%

■符合 ☒比较符合 ■不太符合 ▨不符合

图 4-2-23　校长对于班集体活动规则的评价

（二）人才标准的伦理维度和科学维度

人才标准的伦理维度体现为：完整；和谐；幸福。在这个维度，学校教育应该重视如下内容：引导学生坚定理想信念、厚植爱国情怀、加强品德修养、增长知识见识、培养奋斗精神、增强综合素养；个体福祉和社会福祉的一致性。

人才培养的科学维度体现为：全面；自律；充分。在这个维度，学校教育应该重视如下内容：坚持以德为先、能力为重、全面发展；坚持面向人人、因材施教、知行合一；技术标准与质量标准。

校长对于所有六个人才标准的关键指标的排序存在差异（见图4-2-24）。就全体校长的排序均值而言，校长对于全面、自律的重要性评价最高；然后是和谐、完整；校长对于充分、幸福两个指标的评价最低。

对完全中学校长而言，和谐和自律是最重要的，充分、幸福、全面、完整四个指标的地位相当。对于初中和九年一贯制学校校长而言，自律是最重要的，其次是全面，和谐、完整、充分、幸福的地位相当。对于幼儿园园长和小学校长而言，六个指标的顺序为：全面、自律、和谐、完整、充分、幸福。对于高中校长而言，全面最重要，自律、完整、充分居中，和谐和幸福的作用较低。

五　社会的科学用人倡议

（一）当前社会的普通人才培养

比例较高的校长认为当前社会的普通人才培养存在改进空间（见图

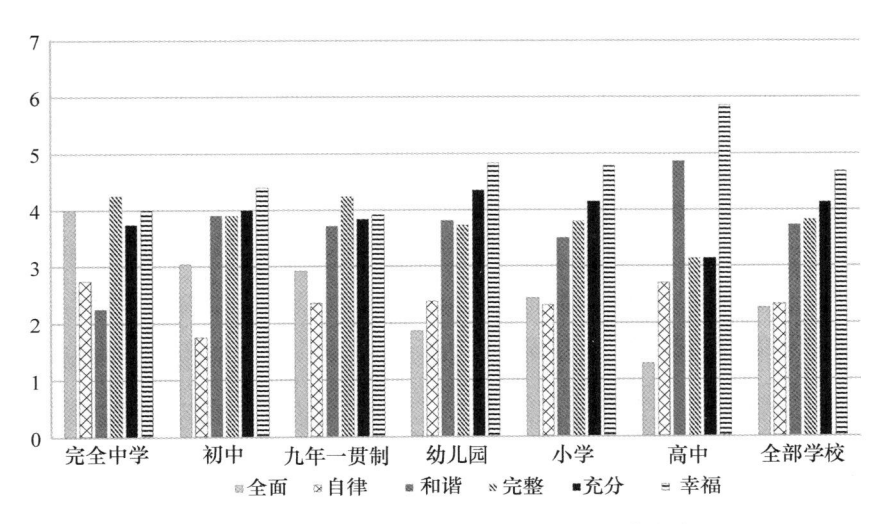

图 4-2-24　人才标准的伦理维度和科学维度

4-2-25），体现为：办好人民满意的教育、强调平民教育的独特价值（11.98%）；每个人都很成功，杜绝"唯分数论"等狭隘成功观攀比之风（21.66%）；引导全社会尊重职业教育、树立劳动光荣的观念（22.12%）；重视人的潜能的挖掘和个性的成长（23.04%）；建立以品德和能力为导向，以岗位需求为目标的人才使用制度（18.9%）；改变人才高消费情况，实现人岗相适（20.28%）。就"办好人民满意的教育、强调平民教育的独特价值"而言，完中校长（50%）和九年一贯制学校校长（32%）更有可能认为存在改进空间；就"每个人都很成功，杜绝'唯分数论'等狭隘成功观攀比之风"而言，完中校长（50%）、高中校长（57.14%）和九年一贯制学校校长（36%）更有可能认为存在改进空间；就"引导全社会尊重职业教育、树立劳动光荣的观念"而言，完中校长（50%）、高中校长（57.14%）、初中（35%）和九年一贯制学校校长（32%）更有可能认为存在改进空间；就"重视人的潜能的挖掘和个性的成长"而言，完中校长（50%）、高中校长（57.14%）、初中（40%）和九年一贯制学校校长（36%）更有可能认为存在改进空间；就"建立以品德和能力为导向，以岗位需求为目标的人才使用制度"而言，完中校长（50%）、高中校长（42.86%）、初中（35%）和九年一贯制学校校长（32%）更有可能认为存在改进空间；就"改变人才高消费情况，实现人岗相适"而言，完中校长（50%）、高中校长（57.14%）、初中（35%）和九年一贯制学校校长（32%）更有可能认为存在改进空间。

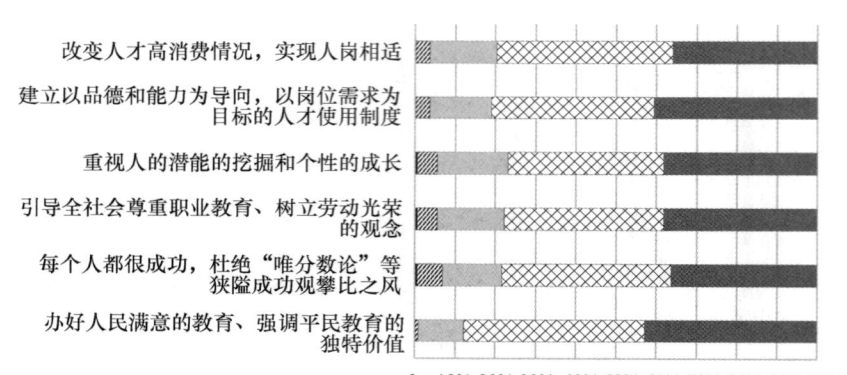

图 4-2-25　校长对于当前社会普通人才培养的评价

（二）当前社会的特殊人才培养

比例较高的校长认为当前社会的特殊人才培养存在改进空间（见图 4-2-26），体现为：重视全行业高端创新人才的培养，服务国家的创新驱动发展战略（20.74%）；为卓越人才创造开阔的发展空间（17.51%）；特殊人才的发现、选拔和培养（21.66%）；冷门绝学的传承和发展（29.5%）；重视特殊需要儿童的成长需要，营造关心关怀的社会氛围（19.32%）。

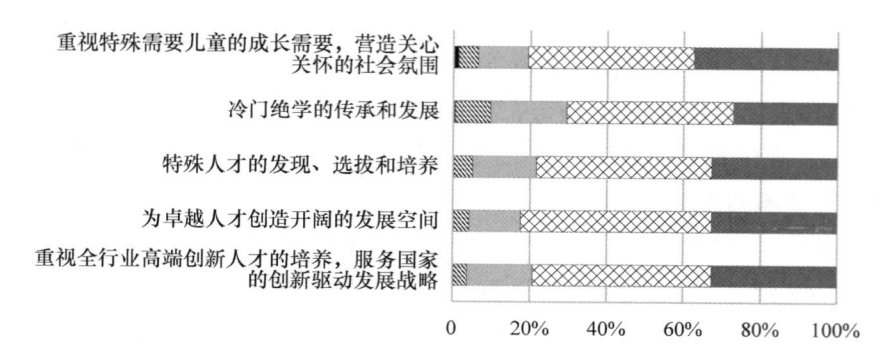

图 4-2-26　校长对于当前社会特殊人才培养的评价

相对而言，高年级的校长更有可能认为学校的特殊人才培养存在问题。就"重视全行业高端创新人才的培养，服务国家的创新驱动发展战略"而言，完中校长（50%）、高中校长（42.86%）、初中（25%）和九年一贯制学校校长（32%）更有可能认为存在改进空间；就"为卓越人才创造开阔的发展空间"而言，完中校长（50%）、高中校长（42.86%）和九年一贯制学校校长（28%）更有可能认为存在改进空间；就"特殊人才的发现、选拔和培养"而言，完中校长（50%）、高中校长（42.86%）和九年一贯制学校校长（36%）更有可能认为存在改进空间；就"冷门绝学的传承和发展"而言，完中校长（50%）、高中校长（42.86%）和九年一贯制学校校长（48%）更有可能认为存在改进空间；就"重视特殊需要儿童的成长需要，营造关心关怀的社会氛围"而言，完中校长（50%）、高中校长（28.57%）和九年一贯制学校校长（24%）更有可能认为存在改进空间。

第三节 学校自主权对于学校教育质量的影响

一 学校自主权是我国教育体制改革长期关注、持续调整的重要内容

学校自主权是指校长和教师根据法律规定和社会需要，对学校重要事务进行独立决策和开展各项工作的资格和能力。学校自主权是一个同时具有政治和行政属性的概念，反映了学校作为一个社会构成单位在整个教育和社会体制中的相对独立性。社会主义核心价值观和"立德树人"等具有意识形态和政治内涵的议题，决定了我国的学校自主权只能在"政府—学校—社会"分享学校领导权的架构中实现，以便保证整个国家机器的运转效率、学校教育的专业水平和社会参与的积极性。[①] 2019 年 6 月出台的《中共中央国务院关于深化教育教学改革 全面提高义务教育质量的意见》明确提出，推进现代学校制度建设，落实学校办学自主权，保障学校自主设立内设机构，依法依规实施教育教学活动、聘用教师及其他工作人员、管理使用学校经费等。

---

① 蒿楠：《论教育治理体系下的学校自主发展》，《教育理论与实践》2016 年第 29 期；张新平：《从校长喊"忙"说到校长的办学自主权》，《智慧管理》2015 年第 3 期。

我国政府对于学校自主权的长期关注和持续调整的原因有二：第一，我国教育法只是提供了关于学校自主权的基本规定，学校在行使办学自主权的过程中无法摆脱来自教育和其他行政部门的行政干预。有校长形象地指出，在现有的学校治理体系中，教育行政部门充当"总校长""大校长"角色，而校长则充当着"教导主任""保安"的角色。[1] 部分地基于这一原因，沈健（全国人大代表、江苏省教育厅厅长）、周洪宇（全国人大常委会委员、华中师范大学教授）、程方平（民进中央教育委员会副主任、中国人民大学教授）等人纷纷提出制定专门的《学校法》，明确学校的权力、责任和利益边界。[2] 第二，国家在基本完成中小学教育的数量供给和规范化建设之后，开始系统推动教育质量提升、教育均衡和特色学校建设。通过行政赋权，教育行政部门可以调动校长和教师的自我效能感、工作积极性、自主管理技能、尽职程度，以便获得与工作需要相匹配的领导能力。[3] 面向2035年的基础教育变革，根本原则是坚持改革创新、鼓励基础探索、激发学校活力。[4]

然而，在较高水平上实现"政府—学校—社会"的协同合作，真正落实"管办评分离"政策仍然需要一个较为长期的过程。这种理想状态的实现需要健全合理的国家督导制度、高度的学校自主权、健康的学校内部治理架构、完善的社会支持体系。同时，这种理想状态对校长和教师的专业素养提出很高的要求，要求校长同时具有教育专业素养、行政和领导能力、社会交往技巧，要求教师具有参与学校管理的意愿和能力。以上海为例。我们的前期研究结果显示，大多数初中校长具有卓越的教育专业素养，半数左右的校长具有较强的行政和领导能力，多数校长能够与学生、

---

[1] 罗树庚：《放什么权，用好什么权》，《人民教育》2016年第7期。

[2] 沈健：《代表倡议设立〈校法〉现代学校制度》2015年3月5日，2021年4月28日，《人民网》（http://js.people.com.cn/n/2015/0305/c360307-24079188.html）；周洪宇：《呼吁制定〈学校法〉，赋予学校办学自主权》，《人民政协报》2016年4月6日第9版；程方平：《建议制定〈学校法〉明确学校的责权利边界》2018年3月5日，2021年4月28日，中国教育在线（https://baijiahao.baidu.com/s?id=1594080195847736344&wfr=spider&for=pc）。

[3] Craig Pearce and Henry P. Sims, "Vertical versus shared leadership as predictors of the effectiveness of change management teams: An examination of aversive, directive, transactional, transformational, and empowering leader behaviors", *Group Dynamics Theory Research & Practice*, Vol. 171, No. 6, 2002, pp. 172–197.

[4] 李伟涛：《我国基础教育迈向2035的战略思考》，《中国教育学刊》2018年第9期。

教师、教育行政部门和业务部门等体制内机构和个人进行高效沟通，但是无法与当地社区、企业和非营利机构等体制外力量进行高效沟通。① 与此同时，学校内部治理架构的建立，本质上是一个校长与教师分享学校领导权的过程。然而，为数众多的教师将教学视为教师排他性的工作内容，以较为消极的方式参与学校治理和同行网络活动。部分地基于上述考虑，西北师范大学李泽林教授提出，校长减权、教师增权是现代学校制度变革的关键一步。②

在许多西方国家，学校的自主管理是一个行政意义上的去中央化过程，旨在赋予学校获取和分配资源的职责和能力，国家和地方政府教育行政部门可以在立法、政策、拨款、处罚层面对学校进行指导和问责。③ 例如，澳大利亚的"独立公立学校计划"，旨在通过赋予学校更大的决策自主权并强化问责标准，推动公平优先的学校教育质量提升。④ 作为"更好学校计划"的一部分，"独立公立学校计划"在给予学校更大自主权的同时，也在增加公立学校的总体投入和更加透明的问责制度。通过增加权力、提高待遇、强化问责三个手段，来营造学校绩效和革新氛围。此外，教育行政部门对进入独立公立学校计划的学校提出较高要求，包括：在音乐、语言和体育等方面具有一定特色，注重设计以学生为主体的课程，允许学生个性化发展。换言之，进入独立公立学校计划的学校需要具有超过平均水平的学业表现，并且愿意进行特色化办学。当然，独立公立学校仍旧属于公立学校性质，由政府拥有、运营、资助及管理，拥有与其他公立学校相同的核心价值，并且不可以选择学生。

教育政策、理论和实践工作者均提出扩大学校自主权的主张。学校自主权改革之所以困难重重，一个重要的原因是，缺乏科学、客观的研究证据证明哪种学校自主权有利于学生和学校的长远发展、以何种方式实现

---

① 宁波：《校长日常工作时间分配：国际差异、个体倾向性及对策建议》，《中国教育学刊》2017年第9期。

② 李泽林：《校长减权：现代学校制度变革关键一步》，《中国德育》2015年第1期。

③ 范国睿：《从时代需求到战略抉择：社会转型期的学校变革》，《教育发展研究》2006年第1期。

④ Amanda Keddie, "School autonomy reform and public education in Australia: implications for social justice", *The Australian Educational Researcher*, Vol. 44, No. 4-5, Nov. 2017, pp. 373-390.

"校内—校外"权力分配结构的再平衡。教育行政部门非常担心,"一统就死,一放就乱"。这项研究将尝试从有效性的角度审视学校自主权,显示学校自主权的内容、宽松程度和多样化程度,对于学生学习结果和学校革新氛围的质量和均衡程度具有推动或者抑制作用。在每个国家,政府、学校和社会在学校政策、人事、财务、课程、教学等领域的权力分配,大多通过彼此之间的力量博弈和效率优化得以实现,然后通过法律制度或者约定俗成的形式确立下来。在具有可比性的大型国际教育调查项目中,通过对各种类型学校自主权的国家均值和差异系数的国际比较,我们可以获得关于宽松或紧缩的学校政策(学校自主权的国家均值较高或较低),以及多样化或统一的学校政策(学校自主权的差异系数较大或较小),对于学生阅读成绩和学校革新氛围的影响。

同时选择学生阅读成绩和学校革新氛围来评价学校自主权的宽松程度和多样化水平的一个重要原因是,公平与卓越的教育系统应该同时体现为学生和学校两个层面的要求,兼顾当前的教育结果和未来的可持续发展,确保整个教育系统内的所有学生都取得优质均衡的学习成绩,确保整个教育系统内的所有学校都具有优质均衡的学校革新氛围。将PISA2018和TALIS2018数据在国家层面联系起来,能够在教育系统层面展现各国"校内—校外"权力分配架构与基础教育质量和均衡程度之间的关系。这种系统层面的宏观数据分析,能够反映特定国家关于学校自主权的制度设计的优劣得失,继而为其他国家的制度设计提供参考意见。希望特别强调的是,这一分析取向体现为一种工具理性层面的分析。作为一种制度安排的学校自主权反映了整个社会的价值观,同样需要从价值理性层面进行分析。

二 数据采集与研究变量

2019年6月和12月,经济合作与发展组织(OECD)先后发布"2018年教师教学国际调查"(TALIS2018)和"2018年国际学生调查项目"(PISA2018)的首批结果。TALIS2018调查共有48个国家和地区参加,其中47个国家公布了调查结果。PISA2018调查项目共有78个国家和地区参加,其中76个国家公布了主要调查结果。两项目前规模最大的国际教师和学生调查,为我们提供了一个巨大而难得的跨国比较平台。需要说明的是，尽管 PISA 和 TALIS 测评均致力于反映参与国家和地区在义务教育阶段的总体质量和均衡程度，两项测评的数据采集方式存在较大差异。PISA 测评的对象是处于 7 年级及以上的 15 岁学生及其家长、所在学校的校长和教师，关注的重点是学生在步入成人社会之前的能力准备情况，以及影响这些能力准备的个人、家庭、学校和社会因素。TALIS 测评的对象是初中学校的全体教师和校长，关注的重点是教师和校长的专业状态，以及影响这种专业状态的专业准备和社会支持情况。

在 TALIS2018 中，校长问卷调查部分试图揭示各国初中校长的专业准备、专业发展、日常工作、自我效能、职业满意度等情况，同时也反映各国的办学条件和校长在改善办学条件方面的愿望。学校在政策、人事、财务、课程、教学等领域的自主权，能够在一定程度上反映出各国政府在学校治理方面的理念差异。在"校内—校外"权力分配架构中，学校自主权的国家均值反映了学校自主权的宽松程度（见图 4-3-1），学校自主权的差异系数反映了学校自主权的多样化程度（见图 4-3-2）。同时，校长对于学校革新氛围评价的国家均值和差异系数，被用来反映学校革新氛围的总体质量和（学校间）均衡程度。TALIS2018 参与国家和地区的 15 岁学生在 PISA2018 测评中的阅读成绩国家均值和差异系数，被用来反映学生学习结果的总体质量和（学生个体间）均衡程度。在 PISA2018 中，学生阅读成绩作为本次测评的主测领域，能够较好地反映参与国家和地区的学生学习结果。

学校自主权。在 TALIS2018 的概念框架中，学校的政策自主权、人事自主权、财务自主权、课程自主权、教学自主权被纳入考察范围。其中，政策自主权反映学校在制定学生录取、学生纪律和学生评价政策中的权限，体现为狭义的学校教育自主权；学校人事自主权反映学校在任命、雇用、解雇、停职教师等事项中的权限；学校财务自主权反映学校在确定教师起薪和涨幅、校内预算分配等事项中的权限；课程自主权反映学校在学习材料选择、课程种类、课程内容等事项中的权限；教学自主权反映学校在学生纪律、学生评价、课程种类、课程内容等事项中的权限。校长在 11 个指标上的选择情况，被用来描述上述五种类型的学校权力在校内人员（包括校长、其他学校管理人员和普通教师）和校外人员（包括校委会和教育行政部门）之间的分配情况。如果校长认为某项指标（如解雇或停职

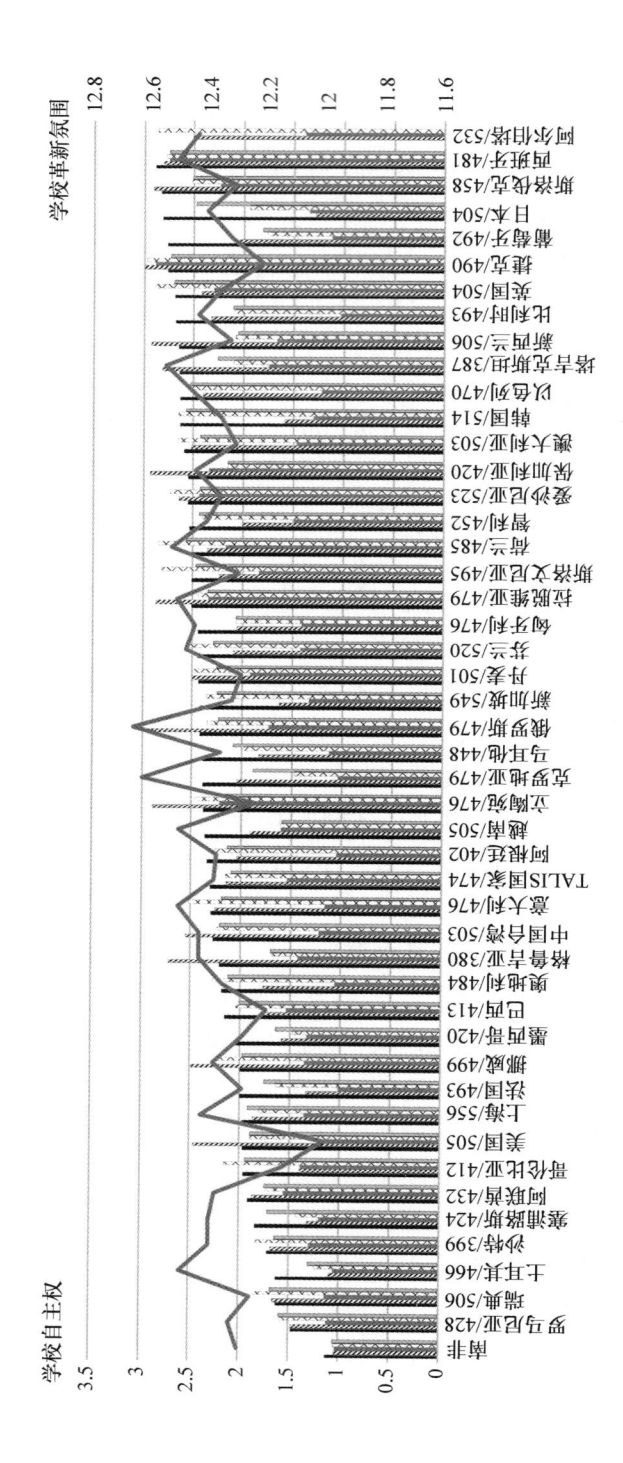

图 4-3-1 学校自主权、学校革新氛围与学生阅读成绩：国家/地区均值

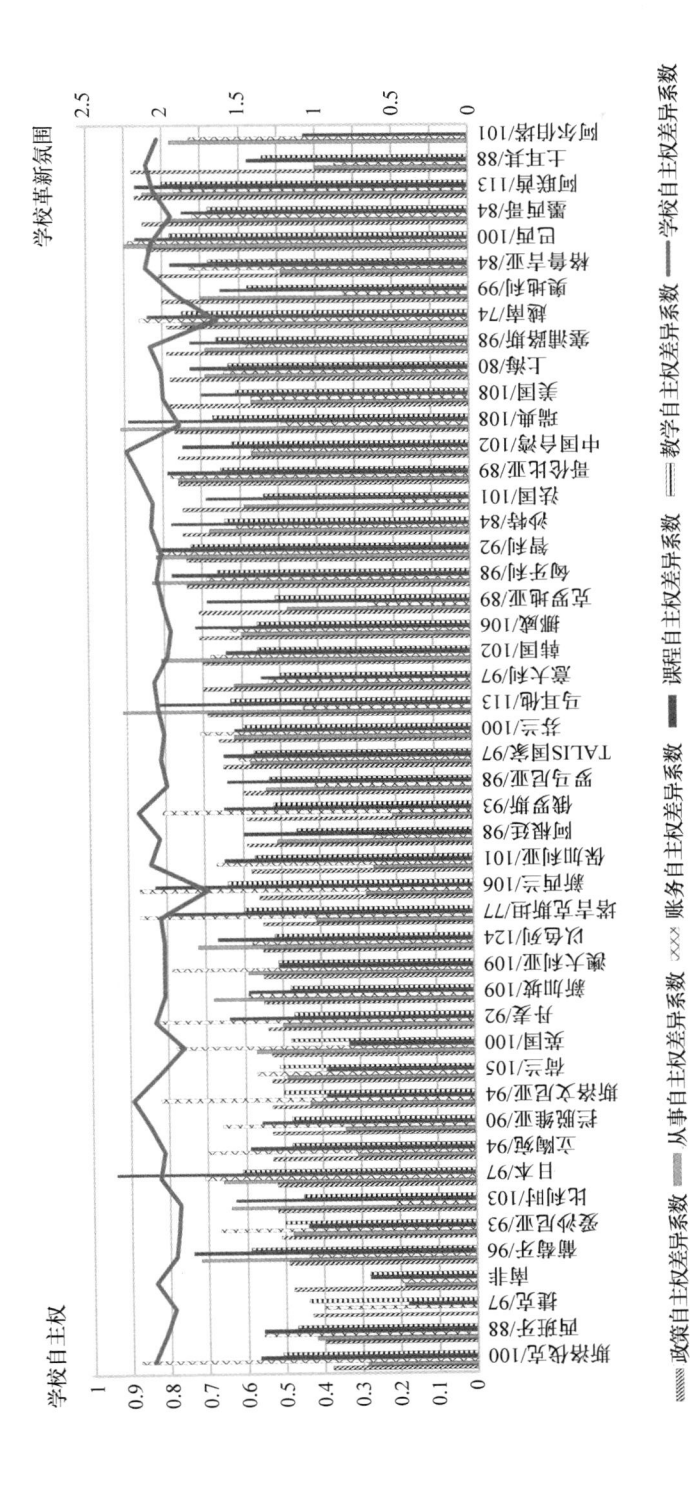

第四章 制度设计：校长队伍建设的关键议题

图 4-3-2 学校自主权、学校革新氛围与学生阅读成绩：国家/地区差异系数

教师）仅仅属于校外人员的权力，那么学校在这项指标上赋值为1，即没有学校自主权。如果校长认为某项指标仅仅属于校内人员的权力，那么学校在这项指标上被赋值为3，即拥有学校自主权。如果校长认为某项指标同时属于校内和校外人员的权力，那么学校在这项指标上赋值为2，即拥有部分学校自主权。每个指数由若干观察指标构成。对于每项指数（如政策自主权）而言，如超过半数的指标为1，则学校在该项指标上的赋值为1，即没有学校自主权。如果超过半数的指标为3，则学校在该项指标上的赋值为3，即拥有学校自主权。在其他各种情况下，学校在该项指标上的赋值为2，即拥有部分学校自主权。就TALIS国家均值和标准差而言，每种类型的学校自主权之间存在较大差异（见图4-3-1和图4-3-2）。

学校革新氛围。学校革新氛围反映学校对新形势、新机遇的快速判断和对新理念、新思路的快速接受和支持程度。在TALIS2018的概念框架中，校长在4个指标上的选择情况，被用来描述学校革新氛围。这些指标包括：学校会快速识别需要采取不同方法做事的情况；学校会快速应对所需采取的变化；学校随时愿意接受新理念；学校随时愿意为新理念的发展提供支持。校长对上述描述表示强烈反对、反对、同意、强烈同意分别被赋值为1—4。在合成学校革新氛围指数时，上述指标的赋值被倒置为4—1，较高的赋值表示较好的学校革新氛围。在参加并发布TALIS2018初中校长调查数据的47个经济体（国家和地区）中，学校革新氛围的TALIS国家均值为12.38，标准差均值为2.03。学校革新氛围的参与国家均值（12—12.66）和差异系数（1.65—2.15）的国家间差异均处于较低水平。

学生阅读成绩。在PISA2018的概念框架中，阅读素养是指为了实现个人目标、增进知识、发展个人潜能及投入社会活动而对文本的理解、使用、评价、反思和参与的能力。在参加并发布TALIS2018初中校长调查数据的47个经济体（国家和地区）中，除南非、西班牙之外的45个经济体参加了PISA2018调查项目。尽管北京、上海、江苏、浙江等中国四省市作为一个整体参加了PISA2018，OECD并没有公布中国四省市的区域代码，无法获得上海的独立数据。为了获得具有本土意义的研究结论，本项研究使用上海和西班牙在PISA2009中的学生阅读成绩作为替代。与PISA2018一样，PISA2009同样将学生阅读素养作为主测领域。在所有同时参加TALIS2018和PISA2018（或PISA2009）调查的46个经济体中，学生阅读成绩的 TALIS 国家均值为 474 分，标准差均值为 97 分。不同国家和地区之间在学生阅读成绩的国家均值（380—556）和差异系数（74—124）两个方面均存在较大差异。

总体来说，上海学生在 PISA 测试中的阅读成绩均值远高于其他国家和地区（1/46），学生之间的个体差异同样处于较低水平（44/46），体现为高位均衡的学生学习成绩。上海校长对于学校革新氛围的评价处于中上水平（18/47），然而校长之间的差异系数相对较高（15/47），体现为高位不均衡的学校革新氛围。然而，除了财务自主权（26/47）之外，上海校长对于学校的政策自主权（37/46）、人事自主权（32/47）、课程自主权（36/47）、教学自主权（32/46）的总体评价均处于较低水平。同时，除财务自主权（25/47）之外，上海校长对于学校的政策自主权（11/46）、人事自主权（16/47）、课程自主权（17/47）、教学自主权（15/46）的评价存在较大校际差异。需要特别指出的是，美国校长对于学校自主权的评价与上海校长具有较大相似性，同时体现在各个指标上的国家均值和差异系数两个方面，呈现出低位不均衡的学校自主权分布特征。

三 数据分析：不同类型学校自主权的适用范围和影响程度

（一）分析过程

在这项研究中，我们希望在教育系统层面分析学校自主权的制度设计（宽松程度和多样化程度）对于学校教育质量（学生阅读成绩和学校革新氛围的总体质量和均衡程度）的影响（见图4-3-3）。有鉴于学校自主权的多因素特征（政策、人事、财务、课程和教学）和学校教育质量的多元特征，能够同时反映多个自变量和多个因变量之间关系的结构方程模型被用于这项研究的数据分析当中。有鉴于参与国家和地区的数量较少（共47个）、没有可资借鉴的理论模型等原因，基于偏最小二乘法的结构方程模型被用于这项研究当中。

基于 PISA2018 和 TALIS2018 初中学段的调查数据（各项指标上的国家均值及其分布情况），我们尝试建立了两个分析模型：（1）为了确定学校自主权的宽松程度，我们建立了学校自主权的国家均值与学校革新氛围（国家均值和差异系数）和学生阅读成绩（国家均值和差异系数）之间关系的结构方程模型（M1）；（2）为了确定学校自主权的多样化程度，我们

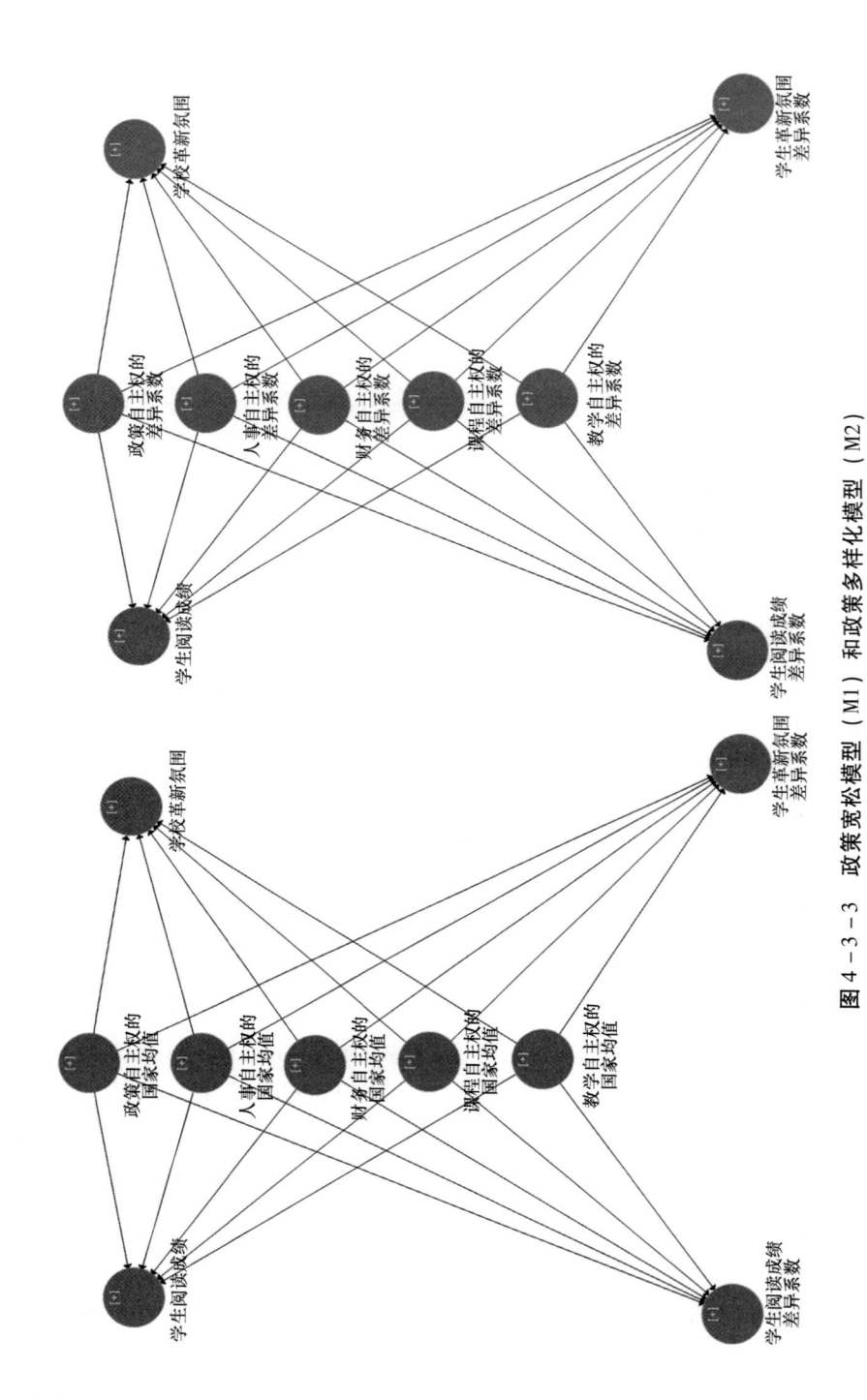

图 4-3-3 政策宽松模型（M1）和政策多样化模型（M2）

建立了学校自主权的差异系数与学校革新氛围（国家均值和差异系数）和学生阅读成绩（国家均值和差异系数）之间的结构方程模型（M2）。基于模型最优的考虑，我们选取了效应值较大的关系路径。总体来说，这两个模型能够很好地反映 PISA2018 和 TALIS2018 参与国家和地区的学校自主权、学校革新氛围和学生阅读成绩数据特征（$M1$：$NFI = 0.95$，$SRMR = 0.06$；$M2$：$NFI = 0.93$，$SRMR = 0.06$），模型拟合优度显著优于哈里（Hair）等人推荐的临界值（$NFI > 0.9$，$SRMR < 0.08$）[1]。

（二）分析结果

基于上述统计模型的分析结果显示，不同类型的学校自主权对于学生阅读成绩和学校革新氛围的影响不同（见图4-3-4）。与此同时，每种类型的学校自主权对于学校革新氛围和学生阅读成绩的影响也不完全一致。

（1）学生阅读成绩的国家均值。在学校自主权的宽松程度方面，赋予学校较为宽松的政策自主权（0.28）和课程自主权（0.74），限制学校的人事自主权（-0.23）和教学自主权（-0.41），有助于提高学生阅读成绩的国家均值。学校财务自主权的宽松程度（-0.13），对于学生阅读成绩国家均值的影响较弱。在学校自主权的多样化程度方面，赋予不同学校多样化程度较高的人事自主权（0.41），赋予所有学校一致性程度较高的课程自主权（-0.22）和教学自主权（-0.39），有助于提高学生阅读成绩的国家均值。政策自主权（-0.08）和财务自主权（0.14）的多样化程度，对于学生阅读成绩的国家均值影响较弱。

（2）学生阅读成绩的差异系数。在学校自主权的宽松程度方面，赋予学校较为宽松的人事自主权（0.2）和教学自主权（0.76），限制学校的政策自主权（-0.46）和财务自主权（-0.59），均会扩大学生阅读成绩的差异系数。课程自主权（0.11）的宽松程度，对于学生阅读成绩的差异系数具有较弱影响。在学校自主权的多样化程度方面，赋予不同学校多样化程度较高的人事自主权（0.46），赋予所有学校一致性程度较高的政策自主权（-0.38）和财务自主权（-0.21），均会扩大学生阅读成绩的差异系数。课程自主权（-0.13）和教学自主权（0.07）的多样化程度，对

---

[1] Joe Hair, G. Tomas M. Hult, and Christian M. Ringle, et al., *A primer on partial least squares structural equation modeling*（*PLS-SEM*）（2*nd ed.*），Sage：Thousand Oaks，2017，p.19.

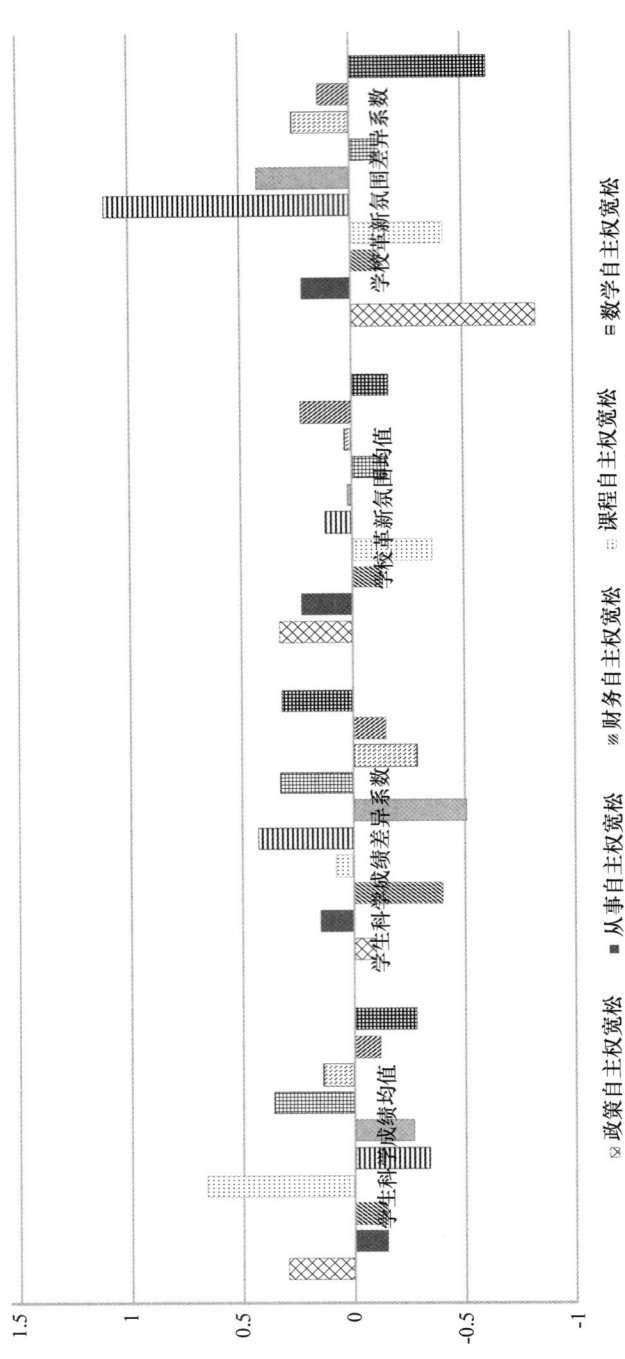

图 4-3-4 学校自主权的宽松程度和多样化程度对于学生阅读成绩和学校革新氛围的影响

第四章　制度设计：校长队伍建设的关键议题

于学生阅读成绩的差异系数影响较弱。

（3）学校革新氛围的国家均值。在学校自主权的宽松程度方面，赋予学校较为宽松的政策自主权（0.33）和人事自主权（0.23），限制学校的课程自主权（-0.36），有助于提高学校革新氛围的国家均值。财务自主权（-0.14）和教学自主权（0.12）的宽松程度，对于学校革新氛围国家均值的影响较弱。在学校自主权的多样化程度方面，赋予不同学校多样化程度较高的课程自主权（0.23），赋予所有学校一致性程度较高的人事自主权（-0.16）和教学自主权（-0.17），有助于提高学校革新氛围的国家均值。政策自主权（0.02）和财务自主权（0.03）的多样化程度，对于学校革新氛围的国家均值影响微弱。

（4）学校革新氛围的差异系数。在学校自主权的宽松程度方面，赋予学校较为宽松的人事自主权（0.22）和教学自主权（1.11），限制学校的政策自主权（-0.83）和课程自主权（-0.42），均会扩大学校革新氛围的差异系数。学校财务自主权（-0.13）的宽松程度，对于学校革新氛围的差异系数影响较弱。在学校自主权的多样化程度方面，赋予不同学校多样化程度较高的政策自主权（0.42）和财务自主权（0.26），赋予所有学校一致性程度较高的教学自主权（-0.62），均会扩大学校革新氛围的差异系数。学校人事自主权（-0.13）和课程自主权（0.14）的多样化程度，对于学校革新氛围差异系数的影响较弱。

四　反思与讨论：基于学校自主权的学生学习结果和学校革新氛围改进

学校自主权的宽松和多样化并非包治百病的灵丹妙药。经历苏东剧变的社会主义国家，由"政府失灵"转而走向"市场失灵"的经验告诉我们，高度的学校自主权并不必然带来高效的学校教育体制。相反，学生学习结果和学校革新氛围较强的国家和地区，如日本、韩国、芬兰、阿尔伯塔、上海等，均在特定领域赋予学校较高的自主裁量权。在其他领域，政府仍旧发挥着较大的作用，甚至主导作用。与此同时，每一种类型的学校自主权对于学生成绩和学校革新氛围的总体质量和均衡程度的影响并不完全一致。不同国家和地区的教育行政部门，应该根据学生学习结果和学校革新氛围的总体水平、差异系数和预期目标，制定有针对性的学校赋权政策。有鉴于上海学生的阅读成绩处于高位均衡状态，学校革新氛围处于高位不均衡状态，提高学校革新氛围的均衡程度，让每所学校都散发积极进取的活力应该成为教育行政部门优先关注的内容。

（一）持续探索推进学校政策宽松的有效路径

宽松的学校政策自主权属于功能稳定的常规改进手段，有助于实现学生阅读成绩和学校革新氛围的高位均衡。相对而言，在瑞典、斯洛伐克、日本、捷克、葡萄牙、塔吉克斯坦、以色列、荷兰、澳大利亚、比利时等国家，学校的政策自主权处于较高水平。这些国家以经济发达的地方分权制国家为主，大多具有较好的学生阅读成绩和学校革新氛围。与之相反，在沙特、罗马尼亚、土耳其、南非、西班牙、阿联酋、塞浦路斯、哥伦比亚等国家，学校的政策自主权处于较低水平。这些经济体大多属于采用中央集权制的发展中国家，具有较差的学生阅读成绩和学校革新氛围。

然而，多样化的学校政策自主权，对于系统层面的学生成绩提高和学校革新氛围改进的影响微弱，在促进学生阅读成绩的均衡发展的同时，会导致学校革新氛围的不均衡发展。在执行相似水平学校政策自主权的国家（斯洛伐克、西班牙、捷克、南非等），应该特别重视对于弱势群体学生的补偿教育，尽可能降低统一的学校政策自主权造成的学生学习成绩不均衡问题。需要特别说明的是，上海学校政策自主权的平均水平较低（37/46）、差异系数较高（11/46），有可能是导致学校之间在革新氛围方面差异较大的一个原因。后续的学校改进活动可以尝试赋予所有学校更为宽松、一致的学生纪律和学生评价政策自主权，并且审慎地探索学校自主招生政策收紧可能带来的负面影响。

（二）教育系统层面的学校人事自主权"松绑"存在较大风险

在学校的人事自主权方面，经历剧变的原苏东国家处于较高水平，包括俄罗斯、保加利亚、斯洛文尼亚、斯洛伐克、立陶宛、拉脱维亚、塔吉克斯坦、瑞典、格鲁吉亚等；具有中央集权制传统的国家则处于较低水平，包括沙特、土耳其、日本、法国、塞浦路斯、哥伦比亚、罗马尼亚、韩国、南非、巴西等。在原苏东国家，市场调节起主导作用的学校人事自主权改革利弊参半，对于学生阅读成绩的改进作用微弱，只能作为改进学校革新氛围的非常规治疗手段。宽松的人事自主权有可能导致学生阅读成绩的低位不均衡和学校革新氛围的高位不均衡。与此同时，在英美等强调政府调节的自由市场国家，赋予不同学校多样化的人事自主权，并没有带来学生学习结果和学校革新氛围的全面改进。多样化的人事自主权会导致学生阅读成绩的高位不均衡和学校革新氛围的低位均衡。

在包括中国上海在内的大多数高绩效国家和地区，由政府教育行政部门统一决定教师招募和解聘，有助于确保教师队伍的基本条件和总体质量。与此同时，在教师队伍保持总体稳定的情况下，较为宽松和多样化的学校人事自主权会导致优秀教师向工作环境优越、薪酬待遇较高的学校流动。与之相反，统招统分的教师制度有助于确保学校之间的教师数量和质量均衡，确保优质教育资源较为均衡地分配到每一所学校。这种统招统分的教师制度对于教师整体水平持续提高，强调教研组、备课组、年级组等教师群体团队协作的中国学校尤为重要。如果每所学校的每个学科和每个年级都具有较高水平的优秀教师，可以通过"传帮带"等形式带动整个学校的教学质量。当然，对于学校人事自主权较小的国家和地区而言，给予学校在拔尖人才和创新型人才招募方面的自主权，可以在一定程度上改进学校的革新氛围。在执行统一人事自主权的国家和地区，应该特别重视对于薄弱学校和特色学校的人事工作指导，尽可能地降低统一的人事自主权对于学生阅读成绩造成的消极影响。

（三）过于宽松和多样化的学校财务自主权并不适合大多数学校

在学校的财务自主权方面，具有东正教、新教传统的国家大多处于较高水平，例如捷克、瑞典、爱沙尼亚、荷兰、保加利亚、拉脱维亚、斯洛伐克、英国、立陶宛等。与之相反，受到天主教、伊斯兰教影响较大的国家大多处于较低水平，包括沙特、法国、比利时、克罗地亚、土耳其、奥地利、阿根廷、罗马尼亚、葡萄牙等。与许多国内学者和中小学校长的判断不同，宽松的学校财务自主权有可能会导致学生阅读成绩和学校革新氛围的低位均衡。财务政策和实践是非常专业的知识体系，对于多数校长和教师存在较大挑战。较大的财务自主权会严重侵占他们在其他领域的时间投入，进而影响学生的学业表现和学校的革新氛围。当然，对于薄弱学校和特色学校而言，非常规的教育资源采购和教师激励对于学校改进具有重要意义，适度的财务自主权有助于学校教育质量的提升。

总体而言，上海校长在学校财务自主权的宽松程度（26/47）和多样化程度（25/47）两个方面的评价，均居于TALIS参与国家的中间水平。

稳健的政策建议为：给予学校更多财务政策和实践方面的专业支持，为全体教师，特别是校长和专兼职财务人员提供适当的财务培训；仍旧为大多数学校采用统一配给制度和预算审计制度，设置学校能够灵活掌握的预算使用范围，有条件地限制学校的财务自主权；给予薄弱学校和特色学校更为宽松的财务自主权和灵活处置权，采用结果导向的事后审计制度。这种制度安排与美国的托管学校和特许学校、英国的自由学校和独立学院（仍为中学）的灵活财务权政策一致。① 此外，对于采用多样化财务自主权的教育体系而言，给予薄弱学校更多的智力支持，确保学校具备内源性的学校改进能力，具有特别重要的现实意义。

（四）学校课程自主权的宽松和多样化对于学生成绩和学校变革的影响不同

在学校的课程自主权方面，具有地方分权传统的国家处于较高水平，包括捷克、荷兰、英国、阿尔伯塔、瑞典、新西兰、爱沙尼亚、韩国、澳大利亚、芬兰等；具有中央集权传统的国家处于较低水平，包括沙特、土耳其、克罗地亚、越南、塞浦路斯、墨西哥、法国、格鲁吉亚、阿联酋等。一方面，宽松的学校课程自主权的确有助于较为均衡地提高国家的学生阅读成绩。这一点与许多学者的研究结果和主张一致。② 然而，由于政策宽松导致的学校革新氛围下降和同质性发展同样值得关注。一种可能的解释是，宽松的学校课程自主权会引导学校在学习材料选择、校本课程开发和利用方面投入较多的时间和精力，从而总体提升学生的阅读成绩。然而，宽松的学校课程自主权对于学校改进的显著效果，会导致学校漠视教育发展的新理念、新思路、新方法，限制学校革新氛围的开放程度和综合水平。

在上海，校长对于学校课程自主权的总体评价较低（36/47）、差异系数较高（14/47）。从缩小学校革新氛围校际差异的角度出发，基于上述分析的政策建议包括：在坚持国家课程和地方课程执行质量和效率的同时，给予学校充分的课程自主权，鼓励和支持学校的学习材料选择、校本课程

---

① 张俊华：《全球教育变革下的学校自主管理》，《人民教育》2014年第3期。
② 黄春梅、司晓宏：《从校本课程到课程校本化——我国学校课程开发自主权探寻》，《中国教育学刊》2013年第3期。

开发和利用；坚持量力而行原则，将校本课程开发作为学校教育质量评价和学校改进的可选项目而非必选项目，支持薄弱学校和特色学校采取更为务实、更具创造性的学校改进路径；为学校提供校本课程开发的专门培训和技术支持，鼓励和支持学校根据自身需要获得专业提升或者购买服务。

（五）学校的教学领导权需要"政府—学校—社会"的共同参与

教学领导权是学校教育质量保障的生命线，这种高利害的权力同时受到国家政治结构、学校教育质量、教师专业水平的制约。通过学校教学自主权的指标选取（学生纪律、学生评价、课程内容、课程种类）不难发现，教学自主权反映了学习内容、学习质量控制方面的规定性。国家层面的统一要求有助于确保较高水平的学习结果，确保基本的教学质量和教育均衡程度。总体来说，具有中央集权传统的发展中国家和地区，如沙特、土耳其、越南、罗马尼亚、南非、格鲁吉亚、墨西哥、阿联酋等，更有可能具有较低的学校教学自主权；具有分权传统的经济发达国家和地区，如阿尔伯塔、瑞典、捷克、荷兰、英国、韩国、以色列、斯洛伐克、澳大利亚、日本等，更有可能具有较高的学校教学自主权。

理想的教学领导权应该体现为"校内—校外"共享模式。完全的学校教学自主权，可能会导致学校的教学行为偏离国家的教育方针政策，导致学生阅读成绩的低位不均衡和学校革新氛围的高位不均衡发展，滋生独立王国和新自由主义思想。完全由政府主导学校教学可能会导致学校的专业水平和工作效率受到打压，使得学校教育质量走向平庸。事实上，大多数国家的教学自主权均值都在 1.5—2.5，体现为"校内—校外"共享模式。在所有 TALIS2018 参与国家和地区中，上海校长对于教学自主权的评价处于相对较低水平（32/46）、校长之间的差异处于较高水平（15/46）。总体而言，适度紧缩和差异化的学校教学自主权具有合理性。从改善学校革新氛围均衡水平的角度出发，在批准学习内容、学习质量控制方面，应该继续推行严格的政府统一管理制度，在政府和社会机构的监管下赋予私立学校、特殊教育学校、艺术—体育类专门学校一定程度的自由裁量权。

最后，需要特别强调的是，关于教育系统层面政策优劣得失的分析，需要基于系统层面的数据分析和国际比较，以便得出更具科学意义的研究结论。这类研究体现了 PISA、TALIS 等大型国际测评项目的独特价值。学生和学校层面的数据分析，仅仅能够体现特定教育系统内部学校之间的均衡程度及其影响因素，在很多情况下并不适合作为教育系统层面的政策依据。部分地基于这一原因，这项研究的许多核心观点同基于学生和学校层面的数据分析结论不同。① 例如，范勇等人基于 PISA2015 中国四省市数据的研究结果显示，人事自主权和教学自主权对于学生学业成绩具有显著积极影响。基于对学生之间成绩差异的影响因素分析，研究者建议政府部门赋予学校更多的人事自主权和教学自主权。与范勇等人的研究结果一致，这项研究的结果同样显示，宽松的人事和教学自主权是导致学生之间阅读成绩差异（即区域内教育均衡程度）的重要原因。与之不同的是，系统层面的数据分析和国际比较研究的结果同时还显示，宽松的人事和教学自主权会导致学生阅读成绩国家均值的总体下降，我国教育体制中"适度紧缩"的学校人事和教学自主权具有合理性。

第四节 校长专业发展对于学校氛围建设的影响

一 研究综述

（一）学校氛围的研究与实践

学校氛围反映了学生、教师、校长在校园生活中的集体体验，体现在人际、情感、伦理、学业等多个方面。② 在教育绩效研究领域，学校氛围被广泛纳入与学生发展、教师成长、学校改进相关的研究中。在许多国家，基于学校氛围的教育系统变革和学校改进受到政府、学校和社会各界的广泛关注。例如，美国的《不让一个孩子掉队法案》(No Child Left Behind Act) 将学校氛围纳入联邦政府对于薄弱学校改进的评价指标和问责体系，致力于通过学校氛围的整体改进为所有学生提供适当的受教育机会。③ 其中，学校的多元文化氛围、组织创新氛围和学业期待氛围，是美国薄弱学校改进的重

---

① 范勇、王寰安：《学校自主权与学生学业成就——基于 PISA2015 中国四省市数据的实证研究》，《教育与经济》2018 年第 1 期。
② Cohen Jonathan, McCabe Libby, and Michelli Nicholas M., et al., "School climate research: Research, policy, teacher education, and practice", Teachers College Record, Vol. 111, No. 1, 2009, pp. 180–213.
③ U. S. Department of Education, No Child Left Behind Act, Washington, D. C.: U. S. Department of Education, 2002.

要内容，分别指向学校的价值导向、内源发展和学业成绩。在PISA2018概念架构中，学校氛围建设是校长工作模型的三个构成模块之一，与学校发展目标与愿景、学校领导与管理具有同样重要的学校改进意义。

作为全体成员校园生活的集体体验，学校氛围建设需要植根于特定的社区环境当中，以学校的物质条件为基础，并且受到教师和校长的专业表现和专业态度影响。在这项研究中，我们将在TALIS2018上海项目的基础上，致力于探索和确认在不同区位特征的学校中，校长的专业发展和工作环境满意度对于学校的多元文化氛围、组织创新氛围和学业期待氛围的影响。在TALIS2018的概念框架中，学校的多元文化氛围是指学校对于文化多样性的开放和支持程度，体现为校长对于不同价值观、思维方式和行为方式在学校中相互包容、和谐共存的评价。学校的组织创新氛围是指学校对于创新和改革的开放和支持程度，体现为校长对于组织运作、领导效能和内部环境在学校改进中有效性的评价。学业期待氛围是指学校对于教学质量和学生学习结果的重视程度，体现为校长对于本校教师在理解课程目标、实施课程计划、学生学业成绩期待等方面表现的评价。

（二）校长的专业发展、工作环境满意度与学校氛围建设

校长专业发展是教育质量提升和学校改进的重要动力来源。[1] 经典的校长专业发展理论认为，成功的校长专业发展可以通过提升校长的基本素养，来间接推动包括学校氛围在内的学校系统改进。澳大利亚的校长专业标准认为，教学领导能力、学校管理能力、变革创新能力是专业型校长的基本素养，需要经历"理念—知识—能力"的发展路径来培养和实现。[2] 同时，校长工作作为一个独特的专业领域，需要经过基于学校情境的持续探索和终身学习，将各种专业发展项目中习得的基本素养转变成学校发展的系统理念、专门知识和行动能力。[3]

---

[1] Organisation for Economic Co-operation and Development, *TALIS 2018 Results (Volume I): Teachers and School Leaders as Lifelong Learners*, TALIS, Paris: OECD Publishing, 2019.

[2] 艾述华：《中澳中小学校长专业标准比较及启示》，《中国教育学刊》2013年第11期。

[3] Richard Ingersoll and Elizabeth Merrill, "The status of teaching as a profession", in Jeanne H. Ballantine and Joan Z. Spade, eds., *Schools and Society: A Sociological Approach to Education*, Thousand Oaks, CA: Sage Publications, 2018.

学校氛围建设是校长进行学校领导的重要工作内容。[1] 理想的校长专业发展活动，应该能够为校长的学校氛围改进和维系提供专业支持[2]，确保学校的文化繁荣、组织创新和学业水平。一项基于中国长三角地区典型城市的调查研究结果显示，校长领导力，特别是校长的协调能力和专业支持能力，对于学校的社区参与、校园设施、多元文化氛围（包括多元性和关联性两个维度）具有显著积极影响。[3] 在这项研究中，我们希望通过定量研究确认校长专业发展机会和障碍对于学校氛围的影响方式和程度。基本的研究假设是，学校氛围建设素养是校长在学校改进中的一项专门素养，体现为学校在多元文化氛围、组织革新氛围和学业期待氛围等方面的表现。

许多国际研究项目显示，工作环境与职业表现和职业满意度密切相关。[4] 压力较大的工作环境会影响教师和校长的行为、对待工作的态度和学生成绩。[5] 陈劲良等人的文献研究结果显示，发达国家的校长专业发展研究通常立足于当地社区和所在学校的环境和条件，寻找支持校长专业发展的有效方法，确定校长专业发展的方向和路径。[6] 例如，基于大量实证研究结论的美国学校氛围改进主要围绕三个方面展开：强调教师、学生和家庭的共同参与；强调学生身体和社会—情感的绝对安全；强调学校环境的舒适宜人。[7] 其中，对于学校环境的建设体现为优化学校物理环境，建设支持性教学环境，减少惩罚性的学校纪律三个方面。在这项研究中，我们希望确认学校工作环境，体现为校长的工作环境满意度，对于校长专业

---

[1] Gary A. Shouppe, "Teachers' perceptions of school climate, principal leadership style and teacher behaviors on student academic achievement", *National Teacher Education Journal*, No. 2, 2010, pp. 87 - 98.

[2] 周建华：《教育家办学视野下的校长专业发展》，《中国教育学刊》2013 年第 6 期。

[3] 沈伟：《城镇化背景下的校长领导力：基于空间社会学的考察》，《教育发展研究》2018 年第 18 期。

[4] Organisation for Economic Co-operation and Development, *TALIS 2018 Results（Volume II）：Teachers and School Leaders as Valued Professionals*, Paris: OECD Publishing, 2020, https://doi.org/10.1787/19cf08df-en.

[5] Carine Viac and Pablo Fraser, *Teachers' well-being: A framework for data collection and analysis*, OECD Education Working Papers, No. 213, Paris: OECD Publishing, 2020.

[6] 陈劲良、陈勇、皮佩云：《国外校长专业发展研究的现状及发展态势：基于 WOS（2006—2018 年）的文献计量可视化分析》，《外国中小学教育》2019 年第 10 期。

[7] National Center on Safe Supportive Learning Environments, "Safe supportive learning: Engagement, safe, engagement", 2016 - 02 - 12, https://safesupportivelearning.ed.gov/, 2019 - 12 - 25.

发展与学校氛围之间关系的影响。基本的研究假设是，校长专业发展对于学校氛围的影响，需要植根于特定的工作环境，受到校长工作环境满意度的影响。

薄弱地区中小学校长的专业发展障碍是我国学术界关注的重要内容。在我国，政府主导的新农村建设和城镇化进程，在很大程度上保障了村镇学校和城镇学校的基础设施和教师队伍建设。例如，上海市教育行政部门实施的"免费师范生计划""教师和校长轮岗计划""特岗教师和校长计划"等，都旨在推动城乡学校的均衡发展。初步的文献综述结果显示，中西部地区和农村地区典型的校长专业发展障碍及其成因包括：（1）校长的专业发展意愿和职业幸福感不强，优秀教师通过服务学校发展需要、建立教学领导权威获得任职机会的路径不畅；[1]（2）校长专业发展项目的理论模型和经典案例主要来源于东部地区和城区学校，特别是具有较好发展基础的优势学校，缺乏指向薄弱地区、农村学校实践问题解决的针对性，影响校长对于专业发展的信心；[2]（3）校长对于自身的专业发展规划模糊，无法在持续变革的宏观环境中清晰判断学校和自身发展方向。[3] 需要特别指出的是，尽管薄弱地区的校长专业发展存在上述障碍，专业培训、办学实践反思、自学提升等专业发展路径，仍旧是提高薄弱地区校长职业幸福感、降低工作压力的有效路径。[4] 在这项研究中，我们希望探索现有的校长专业发展机会和障碍，是否有利于均衡地推动村镇、城镇和市区学校校长的学校氛围建设。

二 研究方法

（一）研究对象

国际教与学调查项目（Teaching and Learning International Survey，TAL-

---

[1] 王纬虹、李志辉：《中西部地区中小学校长专业发展困境及突破》，《中国教育学刊》2016年第8期。

[2] 王纬虹、李志辉：《中西部地区中小学校长专业发展困境及突破》，《中国教育学刊》2016年第8期。

[3] 宋洪鹏、陈丽：《西部农村小学校长专业发展现状调查及建议》，《北京教育学院学报》（社会科学版）2017年第4期。

[4] 宋洪鹏、陈丽：《西部农村小学校长专业发展现状调查及建议》，《北京教育学院学报》（社会科学版）2017年第4期。

IS）开始于 2008 年，是全世界第一项围绕学生学习的影响因素展开的教师和校长国际调查项目。这项研究的一个重要使命是，让教师和校长关于有效教学的行为和观点，成为教育政策分析和政策制定的重要依据。上海初中学校的校长和教师先后参加了 TALIS2013 和 TALIS2018 项目。根据 OECD 制定的抽样标准，每个参与国家和地区需要选取来自 200 所具有充分代表性的初中学校，不足 200 所初中学校的国家和地区需要全部参与。每所学校的校长和随机抽取的 20 名教师，需要完成大约 35 分钟的调查问卷。不足 20 名教师的学校，所有教师都要参与调查。在 TALIS2018 项目中，来自 48 个国家的 26 万名教师和他们的校长参与其中，代表超过 800 万的教师队伍状况。本期项目关注的重点是教师和校长的专业发展。

在 TALIS2018 上海项目中，共抽取来自 200 所学校的 4000 位教师和 200 位校长，代表 630 所初中学校的教师和校长队伍。198 位校长完成了调查报告，应答率为 99%。其中，6 位校长来自乡村学校（社区人口规模不到 3000 人），代表 3.07% 的上海初中校长（加权百分比，下同）；18 位校长来自乡镇学校（社区人口规模在 3000 到 1.5 万人），代表 11.53% 的上海初中校长；26 位校长来自郊区的中型城镇（社区人口规模在 1.5 万到 10 万人），代表 18.69% 的上海初中校长；48 位校长来自郊区的大型城镇（社区人口规模在 10 万到 100 万人），代表 22.5% 的上海初中校长；99 位校长来自中心城区（社区人口规模在 100 万人以上），代表 44.21% 的上海初中校长；1 位校长未报告学校区位。由于乡村学校和乡镇学校的数据较低，本项研究将两个区位的学校合并，生成区位特征为"村镇"的分样本（1.5 万以下人口规模）。样本校长的平均年龄为 50 岁，多数校长的最高学历水平为本科（占比：81%）；女校长 89 位（占比：45.18%），担任校长的平均任职年限为 9.53 年（标准差：6.27 年）。

（二）研究变量

校长专业发展机会指数由研究者通过确认性因子分析方法合成，其构成指标来自校长对最近 12 个月里参加专业发展活动类型的自我报告（是；否），较大的取值表示校长专业发展的机会较多。上海校长对于各类专业发展活动的报告如下：（1）有关课程内容、教学方法或其他教学专题的课程/研修（是：89.14%）；（2）有关领导力的课程/研修（是：88.15%）；（3）面授课程/研修（是：69.43%）；（4）在线课程/研修（是：88.03%）；

（5）有教师、校长或研究人员共同参与报告或讨论的教育会议（是：94.66%）；（6）正式的资格课程（如学位课程）（是：10.37%）；（7）正规安排的同伴观察和业务指导（是：61.7%）；（8）专门针对校长专业发展的校长网络或联盟（是：67.39%）；（9）阅读专业资料（是：98.24%）；（10）其他（是：78.93%）。基于因子分析方法的指数建构模型显示，10个指标的内在一致性程度适中（Standardized Cronbach's Alpha = 0.68），但是模型的拟合优度在多数指标上表现不佳（CFI = 0.416；GFI = 0.828；RMSEA = 0.127；SRMR = 0.146）。[①] 一种可能的解释是，不同校长获得的专业发展机会存在较大差异。为了获得更有针对性的学校氛围建设意见，每种校长专业发展机会与学校工作环境、学校氛围之间的关系将被纳入考察范围。

校长的专业发展障碍指数由研究者通过确认性因子分析方法合成，其构成指标来自校长对七种典型情境同意程度的自我报告（非常不同意；不同意；同意；非常同意），较大的取值表示校长遇到的专业发展障碍较多。上海校长对于各类专业发展障碍的报告如下：（1）不符合参加的基本要求（44.32%；43.67%；11.38%；0.63%）；（2）太昂贵（29.89%；60.42%；7.81%；1.88%）；（3）缺少单位或领导支持（32.39%；56.89%；9.96%；0.77%）；（4）与工作时间冲突（19.76%；46.74%；31.09%；2.41%）；（5）承担家庭责任（32.52%；63.2%；4.27%；0）；（6）单位没有提供相关机会（31.82%；60.07%；8.11%；0）；（7）缺乏相应的激励措施（22.85%；58.4%；18.15%；0.59%）。基于因子分析方法的指数建构模型显示，七个指标的内在一致性程度较高（Standardized Cronbach's Alpha = 0.86），模型的拟合优度在多数指标上表现略低于推荐值（CFI = 0.894；GFI = 0.934；RMSEA = 0.103；SRMR = 0.091）。一种可能的解释是，不同校长面临的专业发展障碍存在一定差异。与参加TALIS2013调查项目的上海初中校长相比，参与TALIS2018项目的校长在多数专业发展障碍指标上均有所上升，特别是缺乏激励措施（上升7.9%）和工作时间冲突（上升7.3%）两个方面。

校长的工作环境满意度指数由OECD提供，较大的取值表示校长的工作环

[①] 推荐的模型拟合值分别为：$CFI \geq 0.9$；$GFI \geq 0.9$；$TLI \geq 0.9$；$RMSEA \leq 0.08$；$SRMR \leq 0.06$。

境满意度较高。该指数的构成指标来自校长对学校工作总体感受的自我报告（非常不同意；不同意；同意；非常同意）。其中，上海校长的报告如下：（1）我很享受在本校的工作（1.95%；12.38%；64.35%；21.31%）；（2）我会向人们推荐这所学校是个工作的好地方（0；4.85%；59.04%；36.11%）；（3）我满意自己在本校的表现（0；1.96%；68.08%；29.96%）；（4）总之，我满意自己的工作（0；3.8%；67.18%；29.02%）。4个指标的内在一致性程度较高（Standardized Cronbach's Alpha = 0.84），确认性因子分析模型的拟合优度在多数指标上表现良好（CFI = 0.984；TLI = 0.902；RMSEA = 0.129；SRMR = 0.014）。

学校的多元文化氛围指数由 OECD 提供，较大的取值表示学校的多元文化氛围较好。该指数的构成指标来自校长对本校教师在如下4种描述中表示认同的频率（没有或几乎没有；有一些；有许多；全部或几乎全部）。其中，上海校长的报告如下：（1）对学生文化背景的差异做出反应是重要的（7.97%；17.37%；42.34%；32.32%）；（2）学生认识到具有不同文化背景的人可以有不同的价值观，这是重要的（3.1%；19.67%；45.63%；31.6%）；（3）儿童和年轻人应尽早学习尊重其他文化（2.18%；13.78%；41.67%；42.38%）；（4）儿童和年轻人应该认识到不同文化背景的人有许多共同之处（1.13%；10.47%；43.14%；45.26%）。4个指标的内在一致性程度较高（Standardized Cronbach's Alpha = 0.86），确认性因子分析模型的拟合优度在所有指标上表现良好（CFI = 1；TLI = 1.023；RMSEA = 0；SRMR = 0.023）。

学校的组织创新氛围指数由 OECD 提供，较大的取值表示学校的组织创新氛围较好。该指数的构成指标来自校长对4种描述的认同程度（非常不同意；不同意；同意；非常同意）。其中，上海校长的报告如下：（1）本校会很快识别采取不同的方式做事（0；4.04%；68.86%；27.1%）；（2）本校会快速应对所需做出的变化（0；3.14%；64.42%；32.44%）；（3）本校会迅速接受新的理念（0；6.46%；66.16%；27.38%）；（4）本校会为新思路/想法的发展提供便利的支持（0；1.42%；60.35%；38.23%）。4个指标的内在一致性程度较高（Standardized Cronbach's Alpha = 0.9），确认性因子分析模型的拟合优度在多数指标上表现良好（CFI = 0.992；TLI = 0.954；RMSEA = 0.088；SRMR = 0.011）。

学校的学业期待氛围指数由 OECD 提供，较大的取值表示学校的学业期待氛围较好。该指数的构成指标来自校长对 3 种描述适用程度的报告（完全不；一定程度；较多；很多）。其中，上海校长的报告如下：（1）教师理解学校的课程目标（0；3.36%；58.88%；37.76%）；（2）教师成功地实施学校课程（0；7.26%；59.23%；33.51%）；（3）教师对学生的成绩抱有很高的期望（0.51%；9.9%；54.44%；35.15%）。较大的取值表示学校的学业期待氛围较好。3 个指标的内在一致性程度较高（Standardized Cronbach's Alpha = 0.97），确认性因子分析模型的拟合优度在所有指标上均表现良好（CFI = 0.996；TLI = 0.964；RMSEA = 0.024；SRMR = 0.011）。校长专业发展、校长工作环境满意度和学校氛围的上海均值和相互关系见表 4-4-1。

表 4-4-1 校长的专业发展障碍、专业发展机会和工作环境满意度与学校的多元文化氛围、组织创新氛围和学业期待氛围之间的相关关系

Path	均值	1	2	3	4	5	6
1 校长的专业发展障碍	9.48（4.41）	1					
2 校长的专业发展机会	3.88（1.81）	-0.32*	1				
3 校长的工作环境满意度	13.47（3.59）	-0.36*	0.36*	1			
4 学校的多元文化氛围	12.01（4.47）	-0.39*	0.29*	0.3*	1		
5 学校的组织创新氛围	12.36（3.62）	-0.32*	0.2*	0.41*	0.42*	1	
6 学校的学业期待氛围	12.05（3.1）	-0.39*	0.3*	0.4*	0.4*	0.43*	1

注：标准差在括号内；* $p < 0.001$。

（三）研究假设与分析过程

在这项研究中，研究者致力于探索校长的专业发展障碍、专业发展机会和工作环境满意度与学校的多元文化氛围、组织创新氛围和学业期待氛围之间的相互关系（见图 4-4-1）。基本的研究假设有两个：（1）校长的专业发展机会和障碍影响学校氛围；（2）校长对于工作环境的满意程度，会影响校长专业发展与学校氛围之间的关系。基于 TALIS2018 上海初中校长数据的结构方程模型，被用于这些研究假设的验证过程中。

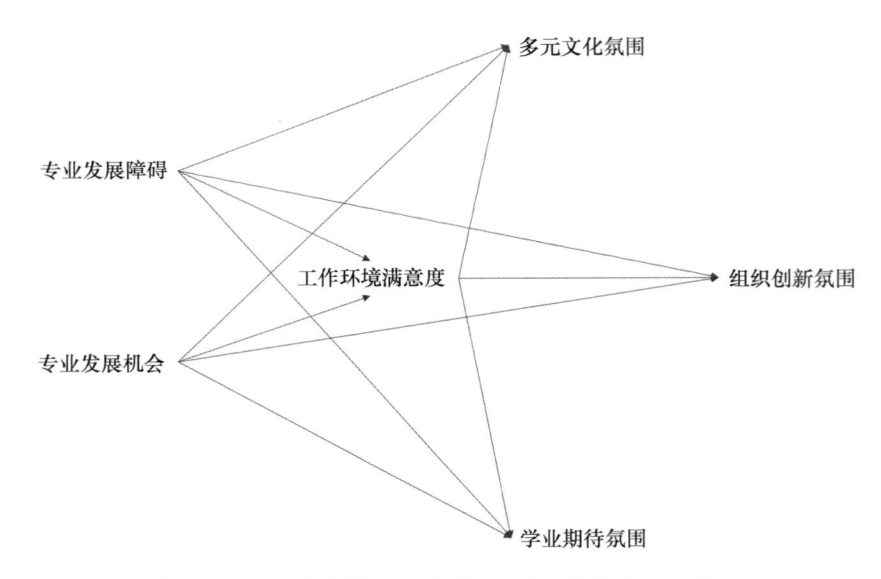

图4-4-1 校长的专业发展和工作环境满意度与学校
氛围之间的关系：假设模型

初步的描述性分析结果显示（见表4-4-2）：在所有区位特征的学校中，大型城镇学校的校长对于专业发展和工作环境的评价处于较高水平，市区学校的相对优势体现在学校氛围方面，村镇学校的校长对于专业发

表4-4-2 校长的专业发展和工作环境满意度与学校的多元文化氛围、组织
创新氛围和学业期待氛围：每种区位特征学校的平均值和差异系数

Path	村镇（1.5万以下人口规模）	中型城镇（1.5万—10万人口规模）	大型城镇（10万—100万人口规模）	市区（100万以上人口规模）
校长的专业发展障碍	10.09（3.7）	9.62（5.81）	9.21（4.42）	9.4（4.1）
校长的专业发展机会	3.45（2.66）	3.72（2.03）	4.13（1.27）	3.96（1.67）
校长的工作环境满意度	12.81（4.84）	13.78（3.89）	14.12（3.24）	13.22（3.19）
学校的多元文化氛围	11.36（5.91）	11.68（4.58）	12.22（4.3）	12.26（4.11）
学校的组织创新氛围	11.81（4.45）	12.28（4.08）	12.47（3.46）	12.5（3.34）
学校的学业期待氛围	11.65（3.9）	11.91（4.19）	12.15（2.78）	12.16（2.69）

注：标准差在括号内。

展、工作环境和学校氛围的评价均处于较低水平。探索和确认不同区位特征的学校中，校长的专业发展和工作环境满意度对于学校氛围的影响路径和影响程度，对于制定有针对性的区域内学校氛围改进政策具有重要意义。多群组的结构方程模型可以用来评估理论模型在不同群组中是否适用，以及影响参数的一致性程度。在这项研究中，多群组结构方程模型被用于分析学校的区位特征，对于上述两个基本研究假设中各个关系路径的影响。SAS 9.4 被用于这项研究的描述性分析和模型建构中。

三　研究结果

（一）初中校长的专业发展、工作环境满意度与学校氛围：全口径数据的分析结果

1. 校长的专业发展障碍和机会显著影响他们的工作环境满意度（见图4-4-2）。就所有区位的初中校长总体而言，校长的专业发展障碍会限制他们的工作环境满意度（$\beta_直 = -0.24$；$p < 0.001$），而校长的专业发展机会对于校长的学校环境满意度具有积极预测作用（$\beta_直 = 0.29$；$p < 0.001$）。

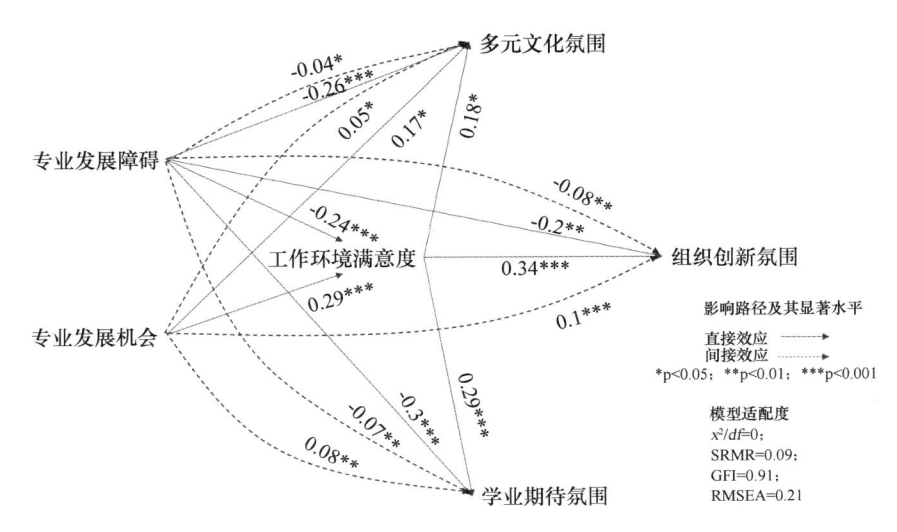

图4-4-2　校长的专业发展和工作环境满意度与学校氛围之间的关系：全样本拟合模型

2. 校长的工作环境满意度对于学校氛围三个维度的影响程度显著。其中，校长的工作环境满意度对于组织创新氛围（$\beta_{直}=0.34$；$p<0.001$）的直接影响效应值最高，对于学业期待氛围（$\beta_{直}=0.29$；$p<0.001$）的直接影响效应值居中，对于多元文化氛围（$\beta_{直}=0.18$；$p<0.05$）的直接影响效应值最低。

3. 校长的专业发展障碍对于学校氛围三个维度的影响体现为直接效应和间接效应两个方面。一方面，校长的专业发展障碍会直接限制学校的多元文化氛围（$\beta_{直}=-0.26$；$p<0.001$）、组织创新氛围（$\beta_{直}=-0.2$；$p<0.01$）、学业期待氛围（$\beta_{直}=-0.3$；$p<0.001$）。另一方面，校长的专业发展障碍也会通过工作环境满意度的中介作用微弱限制学校的多元文化氛围（$\beta_{间}=-0.04$；$p<0.001$）、组织创新氛围（$\beta_{间}=-0.08$；$p<0.01$）、学业期待氛围（$\beta_{间}=-0.07$；$p<0.01$）。

进一步的相关分析结果显示，除工作时间冲突之外的所有纳入考察的专业发展障碍（见表4-4-3），均与学校氛围的一个或多个维度存在较高水平的相关关系（相关系数在0.25以上）。（1）与学校的多元文化氛围存在较高水平相关关系的专业发展障碍包括六类：不符合参加的基本要求（$r=-0.35$；$p<0.001$），太昂贵（$r=-0.32$；$p<0.001$），单位没有提供相关机会（$r=-0.30$；$p<0.001$），缺乏相应的激励措施（$r=-0.28$；$p<0.001$），承担家庭责任（$r=-0.26$；$p<0.001$），缺少单位领导支持（$r=-0.29$；$p<0.001$）。（2）与学校的组织创新氛围存在较高水平相关关系的专业发展障碍包括四类：太昂贵（$r=-0.3$；$p<0.001$），单位没有提供相关机会（$r=-0.24$；$p<0.001$），缺乏相应的激励措施（$r=-0.28$；$p<0.001$），承担家庭责任（$r=-0.38$；$p<0.001$）。（3）与学校的学业期待氛围存在较高水平相关关系的专业发展障碍包括六类：不符合参加的基本要求（$r=-0.32$；$p<0.001$），太昂贵（$r=-0.29$；$p<0.001$），单位没有提供相关机会（$r=-0.36$；$p<0.001$），缺乏相应的激励措施（$r=-0.29$；$p<0.001$），承担家庭责任（$r=-0.34$；$p<0.001$），缺少单位领导支持（$r=-0.27$；$p<0.001$）。

表4-4-3　校长专业发展障碍的构成指标与学校氛围之间的相关关系

	多元文化氛围	组织创新氛围	学业期待氛围
不符合参加的基本要求	-0.35***	-0.21**	-0.32***
太昂贵	-0.32***	-0.30***	-0.29***
缺少单位或领导支持	-0.29***	-0.21**	-0.27***
与工作时间冲突	-0.20**	-0.07	-0.16*
承担家庭责任	-0.26***	-0.38***	-0.34***
单位没有提供相关机会	-0.30***	-0.24***	-0.36***
缺乏相应的激励措施	-0.28***	-0.28***	-0.29***

注：* $p<0.05$；** $p<0.01$；*** $p<0.001$。

4. 校长的专业发展机会对于学校氛围三个维度的影响程度均处于较低水平。其中，校长的专业发展机会对于学校的多元文化氛围具有积极的预测作用，体现为直接效应（$\beta_{直}=0.17$；$p<0.05$）和通过工作环境满意度的中介作用而产生的微弱间接效应（$\beta_{间}=0.05$；$p<0.001$）两个方面。与此同时，校长的专业发展机会通过工作环境满意度的中介作用，间接影响学校的组织创新氛围（$\beta_{间}=0.1$；$p<0.001$）和学业期待氛围（$\beta_{间}=0.08$；$p<0.01$）。

进一步的相关分析结果显示（见表4-4-4），在纳入考察范围的校长专业发展机会指标中，与学校氛围存在较高水平显著相关的指标很少（相关系数在0.25以上）。（1）与学校的多元文化氛围存在较高水平相关关系的专业发展机会仅包括三类：在线课程/研修（$r=0.28$；$p<0.001$），专门针对校长专业发展的校长网络或联盟（$r=0.28$；$p<0.001$），其他类型（$r=0.21$；$p<0.001$）。（2）与学校的学业期待氛围存在较高水平相关关系的专业发展机会仅包括两类：有关领导力的课程/研修（$r=0.28$；$p<0.001$），正规安排的同伴观察和业务指导（$r=0.26$；$p<0.001$）。（3）所有纳入考察的教师专业发展活动，与学校的组织创新氛围均不存在较高水平的相关关系。（4）有教师、校长或研究人员共同参与报告或讨论的教育会议，正式的资格课程（如学位课程），阅读专业资料等校长专业发展机会，与学校氛围的三个维度均不存在较高水平的相关关系。

表4-4-4　校长专业发展机会的构成指标与学校氛围之间的相关关系

	多元文化氛围	组织创新氛围	学业期待氛围
有关课程内容、教学方法或其他教学专题的课程/研修	0.14	0.21**	0.15*
有关领导力的课程/研修	0.12	0.08	0.28***
面授课程/研修	0.11	0.15*	0.21**
在线课程/研修	0.28***	0.12	0.11
有教师、校长或研究人员共同参与报告或讨论的教育会议	0.11	0.09	0.01
正式的资格课程（如学位课程）	-0.07	-0.18*	-0.02
正规安排的同伴观察和业务指导	0.12	0.11	0.26***
专门针对校长专业发展的校长网络或联盟	0.28***	0.15*	0.15*
阅读专业资料	0.17*	0.08	0.08
其他	0.21***	0.03	0.11

注：标准差在括号内；* $p<0.05$；** $p<0.01$；*** $p<0.001$。

（二）在不同区位的学校中，初中校长的专业发展、工作环境满意度、学校氛围之间的关系不同

1. 村镇学校。在村镇学校中，校长的专业发展障碍、工作环境满意度，及其相互关系对于学校氛围建设的作用特别值得关注（见图4-4-3）。校长的专业发展障碍对于他们的工作环境满意度产生显著消极影响（$\beta_{直} = -0.54$；$p<0.001$）。同时，两者对于学校氛围均构成显著影响，表现为如下四个方面：（1）校长的工作环境满意度对于学校的多元文化氛围（$\beta_{直}=0.7$；$p<0.001$）、组织创新氛围（$\beta_{直}=0.83$；$p<0.001$）和学业期待氛围（$\beta_{直}=0.76$；$p<0.001$）构成较高水平的显著积极影响；（2）校长的专业发展障碍通过工作环境满意度的中介作用，间接限制学校的多元文化氛围（$\beta_{间} = -0.38$；$p<0.001$）；（3）校长的专业发展障碍直接限制学校的组织创新氛围（$\beta_{直} = -0.21$；$p<0.001$），并且通过校长工作环境满意度的中介作用间接限制学校的组织创新氛围（$\beta_{间} = -0.45$；$p<0.001$）；（4）校长的专业发展障碍通过对于校长工作环境满意度的中介作用，间接限制学校的学业期待氛围（$\beta_{间} = -0.41$；$p<0.001$）。与校长的

专业发展障碍不同，校长的专业发展机会对于他们的工作环境满意度和学校氛围的影响均不显著。

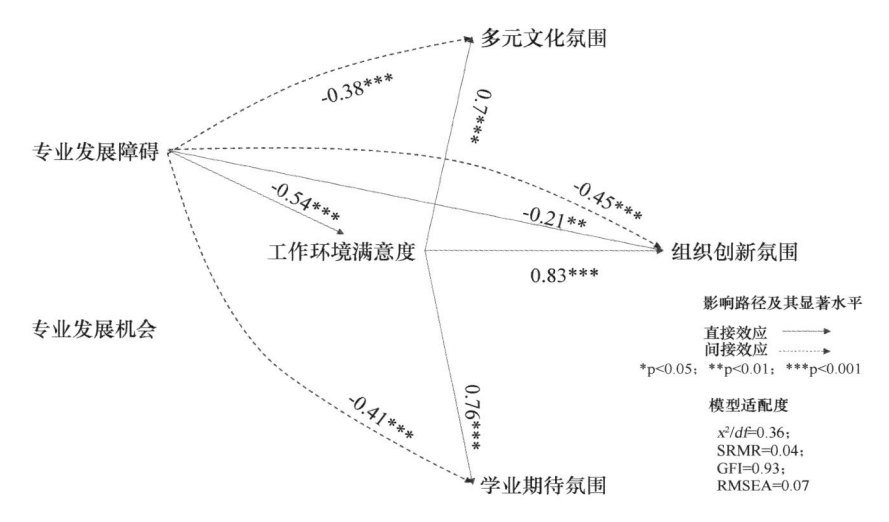

图4-4-3 校长的专业发展和工作环境满意度与学校氛围之间的关系：村镇学校拟合模型

2. 中型城镇学校。在中型城镇学校，校长的专业发展障碍对于学校氛围建设的作用应该予以特别关注（见图4-4-4）。一方面，校长的专业发展障碍在直接限制他们的工作环境满意度（$\beta_{直} = -0.49$；$p < 0.01$）的同时，也会直接限制学校的多元文化氛围（$\beta_{直} = -0.69$；$p < 0.001$）、组织创新氛围（$\beta_{直} = -0.67$；$p < 0.001$）和学业期待氛围（$\beta_{直} = -0.39$；$p < 0.05$）。另一方面，校长的工作环境满意度对于学校氛围的显著积极影响，仅限于学校的学业期待氛围（$\beta_{直} = 0.4$；$p < 0.05$）。与此同时，校长的专业发展障碍还会通过工作环境满意度的中介作用，间接影响学校的学业期待氛围（$\beta_{间} = -0.2$；$p < 0.05$）。与校长的专业发展障碍不同，校长的专业发展机会对于他们的工作环境满意度和学校氛围的影响均不显著。

3. 大型城镇。在大型城镇，校长的专业发展障碍、专业发展机会和工作环境满意度对于学校氛围的影响范围不同（见图4-4-5）。校长的专业发展障碍会限制学校的多元文化氛围（$\beta_{直} = -0.28$；$p < 0.05$）和学业期待氛围（$\beta_{直} = -0.4$；$p < 0.001$）。校长的专业发展机会有助于他们的学

校环境满意度（$\beta_{直} = 0.29$；$p < 0.05$）。校长的工作环境满意度积极预测学校的组织创新氛围（$\beta_{直} = 0.36$；$p < 0.01$）。校长的专业发展机会通过工作环境满意度的中介作用，对于学校组织创新氛围产生的间接影响并不显著（$\beta_{间} = 0.1$；$p = 0.06$）。

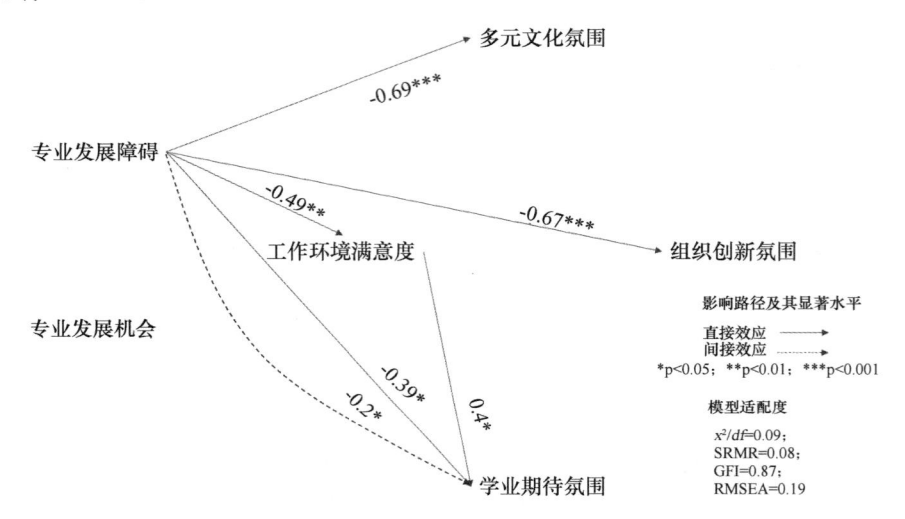

图 4-4-4　校长的专业发展和工作环境满意度与学校氛围之间的关系：中型城镇学校拟合模型

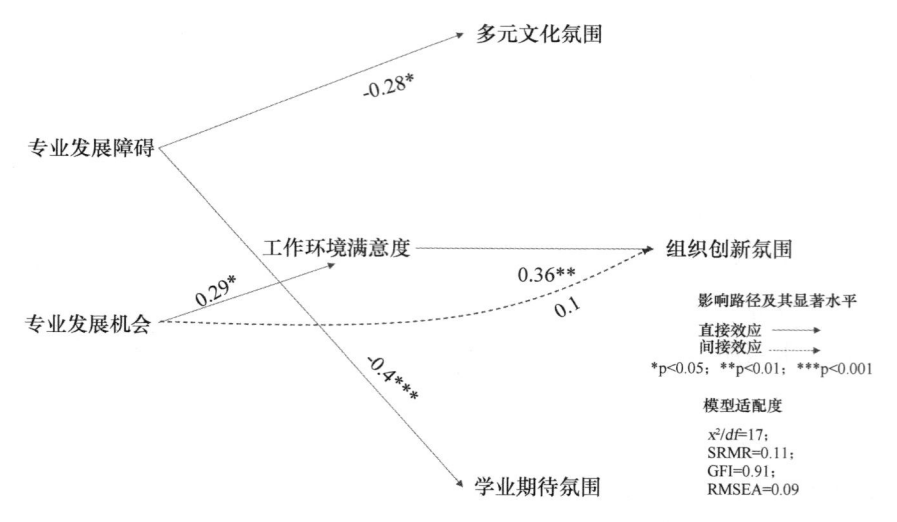

图 4-4-5　校长的专业发展和工作环境满意度与学校氛围之间的关系：大型城镇学校拟合模型

4. 市区学校。在市区学校，校长的专业发展障碍和专业发展机会，均会直接影响他们的工作环境满意度和学校氛围（见图4-4-6）。其中，校长的专业发展障碍会直接影响他们的工作环境满意度（$\beta_{直} = -0.34$；$p < 0.001$）和学校的多元文化氛围（$\beta_{直} = -0.28$；$p < 0.01$）、组织创新氛围（$\beta_{直} = -0.22$；$p < 0.01$）、学业期待氛围（$\beta_{直} = -0.21$；$p < 0.05$）。与之相反，校长的专业发展机会积极预测他们的工作环境满意度（$\beta_{直} = 0.32$；$p < 0.001$）和学校的学业期待氛围（$\beta_{直} = 0.28$；$p < 0.01$）。

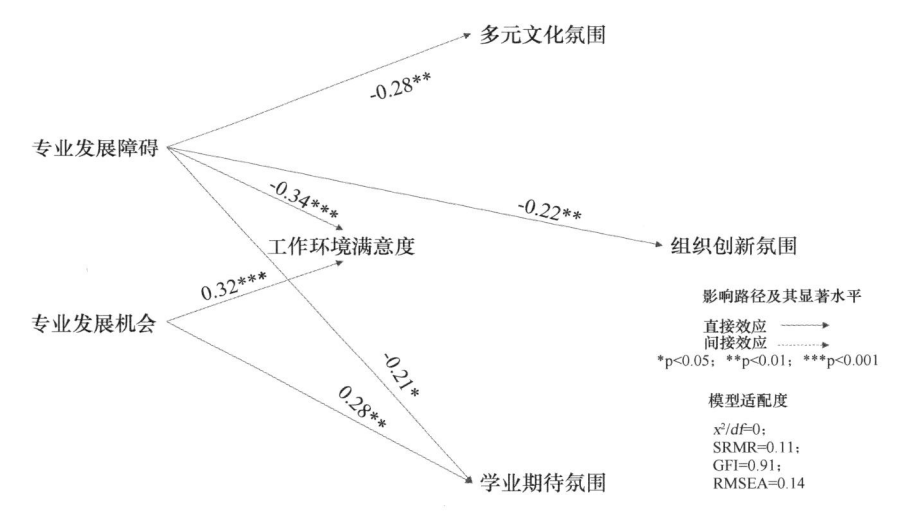

图4-4-6 校长的专业发展和工作环境满意度与学校氛围之间的关系：市区学校拟合模型

四 讨论与结论

进入新时代，我国许多地区的中小学校已经基本实现现代化。在基本完成基础设施、人力资源、制度建设之后，学校教育开始从提质增效的角度出发寻求高质量、高效率增长的内涵发展模式。在这样的时代背景下，文化多元、学业优良、持续创新的学校氛围成为学校发展的必然选择。为了实现这样的学校发展目标，《中国教育现代化2035》明确提出通过增强校长培训的针对性，营造教育家脱颖而出的环境，提升校长的办学治校能力。其中，支持校长大胆探索、创新教育模式和方法，形成教学特色与风格，被明确写入文本当中。这项研究结果显示，校长的工作环境满意度受到校长专业发展的影响较大，同时对于学校氛围具有积极影响。从制度建设的角度出发，校长队伍建设既要兼顾专业素养、理想信念，进行业务指导和价值引领；又要努力改善校长的工作环境，营造舒适、优越的成长氛围。

（一）有的放矢：建立基于学校氛围建设需要的校长专业发展项目，引导和支持校长通过学校氛围来推动学校改进

学校氛围是影响学生成长、教师发展的重要维度，学校氛围建设的基本素养应该成为校长专业发展的重要内容。例如，美国的学校改进经验显示，具有针对性的校长和教师培训是学校氛围建设的重要路径，主要内容包括：教与学的行为改进；学校安全的标准和路径；学校人际关系的建立与维系；学校物理环境的改进；致力于学校氛围改进的学校观摩和校本研究。[1] 这项研究结果显示，就学校氛围建设而言，上海初中校长的专业发展还存在诸多问题。校长的专业发展障碍对于学校的多元文化氛围、组织创新氛围和学业期待氛围均具有直接消极影响，同时也会通过校长工作满意度的中介作用发挥间接影响。校长的专业发展机会对于学校的多元文化氛围同时具有直接和间接的积极影响，对于组织创新氛围和学业期待氛围的积极影响都是通过校长工作环境满意度的中介作用完成的。

与此同时，校长专业发展所面临的多数障碍，如太昂贵、承担家庭责任、单位没有提供相关机会、缺乏相应的激励措施等，均会同时限制学校的多元文化氛围、组织创新氛围和学业期待氛围。然而，校长专业发展的多数机会，如课程与教学类课程、面授课程、同行会议、资格类课程、阅读专业类资料等，与学校氛围每个维度的相关关系都比较弱。围绕学校氛围建设需要的校长专业发展项目改进建议包括：（1）在关注校长基本素养的基础上，增加面向全体校长的专题性培训项目，重视不同区位特征学校的校长专业发展需求。（2）在降低培训成本的同时，提供更多可供校长根据自己的时间规划灵活选择的培训机会。（3）制定有针对性的激励措施，并且充分考虑参与培训对于校长生活的影响。（4）采用同伴观察和业务指导形式，引导校长之间的互助合作。

---

[1] National Center on Safe Supportive Learning Environments, "Safe supportive learning: Engagement, safe, engagement", 2016 – 02 – 12, https：// safesupportivelearning. ed. gov/, 2019 – 12 – 25.

第四章　制度设计：校长队伍建设的关键议题

（二）讲求策略：通过改善校长的工作环境满意度，来调节校长专业发展与学校氛围之间的关系

国内外学术界对于学校环境与学生成长、教师发展之间关系的研究很多。然而，很少有研究关注学校环境与校长的工作和专业发展之间的关系，也缺乏对于校长工作环境满意度的实证研究。这项研究结果显示，校长的工作环境满意度与校长的专业发展和学校氛围均存在显著相关。一方面，校长的专业发展机会和障碍是影响校长工作环境满意度的重要手段，通过创造专业发展机会、扫除专业发展障碍，可以改善校长的工作环境满意度。国外同行的研究结果也显示，缺少相关培训是让那些供职于薄弱学校的校长感到不满的因素之一。[1] 一种可能的解释是，充分的专业发展可以有效提高校长的学校适应能力和治理水平，进而提高工作环境满意度。另一方面，校长的工作环境满意度与学校氛围三个维度均存在显著的积极相关，努力改善学校的工作环境有助于学校氛围建设。这一结果与美国同行关于学校氛围建设的主张一致。[2] 校长对于学校工作环境的满意程度，会影响他们对于学校发展的信心，以及他们发扬本校特色、实施校本改进项目的能力。[3] 这项研究的结果进一步指出，当校长对于学校工作环境的满意度较低的时候，校长专业发展障碍对于学校氛围建设的消极影响将会加剧。反之，当校长对于学校工作环境的满意度较高的时候，校长专业发展障碍对于学校氛围建设的消极影响将会削弱。

特别值得一提的是，对于改善校长的工作环境满意度而言，校长专业发展的机会和障碍并非同一枚硬币的正、反两面。扫除校长的专业发展障碍，有助于显著改善村镇学校、中型城镇学校和市区学校校长的工作环境满意度。然而，提供更多的校长专业发展机会，仅仅有助于显著提高大型城镇学校和市区学校校长的工作环境满意度。与此同时，校长的工作环境

---

[1] Tsholofelo Maforah and Salome Schulze, "The job satisfaction of principals of previously disadvantaged schools: New light on an old issue", *South African Journal of Education*, Vol. 32, No. 3, 2012, pp. 227 – 239.

[2] National Center on Safe Supportive Learning Environments, *Safe supportive learning: Engagement, safe, engagement*, 2016 – 02 – 12, https://safesupportivelearning.ed.gov/, 2019 – 12 – 25.

[3] Julian Betts, Andrew C. Zau, and Lorien A. Rice, *Determinants of student achievement: New evidence from San Diego*, San Francisco: Public Policy Institute of California, 2003.

满意度对于中型城镇学校的显著影响仅仅体现为学业期待氛围,对于大型城镇学校的显著影响仅仅体现为组织创新氛围,对于市区学校所有三个方面学校氛围的积极影响均不显著。换言之,在中型城镇学校,可以通过改善校长的工作环境满意度,来提高学校的学业期待氛围;在大型城镇学校,可以通过改善校长的工作环境满意度,来提高学校的组织创新氛围;而市区学校之间的氛围差异,则与校长的工作环境满意度并无显著关联。与之相似的研究结论是,校长专业发展机会的不均等是导致市区和郊区学校校长工作满意度差异的一个原因。[1]

(三)精准施策:重视村镇学校的工作环境建设和村镇学校校长的环境适应能力

总体来说,村镇学校的校长仍旧面临相对较多的专业发展障碍,拥有相对较少的专业发展机会,而且对于工作环境的满意度也相对较低。这些因素与村镇学校的薄弱氛围显著相关。这项研究结果显示,对于村镇学校的多元文化氛围、组织创新氛围和学业期待氛围而言,校长专业发展机会的积极影响均不显著,校长专业发展障碍的消极影响程度均远高于其他区位的学校,校长的工作环境满意度的积极影响程度均远高于其他区位的学校。此外,校长专业发展障碍对于村镇学校的多元文化氛围和学业期待氛围的消极影响,只有通过对于校长的工作环境满意度的消极影响才会变得显著。与此同时,校长专业发展障碍对于村镇学校组织创新氛围的直接影响,同样远远小于通过工作环境满意度而产生的间接影响。因此,在学校氛围建设中,应该特别关注村镇学校的校长对于工作环境的满意程度,尽可能提供更多有针对性的专业发展机会,扫平各种专业发展障碍。这些研究结论与上海市的农村校长选拔和培养政策一致。具有乡村文化认同和生活能力、有志于社会主义新农村建设的坚定信念和能力,应该成为村镇学校校长选拔和培养的重要内容。

许多实证研究的一个重要局限是,仅仅报告具有显著效应的影响因素。这项研究的一个重要贡献是,在统一的分析框架中,通过中介模型将纳入考察的不显著因素呈现出来。需要特别强调的是,每所学校都有意义

---

[1] Roberta Derlin and Gail T. Schneider, "Understanding job satisfaction: Principals and teachers, urban and suburban", *Urban Education*, Vol. 29, No. 1, 1994, pp. 63 – 88.

第四章 制度设计：校长队伍建设的关键议题

丰富和稳定性强的独特氛围，通过专业发展活动改变校长的文化观念、变革理念和学业期待，并不必然导致学校氛围的改变。[1] 校长在学校改进活动中，必须有清晰的思考，致力于内源性的、共享的、积极的学校氛围建设，引导全体教师"成事成人、成己达人"。Bryk及其同事发现，成员之间高度信任的学校更有可能做出改变，提高学生的成绩和教师的幸福感。[2] 积极的学校氛围有助于提升教师的教学内容与学生的学习结果之间的关联度和协调性。[3] 鉴于我们"对各种改革策略的实施及其影响知之甚少"[4]，后续研究需要了解积极的学校氛围预测学生成长、教师发展的原因，从而不断完善基于学校氛围改进的校长专业发展项目。[5] 此外，每所学校的质量和特点显然是由一系列复杂的因素决定的，后续研究需要继续探索不同类型学校的具体需求。[6]

---

[1] MacNeil Angus, Prater Doris, and Busch Steve, "The effects of school culture and climate on student achievement", *International Journal of Leadership in Education*, Vol. 12, No. 1, 2009, pp. 73 – 84.

[2] Anthony S. Bryk, Penny Bender Sebring, and Elaine Allensworth, et al., *Organizing schools for improvement: Lessons from Chicago*, Chicago: University of Chicago Press, 2010.

[3] Frederick Hess, Robert Maranto, and Scott Milliman, "Responding to competition: School leaders and school culture", in Paul E. Peterson and David E. Campbell, eds., *Charters, Vouchers and Public Education*, Washington, DC: Brookings Institution Press, 2001, pp. 215 – 238.

[4] Timar Thomas B. and Kirp David L., "State efforts to reform schools: Trading between a regulatory swamp and English garden", *Educational Evaluation and Policy Analysis*, No. 10, 1988, pp. 75 – 88.

[5] Jonathan Cohen, McCabe, and Nicholas M. Michelli, et al., "School climate research: Research, policy, teacher education, and practice", *Teachers College Record*, No. 111, 2009, pp. 180 – 213.

[6] Jonathan Cohen, McCabe, and Nicholas M. Michelli, et al., "School climate research: Research, policy, teacher education, and practice", *Teachers College Record*, No. 111, 2009, pp. 180 – 213.

第五章　家庭背景：理解校长成长历程的前置条件

第一节　教师成长为校长的社会阶层固化程度较低

一　多数校长具有较为典型的家庭结构

就婚育情况而言，90%的校长已婚有子女。其中，43.06%的校长父母不居住在附近，无法帮忙照顾家庭（核心家庭）；33.97%的校长父母住在附近，可以帮忙照顾家庭（核心家庭）；11.96%的校长跟父母居住在一起（大家庭）。此外，1.44%的校长处于单身或者已婚无子女状态，且不与父母共同生活；1.91%的校长离异有子女，需要独自照顾子女；2.87%的校长离异有子女，父母可以帮忙照顾家庭。

在子女数量方面，96%的校长养育一个孩子。有两个孩子（1.44%）和无子女（0.96%）的校长比例较低，没有校长生育三个或以上子女。其中，（1）多数校长的子女在21—30岁（59%）和11—20岁（30%）；（2）子女年龄在6—10岁（1.5%）和31岁以上（9%）的校长比例较低；（3）没有校长报告子女年龄在5岁以下。此外，99.04%的校长没有生育计划，只有0.48%的校长计划在1年内生育，0.48%的校长计划在未来3—4年生育。

陪伴家人和做家务的时间极少（见图5-1-1）。在工作日，41.15%的校长平均每天用于陪伴家人和做家务的时间是31—60分钟；23.92%的校长是61—90分钟；14.35%的校长是30分钟以下。

在周末，校长平均每天用于陪伴家人和做家务的时间相对较长（见图5-1-2）。大约40%的校长可以投入4个小时以上，60%的校长的时间投入是4个小时及以下。

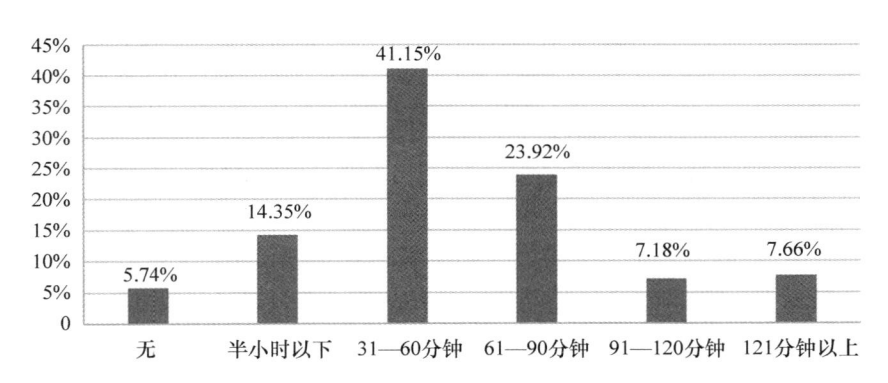

图 5-1-1　工作日用于陪伴家人和做家务的时间（小时/天）

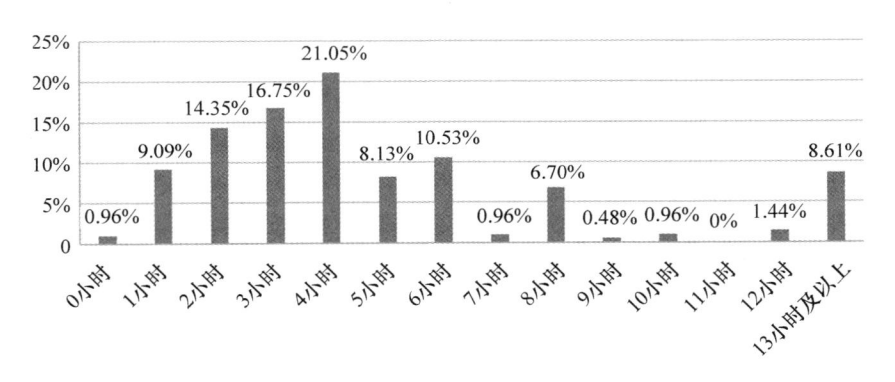

图 5-1-2　周末用于陪伴家人和做家务的时间（小时/天）

二　教师（校长）职业的社会阶层固化程度较低

为数众多的教师和校长出生于工人、农民等相对较低社会阶层家庭（见表 5-1-1）。其中，父亲为工人的教师比例最高（24.15%），其次是农民（16.93%）；母亲为工人（21.98%）和农民（25.55%）的教师比例同样较高。教师配偶的职业地位较教师父母的职业地位有所提升。比例较高的教师配偶是职员和专业技术人员（27.30%），配偶是工人（9.45%）和农民（0.74%）的教师比例较低。

与教师的情况相似，为数众多的校长出生于工人、农民等相对较低社会阶层的家庭（见表 5-1-2）。其中，父亲为工人的校长比例为 26.78%，父亲为农民的校长比例为 18.03%；母亲职业为工人

（25.14%）和农民（38.25%）的校长比例甚至高于教师。

表 5-1-1　　　　　　　　　　教师的家庭背景

	父亲的职业	母亲的职业	配偶的职业	最年长子女
教师	5.89	6.85	11.10	2.97
公务员	4.62	1.49	8.47	1.18
职员、专业技术人员	16.05	11.73	27.30	7.16
工人	24.15	21.98	9.45	1.38
农民	16.93	25.55	0.74	0.24
大型企业主或高管	4.63	0.64	3.33	0.35
小型企业主或商贸从业者	1.54	2.81	5.28	0.73
其他	13.62	17.01	11.57	48.83
不适用或不方便回答	12.59	11.93	22.75	37.16

表 5-1-2　　　　　　　　　　校长的家庭背景

	父亲的职业	母亲的职业	配偶的职业	最年长子女
教师	8.74	7.65	20.77	17.49
公务员	7.65	1.09	10.93	3.83
职员、专业技术人员	18.58	10.93	28.42	19.13
工人	26.78	25.14	10.93	0.55
农民	18.03	38.25	0.55	0.55
大型企业主或高管	5.46	1.09	6.01	1.64
小型企业主或商贸从业者	0.55	7.65	5.46	1.64
其他	4.92	8.20	5.65	43.17
不适用或不方便回答	9.29	7.65	8.87	12.02

校长配偶的职业地位较他们父母的职业地位同样有所提升。其中，配偶为工人（配偶职业：10.93% vs 父亲职业：26.78%/母亲职业：25.14%）和农民（0.55% vs 18.03%/38.25%）的校长比例均处于较低水平，配偶为教师（20.77% vs 8.74%/7.65%）、公务员（10.93% vs

第五章 家庭背景：理解校长成长历程的前置条件

7.65%/1.09%）、职员或专业技术人员（28.42% vs 18.58%/10.93%）的校长比例相对较高。

教师 vs 校长：父亲的职业为教师（5.89% vs 8.74%）、公务员（4.62% vs 7.65%）、职员或专业技术人员（16.05% vs 18.58%）、工人（24.15% vs 26.78%）、农民（16.93% vs 18.03%）、大型企业主或主管（4.63% vs 5.46%）的教师均更有可能成长为校长，只有父亲职业为小型企业主或商贸从业者（1.54% vs 0.55%）的教师成长为校长的比例略低。需要特别说明的是，父亲为其他职业（13.62% vs 4.92%）以及不愿意回答（12.59% vs 9.29%）的教师比例均高于校长。

教师 vs 校长：与父亲的职业状况相似，母亲的职业是农民（25.55% vs 38.25%）的教师比例远低于校长，母亲的职业为教师（6.85% vs 7.65%）、工人（21.98% vs 25.14%）、大型企业主或高管（0.64% vs 1.09%）、小型企业主或商贸从业者（2.81% vs 7.65%）的教师比例略低于校长。相对而言，母亲的职业为公务员（1.49% vs 1.09%）的教师比例略高于校长。同时，母亲的职业是其他行业（17.01% vs 8.20%）或者不愿意回答（11.93% vs 7.65%）的教师比例也远高于校长。

教师 vs 校长：与教师配偶的职业相比，校长配偶的职业为教师的比例较高（11.10% vs 20.77%）。与此同时，配偶职业为公务员（8.47% vs 10.93%）、职员或专业技术人员（27.30% vs 28.42%）、工人（9.45% vs 10.93%）、大型企业主或高管（3.33% vs 6.01%）、小型企业主或商贸从业者（5.28% vs 5.46%）的教师比例均略低于校长。配偶职业为农民（0.74% vs 0.55%）的教师比例略高于校长。

三 女校长更有可能具有较好的家庭环境

男女教师的家庭背景存在较大差异。总体而言，男教师来自最低社会阶层的农民家庭比例较高，女教师中来自中等社会阶层的职员或专业技术人员、小型企业主或商贸从业者家庭的比例较高。其中，男教师的父亲是农民的比例高于女教师（23.84% vs 15.71%）。此外，男教师的父亲是教师的比例也高于女教师（8.29% vs 5.46%）。相反，女教师的父亲是职员或专业技术人员的比例高于男教师（16.77% vs 11.95%）；女教师的父亲是小型企业主或商贸从业者的比例也高于男教师（5.02%

vs 2.38%）。

与教师家庭背景的性别差异相似，男女校长的家庭背景同样存在较大差异。男校长的父亲是农民的比例远高于女校长（32.2% vs 11.29%）；同时，男校长的父亲是教师（11.86% vs 7.26%）、小型企业主或商贸从业者（3.39% vs 0.81%）的比例也高于女校长。相反，女校长的父亲是公务员（10.48% vs 1.69%）、工人（28.23% vs 23.73%）、职员或专业技术人员（20.97% vs 13.56%）、大型企业主或高管（6.45% vs 3.39%）等工作的比例较高。

男女教师的配偶职业存在较大差异。其中，男教师的配偶是教师（31.62% vs 7.49%）和农民（3.34% vs 0.28%）的比例远远高于女教师；男教师的配偶是公务员（9.67% vs 1.67%）、职员或专业技术人员（28.61% vs 19.86%）、工人（9.91% vs 6.88%）、大型企业主或高管（3.78% vs 0.77%）、小型企业主或商贸从业者（5.77% vs 2.51）的比例远远低于女教师。

男女校长的配偶职业同样存在较大差异。特别值得一提的是，男校长的配偶是教师（54.24% vs 4.84%）的比例远远高于女校长；男校长的配偶是公务员（1.69% vs 15.32%）、工人（5.08% vs 13.71%）、农民（1.69% vs 8.06%）、大型企业主或高管（1.69% vs 8.06%）、小型企业主或商贸从业者（0 vs 10.48）的比例远远低于女校长。

进一步的对比分析结果显示，父亲的文化、技术或者经济地位对于教师成长为校长具有积极影响（见表5-1-3）。父亲职业为教师、职员或专业技术人员、大型企业主或高管的教师成长为校长的比例较高，男女教师成长为校长的比例均处于较高水平。父亲的政治地位对于教师成长为校长的影响存在性别差异。对于父亲职业为公务员的教师而言，女教师成长为校长的比例较高，男教师成长为校长的比例相对较低。对于父亲职业为工人的教师而言，女教师成长为校长的比例较高，男教师不存在显著优势或者劣势。父亲职业的低社会经济背景更有可能激励男教师成长为校长。对于父亲职业为农民、小型企业主或商贸从业者的教师而言，男教师成长为校长的比例较高，女教师成长为校长的比例较低。

表 5-1-3　教师和校长的家庭背景：父亲职业的性别差异

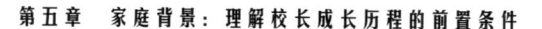

	男教师	女教师	男校长	女校长
教师	8.29	5.46	11.86	7.26
公务员	4.31	4.67	1.69	10.48
职员、专业技术人员	11.95	16.77	13.56	20.97
工人	23.20	24.32	23.73	28.23
农民	23.84	15.71	32.20	11.29
大型企业主或高管	1.22	1.59	3.39	6.45
小型企业主或商贸从业者	2.38	5.02	3.39	0.81
其他	10.28	14.20	10.17	5.65
不适用或不方便回答	14.52	12.25	11.86	8.87

就母亲职业而言，中等收入水平的母亲更有可能激励教师成长为校长（见表5-1-4）。母亲职业为工人、小型企业主或商贸从业者的教师成长为校长的比例较高。母亲从事这些职业的男女校长在整个校长群体中的比例，分别高于男女教师在整个教师群体中比例。如果母亲从事较高政治地位（公务员）和技术水平（志愿或专业技术人员）工作，男教师更有可能成长为校长，女教师成长为校长的比例不存在明显优势或者劣势。同时，母亲职业的低社会经济背景更有可能激励女教师成长为校长。母亲职业为农民的女教师成长为校长的比例较高，男教师则存在显著劣势。

表 5-1-4　教师和校长的家庭背景：母亲职业的性别差异

	男教师	女教师	男校长	女校长
教师	7.52	6.73	3.39	9.68
公务员	0.71	1.63	10.17	1.61
职员、专业技术人员	9.64	12.10	16.95	11.29
工人	17.54	22.76	57.63	29.03
农民	36.31	23.66	1.69	29.03
大型企业主或高管	0.39	0.69		0.81
小型企业主或商贸从业者	1.74	3.00	3.39	9.68
其他	12.60	17.79	6.78	8.87
不适用或不方便回答	13.56	11.65		

就配偶职业而言，男女教师成长为校长受到的影响存在较大差异（见表 5-1-5）。配偶职业为教师的男教师成长为校长的比例较高，女教师的比例则略低。配偶职业为公务员、农民、大型企业主或高管的女教师成长为校长的比例较高，男教师成长为校长的比例不存在明显优势或者劣势。配偶职业为小型企业主或商贸从业者的女教师成长为校长的比例较高，男教师则存在显著劣势。

表 5-1-5　教师和校长的家庭背景：配偶职业的性别差异

	男教师	女教师	男校长	女校长
教师	31.62	7.49	54.24	4.84
公务员	1.67	9.67	1.69	15.32
职员、专业技术人员	19.86	28.61	25.42	29.84
工人	6.88	9.91	5.08	13.71
农民	3.34	0.28	1.69	8.06
大型企业主或高管	0.77	3.78	1.69	8.06
小型企业主或商贸从业者	2.51	5.77	0	10.48
其他	10.60	11.74	6.78	9.68
不适用或不方便回答	22.75	22.76	3.39	4.84

综合上述分析结果我们可以发现，母亲对于处境不利的女教师激励较高，父亲对于处境不利的男教师激励较高。配偶的文化水平对于男教师成长为校长的助力较大，配偶的政治和经济能力对于女教师成长为校长的助力较大。

第二节　校长的学历水平与家庭成员的职业构成有关

一　校长的家庭背景与原始学历

（一）父亲职业与校长的原始学历存在较高程度相关（表 5-2-1）

对于工人、农民等普通劳动者出身的校长而言，校长的原始学历存在

第五章　家庭背景：理解校长成长历程的前置条件

较大差异。农民阶层出身的校长更有可能具有较高的原始学历，工人阶层出身的校长更有可能具有较低的原始学历，在一定程度上反映出后天努力对于不同社会阶层的重要性。在父亲职业为农民的校长中，原始学历为本科的校长比例最高（32.26%），其次是原始学历为专科（24.32%），原始学历为中专的校长比例较低（12.39%）。在父亲职业为工人的校长中，原始学历为中专的校长比例最高（32.74%），其次是专科（18.92%），原始学历为本科的校长比例最低（9.68%）。

表5-2-1　　　　　　　　　校长的原始学历与父亲职业

	频数	中专113	专科37	本科31	高中1	其他1
教师	16	6.19	13.51	12.9		
公务员	14	7.96	10.81	3.23		
职员、专业技术人员	34	18.58	24.32	12.9		
工人	49	32.74	18.92	9.68	100	100
农民	33	12.39	24.32	32.26		
大型企业主或高管	10	6.19		9.68		
小型企业主或商贸从业者	1	0.88				
其他	9	5.31	5.41	3.23		
不适用或不方便回答	17	9.73	2.7	16.13		

父亲职业为教师、公务员、职员或专业技术人员等高文化阶层的校长，在原始学历方面更有可能处于中间水平（专科）。在父亲职业为公务员的校长中，原始学历为专科的校长比例较高（10.81%），原始学历为中专的校长比例居中（7.96%），原始学历为本科的校长比例（3.23%）远低于两者。与之相似，在父亲职业为职员、专业技术人员的校长中，原始学历为专科（24.32%）的校长比例最高，其次是中专（18.58%），原始学历为本科的校长比例最低（12.9%）。在父亲职业为教师的校长中，原始学历为专科（13.51%）和本科（12.9%）的校长比例较高，原始学历为中专的校长比例较低（6.19%）。

父亲职业为大型企业主或高管等高经济阶层的校长，在原始学历方面更有可能存在中专—本科两极分化。在父亲职业为大型企业主或高管的校长中，较高比例的校长原始学历为本科（9.68%），其次是中专（6.19%），没有校长的原始学历是专科。与之相似，父亲职业为小型企业主或商贸从业者的校长只有一位，他的原始学历为中专（0.88%）。

（二）母亲职业与校长原始学历之间的关系，与父亲职业与校长原始学历之间关系并不具有一致性（表5-2-2）。

母亲职业为工人、农民等普通劳动者的校长比例较高，两种家庭背景的校长在原始学历方面存在差异。其中，母亲职业为农民的校长更有可能获得专科学历（54.05%），原始学历为中专（34.51%）和本科（35.48%）的校长比例较低。母亲职业为工人的校长更有可能具有中专（25.66%）和本科（25.81%）两类原始学历，原始学历为专科（18.92%）的校长比例较低。

表5-2-2　　　　　　校长的原始学历与母亲职业

	频数	中专113	专科37	本科31	高中1	其他1
教师	14	10.62	2.7	3.23		
公务员	2		5.41			
职员、专业技术人员	20	10.62	8.11	16.13		
工人	46	25.66	18.92	25.81	100	100
农民	70	34.51	54.05	35.48		
大型企业主或高管	2	0.88		3.23		
小型企业主或商贸从业者	0					
其他	14		9.73	8.11		
不适用或不方便回答	15	7.96	2.7	16.13		

母亲职业为教师、公务员、职员或专业技术人员等高文化阶层的校长之间同样存在较大差异。母亲职业为教师的校长更有可能具有中专原始学历（10.62%），原始学历为专科（2.7%）和本科（3.23%）的校长比例较低。母亲职业为公务员的两位校长均为专科原始学历（5.41%）。母亲职业为职员或专业技术人员的校长更有可能具有本科原始学历（16.13%），具有中专

第五章　家庭背景：理解校长成长历程的前置条件

（10.62%）、专科（8.11%）原始学历的校长略低。

母亲职业为大型企业主或高管、小型企业主或商贸从业者的校长只有两位，不具有代表性。特别值得一提的是，原始学历为本科的校长更有可能不愿意报告父亲或者母亲的职业，其次是原始学历为中专的校长，原始学历为专科的校长比例较低。

（三）配偶职业与校长原始学历之间的关系，与父亲、母亲职业与校长原始学历之间关系并不具有一致性（表5-2-3）。

配偶职业为工人、农民等普通劳动者的校长比例较低，这些校长的原始学历较低。在配偶职业为工人的校长中，原始学历为中专的校长比例较高（14.16%），其次是原始学历为专科的校长（8.11%），原始学历为本科的校长比例极低（3.23%，只有1位）。配偶职业为农民的校长只有1位，原始学历位本科，但并不具有代表性。

表5-2-3　　　　校长的原始学历与配偶职业

	频数	中专113	专科37	本科31	高中1	其他1
教师	38	15.04	24.32	38.71		
公务员	20	10.62	18.92	3.23		
职员、专业技术人员	52	28.32	32.43	25.81		
工人	20	14.16	8.11	3.23		
农民	1			3.23		
大型企业主或高管	11	7.08		6.45	100	
小型企业主或商贸从业者	10	8.85				
其他	17	6.19	16.22	9.68		
不适用或不方便回答	14	9.73		9.68		

配偶职业为教师、公务员、职员或专业技术人员等高文化阶层的校长比例较高，配偶职业背景与校长原始学历并不具有一致性。相对而言，配偶职业为教师的校长更有可能具有较高原始学历（中专：15.04%；专科：24.32%；本科：38.71%），配偶职业为公务员的校长更有可能具有中低水平的原始学历（中专：10.62%；专科：18.92%%；本科：3.23%），

配偶职业为职员或专业技术人员的校长原始学历分布较为均匀（中专：28.32%；专科：32.43%%；本科：25.81%）。

配偶职业为大型企业主或高管、小型企业主或商贸从业者等高经济阶层的校长比例较低，但相对校长父母的比例仍有所上升。其中，配偶职业为大型企业主或高管的校长原始学历为中专（7.08%）和本科（6.45%）的比例相似，没有原始学历为专科的校长。配偶职业为小型企业主或商贸从业者的校长原始学历均为中专（8.85%），没有原始学历为专科和本科的校长。

二 校长的家庭背景与后续学历

（一）父亲职业影响校长的后续学历（表5-2-4）

对于工人、农民等普通劳动者出身的校长而言，校长的后续学历存在较大差异。与工人阶层出身的校长（7.14%）相比，农民阶层出身的校长（35.71%）更有可能没有接受后续学历教育。在接受后续学历教育的校长中，农民阶层出身的校长更有可能具有较低的后续学历（专科：7.14%；本科：17.02%；硕士：16.67%），工人阶层出身的校长更有可能具有较高的后续学历（专科：50%；本科：25.53%；硕士：41.67%）。这种后续学历的阶层差异与原始学历的阶层差异具有一致性。

表5-2-4　　　　　校长的后续学历与父亲职业

	频数	中专 1	专科 14	本科 141	硕士 12	博士 1	无 14
教师	16		7.14	9.22	8.33		7.14
公务员	14		14.29	8.51			
职员、专业技术人员	34		14.29	19.15	8.33		21.43
工人	49		50	25.53	41.67		7.14
农民	33		7.14	17.02	16.67		35.71
大型企业主或高管	10			5.67	8.33		7.14
小型企业主或商贸从业者	1		7.14				
其他	9			4.96	8.33		7.14
不适用或不方便回答	17			9.93	8.33		14.29

第五章 家庭背景：理解校长成长历程的前置条件

父亲职业为教师、公务员、职员或专业技术人员等高文化阶层的校长，在后续学历方面更有可能处于较低水平（专科或者本科）。其中，父亲职业为教师的校长后续学历为专科（7.14%）、本科（9.22%）、硕士（8.33%）的比例相似；父亲职业为公务员的校长后续学历为专科的比例较高（专科：14.29%；本科：8.51%；硕士：0）；父亲职业为职员或专业技术人员的校长后续学历为专科和本科的比例较高（专科：14.29%；本科：19.15%；硕士：8.33%）。同时，父亲职业为职员或专业技术人员的校长中，有较高比例的人未接受后续学历教育（21.43%）。

父亲职业为大型企业主或高管、小型企业主或商贸从业者等高经济阶层的校长，在后续学历方面更有可能处于较高水平。在父亲职业为大型企业主或高管的校长中，较高比例的校长后续学历为本科（5.67%）或者硕士（8.33%），没有校长的后续学历是专科。父亲职业为小型企业主或商贸从业者的校长只有一位，他的原始学历为专科。

（二）母亲的职业与校长的后续学历（表5-2-5）

母亲职业为工人、农民等普通劳动者的校长中，后续学历的分布具有较大程度的一致性，体现为专科、硕士层次的校长较多，本科层次的校长较少（母亲职业为工人。专科：35.71%；本科：24.82%；硕士：33.33%）（母亲职业为农民。专科：42.86%；本科：36.88%；硕士：41.67%）。此外，母亲职业为农民的校长中，较高比例的人没有接受后续学历教育（42.86%）。

表5-2-5　　　　校长的后续学历与母亲职业

	频数	中专1	专科14	本科141	硕士12	博士1	无14
教师	14		14.29	8.51			
公务员	2		7.14	0.71			
职员、专业技术人员	20	100		9.93	8.33		28.57
工人	46		35.71	24.82	33.33		14.29
农民	70		42.86	36.88	41.67	100	42.86
大型企业主或高管	2			1.42			

续表

	频数	中专1	专科14	本科141	硕士12	博士1	无14
小型企业主或商贸从业者	0						
其他	14			9.22	8.33		
不适用或不方便回答	15			8.51	8.33		14.29

母亲职业为教师、公务员的校长，后续学历水平较低（母亲职业为教师。专科：14.29%；本科：8.51%；硕士：0）（母亲职业为公务员。专科：7.14%；本科：0.71%；硕士：0）；母亲职业为职员或专业技术人员的校长后续学历水平较高（专科：0；本科：9.93%；硕士：8.33%），但是未接受后续学历教育的校长比例也较高（28.57%）。

母亲职业为大型企业主或高管、小型企业主或商贸从业者的校长只有两位，不具有代表性。

（三）配偶的职业与校长的后续学历（表5-2-6）

配偶职业为教师、公务员、职员或专业技术人员等高文化阶层的校长，后续学历水平均处于较高水平（配偶职业为教师。专科：14.29%；本科：18.44%；硕士：25%）（配偶职业为公务员。专科：7.14%；本科：11.35%；硕士：16.67%）（配偶职业为职员或专业技术人员。专科：14.29%；本科：30.5%；硕士：25%）。同时，配偶职业为教师、职员或专业技术人员等高文化阶层的校长，未接受后续学历教育的比例也较高（教师：50%；职员或专业技术人员：28.57%）。

配偶职业为工人等普通劳动者的校长，后续学历水平处于专科—硕士两极分化状态（专科：21.43%；本科：10.64%；硕士：16.67%）。

配偶职业为大型企业主或高管、小型企业主或商贸从业者两个高经济阶层的校长，后续学历状态存在较大差异。配偶职业为大型企业主或高管的校长更有可能具有较高水平的后续学历（专科：0；本科：6.38%；硕士：8.33%；博士：100%）；配偶职业为小型企业主或商贸从业者的校长更有可能具有较低水平的后续学历（中专：100%；专科：21.43%；本科：4.26%；硕士：0）。

表 5-2-6　　　　　　校长的后续学历与配偶职业

	频数	中专1	专科14	本科141	硕士12	博士1	无14
教师	38		14.29	18.44	25		50
公务员	20		7.14	11.35	16.67		7.14
职员、专业技术人员	52		14.29	30.5	25		28.57
工人	20		21.43	10.64	16.67		
农民	1			0.71			
大型企业主或高管	11			6.38	8.33	100	
小型企业主或商贸从业者	10	100	21.43	4.26			
其他	17		14.29	9.93			7.14
不适用或不方便回答	14		7.14	7.8	8.33		7.14

三　校长的家庭背景与获取后续学历的方式

（一）父亲的职业与校长的后续学历获得方式（表 5-2-7）

父亲职业为教师、公务员、职员或专业技术人员等高文化阶层的校长中，通过函授方式获得后续学历的比例较高。父亲职业为工人、农民等普通劳动者的校长获得后续学历的方式并不一致。父亲职业为工人的校长通过自考、在职脱产、不脱产或半脱产方式获得后续学历的比例较高。父亲职业为农民的校长通过自考、全日制方式获得后续学历的比例较高。父亲职业为大型企业主或高管这一高经济阶层的校长更有可能通过自考、在职脱产方式获得后续学历。

表 5-2-7　　　　　　校长的后续学历获得方式与父亲职业

	频数	函授38	自考40	在职脱产7	全日制5	不脱产或半脱产78	无14
教师	16	18.42	2.5			8.97	7.14
公务员	14	10.53	5		20	8.97	
职员、专业技术人员	34	28.95	15	14.29		16.67	21.43
工人	49	15.79	25	28.57		38.46	7.14
农民	33	10.53	20	14.29	40	16.67	35.71

续表

	频数	函授38	自考40	在职脱产7	全日制5	不脱产或半脱产78	无14
大型企业主或高管	10	2.63	10	14.29		3.85	7.14
小型企业主或商贸从业者	1	2.63					
其他	9	2.63					7.14
不适用或不方便回答	17	7.89	12.5	28.57	40	2.56	14.29

（二）母亲的职业与校长的后续学历获得方式（表5-2-8）

母亲职业为教师、公务员、职员或专业技术人员等高文化阶层的校长，获取后续学历的方式并不一致。母亲职业为教师的校长更有可能通过函授、在职脱产方式获得后续学历；母亲职业为教师的校长更有可能通过不脱产或半脱产方式获得后续学历；母亲职业为公务员的校长更有可能通过函授、在职脱产方式获得后续学历；母亲职业为职员或专业技术的校长更有可能未接受后续学历教育。母亲职业为工人、农民等普通劳动者的校长，获得后续学历的方式并不一致。母亲职业为工人的校长更有可能通过自考、在职脱产、不脱产或半脱产方式获得后续学历。母亲职业为农民的校长更有可能通过函授、不脱产或半脱产方式获得后续学历，未接受后续学历的校长比例也较高。

表5-2-8　　校长的后续学历获得方式与母亲职业

	频数	函授38	自考40	在职脱产7	全日制5	不脱产或半脱产78	无14
教师	14	15.79	7.5	14.29		5.13	
公务员	2					2.56	
职员、专业技术人员	20	7.89	10			11.54	28.57
工人	46	18.42	30	42.86	20	26.92	14.29
农民	70	34.21	32.5	14.29	40	44.87	42.86
大型企业主或高管	2	2.63	2.5				
小型企业主或商贸从业者	0						
其他	14	13.16	7.5			7.69	
不适用或不方便回答	15	7.89	10	28.57	40	1.28	14.29

（三）配偶的职业与校长的后续学历获得方式

配偶职业为教师的校长更有可能通过全日制方式获得后续学历，未接受后续学历的校长比例也较高（见表5-2-9）。配偶职业为公务员的校长有可能通过函授、自考、不脱产或半脱产等多种形式获得后续学历。配偶职业为职员或专业技术人员的校长更有可能通过自考、不脱产或半脱产方式获得后续学历，未接受后续学历的校长比例也较高。配偶职业为工人的校长获得后续学历的方式较为多样，包括函授、自考、在职脱产、不脱产或半脱产等。配偶职业为大型企业主或高管、小型企业主或商贸从业者的校长更有可能通过在职脱产方式获得后续学历。

表5-2-9　　　　　校长的后续学历获得方式与配偶职业

	频数	函授38	自考40	在职脱产7	全日制5	不脱产或半脱产78	无14
教师	38	34.21	10		60	14.1	50
公务员	20	13.16	10			12.82	7.14
职员、专业技术人员	52	15.79	37.5	14.29		33.33	28.57
工人	20	10.53	10	14.29		14.1	
农民	1	2.63					
大型企业主或高管	11	2.63	10	28.57		5.13	
小型企业主或商贸从业者	10	5.26	2.5	14.29		7.69	
其他	17	5.26	12.5		20	10.26	7.14
不适用或不方便回答	14	10.53	7.5	28.57	20	2.56	7.14

第三节　校长的职级水平与家庭成员的职业构成有关

一　家庭成员的职业构成影响教师成长为校长的工作年限（表5-3-1）

总体而言，父母职业为工人的校长成长为校长的工作年限相对较短（20.37年＆20.78年），父亲职业为教师的校长成长时间较长（23.87年），母亲职业为公务员的校长成长时间较长（23.5年）；配偶职业为公务员和工人的校长成长为校长的工作年限相对较短（19.1年＆19.3年）。

261

表 5-3-1　校长的家庭背景与成为校长前的工作时间

	父亲的职业	母亲的职业	配偶的职业
教师	23.87（4.16）	22.64（6.05）	21.42（6.31）
公务员	22.21（4.89）	23.5（2.12）	19.1（5.35）
职员、专业技术人员	21.41（5.53）	20.55（6）	21.9（4.79）
工人	20.37（5.86）	20.78（5.95）	19.3（5.11）
农民	21.91（5.56）	21.91（5.16）	43
大型企业主或高管	22.4（9.75）	31.5（16.26）	22.64（6.45）
小型企业主或商贸从业者	23		20.2（6.43）
其他	20（4.15）	20.79（5.09）	23.41（4.12）
不适用或不方便回答	19.06（8.16）	18.27（8.17）	20（8.88）

二　父亲职业与校长职级存在关联

在所有 6 名特级校长中，有 3 位校长不愿意回答父亲的职业，2 位校长的父亲是职员或专业技术人员，1 位校长的父亲从事其他职业（见表 5-3-2）。在所有 35 位高级校长中，父亲职业为工人的校长最多（16 位，45.71%），其次是父亲职业为职员或专业技术人员的校长（6 位，17.14%）。中级校长（71 位）的父亲职业背景较为分散，父亲职业为工人（17 位，23.94%）、农民（15 位，21.13%）、职员或专业技术人员（11 位，15.49%）、教师（8 位，11.27%）、大型企业主或高管（5 位，7.04%）、公务员（5 位，7.04%）的校长比例相对较高。在初级职称的校长（36 位）中，父亲是工人（9 位，25%）、农民（8 位，22.22%）、公务员（6 位，16.67%）的校长比例较高。在未定级的校长中（35 位），父亲是职员或专业技术人员（11 位，31.43%）、农民（8 位，22.86%）、工人（7 位，20%）的校长比例较高。

从另一个维度上说，父亲为教师的校长（16 位）中，具有中级职称的校长较多（8 位，50%）；父亲为公务员的校长（14 位）中，具有中级职称（5 位，35.71%）和初级（6 位，42.86%）职称的校长比例较高；父亲为职员或专业技术人员的校长（34 位）中，具有中级职称（11 位，32.35%）和未定级（11 位，32.35%）职称的校长比例较高；父亲为工人的校长（49位）中，具有高级职称（16位，32.65%）和中级（17位，34.69%）职称的校长比例较高；父亲为农民的校长（33位）中，具有中级职称（15位，45.45%）、初级职称（8位，24.24%）、未定级职称（8位，24.24%）的校长比例较高。

表 5-3-2　　　　　　　　　　校长职称与父亲职业

	频数	特级校长 6	高级校长 35	中级校长 71	初级校长 36	未定级 35
教师	16		8.57	11.27	5.56	8.57
公务员	14		5.71	7.04	16.67	2.86
职员、专业技术人员	34	33.33	17.14	15.49	11.11	31.43
工人	49		45.71	23.94	25	20
农民	33		5.71	21.13	22.22	22.86
大型企业主或高管	10		8.57	7.04	5.56	
小型企业主或商贸从业者	1			1.41		
其他	9	16.67	2.86	1.41	8.33	8.57
不适用或不方便回答	17	50	5.71	11.27	5.56	5.71

概言之，在特级校长中，父亲职业为职员或专业技术人员的校长比例较高；父亲职业为工人的校长更有可能成长为高级校长；父亲职业为农民的校长更有可能处于较低职级；父亲职业为教师、大型企业主或高管、小型企业主或商贸从业者、公务员等的校长，对于其职称的影响并不显著。

三　母亲职业与校长职级之间的关系并不显著（表5-3-3）

在6位特级校长中，有三位校长的母亲分别是职员或专业技术人员、工人、农民，有3位校长不愿意报告母亲的职业；在35位高级校长中，有4位校长的母亲是教师（11.43%）；3位校长的母亲是职员或专业技术人员（8.57%）；10位校长的母亲是工人（28.57%）；11位校长的母亲是农民（31.43%）；在71位中级职称的校长中，母亲职业为教师（6位，8.45%）、职员或专业技术人员（7位，9.86%）、工人（16位，22.54%）、农民（31位，43.66%）的比例存在较大差异；在36位职称为初级的校长中，母亲职业为职员或专业技术人员（4 位，11.11%）、工人（9 位，25%）、农民（15 位，41.67%）；在 35 位未定级的校长中，母亲职业为教师（4 位，11.43%）、职员或专业技术人员（5 位，14.29%）、工人（10 位，28.57%）、农民（12 位，34.29%）的比例同样存在较大差异。

表 5-3-3　　　　　　　　校长的职称与母亲职业

	频数	特级校长 6	高级校长 35	中级校长 71	初级校长 36	未定级 35
教师	14		11.43	8.45		11.43
公务员	2				5.56	
职员、专业技术人员	20	16.67	8.57	9.86	11.11	14.29
工人	46	16.67	28.57	22.54	25	28.57
农民	70	16.67	31.43	43.66	41.67	34.29
大型企业主或高管	2		2.86	1.41		
小型企业主或商贸从业者	0					
其他	14		11.43	5.63	11.11	5.71
不适用或不方便回答	15	50	5.71	8.45	5.56	5.71

从另一维度上说，在高级校长（19.13%）中，母亲职业为教师（28.57%）、工人（21.74%）的校长更有可能成功；母亲职业为职员或专业技术人员（15%）、农民（15.71%）的比例较低。在中级校长（38.8%）中，母亲职业为教师（42.86%）、农民（44.29%）的比例较高；母亲职业为职员或专业技术人员（35%）、工人（34.78%）的比例较低；在初级职称的校长中（19.67%），母亲职业为公务员（100%）的比例最高，母亲职业为职员或专业技术人员（20%）、工人（19.57%）、农民（21.43%）的比例相似。在未定级的校长中（35 位，19.13%），母亲职业为教师（28.57%）、职员或专业技术人员（25%）、工人（21.74%）、农民（14.17%）的校长比例存在差异。

四　校长职级与配偶职业之间的关系并不显著

在 6 位特级校长中，配偶职业为教师的校长有 3 位（50%），另有 3

位校长不愿意报告配偶职业（见表5-3-4）。在高级校长中，配偶为教师（20%）、公务员（17.14%）、职员或专业技术人员（17.14%）的校长比例较高。在中级校长中，配偶职业为教师（25.35%）、职员或专业技术人员（33.8%）的校长比例较高。在初级校长中，配偶职业为公务员（16.67%）、职员或专业技术人员（38.89%）、工人（19.44%）的比例较高。在未定级校长中，配偶职业为职员或专业技术人员（22.86%）、小型企业主或商贸从业者（17.14%）、技师（17.14%）的校长比例较高。

表5-3-4　　　　　　　　配偶的职业与校长的职称

	频数	特级校长 6	高级校长 35	中级校长 71	初级校长 36	未定级 35
教师	38	50	20	25.35	11.11	17.14
公务员	20		17.14	4.23	16.67	14.29
职员、专业技术人员	52		17.14	33.8	38.89	22.86
工人	20		11.43	12.68	19.44	
农民	1		2.86			
大型企业主或高管	11		5.71	8.45	5.56	2.86
小型企业主或商贸从业者	10		8.57	1.41		17.14
其他	17		11.43	8.45	8.33	11.43
不适用或不方便回答	14	50	5.71	5.63		14.29

第四节　校长的任职学校类型与家庭成员的职业构成有关

一　父亲职业与校长的任职学校类型存在关联

在4位完全中学校长中，父亲职业为职员或专业技术人员的校长比例较高（3位，75%）；在72位幼儿园园长中，父亲职业为职员或专业技术人员（18位，25%）、工人（22位，30.56%）的校长比例相对较高；在53位小学校长中，父亲职业为农民（11位，20.75%）、工人（18位，33.96%）的校长比例相对较高；在22位初中校长中，父亲职业为农民

（6 位，27.27%）的校长比例相对较高；在 22 位九年一贯制学校校长中，父亲职业为农民（7 位，31.82%）的校长比例相对较高。此外，父亲职业为公务员的 14 位校长中，任职幼儿园（6 位）、小学（4 位）的校长比例较高（见表 5-4-1）。

表 5-4-1　　　　学校类型与父亲职业：比例分布

	完中 4	初中 22	九年一贯制 22	幼儿园 72	小学 53	高中 5
教师		18.18	13.64	6.94	5.66	20
公务员	25		9.09	8.33	7.55	20
职员、专业技术人员	75	4.55	13.64	25	9.43	20
工人		22.73	18.18	30.56	33.96	
农民		27.27	31.82	11.11	20.75	
大型企业主或高管		4.55	4.55	4.17	5.66	
小型企业主或商贸从业者				1.39		
其他			9.09	4.17	7.55	
不适用或不方便回答		22.73		8.33	9.43	20

二　母亲职业与校长的任职学校类型存在关联

在 4 位完全中学校长中，母亲职业为职员或专业技术人员的校长比例较高（2 位，50%）；在 72 位幼儿园园长中，母亲职业为职员或专业技术人员（12 位，16.67%）、工人（23 位，31.94%）、农民（17 位，23.61%）的校长比例相对较高；在 53 位小学校长中，母亲职业为农民（26 位，49.06%）、工人（10 位，18.87%）的校长比例相对较高；在 22 位初中校长中，母亲职业为农民（12 位，54.55%）的校长比例相对较高；在 22 位九年一贯制校长中，母亲职业为农民（11 位，50%）的校长比例相对较高。此外，母亲职业为教师的 14 位校长中，任职幼儿园（8 位，57.14%）的校长比例较高（见表 5-4-2）。

表 5-4-2　　　　　　　　　　学校类型与母亲职业

	完中 4	初中 22	九年一贯制 22	幼儿园 72	小学 53	高中 5
教师			13.64	11.11	5.66	
技师			13.64	11.11	5.66	
公务员			4.55	1.39		
职员、专业技术人员	50			16.67	7.55	20
工人	25	22.73	27.27	31.94	18.87	20
农民	25	54.55	50	23.61	49.06	40
大型企业主或高管			4.55	1.39		
小型企业主或商贸从业者						
其他		4.55		5.56	11.32	
不适用或不方便回答		18.18		8.33	7.55	20

三　配偶职业与校长所在学校类型之间的关系并不显著

在4所完全中学中，配偶职业为职员或专业技术人员（3位，75%）的校长比例较高（见表5-4-3）。在22位初中校长中，配偶职业为教师（8位，36.36%）比例较高。在22位九年一贯制学校校长中，配偶职业为教师（7位，31.82%）、职员或专业技术人员（7位，31.82%）的校长比例较高。在72位幼儿园园长中，配偶职业为公务员（11位，15.28%）、职员或专业技术人员（22位，30.56%）、工人（11位，15.28%）的校长比例较高。在53位小学校长中，配偶职业为教师（16位，30.19%）、职员或专业技术人员（13位，24.53%）的校长比例较高。在5位高中校长中，配偶职业为教师（2位，40%）的校长比例较高。

表 5-4-3　　　　　　　　　　学校类型与配偶职业

	初中 22	九年一贯制 22	幼儿园 72	小学 53	完中 4	高中 5
教师	36.36	31.82	4.17	30.19	25	40
公务员	9.09	9.09	15.28	9.43		
职员、专业技术人员	22.73	31.82	30.56	24.53	75	20

续表

	初中 22	九年一贯制 22	幼儿园 72	小学 53	完中 4	高中 5
工人	4.55	9.09	15.28	11.32		
农民		4.55				
大型企业主或高管	13.64		5.56	5.66		
小型企业主或商贸从业者			8.33	3.77		
其他	9.09	13.64	9.72	7.55		20
不适用或不方便回答	4.55		11.11	7.55		20

第六章 时间分配：理解校长工作职责的重要路径

第一节 时间维度下的校长工作：文献梳理

一 校长研究的时间维度

（一）校长工作的时间困境

在世界上的大多数教育系统中，校长在学校管理与改进中扮演着重要角色。[1] 由于对校长的社会期望不断提高，时间分配已经成为很多国家的学校校长面临的一个复杂问题。[2] 部分地因为这一原因，Hallinger 和 Murphy 认为在学校改进方面，时间不足是校长领导力的核心事项。[3] 为了解决这一问题，首先需要将校长的工作划分到各个领域，并找出每个领域中与校长的工作时间分配相关的因素。迄今为止，大多数研究都聚焦于一种校长领导类型，如教学领导、分布式领导或变革型领导等。一些学者探索了

---

[1] Michael Fullan, *The principal: Three keys to maximizing impact*, San Francisco, CA: Jossey-Bass, 2014, p. 16.

[2] Mehmet Şükrü Bellibaş, Okan Bulut, and Philip Hallinger, et al., "Developing a validated instructional leadership profile of Turkish primary school principals", *International Journal of Educational Research*, Vol. 75, No. 1, 2016, pp. 115 – 133; Germán Fromm, Philip Hallinger, and Paulo Volante "Validating a Spanish version of the PIMRS: Application in national and cross-national research on instructional leadership", *Educational Management Administration & Leadership*, Vol. 45, No. 3, 2017, pp. 419 – 444; Bo Ning, "Principals' daily work time allocation: international differences, individual tendencies and policy suggestions", *Chinese Education Journal*, No. 286, 2017, pp. 12 – 19; Katina Pollock, Fei Wang, and David Cameron Hauseman, "Complexity and volume: An inquiry into factors that drive principals' work", *Societies*, Vol. 5, No. 2, 2015, pp. 537 – 565; James Sebastian, Camburn Eric M., and Spillane James P., "Portraits of principal practice: Time allocation and school principal work", *Educational Administration Quarterly*, Vol. 54, No. 1, 2018, pp. 47 – 84.

[3] Philip Hallinger and Joseph F. Murphy, "Running on empty? Finding the time and capacity to lead learning", *NASSP Bulletin*, Vol. 97, No. 1, 2013, pp. 5 – 21.

校长的时间分配与学生学业表现、校长领导经验、学校氛围改进以及家校关系之间的联系。[1] 很少有实证研究系统地审查学校管理情境与校长在每一工作领域的时间分配之间的关系。[2]

研究者往往对校长的工作内容或工作时间分配有着相似的分类,从而让这一领域的研究具有可比性。[3] 依据前人研究,TALIS2013 将校长的工作时间划分为六大领域:行政和领导任务、课程与教学相关任务、学生互动、家长互动、社区互动,以及其他。[4] 一般来说,这些分类方案更多地基于专业判断和人为划分而非实证证据,如因素分析的结果。在这些方案中,学校教育的利益相关者认为,行政的、教学的、互动的任务是学校校长的主要任务。特别值得一提的是,这些研究中的大多数都是基于时钟时间(clock time)衡量校长的时间分配——分配给每一工作任务领域的时间数量或比例,而不是经历的时间(experience time)——校长经历和"挤出"时间的相对视角,比如快乐的时光总是短暂的、重要的事情总是没有足够的时间等主观感受。[5]

校长的时间分配模型在不同国家的学校系统中存在很大差异。事实

---

[1] Jason Grissom, Susanna Loeb, and Hajime Mitani, "Principal time management skills: Explaining patterns in principals' time use, job stress, and perceived effectiveness", *Journal of Educational Administration*, Vol. 53, No. 6, 2015, pp. 773–793; Eileen Lai Horng, Daniel Klasik, and Susanna Loeb, "Principal's time use and school effectiveness", *American Journal of Education*, Vol. 116, No. 4, 2010, pp. 491–523.

[2] James Sebastian, Eric M. Camburn, and James P. Spillane, "Portraits of principal practice: Time allocation and school principal work", *Educational Administration Quarterly*, Vol. 54, No. 1, 2018, pp. 47–84.

[3] Mehmet Şükrü Bellibaş, Okan Bulut, and Philip Hallinger, et al., "Developing a validated instructional leadership profile of Turkish primary school principals", *International Journal of Educational Research*, Vol. 75, No. 1, 2016, pp. 115–133; Eileen Lai Horng, Daniel Klasik, and Susanna Loeb, "Principal's time use and school effectiveness", *American Journal of Education*, Vol. 116, No. 4, 2010, pp. 491–523; Katina Pollock, Fei Wang, and David Cameron Hauseman, "Complexity and volume: An inquiry into factors that drive principals' work", *Societies*, Vol. 5, No. 2, 2015, pp. 537–565; Eric Camburn, James P. Spillane, and Amber Pareja, "Taking a distributed perspective to the school principal's workday", *Leadership and Policy in Schools*, Vol. 6, No. 1, 2007, pp. 103–125.

[4] Organisation for Economic Co-operation and Development, *School leadership for learning: Insights from TALIS* 2013, Paris: OECD Publishing, 2016a.

[5] Scott Eacott, "The principals' workday: A relational analysis", *International Journal of Leadership in Education*, Feb. 2020, doi: 10.1080/13603124.2020.1725645.

第六章　时间分配：理解校长工作职责的重要路径

上，各国教育界对于校长的主要责任也有不同的看法①，制度设计和文化传统对校长的时间分配产生了范式层面的深远影响。② 通常，欧洲国家的校长，如捷克、丹麦、芬兰、荷兰、俄罗斯、瑞典等，往往在行政和领导任务上花费更多时间。③ 在很多美洲国家，如巴西、加拿大、智利、美国，学生和家长有很强的择校权④，校长会花费更多时间与学生和家长互动。在很多东亚国家，如中国、韩国和越南，当地教育部门为每所学校指定校长和教师，校长的学校管理必须适应学校发展需要。⑤ 同时，中国公立学校的就近入学政策，很大程度上限制了学生和家长选择学校的权利。⑥ 相应地，由于家长和社会对学生的高期望，学校校长往往会在课程和教学相关任务上花费更多时间，以便提高学校的学业表现。⑦

在很多国家，校长在学校领导过程中，期望在行政、教学、互动等领域建立一个比较均衡的时间分配模型。TALIS2013 的 34 个参与国和经济体的整体测试结果显示，拥有更好的时间管理技能的校长往往会在课堂与教学管理方面花费更多时间。⑧ 西方国家学校管理背景下的一些研究表明，

---

① Bo Ning, "Principals' daily work time allocation: international differences, individual tendencies and policy suggestions", *Chinese Education Journal*, No. 286, 2017, pp. 12–19.

② Germán Fromm, Philip Hallinger, and Paulo Volante, "Validating a Spanish version of the PIMRS: Application in national and cross-national research on instructional leadership", *Educational Management Administration & Leadership*, Vol. 45, No. 3, 2017, pp. 419–444; Moo Sung Lee and Philip Hallinger, "National contexts influencing principals' time use and allocation: Economic development, societal culture, and educational system", *School Effectiveness and School Improvement*, Vol. 23, No. 4, 2012, pp. 461–482.

③ Organisation for Economic Co-operation and Development, *School leadership for learning: Insights from TALIS 2013*, Paris: OECD Publishing, 2016a.

④ Cassandra M. Guarino, Lucrecia Santibañez, and Glenn A. Daley, "Teacher recruitment and retention: A review of the recent empirical literature", *Review of Educational Research*, Vol. 76, No. 2, 2006, pp. 173–208.

⑤ Philip Hallinger and, Truong Dinh Thang, "Exploring the contours of context and leadership effectiveness in Vietnam", *Leading and Managing*, Vol. 20, No. 2, 2014, pp. 43–59.

⑥ Ning Bo, *A cross-country comparative study of school climate in relation to student reading achievement*, Ph. D. dissertation, KU Leuven, 2014.

⑦ Philip Hallinger, "Bringing context out of the shadows of leadership", *Educational Management, Administration and Leadership*, Vol. 46, No. 1, 2016, pp. 5–24.

⑧ Organisation for Economic Co-operation and Development, *School leadership for learning: Insights from TALIS 2013*, Paris: OECD Publishing, 2016a.

很多校长往往会减少他们在行政任务[1]与关系建设[2]方面的时间。相比而言，上海在近年来实施的课程改革、教师评价和校长专业发展政策，需要校长将他们的工作重心从教学领导转向分布型和变革型领导。在TALIS2013上海调查中，校长在各项任务中的时间分配非常均衡，各有1/3左右的时间分配给了行政、教学与互动任务。这一点值得全世界教育界的广泛关注。关于TALIS2013参与国和经济体的校长时间分配的详细信息，请参阅附表·一。

近年来，校长领导研究转向强调学校管理情境。20世纪下半叶开展的研究证实了学校输入因素的重要性，如学生的社会经济构成、学校规模、年级水平与地理位置。[3] 21世纪早期实施的其他调查显示，学校的学术压力、学生参与、学生的社会经济构成、教师构成以及学校教育水平影响了校长的时间分配。[4] 总的来说，早期研究中发现的影响因素与学校社区背景紧密相关。相比之下，最近在加拿大安大略省进行的一项研究表明，学校管理情境，包括行政职责与责任、政治、外部影响和合作伙伴、发展中的挑战和可能性等，会影响校长的时间分配。[5] 同样地，另一项研究表明，学校管理情境，包括学校的权力结构、校长和学校的职责和限制等，对于上海校长的时间分配影响较大。[6] 根据这些发现，本研究围绕校长的工作职责、权力分配以及工作挑战三个方面，探讨上海学校的行政管理背景对校长时间分配的影响。

---

[1] Eileen Lai Horng, Daniel Klasik, and Susanna Loeb, "Principal's time use and school effectiveness", *American Journal of Education*, Vol. 116, No. 4, 2010, pp. 491–523.

[2] Jason Grissom, Susanna Loeb, and Hajime Mitani, "Principal time management skills: Explaining patterns in principals' time use, job stress, and perceived effectiveness", *Journal of Educational Administration*, Vol. 53, No. 6, 2015, pp. 773–793.

[3] Ellen Goldring, Jason Huff, and Henry May, et al., "School context and individual characteristics: What influences principal practice?", *Journal of Educational Administration*, Vol. 46, No. 3, 2008, pp. 332–352.

[4] Tiedan Huang, Craig Hochbein, and Jordan Simons, "The relationship among school contexts, principal time use, school climate, and student achievement", *Educational Management, Administration and Leadership*, Vol. 48, No. 2, 2018, pp. 305–323.

[5] Katina Pollock, Fei Wang, and David Cameron Hauseman, "Complexity and volume: An inquiry into factors that drive principals' work", *Societies*, Vol. 5, No. 2, 2015, pp. 537–565.

[6] Bo Ning, "Principals' daily work time allocation: international differences, individual tendencies and policy suggestions", *Chinese Education Journal*, No. 286, 2017, pp. 12–19.

第六章　时间分配：理解校长工作职责的重要路径

（二）有效性作为校长工作时间分配的出发点

校长工作的有效性成为众多学者关注的焦点。过去四十年中，许多国家中小学校长的赋权和问责都在不断加重，学校管理传统中首席教师（school head teacher）的概念逐渐为校长（school principal）所取代。在中国，学校政策环境的急剧变化，赋予校长越来越多的职责和任务，导致校长不得不在各项职责和任务的优先程度上做出选择。近年来，课程改革、教师评价和校长专业发展政策的出台，均以校长能够在既有工作基础上不断承担更多职责和任务作为基本假设。新的校长工作职责和任务框架要求校长的角色定位和领导方式发生根本转变，从专注课程和教学工作的教学领导范式，转向重视校内权力分配和管理体制建设的分布式领导范式和聚集学校持续创新和改进的变革型领导范式。对于为数众多的中国校长而言，这些新的工作职责和角色定位的实现存在一些挑战。[①] 与此同时，这些新职责和新角色对于学生学业质量改进的影响，值得深入研究。

校长工作有效性的时间维度。德鲁克在对卓越管理者的研究中发现，有效的管理工作从掌握时间而非完成任务开始。[②] 哈佛管理百科全书把能否"利用好时间"作为衡量管理者是否成熟的条件之一。在包括学校在内的公共管理领域，时间管理、时间领导和领导时间逐渐成为分析管理者行为的重要维度。[③] 在教育研究领域，TALIS2013 调查项目首次将校长工作时间分配结构，纳入对校长领导的调查框架。校长的工作时间被划分为六种活动类型：行政和领导事务、课程与教学事务、与学生互动、与家长互动、与社区互动、其他事务。TALIS2018 继承了这一调查内容，但是将行政和领导事务拆分为两个独立的活动类型。其中，行政事务包括制定规章制度、报告、学校预算、准备课表、班级构成、处理国家和省市政府部门的行政要求等常规管理工作。领导事务包括制定学校发展规划、处理人力资源和人事问题等宏观层面的战略规划和领导工作。课程与教学事务包括课程开发、教

[①] 宁波：《校长日常工作时间分配：国际差异、个体倾向性及对策建议》，《中国教育学刊》2017 年第 9 期。

[②] ［美］彼得·德鲁克：《卓有成效的管理者》，许是祥译，机械工业出版社 2005 年版，第 5 页。

[③] 张军成、凌文辁：《时间领导研究述评与展望：一个组织行为学观点》，《外国经济与管理》2015 年第 1 期。

学、课堂观察、学生评价、指导教师、教师专业发展。学生互动包括辅导和有组织的学习活动之外的谈话和纪律管理。家长互动包括各种正式和非正式互动。社区互动包括与地方、社区、企业和行业的互动。

行政和领导事务。有学者认为，校长在行政事务、领导事务、教学事务中的投入是影响学校表现的最重要因素，经验丰富的校长能够摆脱其他工作限制将时间投入这些领域当中。[1] 一项基于美国城市中心学区的研究结果显示，校长对于自己的组织管理技能（organizational management skills）的评价水平与所在学校的学业表现、教师满意度、家长对于学校表现的评价三个方面均具有显著积极相关关系。[2] 与之相反，校长对于自己的教学管理技能（instruction management skills）、行政技能（administration skills）、内部关系协调技能（internal relations skills）和外部关系协调技能（external relations skills）的评价水平与上述学校教育结果之间的关系均不显著。部分地由于频繁的干扰和各种棘手问题[3]，以及同学生家长的交流互动（Miller，2001）、同教育行政部门的交流互动[4]等因素的影响，校长的时间经常是碎片化的、缺乏规划的。正如 Manasse[5] 所说的那样，"各项工作内容的性质和节奏经常控制着校长，而非校长在主导这些工作"。在上海，制度化管理是一个将校长从行政事务中部分地、暂时地解放出来的路径。基于系统有效的学校管理制度和支持性的学校管理团队，有经验的校长能够将众多行政事务，特别是文案工作，分解给其他同事。在特殊情况下，比如病休、外出培训或者参加会议等，学校的其他行政人员仍能让

---

[1] Jason Grissom, Susanna Loeb, and Hajime Mitani, "Principal time management skills: Explaining patterns in principals' time use, job stress, and perceived effectiveness", *Journal of Educational Administration*, Vol. 53, No. 6, 2015, pp. 773 - 793.

[2] Jason Grissom and Susanna Loeb, "Triangulating principal effectiveness: How perspectives of parents, teachers, and assistant principals identify the central importance of managerial skills", *American Educational Research Journal*, Vol. 48, No. 5, 2011, pp. 1091 - 1123.

[3] Jack Blendinger and Gail Snipes, "Managerial behavior of a first-year principal", *Administrator responsibility*, 1996, https://files.eric.ed.gov/fulltext/ED404726.pdf. Philip Hallinger and Joseph F. Murphy, "Running on empty? Finding the time and capacity to lead learning", *NASSP Bulletin*, Vol. 97, No. 1, 2013, pp. 5 - 21.

[4] Eileen Lai Horng, Daniel Klasik, and Susanna Loeb, "Principal's time use and school effectiveness", *American Journal of Education*, Vol. 116, No. 4, 2010, pp. 491 - 523.

[5] A. Lorri Manasse, "Improving conditions for principal effectiveness: Policy implications of research", *The Elementary School Journal*, Vol. 85, No. 3, 1985, pp. 439 - 463.

第六章 时间分配：理解校长工作职责的重要路径

学校正常运作。

课程和教学事务。校长在课程和教学工作中的时间投入与学校学业表现之间的关系比较复杂。在低学业表现的学校当中，比如黑人学生和贫困学生较多的学校，校长不得不在课程和教学工作中投入较多时间。① 与此同时，在高学业表现的学校中，校长倾向于在教学领导中投入较多时间。② 部分地基于这一原因，校长在教学相关事务中的时间投入与学校教育结果的改进关系微弱。③ 特别值得强调的是，校长在课程和教学事务的不同工作内容上的时间投入与学校教育结果之间的关系并不一致，我们应该区分校长究竟在哪种事务中投入时间。研究结果显示，校长在教师专业发展引领方面的时间投入对于学生数学成绩提升具有较大的积极影响，然后是在教师评价方面的时间投入和教育项目开发方面的时间投入。④ 与之相反，校长在课堂教学巡视中的时间投入与学校教育结果改进之间的关系是负向的⑤，而课堂教学巡视是许多校长最经常使用的教学质量控制策略。

与当地社区的互动。与课程和教学事务方面的结论相似，校长在同当地社区互动中的时间投入与校长绩效之间的关系同样较为复杂。总体而言，在富有学区的学校工作，校长倾向于同当地社会广泛接触来获取更多社会资源，而贫困学区学校的校长更有可能通过与当地社区的广泛接触来

---

① Jason A. Grissom, Susanna Loeb, and Benjamin Master, "Effective instructional time use for school leaders: Longitudinal evidence from observations of principals", *Educational Researcher*, Vol. 42, No. 8, 2013, pp. 433 – 444.

② Hallinger Philip and Bickman Leonard, "School context, principal leadership, and student reading achievement", *The Elementary School Journal*, Vol. 96, No. 5, 1996, pp. 527 – 549. Ronald H. Heck and George A. Marcoulides, "The assessement of principal performance: A multilevel evaluation approach", *Journal of Personnel Evaluation in Education*, Vol. 10, No. 1, 1996, pp. 11 – 28.

③ Eileen Lai Horng, Daniel Klasik, and Susanna Loeb, "Principal's time use and school effectiveness", *American Journal of Education*, Vol. 116, No. 4, 2010, pp. 491 – 523. Henry May, Jason Huff, and Ellen Goldring, "A longitudinal study of principals' activities and student performance", *School Effectiveness and School Improvement*, Vol. 23, No. 4, 2012, pp. 417 – 439.

④ Jason A. Grissom, Susanna Loeb, and Benjamin Master, "Effective instructional time use for school leaders: Longitudinal evidence from observations of principals", *Educational Researcher*, Vol. 42, No. 8, 2013, pp. 433 – 444.

⑤ Jason A. Grissom, Susanna Loeb, and Benjamin Master, "Effective instructional time use for school leaders: Longitudinal evidence from observations of principals", *Educational Researcher*, Vol. 42, No. 8, 2013, pp. 433 – 444.

解决各种社会问题。[1] 在高效运转的处境不利的学校，校长扮演着学校与社区之间阀门的角色，管控进入学校的各种资源并努力控制来自当地社区的各种干扰。[2] 在高效运转的优势学校中，校长通常发挥"边界扳手"的作用，创设各种路径吸收社区成员参与学校活动。[3] 一项基于加拿大安大略省中学校长的研究结果显示，人际关系建构技能以及相关的组织和领导策略被校长们认定为工作压力的最大来源。[4]

与学生家长互动。在高效运转的美国中小学中，校长通常会鼓励家长参与学校事务[5]，而学生家长也更有可能愿意广泛参与学校工作和各种决策。[6] 基于以色列中小学的相关研究与这一结论一致，在有效运转的学校，校长通常重视学生家长参与学校事务。[7]

二 宏观环境和个体特征影响校长的工作时间分配

（一）校长工作的政策环境：校长的角色定位

国家的政治架构为学校领导提供了宏观环境。自 2000 年以来，研究者开始在"新公共管理"（Hallinger，2016）的话语体系中正面审视学校领导和社会政治目标之间的关系。自新中国成立以来，每个时代的教育指导思想都由中国共产党的中央委员会来发布，决定了哪些学校教育结果值

---

[1] Kenneth Leithwood and Vera N. Azah, "Secondary principals' and vice principals' workload study: Final report", 2014, http://www.docin.com/p-1458956011.html.

[2] Philip Hallinger and Joseph F. Murphy, "The social context of effective schools", *American Journal of Education*, Vol. 94, 1986, pp. 328–355.

[3] Philip Hallinger and Joseph F. Murphy, "The social context of effective schools", *American Journal of Education*, Vol. 94, 1986, pp. 328–355.

[4] Kenneth Leithwood and Vera N. Azah, "Secondary principals' and vice principals' workload study: Final report", 2014, http://www.docin.com/p-1458956011.html.

[5] Ronald H. Heck, Terry J. Larsen, and George A. Marcoulides, "Principal instructional leadership and school achievement: Validation of a causal model", *Educational Administration Quarterly*, Vol. 26, No. 2, 1990, pp. 94–125.

[6] Philip Hallinger and Ronald H. Heck, "Exploring the principal's contribution to school effectiveness: 1980–1995", *School Effectiveness and School Improvement*, Vol. 9, No. 2, 1998, pp. 157–191. Ronald H. Heck, Terry J. Larsen, and George A. Marcoulides, "Principal instructional leadership and school achievement: Validation of a causal model", *Educational Administration Quarterly*, Vol. 26, No. 2, 1990, pp. 94–125.

[7] Ellen B. Goldring and Rachel Pasternack, "Principals' coordinating strategies and school effectiveness", *School Effectiveness and School Improvement*, Vol. 5, 1994, pp. 239–253.

第六章　时间分配：理解校长工作职责的重要路径

得提倡。在学校层面，如果一所学校拥有三名及以上的中共党员，他们就具备了成立一个党支部的党员人数规定。理论上说，支部书记与校长具有相同的行政级别。校长的主要工作职责是学校发展，包括课程与教学、人事、财务、规划等。支部书记的主要职责是学校的意识形态建设，包括确保社会主义核心价值观、保护教师的合法权益、讨论和决定学校的重大事宜。在越南，学校治理中也有相似的党务——行政双重治理架构。[1]

学校领导中的分布式取向并没有侵蚀或者降低校长的学校领导和管理职能。这是一个重新界定校长角色的过程，强调共同愿景的建构、相互协作的规范、教与学的集体责任等。[2] 在中小学中，不同利益相关者之间的职责分配受到具体工作内容的影响较大。[3] 例如，校长需要在诸多事务中同当地社区进行交流，例如，在放学后通过开放学校场地和设施来获取收益，获取来自公共和私立机构的专业支持等。校长也需要处理来自社区的各种挑战，例如对于当地社区的各种消极的刻板印象，关于学校教育的种族或文化冲突，与学校和社区共同相关的社会问题等。同时，校长需要处理各种政治和体制挑战，包括不断开始新项目的压力；对于校长重要性的漠视等。[4]

在上海，过去四十年中急剧的政策环境变化赋予校长越来越多的工作职责和要求，在很大程度上决定了校长的工作时间分配。对于很多校长而言，完成全部工作内容几乎是不可能的，他们必须在各种优先事项和紧急事项中做出选择。近年来，课程改革、教师评价和校长专业发展方面的政策规定，似乎觉得校长具有无限潜能来应对不断增加的工作职责和任务。事实上，这些新的工作职责要求校长从专注于课程和教学事务的教学式领导（自20世纪90年代开始），向强调校内权力分配的分布式领导、持续改进和革新的变革型领导转变。这些新的工作职责和任务对于许多校长而

---

[1] Thang Dinh Truong, Philip Hallinger, and Kabini Sanga, "Confucian values and school leadership in Vietnam: Exploring the influence of culture on principal decision making", *Educational Management, Administration and Leadership*, Vol. 45, No. 1, 2017, pp. 77–100.

[2] James P. Spillane and Bijou R. Hunt, "Days of their lives: A mixed-methods, descriptive analysis of the men and women at work in the principal's office", *Journal of Curriculum Studies*, Vol. 42, No. 3, 2010, pp. 293–331.

[3] Eric Camburn, James P. Spillane, and Amber Pareja, "Taking a distributed perspective to the school principal's workday", *Leadership and Policy in Schools*, Vol. 6, No. 1, 2007, pp. 103–125.

[4] Katina Pollock, Fei Wang, and David Cameron Hauseman, "Complexity and volume: An inquiry into factors that drive principals' work", *Societies*, Vol. 5, No. 2, 2015, pp. 537–565.

言是巨大的挑战。其中的两个重要原因是，许多校长在领导技能方面仍显欠缺，而很多教师并没有将参与学校领导视为自己的工作职责。

与中国的情况相似，美国校长的角色变化也非常明显。[1] 在 20 世纪 70 年代，典型的校长形象是男性、独裁制的英雄领导者角色。到了现在，典型的校长形象逐渐成为女性、建立在广泛同事互动基础上的集体领导者角色。对于美国校长而言，在行政事务中的时间投入对于学校的学业成绩影响很大，但是对于员工和学生的幸福体验影响微弱。[2] 同时，美国教育政策制定者对于教学领导的重视催生了一系列问责制度，使得更为综合的教师和校长评价体系得以确立，继而提升了对于学生学业表现的基本要求。[3] 然而，美国社会现有的对于低表现学校教师和校长的淘汰政策，并没有成功地将教学领导从一种可能性转化成一种必然性。[4] 其中的一个重要原因是，复杂的教育情境使得校长无法全身心地投入教学领导当中。[5]

对于变革型领导的研究主要讨论校长对于各种挑战的应对路径。对于领导者而言，常见的工作挑战可以分为四类：失去控制；不可预测；社会—评价威胁（例如需要应对来自其他群体的评价）；新情况或者变化。[6]

---

[1] James Sebastian, Eric M. Camburn, and James P. Spillane, "Portraits of principal practice: Time allocation and school principal work", *Educational Administration Quarterly*, Vol. 54, No. 1, 2018, pp. 47 – 84.

[2] Eileen Lai Horng, Daniel Klasik, and Susanna Loeb, "Principal's time use and school effectiveness", *American Journal of Education*, Vol. 116, No. 4, 2010, pp. 491 – 523.

[3] Philip Hallinger and Joseph F. Murphy, "Running on empty? Finding the time and capacity to lead learning", *NASSP Bulletin*, Vol. 97, No. 1, 2013, pp. 5 – 21.

[4] Joseph Murphy, "The place of leadership in turnaround schools: Insights from organizational recovery in the public and private sectors", *Journal of Educational Administration*, Vol. 46, No. 1, 2008, pp. 74 – 98. Jack P. Silva, George P. White, and Roland K. Yoshida, "The direct effects of principal-student discussions on eighth grade students' gains in reading achievement: An experimental study", *Educational Administration Quarterly*, Vol. 47, 2011, pp. 772 – 793.

[5] Eileen Lai Horng, Daniel Klasik, and Susanna Loeb, "Principal's time use and school effectiveness", *American Journal of Education*, Vol. 116, No. 4, 2010, pp. 491 – 523. Henry May, Jason Huff, and Ellen Goldring, "A longitudinal study of principals' activities and student performance", *School Effectiveness and School Improvement*, Vol. 23, No. 4, 2012, pp. 417 – 439.

[6] Sally S. Dickerson, Shelly L. Gable, and Michael R. Irwin, et al., "Social-evaluative threat and proinflammatory Cytokine Regulation: An experimental laboratory investigation", *Psychological Science*, Vol. 20, No. 10, 2009, pp. 1237 – 1244. Nancy A. Nicolson, "Measurement of cortisol", in Linda J. Luecken, Linda C. Gallo, eds., *Handbook of physiological research methods in health*, Thousand Oaks, CA: Sage Publications, Inc., 2008, pp. 37 – 73.

第六章 时间分配：理解校长工作职责的重要路径

在很多时候，在物质条件和师资力量处于不利地位的学校抑或存在较大安全挑战的学校中，校长不会在工作中投入较多时间。[1] 一种解释是，很多这类学校的校长会有强烈的挫败感并失去应对挑战的信心。与之相似，在学生和教师不良行为较多的学校中，校长有可能在课程和教学事务中投入较少的时间。[2] 一种解释是，在投入学校工作的核心任务（如课程开发、教学改进等）之前，校长需要为学校的常规工作创造条件。

总体来说，在富有挑战的工作环境中，校长倾向于将工作内容进行优化，并聚焦到特定工作当中。例如，当校长在教学领导方面遇到挑战的时候，他们往往会优先处理教学事务。当校长需要应对学生行为失范问题的时候，他们会聚焦在学生事务当中。与之相反，在具有较小挑战的学校教育中，比如教师保持较高的学业压力、学生积极投入学习当中、较低比例的处境不利学生等，校长通常会均衡地分配工作时间。换言之，这些学校的校长不需要专注于教学领导或者学生工作，教师能够很好地应对教学任务，学生也能够积极投入学习活动当中，校长也没有很多处境不利学生需要予以特殊关照。[3]

为了让校长工作变得更加令人满意并富有成效，加拿大安大略省的中学校长提出两条系统层面的建议。[4] 他们希望教育部能够审慎地启动大规模教育改革，而地方教育行政部门应该支持学校层面的改革举措，以便创设一个更少行政职责、更多教学领导的学校工作环境。特别值得说明的是，校长们希望教育部尽量减少自上而下的改革动议，尽量接受自下而上的改革诉求，至少在放弃这些来自基层学校的改革诉求之前能够进行务实的评价。与此同时，地方教育行政部门应该增加非教学事务的人员配置

---

[1] Moo Sung Lee and Philip Hallinger, "National contexts influencing principals' time use and allocation: Economic development, societal culture, and educational system", *School Effectiveness and School Improvement*, Vol. 23, No. 4, 2012, pp. 461–482.

[2] Moo Sung Lee and Philip Hallinger, "National contexts influencing principals' time use and allocation: Economic development, societal culture, and educational system", *School Effectiveness and School Improvement*, Vol. 23, No. 4, 2012, pp. 461–482.

[3] Ellen Goldring, Jason Huff, and Henry May, et al., "School context and individual characteristics: What influences principal practice?", *Journal of Educational Administration*, Vol. 46, No. 3, 2008, pp. 332–352.

[4] Kenneth Leithwood and Vera N. Azah, "Secondary principals' and vice principals' workload study: Final report", 2014, http://www.docin.com/p-1458956011.html.

数，提高领导力培训的质量，加大对学校中层的支持力度，留给学校中层更多时间用于学校领导事务，增加精神健康类资源，增加副校长职数，改善学校工作环境。

（二）校长工作的教师伦理环境：校长的领导对象

许多研究结果都表明，教师参与学校决策能够激发教师的学校归属感、营造教师的集体劳动环境、激励教师参与学校工作的激情和创造性。[①]当然，教师参与学校决策也为校长带来了许多挑战和可能性，包括校长—教师互动情况、教师（参与学校决策）的准备情况和抵制情绪、教师的入职培训和离职情况、教师的专业发展和成长历程等。[②] 特别值得说明的是，在上海中小学的教师伦理环境中，教学往往被教师视为最重要有时甚至是排他性的工作职责。在很多时候，上海教师并不愿意将自己的想法和行动付诸学校决策。

与此同时，我们的研究结果也显示，教师参与学校管理与校长在各个领域的时间分配情况之间的关系并不显著。一种可能的解释是，由于教师习惯于服从校长的决定，教师的参与对于学校决策的实际影响并不大。同时，大多数校长本身就是优秀教师，他们对于学校情况的了解程度（全面和深入）也远大于普通教师。另外一种可能的解释是，多数校长特别是初任校长即便希望将学校管理的权力分配给教师，也缺乏正式或非正式的权威来实现这种想法，从而屈服于将教学任务和班级管理作为教师工作主要内容的教师职业伦理。事实上，很多校长都是在这种职业伦理当中成长起来的，他们自己也是相信这些伦理规范的。换言之，校长相信的伦理规范与他们实际的工作需要之间并不具有一致性。

一项国际比较研究结果显示，在中国和日本等具有集体主义文化传统的国家，管理者更有可能聚焦于集体目标和兴趣，尽量避免影响团队和谐或者让团队成员丢面子的各种冲突观点。[③] 这是一种对确定性的追寻和推

---

① Thang Dinh Truong, Philip Hallinger, and Kabini Sanga, "Confucian values and school leadership in Vietnam: Exploring the influence of culture on princiapl decision making", *Educational Management, Administration and Leadership*, Vol. 45, No. 1, 2017, pp. 77–100.

② Katina Pollock, Fei Wang, and David Cameron Hauseman, "Complexity and volume: An inquiry into factors that drive principals' work", *Societies*, Vol. 5, No. 2, 2015, pp. 537–565.

③ Maris G. Martinsons, and Robert M. Davison, "Strategic decision-making and support systems: Comparing American, Japanese, and Chinese management", *Decision Support Systems*, Vol. 43, No. 1, 2007, pp. 284–300.

第六章 时间分配：理解校长工作职责的重要路径

崇。与之相反，在美国这样的个人主义文化传统的国家，管理者更有可能强调个人贡献，认为具有冲突性的各种观点是集体决策当中正常但是并不愉快的一个方面。这种文化传统更有可能将组织决定对于结果的影响放在更为重要的地位，而不是组织内部的人际关系。[1]

（三）与时间分配相关的校长个体特征

TALIS2013 的调查结果显示，校长的性别、年龄、教育和工作背景对于校长时间分配的影响并不显著。一项基于美国数据的研究结果得到相似结论。[2] 唯一的例外是，在当前学校工作不足两年的校长（34%的工作时间）在行政事务中投入的时间，要多于在同一所学校中工作 4 年及以上的校长（22%）。同时，在很多国家和地区，具有教师工作经历或者承担教学职责的校长并不一定在教学领导中投入较多时间。[3] 为数不多的几个例外包括：在上海，承担教学职责的校长在教学领导中投入较多时间；在丹麦、拉脱维亚和挪威，承担教学职责的校长在教学领导中投入较少时间。[4]

校长的时间分配结构与他们的专业发展情况和能力结构一致。在上海，大多数校长将自己的角色定位为"学习的领导者"。[5] 这种角色定位需要他们致力于引导教师重视专业学习和相互协作。对于大多数上海教师而言，成为教学专家是他们被提升为校长的主要路径。校长和教师都会经常参加各种形式和层次的教学比赛和展示活动。这类活动和比赛在教师、家长和各个层级的教育行政部门中均被广泛认可。

与之相反，娴熟的学校行政素养并不足以让一个教师被提升为校长。同时，绝大多数校长也不愿意在行政和领导事务中投入较多时间。一项基

---

[1] Thang Dinh Truong, Philip Hallinger, and Kabini Sanga, "Confucian values and school leadership in Vietnam: Exploring the influence of culture on principal decision making", *Educational Management, Administration and Leadership*, Vol. 45, No. 1, 2017, pp. 77–100.

[2] Eileen Lai Horng, Daniel Klasik, and Susanna Loeb, "Principal's time use and school effectiveness", *American Journal of Education*, Vol. 116, No. 4, 2010, pp. 491–523.

[3] Organisation for Economic Co-operation and Development, *School leadership for learning: Insights from TALIS 2013*, Paris: OECD Publishing, 2016a.

[4] Organisation for Economic Co-operation and Development, *School leadership for learning: Insights from TALIS 2013*, Paris: OECD Publishing, 2016a.

[5] Khalid I. Khoshhal and Salman Y. Guraya, "Leading teacher learning in China: A mixed mothods study of scuessful school leadership", in Kenneth Leithwood, Jingping Sun and Katina Pollock, eds., *How school leaders contribute to student success*, Springer International Publishing, 2017, pp. 279–303.

于上海学校的研究结果显示,30%的校长坦言自己不愿意在日常的行政事务中追求完美。① 与此同时,校长通常不会因为他们在行政事务和社会活动中的积极参与而获得国家和各级教育行政部门的肯定和表彰。

与此同时,上海校长的社会交往能力也相对较弱。确切地说,很多校长能够跟教育系统内的同事很好地沟通合作,却无法调动教育系统外的人和组织参与学校活动。例如,校长能够娴熟地处置校内的纪律和教学问题,解决师生中间的冲突,富有成效地同当地教育局和教育学院进行沟通合作。但是,他们中的很多人往往并不善于吸收社会捐赠,也不擅长建设基于当地民众而非教育系统内部的课外活动。

来自教育领域以外的研究结果表明,有效的时间管理技术能够帮助校长满足工作需要,缓解工作压力,提高工作产出。② 这些时间管理技术包括:确立可实现的目标;确定事情的优先等级;监控自己的进步节奏;确保组织的有序性。③ TALIS2013 的调查结果显示,校长在教学领导和分布式领导中的参与程度能够通过有针对性的培训得以加强。④ 在上海,参与校长研修项目的校长更有可能在课程与教学事务中投入较多时间,在学生互动中投入较少时间;他们在行政和领导事务、家长互动、社区互动中的时间投入与其他同事并没有显著差异。

Spillane 和 Hunt⑤ 基于校长的时间分配情况确定了三种校长领导风格。总体来说,行政取向的校长(administration-oriented principals)更有可能具

---

① 陈茜、吴志宏:《中小学校长时间实际分配与愿望分配的相关研究》,《教育评论》2000年第6期。

② Jason Grissom, Susanna Loeb, and Hajime Mitani, "Principal time management skills: Explaining patterns in principals' time use, job stress, and perceived effectiveness", *Journal of Educational Administration*, Vol. 53, No. 6, 2015, pp. 773 – 793.

③ Brigitte J. C. Claessens, Wendelien Van Eerde, and Christel G. Rutte, et al., "Planning behavior and perceived control of time at work", *Journal of Organizational Behavior*, Vol. 25, No. 8, 2004, pp. 937 – 950. Brigitte J. C. Claessens, Wendelien van Eerde, and Christel G. Rutte, "A review of the time management literature", *Personnel Review*, Vol. 36, No. 2, 2007, pp. 255 – 276.

④ Organisation for Economic Co-operation and Development, *TALIS 2013 results: An international perspective on teaching and learning*, Paris: OECD Publishing, 2016b, https://doi.org/10.1787/9789264196261 – en.

⑤ James P. Spillane and Bijou R. Hunt, "Days of their lives: A mixed-methods, descriptive analysis of the men and women at work in the principal's office", *Journal of Curriculum Studies*, Vol. 42, No. 3, 2010, pp. 293 – 331.

有较低的受教育程度、发展目标、期望水平，他们所在学校的同事更有可能具有较低的相互信任、发展目标和期望水平。独角兽型的校长（Solo-practitioner principals）更有可能具有较低的专业知识、较高的发展目标和期望水平，他们自己和学校同事教学经历都较为丰富。人际取向的校长（people-oriented principals）更有可能具有较高的受教育程度，他们自己和学校同事的教学经历也较少。在教学领导方面，行政取向的校长更有可能聚焦于学生学习，特别是学生能够做的事情和取得的成绩。独角兽型校长更有可能聚焦于课堂教学，特别是确定有问题的教学策略并提出替代方案。人际取向的校长更有可能聚焦于营造相互信任和尊重教师在教与学中进行广泛合作的学校氛围。这是一种领导和管理课程与教学的间接路径。

三 校长工作时间研究的理论框架和分析方法

（一）校长工作时间研究的几个重要理论框架

与其他领域经典的领导研究一致，很多校长领导研究通过分析校长的工作背景与个体特征来确认有效的校长领导风格。例如，基于权变理论（contingency theory）的研究者认为，校长领导的有效性在很大程度上取决于他的工作环境。[1] 然而基于特质理论（trait theory）的研究者认为，对于领导风格及其有效性的研究必须更多地关注校长的个体特征。[2] 近年来，很多文献从教学领导、分布式领导与变革型领导三个角度对校长领导进行了探讨。Bellibas 及其同事认为，具有教学领导风格和分布式领导风格的校长在普通学校扮演着至关重要的角色，而那些具有变革型领导风格的校长在具有挑战性的学校中扮演着重要角色。[3] 我们认为，每位校长必须在不同程度上承担这些角色。此外，无论领导风格如何，每位校长必须在工

---

[1] Anit Somech and Maayan Wenderow, "The impact of participative and directive leadership on teachers' performance: The intervening effects of job structuring, decision domain, and leader-member exchange", *Educational Administration Quarterly*, Vol. 42, No. 5, 2006, pp. 746–772.

[2] James Sebastian, Eric M. Camburn, and James P. Spillane, "Portraits of principal practice: Time allocation and school principal work", *Educational Administration Quarterly*, Vol. 54, No. 1, 2018, pp. 47–84.

[3] Mehmet Şükrü Bellibaş, Okan Bulut, and Philip Hallinger, et al., "Developing a validated instructional leadership profile of Turkish primary school principals", *International Journal of Educational Research*, Vol. 75, No. 1, 2016, pp. 115–133.

作职责、权力分配和工作挑战等学校管理情境中,考虑学校利益相关者之间的关系。

教学领导研究主要关注校长对于课程和教学相关任务的职责确认。作为一个教学领导者,校长的主要责任是促进和支持教学与学习的提升。此外,校长应该促进教师的专业成长,确保他们都能拥有、保持与增强他们的教学技能,以优化学生的学习。[①] 一个积极、直接参与到课程与教学事务的校长通常效率较低,因为这些活动阻碍了校长为学校员工创造必要的架构、资源与氛围以推动学生成就的能力。[②] 本研究探讨了校长在新教师的非正式入职培训,支持教师合作来改进教学,以及决定学校内部预算分配方面的职责。前两项职责涉及教师支持,后一项涉及教师激励。

分布式领导研究致力于探索与学校利益相关者之间的权力分配情况。分布式领导强调让副校长、教师、学生、家长与社区成员等其他利益攸关方共同参与到改善学校氛围的集体努力中。它不仅反映了校长的领导力,还反映了在学校架构中扮演领导者角色的其他人。[③] 分布式领导颠倒了学校权力分布的传统层级结构——校长最高,行政人员居中,教师居于底层。本项研究将探索校长和副校长、学生以及家长分享学校决策的方式,并以他们是否被纳入学校管理团队为衡量标准。

变革型领导研究主要关注校长应对工作挑战的方式。一项基于28个OECD国家的研究发现,在物质和人力资源条件不利、环境不安全的学校里,校长往往在工作上投入时间较少。[④] 这是因为很大一部分校长会由于这种情况而受挫,从而降低了应对困难的自信心。与此同时,在较小挑战性的学校背景中,比如更高的教师学术压力、更高的学生参与度和更少的

---

① Organisation for Economic Co-operation and Development, *TALIS 2013 results: An international perspective on teaching and learning*, Paris: OECD Publishing, 2016b, https://doi.org/10.1787/9789264196261-en.

② Organisation for Economic Co-operation and Development, *TALIS 2013 results: An international perspective on teaching and learning*, Paris: OECD Publishing, 2016b, https://doi.org/10.1787/9789264196261-en.

③ Organisation for Economic Co-operation and Development, *School leadership for learning: Insights from TALIS 2013*, Paris: OECD Publishing, 2016a.

④ Moo Sung Lee and Philip Hallinger, "National contexts influencing principals' time use and allocation: Economic development, societal culture, and educational system", *School Effectiveness and School Improvement*, Vol. 23, No. 4, 2012, pp. 461–482.

第六章 时间分配：理解校长工作职责的重要路径

弱势学生，校长更有可能在教学、管理、互动任务中平均分配他们的时间。[1] 相比之下，富有成效的校长往往将注意力聚焦于具有挑战性的任务。例如，在学生和教师不良行为较多的消极氛围中，富有成效的校长在克服学校常规运作的障碍之前，往往在课程和教学相关任务上花费更少时间。[2] 这项研究将调查校长的工作挑战，包括教学资料短缺、校长缺乏专业发展以及学校环境中的社会—情感危机和人身不安全感。这些挑战分别反映了学校的物质、人员与人际环境。

总体来说，过去关于教学领导、分布式领导和变革型领导的研究大多数倾向于从工作职责、权力分配或工作挑战等特定视角来理解校长领导，这些视角共同构成了学校管理情景。校长的分布式领导并不简单地等同于将他们的行政和领导职责分配或者分享给学生、家长、教师等其他利益相关者。它还包括同这些利益相关者之间的交流与互动。[3] 一方面，校长的行政领导在很大程度上指向学校中的利益各方[4]；另一方面，同利益各方的社会交往构成了校长行政领导的主要内容。同时，从事人力资源管理，包括教师的工作职责、相互协作、尽职情况的建设等，是校长变革型领导的基础。只有同利益各方积极协调，校长才能够确定学校发展愿景、分配工作职责、修正不当言行、激发工作激情、优化学习氛围、规划和经营专业发展项目。从这个意义上说，与人交往的效率是校长进行变革型领导是否有效的基石。

（二）校长工作时间研究的主要方法

在校长时间分配研究领域，民族志的方法、观察的方法和自评报告的

---

[1] Ellen Goldring, Jason Huff, and Henry May, et al., "School context and individual characteristics: What influences principal practice?", *Journal of Educational Administration*, Vol. 46, No. 3, 2008, pp. 332–352; Tiedan Huang, Craig Hochbein, and Jordan Simons, "The relationship among school contexts, principal time use, school climate, and student achievement", *Educational Management, Administration and Leadership*, Vol. 48, No. 2, 2018, pp. 305–323.

[2] Moo Sung Lee and Philip Hallinger, "National contexts influencing principals' time use and allocation: Economic development, societal culture, and educational system", *School Effectiveness and School Improvement*, Vol. 23, No. 4, 2012, pp. 461–482.

[3] Organisation for Economic Co-operation and Development, *TALIS 2013 results: An international perspective on teaching and learning*, Paris: OECD Publishing, 2016b, https://doi.org/10.1787/9789264196261-en.

[4] Rodney T. Ogawa and Steven T. Bossert, "Leadership as an organizational quality", *Educational Administration Quarterly*, Vol. 31, 1995, pp. 224–243.

方法被大量使用。民族志研究通常基于档案和访谈数据，分析典型校长的背景和成长经历。[1] 观察研究通常会记录校长在一个工作日的若干时间段内的工作任务、位置、动机和行为，与之相关的交流对象和工作伙伴，以及活动类型和时间长度。[2] 自评报告研究通常通过日志数据、调查和问卷等手段，从校长、教师、学生或其他相关群体的视角分析校长的观念、行为和习惯。[3] TALIS 项目就是基于教师和校长调查的自评报告研究。

与民族志研究和观察研究相比，自评报告研究的优势在于来自校长的评分和赋值与校长本人的理解更加一致。例如，基于民族志或观察研究的学者可能将校长和教师关于学生违纪行为的一次非正式交谈解释为建立学校内部关系，然而校长本人却认为是对教师的一次非正式指导。当然，校长在时间分配和其他维度的自评报告也可能偏离真实情境，仅仅只是反映校长本人的主观意愿。例如，在中国香港、中国台湾、菲律宾、泰国和美国等多个国家和地区都曾发现，不同教师对于校长领导行为的认知可能存在较大差异，也可能与校长本人的认知不同。[4] 民族志和观察研究的另外一个重要缺陷是，这类研究仅仅能够覆盖少数校长，因此限制了研究结论在各种教育情境中对于不同类型校长的适用性。

第二节 时间维度下的校长工作：调查数据

一 上海校长的一天是这样度过的

在正常的一个工作日，校长大约投入 10.88 小时到工作当中（SD = 1.45 小时），平均的睡眠时间为 6.35 小时且差异较大（SD = 1.49 小时）（见图 6 -

---

[1] Harry F. Wolcott, *The man in the principals' office: An ethnography*, New York: Holt, Rinehart & Winston, 1973.

[2] Mark J. Martinko and William Gardner, *The behaviour of high performing educational manager: An observational study*, Tallahassee, FL: Florida State University, 1983.

[3] Katina Pollock and David Cameron Hauseman, "Canada: Principal Leadership in Canada", in Helene Ärlestig, Christopher Dayand Olof Johansson, eds., *A Decade of Research on School Principals: Cases from 24 Countries*, 2015, pp. 202 – 232.

[4] Phillip Hallinger, Wen-Chung Wang, and Chia-Wen Chen, "Assessing the measurement properties of the Principal Instructional Management Rating Scale: A meta-analysis of reliability studies", *Educational Administration Quarterly*, Vol. 49, No. 2, 2013, pp. 272 – 309.

2-1）。除了工作和睡眠之外，校长用于家庭事务的时间只有 0.88 小时（SD = 0.4 小时），用于就餐的时间只有 0.7 小时（SD = 0.2 小时），用于运动的时间为 0.41 小时（SD = 0.41 小时）。特别值得说明的是，校长平均每天用于学习的时间为 0.65 小时，校长之间的差异非常大（SD = 1.1 小时）。

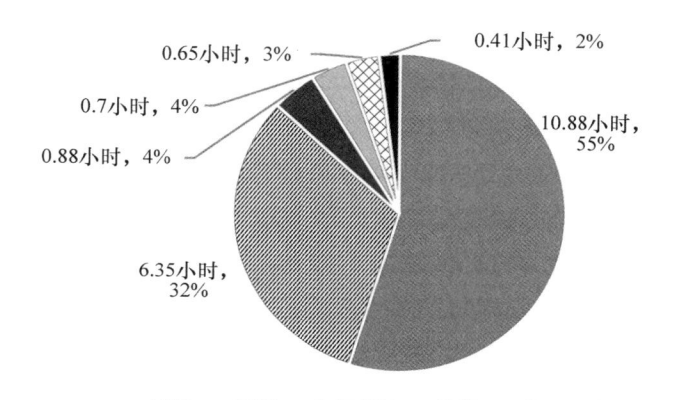

图 6-2-1 校长的一个正常工作日的时间分配

不同类型学校的校长在时间分配上的差异较大（见图 6-2-2）。就工

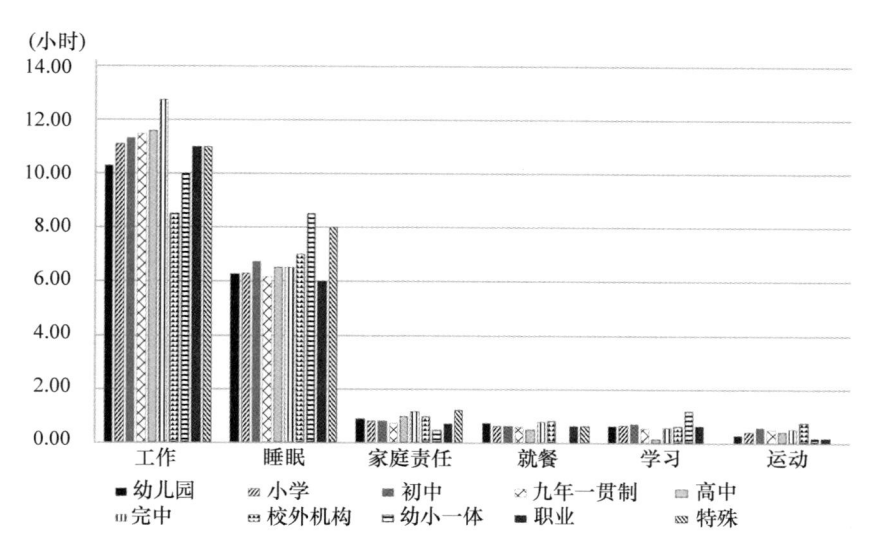

图 6-2-2 不同类型学校校长的时间分配

作时间而言，校外机构校长投入的时间最短，完中校长的工作时间最长。就睡眠时间而言，幼小一体的学校和特殊学校的校长投入时间较多，九年一贯制学校和职业学校的校长投入时间较少。就家庭责任而言，特殊学校校长投入的时间最少，其他各类学校校长的时间投入相似。就就餐时间而言，各类学校校长的时间投入相似。就学习时间而言，幼小一体学校的校长投入时间最多，高中校长投入的时间最少。就运动时间而言，校外机构投入的时间最多，幼小一体、职业学校、特殊学校校长的时间投入均较少。

二 校长的工作时间分布情况

工作日学校工作时间（见图6-2-3）。基于样本区域的调查结果显示，绝大多数校长每天在学校的工作时间为8—11小时（97.12%），每天在学校的工作时间在7小时及以下的校长仅占2.88%。其中，工作日学校工作时间为8小时的校长占18.66%；工作时间为9小时的校长占25.36%；工作时间为10小时的校长占44.98%；工作时间为11小时及以上的校长占8.13%。

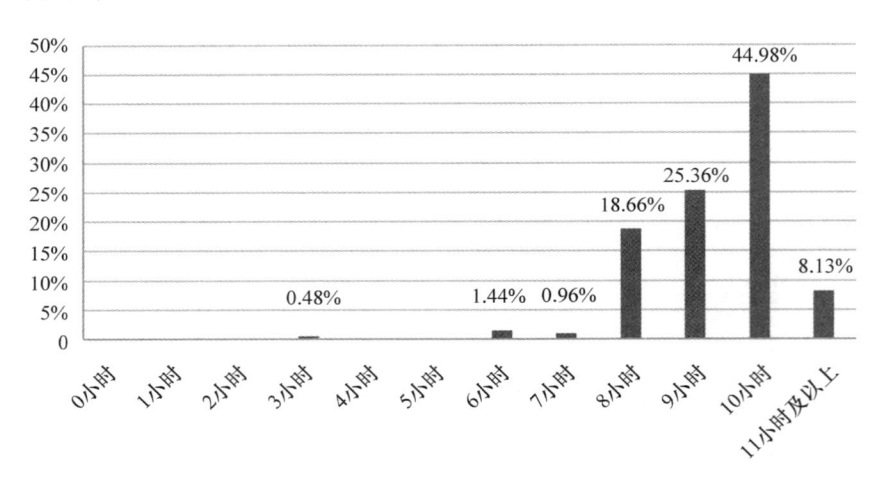

图6-2-3 校长工作日学校工作时间的差异情况

工作日在家工作时间。绝大多数校长每个工作日都会将工作带回家（96.65%），能够做到在家不办公的校长仅占3.35%。比例较高的校长在家办公的时间为 1 小时（53.11%）或者 2 小时（33.49%）。特别值得说明的是，少数校长习惯在家工作，大约 2.4% 的校长工作日在家的工作时间为 6 小时及以上。

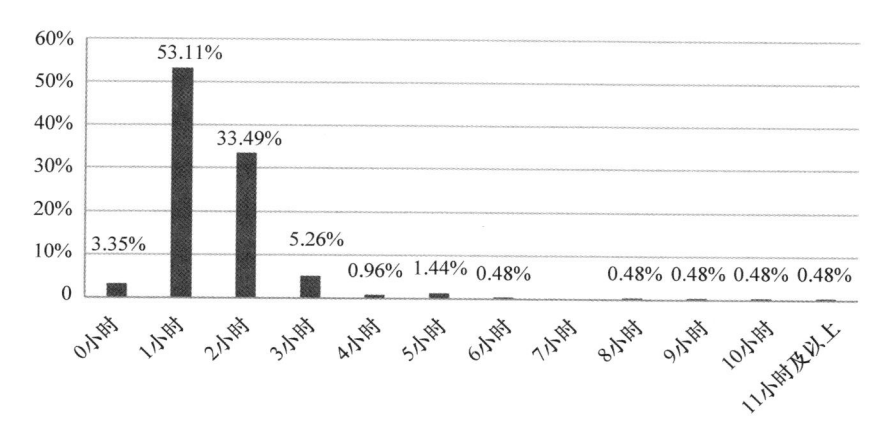

图 6-2-4　校长工作日在家工作时间的差异情况

周末加班时间。周末加班对于校长而言是工作常态，仅有 5.26% 的校长周末不加班。正常的一个周末，平均每天的加班时间大多在 1—4 个小时（80.39%），分布情况如下：1 小时（22.01%）；2 小时（29.67%）；3 小时（10.53%）；4 小时（18.18%）。

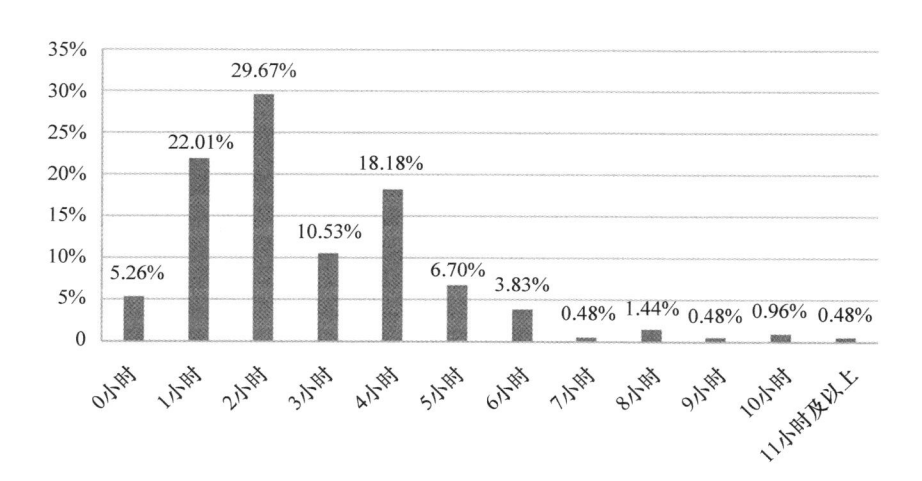

图 6-2-5　校长周末工作时间的差异情况

每周工作时间。有鉴于不同校长在时间使用方面的差异，通过计算校长每周工作时间来反映校长的总体时间投入具有现实意义（见表6-2-1）。校长的每周工作时间=（工作日学校工作时间+工作日在家工作时间）×5+周末工作时间×2。基于样本区域的调研结果显示，比例较高的校长每周工作51—60小时（38%）或者61—70小时（32.96%）；校长报告的最短工作时间是32小时（0.56%）和40小时（0.56%），最长工作时间是100小时（0.56%）；部分校长的加班时间较短，每周工作时间在41—50小时（16.2%）；少数校长的加班时间较长，每周工作时间在71—80小时（8.38%）和81—90小时（2.49%）。简单的相关分析结果显示，校长在三个时间段的时间投入存在较大差异。其中，工作日学校工作时间与工作日在家工作时间之间的相互关系并不显著（$r=-0.06$；$p=0.41$）；工作日学校工作时间与周末工作时间之间的相互关系并不显著（$r=0.1$；$p=0.17$）；工作日在家工作时间与周末工作时间之间的相互关系较强（$r=0.49$；$p<0.001$）。无法基于上述三种时间利用方式建构校长加班指数。

表6-2-1　　　　校长每周累计工作时间的分布情况

每周工作时间	占比
32小时	0.56
40小时	0.56
41—50小时	16.2
51—60小时	38
61—70小时	32.96
71—80小时	8.38
81—90小时	2.49
100小时	0.56

三　校长的工作时间分配

工作时间分配是理解校长工作的重要途径（见图6-2-6）。经典的校长研究将校长工作分为如下三个维度：课程与教学事务（业务）、领导与行政事务（管理）、人际交往（协调）。在本项调研中，我们从以下9个维

第六章 时间分配：理解校长工作职责的重要路径

度了解校长每周的工作时间分配情况：行政事务、领导事务、教学事务、课程事务、与学生互动、与教师互动、与家长或学生监护人互动、与地方和地区社区及企业和行业互动以及其他。在正常的一周工作中，校长的工作时间为49.52小时。其中，校长的工作围绕日常管理和业务工作展开，包括：行政事务（9.78小时，20%）、领导事务（8.07小时，16%）、教学事务（8.26小时，17%）、课程事务（5.8小时，12%）。在人际协调方面，与教师互动（6.13小时，12%）和与学生互动（4.04小时，8%）的时间投入相对较多，与家长或学生监护人互动（2.68小时，5%）和与社区、企业和行业互动（1.78小时，4%）的时间投入相对较少；除上述事务之外，校长在其他事务上（2.98小时，6%）的时间投入较少。

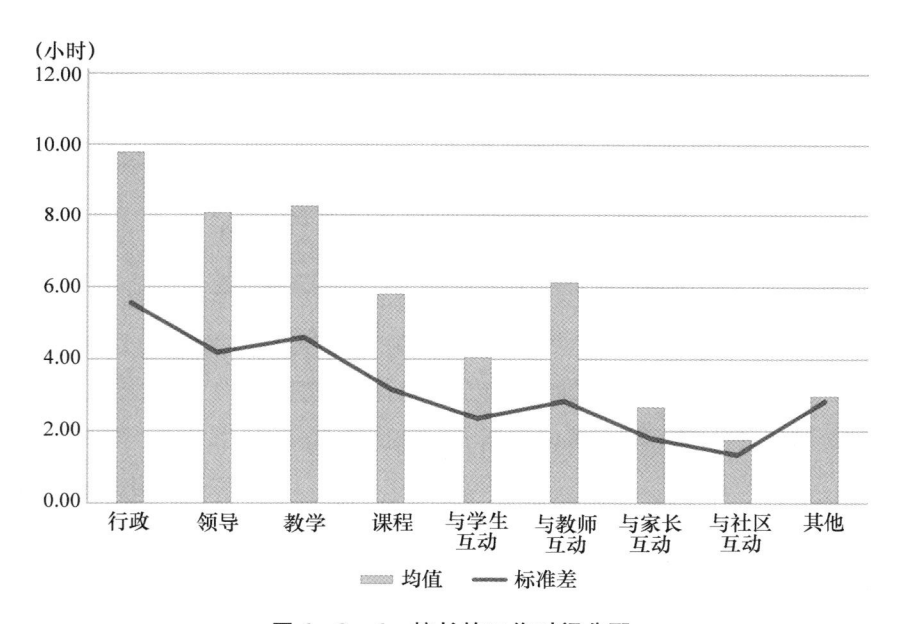

图6-2-6 校长的工作时间分配

不同类型学校的校长在时间分配方面存在较大差异（见图6-2-7）。除特殊学校、职业学校、幼小一体学校、校外机构外，完中校长的工作时间最多（58.25小时），高中（51.8小时）和九年一贯制学校（52.02小时）居中，初中（49.02小时）、小学（49.63小时）、幼儿园（48.3小时）校长略少。在行政事务中，初中和高中校长的时间投入较多，幼儿园和完中校长的时间投入较少；在领导事务中，高中和完中校长的时间投入较多；在教学事务中，九年一贯制学校和完中校长的时间投入较多，初中和高中校长的时间投入较少；在课程事务中，幼儿园、九年一贯制学校、完中校长的时间投入较多，小学、初中、高中校长的时间投入较少；在学生互动中，完中校长的时间投入较多，初中、九年一贯制学校、高中校长的时间投入较多；在与教师互动中，完中校长的时间投入较多，高中校长的时间投入较少；在与家长互动、与社区互动中，各类学校的时间投入相似；在其他事务中，初中校长的时间投入较多。

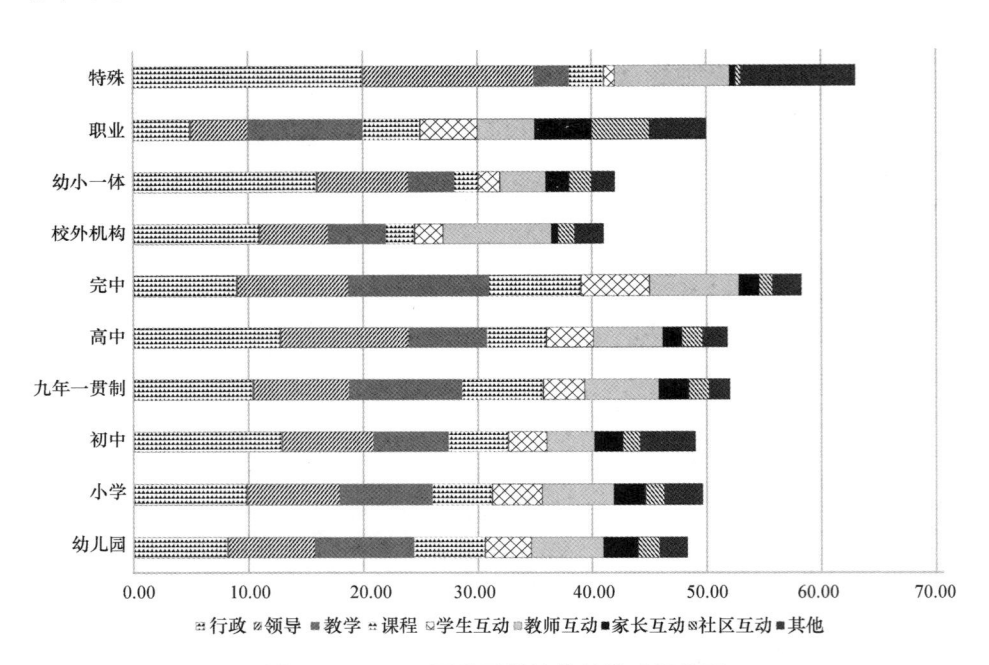

图 6-2-7　不同类型学校校长的时间分配

四　校长的教学职责

基于样本区域的调查结果显示，40.67%的校长目前仍旧承担教学任务。在所有承担教学职责的校长中，承担幼儿园（30.59%，26 位）和小学学段（50.59%，43 位）教学职责的校（园）长占比最高（见图 6-2-8）；其次是承担初中学段教学任务的校长（16.47%，14 位）。同时，也有部分校长承担高中学段的教学任务（2.35%，2 位）和其他学段的教

第六章 时间分配：理解校长工作职责的重要路径

学任务（1.18%）。需要特别说明的是，承担某个学段教学任务的校长，并不一定是这类学校的校长。例如，在样本区域的学校中存在众多九年一贯制学校、完全中学，均覆盖两个及以上学段。

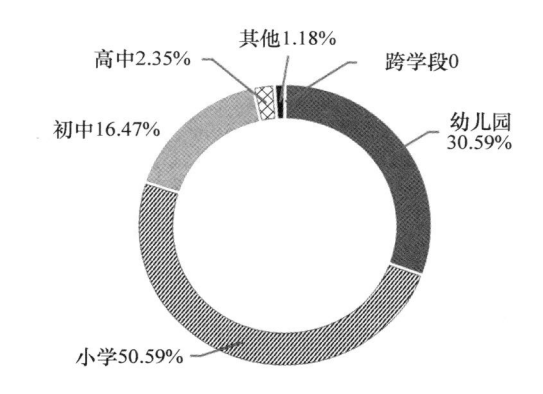

图6-2-8 承担不同学段教学任务的校长占比

小学学段校长的任教学科。在承担小学段教学任务的43位校长中，承担品德与社会课程教学任务的校长占比最高（25.58%，11位），其次是拓展型课程（13.95%，6位）、语文（11.63%，5位）、自然（11.63%，5位）等课程（见图6-2-9）。

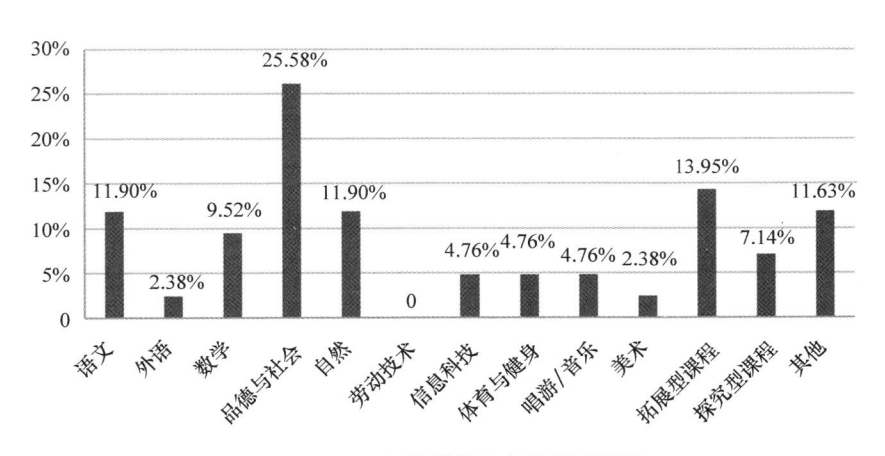

图6-2-9 小学学段校长的任教科目

293

初中学段校长的任教学科。在承担初中段教学任务的 14 位校长中，承担思想品德课程教学任务的校长占比最高（35.71%，5 位），其次是语文（14.29%，2 位）、外语（14.29%，2 位）课程的校长。此外，各有一位校长承担数学、历史、地理、物理学科的教学工作，分别占 7.14%（见图 6-2-10）。

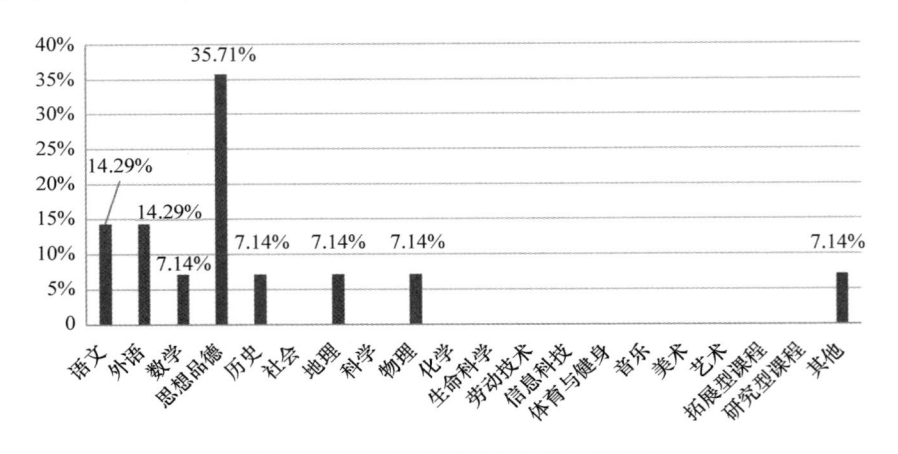

图 6-2-10　初中学段校长的任教学科

所教与所学的一致性。在承担教学任务的 85 位校长中，所承担课程与所受学科教育的一致性不高（见图 6-2-11）。其中，24.71%（21 位）的校长承担的课程与原始学历和后续学历所学学科均一致；16.47%（14 位）的校长承担的课程与原始学历所学学科一致；7.06%（6 位）的校长承担的课程与后续学历所学学科一致。特别值得说明的是，38.82%（33 位）的校长没有学科教育的背景，原始学历或后续学历所学学科为教育学、小学教育学、学前教育学、教育管理学等教育学相关专业；10.59%（9 位）的校长承担的课程与原始学历和后续学历所学学科均不一致。

校长的每周课时数。在承担教学任务的 85 个校长中，多数校长的每周课时数为 2 节（42.35%，36 位）；比例较高的校长每周课时数位 3—8 节，其中 3 节（10.59%，9 位）、4 节（14.12%，12 位）、5 节（7.06%，6 位）、6 节（8.24%，7 位）、7 节（1.18%，1 位）、8 节（5.88%，5 位）；每周 1 节课的校长比例同样较高（9.41%，8 位），课时数最高的校长每周承担 10 节课（1.18%，1 位）（见图 6-2-12）。

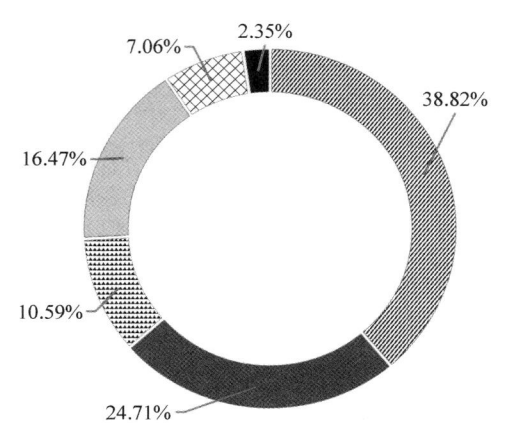

第六章 时间分配：理解校长工作职责的重要路径

图 6-2-11 承担教学任务校长的任教科目与所学学科的一致性

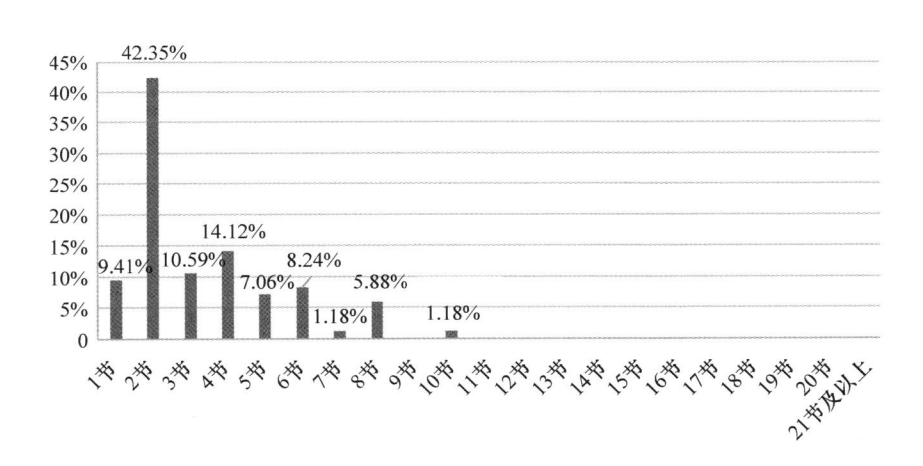

图 6-2-12 承担教学任务校长的周课时数

第三节 学校管理情境中的上海初中校长时间分配

一 问题的提出

本节内容基于2013年教与学国际调查项目（TALIS2013）上海数据（见表6-3-1），希望能够填补这部分研究的文献空白。

295

表 6-3-1　前人研究的总结和本研究的研究设计

分类	前人研究的总结	本研究的研究设计
校长工作的分类	三个任务领域，包括行政、教学和互动	利用 TALIS 2013 的概念框架
校长时间分配的传统	欧洲、美国和东亚国家的主要任务领域存在很大差异	关注上海校长在不同学校环境和全球背景下的表现
校长时间分配的趋势	各国校长领导研究均期望建立一个相对均衡的时间分配模式	考察校长时间分配的限制性结构
与校长时间分配相关的背景因素	从强调学校投入和社区环境到强调学校管理情境的转变	确定学校管理情境对于校长时间分配的解释性结构
研究视角	教学领导、分布式领导或变革型领导的单一视角	教学领导、分布式领导和变革型领导的综合视角

在上海，大多数初中学校只包括初中学段，但有些学校是与小学、高中或两个学段相结合的，比如九年一贯制学校、完全中学、十二年一贯制学校等。① 通常情况下，初中学校的学生人数差异很大。在 TALIS2013 调查期间，进入样本框的学校学生人数在 80—3395 名。一所初中学校平均包括 922 名学生和 78 名教师，平均师生比是 1∶12。在上海的学校里，教学人员的等级结构非常清晰。学校校长是代表政府管理整所学校的法人。对于一般规模的学校，通常设有 3 名副校长，分别负责教学、后勤与德育工作。此外，还有一些中层领导负责各年级或各学科工作，支持校长和副校长做好常规的学校管理工作。包括校长、副校长和中层领导在内的大多数学校管理者，都很珍惜并肩负着教学职责。在大多数情况下，他们是整个学校重要的教学骨干力量，彼此之间有着密切的合作关系。

在这项研究中，我们试图从一个更全面的视角理解校长领导，即从上海学校管理情境的整体视角来理解校长领导，通过校长在不同工作任务领域的时间分配反映校长的领导。鉴于校长工作的复杂性，考察校长时间分

---

① 教师教学国际调查中国上海项目组：《专业与卓越——2015 年上海教师教学国际调查结果概要》，上海教育出版社 2017 年版。

第六章 时间分配：理解校长工作职责的重要路径

配的限制性结构就变得至关重要，它揭示了任务领域（行政和领导任务、课程和教学任务、学生、家长和社区互动）之间的关系。此外，我们认为，校长的时间分配与学校管理情境（环境）有关，涉及工作职责、权力分配与工作挑战。我们选择这三个领域作为解释变量，主要有两个原因。首先，这些领域体现了学校管理情境（管理语境、情景），并且与上海校长的时间分配紧密相关。其次，正如理论框架中所讨论的，这些领域分别与教学式领导、分布式领导与变革型领导相关。在这一节中，我们将致力于解决以下两个研究问题：

（1）校长时间分配的限制性结构（不同工作任务之间的相互限制关系）是怎样的？

（2）影响校长在每一工作领域时间分配的工作职责、权力分配和工作挑战分别是什么？

二 材料与方法

（一）数据采集

TALIS 是一项五年一次的国际调查，旨在帮助各国审查与制定政策，探索有效教育所需的条件。[①] 鉴于校长的教育领导对学校的教与学十分重要，TALIS 致力于调查校长的角色，以及他们在学校环境中为教师和学生提供的支持。来自 34 个国家和经济体的初中学校校长参加了 2013 年的 TALIS 测试。[②] 2014 年，新增了四个国家与经济体（包括格鲁吉亚、新西兰、俄罗斯与中国上海），也被称为 TALIS2013 + 项目。[③] 总体来看，共有来自 37 个国家和经济体的 7436 名初中校长参与这一轮测试。

[①] Organisation for Economic Co-operation and Development，*TALIS* 2013 *results*：*An international perspective on teaching and learning*，Paris：OECD Publishing，2016b，https：//doi.org/10.1787/9789264196261 – en.

[②] Organisation for Economic Co-operation and Development，*TALIS* 2013 *results*：*An international perspective on teaching and learning*，Paris：OECD Publishing，2016b，https：//doi.org/10.1787/9789264196261 – en.

[③] Organisation for Economic Co-operation and Development，*Shanghai（China） – Country note-Results from TALIS* 2013 – 2014，OECD Publishing，Paris，2015，http：//www.oecd.org/edu/school/TALIS – 2014 – country – note – Shanghai.pdf.

在 TALIS 2013＋实施期间，上海有 355 名初中校长构成了抽样框架。[1]在调查中，从四个潜在的抽样群出发抽取了 200 名校长，包括：（1）公立城区学校；（2）公立郊区学校；（3）私立城区学校；（4）私立郊区学校。在调查期间，两所城区公立学校进行了合并。最后，来自 199 所学校的 193 名校长参加了调查。具体来说，公立城区学校抽样群包括来自 69 所学校的 68 名校长，公立郊区抽样群包括来自 90 所学校的 87 位校长，私立城区学校抽样群包括来自 16 所学校的 15 位校长，私立郊区学校抽样群包括来自 24 所学校的 23 位校长。最终，参加调查的校长占总样本的 96.5%。经合组织确认了上海样本代表群体的有效性。

在这项研究中，样本包括上海调查样本中的所有校长。由于来自不同抽样群的每位校长可能代表了不同数量的校长，因此本项研究的数据分析中使用了 TALIS 校长数据库中给定的采样权重（SCHWGT），这些数据分析包括缺失值处理，计算每个变量的国家均值，相关分析，结构方程模型（SEM）分析。

（二）测量指标

以其他 TALIS 参与国家和经济体的校长数据为背景，能够让我们在更为广阔的教育环境和全球背景下分析上海校长队伍的情况。TALIS 收集了每个参与国家和经济体的校长背景、评估数据和态度信息。[2] 数据收集工具由多个测试开发中心共同完成，能够帮助我们获得严谨的概念术语，并能够最大限度地反映不同文化与不同国家的多样性。同时，为了确保数据质量，每个国家和经济体的数据收集程序与测量工具采用共同的、前后一致的方式进行。

TALIS2013 采集了校长在如下六个领域的工作时间分配情况（百分比）：行政和领导任务（ADMIN-LEAD）、课程和教学相关任务（CURRI-TEACH）、学生互动（STUD-INTER）、家长互动（PARENT-INTER）、社区互动（COMMU-INTER）以及其他（OTHERS）。TALIS2013 中对于行政和

---

[1] 教师教学国际调查中国上海项目组：《专业与卓越——2015 年上海教师教学国际调查结果概要》，上海教育出版社 2017 年版。

[2] Organisation for Economic Co-operation and Development, *Shanghai（China） - Country note-Results from TALIS* 2013 - 2014, OECD Publishing, Paris, 2015, http://www.oecd.org/edu/school/TALIS - 2014 - country - note - Shanghai. pdf.

第六章 时间分配：理解校长工作职责的重要路径

领导任务（以及课程和教学相关任务）的定义范围过于宽泛，使得基于这些数据的校长领导研究中存在重要的信息损失。（校长与）学生互动的定义过于狭隘，同样值得商榷。遗憾的是，校长的时间分配结构背后的基本原理并没有在 TALIS 的公开文件中详细说明。考虑到被界定为"其他"的领域在内容上的复杂性和不确定性，本研究在结构方程模型中不对这个领域的任务进行分析（见表6-3-2）。

在测量中，学校行政情境变量可以分为三个领域：工作职责、权力分配与工作挑战（见表6-3-2）。工作职责包括：（1）校长为新教师提供非正式的入职指导；（2）决定学校内部预算分配；（3）支持教师间的合作以改善教学。权力分配包括：学校管理团队中包括（1）副校长；（2）学生；（3）学生家长。工作挑战包括：（1）学校教学资料的短缺；（2）校长专业发展的缺乏；（3）学校中的社会—情感危机；（4）学校中的人身不安全情况。

每个指标缺失数据的比例相当小，均低于5%。没有发现系统性的缺失数据。为了替代缺失数据，作者采用单链的马尔可夫链蒙特卡洛方法（the Markov Chain Monte Carlo，MCMC）为每个缺失数据生成一个估算值。[1] TALIS 调查项目指标的局限性应该被充分考虑。例如，大多数上海校长认为支持教师合作以改善教学是一项常规工作。相应地，上海校长在这一指标上的实际差异相当小，而校长感知到的差异可能归因于他们的评级行为（rating behaviors）。例如，一些校长更愿意选择极端的选项，如"非常频繁"，而其他校长更愿意选择中间选项，如"经常"。

（三）分析过程与分析方法

这项研究使用结构方程模型检验校长时间分配的限制性结构与解释性结构。需要特别说明的是，本研究所使用的数据不符合多元正态分布，并且正在构建的模型没有得到既定理论的支持。基于此，我们采用基于偏最小二乘法（PLS-SEM）的结构方程模型，而不是基于最大似然估计的方法（MLE-SEM）。路径系数，包括直接效应值（β_D）、间接效应值（β_I）和总

---

[1] Craig K. Enders and Amanda Gottschall, "Multiple imputation strategies for multiple group structural equation models", *Structural Equation Modeling: A Multidisciplinary Journal*, Vol. 18, No. 1, 2011, pp. 35-54.

表6-3-2 本项研究中使用的变量及其构成指标

指标	概念构成	上海校长的回答
时间分配		
行政和教学领导任务（ADMIN-LEAD）	人力资源/人事问题；法规；报告；学校预算；准备课表和班级组成；战略规划；领导和管理活动；并回应地方、州或国家教育官员的要求	N =192. Mean =34.87%; SD =22.26%.
课程和教学相关任务（CURRI-TEACH）	发展课程；教学；课堂观察；学生评价；指导教师；教师专业发展	N =192. Mean =32.99%; SD =18.67%.
学生互动（STUD-INTER）	有组织的学习活动之外的辅导和对话；纪律问题	N =192. Mean =14.1%; SD =12.72%.
父母互动（PARENT-INTER）	包括正式和非正式的互动	N =192. Mean =7.95%; SD =6.71%.
社区互动（COMMU-INTER）	与地方、社区、企业和组织的互动	N =192. Mean =5.63%; SD =7.07%.
其他 OTHERS	除了上述五个领域外的其他任务	N =192. Mean =4.5%; SD =13.87%.
工作职责		
为新教师提供非正式的培训	这所学校的新教师有机会参加非正式的入职培训吗？	N =193. Yes（code 0）：84.44%; No（code 1）：15.56%.
参与学校的预算分配	作为校长，你对决定学校的预算分配负有重要责任吗？	N =192. Yes（code 0）：46.22%; No（code 1）：53.78%.
支持教师合作以改善教学	在过去的12个月里，你是否经常采取措施支持教师之间的合作，以发展新的教学实践？	N =192. Never（code 0）：0; Sometimes（code 1）：8.98%; Often（code 2）：65.38%; Very often（code 3）：25.64%.
权力分配		
包括副校长在内的学校管理团队	您的学校管理团队目前有校长/副校长/助理校长吗？	N =187. Yes（code 0）：94.74%; No（code 1）：5.26%.

续表

指标	概念构成	上海校长的回答
包括父母在内的学校管理团队	您的学校管理团队目前有学生家长或监护人吗？	N = 187. Yes（code 0）: 63.44%; No（code 1）: 36.56%.
包括学生在内的学校管理团队	目前，您的学校管理团队中有学生吗？	N = 187. Yes（code 0）: 50.91%; No（code 1）: 49.09%.
工作挑战		
教学材料短缺	目前由于缺少教学材料（例如教科书）而阻碍了该学校提供有质量的教学的能力吗？	N = 191. Not at all（code 0）: 62.82%; Very little（code 1）: 27.37%; To some extent（code 2）: 9.81%; A lot（code 3）: 0.
校长的专业发展不足	您在多大程度上认同或不认同，没有为校长提供相关的专业发展？	N = 191. Strongly disagree（code 0）: 36.9%; Disagree（code 1）: 57.91%; Agree（code 2）: 5.19%; Strongly agree（code 3）: 0.
学校的社交不安全感	在您的学校，非身体上的欺凌（如学生之间的恐吓或言语虐待）多久发生一次？	N = 192. Never（code 0）: 37.98%; Rarely（code 1）: 60.11%; Monthly（code 2）: 1.91%; Weekly（code 3）: 0; Daily（code 4）: 0.
学校的身体不安全感	在您的学校中，学生暴力造成的人身伤害多久发生一次？	N = 193. Never（code 0）: 60.86%; Rarely（code 1）: 39.14%; Monthly（code 2）: 0; Weekly（code 3）: 0; Daily（code 4）: 0.

注：上海有效的校长样本量为193人。N = 上海市有效回复人数。

效应值（β_T），用于显示变量之间的联系。关于 PLS-SEM 与 MLE-SEM 的差异，请参考 Hair 等人的研究。[1]

首先，作者测试了校长在每一任务领域所用时间之间的关联，即限制性结构（见图 6-3-1）。花费在一个领域的时间（百分比）可能会限制或促使校长用于其他领域的时间份额。对于这些关联的详细说明，能够揭示每个任务领域之间的影响方向和强度。为了确定提出的模型对观测数据的拟合程度，我们评估了模型的适用性。总体而言，校长时间分配模型与上海数据拟合较好（NFI = 0.97，SRMR = 0.03）。Hair 及其同事推荐的临界值为 NFI > 0.9，SRMR < 0.08。[2] 因为每个变量都由一个指标构成，从每个变量中提取出的克隆巴赫系数（Cronbach's alpha）、Rho 系数、组合信度（composite reliability）和平均方差均等于 1。

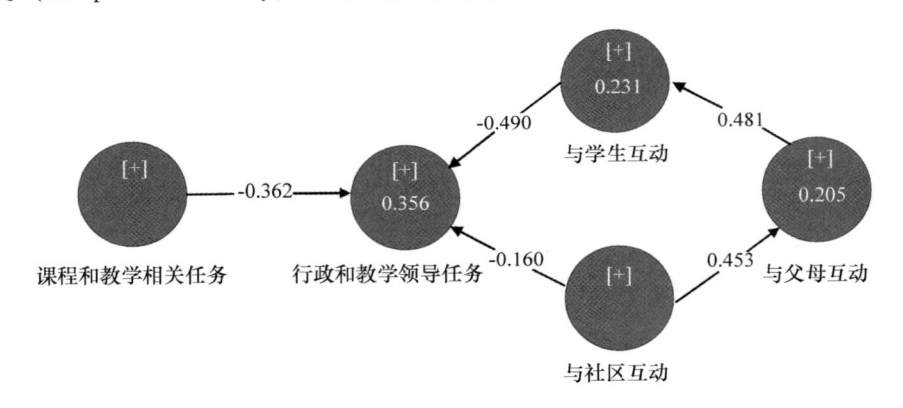

图 6-3-1　上海校长时间分配的限制性结构

随后，我们分析了校长花费在每个任务领域的时间比例与学校管理情境变量之间的关联，即解释性结构（见图 6-3-2）。在此基础上，我们能够找出校长将时间分配到每个领域的一些可能原因。在这项研究中，我们分两步建立了解释性模型。首先，通过分析代表工作职责、权力分配、工作挑战和每个任务领域的变量之间的相关关系，选择了有意义、有影响

---

[1] Joseph F. Hair, G. Tomas M. Hult, and Christian M. Ringle, et al., *A primer on partial least squares structural equation modeling* (*PLS-SEM*) (2nd ed.), Thousand Oaks：Sage, 2017.

[2] Joseph F. Hair, G. Tomas M. Hult, and Christian M. Ringle, et al., *A primer on partial least squares structural equation modeling* (*PLS-SEM*) (2nd ed.), Thousand Oaks：Sage, 2017.

的潜在变量（见附表·一）。其次，作者验证了这些潜在变量对解释模型的贡献，选择了影响较大的变量。考虑到学校行政情境变量可能仅仅与校长在特定任务领域的时间分配相关，作者决定使用精确的变量，例如向新教师提供非正式的入职指导活动，而不是工作职责等综合性的概念型变量。总体而言，校长时间分配的解释结构模型与上海校长数据具有较好的拟合性（NFI＝0.94，SRMR＝0.03）。因为每个变量都由一个指标构成，从每个变量中提取出的克隆巴赫系数（Cronbach's alpha）、Rho 系数、组合信度（composite reliability）和平均方差均等于1。

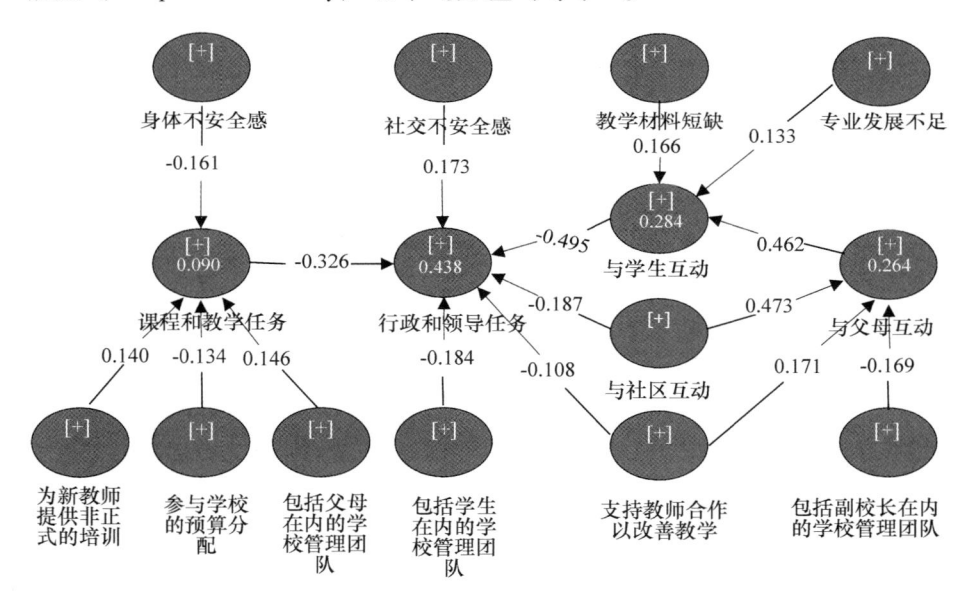

图 6-3-2 上海校长时间分配的解释性结构

（四）分析软件

本研究采用 SAS9.2 为每个具有数据缺失的变量提供替代值，并进行描述性分析；使用 SmartPL3.0 构建结构方程模型。

三 研究结果

（一）校长时间分配的限制性结构

为了探讨校长工作的任务各领域之间的关系，我们基于上海校长的时间分配情况建立了结构方程模型。表3-3-3显示，行政和领导任务处于居中调节位置，直接或间接地连接其他任务。具体而言，校长花费在学生互动（$\beta_D = -0.49$，SD = 0.06，$p < 0.001$）、课程和教学相关任务（$\beta_D = -0.36$，SD = 0.12，$p < 0.05$）上的时间，直接减少了校长分配给行政和领导任务的时间。校长花费在家长互动（$\beta_I = -0.24$，SD = 0.05，$p < 0.001$）上的时间，通过学生互动间接地减少了校长分配给行政和领导任务的时间。也就是说，校长花费在与家长互动上的时间，增加了校长用于学生互动的时间，这种时间分配继而又减少了他们用于行政和领导任务的时间。校长用于社区互动的时间既可以直接地减少他们分配给行政和领导任务的时间（$\beta_D = -0.16$，SD = 0.08，$p < 0.05$）；又可以通过用于家长和学生互动的额外的时间比例（$\beta_I = -0.11$，SD = 0.02，$p < 0.001$），间接地减少他们分配给行政和领导任务的时间比例。

表6-3-3　　　　　　　　限制性关系模型中的影响程度

Path	Direct effect（β_D）	Indirect effect（β_I）	Totat effect（β_T）
与学生互动→行政和领导（STUD-INTER → ADMIN-LEAD）	-0.49*（0.06）		-0.49*（0.06）
课程和教学→行政和领导（CURRI-TEACH → ADMIN-LEAD）	-0.36*（0.12）		-0.36*（0.12）
与社区互动→行政和领导（COMMU-INTEA → ADMIN-LEAD）	-0.16*（0.08）	-0.11*（0.02）PARENT-INTER and STUD-INTER	via -0.27*（0.1）
与父母互动→行政和领导（PARENT-INTER → ADMIN-LEAD）		-0.24*（0.05）STUD-INTER	via -0.24*（0.05）
与父母互动→与学生互动（PARENT-TNTER→STUD-INTER）	0.48*（0.06）		0.48*（0.06）
与社区互动→与学生互动（COMMU-INTER → STUD-INTER）		0.22*（0.04）PARENT-INTER	via 0.22*（0.04）
与社区互动→与父母互动（COMMU-INTER → PARENT-INTER）	0.45*（0.07）		0.45*（0.07）

注：标准差在括号内；* $p < 0.05$。

与上述结果一致，表6-3-3也描述了校长花费在与学生、家长互动的时间和与社区互动的时间存在显著正相关。其中，校长用于与家长互动的时间（$\beta_D = 0.48$，SD = 0.06，$p < 0.001$）直接增加了他们的学生互动时间比例。校长用于与社区互动的时间（$\beta_D = 0.45$，SD = 0.07，$p < 0.001$）直接增加了他们与家长互动的时间。同时，校长用于与社区互动的时间间接增加了他们与学生互动的时间比例（$\beta_I = 0.22$，SD = 0.04，$p < 0.001$）。

表6-3-4　　　　　每个变量对上海校长时间分配的预测能力

Variable	ADMIN-LEAD	CURRI-TEACH
为新教师提供非正式的培训		$\beta_D = 0.14^*$（0.06）
参与学校的预算分配		$\beta_D = -0.13^*$（0.07）
支持教师合作以改善教学	$\beta_I = -0.04^*$（0.02） （通过 STUD-INTER 和 PARENT-INTER）	
包括副校长在内的学校管理团队	$\beta_I = 0.04^*$（0.02） （通过 STUD-INTER 和 PARENT-INTER） $\beta_D = -0.11^*$（0.05）	
包括父母在内的学校管理团队		$\beta_D = 0.15^*$（0.06）
包括学生在内的学校管理团队	$\beta_D = 0.18^*$（0.05）	
教学材料短缺	$\beta_I = -0.08^*$（0.03） （通过 STUD-INTER）	
校长的专业发展不足		
学校的社会情感危机感	$\beta_D = 0.17^*$（0.06）	
学校的身体不安全感		$\beta_D = -0.16^*$（0.07）

注：β_D = 直接效应值，β_I = 间接效应值；$^* p < 0.05$。

（二）校长时间分配的解释性结构

为了辨别出能够解释校长时间分配差异的变量，我们在上文提到的限制性模型基础上建立了另一个模型。表6-3-4描述了解释变量对校长将时间分配给每个任务领域的直接影响和间接影响。

工作职责变量影响校长在行政和领导任务、课程和教学相关任务，以及与学生互动和与家长互动上花费的时间分配。为新教师提供非正式入职指导活动的校长，在课程和教学相关任务上花费的时间更多（$\beta_D = 0.14$，$SD = 0.06$，$p < 0.05$）。与此相反，负责学校预算分配的校长，在课程和教学相关任务上花费的时间较少（$\beta_D = -0.13$，$SD = 0.07$，$p < 0.05$）。经常支持教师间合作以改善教学的校长，会花更多时间与家长互动（$\beta_D = 0.17$，$SD = 0.06$，$p < 0.05$）。考虑到校长在与学生互动和与家长互动上花费的时间存在正相关关系，经常支持教师合作以改善教学的校长，也会在与学生互动上花费更多时间（$\beta_I = 0.08$，$SD = 0.03$，$p < 0.05$）。此外，校长花费在与学生和家长互动上的额外时间，与校长花费在行政和领导任务上的时间呈负相关——经常支持教师合作以提升教学的校长，在行政和领导任务上花费的时间较少（$\beta_I = -0.04$，$SD = 0.02$，$p < 0.05$）。

权力分配变量影响校长花费在行政和领导任务、课程和教学相关任务，以及与学生互动和与家长互动上的时间。在有一个或多个副校长的学校管理团队中，校长花费在与家长互动上的时间较少（$\beta_D = -0.17$，$SD = 0.07$，$p < 0.05$）。考虑到校长花费在与学生互动和与家长互动的时间比例之间存在正相关，有一个或多个副校长的学校管理团队的校长，花费在与学生互动上的时间也较少（$\beta_I = -0.08$，$SD = 0.03$，$p < 0.05$）。

但是，副校长会以两种方式影响校长在行政和领导任务上的时间分配。第一，副校长直接减少了校长花费在行政和领导任务上的时间（$\beta_D = -0.11$，$SD = 0.05$，$p < 0.05$）。第二，校长减少了用于与学生互动和家长互动的时间，与校长花费在行政和领导任务上的时间呈负相关——副校长间接地提高了校长花费在行政和领导任务上的时间（$\beta_I = 0.04$，$SD = 0.02$，$p < 0.05$）。直接的消极影响值比间接的积极影响值更大，意味着有一个或多个副校长在内的学校管理团队通常会减少校长用于行政和领导任务的时间。

相反，将家长纳入学校管理团队并分享学校决策权的校长，会在课程和教学相关任务上花费更多时间（$\beta_D = 0.15$，$SD = 0.06$，$p < 0.05$）。将学生纳入学校管理团队并分享学校决策权的校长，在行政和领导任务上花费的时间更低（$\beta_D = -0.18$，$SD = 0.05$，$p < 0.001$）。

工作挑战变量影响校长花费在行政和教学任务、课程和教学任务以及学生互动方面的时间。在处境不利的学校中，比如教学资料短缺（$\beta_D = 0.17$，$SD = 0.06$，$p < 0.05$）、校长缺乏专业发展（$\beta_D = 0.13$，$SD = 0.06$，

$p<0.05$）等，校长在与学生互动上花费的时间更多。由于校长花费在学生互动上的时间跟他们花费在行政和领导任务上的时间呈负相关，在教学资料短缺的学校，校长在行政和领导任务上花费的时间较低（$\beta_I = -0.08$，$SD = 0.03$，$p<0.05$）。此外，在社会情感危机感严重的学校，校长在行政和领导任务上花费的时间更多（$\beta_D = 0.17$，$SD = 0.06$，$p<0.05$）。在人身不安全感严重的学校，校长在课程和教学相关任务上花费的时间更少（$\beta_D = -0.16$，$SD = 0.07$，$p<0.05$）。

四 讨论与总结

（一）校长时间分配的限制性结构

在大多数情况下，从事智力劳动的人往往想要（或需要）完成的任务，会超出时间允许的范围。[1] 时间不足会导致校长在课程与教学事务、行政和领导事务，以及各种人际互动中出现时间冲突。当承担一项任务的时间需求干扰其他任务的时间需求时，就会发生这种情况。

然而，过去的研究很少关注校长在一系列必要的任务中时间分配的方式。[2] 这项研究结果表明，校长的行政和领导任务在他们的时间分配结构中处于一个调节位置，受到课程和教学任务，以及与学生互动、与家长互动和与社区互动等方面的时间需求的制约。在美国也观察到类似的证据，校长的工作被概括为受行政约束的、自发的和碎片化的。[3] 与 Grissom 和 Loeb 的研究一致，本研究强调行政和领导任务的重要性。然而，对于行政和领导事务强调被认为是过时的，并不是近年来校长有效性研究的焦点。[4] 虽然校

---

[1] Bruce K. Britton and Shawn M. Glynn, "Mental management and creativity: A cognitive model of time management for intellectual productivity", in John A. Glover, Royce R. Ronning and Cecil R. Reynolds, eds., *Handbook of creativity*, New York: Plenum Press, 1989, pp. 429-440.

[2] James Sebastian, Eric M. Camburn, and James P. Spillane, "Portraits of principal practice: Time allocation and school principal work", *Educational Administration Quarterly*, Vol. 54, No. 1, 2018, pp. 47-84.

[3] Tiedan Huang, Craig Hochbein, and Jordan Simons, "The relationship among school contexts, principal time use, school climate, and student achievement", *Educational Management, Administration and Leadership*, Vol. 48, No. 2, 2018, pp. 305-323.

[4] Jason Grissom and Susanna Loeb, "Triangulating principal effectiveness: How perspectives of parents, teachers, and assistant principals identify the central importance of managerial skills", *American Educational Research Journal*, Vol. 48, No. 5, 2011, pp. 1091-1123.

长花费在教学和互动任务上的时间限制了其花费在行政和领导任务上的时间，但花费在后者上的时间效率决定了花费在前者上的时间效率。

一方面，校长的课程和教学任务不可避免地与他们的行政和教学任务缠绕在一起。上海当前的校长领导改革反对以牺牲校长的行政和领导职责为代价，将校长的关注点缩小到课程与教学相关任务上。这一主张背后的逻辑是，教学领导对学生结果的最大影响来源于校长对教师专业学习的支持与参与。这种支持和参与在很大程度上取决于校长的行政和领导技能。[1] 校长的教学领导应该被视为学校的教学需要，他们将资源精准定位，雇用最适合的教师，以及保持学校平稳运行等方面能力之间的相互匹配。[2] 基于这一观点，在课程和教学任务上花费很多时间的校长，应该考虑花费更多时间在行政和教学职责上，以提高他们花费在前者上的时间效率。

另一方面，有必要描述校长在行政和领导任务上的时间投入与他们在人际互动中的时间投入之间的关系。领导有效性不仅仅是一个领导者的事情，还与被领导的人有关，他们可能在社会规范、价值观与信仰方面存在差异。[3] Pollock、Wang 和 Hauseman 发现校长和社区成员的互动与他们的行政管理和教学领导之间存在很大的重叠。[4] 与来自其他系统的同行一样，上海学生、家长与社区成员耽误、中断或干扰校长在学校内部的行政和教学任务，是很常见的。经验丰富的校长在应对这些挑战时，会制定一个时间表，定期与老师、学生和家长会面，将日常行政任务授权给同事执行，强调充分利用每一分钟并保持良好的工作与生活平衡的好处。[5] 从这个角度看，在互动任务上花费较多时间的校长，应考虑在行政和领导职责上投入更多的时间，以提高他们在前者上的工作效率。

---

[1] Viviane M. J. Robinson, Claire A. Lloyd, and Kenneth J. Rowe, "The impact of leadership on student outcomes: An analysis of the differential effects of leadership types", *Educational Administration Quarterly*, Vol. 44, No. 5, 2008, pp. 635-674.

[2] Organisation for Economic Co-operation and Development, *School leadership for learning: Insights from TALIS* 2013, Paris: OECD Publishing, 2016a.

[3] Robert J. House, Paul J. Hanges, and Mansour Javidan, et al., *Culture, leadership and organizations: The global study of 62 societies*, Thousand Oaks, CA: Sage, 2004, p. 15.

[4] Katina Pollock, Fei Wang, and David Cameron Hauseman, "Complexity and volume: An inquiry into factors that drive principals' work", *Societies*, Vol. 5, No. 2, 2015, pp. 537-565.

[5] Bo Ning, "Principals' daily work time allocation: international differences, individual tendencies and policy suggestions", *Chinese Education Journal*, No. 286, 2017, pp. 12-19.

第六章 时间分配：理解校长工作职责的重要路径

成功的校长会将她的同事作为鲜活的、可变的工作环境，并基于每个同事的个性特征对待他们。[①] TALIS2013 的测评结果显示，教师的专业学习环境与校长的教学领导和分布式领导相关。[②] 其他相关研究的结果也显示，为教师和学生创建安全的、支持性的学习氛围，是校长领导与教师教学、学生成绩之间的重要中介机制。[③] 这个中介机制的内在逻辑是，友善而富有支持性的教师和富有学习动机的学生能够形成一个独特氛围，使得其中所有人都富有归属感，并愿意努力学习和工作。在这样的氛围中，校长要做的工作是监督教师和学生行为，并采取行动制止可能的违纪行为。

花费在一种类型上的互动时间会促进其他类型的互动。尽管教育界普遍认为校长是通过影响他人来发挥领导作用的，但令人惊讶的是，从时间分配的视角探讨校长与同事、学生、家长及社区成员之间的合作与交流的实证研究论文屈指可数。这项研究发现，校长和家长的互动与他们和学生以及社区成员的互动相互关联。与社区互动较多的校长更有可能同家长发生较多互动，与家长互动较多的校长更有可能与学生互动较多。在很多时候，经历严重的家庭—学校危机的校长，应该考虑寻求当地社区的支持；同学生互动较多的校长，更应该考虑与家长有更多的沟通。与这项研究的结果相似，Leithwood 和 Azah 发现，对于加拿大安大略省的初中校长而言，应对家长的心理健康挑战以及寻求社区机构对学生及其家人的支持，是他们社区互动中最频繁的工作内容。[④]

（二）与校长时间分配相关的学校管理情境

过去的研究文献中关于学校领导的一个广泛讨论是，学校背景和校长

[①] Gary A. Yukl, *Leadership in organizations*, Englewood, Cliffs, NJ: Prentice Hall, 1981, p. 151.

[②] Organisation for Economic Co-operation and Development, *TALIS 2013 results: An international perspective on teaching and learning*, Paris: OECD Publishing, 2016b, https://doi.org/10.1787/9789264196261-en.

[③] O'Donnell, Robert J., and White, "Within the accountability era: Principals' instructional leadership behaviors and student achievement", *NASSP Bulletin*, Vol. 645, No. 89, 2005, pp. 56-71. Joseph Sebastian and Allensworth, E., "The influence of principal leadership on classroom instruction and student learning: A study of mediated pathways to learning", *Educational Administration Quarterly*, Vol. 48, No. 4, 2012, pp. 626-663.

[④] Kenneth Leithwood and Vera N. Azah, "Secondary principals' and vice principals' workload study: Final report", 2014, http://www.docin.com/p-1458956011.html.

特征与校长的时间分配之间的关系。基于权变理论（contingency theory）的研究认为，学校背景（如工作挑战）是影响校长时间分配的主要因素。[1] 基于特质理论（trait theory）的研究认为，校长的时间分配主要取决于他们的个人属性，如先前的经验和正式的培训。[2] 与之前在上海进行的一项调查一致，当前研究强调学校管理情境对校长时间分配的重要影响。[3]

工作职责。与许多西方话语体系相比，上海教育界对于校长教学领导的概念建构存在很大差异。西方国家的校长主要侧重指导和管理教学，一个普遍共识是尊重教学的独立性和教师的专业性。[4] 在上海，校长是专家型教师，在学校中通过承担教学义务、向教师提供公开课、定期观察课堂以及向教师提供直接指导等方式，实现对全校教师的业务领导。当前研究表明，向新教师提供非正式的入职指导增加了校长花在课程与教学任务上的时间，但决定学校内部预算分配的时间减少了校长用于课程与教学任务上的时间。与校长积极参与新教师的非正式入职指导相比，我们主张通过引导教师参与学校内部的预算分配来激励他们。此前的研究认为这是教学领导者的一个更有效的职责。[5] 有鉴于上海校长通常将新教师的非正式入职指导聚焦于课程和教学任务，以及正在实施的教师薪资改革旨在将工资体系从按职位计酬向按绩效计酬转变，引导教师参与学校内部的预算分配就显得特别重要。大量调查数据显示，新教师的入职指导和教师的薪资制度改革，都是上海校长的核心职责和重要工作挑战。

此外，经常支持教师合作以改善教学的校长，往往与家长有更多的互

---

[1] JamesSebastian, Camburn Eric M., and Spillane James P., "Portraits of principal practice: Time allocation and school principal work", *Educational Administration Quarterly*, Vol. 54, No. 1, 2018, pp. 47 – 84.

[2] Ellen Goldring, Jason Huff, and Henry May, et al., "School context and individual characteristics: What influences principal practice?", *Journal of Educational Administration*, Vol. 46, No. 3, 2008, pp. 332 – 352.

[3] Bo Ning, "Principals' daily work time allocation: international differences, individual tendencies and policy suggestions", *Chinese Education Journal*, No. 286, 2017, pp. 12 – 19.

[4] Organisation for Economic Co-operation and Development, *School leadership for learning: Insights from TALIS 2013*, Paris: OECD Publishing, 2016a.

[5] Organisation for Economic Co-operation and Development, *TALIS 2013 results: An international perspective on teaching and learning*, Paris: OECD Publishing, 2016b, https://doi.org/10.1787/9789264196261 – en.

第六章 时间分配：理解校长工作职责的重要路径

动，随之而来的是在学生互动上花费更多时间。如此一来，校长在跟学生和家长互动上花费的额外时间，就占用了他们的行政和领导时间。这些发现在一定程度上显示出上海校长支持教师合作的方式——许多校长通过与学生和家长互动来解决教师自己难以解决的问题。显然，这种时间分配不可避免地占用了他们在行政和领导事务中的时间。

权力分配。在这项研究中，我们分析了学校管理团队中的副校长、学生和家长参与，对校长时间分配的影响。通常，副校长的支持会减少校长与家长互动的时间。这种支持也可以减少校长与学生互动的时间，这种时间的减少与家长互动有关。有趣的是，尽管有副校长的支持可以节省校长在行政和领导工作中的总体时间投入，这类校长需要在行政和领导任务上花费额外的时间用于相关的分配和组织工作，以及与副校长交流学生互动和家长互动的基本情况。这个结论与加拿大的一个研究结论类似。在加拿大，全职的、有经验的且有胜任力的副校长在沟通、学生纪律以及员工缺勤方面节省了校长很多时间，允许校长专注于他们的行政职责和教学职责。[①] 与上一节讨论的支持教师合作以改善教学的研究发现一致，学校管理团队中的家长往往会激励校长将更多时间用于课程和教学任务上。相比而言，学校管理团队中的学生往往会减少校长在行政和领导任务上的时间分配，但没有显著增加校长与学生的互动。一种可能的解释是，学校管理团队的学生可以向校长预先提供有关学校学生组织和管理的建议。与问题学生出现后处理个别学生的问题和偶发事件相比，这种将学生工作做在前面的方法更有效率和省时。

值得一提的是，尽管上述三种有影响力的工作职责都与教师有关，但是学校管理团队中的教师对校长的时间分配没有显著影响。总体而言，上海教育情境中对于分布式领导的概念建构与西方语境中的概念存在很大差异。西方语境中的分布式领导是指自下而上的、非正式的领导网络，包括教师和学校领导者。[②] 在上海，"分布式领导"的概念具有鲜明的本土特征，同学校治理的阶层制等级结构一致。在很多时候，年级组长、教研组

[①] Kenneth Leithwood and Vera N. Azah, "Secondary principals' and vice principals' workload study: Final report", 2014, http://www.docin.com/p-1458956011.html.

[②] Eric Camburn, James P. Spillane, and Amber Pareja, "Taking a distributed perspective to the school principal's workday", *Leadership and Policy in Schools*, Vol. 6, No. 1, 2007, pp. 103–125.

长、德育主任、教导主任等中层学校领导,与校长和副校长一起参与学校领导工作,为数众多的普通教师并没有实质性地参与学校决策。① 在很多时候,上海的校长倾向于将教师视为工作对象,为数众多的教师也不认为自己是学校的共同领导者。

工作挑战。工作挑战影响校长的时间分配。在很多国家的学校系统中,校长面临的一些共同挑战包括应对不充足的学校资源和学生的不当行为,缺乏培育教师专业共同体的能力,应对不切实际的政府规定以及繁重的工作量。② 上海的一些校长面临与国际同行相似的问题。在缺乏教学材料或相关专业资源以支持校长成长的学校,他们不得不花费更多时间与学生互动。这一发现与之前在美国实施的一项研究相吻合,③ 在设备不足的学校,美国中小学的校长往往会在学生事务上花费更多时间。一种解释是,在设备不足的学校里,校长往往会与学生进行面对面的交流互动,而在设备齐全的学校里,校长更倾向于通过扩音器、摄像头和校园网等工具与学生交流。通常情况下后者更加高效。然而,由于在学生互动中花费了额外时间,那些面临教学材料短缺的校长,往往会在行政和领导任务上花更少的时间。

此外,身体的和非身体的不安全感造成了各种困难。在言语—情感欺凌严重的学校,校长不得不花更多时间在行政和领导任务上,白白损耗了在办公室的其他工作时间。相比之下,在学生身体不安全比例较高的学校,校长不得不减少用于课程和教学相关任务的时间,这也打乱了他们正常的教学工作。

(三)贡献与局限

过去十年中,上海教育吸引了世界各国的广泛关注。部分原因是上海15 岁学生在 PISA2009、PISA2012、PISA2015 中的出色表现,以及上海教

---

① Organisation for Economic Co-operation and Development, *School leadership for learning*: *Insights from TALIS 2013*, Paris: OECD Publishing, 2016a.

② Moo Sung Lee and Philip Hallinger, "National contexts influencing principals' time use and allocation: Economic development, societal culture, and educational system", *School Effectiveness and School Improvement*, Vol. 23, No. 4, 2012, pp. 461 – 482.

③ Dan Lortie, Gary Crow, and Sandra Prolman, "Elementary principals in suburbia: An occupational and organizational study", *Washing, DC*: *National Institute of Education*, 1983, p. 97.

第六章 时间分配：理解校长工作职责的重要路径

师和校长在 TALIS2013 中的良好专业准备情况。这项研究基于 TALIS2013 上海数据，说明了校长时间分配的复杂性及其与学校管理情境的相关性。据我们所知，这是第一个在东亚环境下进行的研究。与西方国际相比，东亚学校教育一个较为共性的特点是，校长和教师之间的权力距离比通常在西方观察到的要大。[1] 在许多基于西方教育情境的校长研究中，研究者会特别强调社会经济背景对于校长领导和学校治理的重要性。这项研究对于学术界的一个贡献是，充分分析了学校行政结构在上海校长时间分配中的重要性。[2] 最重要的是，从跨文化的角度讲，本研究表明直接将西方领导理论，如经典的教学领导和分布式领导架构，应用于东亚学校管理情境中所造成的偏见。此外，本研究扩充了许多关于校长时间分配的证据，可以支持后续研究将上海数据与其他 TALIS 参与国家和经济体相比较。这项研究的理论框架和模型可以支持研究者在 TALIS 框架内，分析其他参与国家和经济体的情况。

然而，当我们考虑到将研究结果应用于其他教育系统，甚至是中国其他地区时，我们需要时刻记住，校长领导是一个基于情境的工作，受到学校文化、社会经济、政治和历史背景的制约。[3] 校长对于行政、教学和互动任务的偏好仍会深受他们个人特质和经验的影响。没有充分考虑校长的个人背景，是当前研究在解释校长时间分配多样性方面的一个重要不足。[4] 同时，由于使用了横断面数据和关系分析，研究结果具有一定局限性。在 2013 年，TALIS 收集了花费在每个任务领域（如课程和与教学相关的任务）的时间比例信息，而不是花费在每个单独任务（如开发课程）上的时

---

[1] Allan David Walker, Clive Dimmock, "Moving school leadership beyond its narrow boundaries: Developing a cross-cultural approach", in Kenneth Leithwood, Philip Hallinger, and Gail C. Furman, et al., eds., *Second international handbook of educational leadership and administration* Dordrecht, the Netherlands: Kluwer, 2002, pp. 167 – 204.

[2] Ellen Goldring, Jason Huff, and Henry May, et al., "School context and individual characteristics: What influences principal practice?", *Journal of Educational Administration*, Vol. 46, No. 3, 2008, pp. 332 – 352.

[3] Philip Hallinger, "Bringing context out of the shadows of leadership", *Educational Management, Administration and Leadership*, Vol. 46, No. 1, 2016, pp. 5 – 24.

[4] Ellen Goldring, Jason Huff, and Henry May, et al., "School context and individual characteristics: What influences principal practice?", *Journal of Educational Administration*, Vol. 46, No. 3, 2008, pp. 332 – 352.

间比例。以往的研究显示，校长花在课程和教学任务上的总时间（包括教师培训、听课等）与学生成绩或学校表现的提高没有显著联系；花在教师培训上的时间与学生成绩或学校表现呈正相关；而用于课间巡视的时间则呈现与学生成绩或学校表现负相关。① 显然，关于校长时间分配的更深入研究，将会带来更丰富的结论。

第四节　工作时间分配的个体倾向性及对策建议

校长的日常工作时间分配是一个较为复杂的管理问题。究其根本，在于校长所肩负的社会和教育职责具有多元化，体现为校长的课程和教学职责、行政和领导职责、社会交往职责之间的冲突与调和。作为中小学校长，他们手中不仅掌握着个人的时间资源，也管理着全校师生的时间资源，甚至牵动着广大家长和社区各界的时间资源。② 因此，校长的时间管理并不仅仅是校长如何利用自己的时间，而且在很大程度上决定了学校日常运作和重大事项的效率。③ 研究校长时间管理的目的在于提高校长自我管理的能力，使校长在学校管理过程中正确理解时间的价值，继而科学有效地支配时间。④ 在这项研究中，我们将通过对 TALIS2013 数据的描述性分析，展示初级中学校长时间分配的国际差异、个体倾向性及其背后的可能原因。

一　校长日常工作时间分配的个体差异

作为一个基层的社会组织，学校的高效运转需要人、财、物等资源的协调运作，也需要时间、空间、信息的合理配置。其中，时间管理是其他生产要素管理的基础，是确保组织有效运行的关键。与人、财、物等资源

---

① Jason A. Grissom, Susanna Loeb, and Benjamin Master, "Effective instructional time use for school leaders: Longitudinal evidence from observations of principals", *Educational Researcher*, Vol. 42, No. 8, 2013, pp. 433 – 444; James P. Spillane and Bijou R. Hunt, "Days of their lives: A mixed-methods, descriptive analysis of the men and women at work in the principal's office", *Journal of Curriculum Studies*, Vol. 42, No. 3, 2010, pp. 293 – 331.

② 孙军：《中小学校长的时间问题：校长调查与个案研究》，博士学位论文，南京师范大学，2014 年。

③ 朱晓颖：《中学校长时间管理行为调查报告》，《学理论》2009 年第 31 期。

④ 周晓阳：《中学校长的个人时间管理》，《绍兴师专学报》（哲学社会科学版）1995 年第 1 期。

相比，时间管理的一个独特之处在于它是呈序列状分布的。时间既不能透支，也不能提前支取，还不能储存。因此，管理者无法选择是否使用时间，只能选择如何使用时间。时间管理并不是对时间本身的左右腾挪或者优化组合，而是对附着在时间上的各种事件进行左右腾挪或者优化组合。

（一）上海校长的日常工作时间分配与国际同行存在较大差异（图6-4-1）

与TALIS参与国家的平均值相比，上海校长在与学生（分别为15.9%和14.1%）、学生家长（分别为11.2%和7.9%）和当地社区（分别为6.9%和5.6%）交往的过程中，使用的时间相对较少；在行政和领导事务（分别为41.5%和34.9%）中使用的时间也较少；在课程和教学事务中花费的时间（分别为21.8%和33%）较多。其中，学校的行政和领导事务包括人事、规章制度、校内常规报告和校外行政专报、财政预算、课程表、班级组织与管理、战略规划、办公室日常工作等。课程和教学事务包括课程开发、课堂教学与观察、学生评价、教师指导和教师专业发展等。

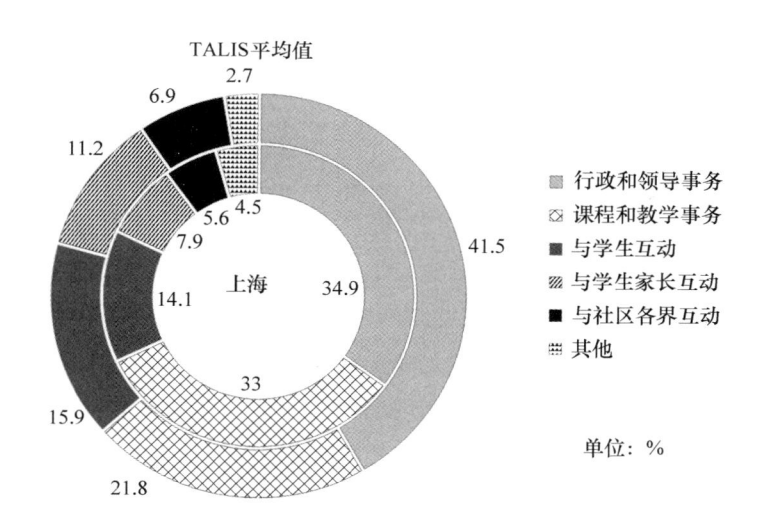

图6-4-1　校长的日常工作时间分配：上海与TALIS平均值

国际比较研究的结果显示，校长用于课程和教学事务中的时间，与学生的学习活动联系更为直接。上海校长的这种时间分配结构，能够较好地保障学生取得理想的学业成绩。我们认为，上海校长的专业成长历程和能

315

力结构，是影响他们采用上述时间分配结构的重要原因，体现为如下三个方面。

第一，上海校长的课程和教学能力普遍较强。在上海，成长为教学专家是多数教师成长为校长的必经之路。上海市教委 2015 年 11 月的统计数据显示，具有中学高级教师职称的中学校长占 88.6%。[1] 基于这一成长历程，在大多数校长的认识当中，卓越的课程和教学素养是校长积累同事尊重、获得领导赏识的基础，卓越的学校教学质量是校长赢得社会各界认可的核心指标。在上海，尽管许多校长面临教学领导与各种常规的、突发的行政和人际事务之间的冲突，大多数校长仍旧在课程和教学事务中投入大量时间。他们对于学校中的课程和教学事务充满激情，富有经验，并充满信心。与 TALIS 参与国家的平均水平相比，上海校长在课程开发、教学技能和学习理论等方面均具有较高的造诣。然而，他们在基于 ICT 设施的互动教学、电子教学资源的开发和使用、基于 ICT 技术的校本课程开发等信息技术素养方面仍然有待提高。

第二，上海校长的行政和领导能力存在较大差异。在上海，娴熟的学校行政素养并不足以支撑一位普通教师成长为校长。同时，多数校长不愿意在日常事务中花费较多时间。其他相关研究结果也显示，30% 左右的校长明确表示，在学校日常管理事务中并不追求完美，只要能够满意就可以了。[2] 与新校长相比，有经验的校长会通过建立学校集体领导制度，来减少自己在学校日常管理事务中的时间投入。他们能够通过适度授权将学生管理、后勤事务、办公室联络等常规工作分摊给副手或者其他学校中层领导。在提炼学校办学理念、制定学校发展规划、完善校内管理架构、引领教师专业发展、优化育人环境等宏观和战略性工作中，有经验的校长会花费较多的时间。目前，这部分内容逐渐成为上海市初任校长培训的重点。

第三，上海校长的社会交往能力相对较弱。校长的社会交往包括诸多方面，既包括与教师和学生、教学研究和教师专业发展机构、教育行政部门等教育体制内的沟通，又包括学生家长、社区居民和驻地在当地社区的

---

[1] 上海市教育委员会：《上海教育简明统计数据（2016）》，上海教育出版社 2016 年版，第 33 页。

[2] 陈茜、吴志宏：《中小学校长时间实际分配与愿望分配的相关关系》，《教育评论》2000 年第 6 期。

第六章 时间分配：理解校长工作职责的重要路径

企事业单位等教育体制外的沟通。总体而言，大多数初中校长能够很好地与教育体制内的不同人员进行高效的沟通和交流。例如，大多数校长能够娴熟地处理学生提出的问题，解决教师之间的矛盾和师生之间的冲突，并与当地教育局和教育学院的业务部门进行积极有效的互动。然而，很多校长缺乏与当地社区的普通民众和专业人员进行有建设性的沟通与交流，并获取相关支持的能力。

（二）上海校长在不同领域的时间投入存在较大差异

在上海，并非所有校长均具有一致的时间分配结构。在行政和领导事务中，校长的时间投入在5%—70%，标准差为22.3%。在课程和教学事务中，校长的时间投入在5%—80%，标准差为18.7%。在与学生的互动中，校长的时间投入在3%—50%，标准差为12.7%。在与学生家长的互动中，校长的时间投入在1%—20%，标准差为6.7%。在与当地社区的互动中，校长的时间投入在0—25%，标准差为7.1%。在其他事务中，校长的时间投入在0—68%，标准差为13.9%。

我国心理学家黄希庭教授提出时间管理倾向的概念，认为时间管理倾向是一种人格特征，是个体在运用时间的方式上所表现出来的心理和行为特征。[1] 已有研究结果显示，校长的个人背景和学校的管理结构影响校长的时间分配。[2] 在这项研究中，我们将重点关注如下六类因素。第一，校长的个人背景，包括校长的性别、年龄、教育背景、工作年限、教龄等。第二，学校的管理结构，包括学校治理委员会（校董会）和学校管理团队的构成。第三，校长参与专业发展活动的情况，包括参与教研、带教或研究等校内活动的情况，参与课程学习、学术活动或考察访问等校外活动的情况，以及参与其他专业发展活动的情况。第四，学校和校长的责任定位，包括改善学生学习结果，促进教师专业发展，管理学校事务等。第五，校长对个人和学校绩效局限性的认识，包括学校管理体制和政策、学生和教师失范行为、学校资源匮乏情况、学校分权领导等。第六，校长的工作满意度，包括对校长工作的总体评价、对所在学校的总体评价等。通过对具有显著性的相关关系进行整理，我们得出校长在行政和领导事务、

---

[1] 黄希庭、张志杰：《青少年时间管理倾向量表的编制》，《心理学报》2001年第4期。
[2] 孙军、程晋宽、邓铸：《关于校长时间分配的调查与分析》，《江苏教育研究》2015年第1期。

课程和教学事务、社会交往活动三个领域的倾向性及其所在学校的特征。

二 校长时间分配的倾向性及其原因分析

（一）课程和教学事务：校长的倾向性与学校、校长特征之间的关系

对于大多数校长而言，在课程和教学事务中的充分投入，能够使他们获得较多的自我实现，从而对校长工作和所在学校具有较高的满意程度。目前，校长在课程和教学事务中直接投入的时间主要用于三个内容：自己的课堂教学，旁听其他教师的课堂教学，参与教研组活动。[①] 在课程和教学领导中的时间投入，主要用于改善学校的教学风气和学习风气。总体而言，在学生旷课行为、破坏和偷盗行为、恐吓和辱骂行为、暴力和身体伤害行为较为频繁的学校，校长需要花费较多时间来改变学校的学习风气。在教师迟到行为频繁的学校，校长需要花费较多的时间来改变学校的教学风气。在这些学校中，校长更有可能将基于工龄和职称的工资制度视为影响自身绩效的重要因素。

不同类型的专业发展活动，对于校长在课程和教学事务中时间投入的影响不同。在观察课堂教学、教研、带教或研究等校内活动中投入的时间，被多数校长视为课程和教学事务的重要构成部分。然而，为校长准备的课程学习、学术会议或考察访问活动等校外专业发展活动，对于他们在课程和教学事务中时间投入的影响并不显著。此外，排除在上述两类活动之外的其他校长专业发展活动，反而会限制他们分配到课程和教学事务中的时间份额。

学校的管理结构和行政事务，影响校长在课程和教学事务中的时间投入。首先，理解和整合校内各方意见，会挤压校长在课程和教学事务中的时间投入。如果学校管理团队中不包括学生和学生家长，或者学校治理委员会（校董会）中不包括学校管理团队成员和学生，那么校长能够将更多时间用于课程和教学工作。其次，部分行政和领导事务会限制校长在课程和教学事务中的时间投入。这些行政和领导事务包括决定课程设置和课程内容、开除教师、决定校内预算分配等。

---

① 陈茜、吴志宏：《中小学校长时间实际分配与愿望分配的相关关系》，《教育评论》2000年第6期。

第六章 时间分配：理解校长工作职责的重要路径

（二）学校行政和领导事务：校长的倾向性与学校、校长特征之间的关系

部分校长能够从行政和领导事务中获得工作满足。总体而言，在行政和领导事务中花费较多时间的校长，更有可能认为从事校长工作的好处明显大于坏处。同时，这些校长也会更加重视学校管理体制和政策，将其视为影响学校绩效的重要因素。相对而言，男性校长更有可能在行政和领导事务中花费较多时间。

通常情况下，校长会将协助教师之间的合作、督促教师改进教学工作、对教师进行内部评价视为行政和领导事务的主要内容，将分析学生成绩交给教师、教研组组长或其他同事。为了减少自己在行政和领导事务中的时间投入，有经验的校长通常会将教师和学生代表纳入学校管理团队中，将学校管理团队和学生代表纳入校委会（校董会），并为家长提供沟通和交流的平台。这种分权式领导方式的优势在于，可以提高校长了解学校内部事务和家长诉求的效率，确保校委会（校董会）的决策更加具有可执行性和针对性。

（三）社会交往活动：校长的倾向性与学校、校长特征之间的关系

新建学校和薄弱学校的校长更有可能与学生进行较多互动。相对而言，这些校长更有可能无法获得专业发展机会，面临教学资源匮乏，并依赖校外机构和个人对教师进行正式评价。同时，他们也更有可能享受学校工作，愿意协助教师解决课堂纪律问题，并为学生家长提供学校和学生表现方面的信息。为新建和薄弱学校校长开发有针对性的专业发展活动，应该成为教育行政部门在校长工作中重点关注的议题。

缺乏与同事分享学校领导权的校长更有可能与学生家长进行较多互动。在他们的学校管理团队中，更有可能没有副校长或校长助理；在他们的学校治理委员会（校董会）中，更有可能缺乏来自行业或私立机构的代表。这些人员缺失使得校长需要与学生家长进行更多互动，以便亲自完成需要实施的家校互动。概言之，校长与学生家长的互动，主要聚焦在教师状况、信息公开、家长服务等家长较为关心的事务上，诸如课程设置之类的专业职责则通常不会引起家长的重视。与他们对于家长参与的重视程度一致，这些校长更有可能认为承担家庭责任的需要，阻碍了他们的专业发展活动。此外，男性校长更有可能在与学生家长互动中花费较多时间。

偏远、落后社区中的学校校长更有可能与社区各界进行较多互动。这些学校的规模普遍较小，学校治理委员会（校董会）中通常不会包括行业或私立机构的代表，学校管理团队中也不会设置年级组长、教研组组长等学校中层。校长本人就居住在当地社区，在众多社会交往和学生事务中，校长都会亲力亲为。相对而言，这些校长的课程和教学素养较为薄弱。他们通常不会参加教研、带教、研究等有助于改善或发挥校长课程和教学素养的专业发展活动，也不会参加课程学习、学术会议、考察访问等校外专业发展活动。相对而言，他们在其他类型的专业发展活动中花费的时间较多，其中的部分活动旨在提高校长的社会交往能力和献身精神。再者，这些校长更有可能缺乏激励和调动教师工作积极性的有效手段，他们通常不会将决定教师工资基数和加薪视为自己的职责。同时，他们更有可能面临教师旷工、缺乏学生家长参与、工作负担和责任繁重等挑战。

三 对校长合理规划和利用时间的建议

学校管理模式与现代工厂、商业机构、科研院所的管理模式存在较大差异。在现有的学校体制当中，教师和校长都是学校的主人，两者之间并不存在雇佣关系。[①] 校长代表社会履行监督和指导学校运行的职责。校长对教师的管理同时体现为教育教学业务管理、专业学习和专业发展规划以及管理、思想和行为规范管理等多个方面。教师作为学校的主人，同样具有监督学校运行、校长作为的权利。而且，校长办学理念和管理思路的贯彻执行，也需要通过教师来实现。只有获得教师的理解和接纳，校长才能够真正形成自己的影响力。再者，作为一个具有文化和学术气息的社会组织，学校应该鼓励不同的教学思想、理念和方法的共存和争鸣。来自教师群体的竞争和协商，有利于学校办学水平的整体提升，有利于培养和而不同的学生群体。因此，校长在学校管理中既需要发出声音，又需要虚怀若谷地接纳不同声音。

（一）重视社会交往素养的提升

社会交往是人们传达思想或交换情报的过程，也是人际关系维持和发

[①] 杨丽宁：《中小学校长时间管理的因素分析与策略探究》，硕士学位论文，华东师范大学，2004年。

第六章 时间分配：理解校长工作职责的重要路径

展的基本手段。一个专业人员的成功可以依靠他的专业技术，而一个专业机构领导者的成功则需要依靠他的人际关系和为人处世的能力。[①] 与私立学校的校长相比，为数众多的公立学校校长不能很好地调动居住在当地社区中的高校教师、科研人员、商界人士参与学校建设的积极性。建设和提升学校形象和品牌、与体制外人士的沟通与合作、富有建设性的校园开放与管理等相关内容，应该成为校长培训的增长点。

（二）主动管理时间和制度化管理时间

在学校的日常工作中，校长需要确定时间使用目标，制定时间规划，统筹时间使用。主动管理时间和制度化管理时间的目的在于，尽量避免在集中精力处理重要事务的过程中被打扰，以便时刻保持从容的工作节奏。管理学领域的帕金森定律认为，每个人做一件事情所消耗的时间与他的时间规划密切相关。一个极端的例子是，校长可以花20分钟时间去完成一节课的简略教案，也可以花一天时间完成一节课的详细教案。基于上述考虑，校长需要区分紧急事件、突发事件和常规事件。对于常规工作，有经验的校长会要求教师和家长提前预约，并告知需要处理事项的大致内容，他们通常会在每天的特定时间约谈教师、接待家长来访。

（三）重视单位时间效益

校长的工作时间是有限的。每位校长必须根据所在学校的规模和管理结构、自身资历和工作效率、当前阶段的中心工作、重要工作和常规工作，制定各项学校工作的优先次序。同时，校长还应该考虑根据自己的工作节奏和学校教师团队的工作节奏，确定不同时间段的效率，大块/小块时间的工作安排，以及重要工作的连续性和启动成本。在充分评估学校工作的重要程度、校长和学校管理团队的工作效率之后，校长应该给予副手、中层干部和其他管理人员充分的授权，以便协力完成学校管理工作。经济学领域的帕累托法则认为，在任何一项工作中，最重要的工作都只占20%，管理者应该使用80%的时间和精力来完成这部分工作，以便产生最大的价值。校长不是一线教师和办事员，他们必须坚持要事第一、核心环节第一，要有所为有所不为。越权、热心肠和官僚作风会导致校长日常工作时间的大量流失，这应该成为校长着力避免的行

---

① ［菲］Tim Ang、姜旭平：《我的时间管理课堂》，上海交通大学出版社2008年版，第47页。

为特征。

（四）合理安排工作节奏和作息制度

校长的日常时间分配应该重视校长本人的生活品质，努力实现劳逸结合、张弛有度的工作节奏。大量的研究结果显示，校长的工作时间显著多于普通教师，多数校长缺乏体育运动、家务劳动和陪伴家人的时间。"嫁给学校"逐渐成为许多校长真实的人生写照。如何在忙碌高效的工作与从容不迫的生活之间达到平衡，应该成为现代学校管理关注的重要内容。同时，很多事情的处理都存在最佳时机，一旦错过就需要付出许多额外努力。因此，合理的作息制度还体现为在最佳的时间里，完成适当的事情。

综上所述，学校管理的具体情境是影响校长时间利用的关键因素，为校长的决策设置了前提条件。在上海，校长通常不会因为个人背景，影响他们在学校工作中的时间分配。相对而言，学校的管理结构、校长对自身和学校责任的定位，以及对于个人和学校绩效局限性的认识，对于校长时间分配的影响较大。现有的校长专业发展活动对于校长在行政和领导事务中的时间投入不存在显著影响，却会影响他们在课程和教学事务，以及社区交往中的时间投入。校长的工作满意度主要来源于课程和教学事务、行政和领导事务以及与学生的互动过程，与他们和学生家长以及当地社区的互动情况之间的关系不显著。

同时，校长的时间分配受到教育传统、教育体制等宏观因素影响较大，不同国家的校长存在时间分配模式差异。例如，在英国、美国和新西兰，家长具有较强的学校选择权利。相应地，校长花费在与家长和社区沟通方面的时间较多，主要承担学校"经理人"的职责。在我国，"划片招生，就近入学"的学校体制决定了家长的学校选择权较小。相应地，校长更多地通过课程和教学领导来提高学校办学质量，主要承担"教学专家"或"首席教师"的职责。[①]

在我国现行的学校管理体制中，成功校长的日常工作时间分配模式可以概括为：制定规则＋充分授权＋重视教学＋争取资源。所谓制定规则，

[①] 杨丽宁：《中小学校长时间管理的因素分析与策略探究》，硕士学位论文，华东师范大学，2004年。

是指校长将制定学校发展规划和规章制度作为学校领导工作的重要内容，同时将自己每周的时间规划告诉其他同事，请他们在约定的时间与自己会面。所谓充分授权，是指将学校的绝大多数管理工作交给副手、学校中层或者普通教师。所谓重视教学，是指校长将较多时间用于课程和教学事务，特别是上课和听课两个方面。所谓争取资源，是指校长应该将较多时间用于和社会各界的沟通和交流，以便为学校和教师发展争取较多的社会和教育资源。

校长是学校发展的领导者。当公众和教育行政部门对学校寄予厚望的时候，校长所承载的压力是异常沉重的。在这项研究中我们发现，新建和薄弱学校的校长更有可能面临家校互动、教师队伍、教育资源等方面的挑战，而针对这类校长的专业发展活动仍然极为匮乏。我们期待学校管理领域的后续研究，能够基于对学校和校长特征的实证分析，提供有针对性的决策咨询建议。

第五节 工作时间分配的区域差异与结构特征

2019年6月，经济合作与发展组织与各参与国家/地区同时公布了"2018年教师教学国际调查"（TALIS2018）的首批结果。本轮TALIS调查共有48个国家和地区参加，包括上海在内的47个国家和地区公布了调查的结果。这项目前规模最大的国际教师和校长调查，为我们提供了一个巨大而难得的跨国比较平台。此项国际调查分为教师问卷调查和校长问卷调查两个基本部分。校长问卷调查部分试图揭示各国初中校长的专业准备、专业发展、日常工作、自我效能、职业满意度等情况，同时也反映各国的办学条件和校长改善办学条件方面的愿望。校长工作的内容、结构和时间分配能够在一定程度上反映出各国教育领导与管理方面的理念差异，也会影响各国校长的教育教学和管理效能。本节通过对校长工作时间分配的分析，探索校长工作的结构特征和区域差异，以及这些差异对不同国家和地区学校教育质量的影响。在这项研究中，选取学生科学成绩的国家和地区均值作为学校教育质量的观察指标，主要基于以下考虑：在PISA2015中，学生科学成绩作为本次测评的主测领域，能够较好地反映参与国家和地区的学生学习结果；多数参与TALIS2018测评项目的国家和地区都参与了

PISA2015，可以在国家和地区层面建立 TALIS-PISA 数据链。遗憾的是，尽管北京—上海—江苏—广东四省市作为一个联合体共同参与了 PISA2015 调查，但公开数据中无法析出上海学生的科学成绩。为了获得具有本土意义的研究结论，本项研究使用上海在 PISA2012 中的学生科学成绩作为替代。

一　校长工作的结构性分析：时间分配的视角

对于校长工作时间的界定，存在制度设计和约定俗称两个层面。在学校管理的制度设计中，校长的工作时间是指校长根据国家法律规定，为学校完成各项工作任务，并且获得相应薪酬所使用的时间。在实际的学校管理工作中，校长的工作时间体现为校长经过折中平衡和系统优化后实际花费的工作时间。校长工作具有不确定性、多样性和复杂性等特点，各项工作计划受到各种常规和突发事件的干扰是极其寻常的。对于多数校长而言，即使在非付酬工作时间，也必须时刻待命并随时开始工作。这种工作特点导致许多校长在理论上的休息时间，也不得不承担大量学校事务，并且时刻保持思考状态。部分地基于这一原因，包括 TALIS 在内的多数研究项目将校长的工作时间界定为他们实际花费在工作中的时间。在公共管理领域，以脑力劳动为主的管理者工作，均存在上述制度设计与约定俗称两个层面的时间分配结构。[1]

在这项研究中，对于校长工作时间分配结构的分析，致力于探索和确定国家层面约定俗成的校长工作职能。对于校长群体工作职能的分析，以每个国家或地区全体校长在各项工作中时间投入的均值作为分析单位，旨在提取国家和地区之间在校长工作时间分配结构方面的普遍特征。对于校长工作职能的确定和阐述是一个条分缕析、逐步归纳的过程，以"校长为什么要做这件事和如何做这件事"为依据，把校长实际完成的工作划分为各种相对独立、相互关联的活动类型。[2] PISA、TALIS 等大型国际教育测评项目的一个卓越贡献是，既可以用于分析国家之间的差异性，又可以基

---

[1] Jeff Kenner, "Re-evaluating the concept of working time: An analysis of recent case law", *Industrial Relations Journal*, Vol. 35, No. 6, 2004, pp. 588–602.

[2] Tim R. V. Davis and Fred Luthans, Managers in action, "A new look at their behavior and operating modes", *Organizational Dynamics*, Vol. 9, No. 1, 1980, pp. 64–80.

于特定的概念框架建立超越国家概念的理论模型。当然，这些大型教育测评项目一经产生，也为我们提供了分析、批判和发展其概念框架的机会。在TALIS2018初中学段的调查过程中，共有48个国家和地区参加，主要分布在欧洲（27）和亚洲（12）大陆。除欧洲国家冰岛之外，共有47个国家和地区全部或者部分公开本国数据。在这个研究中，我们使用了来自47个国家和地区9247位校长的调查结果，系统分析校长工作时间分配的结构特征和区域差异（见图6-5-1）。

二 校长工作时间分配结构的区域差异：欧洲经验 vs 亚洲经验

欧洲国家的校长在行政事务和领导事务中的时间投入普遍较长，在课程与教学事务中的时间投入相对较短（见表6-5-1）。在欧洲国家之间，政治和地缘意义上的西欧与中东欧差异趋于模糊。其中，在丹麦、英国、荷兰、爱沙尼亚四国，校长的行政事务和领导事务占比均在26%—35%，属于行政、领导并重型。在半数左右的欧洲国家（斯洛伐克、俄罗斯、匈牙利、捷克、立陶宛、挪威、马耳他、瑞典、比利时、葡萄牙、斯洛文尼亚、芬兰），校长工作中的行政事务占26%—35%、领导事务占21%—25%，属于以行政为主、领导为辅型。在保加利亚、罗马尼亚、意大利、克罗地亚等南欧国家，行政事务占26%—35%，领导事务、课程与教学事务各占16%—20%，属于以行政为主、领导和课程与教学事务为辅型。在奥地利、拉脱维亚和法国，校长的行政事务占26%—35%，领导事务、课程与教学、学生互动各占16%—20%，属于以行政为主、领导、课程与教学和学生互动为辅型。在西班牙，行政事务、领导事务、课程与教学事务、学生互动各占20%左右，属于行政、领导、课程与教学事务、学生互动并重型。在欧洲国家，领导事务、课程与教学、家长互动在校长工作中所占比重与国家的科学成绩之间关系显著。领导事务（$r=0.51$，$sig=0.01$，$n=25$）所占比重较高、课程与教学事务（$r=-0.5$，$sig=0.01$，$n=25$）和家长互动（$r=-0.41$，$sig=0.04$，$n=25$）所占比重较低的欧洲国家，更有可能具有较高的科学成绩。

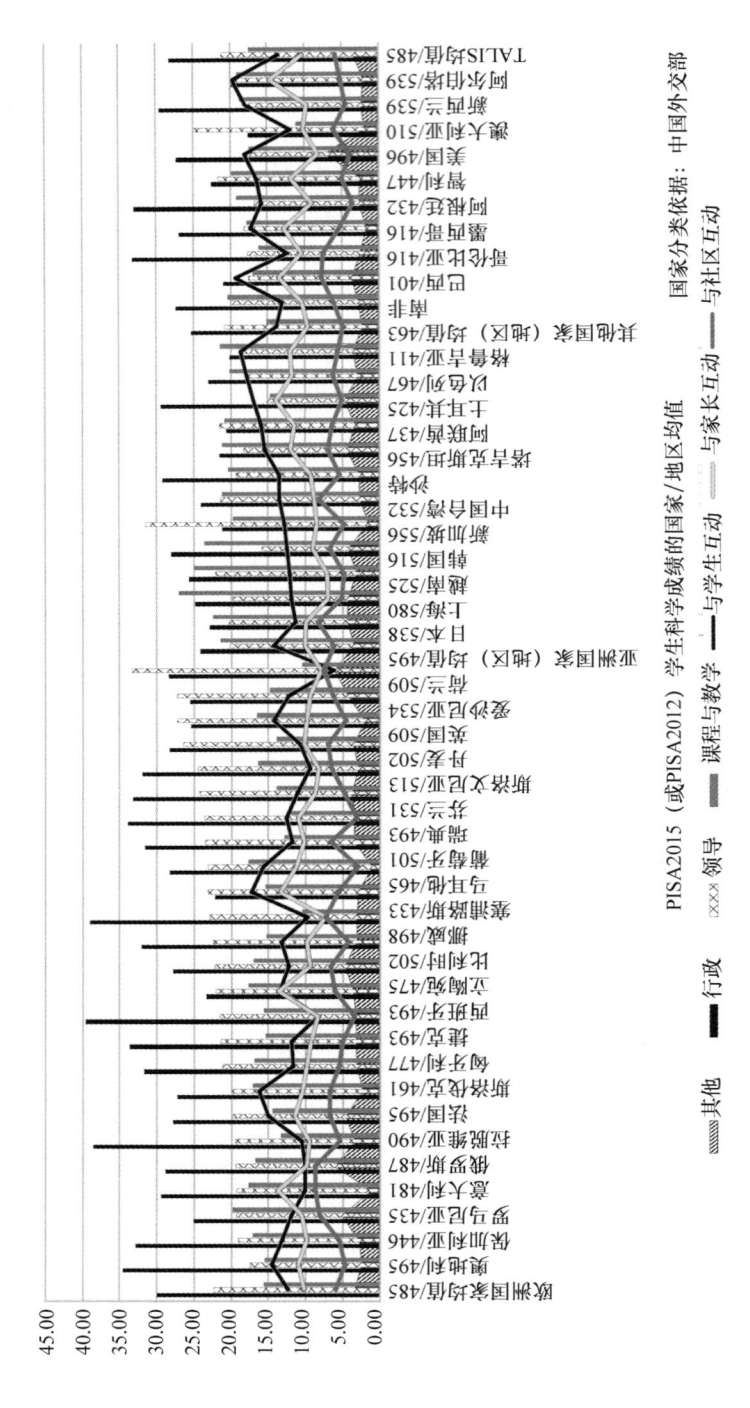

图6-5-1 校长的工作时间分配与学生的科学成绩：欧洲经验 vs 亚洲经验

第六章 时间分配：理解校长工作职责的重要路径

表6-5-1 校长工作时间分配与学生科学成绩：国家间差异

	低表现（464以下）	中低表现（465—499）	中高表现（500—529）	高表现（530以上）
行政、领导并重（26%—35%）			丹麦；荷兰	爱沙尼亚
行政为主（26%—35%），领导为辅（21%—25%）	斯洛伐克	俄罗斯；匈牙利；捷克；立陶宛；挪威；马耳他；瑞典	比利时；葡萄牙；斯洛文尼亚；澳大利亚	芬兰
行政为主（26%—35%），领导、课程与教学并重（16%—20%）	保加利亚；罗马尼亚；沙特；南非	意大利；克罗地亚		
行政为主（26%—35%），学、学生互动并重（16%—20%）	哥伦比亚；墨西哥；阿根廷	奥地利；拉脱维亚；法国；美国		
行政为主（26%—35%），学、学生互动、家长互动并重（15%左右）	土耳其			
领导为主（31%—35%），行政、课程与教学并重（20%左右）			新西兰	新加坡
行政、课程与教学并重（25%左右）			韩国	中国上海
行政、领导、教学与课程并重（21%—25%）		西班牙；以色列	越南	日本；中国台湾
行政、领导、教学与课程、学生互动均衡（20%左右）	塞浦路斯；格鲁吉亚；阿联酋；塔吉克斯坦；巴西；智利			阿尔伯塔

注：本项研究选取PISA2015（或PISA2012）中的科学成绩来反映各国学生的学业表现。南非和沙特没有参与上述两项测评。

在亚洲国家和地区，校长在课程与教学事务中的时间投入普遍较高，在行政事务和领导事务（新加坡除外）中的时间投入相对较低。在亚洲国家内部，东亚国家与西亚国家之间的差异较为显著。在东亚国家和地区，校长在行政事务、课程与教学事务中的时间投入处于较高水平，在领导事务中的时间分配差异较大。其中，新加坡校长以领导事务为主（31%—35%），行政事务、课程与教学事务为辅（20%左右）；韩国、中国上海校长在行政事务、课程与教学事务中投入的时间相当（25%左右）；日本、越南、中国台湾校长在行政事务、领导事务、课程与教学事务中投入的时间相当（21%—25%）。在西亚国家，校长在与学生互动和与家长互动中的投入时间普遍高于东亚国家。在格鲁吉亚、阿联酋、塔吉克斯坦、以色列等西亚国家，校长在行政、领导、课程与教学、与学生互动等事务中投入的时间较为均衡（20%左右）。在沙特，校长工作以行政为主（26%—35%），领导、课程与教学并重（16%—20%）。在土耳其，校长工作以行政为主（26%—35%），领导、课程与教学、与学生互动、与家长互动并重（15%左右）。总体而言，东亚国家的科学成绩普遍处于高表现或者中高表现水平、西亚国家的科学成绩大多处于低表现水平。在亚洲国家，课程与教学、与学生互动和与家长互动在校长工作中所占比重与国家的科学成绩之间关系显著。课程与教学事务（$r=0.6$，$sig=0.05$，$n=11$）所占比重较高、学生互动（$r=-0.94$，$sig<0.0001$，$n=11$）和家长互动（$r=-0.9$，$sig<0.0005$，$n=11$）所占比重较低的亚洲国家，更有可能具有较高的科学成绩。这些校长工作时间分配结构特征，能够部分地解释东亚国家与西亚国家之间的科学成绩差异。

除亚欧国家外，部分南美洲、北美洲、大洋洲和非洲国家也参与了TALIS2018调查。在南美洲国家，校长在行政、领导、教学与课程、与学生互动等事务中投入的时间较为均匀。其中，哥伦比亚、墨西哥、阿根廷属于行政为主、领导、课程与教学和学生互动并重型，巴西、智利属于行政、领导、课程与教学、学生互动并重型。这些国家的科学成绩均处于低表现水平，嘈杂的社会治安环境和无序的学校纪律氛围是导致成绩较差的重要原因。[①] 为了应对来

---

① Bo Ning, Jan Van Damme, Wim Van Den Noortgate, Xiangdong Yang, and Sarah Gielen, "The influence of classroom disciplinary climate of schools on reading achievement: A cross-country comparative study", *School Effectiveness and School Improvement*, Vol. 26, No. 4, 2015, pp. 586-611.

第六章　时间分配：理解校长工作职责的重要路径

自学校安全和学生违纪方面的挑战，校长需要在学生互动中投入较多时间，以便建立正常的教学秩序。在北美洲、大洋洲和非洲，虽然参加TALIS2018项目的经济体均为英语国家和地区，但是校长工作存在较大差异。澳大利亚的校长工作属于行政为主、领导为辅型，在课程与教学中投入的时间相对较少；南非的校长工作属于行政为主、领导和课程与教学并重型；美国、新西兰的校长工作属于行政为主、领导、课程与教学事务和学生互动为辅型；阿尔伯塔—加拿大的校长工作属于行政、领导、课程与教学事务、学生互动并重型。除了南非的科学成绩不确定之外，其他英语国家的科学成绩处于中高表现水平。

国家层面的校长时间分配结构与学校自主权、学校规模和物质资源、成绩压力、校长职业满意度等宏观环境相关。校长在行政事务中投入较多时间的国家，学校人事自主权和成绩压力较大、学校的招生规模较小（见图6-5-2）。这些国家（如俄罗斯、捷克、挪威）的教师普遍具有较低的自我效能感，需要校长通过行政手段加强学校的教学质量控制。[1] 校长在领导事务中投入较多时间的国家，学校的课程自主权、预算自主权、教学自主权均较大，学校物质资源较为充盈，同时校长的职业满意度较高。这些国家（如荷兰、新加坡、爱沙尼亚、英国、丹麦）大多是社会经济发展水平较高、教育投入水平较高的国家。校长在课程与教学中投入较多时间的国家，学校的课程自主权、预算自主权、教学自主权均较低，学校的物质资源较为匮乏。在这些国家和地区（如上海、越南、日本、韩国、格鲁吉亚），政府教育行政部门在学校管理中承担较多职责。

校长在学生互动中投入较多时间的国家和地区，学校的教学自主权较低、预算自主权较高，校长的职业满意度处于较低水平。在这些国家和地区（如阿尔伯塔、新西兰、美国、格鲁吉亚、以色列），社会民主化程度普遍较高，校长的社会参与程度较高。校长在与家长互动中投入较多时间的国家，学校的成绩压力较低，校长的职业满意度同样较低。这些国家多为欧洲和美洲的天主教国家（地区）（如阿尔伯塔、意大利、西班牙、巴西、墨西哥、智利）和西亚的伊斯兰教国家（如土耳其、塞浦路斯、塔吉

---

[1] Organisation for Economic Co-operation and Development, *TALIS 2018 Results (Volume I): Teachers and School Leaders as Lifelong Learners*, TALIS, OECD Publishing, Paris, 2019, p.161.

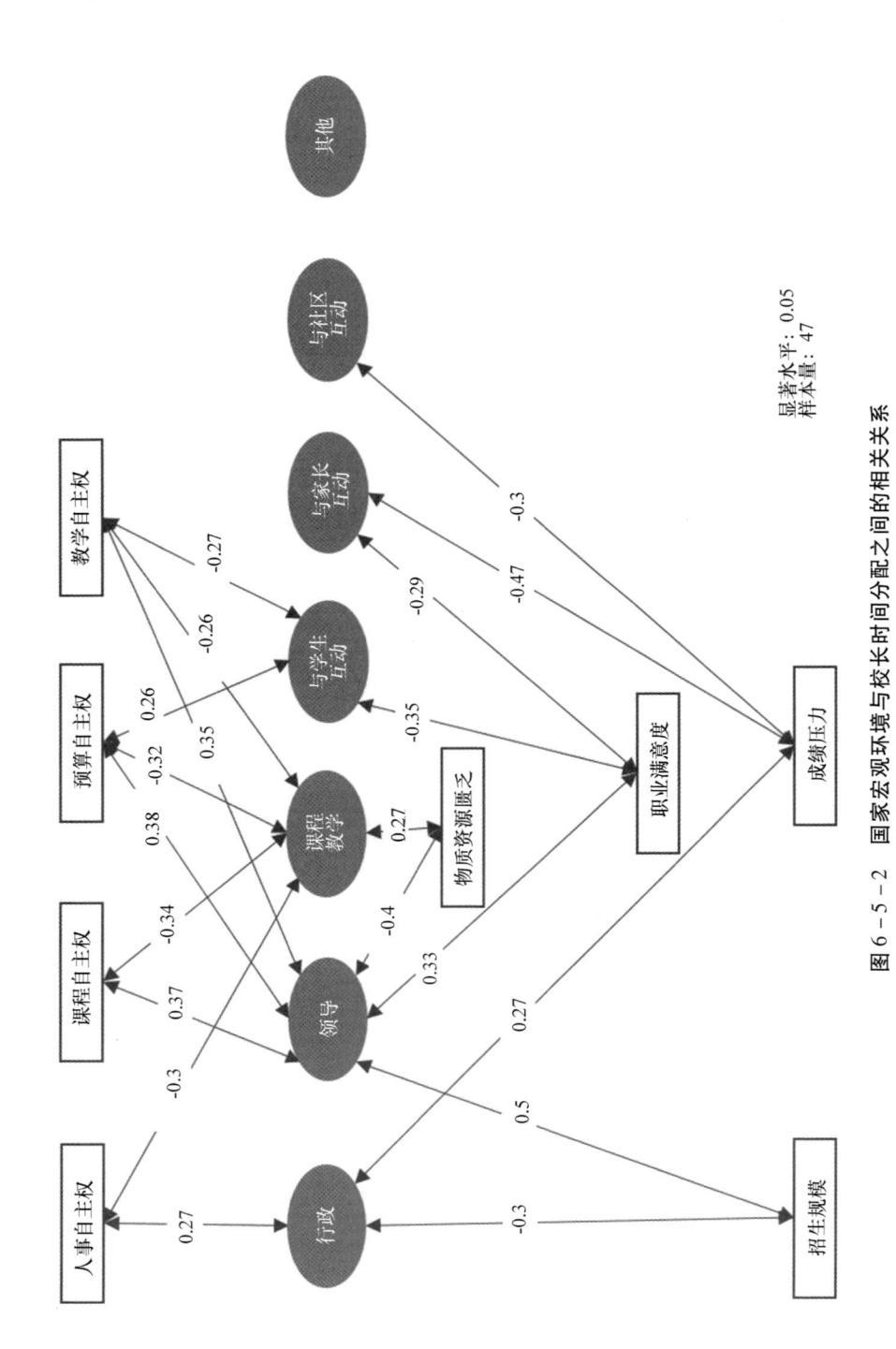

图 6-5-2　国家宏观环境与校长时间分配之间的相关关系

克斯坦)。在这些国家中,家长的教育话语权较强、自由择校程度较高。校长在与社区互动中投入较多时间的国家(地区)(如克罗地亚、意大利、日本、中国台湾、罗马尼亚),学校的成绩压力较小。这些国家和地区大多具有集权传统,更有可能是学校—社区融合程度较高的国家,校长作为当地社区的高影响者经常参与社区事务,同时社区的高影响者也会经常参与学校事务。

三 校长的工作时间分配:国家层面的结构模型

在国家层面建立初中校长的工作时间分配模型,可以帮助我们从校长群体的约定俗成角度理解校长的工作职能(性质、结构和内容)。基于TALIS2018初中学段的调查数据(各项指标上的国家均值及其分布情况),我们尝试建立了初中校长工作的结构模型(见图6-5-3)。正如威顿在其《建设跨情境的学术对话》一文中说:"在社会科学的进化中最常见的发展途径是放宽现行理论和研究结论的前提假设。……对关键的、被人们认为是理所当然的概念和(或)背景条件的成功挑战,常常能带来学术知识的重大进步。"[1] 有鉴于参与国家和地区的数量较少(共47个)、各项指标上的国家均值并不符合正态分布、没有可资借鉴的理论模型等原因,基于偏最小二乘法的结构方程模型被用于这项研究当中。基于模型最优的考虑,我们选取了效应值较大的关系路径,包括直接效应值和间接效应值。[2] 总体来说,这个模型能够很好地反映TALIS2018参与国家和地区的校长时间分配数据特征($NFI > 0.999$,$SRMR < 0.001$),模型拟合优度显

---

[1] 徐淑英、刘忠明主编:《中国企业管理的前沿研究》,北京大学出版社2004年版,第15、30页。

[2] 在这项研究中,对于直接效应值的定义为,在一项事务中的时间投入会直接影响(增加或减少)在另一项事务中的时间投入。对于间接效应值的定义为,在一项事务中的时间投入会通过对相关事务中时间投入的影响,间接影响(增加或减少)在另一项事务中的时间投入。其中,对于积极效应值的解释有二:在一项事务中的时间投入需要配套增加在另一项事务中的时间投入;在一项事务中的时间投入会降低另一项事务的工作效率,进而增加在该项事务中的时间投入。对于消极效应值的解释同样如此:在一项事务中的时间投入会(挤压)限制在另一项事务中的时间投入;在一项事务中的时间投入会提高另一项事务的工作效率,进而降低在另一项事务中的时间投入。

著优于哈里（Hair）等人推荐的临界值（$NFI > 0.9$，$SRMR < 0.08$）。[①]

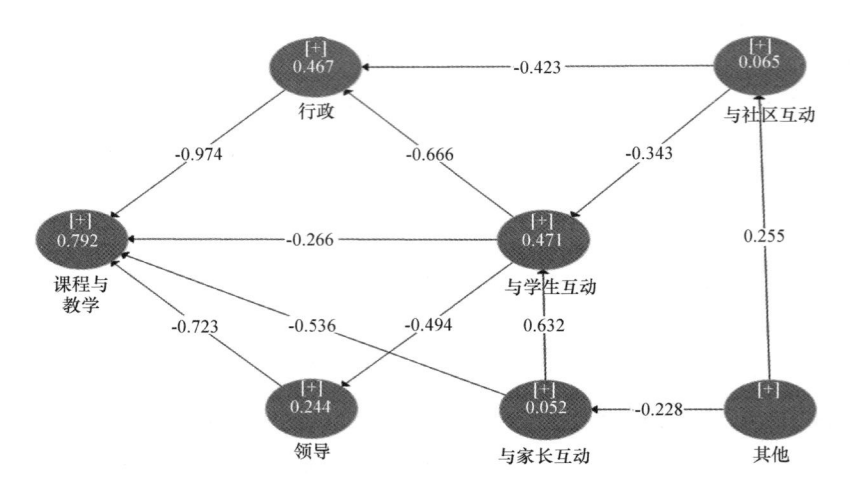

图 6-5-3 校长的工作时间分配：国家层面的结构模型

资料来源：TALIS2018 初中学段国家（地区）均值数据。

国家层面的校长工作时间分配模型以课程与教学事务为中心，所有其他工作均直接或者间接地围绕课程与教学事务展开。TALIS2018 参与国家和地区之间在课程与教学事务中时间投入的差异，有 79.2% 能够被校长在其他各项事务中的时间投入解释（见图 6-5-3）。换言之，各个国家和地区的校长在课程与教学事务中投入较多或者较少的时间，主要是由于他们在其他各项事务中的时间投入存在差异。校长在行政事务（-0.97）和领导事务（-0.72）中的时间投入，构成了完成课程与教学事务的两个主要限制条件（见表 6-5-2）。导致这一结果的可能原因有二：校长在行政事务和领导事务中的时间投入，能够较大程度地提高他们在课程与教学事务中的工作效率，从而降低在这类事务中的时间需要；校长在行政事务和领导事务中的时间投入，会挤压和侵占他们在课程与教学事务中的时间投入。与此同时，校长在与学生互动（-0.27）和与家长互动（-0.54）中的时间投入，构成了完成课程与教学事务的两个次要限制条件，有助于

[①] Joseph F. Hair, G. Tomas M. Hult, Christian Ringle, and Marko Sarstedt, *A primer on partial least squares structural equation modeling* (*PLS-SEM*) (2nd ed.), Sage: Thousand Oaks, 2017, p. 19.

第六章 时间分配:理解校长工作职责的重要路径

提高校长在课程与教学事务中的工作效率,或者挤压和侵占他们在课程与教学事务中的时间投入。与社区互动(-0.16)和其他事务(-0.06)通过行政事务、领导事务、与学生互动、与家长互动间接影响校长在课程与教学事务中的时间投入,能够在一定程度上降低课程与教学事务的工作效率,需要校长在课程与教学事务中配套增加相应的时间投入。

表6-5-2 校长工作时间分配的影响路径:直接效应和间接效应

	其他	与社区互动	与家长互动	与学生互动	课程与教学	领导	行政
其他		0.26	-0.23	(-0.23)	-0.06	-0.12	-0.05
与社区互动				-0.34	-0.16	-0.17	-0.42(0.23)
与家长互动				0.63	-0.54(0.47)	(-0.31)	(-0.42)
与学生互动					-0.27(1.01)	-0.49	-0.67
课程与教学							
领导					-0.72		
行政					-0.97		

注:间接效应可能通过一个或者多个中介变量实现;间接效应的合并值在括号中;直接效应值在括号外;总体效应值为直接效应值和间接效应值的和。

与学生互动是沟通所有校长工作的中间环节。一方面,与学生互动为课程与教学事务(0.74)、行政事务(-0.67)和领导事务(-0.49)服务,与学生互动的数量和质量在一定程度上决定了上述工作的效率和时间投入。另一方面,与家长互动(0.63)、与社区互动(-0.34)和其他事务(-0.23)均直接或者间接指向学生互动,为了实现学生互动的目标服务。校长在与家长互动中投入时间较多的国家,同样会在与学生互动中投入较多时间(0.63),表明校长的与家长互动与与学生互动存在共同的议题,为了解决共同的问题展开。然而,校长在社区互动中投入时间较多的国家,在与学生互动中投入较少的时间(-0.34),表明校长的与社区互动有助于提高学生互动的效率或者限制学生互动的时间投入。需要特别指出的是,在国家层面的校长工作时间分配模型中,尽管与学生互动直接限制校长在课程与教学事务中的时间投入(-0.27),校长在与学生互动中的时间投入会通过改善行政（0.65）和领导事务（0.36）的工作效率，为校长的课程与教学事务赢得较多的时间，体现为较高水平的间接效应值。

行政事务和领导事务是校长工作的两条主线。校长在行政事务和领导事务中的时间投入，会直接或者间接受到与学生互动、与家长互动、与社区互动和其他事务影响。同时，这些事务还会通过对行政事务和领导事务的影响，间接影响校长在课程与教学事务中的时间投入。概言之，校长在与学生互动、与家长互动中投入较多时间的国家，在行政事务、领导事务中投入较少时间。然而，校长在与社区互动中投入较多时间的国家，在领导事务中投入较多时间，在行政事务中投入较少时间。导致上述结果的可能原因包括：在学校治理中普遍采用分布式领导方式的国家，校长会积极吸纳学生、家长参与学校治理，从而减少自己在行政和领导事务中的时间投入。在面临学校纪律失灵的国家，校长需要通过与学生、家长频繁互动来应对学生违纪行为，从而限制自己在行政和领导事务中的时间投入。与学生和家长等利益攸关的学校治理参与者不同，社区力量参与学校治理虽然可以限制或者降低校长在行政事务中的投入，但是需要校长在领导事务中投入较多时间以便进行更为合理的顶层设计。需要特别指出的是，尽管领导事务和行政事务共同限制校长在课程与教学事务中的时间投入，并且受到学生互动、家长互动和社区互动的共同影响，但是两者之间的相互影响并不显著。换言之，行政事务和领导事务分属两个不同的领域，两者之间的相互交叉较少。与此同时，校长的行政素养和领导素养存在较大差异，教育行政部门和培训机构应该建立更具针对性的校长队伍配给和培养制度。

其他事务是校长工作的有益补充。其他事务涉及的内容较为繁杂。校长在其他事务中的时间投入围绕行政事务（0.05）、领导事务（0.12）、课程与教学（0.06）、社区互动（0.26）等目标展开，会限制校长在学生互动（-0.23）和家长互动（-0.23）中的时间投入。通过对与家长互动和与社区互动的直接影响，校长在其他事务中的时间投入间接影响他们在课程与教学、行政事务、领导事务中的时间投入。例如，校长在其他工作中的时间投入，并不直接影响他们在学生互动中的时间投入。而是通过影响他们在与社区互动（-0.09）和与家长互动（-0.14）中的时间投入，间接限制他们在与学生互动中的时间投入（-0.23）。

四 结语：建构基于中国经验的校长测评研究框架

成功的国际大型教育测评项目具有塑造世界基础教育发展趋势的力量。OECD 对于世界教育发展趋势的引领，主要通过组织大型教育测评实现。1997 年，OECD 组织全球顶尖水平的经济学家、科学家、社会学家，就未来社会和生活所需的关键素养进行研讨。这次研讨确定了包括 PISA、TALIS 在内所有大型教育测评的核心指标和理念。自 2000 年开始，OECD 组织了多个系列的大型教育测评，参与国家（如德国、波兰、墨西哥、澳大利亚、英国）为了系统提升本国教育质量，纷纷建立与这些国际大型教育测评的核心指标和理念一致的教育政策和学校改进方案。OECD 实现了塑造全球教育治理体系、影响各国教育改革、传播新自由主义教育理念的目的。[1] 在我国，以 PISA 关于学生素养的指标体系为基础，上海市教育委员会在 2011 年开发了指导全市基础教育发展的《上海市中小学生学业质量绿色指标》。自 TALIS2013 上海结果发布开始，上海一直依靠 TALIS 的结果（发现的问题和弱点）改进教师政策，甚至用 TALIS 中的优势来强化教师专业发展。2015 年，上海市人民政府宣布逐年增加义务教育阶段教师绩效工资，计划在 5 年内实现教师人均工资提高 7.5 万元。2017 年，上海市教育委员会宣布"上海市中小学教师专业（专项）能力提升计划"，有针对性地提升教师的关键能力（育德能力、本位性知识、作业命题能力、实验能力、信息技术运用能力、心理辅导能力）。

PISA、TALIS 等国际大型教育测评项目建立在欧美国家基础教育发展经验基础上，并不能很好地解释亚洲国家之间、国家内部学校之间的差异。尽管 OECD 已经扩展为超越西欧和北美的国际组织，欧美国家仍然是 OECD 一系列政策的主导力量。与之相应，PISA、TALIS 等由 OECD 组织的国际教育测评，能够较好地解释欧美国家之间和国家内部学校之间的差异性。与 TALIS2013 相比，TALIS2018 在校长工作时间分配指标上的一个改变是，将行政和领导事务这一组合指标拆分为行政事务和领导事务两个独立指标，以

---

[1] 马健生、蔡娟：《全球教育治理渗透：OECD 教育政策的目的，基于 PISA 测试文献的批判性分析》，《比较教育研究》2019 年第 3 期。

便更好地解释欧美国家之间和国家内部学校之间的差异性。对于亚洲国家而言，行政事务和领导事务对于国家间成绩差异的影响均处于较低水平，课程与教学事务是分析亚洲国家之间成绩差异的重要指标。显然，将课程事务与教学事务进行拆分，能够更好地解释亚洲国家之间的成绩差异。

这项研究的结果还显示，在整个校长工作职责架构中，课程与教学事务居于中心环节，具有更为重要的地位和作用。然而，从TALIS2013到TALIS2018的五年当中，上海校长在课程和教学事务中的时间投入从占比33%下降到27%，在学生、学生家长和社区交往中的时间投入由28%下降到24%，在行政和领导事务中的时间投入从35%上升到45%。这种从专注课程和教学工作的教学领导范式，向分布式领导范式和变革型领导范式转变的"西化之风"值得商榷。再者，在TALIS2013和TALIS2018中，上海校长和教师在职前准备、专业发展和尽职程度的大多数指标上均处于世界领先水平。这种高质量的校长和教师队伍固然值得骄傲。然而，由于多数上海校长和教师在各项测评指标上存在微弱差异，TALIS对于上海教师队伍建设和学校改进的指导作用并不是全方位的。

OECD等国际组织开始认真审视东亚国家在基础教育领域的成功经验。受欧美等西方国家学校治理理念和实践的影响，我国教育界通过观念引领和制度设计等方式，积极鼓励中小学校长从教学领导范式转向分布式领导范式和变革型领导范式。从学生学业质量保障的角度考虑，这些改革取向固然有其可取之处，专注课程与教学事务的教学领导范式同样值得珍视。事实上，许多欧美国家在基于学生学业质量改进的学校改革过程中，也在积极主动地"向东方看"，引导和支持中小学校长将更多时间和精力用于课程与教学事务中。[①] 为了吸取世界各国和地区的先进教育经验，在TALIS2018视频研究项目的开发过程中，OECD邀请包括上海TALIS项目组在内的所有参与国家和地区共同参与"关于一堂好课"的标准制定工作。在这个项目开发过程中，东亚国家、欧美国家和拉美国家之间存在激烈的文化冲突，最终使更加具有包容性和开放性的指标体系得以建立。

---

① Mark Boylan, Bronwen Maxwell, Claire Wolstenholme, and Tim Jay, "Longitudinal evaluation of the Mathematics Teacher Exchange：China-England（Third interim report）", 2019 - 1 - 25, https：//www. gov. uk/government/publications/evaluation-of-the-maths-teacher-exchange-china-and-england, 2019 - 9 - 10.

大型国际教育测评项目的策划和组织有助于推动中国基础教育经验走向世界。新时代，中国政府提出了建立人类命运共同体建设的国际倡议。为了落实这个国际倡议，我们需要在参与全球治理的过程中拿出能够为世界各国所借鉴的中国方案，努力推动世界教育发展趋势从"一元"走向"多元"。作为能够领跑世界基础教育发展的先进教育体系，在中国教育改革话语体系中提炼上海教育的独特优势、成功经验、不足之处，具有尤为重要的国际和国内价值。2017 年 9 月，受教育部教师工作司和上海市教委委托，TALIS 上海项目组开发了基于 TALIS 概念框架和上海教师专业发展经验的"中国中小学教师专业发展指标体系"，并在东、中、西部七省市 3000 所学校开展试测研究。2019 年 7 月，受联合国教科文组织亚太地区教育局委托，TALIS 上海项目组开始着手开发基于"中国中小学教师专业发展指标体系"的"亚太地区教师支持和教师激励测评体系"。这些测评项目的一个重要目标在于，通过大规模教育测评项目将基于中国教育发展经验的指标体系推广到全世界，推动形成融合但有别于西方范式的教师和校长专业发展模式。

第七章　职业幸福：走向积极的自我实现

第一节　校长职业幸福的文献梳理

一　积极的自我实现：校长职业幸福研究的逻辑起点

（一）校长工作通过满足外部期望，来实现个人和社会价值

实现个人和社会福祉是人类社会的共同追求。校长工作需要在实现社会价值的过程中，完成自我价值的实现。由于教育工作具有很强的社会公益性，那些成长为校长的教师，大多承担了许多学校发展职责，体现为"成事成人、成己达人"的品质和特征。与此同时，校长工作与学生成长、教师发展、学校改进密切相关，他们在工作中获得的职业幸福并不单纯体现为自己的贡献多或者获益大。他们还需要良好的人际关系、深刻的社会意义，从而让校长工作凸显出深层次的社会价值。

校长工作最大的价值是积极的自我实现。为什么有人想成为校长？Ulf Leo 等学者指出，校长从孩子、学生、敬业的教师、问责者和家长那里获得了很多能量。[①] 他们想成为校长是因为他们想发展自己的学校，并从事教学领导工作。尽管校长工作大多时候很艰难，他们还是渴望得到这份工作。他们喜欢设定目标并实现目标，他们渴望找到应对各种挑战的答案。Guglielmi 等学者对校长幸福感的研究建立在工作需求—资源模型基础上。

[①] Ulf Leo, Roger Persson, Inger Arvidsson, and Carita Håkansso, "External Expectations and Well-Being, Fundamental and Forgotten Perspectives in School Leadership: A Study on New Leadership Roles, Trust and Accountability", in Moos L., Nihlfors E., Paulsen J. M., eds., *Recentring the Critical Potential of Nordic School Leadership Research. Educational Governance Research*, Cham: Springer International Publishing, Vol. 14, 2020, pp. 209–229.

第七章　职业幸福：走向积极的自我实现

他们也得到类似结论。[1]

应对教师和学生的发展需求和社会各界的教育期望是校长工作的重要内容。校长是校内—校外人际关系网络的重要衔接[2]，与教师合作的艺术，获得公众的认可，应对政府发布的各种规则和条例，构成了影响校长职业幸福感的内部环境和外部环境。[3] 应对学校内外的各种职业期望的能力，是调节校长生理和社会—心理压力的基本调节机制，[4] 对于维持校长的健康状况和职业认同具有突出意义[5]。

大量的研究结果不断证实校长在学校管理中的关键地位。校长通过对学校氛围和教师素养的影响，对学生和教师的幸福产生了间接影响[6]。国际比较研究同样强调了校长对学校发展和学生成绩的重要性[7]。例如，OECD 认为教育的最终目标应指向个人福祉和社会福祉，不仅是物质方面的满足（如工作、收入、住房等），而且包含更广泛意义上的幸福体验（如公

---

[1] Guglielmi Dina, Simbula Silvia, and Schaufeli Wilmar B., "Depolo, Marco", *Career Development International*, Vol. 17, No. 4, 2012, pp. 375–389.

[2] Ulf Leo, Roger Persson, Inger Arvidsson, and Carita Håkansso, "External Expectations and Well-Being, Fundamental and Forgotten Perspectives in School Leadership: A Study on New Leadership Roles, Trust and Accountability", in Moos L., Nihlfors E., Paulsen J. M., eds., *Recentring the Critical Potential of Nordic School Leadership Research. Educational Governance Research*, Cham: Springer International Publishing, Vol. 14, 2020, pp. 209–229.

[3] Geert Devos, Dave Bouckenooghe, Nadine Engels, Gwendoline Hotton, and Antonia Aelterman, "An assessment of well-being of principals in Flemish primary schools", *Journal of Educational Administration*, Vol. 45, No. 1, 2007, pp. 33–61.

[4] Ulf Leo, Roger Persson, Inger Arvidsson, and Carita Håkansso, "External Expectations and Well-Being, Fundamental and Forgotten Perspectives in School Leadership: A Study on New Leadership Roles, Trust and Accountability", in Moos L., Nihlfors E., Paulsen J. M., eds., *Recentring the Critical Potential of Nordic School Leadership Research. Educational Governance Research*, Cham: Springer International Publishing, Vol. 14, 2020, pp. 209–229.

[5] George P. Chrousos, "Stress and disorders of the stress system", *Nature Reviews Endocrinology*, Vol. 5, No. 7, 2009, pp. 374–381; Bruce S. McEwen, "Brain on stress: How the social environment gets under the skin", *Proceedings of the National Academy of Sciences of the United States of America*, Vol. 109, No. 17, 2012, pp. 180–185.; Holger Ursin and Hege R. Eriksen, "The cognitive activation theory of stress", *Psychoneuroendocrinology*, Vol. 29, No. 5, 2004, pp. 567–592.

[6] Philip Hallinger, "Leading educational change: Reflections on the practice of instructional and transformational leadership", *Cambridge Journal of Education*, Vol. 33, 2003, pp. 329–352; Philip Hallinger and Ronald H. Heck, "Reassessing the principal's role in school effectiveness, A review of empirical research, 1980–1995", *Educational Administration Quarterly*, Vol. 32, No. 1, 1996, pp. 5–44.

[7] Kenneth Leithwood, Alma Harris, and David Hopkins, "Seven strong claims about successful school leadership revisited", *School Leadership and Management*, Vol. 40, No. 1, 2019, pp. 5–22.

民参与、健康、环境、社区、工作与生活的平衡等)。[1] 新冠肺炎疫情的发生让越来越多的教育工作者开始积极审视生命的意义与价值、工作的意义与价值，以及生活与工作中的情感需求与压力等，继而影响人们对职业幸福的认识。在后疫情时代，学校教育系统的有效运作将使校长的工作变得更具挑战性，进一步凸显出对于中小学校长职业幸福进行系统研究的重要性。

(二) 积极心理学视角下的幸福理论

幸福 (Well-being) 是反映生活中积极和健康功能的多维结构。[2] 定量和定性结果表明，幸福感是一种受多因素影响的复杂心理现象[3]关于幸福感，教育领域的已有研究更为关注学生幸福感和教师幸福感，对校长职业幸福的研究仍然很少[4]。同时，对于校长职业幸福的研究主要集中在消极方面[5]，例如倦怠等[6]，很少有人注意到校长职业幸福的积极方面[7]。但是，校长领导对于促进教师幸福的学校环境至关重要[8]，也间接地

---

[1] Organisation for Economic Co-operation and Development, *Concept note*: *OECD Learning Compass 2030*, Paris: OECD Publishing, 2019.

[2] Rebecca J. Collie, Helena Granziera, and Andrew J. Martin, "School Principals' Workplace Well-Being: A Multination Examination of the Role of Their Job Resources and Job Demands", *Journal of Educational Administration*, Vol. 58 No. 4, 2020, pp. 417–433.

[3] Geert Devos, Dave Bouckenooghe, Nadine Engels, Gwendoline Hotton, and Antonia Aelterman, "An assessment of well-being of principals in Flemish primary schools", *Journal of Educational Administration*, Vol. 45, No. 1, 2007, pp. 33–61.

[4] Merike Darmody and Emer Smyth, "Primary school principals' job satisfaction and occupational stress", *International Journal of Educational Management*, Vol. 30, No. 1, 2016, pp. 115–128; Edward J. Fuller and Liz Hollingworth, "Questioning the use of outcome measures to evaluate principal preparation programs", *Leadership Policy Schools*, Vol. 17, No. 2, 2018, pp. 167–188.

[5] Adrian Carr, "Anxiety and depression among school principals-warning, principalship can be hazardous to your health", *Journal of Educational Administration*, Vol. 32, 1994, pp. 18–34; Rod Green, Susan Malcolm, Ken Greenwood, Michael Small, and Gregory Murphy, "A survey of the health of Victorian primary school principals", *International Journal of Management Education*, Vol. 15, 2001, pp. 23–30.

[6] Geert Devos, Dave Bouckenooghe, Nadine Engels, Gwendoline Hotton, and Antonia Aelterman, "An assessment of well-being of principals in Flemish primary schools", *Journal of Educational Administration*, Vol. 45, No. 1, 2007, pp. 33–61.

[7] Wilmar B. Schaufeli, Marisa Salanova, Vicente González-Romá, and Bakker, A. B., "The measurement of engagement and burnout: A two sample confirmatory factor analytic approach", *Journal of Happiness Studies*, Vol. 3, 2002, pp. 71–92.

[8] Rebecca J. Collie, Jennifer D. Shapka, Nancy E. Perry, and Andrew J. Martin, "Teachers' psychological functioning in the workplace: Exploring the roles of contextual beliefs, need satisfaction, and personal characteristics", *Journal of Educational Psychology*, Vol. 108, 2016, pp. 788–799.

第七章 职业幸福：走向积极的自我实现

通过教师[1]影响学生的学习和幸福[2]。

幸福（well-being）是"积极心理学"的重要主题（topic），侧重于探索和利用人类的优势和最优功能，而不是弱势和障碍[3]。在一项针对校长职业幸福感的心理风险因素研究中，Dicke等学者指出压力和抑郁与需求和疾病有关，而自信和自主与幸福有关。[4] Devos等学者也指出，校长职业幸福的一个研究重点是与工作相关的投入、奉献和满足感。[5] 在这项研究中，我们希望借助（在个人主义语境下产生的）层压理论的概念框架，探讨（在集体主义语境下工作的）中国校长对职业幸福诸要素的认识与排序。此外，我们还将对前人研究中确定的那些能够提升校长职业幸福的积极因素（如自主、良好的人际关系、积极的情绪等），以及那些影响校长职业幸福的消极因素（如倦怠、压力等）进行整理，尝试建构校长职业幸福的测量模型。[6]

追求幸福是人的一项生物本能，也是积极心理学（positive psychology）研究的基本假设。Seligman关于幸福要素的认识，经历了从《真实的快

---

[1] A. Kartin Arens and Alexandre J. S. Morin, "Relations between teachers' emotional exhaustion and students' educational outcomes", *Journal of Educational Psychology*, Vol. 108, No. 6, 2016, pp. 800 – 803.; Uta Klusmann, Dirk Richter, and Oliver Lüdtke, "Teachers' emotional exhaustion is negatively related to students' achievement: Evidence from a large-scale assessment study", *Journal of Educational Psychology*, Vol. 108, 2016, pp. 1193 – 1203.

[2] William L. Koh, Richard M. Steers and James R. Terborg, "The effects of transformational leadership on teacher attitudes and student performance in Singapore", *Journal of Organization Behavior*, Vol. 16, 1995, pp. 319 – 333; David V. Day, "Leadership development", in Alan Bryman, David Collinson, Keith Grint, and Brad Jackson, eds., *The SAGE Handbook of Leadership*, Thousand Oaks, CA; London: SAGE, 2011, pp. 37 – 50.

[3] Martin P. Seligman and Mihaly Csikszentmihalyi, "Positive psychology", *American Psychologist*, Vol. 55, 2000, pp. 5 – 14.

[4] Theresa Dicke, Herbert W. Marsh, and Philip Riley, et al., "Validating the Copenhagen Psychosocial Questionnaire (COPSOQ-II) using set-ESEM: Identifying psychosocial risk factors in a sample of school principals", *Frontiers in Psychology*, Vol. 9, No. 584, 2018, pp. 1 – 17.

[5] Geert Devos, Dave Bouckenooghe, Nadine Engels, Gwendoline Hotton, and Antonia Aelterman, "An assessment of well-being of principals in Flemish primary schools", *Journal of Educational Administration*, Vol. 45, No. 1, 2007, pp. 33 – 61.

[6] Rebecca J. Collie, Helena Granziera, and Andrew J. Martin, "School Principals' Workplace Well-Being: A Multination Examination of the Role of Their Job Resources and Job Demands", *Journal of Educational Administration*, Vol. 58, No. 4, 2020.

乐》（*Authentic Happiness*）（2002）[①] 到《绚丽人生》（*Flourish*）（2011）[②] 两个发展阶段，从"真实快乐理论"（Authentic Happiness Theory）发展到"幸福理论"（Well-Being Theory），最终形成了 PERMA 模型。Seligman[③] 从关注点、测量要素及目标三方面对"真实快乐理论"（Authentic Happiness Theory）和"幸福理论"（Well-Being Theory）进行了详细阐释，帮助人们更好区分两种理论的关系，更好地使用"幸福理论"及其 PERMA 模型。其中，真实快乐理论的测量指标围绕"生活满足"展开，相应地，追求目标是"增加生活满足"；幸福理论的测量指标围绕"积极情绪（Positive Emotions）、投入（Engagement）、意义（Meaning）、成就（Achievements）和人际关系（Relationships）"五个方面展开，通过改变积极情绪、积极投入、意义、成就和人际关系，提高生命的绚丽多彩。

在塞雷格曼的幸福理论当中，所有五组构成元素的选取遵循如下原则：（1）对幸福有贡献；（2）人们追求它是基于它自身的原因而非作为手段，用于实现其他目标；（3）具有排他性，可以独立于其他因素而被定义和测量。幸福理论在方法和实质上都具有多维度。除积极情感是主观因素（可以通过被试的想法和感受来定义）外，其他维度均包括主观因素和客观因素。其中，积极情感（愉悦的生活）是快乐的基础部分，属于第一维度。作为主观因素的快乐和生活满意度，被纳入积极情感的建构当中。积极投入是幸福的第二维度，表示在高度投入活动中感觉像欣赏音乐、时光停滞等忘我状态。意义是幸福的第三维度，表示人们认为自己归属的组织或者从事的工作，其价值远远大于这个组织和工作本身。成就是幸福的第四维度，表示人们基于事务本身的价值而非外在的目标，去追求成功、完成、赢取、掌控，即便这些事情可能并不带来积极情感、意义或者良好的人际关系。人际关系是幸福的第五维度。研究结果显示，在幸福的所有构成维度中，友善待人是能够最大限度地稳定提升活动即时性幸福体验的因素。

[①] Martin E. P. Seligman, *Flourish: A visionary new understanding of happiness and well-being*, New-York: Free Press, 2011.

[②] Martin E. P. Seligman, *Flourish: A visionary new understanding of happiness and well-being*, New-York: Free Press, 2011.

[③] Martin E. P. Seligman, *Flourish: A visionary new understanding of happiness and well-being*, New-York: Free Press, 2011.

第七章 职业幸福：走向积极的自我实现

在术语的使用问题上，幸福（well-being）与满足（satisfaction）、快乐（happiness）、生活质量（quality of life）等概念存在较大重叠。[1] 相对而言，幸福是一个更为综合、上位的概念，包括主观、社会、心理、健康、经济等多个方面。就研究变量而言，前人研究中使用了许多概念和测量方法来测量幸福，包括工作满意度、工作参与、组织承诺、工作中的积极和消极情绪、积极和消极影响、内在动机和繁荣发展等。[2] Ágota Kun 等学者（2016）对主观幸福感的决定因素进行了研究，开发并使用塞雷格曼（2011）的 PERMA 模型对员工幸福感进行了问卷调查。这项研究证实了 PERMA 模型定义和衡量幸福的多维方法。多维度的福利评估体系有助于更好地理解员工对于工作福利的体验，有助于政策和实践改进。[3] 此外，有学者使用 PERMA 模型研究教师[4]和高中学生[5]的幸福体验，有学者验证在不同国家建构幸福理论的趋同性与有效性（如德国[6]），以及在不同文化背景下幸福模型的适用性与差异性（如阿拉伯联合酋长国[7]）。

在研究方法方面，Riyan Hidayat 等学者[8]借助结构方程模型对成就目

---

[1] Ágota Kun, Péter Balogh, and Katalin Gerákné Krasz, "Development of the Work-Related Well-Being Questionnaire Based on Seligman's PERMA Model", *Periodica Polytechnica Social and Management*, 2017, DOI: 10.3311/PPso.9326.

[2] Cynthia D. Fisher, "Happiness at work", *International Journal of Management Review*, Vol. 12, No. 4, 2017, pp. 384–412.

[3] Ágota Kun, Péter Balogh, and Katalin Gerákné Krasz, "Development of the Work-Related Well-Being Questionnaire Based on Seligman's PERMA Model", *PeriodicaPolytechnica Social and Management*, 2017, DOI: 10.3311/PPso.9326.

[4] Margaret L. Kern1, Lea Waters, Alejandro Adler, and Mathew White, "Assessing Employee Wellbeing in Schools Using a Multifaceted Approach: Associations with Physical Health, Life Satisfaction, and Professional Thriving", *Psychology*, Vol. 5, 2014, pp. 500–513.

[5] Sophie Leontopoulou, "Measuring well-being in emerging adults: Exploring the PERMA framework for positive youth development", *Psychology: The Journal of the Hellenic Psychological Society*, Vol. 25, No. 1, 2020, pp. 72–93.

[6] Martin Wammerl, Johannes Jaunig, and Thomas Mairuntereggerand Philip Streit, "The German Version of the PERMA-Profiler: Evidence for Construct and Convergent Validity of the PERMA Theory of Well-Being in German Speaking Countries", *Journal of Well-Being Assessment*, Vol. 3, 2019, pp. 75–96.

[7] Louis Lambert and Nausheen Pasha-Zaidi, "Using the PERMA Model in the United Arab Emirates. Social Indicators Research: An International and Interdisciplinary", *Journal for Quality-of-Life Measurement*, Vol. 125, No. 3, 2016, pp. 905–933.

[8] Riyan Hidayat, Hemandra, Rado Yendra, Mohd Rashid Mohd Saad, Khairil Anwar, Afrizal M., and Amril Mansur, "Achievement goals, PERMA and life satisfaction: A mediational analysis", *Ilkogretim Online-Elementary Education Online*, Vol. 19, No. 2, 2020, pp. 853–864.

标、多维度的幸福体验（即 PERMA 构成要素）和生活满意度之间的关系进行分析。他们的研究结果显示，对于学习英语教育项目的印尼学生而言，成就目标和（多维度）幸福体验对他们的生活满意度均有正向影响。同时，积极的幸福体验在成就目标—生活满意度之间起到中介作用，能够提高成就目标对于生活满意度的积极影响。Leontopoulou[1]认为，塞雷格曼的 PERMA 模型与个体的性格优势（好奇心、感激、热爱学习和幽默）结合起来，能够更好地反映人的幸福状态（丰富、坚韧和积极观点），并进行了相关研究。

基于 Seligman[2] 的幸福理论，OECD 教育技能司在 PISA2021 教师问卷中加入了"教师幸福"（Teachers'well-being）的测量内容，并发布《教师幸福：数据采集和分析框架》（Teachers' well-being：A framework for data collection and analysis）[3]，旨在探索国家政策和学校环境与教师幸福之间的关系，以及教师幸福对他们的课堂实践和学生幸福的影响。PISA2021 教师职业幸福的核心维度包括四个：认知维度（cognitive dimension）、主观维度（subjective dimension）、生理和心理维度（mental and physical dimension）、人际维度（relational dimension）。我们认为，与校长和教师职业幸福相关的工作条件包括两类：教育系统的政策环境（物质条件；质量标准；工作分配；资源配给；职级制度）和学校的工作环境（工作要求；生源质量；物理条件；人际关系）。

（三）校长职业幸福研究的文化基础

任何关于幸福的讨论都会涉及文化。[4] Lambert 等学者[5]认为，文化能够塑造个人的社会身份、指导行动并提供活动意义，同时也能够影响个人

---

[1] Sophie Leontopoulou, "Measuring well-being in emerging adults: Exploring the PERMA framework for positive youth development", *Psychology: The Journal of the Hellenic Psychological Society*, Vol. 25, No. 1, 2020, pp. 72 – 93.

[2] Martin E. P. Seligman, *Flourish: A visionary new understanding of happiness and well-being*, New-York: Free Press, 2011.

[3] Carine Viac and Pablo Fraser, *Teachers' well-being: A framework for data collection and analysis*, OECD Education Working Papers, No. 213, Paris: OECD Publishing, 2020.

[4] Ed Dienerand William Tov, "National accounts of well-being", in Kenneth C. Land, Alex C. Michalosand M. Joseph Sirgy, eds., *Handbook of social indicators and quality-of-life research*, New York: Springer, 2012.

[5] Louise Lambert and Nausheen Pasha-Zaidi, "Using the PERMA Model in the United Arab Emirates", *Social Indicators Research: An International and Interdisciplinary Journal for Quality-of-Life Measurement*, Vol. 125, No. 3, 2016, pp. 905 – 933.

第七章　职业幸福：走向积极的自我实现

的心理状态和目标追求[1]。在个人主义和集体主义文化中，人们获得幸福的途径存在差异。Lambert 等人[2]认为，当我们从文化维度考虑幸福的时候，它可以被视为一个连续体，个人主义文化强调个人快乐、独立、个人成就等个体维度，集体主义文化强调社会义务、角色履行和相互依赖等社会维度。两者之间最大的区别是人们如何看待自己。在一项对于阿联酋的研究[3]中，人们发现：积极情绪发生率和强度处于较低水平[4]；积极参与的表现不佳；由关系途径获得幸福得到了很好的数据支持[5]；由意义途径获得幸福也能够得到数据支持；成就是由内在和外在的激励因素共同推动的[6]。

阿联酋的这项研究还显示，被试主要通过关系途径来获得幸福体验。

---

[1] Ed Diener, Shigehiro Oishi, and Katherine L. Ryan, "Universal and cultural differences in the causes and structure of 'happiness'—A multilevel review", in C. Keyes, ed., *Mental well-being: International contributions to thestudy of positive mental health*, Dordrecht: Springer, 2013, pp. 153 – 176. Daphna Oyserman and Spike W. S. Lee, "Does culture influence what and how we think? Effects of primingindividualism and collectivism", *Psychological Bulletin*, Vol. 134, No. 2, 2008, pp. 311 – 342. Jeanne L. Tsai, "Ideal affect: Cultural causes and behavioural consequences", *Perspectives on Psychological Science*, Vol. 2, No. 3, 2008, pp. 242 – 259.

[2] Louise Lambert and Nausheen Pasha-Zaidi, "Using the PERMA Model in the United Arab Emirates", *Social Indicators Research: An International and Interdisciplinary Journal for Quality-of-Life Measurement*, Vol. 125, No. 3, 2016, pp. 905 – 933.

[3] Louise Lambert and Nausheen Pasha-Zaidi, "Using the PERMA Model in the United Arab Emirates", *Social Indicators Research: An International and Interdisciplinary Journal for Quality-of-Life Measurement*, Vol. 125, No. 3, 2016, pp. 905 – 933.

[4] 提到了积极的情绪，即喜悦、骄傲、感激，最常见的是满足感、满意感和舒适感。这些低发生率或低强度的积极情绪与其他研究中显示的数据一致（Ahuvia, 2002；Butler 等人，2007；Tkach & Lyubomirsky, 2006；Tsai 等人, 2006）。在集体社会中的个人寻求归属、服从和确保家庭或社会环境之间和内部的一致性。

[5] 这一途径中的数据似乎表明了文献中众所周知的东西：在集体主义文化中，一个人的福祉取决于其他人的福祉（Christakis & Fowler, 2009）。当社会需求和尊重得到满足时，积极情绪被强烈预测（Tay & Diener, 2011）；相反，当积极情绪与他人分享时，有益的依恋、社会纽带和相互信任也会出现（Burns 等人，2008；Gable & Reis, 2010；Lyubomirsky & Sin, 2009）。

[6] 成就是由内在和外在的动机驱动的。例如，受访者想完成任务高于其水平和获得经验与知识，而另一些报道等外在因素想让他们的父母感到骄傲，是班级的第一名，或从别人获得声望，与先前的研究一致的主题（Forstenlechner & Rutledge, 2010；Jones, 2011；Oishi & Diener, 2001；Oishi & Sullivan, 2005）。这可能表明，成就是可以分享的，是为他人（尤其是父母）寻找的，或者集体的骄傲和身份取代了个人的骄傲和努力。尽管如此，这些文献仍然存在冲突，一般来说，当个人专注于自我导向的内在目标而不是外在目标时，幸福感会更强（Chirkov et al., 2005；Sheldon 等人，2004a）；然而，当为他人实现目标是一种规范时，满足感可以增加（Oishi & Diener 2001；Oishi & Sullivan 2005；Sheldon 等人，2004b）。因此，在集体主义的框架内，内在动机和外在动机似乎都是规范性的，更重要的是，当个体发现自己处于支持一个人的价值观和自我观点的环境中时，更容易获得幸福（Lu, 2005）。

孝顺、履行照顾父母和兄弟姐妹的社会义务，成为别人认可的好人，这些指标对于幸福概念的贡献程度较高。同时，被试的幸福还依赖于取得成就的途径。然而，这条获得幸福的路径可以通过加强人际关系、增加他人幸福感、巩固个人社会地位来实现（Seligman，2011[①]）。相对而言，在个体主义文化主导的社会中，获取幸福的路径更有可能是在实现自身利益过程中体会到的成就和成长。事实上，文化为其成员规定了不同的幸福来源，定义了从哪里寻找，以及如何通过意义、价值观和群体行为来获得幸福。[②] 一项针对澳大利亚校长健康与幸福的纵向研究指出，具有普适性的校长职业幸福理论需要得到来自不同国家教育系统的证据支持。例如，个人主义文化和集体主义文化中的校长在实现职业幸福过程中的路径不同。在个人主义文化背景中获得的有关校长职业幸福的研究结论，也同样需要在集体主义文化中进行确认与分析，在跨文化比较中丰富校长职业幸福研究。考虑到这些可能的文化差异，本研究的一个目的是，在中国文化情境中审视职业幸福的 PERMA 模型（Seligman，2011）。[③]

二 情绪劳动：校长职业幸福研究的重要假设

（一）领导者的情绪与情绪劳动

情绪是决定工作场所领导者认知、动机和行为的一个关键的心理维度。[④] 情绪劳动可以被定义为一种情绪调节的形式。[⑤] 在这种调节中，员工必须在工作中表现出一定的情绪，并促进组织目标的实现。[⑥] 这种对情绪

[①] Martin E. P. Seligman, *Flourish: A visionary new understanding of happiness and well-being*, New-York: Free Press, 2011.

[②] Louise Lambert and Nausheen Pasha-Zaidi, "Using the PERMA Model in the United Arab Emirates", *Social Indicators Research: An International and Interdisciplinary Journal for Quality-of-Life Measurement*, Vol. 125, No. 3, 2016, pp. 905 – 933.

[③] Martin E. P. Seligman, *Flourish: A visionary new understanding of happiness and well-being*, New-York: Free Press, 2011.

[④] Blake E. Ashforth and Ronald H. Humphrey, "Emotion in the workplace: A reappraisal", *Human Relations*, Vol. 48, No. 2, 1995, pp. 97 – 124; Jennifer M. George, "Emotions and leadership: the role of emotional intelligence", *Human Relations*, Vol. 53, No. 8, 2000, pp. 1027 – 1055.

[⑤] Nicolae Sfetcu, *Emotional Labor*, MultiMedia Publishing, 2019, DOI: 10.13140/RG.2.2.32991.20640.

[⑥] Nicolae Sfetcu, *Emotional Labor*, MultiMedia Publishing, 2019, DOI: 10.13140/RG.2.2.32991.20640.

第七章 职业幸福：走向积极的自我实现

的组织控制，会受到许多人际因素的影响，包括群体成员之间的情绪不和谐、人际关系观念的改变、沟通模式的改变，以及其他消极情绪，包括压力、动力和疲惫等。[1]

Hochschild[2] 从经验和理论上揭示了工作中的人是如何进行"情绪劳动"的：为了符合雇主的期望、规则和工作要求，员工会对自己的感情和情绪表现进行调节。这被认为是"现代组织情感研究的起点"[3]，主要是在组织行为、应用社会心理学和人力资源管理文献中[4]。Hochschild[5]）等学者还提出，情绪劳动是有压力的，可能会导致倦怠。后续很多对教育领导者情绪的研究，也都不断证实这一相关关系。Da-Yee Jeung 等学者[6]指出，情绪劳动（例如假装或压抑自己真实的情绪）与压力、资源枯竭、倦怠等消极状态有关。Maxwell 等人[7]指出，在衡量情绪劳动对心理健康的影响时，需要将其作为一种直接影响加以考虑。

经历繁重和长期的工作压力，以及在面对困难的情况和环境时，对管理工作需求的低效率感和缺乏社会支持，都有可能增加职业倦怠的风险。[8] 同时，情绪劳动与各种跟工作相关的负面行为与疾病和亚健康结果有关，如工作不满意、记忆力丧失、人格解体、工作压力、高血压、心脏病、情

---

[1] Cottingham, M. D., "Theorizing emotional capital", *Theory and Society*, Vol. 45, 2016, pp. 451 - 470.

[2] Hochschild, A. R., *The Managed Heart: Commercialization of Human Feeling*. Berkeley, CA: University of California Press, 1983.

[3] Fisher, C. D. and Ashkanasy, N. M., "The emerging role of emotions in work life: an introduction", *Journal of Organizational Behavior*, Vol. 21, No. 2, 2000, pp. 123 - 129.

[4] Grandey, A. A., & Gabriel, A. S., "Emotional Labor at a Crossroads: Where Do We Go from Here?", *Annual Review of Organizational Psychology and Organizational Behavior*, Vol. 2, 2015, pp. 323 - 349.

[5] Hochschild, A. R., *The Managed Heart: Commercialization of Human Feeling*. Berkeley, CA: University of California Press, 1983.

[6] Da-Yee Jeung, Changsoo Kim, and Sei-Jin Chang, "Emotional Labor andBurnout: A Review of the Literature", *Yonsei Medical Journal*, Vol. 59, No. 2, March 2018, pp. 187 - 193.

[7] Aimee Maxwell and Philip Riley, "Emotional demands, emotional labourand occupational outcomes in school principals: modelling the relationships", *Educational Management Administration and Leadership*, Vol. 45, January 2016, pp. 484 - 502.

[8] Steve M. Jex and Thomas W. Britt, *Organizational psychology: a scientist-practitioner approach* (3rd ed), Hoboken (NJ): John Wiley and Sons, 2014.

绪衰竭和倦怠[1]，甚至被证明会引发癌症[2]。Zapf D.[3] 揭示了情绪劳动—组织问题的共同作用对于职业倦怠的影响，工作倦怠的消极影响体现在它与工作表现下降和身体/精神健康问题等结果的关系上。此外，虽然许多关于职业倦怠的研究都集中在工作环境上，但也有学者发现人格特质在职业倦怠的发展中起着关键作用（例如工作自主性、组织氛围、自我效能感[4]和一些人格特质主导的行为模式，如冲动、好胜、不耐烦等）[5]。

对情绪与领导之间关系的研究存在若干视角[6]，包括：（1）领导者的情绪。例如对与心理、生理和行为变化相关的事件的强烈心理反应。（2）领导的自我情绪调节。例如，决定情绪类型和表达方式、控制情绪发生和发展过程、选择表达时机的能力。（3）领导者的情绪劳动。例如，在工作场所，领导者经常努力改变他们的情感体验或表达方式，以适应规范或期望。（4）领导者的人际情绪调节。例如，影响和控制他人，特别是追随者情绪过程的能力。（5）领导者的同理心。例如，理解和体验他人情绪的能力。（6）领导者的情绪智力。例如，感知情绪、利用有关情绪的知识进行理性思考、了解情绪，管理自己和他人情绪的能力。

（二）校长工作是一种情绪劳动

校长工作具有强人际交往性，需要体验各种情绪和情感变化，并负有领导和管理教师和学生情绪和情感的职责。[7] 除了要发起和维系一个有效的学校治理结构外，校长的领导能力还涉及与学校里的成员建立紧密的专

---

[1] Dieter Zapf, "Emotion work and psychological well-being: a review of the literature and some conceptual considerations", *Human Resource Management Review*, Vol. 12, 2002, pp. 237 – 268.

[2] Mann, Sandi, "'People-Work': Emotion Management, Stress and Coping", *British Journal of Guidance and Counselling*, Vol. 32, No. 2, May 2004, pp. 205 – 221.

[3] Dieter Zapf, "Emotion work and psychological well-being: a review of the literature and some conceptual considerations", *Human Resource Management Review*, Vol. 12, 2002, pp. 237 – 268.

[4] Da-Yee Jeung, Changsoo Kim, and Sei-Jin Chang., "Emotional Labor and Burnout: A Review of the Literature", *Yonsei Medical Journal*, Vol. 59, No. 2, March 2018, pp. 187 – 193.

[5] Steve M. Jex and Thomas W. Britt, *Organizational psychology: a scientist-practitioner approach* (3rd ed), Hoboken (NJ): John Wiley and Sons, 2014.

[6] Janaki Gooty, Shane Connelly, Jennifer Griffith, and Alka Guptac, "Leadership and affect: A state of science review", *The Leadership Quarterly*, Vol. 21, 2010, pp. 979 – 1004.

[7] Aimee Maxwell and Philip Riley, "Emotional demands, emotional labour and occupational outcomes in school principals: modelling the relationships", *Educational Management Administration and Leadership*, Vol. 45, January 2016, pp. 484 – 502.

第七章 职业幸福：走向积极的自我实现

业和情感联系。[1] 遗憾的是，关于情绪劳动的研究大多集中于对酒店服务人员和医护人员群体，很少有研究者探讨校长与教师、学生、家长、教育行政和业务部门、社会各界交往过程中所涉及的情绪劳动。[2] 事实上，作为应对各种紧急突发事件的"消防员"和协调员，校长在繁重的学校领导和管理工作中需要调动的情绪状态、面临的情绪污染，同酒店管理人员和医护人员存在很大相似性。[3]

由于学校工作的有效开展需要依赖教师群体的智力和情绪劳动，校长需要保持对整个教师群体的情绪敏感性，努力平衡教师之间、教师与学生和学生家长之间的相互矛盾。特别富有挑战的是，校长需要面对的是整个教师群体以及与学校工作相关的各种利益群体，需要在各种情绪和情感状态之间不断进行调整，以便与每个互动对象都形成共情关系。在包括我国在内的很多教育系统中，校长和教师之间并不存在简单的雇用与被雇用关系，校长无法通过"解雇""罚薪"等硬手段来调动教师的积极性，进一步增强他们对于自身形象管理和情绪管理的重要性。[4] 校长的人际压力仅次于行政管理压力。在部分国家和地区，校长面临的更大挑战来自教师群体的高情感需求，包括积极情感、肯定性评价、和谐氛围等。[5] 经验丰富、人情练达的校长，通常会通过表现表演、深层表演等情绪调动方式来管理内部情绪、表达外部情绪，以便适应学校工作需要的规范、期望和要求。[6]

---

[1] Mustafa Toprak and Mehmet Karakus, "Outcomes of school administrators' emotions: A review of empirical evidence in the Asian context", in Chen Junjun and Ronnel King, eds., *Emotions in Learning, Teaching and Leadership*, London: Routledge, December 2000, pp. 165–183.

[2] Aimee Maxwell and Philip Riley, "Emotional demands, emotional labour and occupational outcomes in school principals: modelling the relationships", *Educational Management Administration and Leadership*, Vol. 45, January 2016, pp. 484–502.

[3] Aimee Maxwell and Philip Riley, "Emotional demands, emotional labour and occupational outcomes in school principals: modelling the relationships", *Educational Management Administration and Leadership*, Vol. 45, January 2016, pp. 484–502.

[4] Izhak Berkovich and Ori Eyal, "Educational leaders and emotions: An international review of empirical evidence 1992–2012", *Review of Educational Research*, Vol. 85, No. 1, March 2015, pp. 129–167.

[5] Aimee Maxwell and Philip Riley, "Emotional demands, emotional labour and occupational outcomes in school principals: modelling the relationships", *Educational Management Administration and Leadership*, Vol. 45, January 2016, pp. 484–502.

[6] Aimee Maxwell and Philip Riley, "Emotional demands, emotional labour and occupational outcomes in school principals: modelling the relationships", *Educational Management Administration and Leadership*, Vol. 45, January 2016, pp. 484–502.

当学校教育系统对校长的行政问责、绩效要求[1]、工作期望[2]增加时，校长的情绪劳动强度也会进一步加强。这些工作要求的变化会影响他们的工作压力、工作成就、工作满意度[3]）、职业倦怠，甚至产生离职动机，对其平衡工作—家庭生活、心理和生理健康[4]）等更具广泛意义的幸福带来影响。同样重要的是，当校长的职业幸福感下降时，他们对学校运转、教师幸福、学生积极参与，以及整个学校福祉产生重大影响的能力也会下降。[5]

Izhak Berkovich 等学者[6]认为，情绪对于理解教育领导者至关重要，有四个原因：（1）情绪体验和表现代表了教育领导者对社会现实的反应，并提供了对他们真实动机和恐惧的洞察力[7]；（2）教育领导者的行为影响教

---

[1] Aimee Maxwell and Philip Riley, "Emotional demands, emotional labour and occupational outcomes in school principals: modelling the relationships", *Educational Management Administration and Leadership*, Vol. 45, January 2016, pp. 484 - 502.

[2] Ulf Leo, RogerPersson, Inger Arvidsson, and Carita Håkansso, "External Expectations and Well-Being, Fundamental and Forgotten Perspectives inSchool Leadership: AStudy on New Leadership Roles, Trust and Accountability", in Moos L., Nihlfors E., Paulsen J. M., eds., *Recentring the Critical Potential of Nordic School Leadership Research. Educational Governance Research*, Cham: Springer International Publishing, Vol. 14, 2020, pp. 209 - 229.

[3] John J. De Nobile and John McCormick, "Occupational stress of Catholic primary school staff: Astudy of biographical differences", *International Journal of Educational Management*, Vol. 24, 2010, pp. 492 - 506; Sheena Johnson, Cary Cooper, Sue Cartwright, Ian Donald, Paul Taylor, and Clare Millet, "The experience of work-related stress across occupations", *Journal of Managerial Psychology*, Vol. 20, 2005, pp. 178 - 187.

[4] Dewa Carolyn S., Dermer Stanley W., Chau Nancy, Lowrey Scott, Mawson Susan, and BellJudith, "Examination of factors associated with the mental health status of principals", *Work*, Vol. 33, 2009, pp. 439 - 448; H. Kuper and M. Marmot, "Job strain, job demands, decision latitude, and risk of coronary heart disease within the Whitehall II study", *Journal of Epidemiology and Community Health*, Vol. 57, 2003, pp. 147 - 153.

[5] Philip Hallinger and Ronald H. Heck, "Reassessing the principal's role in school effectiveness: A review empirical research, 1980 - 1995", *Education Administration Quarterly*, Vol. 32, No. 1, 1996, pp. 5 - 44. Kenneth Leithwood, Alma Harris, and David Hopkins, "Seven strong claims about successful school leadership", *School Leadership and Management*, Vol. 28, 2008, pp. 27 - 42. Gerdy ten Bruggencate, Hans Luyten, Jaap Scheerens, Peter Sleegers, "Modeling the influence of school leaders on student achievement", *Educational Administration Quarterly*, Vol. 48, 2012, pp. 699 - 732.

[6] Izhak Berkovich and Ori Eyal, "Methodological review of studies on educational leaders and emotions (1992 - 2012): Insights into the meaning of an emerging research field in educational administration", *Journal of Educational Administration*, Vol. 55, No. 5, 2017, pp. 469 - 491.

[7] Jill Blackmore, "Preparing leaders to work with emotions in culturally diverse educational communities", *Journal of Educational Administration*, Vol. 48, 2010, pp. 642 - 658.

第七章 职业幸福：走向积极的自我实现

师的情绪，进而影响教师的态度和实践[1]；（3）教育领导者驾驭情绪的能力是他们情绪和行为的前因[2]；（4）在许多国家，政策变化和改革促进了后官僚时代的出现，改变了行政工作的性质，扩大了领导人依靠情感影响来激励他人的需要[3]。

教育领域关于情绪劳动的研究较少，已有研究主要关注教师群体，仅有少数学者对校长的情绪智力、情绪劳动策略展开研究。[4]特别值得一提的是，情绪的研究已成为变革型领导理论的中心课题。[5]对情绪在有效领导中重要性的认识也反映在教育管理文献中，这表明变革型领导很可能通过对教师情绪的影响来影响学生的学习。[6]校长的情绪劳动会影响他们的职业幸福，特别是工作场所的幸福体验。Wells等学者认为在一个高度问责和高期望的时代，心理层面的内部应对办法（如正念和自我关怀），是校长在工作压力下发展韧性的关键。他们的研究表明，通过正念干预实现主观幸福是一种有效手段[7]。校长可以独立地练习正念，每天为诸如无声反射、渐进肌肉放松、身体扫描冥想和呼吸练习等正念活动安排时间。这些正念练习已被证明可以减少与工作相关的压力。[8]

三 研究意义：围绕校长的职业幸福建构校长选拔、培养和支持体系

在校长的基本素养已经普遍较高的情况下，理想的校长队伍建设体系

---

[1] Jingping Sun and Kenneth Leithwood, "Leadership effects on student learning mediated by teacher emotions", Societies, Vol. 5, No. 3, 2015, pp. 566–582.

[2] Cai Qijie, "Can principals' emotional intelligence matter to school turnarounds?", International Journal of Leadership in Education: Theory and Practice, Vol. 14, 2011, pp. 151–179.

[3] Tony Bush, "Emotional leadership A viable alternative to the bureaucratic model?", Educational Management Administration and Leadership, Vol. 42, No. 2, 2014, pp. 163–164.

[4] Junjun Chen and Wei Guo, "Emotional intelligence can make a difference: The impact of principals' emotional intelligence on teaching strategy mediated by instructional leadership", Educational Management Administration and Leadership, Vol. 48, No. 1, June 2018, pp. 82–105.

[5] Janaki Gooty, Shane Connelly, Jennifer Griffith, and Alka Guptac, "Leadership and affect: A state of science review", The Leadership Quarterly, Vol. 21, 2010, pp. 979–1004.

[6] Jingping Sun and Kenneth Leithwood, "Direction-setting school leadership practices: A meta-analytical review of evidence about their influence", School Effectiveness and School Improvement, Vol. 26, No. 4, 2015, pp. 499–523.

[7] Caryn M. Wells and Barbara Ann Klocko, "Principal Well-Being and Resilience: Mindfulness as a Means to That End", NASSP Bulletin, Vol. 102, No. 2, 2018, pp. 161–173.

[8] Aikens, K. A., Astin, J., Pelletier, K. R., Levanovich, K., Baase, C. M., Park, Y. Y., & Bodnar, C. M., "Mindfulness Goes to Work: Impact of an Online Workplace Intervention", Journal of Occupational and Environmental Medicine, Vol. 56, No. 7, 2014, pp. 721–731.

需要围绕校长的自我实现展开，而不仅仅是对于校长工作职责的关注。职业幸福应该是招募新校长的一个重要考量因素。[1] Ulf Leo 等学者[2]认为，外部期望、挑战、资源、信任、控制和问责制度，对于校长工作的影响巨大。以校长应有的专业状态来选拔校长，既没有支持校长满足外部期望，也让校长的职业幸福受到威胁，特别是身体健康与社会—心理健康问题越发突出。以校长的职业幸福为出发点，选择具有适当特质的人进入校长队伍[3]，并适当调整校长的专业标准、工作职责和角色定位，应得到更多的证据支持，以用于相关政策的调整。

Devos 等人通过对相关文献的梳理发现，个人和环境因素都会影响校长的职业幸福。[4] 其中，环境因素包括政策背景、工作环境等系统和学校层面的工作条件。成长历程更多指向校长的个人背景，关注校长的人口学信息以及任职学校特征。以成长为校长的路径为例。我们的描述性数据分析结果显示，从教育局选拔上来的校长更有可能与教育体制内部的人际交往能力强，而从本校由副校长升任为校长的人，需要花费一定的时间获得本校同事在身份转变上的适应。

工作内容包括工作职责、工作任务与工作时间等。校长专业标准与职责影响校长的选拔标准，以及校长在不同工作任务上的时间分配。意大利同行指出，在他们的文化里，校长通常被认为是专注于学校日常繁杂工作

---

[1] Ulf Leo, Roger Persson, Inger Arvidsson, and Carita Håkansso, "External Expectations and Well-Being, Fundamental and Forgotten Perspectives inSchool Leadership: AStudy onNew Leadership Roles, Trust and Accountability", in Moos L., Nihlfors E., Paulsen J. M., eds., *Recentring the Critical Potential of Nordic School Leadership Research. Educational Governance Research*, Cham: Springer International Publishing, Vol. 14, 2020, pp. 209–229.

[2] Ulf Leo, Roger Persson, Inger Arvidsson, and Carita Håkansso, "External Expectations and Well-Being, Fundamental and Forgotten Perspectives in School Leadership: AStudy on New Leadership Roles, Trust and Accountability", in Moos L., Nihlfors E., Paulsen J. M., eds., *Recentring the Critical Potential of Nordic School Leadership Research. Educational Governance Research*, Cham: Springer International Publishing, Vol. 14, 2020, pp. 209–229.

[3] Geert Devos, Dave Bouckenooghe, Nadine Engels, Gwendoline Hotton, and Antonia Aelterman, "An assessment of well-being of principals in Flemish primary schools", *Journal of Educational Administration*, Vol. 45, No. 1, 2007, pp. 33–61.

[4] Geert Devos, Dave Bouckenooghe, Nadine Engels, Gwendoline Hotton, and Antonia Aelterman, "An assessment of well-being of principals in Flemish primary schools", *Journal of Educational Administration*, Vol. 45, No. 1, 2007, pp. 33–61.

第七章 职业幸福：走向积极的自我实现

的管理者；但学校教育需要校长成为一个有远见的、能够赋权的、善于激励的专家型教师，能够为其他教师提供杰出的指导，并最终帮助学生走向成功。[1] 这就意味着，校长的工作其实是一个高创造性工作，并不只是简单地落实教育政策。

工作条件包括学校氛围、行政支持（如学校自主权）、获取外部资源的能力等。相对而言，学校氛围对于教师的工作满意度可能更为重要，行政支持与获取外部资源的能力对校长可能更为重要。Devos 等学者[2]认为，尽管有文献表明健康的学校氛围被认为有助于员工的积极幸福[3]；但他们的研究结果证明在健康氛围下工作的校长并不一定有更高的幸福感。Devos 等人采用吸引—选择—损耗理论（the Attraction-Selection-Attrition theory）[4]和价值一致性假说（the Value Congruence Hypothesis）[5] 对这种不一致性进行了补充解释。

有学者采用工作需求—资源模型理论（job demands-resources model）研究校长的职业幸福。Collie 等学者[6]认为工作资源—需求模型理论为不同国家的学者理解校长在工作场所的幸福感，以及与此相关的影响因素提供

---

[1] Conrad Tracey L., Rosser Vicki J., "Examining the satisfaction of educational leaders and the intent to pursue career advancement in public school administration", paper presented at the annual meeting of AERA, San Francisco, 2006.

[2] Geert Devos, Dave Bouckenooghe, Nadine Engels, Gwendoline Hotton, and Antonia Aelterman, "An assessment of well-being of principals in Flemish primary schools", *Journal of Educational Administration*, Vol. 45, No. 1, 2007, pp. 33–61.

[3] Daulatram B. Lund, "Organizational culture and job satisfaction", *The Journal of Business and Industrial Marketing*, Vol. 18, 2003, pp. 219–236. Nystrom Paul C., "Organizational cultures, strategies and commitments in health care organizations", *Health Care Management Review*, Vol. 18, 1993, pp. 43–49. Sue Shellenbarger, "Companies are finding real payoffs in aiding employee satisfaction", *Wall Street Journal*, Vol. 236, No. 71, Oct. 2000, p. 1.

[4] Geert Devos, Dave Bouckenooghe, Nadine Engels, Gwendoline Hotton, and Antonia Aelterman, "An assessment of well-being of principals in Flemish primary schools", *Journal of Educational Administration*, Vol. 45, No. 1, 2007, pp. 33–61.

[5] Geert Devos, Dave Bouckenooghe, Nadine Engels, Gwendoline Hotton, and Antonia Aelterman, "An assessment of well-being of principals in Flemish primary schools", *Journal of Educational Administration*, Vol. 45, No. 1, 2007, pp. 33–61.

[6] Rebecca J. Collie, Helena Granziera, and Andrew J. Martin, "School principals' workplace well-being: A multi-nation examination of the role of their job resources and job demands", *Journal of Educational Administration*, Vol. 58, No. 4, 2020, pp. 417–433.

了理论支持。Maxwell 等澳大利亚学者[①]认为，可以基于人际关系的调节作用，来研究校长情绪需求、情绪劳动与职业成就之间的关系。这种研究设想可以在其他国家进行验证性研究。对于研究结果的跨文化对比分析可能有助于研究结果的解释。需要特别说明的是，已有学者将工作需求—资源模型从系统层面扩展到了个人资源、个人需求层面，并在其研究假设中得到验证。例如，工作狂是一种个体风险因素，独立于工作环境，但影响人们的职业倦怠和幸福感。[②] 概言之，校长职业幸福的外部影响因素，需要同时考察系统层面和学校层面的工作条件。我们认为，对于集体主义文化中的学校校长而言，在行政管理（系统）背景下审视校长工作以及职业幸福更为重要。[③]

第二节 做个校长幸福吗？

一 校长工作的价值体验

（一）校长工作满意度的一般情况

校长的工作满意度是校长职业幸福的关键指标，是校长从工作中获得的满足感和成就感。已有研究结果显示，教师的工作满意度与工作绩效之间存在正相关关系。[④] 探索教师的工作满意度很重要，对教师留任、流失、职业倦怠以及工作表现等具有重要意义。目前对校长工作满意度的研究远不如教师。随着校长角色复杂程度的增加，他们需要身兼行政管理者、教学领导者、人际协调者等多重身份，有必要进一步了解他们对工作的满意度。本次来自上海某部分校长的调研主要关注如下方面：对自己工作成绩的总体评价、对职业的满意度、对学校的满意度、对工

---

① Aimee Maxwell and Philip Riley, "Emotional demands, emotional labour and occupational outcomes in school principals: modelling the relationships", *Educational Management Administration and Leadership*, Vol. 45, January 2016, pp. 484 – 502.

② Dina Guglielmi, Silvia Simbula, Wilmar B. Schaufeli, and Marco Depolo, "Self-efficacy and workaholism as initiators of the job demands-resources model", *Career Development International*, Vol. 17, No. 4, 2012, pp. 375 – 389.

③ 见第六章第三节。

④ Renzulli, J. S., "What Makes Giftedness?: Reexamining a Definition", *Phi Delta Kappan*, Vol. 60, No. 3, 2011, pp. 81 – 88.

作价值的认同度、对工作难度的满意度。

校长对自己过去一学期的工作总体满意度较高，总体满意度均值为8.65分（满分10分），91.8%的校长满意度在8分及以上。同时，93%左右的校长对"自己的工作总体满意"，96%左右的校长"满意自己在本校的表现"。校长对职业和学校的满意度较高，对职业的满意度低于对学校的满意度（见图7-2-1）。就职业满意度而言，82%左右的校长认为"社会重视教师这项职业"。89%左右的校长不"后悔自己决定做校长"。然而，不足半数的校长（43.64%）认为"当校长明显利大于弊"。对于30%左右的校长，如果再给他们一次选择机会，他们不会选择当校长。25.91%左右的校长"在想换一个职业会不会更好"。就学校满意度而言，83%左右的校长"很享受在本校的工作"。92%左右的校长"会向人推荐自己所在的学校是个工作的好地方"。25%左右的校长"如果有可能，想换一所学校"。

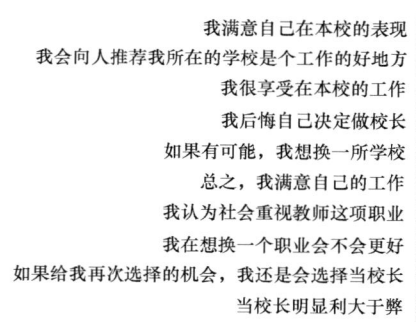

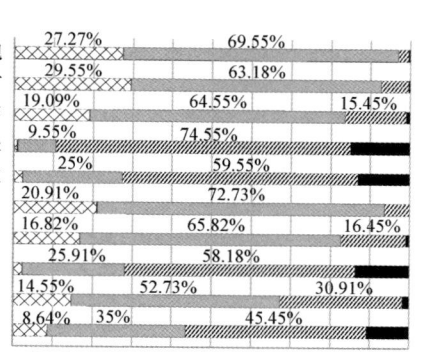

图7-2-1 校长对职业和学校的满意程度

八成以上的校长对于自己的工作价值认同度高（见图7-2-2）。100%的校长表示"在工作中保持清晰的方向感和目标"。83.64%的校长不认为"自己的日常活动经常是琐碎和不重要的"。84.55%的校长"很享受为将来制订工作计划"。84.09%的校长并不感觉到"自己有时候已经把工作中的所有事情都做完了"。85%的校长并不认同"自己有时候感觉工作没有用处"。

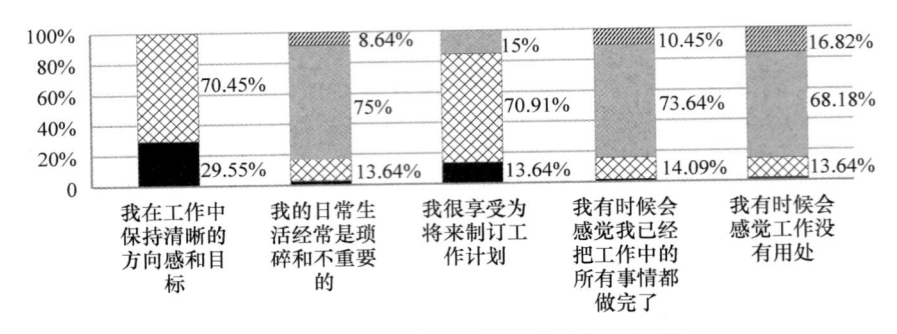

图 7-2-2 校长对工作价值的认同度

校长之间对于工作负担（难度）的认同度存在较大差异（见图7-2-3）。同时，校长对于工作负担（难度）不同指标的认同程度存在较大差异。63.64%的校长认为"我有足够的时间完成工作中需要完成的事情"，然而36.36%的校长不认同。86.6%的校长认为"我的工作靠一个人的力量很难完成"。38.76%的校长认同"我在工作日仍有稍许闲暇"，但61.24%的校长不认同。33.97%的校长认同"我的工作不允许我在个人生活中投入时间"，但66.03%的校长不认同。

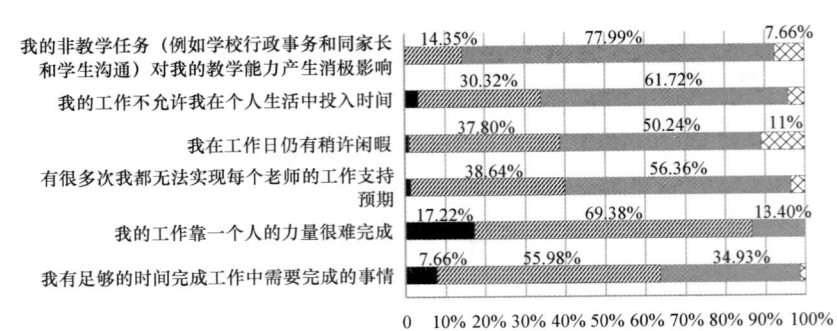

图 7-2-3 校长对工作负担的评价

与此同时，在如下工作负担的表述中，仅有少数校长表示认同，包括：40.2%的校长认同"有很多次我都无法实现每个老师的工作支持预期",但59.81%的校长不认同;14.35%的校长认同"我的非教学任务对我的教学能力产生消极影响",但85.65%的校长不认同。

进一步的相关分析结果显示,校长的时间利用与工作负担的关系显著(见表7-2-1)。工作日在家工作的时间($r=-0.16$)和周末工作时间($r=-0.25$)可以有效缓解校长的工作负担。同时,工作日运动时间($r=0.35$)和周末运动时间($r=0.25$),会让校长的工作负担增加。从容用餐对于校长的工作价值、学校和职业满意度具有积极影响。工作日在早餐($r=0.15$)和运动($r=0.20$)上投入较多时间,有助于校长增加工作的价值感。工作日在早餐、午餐、晚餐的时间投入,均与校长的学校满意度($r=0.26,0.19,0.18$)和职业满意度($r=0.25,0.18,0.17$)有关。同时,工作日在家工作时间($r=0.17$)和运动时间($r=0.19$),也会影响校长的职业满意度。

表7-2-1　　　　校长的时间利用与工作负担的关系

	工作价值	工作负担	学校满意度	职业满意度
工作日在家工作时间		-0.16		0.17
周末工作时间		-0.25		
工作日早餐时间	0.15		0.26	0.25
工作日午餐时间			0.19	0.18
工作日晚餐时间			0.18	0.17
工作日运动时间	0.20	0.35		0.19
周末运动时间		0.25		

在诸多与校长工作密切相关的压力因素中,学生成绩(很大:11.48%;较大:24.4%)和学生家长的教育期望(很大:5.91%;较大:21.53%)对于校长群体的影响较大(见图7-2-4)。此外,对较多校长影响较大的因素还包括班级管理(15.31%)、学校管理制度(14.35%)、在职培训要求(10.53%)、教学激励(11%)。

(二)校长的工资满意度:多数校长对于工资收入比较满意

校长对于正在实施的绩效工资制度完全理解(77.03%)和大致理解

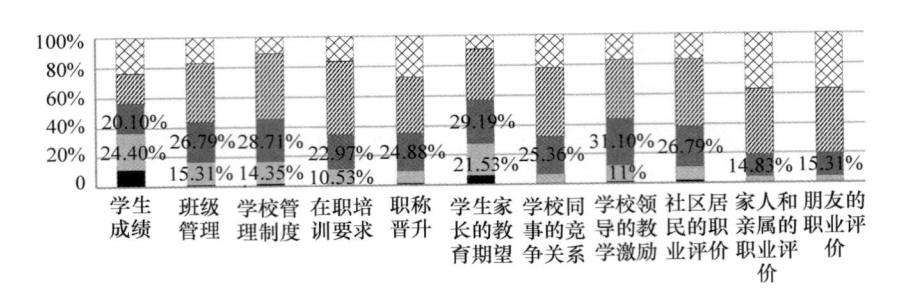

图 7-2-4 校长的工作压力来源

（20.57%）的比例较高（见图 7-2-5）。较高比例的校长认为绩效工资制度对于自己的收入影响不大（46.41%）或略微提高（35.41%），认为自己的收入显著提高（4.78%）、略微降低（9.09%）和明显降低（4.31%）的校长比例均处于较低水平（见图 7-2-6）。

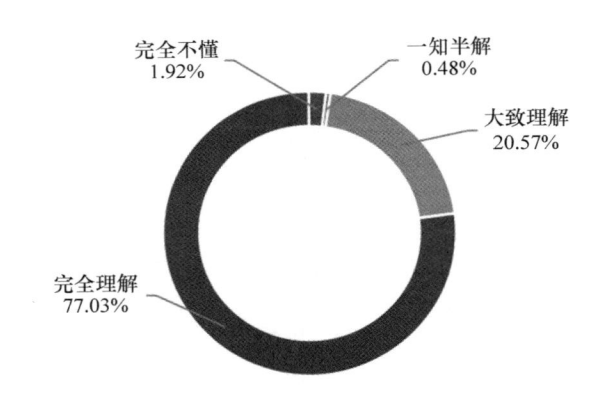

图 7-2-5 校长对绩效工资制度的知晓程度

多数校长对于工资的总体情况以及各个构成部分完全满意或者非常满意（见图 7-2-7）。其中，较高比例的校长对于奖励性绩效不太满意（23.44%）和工作量绩效不太满意（19.14%）。特别值得说明的是，校长对于工资外收入的评价存在较大差异，认为比较满意（36.84%）和无关紧要（34.93%）的校长比例相对较高，也有相当比例的校长认为不太满意（14.83%）或者完全满意（10.53%）。

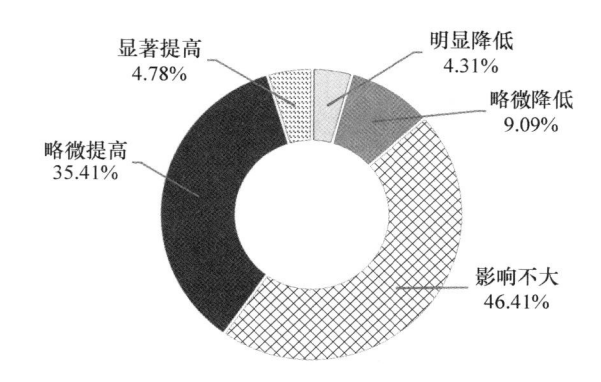

图 7-2-6 绩效工资对校长收入的影响情况

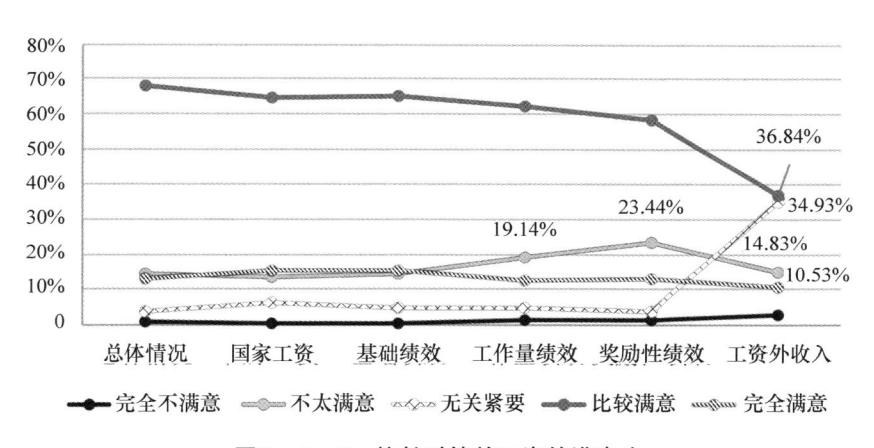

图 7-2-7 校长对绩效工资的满意度

二 校长工作的健康体验

健康是人类生存发展的第一要素,是促进人的全面发展的必然要求,是经济社会发展的基础条件,是民族昌盛和国家富强的重要标志,也是广大人民群众的共同追求。《"健康中国2030"规划纲要》提出,到2020年主要健康指标居于中高收入国家的前列,到2030年主要健康指标进入高收入国家行列。健康是校长立足岗位的根本,是让校长成为让人羡慕的职业的前提。校长的身心健康,不仅是校长素质的核心要素,也是校长整体素质提高与教育教学质量提升的基础和保障。我们必须把校长健康放在优先发展的战略地位。但现实情况是,校长职业病、亚健康等状况非常普遍,校长的身心健康值得关注。

(一) 校长的身心健康情况堪忧

在过去的一个学期中，三成以上的校长一个月出现一两次如下症状：头疼（35.91%）、背疼（31.36%）、紧张（36.82%）、疲劳（38.18%）、焦虑（38.18%）、失眠（36.82%）。同时，较高比例的校长报告"一个星期有一两次"出现如下症状：疲劳（28.64%）、背疼（18.18%）、焦虑（13.18%）、失眠（16.82%）。更为严重的是，校长报告"每天或几乎每天"都出现如下症状：背疼（8.18%）、疲劳（11.82%）（见图7-2-8）。

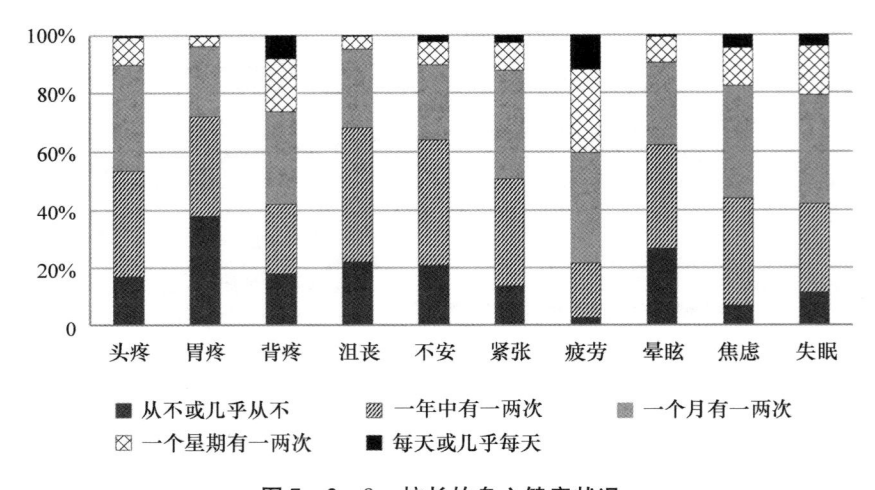

图7-2-8 校长的身心健康状况

在过去的一个学期中，接近七成的校长表示上述身心不适不影响正常工作（见图7-2-9）。因上述原因无法正常工作的校长，病休的天数集中在1—5天（25.45%），其中病休1—2天的校长比例最高（13.18%）。此外，6.36%的校长过去一个学期的病休天数累计为3—4天，5.90%的校长病休天数累计为5天。4.09%的校长会因上述任一身体状况，无法工作的天数为6—10天。1.81%的校长会因上述任一身体原因，无法工作的天数超过10天（在本次调研数据统计中，共涉及4位校长，报告天数分别为：20天、30天、50天、60天）。

上述调查的结果还显示，平均每位校长患有两项左右的职业病（见图7-2-10）。67.46%的校长报告有慢性咽喉炎，80.86%的校长报

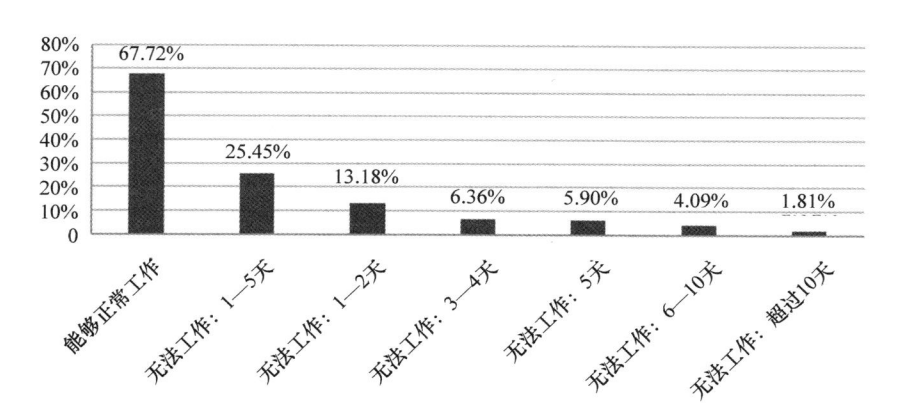

第七章　职业幸福：走向积极的自我实现

图 7-2-9　受身体情况影响无法正常工作的天数

告有肩椎、颈椎、腰椎病。其中，小学和九年一贯制学校校长的职业病发病率较高。

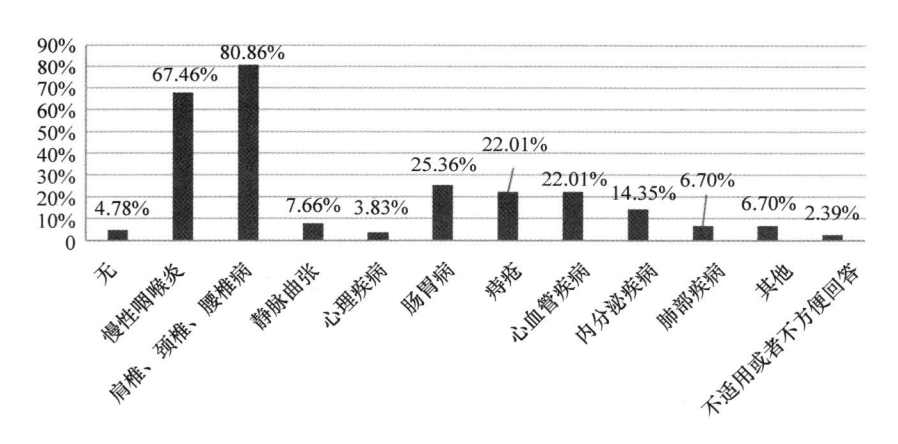

图 7-2-10　校长面临的各种常见病的发病率

基于本次测评项目的相关分析结果，我们建议在校长健康教育课程中加入睡眠质量、饮食习惯、休闲活动、家庭生活、职业病防护等方面的内容，引导校长重视健康生活的具体细节。这项研究结果显示，降低工作压力、缓慢饮食、多次适量饮水，有助于降低职业病发病率。与之相应的教育工会工作建议包括：将中医养生和中医保健教育纳入中小学生校长的职前培养和职后进修课程，将校长和学生常见疾病的防护纳入课程建设。这些内容与中央相关文件一致，符合教育部倡导的"传统文化进课堂"和"加强校长传统文化修养"的政策要求。

对于校长普发疾病，教育行政部门应该主动与市、区两级人大机构和政府社保部门沟通，将两类疾病纳入校长职业病防治范畴。对于校长高发疾病和常见疾病，教育行政部门需要予以重点宣传，呼吁校长加强自身防护。在身体健康方面需要予以重点关照的是幼儿园园长。尽管他们在工作时间和工作压力方面的自我评价均低于其他类型的校长，在承担家庭责任、睡眠质量、从容饮食等方面的表现也处于较高水平，但是他们在体育运动和饮水量方面均处于较低水平。为幼儿园园长建设适合成人健康的校内和校外体育运动制度，同时鼓励他们多次适量饮水，应该成为幼儿园管理部门关注的重点。

进一步的数据分析结果显示，校长的身心健康状况与他们的时间分配结构相关（见表7-2-2）。工作日的运动时间（$r=-0.24$）和周末的运动时间（$r=-0.24$），可以缓解校长的身心失调情况，工作日陪伴家人的时间（$r=-0.18$）也有助于缓解校长的身心失调情况。工作日的睡眠时间（$r=0.16$）和运动时间（$r=0.17$），还有助于培养校长的积极情感。特别值得一提的是，具有较高专注力的校长，工作日在家工作时间（$r=0.18$）和周末工作时间（$r=0.14$）都有可能较长，同时他们在工作日用于早餐（$r=0.17$）和运动（$r=0.15$）的时间也较长。

表7-2-2　　　　　　　　　时间分配与身心健康

	身心失调	心理不适	身体不适	积极情感	专注程度
工作日在家工作时间					0.18
周末工作时间					0.14
工作日睡眠时间				0.16	
工作日早餐时间					0.17
工作日运动时间	-0.24	-0.14	-0.22	0.17	0.15
周末运动时间	-0.24	-0.18	-0.19		
工作日陪伴家人时间	-0.18		-0.21		

(二) 部分校长的积极情感状态同样堪忧

总体而言，在过去的一个学期，校长对生活的总体满意度较高（均值为8.22分；量尺为1—10，满分为10分）（见表7-2-3）。77.59%的校长生活总体满意度在8分及以上。除此之外，校长对自己的工作状况的总体满意度略高于他们对自己生活的总体满意度。在8分及以上的满意度等级中，校长对工作的满意度占比远高于生活满意度（91.8% vs 77.59%）。

表7-2-3　　　　　校长对于工作和生活的总体满意度

	工作满意度	生活满意度
1		0.55%
2	0.55%	
3		
4		0.55%
5	0.55%	4.37%
6	4.92%	7.65%
7	2.19%	9.29%
8	33.33%	28.96%
9	33.88%	24.04%
10	24.59%	24.59%

在过去的一个学期中，校长在每个工作日经历如下情境的频率存在差异（见图7-2-11）。半数左右的校长能够在多数情况下（60%—90%）保持良好的情感状态。特别值得说明的是，在过去的一个学期中，38.63%的校长在半数甚至更多的工作日感觉并不轻松平静；25.46%的校长报告自己在半数甚至更多工作日感觉缺乏积极性和活力；23.18%的校长报告自己在半数甚至更多工作日感觉并不开心或者精神状况不好。此外，超过10%的校长报告了在半数甚至更多工作日，无法饱满舒缓地开始一天的工作，或者无法对每天的工作感兴趣。

与之相对，能够总是或者基本（90%及以上）保持良好的情感状态的校长只有三分之一甚至更少。其中，39.55%的校长"会以饱满舒缓的状

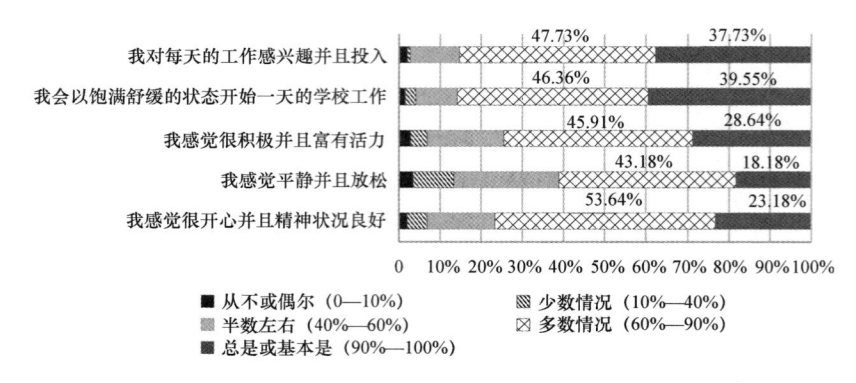

我对每天的工作感兴趣并且投入	47.73%	37.73%
我会以饱满舒缓的状态开始一天的学校工作	46.36%	39.55%
我感觉很积极并且富有活力	45.91%	28.64%
我感觉平静并且放松	43.18%	18.18%
我感觉很开心并且精神状况良好	53.64%	23.18%

■ 从不或偶尔（0—10%）　　▨ 少数情况（10%—40%）
▒ 半数左右（40%—60%）　　▩ 多数情况（60%—90%）
■ 总是或基本是（90%—100%）

图 7-2-11　校长的情感状态

态开始一天的学校工作"，37.73%的校长"对每天的工作感兴趣且投入"，28.64%的校长"感觉很积极且富有活力"，23.18%的校长"感觉很开心并且精神状况良好"，18.18%的校长"感到平静并且放松"。

（三）多数校长的工作专注程度较高

校长在过去的一个学期中，每个工作日经历如下情境的频率，反映出校长的工作专注程度（见图 7-2-12）。在过去的一个学期中，八成以上的校长工作专注程度较高，没有出现明显的精神懈怠或精神萎靡。有 74% 左右的校长报告，每个工作日有 60% 以上的时间"很容易聚精会神"。55.45% 的校长总是或基本能够"对工作很投入"，但只有 30% 的校长表示，总是或基本是"很容易聚精会神"。20% 左右的校长表示，他们在半数及以上情况

我对工作很投入	
我很容易聚精会神	
我经常分神	
我比往常思考速度慢了	
我很难思考复杂的事情	
我的思路不如往常清晰	

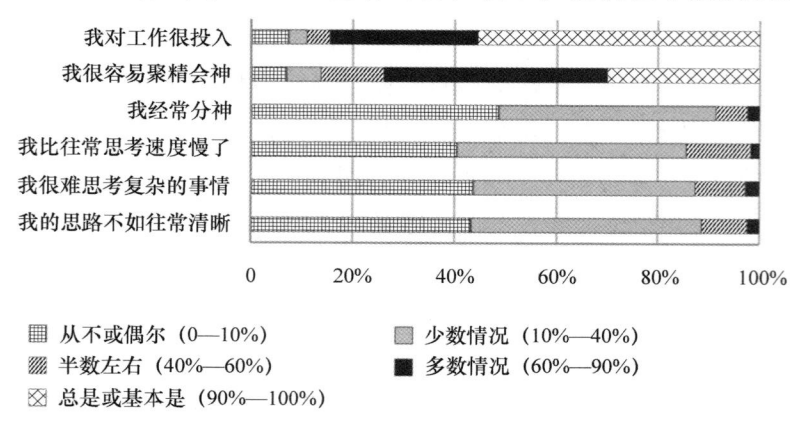

▦ 从不或偶尔（0—10%）　　▒ 少数情况（10%—40%）
▨ 半数左右（40%—60%）　　■ 多数情况（60%—90%）
▩ 总是或基本是（90%—100%）

图 7-2-12　校长每个工作日经历上述情境的频率

364

下，不容易聚精会神。另外，有超过10%的校长表示，他们的思路不如往常清晰、很难思考复杂的事情、比往常的思考速度慢了。①

三 校长的人际关系与社会融入

（一）校长的人际关系

本次调研主要从如下四方面了解校长的人际关系情况，包括与教师的关系、与学生的关系、与教育局的关系、学校的信任氛围。

几乎所有校长均报告与学生之间的关系较好（见图 7 - 2 - 13）。具体表现为："我享受在自己的学校工作"；"我对学生做的事情发自内心地感兴趣"；"如果我的学生走进学校的时候感觉不安，我会关注他们"；"我们学校的学生很尊重我"；"如果我们学校毕业的学生未来能够回访我的学校，我会非常开心"。

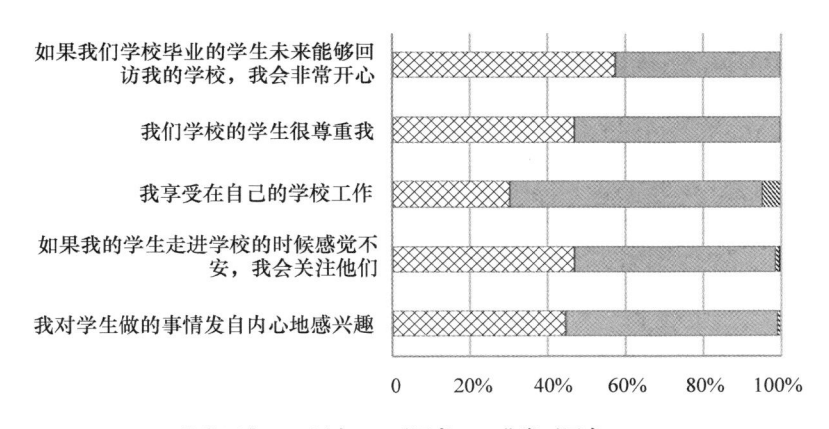

图 7 - 2 - 13 校长与学生之间的关系

绝大多数校长（95%以上）对学校的信任氛围评价高（见图 7 - 2 - 14）。具体表现为："教师可以依赖学校提供的专业支持""我对教师的专业素养充满信心""即便在很艰难的情境下，我们学校的老师仍然相信我""我们学校的教师可以彼此依赖""我感觉可以相信我们学校的老师"。

---

① 请读者批判地使用这个数据，因为经常分神的校长同样是很容易聚精会神的校长。

365

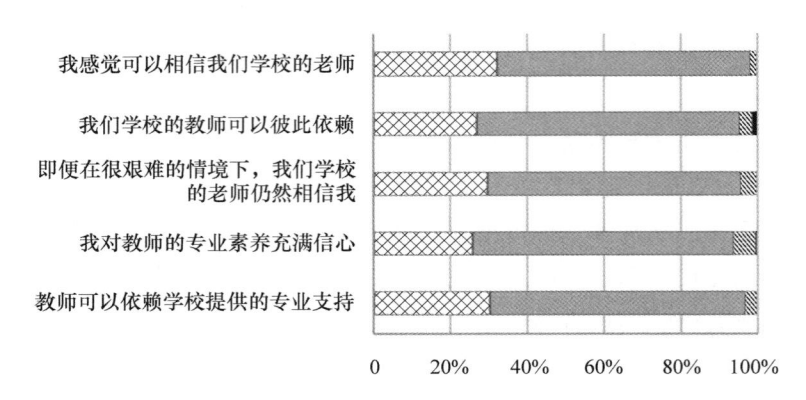

图 7-2-14 校长对于学校信任氛围的评价

超过九成校长认为自己与教师的同事关系较好（见图 7-1-15）。具体表现为：96.82% 的校长认为"自己跟学校的老师相处很融洽"。95.45% 的校长报告没有感觉到"自己总是被排除在各种活动之外"。94.09% 的校长报告"自己学校的老师看起来很喜欢自己"。96.82% 的校长不认为"自己在学校中感觉尴尬和不适"。特别值得说明的是，同教师之间的良好同事关系并不意味着校长跟教师是朋友关系，只有 80% 的校长认为"跟自己学校的老师谈论自己的校外生活会让自己感到舒服"。

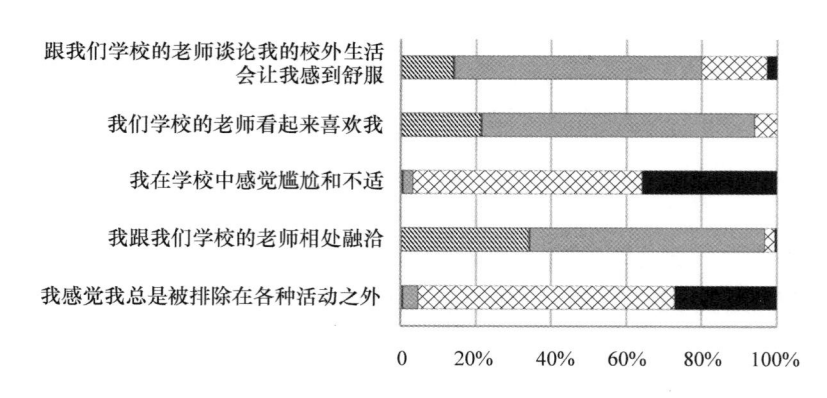

图 7-2-15 校长与同事之间的关系

八成以上的校长报告与教育局相关部门的行政关系较好（见图7-2-16），包括："教育局很欣赏我的工作能力"（85%），"教育局对我做的事情感兴趣"（82.27%），"教育局能够感受到我的需要"（81.36%）。特别值得说明的是，绝大多数校长认为"教育局将校长视为专业人员"（96.37%），并且了解他的学校情况（91.36%）。同样值得注意的是，仍有较高比例的校长不认为教育局欣赏他的工作能力（15%）、对他做的事情感兴趣（17.73%）或者无法感受到他的需要（18.64%）。

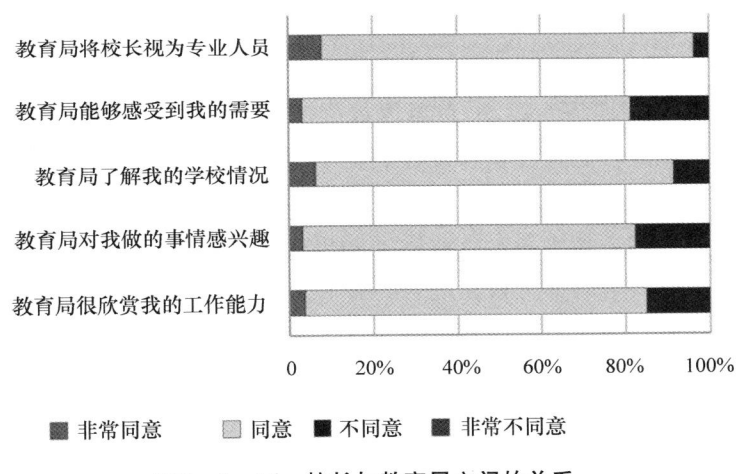

图7-2-16 校长与教育局之间的关系

进一步的数据分析结果显示，校长的人际关系状况与他们的时间分配结构相关（见表7-2-3）。就信任氛围而言，工作日在午餐（$r=0.15$）、晚餐（$r=0.24$）、运动（$r=0.14$）中投入较多时间的校长，更有可能信任自己的学校和同事。周末的午休习惯（$r=-0.15$）可能会影响校长的信任关系，工作日的午休时间（$r=-0.15$）可能会影响他们与学生之间的关系。喜欢加班的校长，更有可能与教育局具有良好关系，体现为工作日在家工作的时间（$r=0.19$）和周末工作时间（$r=0.17$）两个方面。工作日晚餐时间（$r=0.16$）和运动时间（$r=0.17$），可能会帮助他们建立与教师的关系。

表 7－2－3　　　　　　　　校长的时间分配与人际关系

	信任氛围	与学生关系	与教育局关系	与教师关系
工作日在家工作时间			0.19	
周末工作时间			0.17	
工作日午休时间		－0.15		
周末午休时间	－0.15			
工作日午餐时间	0.15			
工作日晚餐时间	0.24			0.16
工作日运动时间	0.14			0.17

（二）校长的社会融入

如图 7－2－17 所示，作为当地社会的精英阶层，多数校长在社会融入中面临的挑战较小，特别体现在建立和维系家庭关系（配偶、父母、子女）方面。在社会关系维系（社会活动家）方面，部分校长的自我评价略低，体现为：建立和维系友谊；社区邻里交往；获取政府公共服务三个方面。对于接受调查的部分校长而言，存在较大挑战的事项是购买住房（非常大：8.61%；一般：12.44%）。

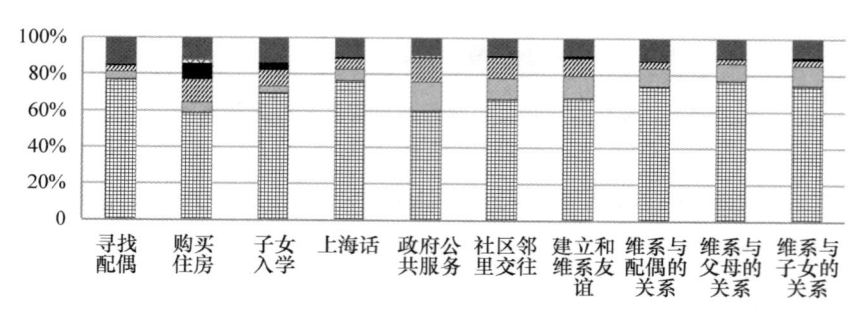

图 7－2－17　校长面临的社会融入挑战

（三）校长对于学校所在学区的文化氛围评价较低

多数校长对于所在学区居民提升自身文化修养的评价比较消极（见表 7－2－4）。仅有 20.45% 的校长认为所在学区的大多数居民重视并且愿意投入大量精力；43.18%的校长认为重视但无法投入大量精力；14.55%的校长认为不重视；21.82%的校长认为无法判断。与城市次中心区的居民相比，城市中心城区居民更有可能重视并投入大量精力去提升自身文化修养。

表7-2-4　　所在学区居民对于提高自身文化修养的重视程度

	不重视	重视，并能够投入大量精力	重视，但不能够投入大量精力	无法判断
B区（城市次中心区）	14.55%	20.45%	43.18%	21.82%
J区（城市中心区）	5.74%	36.07%	33.61%	24.59%
Q区（近郊区）	14.29%	14.29%	54.95%	16.48%

另外一项调查指标显示，比例较高的校长认为所在学区的主流文化无法判断，不同区位特征的校长对于所在学区主流文化的评价存在一定差异（见表7-2-5）。在城市次中心区，40.67%的校长认为所在学区的主流文化是重视教育的；5.26%的校长认为所在学区是重商文化；1.44%的校长认为所在学区是官本位文化；超过半数的校长认为所在学区属于其他价值取向（10.05%）或者无法判断（42.58%）。相对而言，城市中心区的校长更有可能认为所在学区是重商文化（11.48%），近郊区的校长更有可能认为所在学区是官本位文化（4.4%）。

表7-2-5　　　　　　所在学区的主流文化取向

	重商文化	重教文化	官本位文化	其他	无法判断
B区（城市次中心区）	5.26%	40.67%	1.44%	10.05%	42.58%
J区（城市中心区）	11.48%	37.7%	0.82%	/	50%
Q区（近郊区）	8.79%	38.46%	4.4%	9.89%	38.46%

此外，多数校长对所在学区支持"教师—校长"专业发展的公共资源评价较低（见图7-2-18）。其中，近三成的校长报告"没有太多可供使用的社会公共资源"（26.32%），近三成的校长报告"没有太多，仅能够获得公共生活或其他领域的资源"（29.19%）。

不适用或无法判断　17.22%
没有太多可供使用的社会公共资源　26.32%
没有太多的教育学相关资源，仅仅能够获得公共生活或其他领域的资源　29.19%
有大量的教育学相关资源，但无法直接应用到教师（校长）的工作当中　9.09%
有大量的教育学相关资源，可以直接应用到教师（校长）的工作当中　18.18%

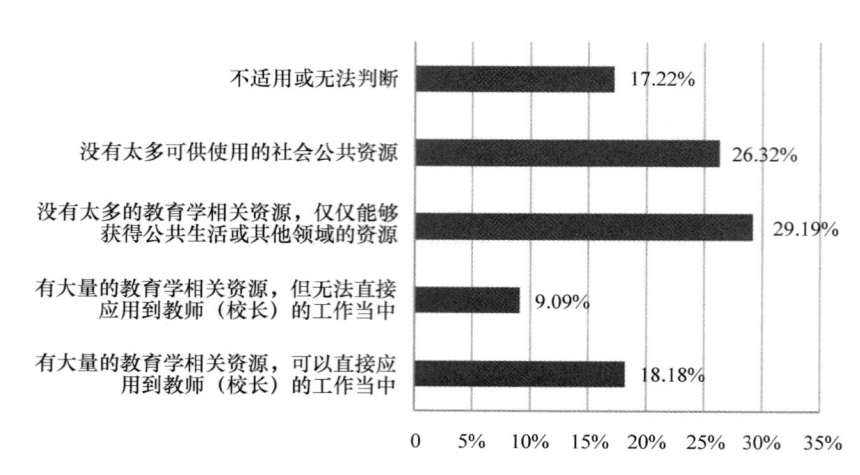

图 7-2-18　所在学区支持"教师—校长"专业发展的公共资源

第三节　校长的个人背景与职业幸福

一　校长的性别、年龄与职业幸福

一是性别差异。在职业幸福的多数维度上，男、女校长之间并不存在显著差异。就工作负担和专注程度而言，男校长更有可能评价较高；就身体不适而言，女校长可能报告较多（见表 7-3-1）。

表 7-3-1　校长的个体特征与职业幸福

	工作负担	身心不适	身体不适	专注程度
性别：1 为男；2 为女	-0.21*	0.14	0.32**	-0.18*
年龄	0.15*	-0.18*	-0.24**	0.03
工作年限	0.12	-0.09	-0.11	-0.03

注：* $p<0.05$；** $p<0.01$；*** $p<0.001$。

二是年龄差异。在职业幸福的多数维度上，不同年龄的校长并不存在显著差异。年龄较大的校长更有可能报告较多的工作负担。特别值得一提的是，年龄较大的校长报告较少的身心不适，特别是身体不适。后续研究应该专注于对于这一现象的分析。一种可能的解释是，不同年龄段的校长在身心养护方面存在较大差异。年轻校长更有可能擅长冲锋陷阵，而忽略身体状况的养护；年长校长更有可能平衡工作和生活，具有身心养护的强烈意识。

二　校长的学历情况与职业幸福

校长工作需要扎实的专业准备，特别体现为原始学历、后续学历、在职进修等。然而，校长的学历水平和获取学历的路径存在较大差异，并影响校长的职业幸福。在对校长的学历情况与职业幸福进行相关分析的时候，我们必须清醒地认识到它们与任教学段、年龄结构等都有密切关系。换言之，特定学历水平的校长之所以在职业幸福的特定维度具有某些重要特征，有可能是因为这些校长大多处于特定学段或者年龄段。

（一）原始学历与校长职业幸福相关程度较高

一是价值维度。不同原始学历的校长存在一定差异（见表7-3-2）。就学校满意度而言，原始学历为专科的校长评价较低，原始学历为本科的校长评价较高。就职业满意度而言，原始学历为中专、专科的校长评价较低，原始学历为本科的校长评价较高。就工作价值和工作负担而言，原始学历为中专的校长评价较高，原始学历为专科和本科的校长评价相似。

二是人际维度。就组织信任、与学生关系、与教育局关系而言，原始学历为中专的校长更有可能评价较高，原始学历为本科的校长更有可能评价较低（见表7-3-3）。就与教师关系而言，不同原始学历的校长差异较小。

表7-3-2　　原始学历与校长职业幸福的价值维度

	频数	学校满意度	职业满意度	工作价值	工作负担
中专	113	4.11（0.8）	3.48（0.86）	4.18（0.7）	2.59（0.78）
专科	37	4（1.05）	3.43（0.76）	4.07（0.83）	2.8（0.73）
本科	31	4.33（1.1）	3.71（1.17）	4.06（1.11）	2.83（0.95）

表7-3-3　　原始学历与校长职业幸福的人际维度

	频数	组织信任	与学生关系	与教育局关系	与教师关系
中专	113	4.77（0.91）	5.32（0.95）	5.3（1.04）	4.8（0.88）
专科	37	4.59（0.95）	5.2（0.94）	5.46（0.93）	4.85（0.9）
本科	31	4.53（1.13）	5.15（0.96）	5.48（0.55）	4.7（1.05）

三是身心维度。就身心失调情况而言，不同原始学历的校长评价相似（见表7-3-4）。然而，身体不适和心理不适并不具有一致性。相对而言，原始学历为中专的校长具有较高的身体不适和较低的心理不适，原始学历为本科的校长具有较高的心理不适和较低的身体不适。就积极情感而言，原始学历为专科的校长评价较高，原始学历为中专和本科的校长评价均处于较低水平。就专注程度而言，原始学历为专科的校长评价较高，原始学历为中专的校长评价较低。

表7-3-4 原始学历与校长职业幸福的身心维度

	频数	身心失调	心理不适	身体不适	积极情感	专注程度
中专	113	3.37（0.86）	2.88（0.89）	2.83（0.85）	5.19（0.94）	1.68（0.95）
专科	37	3.33（0.79）	2.85（0.93）	2.5（0.87）	5.43（0.79）	2.08（0.78）
本科	31	3.3（1.19）	2.95（1.19）	2.37（1.08）	5.13（1.19）	1.97（1.11）

（二）后续学历与校长职业幸福相关

一是价值维度。就后续学历而言，学校满意度和职业满意度存在较高的不一致性，学校满意度与工作负担、工作价值具有较高的一致性（见表7-3-5）。就学校满意度而言，后续学历为硕士的校长评价较高，未接受后续学历教育和后续学历为专科的校长评价较低。就职业满意度而言，未接受后续学历的校长评价最高，后续学历为专科的校长评价最低。就工作负担而言，后续学历为硕士的校长评价较高，后续学历为专科和未接受后续学历教育的校长评价最低。

表7-3-5 后续学历与校长职业幸福的价值维度

	频数	学校满意度	职业满意度	工作负担	工作价值
专科	14	3.76（0.92）	3.21（0.79）	2.58（0.67）	3.91（0.55）
本科	141	4.09（0.87）	3.48（0.88）	2.67（0.78）	4.14（0.79）
硕士	12	4.24（0.98）	3.54（1.21）	3.05（0.93）	4.45（0.99）
无	14	4.63（1.12）	4.02（0.87）	2.59（1.02）	3.96（0.89）

二是人际维度。校长的后续学历与他们的人际关系存在关联（见表7-3-6）。后续学历为专科的校长对于人际关系的评价最低，同时体现为组织信任、与学生关系、与教师关系、与教育局关系四个维度。就组织信任而言，后续学历为本科的校长评价最高；就与学生关系而言，后续学历为本科、硕士和未接受后续学历的校长具有相似性；就与教育局关系和与教师关系而言，后续学历为硕士的校长评价较高。

表7-3-6　　　　后续学历与校长职业幸福的人际维度

	频数	组织信任	与学生关系	与教育局关系	与教师关系
专科	14	4.45（0.57）	4.82（0.86）	4.88（1.36）	4.47（1.02）
本科	141	4.74（0.95）	5.31（0.95）	5.39（0.94）	4.8（0.87）
硕士	12	4.62（1.07）	5.38（0.98）	5.67（0.21）	5.19（0.84）
无	14	4.63（1.28）	5.3（0.96）	5.42（0.61）	4.63（1.1）

三是身心维度。校长的后续学历与他们的身心健康存在关联（见表7-3-7）。就身心失调问题而言，后续学历为专科的校长更有可能较为严重，后续学历为硕士的校长更有可能处于较轻水平，同时体现为身体不适和心理不适两个方面。就积极情感而言，后续学历为专科、本科和未接受后续学历的校长更有可能评价较高，后续学历为硕士的校长更有可能评价较低。就专注程度而言，未接受后续学历的校长更有可能评价过高，后续学历为专科的校长更有可能评价较低。

表7-3-7　　　　原始学历与校长职业幸福的价值维度

	频数	身心失调	心理不适	身体不适	积极情感	专注程度
专科	14	3.65（0.68）	3.32（0.8）	2.8（0.9）	5.21（0.63）	1.64（1.06）
本科	141	3.34（0.9）	2.85（0.93）	2.76（0.88）	5.26（0.91）	1.77（0.96）
硕士	12	3.07（0.87）	2.73（1.03）	1.98（0.6）	4.78（1.43）	2.01（0.96）
无	14	3.45（1.19）	3.02（1.14）	2.49（1.16）	5.25（1.25）	2.28（0.7）

（三）获得后续学历的方式与校长的职业幸福

一是价值维度。就学校满意度而言，无后续学历的校长评价较高，离职脱产教育的校长评价较低（见表7-3-8）。就职业满意度而言，无后续学历的校长评价较高，在职脱产教育的校长评价较低。就工作价值而言，在职脱产教育的校长评价较高，成人自学考试和无后续学历的校长评价较低。就工作负担而言，成人自学考试的校长评价较低，函授教育和离职脱产教育的校长评价较高。

表7-3-8 获取后续学历的方式与校长职业幸福的价值维度

	频数	学校满意度	职业满意度	工作价值	工作负担
在职不脱产或半脱产	78	4.08（0.91）	3.42（0.9）	4.22（0.72）	2.72（0.86）
函授教育	38	4.19（0.96）	3.69（0.88）	4.19（0.89）	2.88（0.61）
成人自学考试	40	3.96（0.59）	3.47（0.78）	3.93（0.8）	2.37（0.75）
无后续学历	14	4.63（1.12）	4.02（0.87）	3.96（0.89）	2.59（1.02）
在职脱产教育	7	4.01（1.32）	2.96（1.1）	4.44（0.73）	2.78（0.81）
离职脱产教育	5	3.78（1.14）	3.17（1.31）	4.09（1.21）	3（0.64）

二是人际维度。获得后续学历的方式与校长的人际关系存在关联（见表7-3-9）。接受离职脱产教育的校长更有可能具有较低的评价，体现在组织信任、与学生关系、与教师关系、与教育局关系四个方面。接受在职脱产教育的校长更有可能具有较高的组织信任和与教师关系；接受在职不脱产或半脱产、函授、自学考试、无后续学历教育的校长，更有可能与学生关系较好；接受函授教育的校长更有可能与教育局关系较好。

表7-3-9 获取后续学历的方式与校长职业幸福的人际维度

	频数	组织信任	与学生关系	与教育局关系	与教师关系
在职不脱产或半脱产	78	4.72（0.91）	5.27（0.94）	5.32（1.03）	4.81（0.87）
函授教育	38	4.7（0.94）	5.31（0.97）	5.5（0.92）	4.87（1.01）
成人自学考试	40	4.65（0.93）	5.29（0.95）	5.34（0.93）	4.66（0.75）
无后续学历	14	4.63（1.28）	5.3（0.96）	5.42（0.61）	4.63（1.1）

续表

	频数	组织信任	与学生关系	与教育局关系	与教师关系
在职脱产教育	7	4.83（1.02）	5.1（1.05）	5.26（1.07）	5.28（0.9）
离职脱产教育	5	4.25（1.26）	4.67（1.02）	5.13（0.86）	4.45（1.13）

三是身心维度。接受离职脱产进修的校长在身心健康方面同样自我评价较低（见表7-3-10），体现为：心理不适、积极情感、专注程度等。就身心失调情况而言，在职不脱产或半脱产、函授教育、在职脱产教育的校长问题较少，成人自学考试的校长问题较多。就心理不适而言，在职不脱产或半脱产、函授教育的校长问题较少。就身体不适而言，在职脱产教育的校长问题较少。就积极情感而言，在职不脱产或半脱产、函授教育、在职脱产教育、无后续学历的校长评价较高。就专注程度而言，无后续学历的校长评价较高。

表7-3-10　获取后续学历的方式与校长职业幸福的身心维度

	频数	专注程度	积极情感	身体不适	心理不适	身心失调
在职不脱产或半脱产	78	1.82（0.94）	5.29（0.97）	2.51（0.85）	2.8（0.92）	3.23（0.89）
函授教育	38	1.89（0.81）	5.33（0.87）	2.58（0.0.84）	2.86（0.94）	3.19（0.82）
成人自学考试	40	1.55（1.13）	5.01（0.88）	3.22（0.84）	3.13（0.86）	3.7（0.85）
无后续学历	14	2.28（0.7）	5.25（1.25）	2.49（1.16）	3.02（1.14）	3.45（1.19）
在职脱产教育	7	1.99（0.94）	5.29（1.26）	2.29（0.95）	2.94（1.37）	3.2（0.84）
离职脱产教育	5	1.36（1.19）	4.85（1.02）	2.59（0.91）	3.13（1.33）	3.44（1.31）

三　新上海人校长的职业幸福感较弱

在所有进入样本框的校（园）长中，70%的高中校长、80%的初中校长、93%的小学校长、84%的幼儿园园长为本地人，即出生后就获得上海常住户口（见图7-3-1）。出生后获得上海户口的校长在职业状态的多数维度上具有比较优势，唯一的例外是工作负担较大。童年时期获得上海市户口的校长在职业状态的多数维度处于比较劣势，为数不多的比较优势包括：工作负担较小，组织信任较高。工作后获得上海市户口的校长在职业幸福、工作负担、组织信任、与学生关系、心理不适、积极情感等维度处于相对劣势，在与学生关系、身体健康等方面具有相对优势。

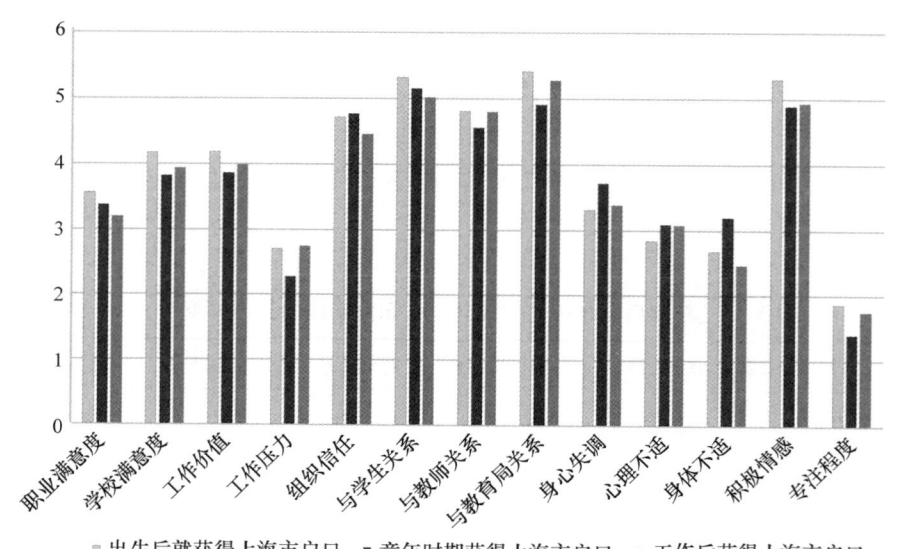

图7-3-1 获得上海户口的时间与校长的职业幸福

出生后获得上海户口的校长，他们的配偶更有可能是出生后获得上海户口的老上海人，新上海人校长的配偶更有可能是新上海人（见表7-3-11）。在所有校长和配偶的户籍关系匹配中，夫妻双方都是出生后获得上海户口的校长比例最高（71.04%）。然而，出生后获得上海户口的校长比例（82.51%），略高于配偶出生后获得上海户口的校长比例（77.05%）。其中，出生后获得上海市户口的校长中，比例较高的校长无配偶（4.92%）。对于工作后获得上海户口的校长（10.38%）而言，他们的配偶是工作后获取上海户口的比例同样较高（7.65%）。童年时期获得上海户口的校长，配偶的户籍情况分布较为均匀。

表 7-3-11　　　　　　校长和配偶的户籍情况对比

校长户籍	配偶户籍 无配偶	出生后就获得上海市户口	童年时期获得上海市户口	工作后获得上海市户口	不适用或不方便回答	汇总
无上海户籍		1/0.55				1/0.55
出生后就获得上海市户口	9/4.92	130/71.04	3/1.64	7/3.83	2/1.09	151/82.51
童年时期获得上海市户口	1/0.55	6/3.28	3/1.64	2/1.09		12/6.56
工作后获得上海市户口		4/2.19	1/0.55	14/7.65		19/10.38
汇总	10/5.46	141/77.05	7/3.83	23/12.57	2/1.09	183/100

教育行政部门需要持续关注"新上海人"教师群体的职业发展和基本生活需要。这项调查研究的结果显示，"新上海人"教师在融入当地社会中面临较多挑战，包括购房、融入当地社区、维系与朋友、父母和子女之间的关系等。这些挑战会在一定程度上影响校长的工作时间、工作负担、学校工作表现和职业满意度。与之相应，对于"新上海人"校长的支持政策包括：鼓励他们尽可能多地参加区教育工会和学校工会举办的各种文化娱乐活动，引导他们理性面对工作负担和生活压力；推荐他们参加以人际交往能力和社会协调能力为核心的各种教师培训项目；在社会条件成熟的情况下，帮助"新上海人"教师申请或者申购政府廉租房、公租房或者保障性住房。

第四节　校长的家庭背景与职业幸福

家庭背景对于校长的职业幸福具有重要影响。其中，父辈职业能够反映校长在成长过程中的社会—经济情况；配偶职业能够反映校长当下的社会—经济情况；家庭结构能够反映校长在工作和生活中能够被照顾和需要照顾的家庭成员情况；子女数量和年龄则直接反映校长的家庭责任情况。当我们在尝试理解校长的过程中，对于校长能够获得的家庭支持和承担的家庭负担进行分析，有助于我们设身处地地从校长个人角度理解他们。

一 校长的职业幸福与父辈职业相关（表7-4-1）

（一）价值维度

就父亲的职业背景而言，校长的职业满意度与学校满意度具有较高一致性。父亲职业为教师（3.67）的校长自我评价最高，父亲职业为职员或专业技术人员（3.6）、农民（3.49）和工人（3.44）的校长自我评价居中，父亲职业为大型企业主或高管（3.25）、公务员（3.13）的校长自我评价最低。

就学校满意度而言，父亲职业为教师（4.52）的校长自我评价最高，父亲职业为职员或专业技术人员（4.16）、农民（4.14）和公务员（4.09）的校长自我评价居中，父亲职业为工人（3.88）的校长自我评价较低，父亲职业为大型企业主或高管（3.71）的校长自我评价最低。

就工作价值而言，父亲职业为农民（4.36）的校长自我评价最高，父亲职业为职员或专业技术人员（4.24）的校长同样较高，父亲职业为公务员（4.07）和工人（4.08）的校长自我评价居中，父亲职业为教师（3.81）的校长略低，父亲职业为大型企业主或高管（3.61）的校长评价最低。

就工作负担而言，父亲职业为教师的校长自我评价较高（2.97），父亲职业为公务员（2.75）、工人（2.74）、农民（2.74）的校长自我评价居中，父亲为大型企业主或高管的校长的自我评价较低（2.32）。

（二）人际维度

就组织信任而言，父亲职业为大型企业主或高管（4.89）的校长的自我评价较高，父亲职业为教师（4.73）、农民（4.73）、工人（4.7）、职员或专业技术人员（4.69）的校长自我评价居中，父亲职业为公务员的校长自我评价最低（4.4）。

在与学生之间的关系方面，校长之间的差异较小，父亲职业为公务员的校长（4.94）自我评价相对较低。在与教师之间的关系方面，校长之间的差异同样较小，父亲职业为公务员的校长（4.59）自我评价同样较低。在与教

第七章 职业幸福：走向积极的自我实现

表7-4-1 父亲的职业与校长的职业幸福

父亲的职业	人数	职业满意度	学校满意度	工作价值	工作负担	组织信任	与学生关系	与教师关系	与教育局关系	身心失调	心理不适	身体不适	积极情感	专注程度
教师	16	3.67 (1.36)	4.52 (1.15)	3.81 (1.03)	2.97 (0.53)	4.73 (1.25)	5.23 (1)	4.88 (1.0)	5.6 (1.16)	2.8 (0.86)	2.35 (0.71)	2.2 (0.76)	5.46 (1.16)	1.83 (1.22)
公务员	14	3.13 (0.6)	4.09 (0.8)	4.07 (0.79)	2.75 (0.59)	4.4 (0.68)	4.94 (0.85)	4.59 (0.71)	5.22 (0.98)	3.8 (0.87)	3.21 (0.88)	3.22 (0.97)	4.87 (0.78)	1.28 (0.87)
职员、专业技术人员	34	3.6 (0.86)	4.16 (0.86)	4.24 (0.6)	2.52 (0.89)	4.69 (0.86)	5.26 (1)	4.81 (0.95)	5.48 (0.92)	3.25 (0.74)	2.74 (0.77)	2.62 (0.8)	5.39 (0.67)	1.97 (0.73)
工人	49	3.44 (0.74)	3.88 (0.93)	4.08 (0.63)	2.74 (0.85)	4.7 (0.87)	5.18 (0.93)	4.72 (0.82)	5.24 (0.9)	3.4 (0.84)	3 (0.94)	2.65 (0.89)	5.27 (0.95)	1.72 (0.87)
农民	33	3.49 (0.96)	4.14 (0.84)	4.36 (0.94)	2.74 (0.84)	4.73 (0.99)	5.25 (0.99)	4.89 (0.96)	5.41 (0.84)	3.33 (0.98)	2.86 (1)	2.55 (0.93)	5.19 (1.15)	2.04 (1.03)
大型企业主或高管	10	3.25 (1.03)	3.71 (0.49)	3.61 (0.52)	2.32 (0.78)	4.89 (0.92)	5.16 (0.84)	4.67 (0.65)	5.01 (1.05)	3.99 (0.75)	3.57 (0.88)	3.35 (0.7)	4.51 (0.59)	1.05 (1.07)
小型企业主或商贸从业者	1	2.71	3.88	3.10	2.56	4.20	4.32	4.26	3.15	3.65	3.07	3.48	4.35	1.42
其他	9	3.72 (0.82)	4.54 (0.91)	4.33 (0.84)	2.69 (0.86)	4.7 (0.96)	5.9 (0.72)	4.87 (0.79)	5.59 (0.22)	3.06 (1.11)	2.5 (1.06)	2.54 (0.88)	5.52 (0.83)	1.99 (0.86)
不适用或不方便回答	17	3.77 (0.93)	4.34 (1.05)	4.29 (1.02)	2.59 (0.81)	4.78 (1.34)	5.67 (0.97)	4.88 (1.28)	5.5 (1.17)	3.32 (1.07)	2.93 (1.2)	2.82 (1.08)	5.31 (1.13)	2.15 (1.01)

育局之间的关系方面，父亲职业为教师（5.6）的校长自我评价较高，父亲职业为职员或专业技术人员（5.48）和农民（5.41）的校长自我评价偏高，父亲职业为工人（5.24）和公务员（5.22）的校长自我评价偏低，父亲职业为大型企业主或高管（5.01）的校长自我评价最低。

（三）身心维度

就身心失调问题而言，身体不适和心情不适存在较高一致性。就身心失调总体而言，父亲职业为教师的校长自我评价最低（2.8），父亲职业为职员或专业技术人员（3.25）、农民（3.33）、工人（3.4）的校长自我评价略低，父亲职业为公务员（3.8）的校长自我评价较低，父亲职业为大型企业主或高管（3.99）的校长自我评价最高。

就积极情感而言，父亲职业为教师（5.46）的校长自我评价最高，父亲职业为职员或专业技术人员（5.39）的校长自我评价同样较高，父亲职业为工人（5.27）和农民（5.19）的校长自我评价居中，父亲职业为公务员（4.87）的校长自我评价较低，父亲职业为大型企业主或高管（4.51）的校长自我评价最低。

就专注程度而言，父亲职业为农民（2.04）的校长专注程度最高，父亲职业为大型企业主或高管（1.05）、公务员（1.28）的校长专注程度最低。

二 校长的职业幸福与母亲职业相关

总体而言，母亲职业为农民（70人）、工人（46人）的校长比例较高；母亲职业为公务员（2人）、大型企业主或高管（2人）、小型企业主或商贸从业者（9人）的比例较低。（表7-4-2）

（一）价值维度

母亲的职业背景与校长的职业幸福存在较高程度的相互关系。母亲职业为教师的校长，在职业幸福方面并不具备代际传递优势，在多数指标上居于中间水平。

就学校满意度而言，母亲职业为公务员（5.12）的校长自我评价最高，母亲职业为工人（3.78）、大型企业主或高管（3.88）的校长自我评价最低，母亲职业为教师（4.32）、职员或专业技术人员（4.37）、农民（4.12）的校长自我评价居中。

就职业满意度而言，母亲职业为大型企业主或高管（4.33）的校长自

第七章 职业幸福：走向积极的自我实现

表7-4-2 母亲的职业与校长的职业幸福

母亲的职业	人数	职业满意度	学校满意度	工作价值	工作负担	组织信任	与学生关系	与教师关系	与教育局关系	身心失调	心理不适	身体不适	积极情感	专注程度
教师	14	3.53 (0.98)	4.32 (0.91)	4.27 (0.84)	2.8 (0.72)	4.85 (0.97)	5.22 (1.08)	4.72 (0.93)	5.40 (0.68)	3.48 (1.09)	2.95 (0.95)	3.05 (1.09)	5.27 (0.84)	1.90 (0.87)
公务员	2	3.71 (0.10)	5.12 (0.99)	5.15 (0.89)	2.34 (0.32)	5.25 (1.48)	5.87 (0.87)	5.33 (1.51)	5.66 (0)	3.20 (0.75)	2.57 (0.98)	2.89 (0.83)	5.87 (0.35)	2.22 (0.88)
职员、专业技术人员	20	3.77 (1.04)	4.37 (0.87)	4.22 (0.55)	2.47 (0.93)	4.70 (0.92)	5.24 (0.95)	4.79 (0.93)	5.64 (1.27)	3.40 (0.91)	2.82 (0.84)	2.83 (0.94)	5.18 (0.82)	1.80 (1.02)
工人	46	3.24 (0.78)	3.78 (0.80)	3.82 (0.72)	2.57 (0.81)	4.48 (0.76)	5.12 (0.90)	4.57 (0.74)	5.26 (0.87)	3.46 (0.83)	3.13 (0.94)	2.65 (0.83)	5.07 (0.98)	1.50 (0.93)
农民	70	3.55 (0.94)	4.12 (0.97)	4.24 (0.83)	2.78 (0.77)	4.81 (1.03)	5.22 (0.96)	4.85 (0.88)	5.28 (0.96)	3.23 (0.88)	2.75 (0.89)	2.53 (0.87)	5.29 (1.01)	1.92 (0.99)
大型企业主或高管	2	4.33 (0.98)	3.88 (0.00)	3.44 (0.97)	2.91 (0.89)	4.20 (0)	4.32 (0)	4.02 (0.34)	5.66 (0)	3.98 (1.51)	3.6 (1.7)	3.82 (0.54)	4.59 (0.93)	1.89 (0.66)
小型企业主或商贸从业者	9	3.35 (0.53)	4.24 (0.61)	4.21 (0.44)	4.33 (0.84)	5.52 (0.83)	4.54 (0.91)	1.99 (0.86)	3.72 (0.82)	9	4.33 (0.84)	5.52 (0.83)	5.41 (0.79)	1.81 (0.73)
其他	17	3.80 (0.99)	4.41 (1.10)	4.31 (1.09)	4.29 (1.02)	5.31 (1.13)	4.34 (1.05)	2.15 (1.01)	3.77 (0.93)	17	4.29 (1.02)	5.31 (1.13)	5.34 (1.20)	2.14 (1.05)
不适用或不方便回答	14	3.53 (0.98)	4.32 (0.91)	4.27 (0.84)	2.8 (0.72)	4.85 (0.97)	5.22 (1.08)	4.72 (0.93)	5.40 (0.68)	3.48 (1.09)	2.95 (0.95)	3.05 (1.09)	5.27 (0.84)	1.90 (0.87)

我评价最高，母亲职业为工人（3.24）的校长自我评价最低，母亲职业为教师（3.53）、公务员（3.71）、职员或专业技术人员（3.77）、农民（3.55）的校长自我评价居中。

就职业压力而言，母亲职业为公务员（2.34）、职员或专业技术人员（2.47）的校长职业压力较小，母亲职业为大型企业主或高管（2.91）、教师（2.8）、农民（2.78）的校长职业压力相对较小。

就组织信任而言，母亲职业为大型企业主或高管（4.20）、工人（4.48）的校长自我评价较低，母亲职业为教师（4.85）、农民（4.81）、职员或专业技术人员（4.70）的校长自我评价居中，母亲职业为公务员的校长（5.25）职业评价较高。

就工作价值而言，母亲职业为公务员（5.15）的校长自我评价最高，母亲职业为大型企业主或高管（3.44）的校长自我评价最低，母亲职业为教师（4.27）、职员或专业技术人员（4.22）、农民（4.24）的校长自我评价居中，母亲职业为工人（3.82）的校长自我评价略低。

（二）人际维度

在与学生之间关系方面，母亲职业为公务员（5.87）的校长远高于其他同伴，母亲职业为大型企业主或高管（4.32）的校长远低于其他同伴，母亲职业为教师（5.22）、职员或专业技术人员（5.24）、工人（5.12）、农民（5.22）的校长均居于中间水平。

在与教育局之间关系方面，母亲职业为公务员（5.66）、大型企业主或高管（5.66）、职员或专业技术人员（5.64）的校长处于较高水平，母亲职业为工人（5.26）、农民（5.28）的校长处于较低水平。

就与教师之间关系而言，母亲职业为公务员（5.33）的校长自我评价最高，母亲职业为大型企业主或高管（4.02）的校长自我评价最低，母亲职业为教师（4.72）、职员或专业技术人员（4.79）、工人（4.57）、农民（4.85）的校长自我评价居于中间水平。

（三）身心维度

就身心失调问题而言，母亲职业为公务员（3.20）、农民（3.23）的校长自我评价较低，母亲职业为大型企业主或高管（3.98）的校长自我评价较高，母亲职业为教师（3.48）、职员或专业技术人员（3.40）、工人（3.46）的校长身心失调问题居于中间水平。其中，母亲职业为大型企业主或高管（3.6）的校长更有可能面临较为严重的心理不适，母亲职业为公务员（2.57）的校长则在这个方面自我评价较低；母亲职业为大型企业主或高管（3.82）的校长同样更有可能面临较为严重的身体不适，母亲职业为工人（2.65）、农民（2.53）的校长则在这个方面自我评价较低。

工作价值与积极情感具有较高一致性。就积极情感而言，母亲职业为公务员（5.87）的校长自我评价最高，母亲职业为大型企业主或高管（4.59）的校长评价最低，母亲职业为教师（5.27）、职员或专业技术人员（5.18）、农民（5.29）的校长自我评价居中，母亲职业为工人（5.07）的校长自我评价略低。

就专注程度而言，母亲职业为公务员（2.22）的校长自我评价最高，母亲职业为工人（1.50）的校长自我评价最低，母亲职业为教师（1.90）、职员或专业技术人员（1.80）、农民（1.92）、大型企业主或高管（1.89）的校长自我评价居中。

三 校长的职业幸福与配偶职业存在较高程度的相关关系（表7-4-3）

（一）价值维度

就职业满意度而言，配偶职业为公务员（3.97）的校长自我评价较高，配偶职业为职员或专业技术人员（3.3）、小型企业主或商贸从业者（3.21）的校长自我评价较低。

就学校工作满意度而言，配偶职业为教师（4.33）和公务员（4.37）的校长自我评价相对较高，配偶职业为小型企业主或商贸从业者（3.89）的校长自我评价相对较低。

就工作负担而言，配偶职业为工人（2.83）、教师（2.80）的校长自我评价最高，配偶职业为小型企业主或商贸从业者（2.22）的校长自我评价最低，配偶职业为公务员（2.60）、职员或专业技术人员（2.67）、大型企业主或高管（2.67）的校长自我评价居中。

（二）人际维度

就组织信任而言，配偶职业为公务员（5.12）、大型企业主或高管（5.11）的校长自我评价最高，配偶职业为职员或专业技术人员（4.50）、工人（4.52）的校长自我评价最低，配偶职业为教师（4.65）的校长居

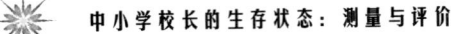

表7-4-3 配偶的职业与校长的职业幸福

配偶的职业	人数	职业满意度	学校满意度	工作价值	工作负担	组织信任	与学生关系	与教师关系	与教育局关系	身心失调	心理不适	身体不适	积极情感	专注程度
教师	38	3.59 (0.93)	4.33 (0.93)	4.18 (0.91)	2.80 (0.75)	4.65 (1.02)	5.13 (0.97)	4.80 (0.95)	5.43 (0.86)	3.11 (0.94)	2.61 (0.84)	2.39 (0.88)	5.25 (1.02)	2.04 (0.86)
公务员	20	3.97 (0.68)	4.37 (1.08)	4.09 (0.76)	2.60 (0.84)	5.12 (0.93)	5.60 (0.88)	5.05 (1)	5.60 (0.93)	3.27 (0.81)	2.73 (0.71)	2.84 (0.82)	5.57 (0.87)	1.94 (0.66)
职员、专业技术人员	52	3.30 (0.89)	4.02 (0.79)	4.09 (0.81)	2.67 (0.85)	4.50 (0.90)	5.16 (0.94)	4.61 (0.78)	5.28 (1.03)	3.41 (0.96)	2.97 (1.13)	2.72 (0.93)	5.17 (0.98)	1.79 (0.99)
工人	20	3.67 (0.88)	4.08 (0.62)	4.29 (0.42)	2.83 (0.55)	4.52 (0.68)	5.22 (0.96)	4.82 (0.76)	5.33 (0.89)	3.45 (0.87)	3.04 (0.84)	2.84 (0.75)	5.14 (1.18)	1.85 (0.87)
农民	1	3.64	3.88	2.75	2.28	4.20	4.32	3.78	5.66	5.05	4.80	4.20	3.93	1.42
大型企业主或高管	11	3.77 (1.23)	4.26 (1.05)	4.21 (0.96)	2.67 (0.99)	5.11 (0.94)	5.39 (1.08)	5.01 (0.80)	5.01 (1.12)	3.20 (0.94)	2.85 (1.11)	2.58 (0.86)	5.33 (0.89)	1.60 (1.23)
小型企业主或商贸从业者	10	3.21 (0.45)	3.89 (0.51)	4.16 (0.33)	2.22 (0.94)	4.41 (0.63)	5.14 (1.06)	4.67 (0.79)	5.28 (0.80)	3.46 (0.73)	2.93 (0.58)	2.77 (0.88)	5.17 (0.23)	1.81 (0.75)
其他	17	3.12 (0.91)	3.51 (1.18)	3.79 (0.91)	2.65 (0.86)	4.75 (1.20)	5.35 (0.85)	4.58 (1.10)	5.30 (0.96)	3.81 (0.94)	3.42 (0.93)	2.95 (1.23)	5.04 (0.97)	1.22 (1.23)
不适用或不方便回答	14	3.63 (0.87)	4.40 (0.94)	4.47 (0.83)	2.70 (0.76)	5.03 (1.12)	5.62 (0.96)	5.27 (1.12)	5.58 (1.04)	3.06 (0.61)	2.53 (0.67)	2.48 (0.74)	5.34 (0.89)	2.00 (1.00)

于中间水平。

就与学生关系而言，配偶职业为公务员（5.60）的校长自我评价最高，配偶职业为教师（5.13）、职员或专业技术人员（5.16）、工人（5.22）、小型企业主或商贸从业者（5.14）的校长自我评价较低，配偶职业为大型企业主或高管（5.39）的校长自我评价居中。

就与教师之间关系而言，配偶职业为公务员（5.05）、大型企业主或高管（5.01）的校长自我评价较高，配偶职业为职员或专业技术人员（4.61）、小型企业主或商贸从业者（4.67）的校长自我评价较低，配偶职业为教师（4.80）、工人（4.82）的校长自我评价居中。

就与教育局之间的关系而言，配偶职业为公务员（5.60）的校长自我评价最高，配偶职业为大型企业主或高管（5.01）的校长自我评价最低，配偶职业为职员或专业技术人员（5.28）、小型企业主或商贸从业者（5.28）、教师（5.43）、工人（5.33）的校长自我评价居中。

（三）身心维度

就身心失调问题而言，配偶职业为职员或专业技术人员（3.41）、工人（3.45）、小型企业主或商贸从业者（3.46）的校长处于较高水平，配偶职业为教师（3.11）、大型企业主或高管（3.20）、公务员（3.27）的校长处于较低水平。其中，配偶职业为工人（3.04）、职员或专业技术人员（2.97）的校长存在较为严重的身心失调，配偶职业为教师（2.61）的校长存在较轻的身心失调问题。配偶职业为公务员（2.84）、职员或专业技术人员（2.72）、工人（2.84）、小型企业主或商贸从业者（2.77）存在较为严重的身心失调，配偶职业为教师（2.39）、大型企业主或高管（2.58）的校长在身心失调方面相对较轻。

就积极情感而言，配偶职业与校长评价的关系并不显著。相对而言，配偶职业为公务员的校长对于积极情感的自我评价相对较高。

就专注程度而言，配偶职业为教师（2.04）的校长自我评价较高，配偶职业为大型企业主或主管（1.60）的校长自我评价较低，配偶职业为公务员（1.94）、工人（1.85）、小型企业主或商贸从业者（1.81）、职员或专业技术人员（1.79）的校长自我评价居于中间水平。

四　校长的家庭结构影响他们的职业幸福（表7-4-4）

（一）校长的家庭结构与职业幸福

在接受调查的上海校长中，为数众多的校长生活在包括夫妻和子女在内的核心家庭，61位校长的父母生活在附近，可以帮忙照顾子女和生活；80位校长的父母不生活在附近，无法帮忙照顾子女和生活。除了核心家庭外，21位校长生活在包括父母、夫妻和子女在内的大家庭中；3位校长处于单身或已婚无子女状态且不与父母共同生活；4位校长离异后独自照顾子女；5位校长离异后父母帮助照顾子女。

校长的家庭结构与他们的职业幸福密切相关。相对而言，核心家庭的校长在职业幸福的多数维度上处于中间水平。与父母无法帮忙的核心家庭校长相比，父母可以帮忙照顾的校长能够体会到更多的职业幸福（职业满意度、学校满意度、工作价值、与教师和教育局之间的关系、身体健康等），特别是更高水平的专注程度和积极情感。相对而言，可能是由于缺少复杂家庭关系的历练，这类校长也有更高的工作负担和较弱的组织信任。然而，生活在包括父母、夫妻、子女在内的大家庭当中，校长同样面临许多挑战，特别体现为较低的职业满意度和学校满意度，较低的组织信任和较差的学生关系。这一现象在一定程度上印证了，与父母"具有一碗汤的距离"是重要的，可以部分缓解来自职业、学校、学生的压迫感。

与核心家庭和大家庭的校长相比，离异后父母帮忙照顾子女的校长更有可能对自己的职业幸福评价较高，体现在：价值维度（职业满意度、学校满意度、工作价值）、人际维度（组织信任、与教育局关系）、身心维度（身心失调、积极情感）。同时，这类校长的工作负担较大。一种可能的解释是，这部分校长的独立性较强，且能够获得来自父母的充分支持。与这些校长不同，离异后自己照顾子女的校长更有可能具有较低的职业满意度和工作价值感，他们与教师和教育局的关系也相对较差，在积极情感和专注程度两个方面同样处于较低水平。由此可见，父母的照顾和帮助，对于校长的职业满意度具有举足轻重的作用，特别是离异有子女的校长。

与离异有子女的校长相比，单身或已婚无子女且不和父母生活在一起的校长，更有可能具有较小的工作负担，他们与学生和教师的关系也较为密切。一种可能解释是，这些校长拥有较为充足的个人时间，可以应对来

表7-4-4 校长的职业幸福与家庭结构

	人数	职业满意度	学校满意度	工作价值	工作负担	组织信任	与学生关系	与教师关系	与教育局关系	身心失调	心理不适	身体不适	积极情感	专注程度
单身或已婚无子女，不与父母共同生活	3	3.38 (0.86)	4.12 (0.42)	4.12 (0.17)	2.35 (0.51)	4.82 (0.62)	6.13 (0.24)	5.66 (0)	4.66 (0.69)	3.71 (0.5)	3.22 (0.61)	3.39 (0.17)	5.25 (0)	1.84 (0.57)
核心家庭，父母可以帮忙	61	3.65 (0.87)	4.24 (1.03)	4.18 (0.95)	2.73 (0.8)	4.66 (0.96)	5.29 (0.95)	5.42 (0.9)	5.03 (0.91)	3.22 (0.94)	2.78 (1.03)	2.63 (0.95)	5.46 (0.9)	1.98 (0.91)
核心家庭，父母无法帮忙	80	3.47 (0.88)	4.04 (0.81)	4.07 (0.94)	2.58 (0.82)	4.75 (0.98)	5.27 (0.98)	5.31 (0.96)	4.64 (0.89)	3.48 (0.94)	3.01 (0.94)	2.78 (0.94)	5.06 (0.75)	1.75 (1.02)
大家庭	21	3.24 (1)	3.84 (0.95)	4.12 (0.78)	2.82 (0.85)	4.27 (0.87)	4.87 (0.84)	5.12 (1.05)	4.49 (0.78)	3.31 (0.83)	2.93 (0.84)	2.57 (0.78)	5.27 (0.66)	1.76 (0.85)
离异有子女，独自照顾子女	4	3.32 (1.6)	4.48 (1.14)	3.62 (0.76)	2.81 (0.73)	4.62 (0.51)	5.05 (1.02)	4.7 (1.21)	4.32 (0.5)	3.71 (0.92)	3.03 (0.98)	3.05 (0.76)	4.53 (1.28)	0.63 (1.4)
离异有子女，父母可以帮忙	5	3.89 (0.41)	4.55 (1.04)	4.41 (0.93)	3.31 (0.56)	5.29 (1.05)	5.89 (0.94)	5.59 (0.35)	5.54 (1.17)	2.93 (0.73)	2.55 (0.71)	2.08 (0.93)	5.6 (0.55)	1.77 (0.61)
不适用或不方便回答	9	3.45 (0.96)	4.21 (0.82)	4.6 (0.73)	2.51 (0.74)	5.07 (0.93)	5.54 (0.8)	6.05 (0.93)	5.05 (0.93)	3.08 (0.73)	2.51 (0.88)	2.31 (0.73)	5.2 (0.77)	1.89 (0.79)

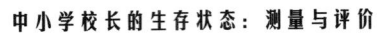

表 7 - 4 - 5　子女年龄与校长的职业幸福

子女年龄	人数	职业满意度	学校满意度	工作价值	工作负担	组织信任	与学生关系	与教师关系	与教育局关系	身心失调	心理不适	身体不适	积极情感	专注程度
10—15	14	3.83 (0.63)	3.97 (1.46)	3.81 (0.97)	2.38 (0.97)	4.6 (1.16)	5.42 (0.88)	4.79 (1.12)	5.66 (0.68)	3.61 (1.02)	3.26 (1.01)	2.56 (1.21)	5.03 (1.12)	2.04 (0.76)
16—20	35	3.33 (0.82)	4 (0.73)	3.85 (0.86)	2.51 (0.73)	4.57 (0.95)	5.2 (0.97)	4.49 (0.66)	5.43 (0.89)	3.62 (0.9)	3.08 (1.02)	3.17 (0.89)	5.13 (0.8)	1.61 (1.1)
21—25	56	3.64 (0.86)	4.16 (0.95)	4.27 (0.68)	2.66 (0.86)	4.64 (0.83)	5.2 (0.97)	4.87 (0.93)	5.33 (0.95)	3.32 (0.88)	2.87 (0.92)	2.68 (0.82)	5.34 (0.83)	1.92 (0.74)
26—30	54	3.32 (0.94)	4.05 (0.85)	4.22 (0.8)	2.77 (0.73)	4.74 (1.02)	5.19 (0.95)	4.72 (0.89)	5.18 (0.94)	3.32 (0.92)	2.83 (0.97)	2.55 (0.86)	5.22 (1.12)	1.77 (1.08)
31—50	16	3.51 (1.05)	4.37 (0.82)	4.1 (0.61)	3.01 (0.57)	4.83 (0.99)	5.48 (0.9)	5.18 (0.97)	5.45 (1.11)	2.83 (0.55)	2.55 (0.52)	2.16 (0.71)	5.22 (1.11)	1.6 (1.08)

自工作的挑战,并有精力与学生和同事保持良好关系。然而,由于工作强度高并且没有父母照顾,这些单身校长处于身心失调状态(身体不适、心理不适)的程度较高。

(二)校长的职业幸福与子女情况(表7-4-5)

在进入样本的上海校长中,绝大多数校长(175 位,95.62%)养育一个子女,2 位校长没有子女,3 位校长有 2 个子女,3 位校长未回答本项问题。在绝大多数指标上,没有子女的校长具有相对较高的职业幸福感,一个子女的校长比两个子女的校长更有可能具有较高的职业幸福感。由于没有子女和有 2 个子女的校长比例较大,本项研究将不再分析子女数量与校长职业幸福的关系。

有鉴于子女年龄在很大程度上影响校长的家庭投入,本项研究将分析子女年龄与校长职业幸福的关联(见图 7-4-1)。为了保持数据的一致性,仅有一个子女的校长将被纳入分析框架(共 175 人,年龄在 10—50 岁)。根据子女年龄与家庭投入之间的关系,本项研究将子女年龄分为若干年龄:初中段(10—15 岁,14 人,占 8%);高中阶段(16—20 岁,35 人,占 20%);大学阶段(21—25 岁,56 人,占 32%);工作初期(26—30 岁,54 人,占 30.86%);工作稳定期(31—50 岁,16 人,占 9.14%)。

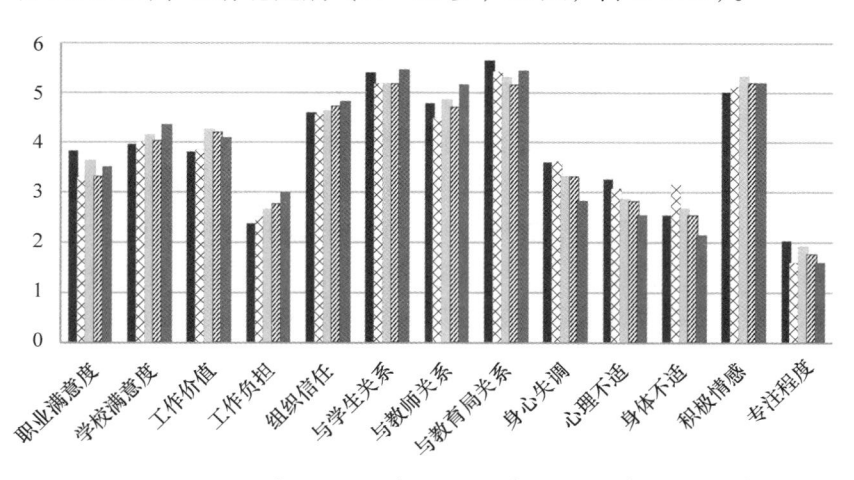

图 7-4-1 校长的职业幸福与子女年龄

初步的统计分析结果显示，子女年龄与校长职业幸福各维度的关联并不一致。总体而言，子女年龄越大，校长的学校满意度、工作负担、组织信任越高，身心失调（心理不适、身体不适）、专注程度越低。特别值得一提的是，子女年龄在16—20岁的校长，更有可能具有较低的职业满意度、与教师关系、专注程度，同时还有较多的身体不适问题。与之相反，子女年龄在10—15岁的校长，更有可能具有较高的职业满意度、与学生关系、与教育局关系、专注程度。

五 主要结论

在校长的职业历程中，从父亲和母亲身上获得的影响存在较大差异，父亲和母亲的职业背景与校长职业幸福之间的关联存在不一致。父亲的较高文化地位（教师）和母亲的较高政治地位（公务员）对于校长职业幸福的积极影响较大，父母的较高经济地位（大型企业主或高管）、父亲的较高政治地位（公务员）对于校长职业幸福的消极影响较大。职员或专业技术人员、工人、农民等普通阶层出身的校长，在职业幸福的多数维度上处于中间水平。

父亲职业为教师的校长更有可能具有较高的职业幸福，特别体现在：职业满意度、学校满意度、与教育局之间的关系、身心状态、积极情感等方面。父亲职业为大型企业主或高管的校长在这些方面具有较低的自我评价。同时，父亲职业为教师的校长也报告了较高水平的工作负担，父亲职业为大型企业主或高管的校长报告了较低水平的工作负担和较高水平的组织信任。同样值得说明的是，父亲职业为公务员的校长在学校满意度、组织信任、人际关系（学生、教师）等方面具有较低的自我评价；父亲职业为农民的校长在工作价值、专注程度等方面具有较高的自我评价。

与父亲的职业背景不同，母亲职业为公务员的校长更有可能报告较高水平的职业幸福，体现在：学校满意度、工作价值、工作负担、组织信任、人际关系（学生、教师、教育局）、心理状态（心理健康、积极情感、专注程度）等多个维度；母亲职业为大型企业主或高管的校长在上述多个维度具有较低的自我评价，为数不多的例外是他们对于职业满意度、与教育局关系评价较高。特别值得说明的是，母亲职业为工人或者农民的校长，对于自己与教育局之间的关系评价较低，对于自己的身体状态评价较高；母亲职业为工人的校长对于自己的职业和学校满意度评价同样较低。

父亲和母亲职业反映了校长的原生家庭在政治、经济、文化资本方面的优势与劣势。校长对于自身职业幸福的评价，在一定程度上反映出校长与配偶工作的对比和互补情况。例如，配偶的公务员身份能够提升校长在价值维度、人际维度、身心维度的自我评价；配偶的教师身份能够提升校长对于学校工作的满意程度和身心健康情况；与配偶的小型企业主或商贸从业者身份相对比，校长感受到较小的工作负担。

配偶职业对于校长职业幸福不同维度的影响存在较大差异，在一定程度上体现了文化、政治、经济资本对于校长职业幸福的影响不同。在高政治资本方面，配偶职业为公务员的校长在多个维度具有较高的职业幸福感，体现在：价值维度（职业满意度和学校满意度），人际维度（组织信任、与学生、家长、教育局之间的关系）和身心维度（积极情感）。特别值得一提的是，配偶职业为公务员的校长报告较多的身体不适和较少的心理不适现象。就高文化资本而言，配偶职业为教师的校长在部分维度具有较高的职业幸福感，体现为：较高的学校满意度、较少的身心失调（心理不适和身体不适）、较高的专注程度，他们在工作负担方面的自我评价较高，与学生关系的自我评价较低。就高经济资本而言，配偶为大型企业主或高管的校长在职业幸福方面的优势体现在部分人际维度（组织信任、与学生和教师的关系），他们在与教育局之间关系方面自我评价较低；在身心维度上，他们对身心失调（心理不适和身体不适）的自我评价较弱，对于专注程度的自我评价较低。

与配偶具有较高文化、政治、经济资本的校长相比，配偶为职员或专业技术人员的校长对于职业满意度的自我评价较低，在人际维度（组织信任、与学生和教师关系）和身心维度（身心失调）两个维度表现尤为显著。同时，配偶职业为工人的校长在价值维度（高工作负担）、人际维度（组织信任、与学生关系）、身心维度（身心失调）同样存在较低的自我评价。特别值得一提的是，配偶职业为小型企业主或商贸从业者的校长，在价值维度（职业满意度、学校满意度）、人际维度（与学生和教师关系）、身心维度（身心失调）的自我评价同样处于较低水平，他们对于工作负担的自我评价相对较低。

第五节 校长的成长历程与职业幸福

校长的成长历程和任职经历与他们的职业幸福状况密切相关。就成长历程而言，通过不同方式走上校长岗位的校长、任职时间不同的校长、处于不同职级水平的校长都有可能存在不同的幸福体验。

一 从教育局或教育学院转任的校长具有更好的职业幸福

在接受调查的校长中，至少有三成的校长是由本校副校长升任成为校长的（34.1%）、由外校副校长升任成为校长（30.8%）。有两成的校长是由外校校长转任本校校长（21.4%），另有不到一成的校长是由教育局或教育学院等行政和业务部门调任成为校长（9.9%）（见图7-5-1）。

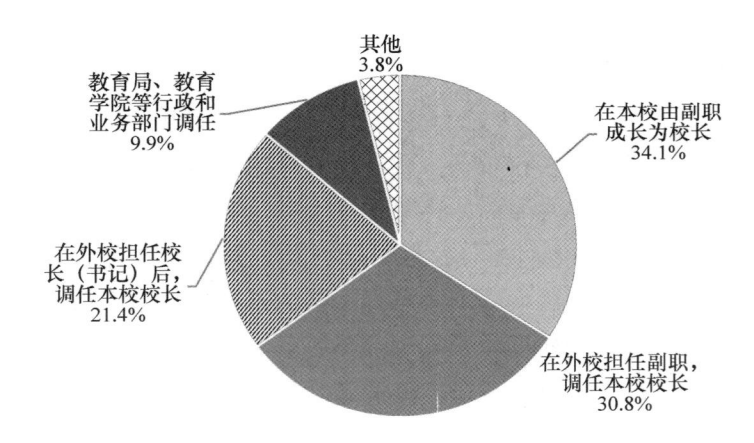

图7-5-1 成为校长的路径

调研结果显示，进入校长队伍的路径与校长的职业幸福存在较大相关（见图7-5-2）。总体上说，由教育局、教育学院等行政和业务部门调任的校长，更有可能具有良好的职业状态；由外校副校长升任本校校长或者由外校校长转任本校校长对于校长的人际关系、工作感受具有积极影响；由本校副校长升任的校长更有可能面临各种职业挑战。这一结果表明，校长任用的旋转门制度和调任制度具有合理性。通过选调借调到教育局和教育学院等行政和业务部门，能够让储备校长具有较为全面和开阔的事业，有助于他们在学校的职业表现。

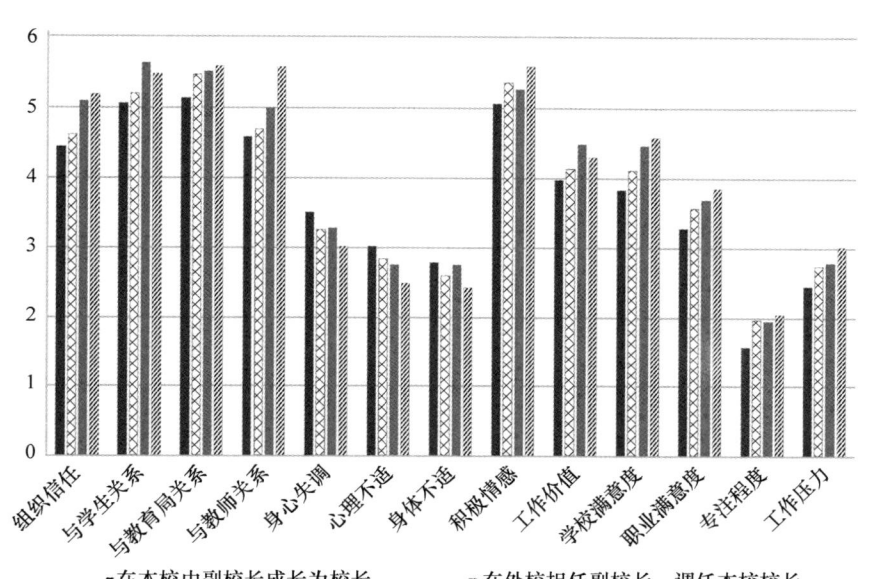

图7-5-2 不同任职路径校长的职业幸福状态

在本校由副校长成长起来的校长更有可能面临较大的职业挑战，体现在如下几个方面：组织信任；与学生关系；与教育局的关系；与教师的关系；身心失调（心理不适和身体不适）；积极情感；工作价值；学校满意度；职业满意度；专注程度。他们的优势在于工作负担相对较小。与之相反，从教育局、教育学院等行政和业务部门调任的校长具有较多的优势，体现为：校内的组织信任；与教育局关系；与教师关系；身心健康（身体和心理）；积极情感；学校满意度；职业满意度；专注程度。但是这类校长更有可能具有较高的工作负担。

二 校长任职年限与职业幸福的部分维度存在相关

（一）价值维度

1. 工作价值。不同任职年限的校长对于工作价值的评价存在小幅波动

（见图 7-5-3）。在任职年限为 1—3 年的校长中，工作价值的评价为逐渐上升趋势；在任职 3—10 年的校长中，工作价值的评价差异较小；在任职 15—19 年的校长中，工作价值的评价出现一次下降。

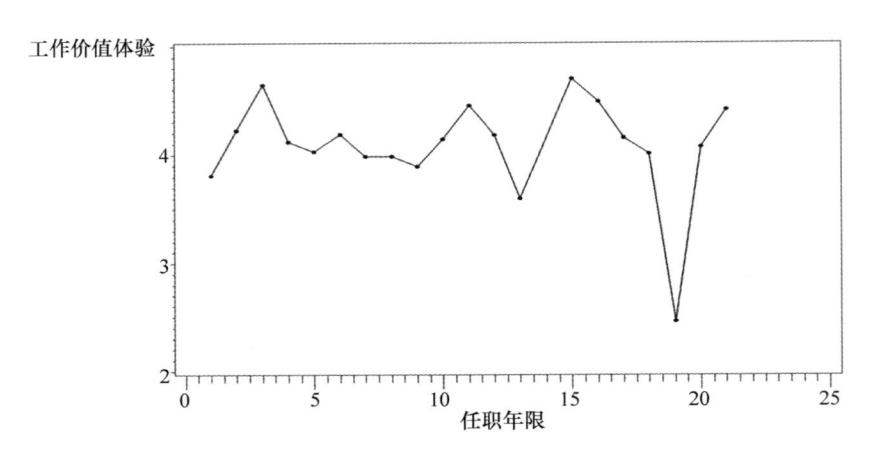

图 7-5-3　校长任职年限与工作价值体验

2. 工作负担。相似任职年限的校长对于工作负担的评价存在较大差异，任职时间较长的校长工作负担略微上升（见图 7-5-4）。

3. 职业满意度。不同任职年限的校长职业满意度差异较小（见图 7-5-5）。

4. 学校满意度。不同任职年限的校长，学校满意度存在较大差异（见图 7-5-6）。任职 1—2 年的校长，学校满意度处于中间水平；任职 3—9 年的校长，学校满意度逐渐下降；任职 9—15 年的校长，学校满意度逐渐上升；任职 15—18 年的校长再次出现逐渐下降趋势；任职 18—23 年的校长对于学校的满意程度又有所上升。

（二）身心维度

1. 身心失调。相似任职年限的校长对于身心失调的自我评价存在较大差异，任职时间较长的校长身心失调现象会显著降低（见图 7-5-7）。这种趋势同时体现在身体不适和心理不适两个方面（见图 7-5-8、图 7-5-9）。

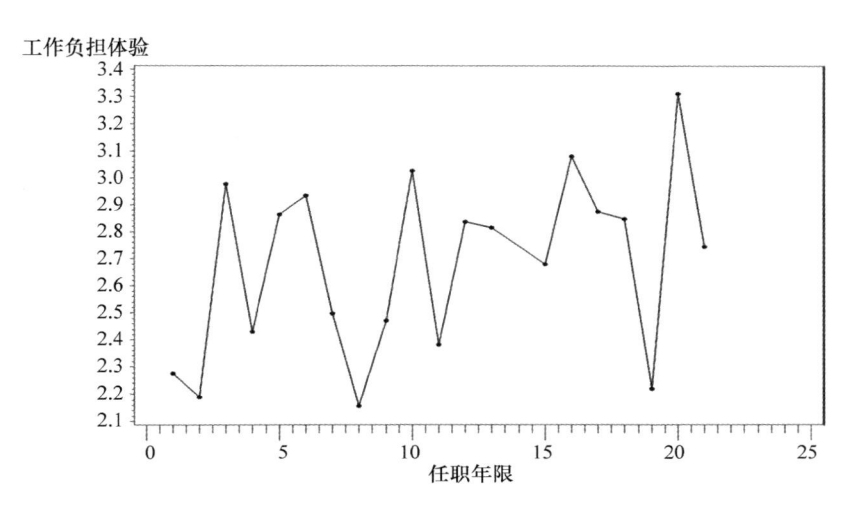

第七章 职业幸福：走向积极的自我实现

图 7-5-4 校长任职年限与工作负担体验

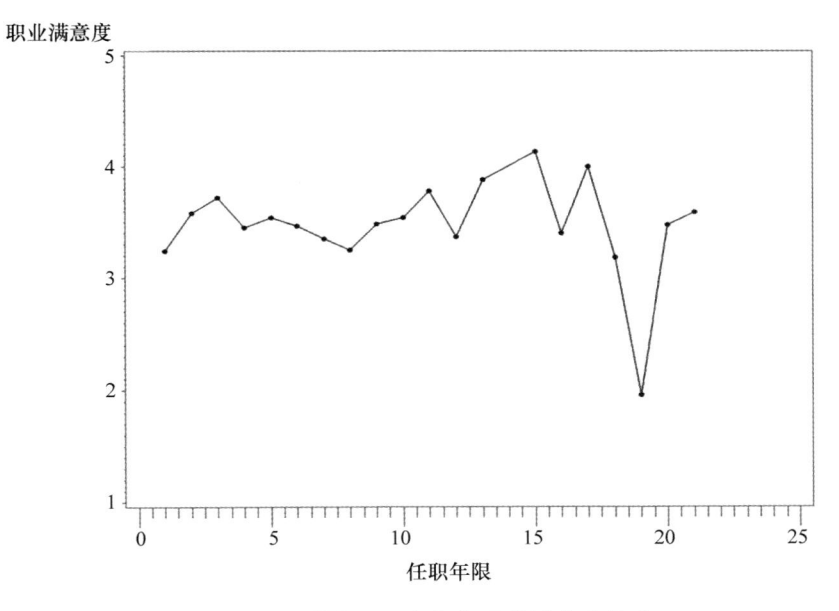

图 7-5-5 校长任职年限与职业满意度体验

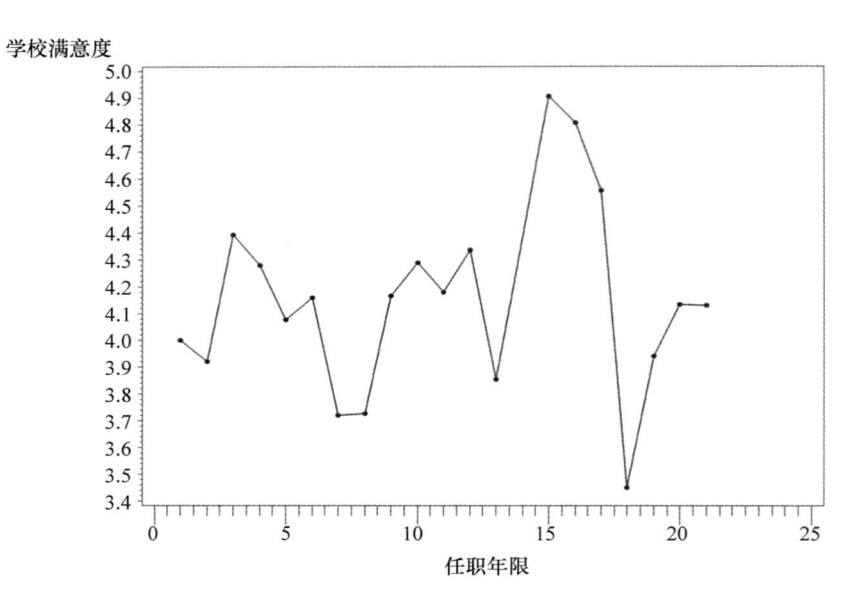

图 7-5-6 校长任职年限与学校满意度体验

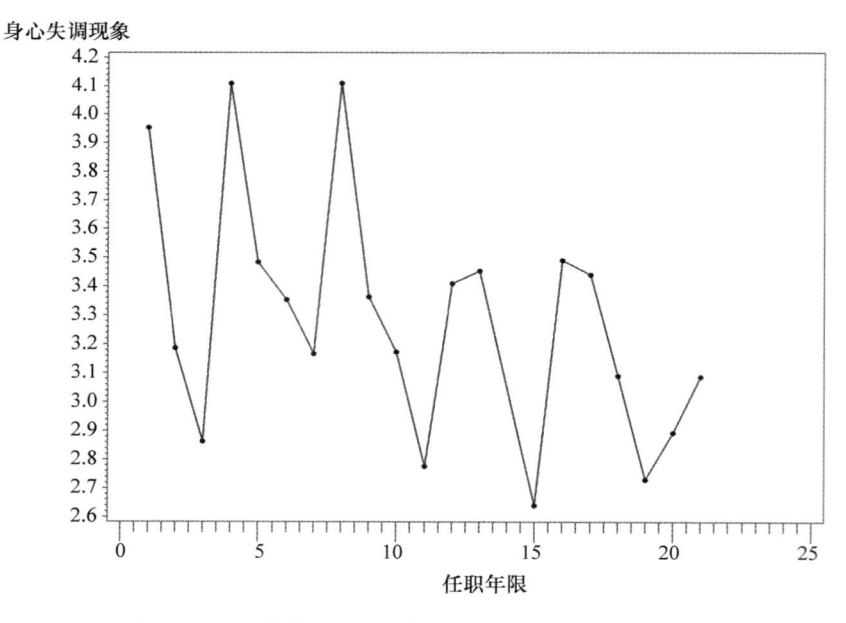

图 7-5-7 校长任职年限与身心失调现象发生的频率

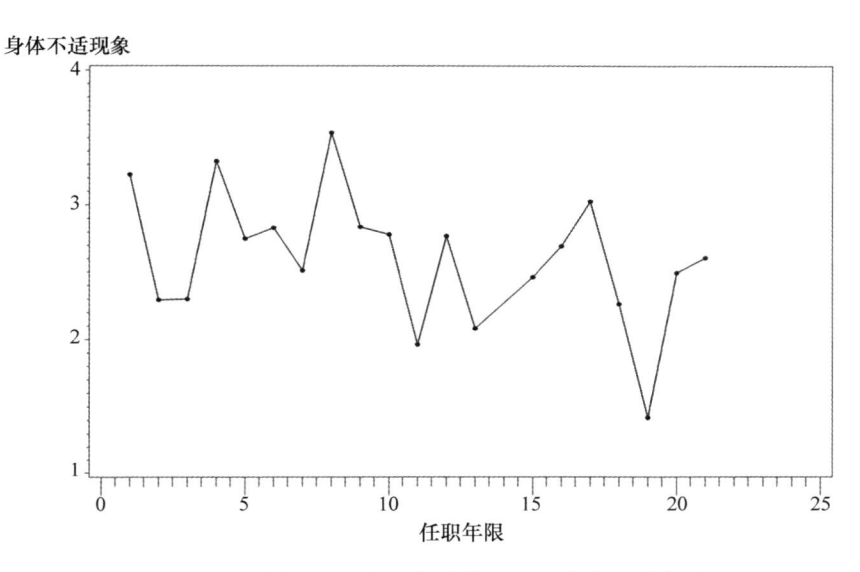

图 7-5-8　校长任职年限与身体不适现象发生的频率

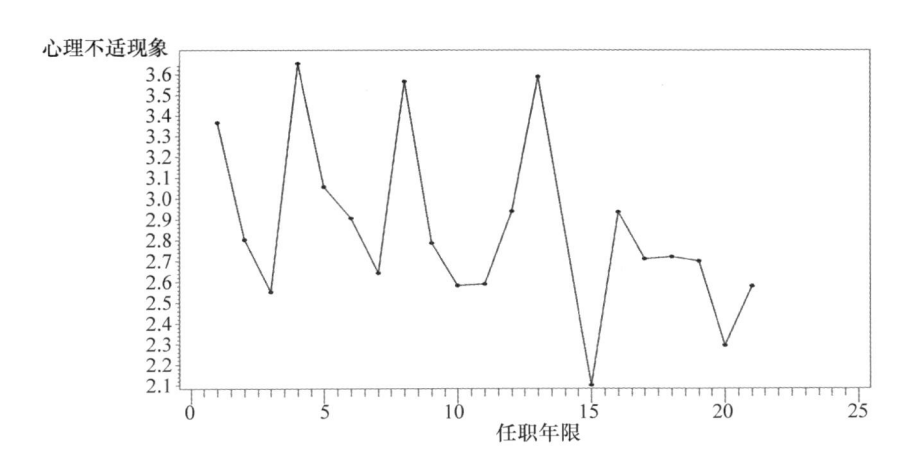

图 7-5-9　校长任职年限与心理不适现象发生的频率

2. 专注程度。不同任职年限的校长在工作的专注程度方面存在较大差异（见图 7-5-10）。任职 1—3 年的校长专注程度相似，且处于中间水平；任职年限在 4—7 年的校长，专注程度存在一个上升趋势；任职在 8—

12 年的校长，专注程度再次出现一个上升趋势；任职 12 年及以上的校长，专注程度出现一个下降趋势。

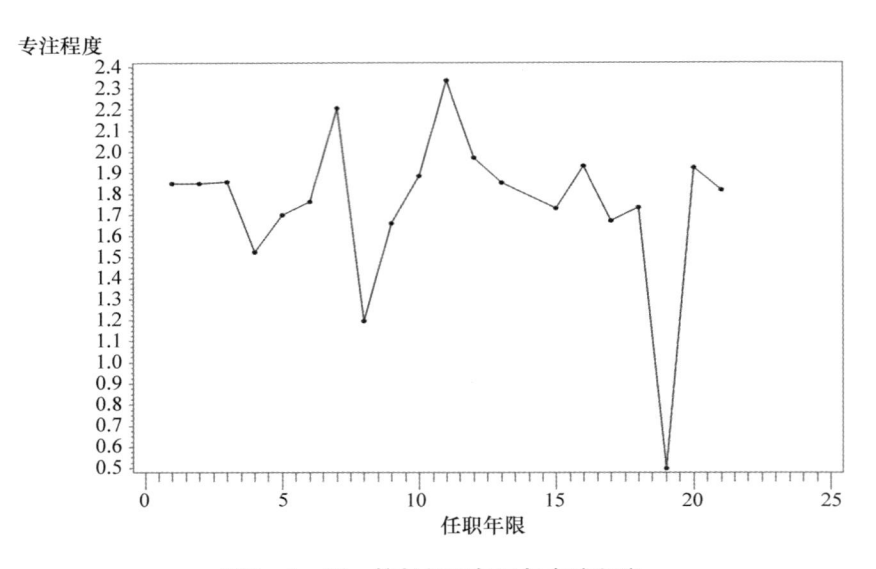

图 7-5-10　校长任职年限与专注程度

3. 积极情感。不同任职年限的校长对于工作价值的评价存在小幅波动（见图 7-5-11）。在任职年限为 1—3 年的校长中，积极情感的自我评价呈现一次上升趋势；在任职 8—11 年的校长中，积极情感的自我评价出现一次上升趋势。

（三）人际维度

1. 组织信任。总体而言，不同任职年限的校长在对于组织信任的评价具有相似性（见图 7-5-12）。在校长生涯的前 15 年，组织信任的评价水平略微有所下降；在校长生涯的后 15 年，则略微有所上升。

2. 与学生之间的关系（师生关系）。不同任职年限的校长在师生关系的自我评价方面存在较大波动（见图 7-5-13）。在任职的前 7 年，校长对于师生关系的评价逐渐下降；在任职的 7—11 年，校长对于师生关系的评价逐渐上升；在任职的 11—19 年，校长的评价再次下降；在任职的 19—21 年，校长的评价再次出现上升。

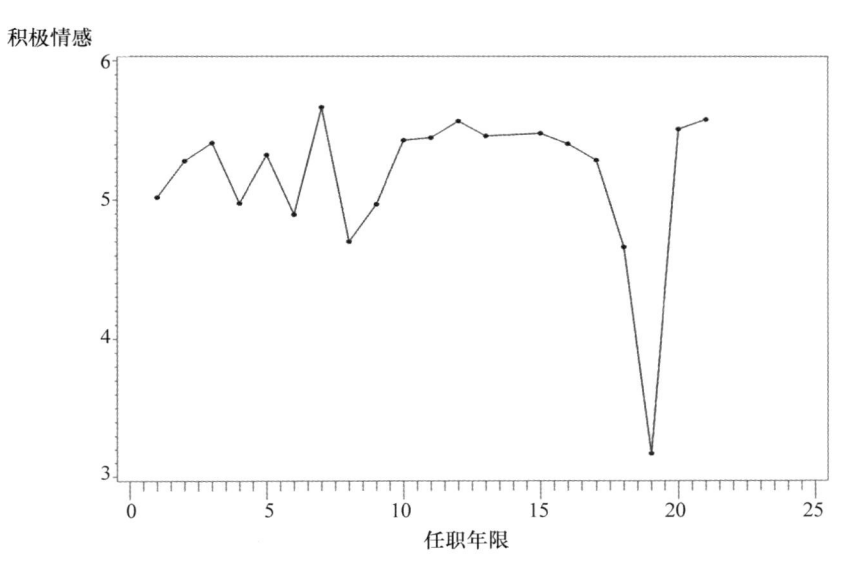

第七章 职业幸福：走向积极的自我实现

图 7-5-11 校长任职年限与积极情感

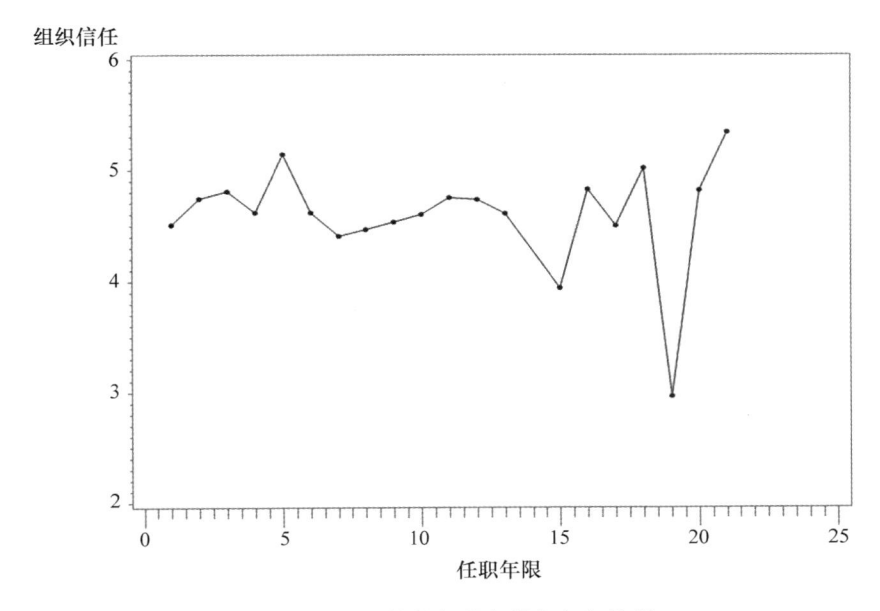

图 7-5-12 校长任职年限与组织信任

师生关系

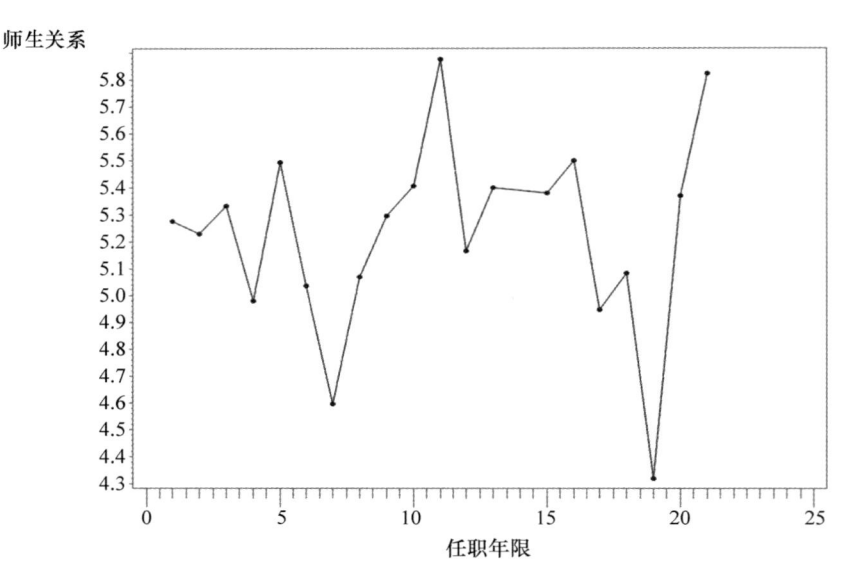

图 7-5-13 校长任职年限与师生关系

3. 与教育局之间的关系（行政关系）。不同任职年限的校长对于自己与教育局之间的关系评价存在较大波动（见图 7-5-14）。对于任职 1—8 年的校长而言，行政关系的评价水平逐渐下降；对于任职 8—11 年的校长而言，行政关系的评价水平逐渐上升；对于任职 11—13 年的校长而言，再次出现一个下降趋势；对于任职 13—23 年的校长而言，则再次出现一个上升趋势。

4. 与教师之间的关系（同事关系）。不同任职年限的校长对于自己与本校同事之间的关系评价存在较大波动（见图 7-5-15）。对于任职 1—2 年的校长而言，同事关系的评价水平逐渐上升；对于任职 3—8 年的校长而言，同事关系的评价水平逐渐下降；对于任职 8—16 年的校长而言，再次出现一个上升趋势；对于任职 16—19 年的校长而言，则再次出现一个下降趋势；对于任职 19—23 年的校长而言，则再次出现一个上升趋势。

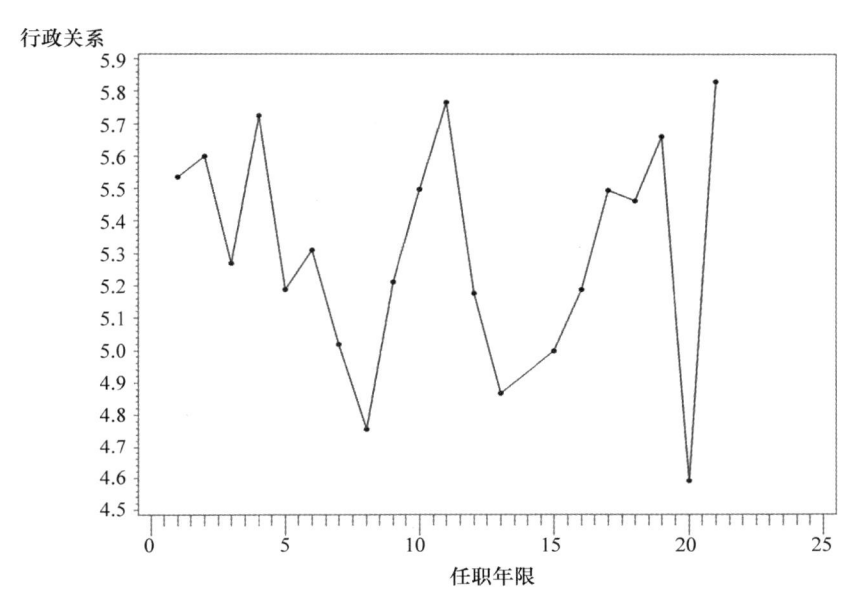

图 7-5-14　校长任职年限与行政关系

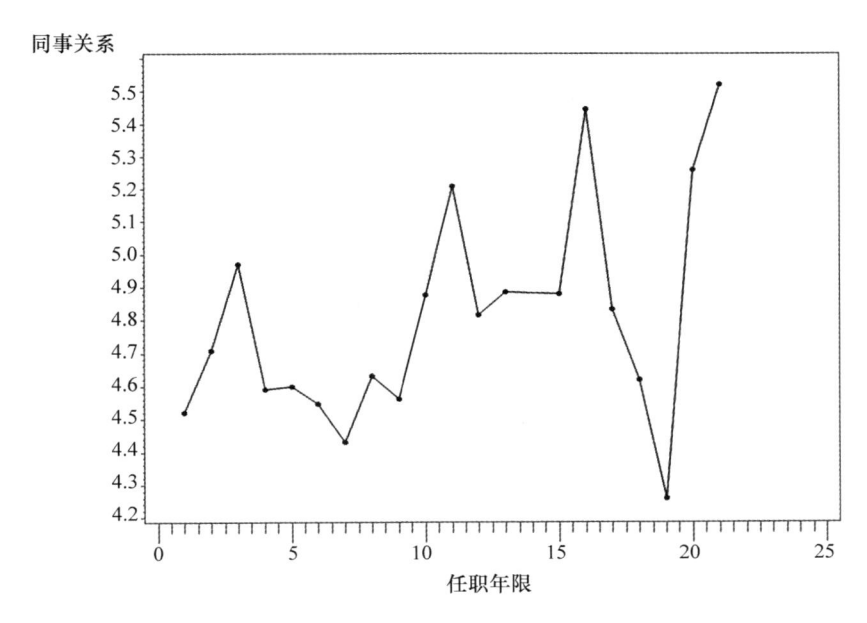

图 7-5-15　校长任职年限与同事关系

三 校长职级与职业幸福存在相关

1. 身心维度。不同职级校长的健康状态存在一定差异（见表7-5-1）。相对而言，职级较高的校长更有可能具有较好的身心状况，未定级校长的状态较差。其中，特级校长的心理不适远低于其他职级的校长，未定级校长的心理不适远高于其他职级的校长。不同职级的校长身体不适的情况具有相似性。就积极情感而言，特级校长和高级校长的评价较高，中级校长和未定级校长的评价较低。此外，特级校长的专注程度也远高于其他职级的校长。

表7-5-1　　　　　　校长职级与职业幸福的身心维度

	频数	身心失调	心理不适	身体不适	积极情感	专注程度
特级校长	6	3.13 (0.41)	2.11 (0.44)	2.61 (0.8)	5.46 (0.54)	2.75 (0.15)
高级校长	35	3.17 (0.95)	2.72 (0.91)	2.52 (0.94)	5.42 (1.16)	1.87 (0.77)
中级校长	71	3.35 (0.9)	2.9 (0.89)	2.74 (0.9)	5.12 (0.99)	1.81 (1.09)
初级校长	36	3.33 (1.04)	2.94 (1.21)	2.68 (0.97)	5.34 (0.9)	1.74 (0.9)
未定级	35	3.57 (0.79)	3.12 (0.8)	2.74 (0.9)	5.11 (0.78)	1.68 (0.93)

2. 价值维度。同时，特级校长对于学校满意度、职业满意度、工作价值的评价远高于其他职级的校长，未定级校长对于工作价值、职业满意度、工作价值的评价远低于其他职级的校长（见表7-5-2）。中级校长对于职业满意度和学校满意度的评价同样处于较低水平，未定级校长对于工作负担的评价处于较低水平。

3. 人际维度。校长的人际关系与职级存在显著相关，职级较高的校长更有可能具有良好的人际关系（见表7-5-3）。几个特别值得说明的点包括：职级越高的校长，对于组织信任、与学生关系、与教师关系的评价越高；特级校长对于与教育局之间关系的评价远高于其他职级，高级校长的评价最低。

表7-5-2　　　　　　　校长职级与职业幸福的价值维度

	频数	学校满意度	职业满意度	工作负担	工作价值
特级校长	6	4.9（0.98）	3.84（0.5）	2.77（0.9）	4.58（0.83）
高级校长	35	4.24（1.12）	3.68（0.92）	2.81（0.73）	4.2（0.87）
中级校长	71	4.05（0.87）	3.39（1.02）	2.72（0.85）	4.1（0.78）
初级校长	36	4.25（0.91）	3.65（0.94）	2.76（0.79）	4.31（0.86）
未定级	35	3.86（0.69）	3.38（0.54）	2.37（0.74）	3.9（0.66）

表7-5-3　　　　　　　校长职级与职业幸福的人际维度

	频数	组织信任	与学生关系	与教育局关系	与教师关系
特级校长	6	5.6（1.08）	6.09（0.87）	6.13（1.16）	5.8（0.76）
高级校长	35	4.88（1）	5.34（0.95）	5.29（0.86）	5.1（0.95）
中级校长	71	4.68（0.95）	5.25（0.96）	5.35（1.05）	4.69（0.86）
初级校长	36	4.69（1.02）	5.24（0.95）	5.35（0.92）	4.89（0.81）
未定级	35	4.39（0.73）	5.13（0.92）	5.34（0.79）	4.41（0.88）

第六节　学校因素影响校长的职业幸福

学校因素是我们在思考校长职业幸福的过程中必须予以关注的重要内容。在不同类型的学校中工作的校长，以及管理不同性别、社会—经济背景学校的校长，都有可能面临截然不同的工作情境，具有不同的职业幸福体验。

一　学校类型与校长职业幸福

人际维度。不同类型学校校长对于人际维度的评价存在差异（见表7-6-1）。就组织信任而言，小学和九年一贯制学校校长的评价较高，完中和高中校长的评价较低，初中和幼儿园校（园）长的评价居中。校长对于与学生关系的评价与他们对于组织信任的评价具有相似性，小学和九年一贯制学校校长对于与学生关系的评价较高，高中校长的评价较低，初中、幼儿园园长和完中校长的评价居中。就与教育局关系而言，完中和九年一贯制学校的校长评价较高，小学、初中、高中校长的评价较低，幼儿园园长评价居中。就与教师关系而言，九年一贯制学校校长的评价较高，高中校长的评价较低，幼儿园、小学、初中校长的评价居中。

表7-6-1　　校长的学校类型与职业幸福的人际维度

	频数	组织信任	与学生关系	与教育局关系	与教师关系
幼儿园	72	4.68（0.9）	5.18（0.94）	5.41	4.7（0.88）
小学	53	4.77（0.83）	5.47（0.92）	5.28	4.8（0.82）
九年一贯制	22	4.88（1.01）	5.33（1.01）	5.57（0.35）	5.12（0.95）
初中	22	4.57（1.36）	5.12（0.93）	5.25（0.84）	4.7（1.09）
高中	5	4.25（1.26）	4.67（1.02）	5.26（0.89）	4.02（0.47）
完中	4	4.2（0）	5.11（0.96）	5.74（0.16）	4.98（1）
校外教育	2	5.25（1.48）	5.13（1.15）	4.08（1.31）	5.1（1.18）
幼小一体	1	4.20	6.48	5.66	6.39
职业学校	1	4.20	4.32	5.66	5.47
特殊学校	1	4.43	6.48	5.66	5.93

身心维度。不同类型学校校长对于身心健康状况的评价存在较大差异。就身心失调问题而言，高中校长的自我评价最为严重，初中和完中校长的自我评价处于较低水平。其中，高中校长对于心理不适、身体不适、积极情感、专注程度的消极评价均处于较高水平；完中校长对于心理不适、身体不适、积极情感、专注程度的积极评价均处于较高水平；初中校长对于身体不适、积极情感、专注程度的积极评价较高；幼儿园园长对于身体不适和专注程度的消极评价较高。除此之外，小学校长对于专注程度的消极评价较高，九年一贯制学校校长对于专注程度的积极评价较高。

价值维度。不同类型学校校长在价值维度的评价上存在较大差异，完中校长在多个维度的评价较高。就学校满意度而言，九年一贯制学校校长和完中校长的评价较高，初中校长的评价较低。就职业满意度而言，完中校长的评价较高，小学校长的评价较低。就工作价值而言，完中校长的评价较高，高中校长的评价较低。就工作负担而言，完中和高中校长的压力较大，幼儿园、小学、九年一贯制学校校（园）长的压力较小。

表 7-6-2　　校长的学校类型与职业幸福的身心维度

	频数	身心失调	心理不适	身体不适	积极情感	专注程度
幼儿园	72	3.43 (0.82)	2.92 (0.84)	2.97 (0.76)	5.25 (0.86)	1.63 (0.9)
小学	53	3.44 (0.87)	2.94 (0.83)	2.74 (0.93)	5.15 (0.95)	1.79 (1.03)
九年一贯制	22	3.32 (1.01)	2.89 (1.02)	2.36 (0.95)	5.19 (1.19)	2.1 (0.75)
初中	22	2.88 (1.1)	2.71 (1.4)	2.01 (0.92)	5.4 (1.17)	2.12 (0.92)
高中	5	4.02 (0.38)	3.28 (1)	3.1 (0.53)	4.98 (0.78)	1.72 (1.34)
完中	4	2.65 (0.79)	2.19 (0.61)	1.86 (0.8)	5.75 (0.7)	2.22 (0.73)
校外教育	2	3.74 (0.75)	3.48 (1.1)	2.99 (0.64)	4.81 (0.61)	1.22 (2.29)
幼小一体	1	2.29	1.20	2.74	6.55	1.20
职业学校	1	4.17	3.60	2.98	4.04	2.84
特殊学校	1	2.36	2.03	1.16	5.66	2.84

表 7-6-3　　校长的学校类型与职业幸福的价值维度

	频数	学校满意度	职业满意度	工作价值	工作负担
幼儿园	72	4.17 (0.88)	3.63 (0.84)	4.18 (0.76)	2.53 (0.71)
小学	53	3.99 (0.63)	3.32 (0.85)	4.06 (0.71)	2.66 (0.88)
九年一贯制	22	4.48 (0.95)	3.52 (0.93)	4.23 (0.91)	2.77 (0.69)
初中	22	3.83 (1.37)	3.53 (1.08)	4.08 (1.12)	2.95 (0.79)
高中	5	4.19 (1.46)	3.54 (1.07)	3.85 (0.49)	3.21 (0.46)
完中	4	4.55 (0.86)	4.28 (1.15)	4.64 (0.66)	3.37 (1.02)
校外教育	2	3.61 (0.38)	2.49 (0.74)	3.49 (0.89)	2.17 (1.46)
幼小一体	1	3.88	2.86	4.12	3.99
职业学校	1	3.88	3.64	4.23	2.39
特殊学校	1	4.74	3.79	4.81	0.79

二　学校的学生和教师构成与校长职业幸福的部分维度存在显著相关

在家庭困难学生数较多的学校，校长的工作负担较重，校长与教育局关系较为密切，校长的专注程度较高，校长的身体不适问题较少。在教师数量较多的学校，校长的专注程度较高。在男教师数量较多的学校，校长的工作负担较重，校长的身体不适问题较少，校长的专注程度较高。

表7-6-4 学校的学生和教师构成与校长职业幸福的部分维度

	工作负担	与教育局关系	身体不适	专注程度
学生总数	0.09	0.03	-0.09	0.11
男学生总数	0.08	0.03	-0.09	0.11
家庭困难学生数	0.18*	0.15*	-0.15*	0.17*
随班就读学生数	0.02	-0.03	-0.06	0.09
非上海户籍学生数	0.12	0.04	-0.09	0.09
班级数	0.02	-0.01	-0.06	0.08
教师数	0.13	0.06	-0.13	0.18*
男教师数	0.18*	0.07	-0.17*	0.19*

注：* $p<0.05$；** $p<0.01$；*** $p<0.001$。

余论　校长领导应该走向何方？

过去四十多年中，我国政府和人民积累了许多应对稳定和发展问题的成功经验，从积贫积弱的落后国家成长为稳定富裕的发展中国家。我国的现代化历程在很大程度上改变了中国人民的精神面貌和中国政府的国际地位。在教育领域，一些被证明能够影响教育质量和效率进行系统改进的因素，已经被用于世界上的其他国家和地区。例如，上海学生和教师在国际测评中取得卓越表现的先进经验，逐渐确立了中国教育系统的竞争优势。当然，我们仍旧存在一些亟须进行的政策和实践调整。例如，对于儿童社会—情感发展的关注缺失意味着承载未来社会转型发展的智力资源将存在总体质量缺失；农村教育中的许多问题仍然有待解决，并且已经成为影响全社会教育进步的障碍；高等教育领域的保守主义倾向使得国家和地方层面致力于教师教育重建的一些改革举措无法落实。进入新时代，党中央提出高质量发展的新理念，我们需要探索从发展中国家到中等发达国家的转型发展道路。

在这种转型发展过程中，许多国家都面临严峻的人才结构问题。常用的问题解决策略包括增加资金投入、增加人员投入、改善学校设施和场所等。许多已经经历过这个发展历程的国家逐渐意识到，数量方面的投入指标需要逐渐让位于质量方面的要求。自2000年开始，各国学者在学校绩效与学校改进领域积累的知识，为各国教育界实现学校普及和现代化提供了组织和架构方面的细节准备。尽管我国学者已经成立了教育绩效研究的专门学会，并且在国际期刊上完成大量学术发表，学校绩效与学校改进领域的许多成熟经验并没有在我国得到普遍推广。许多教育绩效领域的新知识，包括社会—情感学习结果、元认知、新的教学方法等，都没有被国内教育工作者广泛探索和应用。新的教育技术，例如认知神经科学，也没有被国内学者深度应用。

一 科学管理的失灵：科学技术的进步和社会环境的变迁推动管理理论的发展

19世纪末20世纪初，由弗雷德里克·温斯洛·泰勒（Frederick Winslow Taylor）开创的科学管理体系，确定了以生产效率和产品合格率为核心的标准化工业管理体系。其中的经典论文和著作包括《制造业者为什么不喜欢大学生》（*Why Manufacturers Dislike College Graduates*）、《效率的福音》（*Expert in Efficiency*）、《科学管理原理》（*The Principles of Scientific Management*）等。科学管理理论是在美国社会完成了资本和工业技术两个生产要素的准备工作之后，基于对劳动力进行改造以便提高生产效率的背景下提出的。核心目标有二：通过提高工业生产的组织和管理水平来提高生产效率；通过提高生产效率来探索资本—劳动关系的重构和优化。科学管理理论的核心原则包括：基于生产要素优化组合实现管理的科学化和标准化（效率优化）；通过理性协商和精神革命，引导劳资双方实现彼此利益的最大化。科学管理尝试跳出经验管理无法化解的劳资矛盾误区——劳资双方对于既得利益均不感到满意，都希望实现自己利益的最大化。科学管理的基本内容是，通过对操作流程和生产过程的审查，确定劳动时间的合理工作定额，并据此确定每个工人的工资水平（计件工资制度）。为了实现效率优化，工业生产应该遵循如下基本原则：制定科学的、规范的工业生产操作流程；基于工作岗位需要对工人进行有针对性的筛选；实行多劳多得、按劳分配的计件工资制度；将管理与劳动分离，实现管理的专业化。

进入20世纪后半叶以后，随着科学技术和社会环境的不断发展，科学管理的很多基本假设变得并不那么重要，组织生态的系统优化逐渐成为现代管理理论的核心议题。现代管理具有鲜明的价值追求，希望能够聚一帮好人，做一桩好事。现代管理的终极目标应该是帮助人性回归至善，引导组织成员各尽其职、各显其能。[1] 随着科学技术的迭代速度越来越快，

---

[1] 杜绍基：《从现代管理学看校长领导力的本质》，《新课程评论》2019年第5期。

标准化生产逐渐变得容易实现，而标准化生产所赖以存在的确定性原则逐渐变得不再能够达成。随着人类社会从工业社会逐渐进入知识型社会，提高生产效率的简单工作逐渐为更加智能的机器所取代，知识生产和技术设计等工作变得越发重要。在经济和社会发达国家中，传统的简单劳动者的比例逐渐下降到不具备显著的政治影响，各种社会机构中的大多数雇员都是接受高等教育或职业教育的知识分子。知识和高级技能的掌握使得雇员拥有同资本抗衡的足够力量，资本与掌握知识的劳动者之间形成更加平等的合作关系，共同决定整个社会组织的发展方向和利益分配。与此同时，随着对个体生命价值重视程度的不断提升，人类社会进入组织型社会的新阶段。整个社会生产不仅仅关注产品的质量和效率，而且开始关照在此过程中和与此相关的个体生命质量和价值实现。

在组织管理领域，具有颠覆性的改变有三个。

第一，组织结构的重构。大量专业人士在组织运转中发挥重要作用，导致传统的"命令—控制—执行"架构失灵，整个管理—生产结构趋于扁平化，组织功能的实现由更多具有相对平等地位的组织内单位协作完成。组织管理所需的知识从组织头部逐渐转向组织底部，每个组织成员都需要同时具备生产和管理知识。从某种意义上说，掌握知识的劳动者有可能同时具备劳动者（参与生产）、管理者（业务领导）、资本家（技术入股）三重属性。

第二，组织目标的重构。以工作为中心的管理理念，逐渐让位于以人性（特别是个体独特性）为中心的管理理念。在管理过程中，如何调动每个基层组织的首创精神和个体的主观能动性，逐渐取代对于科学性和标准化的追寻，成为更具优先性的标准。掌握知识的脑力劳动者，很难再像体力劳动者那样通过计件工资制度进行管理。理论上说，跳槽对于脑力劳动者而言变得更加容易，也是实现全社会效益最大化的重要路径。

第三，组织责任的重构。生产资料、生产工具和产品的私有化逐渐让位于社会化，整个社会结构的优化围绕对于资本原始冲动的限制使用展开。以劳资双方利益实现为目标的企业管理理念，逐渐让位于企业的社会责任和公共价值。随着科学技术的迅猛发展，许多社会组织能够产生的破坏性变得无法估量，规范和约束个人、企业和其他社会机构的"野兽原则"（Doctrine of the Wild Animal）[①]变得尤为重要。在《管理的实践》（1954年）一书中，彼得·德鲁克明确提出当管理者因为职权而获得特殊行为能力的时候，必须承担由此而生的社会责任。在《管理新现实：政府与政治、经济与实业、社会与世界观》（1989年）一书中，彼得·德鲁克提出，无论是基于何种原因产生的不良影响，每个社会组织都必须为它制造的影响负责。

学校管理同样正在经历从科学管理到现代管理的艰难转型。经典的教学型领导模式（强调业务领导）、阶层制领导模式（强调权力架构）逐渐失去活力，强调观念引领的价值领导、强调人人参与管理的分布式领导、强调应对冲突和变化的变革式领导，成为越来越多的领导者不得不同时秉承的管理理念。我们认为，质量和效率是科学管理和现代管理评价学校教育过程和结果的两个重要维度，两者的评价标准均包括卓越、公平和多样性三个方面。在任何时代的教育过程中，都存在对于教育质量和效率的审视，也都存在对于卓越、公平和多样性的要求。随着时代的不断发展，质量的优先性逐渐取代效率的优先性；卓越的优先性逐渐让位于公平，继而让位于多样性。

在效率优先的社会体系中，整个社会的运转围绕"经济发展的指挥棒"展开，整个社会倡导"法无禁止即自由""白猫黑猫抓住老鼠就是好猫"等底线思维，各项经济指标被放在优于生态环境和人的生命体验的超然位置。在质量优先的社会体系中，经济发展围绕"造福人民"展开，整个社会遵循"创新、协调、绿色、开放、共享"的可持续发展理念，生态环境和人的生命体验被置于优先位置。在教育领域，效率优先特别体现为围绕"分数"展开的应试教育体系，质量优先体现为围绕"立德树人"展开的素质教育。与我国教育发展的艰难转型相似，主要发达国家同样在经历由效率优先到质量优先的转变历程。以OECD在2018年实施的课堂视频研究项目（TALIS Teaching Video Study）为例。质量优先的课堂教学将在同时关注"课堂管理、社会情感支持、教学质量"三个维度展开，而不仅仅是学生在特定学科的认知结果。其中，教学质量需要兼顾"学科内容质量、学生认知参与、基于学生理解的评价和回应、课堂对话"等维度。

[①] 野兽的主人必须为野兽的破坏行为承担全部责任。

二 校长—教师关系的重构：行政权力和业务权威弱化后的学校权力格局

在公立学校当中，校长和教师并不存在雇用和被雇用关系，他们是相互合作的同事关系，教师并不处于校长的从属地位。在当下的教育环境中，很多教师既不用担心校长解聘，也不用考虑工资水平和职级提升。更为棘手的问题是，教师的职业生涯实在太过漫长。日复一日的艰苦工作，让很多人至中年的资深教师心生懈怠，缺乏追求卓越的精神。如果校长将教师视为简单的体力劳动者，采用"胡萝卜加大棒"的恩威并济策略激励教师，整个学校有可能形成较为高效的教育结果。然而，教师的工作具有情绪劳动的特征，他们的工作对象是学生，需要同时考虑学生的认知发展、社会—情感发展和伦理发展。没有对于工作的强烈兴趣和心理需求，教师很难真正从学生的生活和学习出发，尽职尽责地承担各种工作职责。

在进入校长工作岗位之前，校长需要认真审视承担校长职责的主观意愿。我们认为，校长工作的职务优势在于，通过发挥学校组织的杠杆作用来放大自己的人生价值。换言之，校长能够通过学校管理将自己的教育理念在更为宽广的范围内实现。当校长在审视他的教师队伍的时候，需要清晰地认识到如下三个方面：教师工作只是一种人生选择，教师可以选择留下或者离开；好校长和好教师是相伴而生的，校长需要明白"成人成己，成己达人"的道理；好校长和好教师都是有成长起点和发展上限的，既无法揠苗助长，也很"难鸟枪换炮"。基于这些特征，校长需要尊重教师的专业特性和个性特征，特别重视优秀教师具有的示范引领作用和自我价值实现。

在学校管理中，校长需要明白自己无法掌控教师，他们需要赋予教师更多的自主选择权，让教师对于自己的事情做决定。理想的状态是，教师选择把工作做好，是因为他既有能力这样做，又希望这样做。事实上，绝大多数教师都有工作的内在需要。校长需要让教师明白为什么要做某件事情，而不仅仅是简单地命令或者告知如何去做。校长需要让教师体会到自己意愿的达成，让教师在不断成功的过程中获得满足感，包括生理需要、心理需要、人际需要、经济需要、权力需要。在同教师的交往过程中，校长需要确保校内重要信息的公开透明，让每位教师都对学校的发展目标和现实情况有深度了解。与此同时，校长需要重视对于教师表现的及时反馈，让教师客观清晰地认识自己的真实情况。

在真实的学校管理情境中，每位校长都有自己独特的领导风格。然而，这种领导风格与学校管理质量和效率的契合，通常需要管理经验的大量积累。在很多新任校长身上，我们经常会看到很多火候不到的地方。比如，他们中的许多人经常会事必躬亲，用自己的质量和效率标准去规范和约束副手和其他教师，结果弄得整个学校都处于高度压抑的状态。与此同时，由于校长需要应对的工作完全超过副校长和其他学校中层所应对的，因此依靠简单的个人英雄主义并不能把所有事情都办好。有些校长在最初几年会做出各种较大的人事调整，将跟不上自己节奏的副手和中层替换掉。比较麻烦的是，新任命的学校管理者有可能缺乏管理学校的经验。如果他们依靠自己的头衔而非领导技巧来发号施令，其结果往往无法实现组织目标和愿景。

还有一些看似保守稳妥的校长，在任职初期希望通过模仿资深校长来适应工作岗位，不会想到同样有可能会吃苦头。其中的一个重要原因是，每个校长与教师群体之间的关系差别较大。教师群体是校长领导的基础环境，校长与教师之间的关系是动态变化和多元化的。对于资深校长而言，多年的工作经历让其他同事看到了校长为学校所做的贡献，从而愿意相信他的各种决策。然而，对于新任校长而言，这种因为贡献而建立的同事信任和专业权威并没有真正建立起来。

当然，高质量的、有效的校长领导并非一定要求校长具有卓越的教学素养或者为学校发展做出较大贡献。很多时候，我们发现校长的容人之量和成人之美非常重要。对于教师的鼓励和支持能够让他们逐渐融入校长的学校治理体系，并且积极做出贡献。在很多时候，好的校长并不一定让人感觉每件事情都是他的成绩。他应该让每位教师都觉得自己为学校发展做出了巨大贡献，并且获得了校长的积极认可。对于很多校长而言，比较难实现的是对于教师特别是卓越教师和个性教师的弹性化管理。一方面，这些教师的教学质量是无可挑剔的，甚至是兄弟学校希望予以争夺引进的。另一方面，这些教师往往有自己的性格弱点或者各种陋习（比如不愿与同事合作），并且不能很好地遵守学校的行为规范（比如无视教学计划进度表）。我们的观察结果显示，多数经验丰富的校长会给予这些教师较大的自由空间，主动选择无视这些教师身上的小瑕疵。当然，考虑到学校工作的集体劳动特性，这些教师往往不会被校长选拔为学校管理者，从而丧失了在学校管理维度的成长空间。

需要特别强调的是，优秀校长对于教师的包容性和弹性管理，并不意味着他们可以放松对于自己的要求和人格修养。在很多时候，我们能够从优秀校长身上看到一股积极向上的精气神和严肃认真的工作态度。著名管理学专家杜绍基认为，优秀校长大都具有强烈的使命感，能够知人善用，具有强烈的进取心，能够引领学校变革，并且在学校发展中为每个教师留出足够的成长空间。[①] 基于对教师队伍的大规模调查结果显示，校长需要特别关注如下几个方面的教师素养提升：（1）教学素养，包括：人际关系建设（特别是师生关系和争取支持的能力）；认知激发（特别是注意力训练和记忆策略的应用）；学生管理（特别是团队建设、问题学生的支持策略、纪律手段的应用）；情绪管理（同理心、压力舒缓、情绪渲染等）。（2）学校管理能力，包括：建立话语权和分享话语权；学校发展与个人发展的一致性；争取资源和分配资源的能力。（3）同行影响力，包括：演讲的能力；沟通的能力；学术写作的能力；社会主义价值观和意识形态的觉悟水平。（4）身体素养，包括：运动习惯；心理保健；生理卫生。

三 校长领导的未来：通过帮助每个教师实现自己的发展目标来实现学校的发展目标

过去四十年中，我国的中小学教师队伍发生了较大变化。2000年以前，比例较高的中小学教师是原始学历仅仅达到高中甚至初中水平的临时代课教师，仅有部分教师受到中专和大专水平的专门教育。他们中的许多人虽然通过自学考试、函授教育等形式努力提高自己的学历水平，但是仍然将教学限定在技术层面，通过对优秀教师的教学行为模仿和教研组的同伴支持来确保教学效率。在这一时期，为数众多的中小学老师，特别是民办教师和临时代课教师，并没有很好的工作选择机会。他们通常以服从教育局和学校领导的工作安排为本分，以教书育人的崇高使命为精神动力。其中的少部分教师偶尔会获得教育局和学校的物质和精神奖励，并引以为

---

① 杜绍基：《从现代管理学看校长领导力的本质》，《新课程评论》2019年第5期。

荣。在这样的时代背景下，基于各种规章制度的标准化和流程化的学校管理，对于确保每个学校的教育质量和效率具有重要意义。但是，自上而下的统一管理模式和相互捆绑的同事关系，有可能会消解和漠视教师的创造性和独特性。

进入新世纪，中小学教师队伍的学历结构发生急剧变化，越来越多受过高等教育特别是教师教育的大学毕业生进入教育领域。与前辈教师不同的是，他们具有较强的专业自觉和较为宽广的职业选择空间。特别棘手的问题是，包括教师职级制度、绩效工资制度和专业发展制度在内的大多数制度设计，已经无法很好地激励其中的许多年轻教师。面对这样的管理对象，我们建议校长重视整个组织和每位教师的目标管理和自我控制。校长可以尝试放下身段和各种规章制度，虚心听取每位教师对于学校和自己的发展构想，然后根据学校的现实条件和发展需要支持每位教师实现自己的专业目标。事实上，当校长认真倾听教师声音的时候，他们会发现教师的所思所想很多时候都能够为学校所用，他们所要做到的仅仅是成人之美和人尽其用而已。当民主、开放、信任、支持的学校氛围得以确立之后，教师会产生强烈的组织归属感和自我实现的冲动，扎实有效地投入学校工作当中。

在我们看来，教师最基本的专业素养有二：教学和管理。在很多时候，教学素养和管理素养具有相通之处。在课堂教学层面，有效的班级管理是有效教学的前置条件，而高质量的班级管理也指向高质量教学。然而，由于班级管理和学校管理的对象不同，具有一定的班级管理能力并不意味着具备了基本的学校管理能力。特别是采用权威式班级领导的教师，如果将自己的班级管理经验移植到对同伴群体的管理当中，可能会碰到很多软钉子。与学生不同，大多数教师，特别是新生代教师，通常将自己视为具有专业素养的知识分子。他们的批判精神和"牛犊精神"往往让他们不愿意屈服于权力甚至权威。

随着脑科学和人工智能时代的到来，学校教育进入了一个新的发展阶段。遗憾的是，由于我们正处于知识型社会向人工智能时代的历史拐点，我们还不能很好地判断未来教育的主要特征。关于人工智能时代的学校教育，我们的基本判断是：课程、教学、学习在整个教育体系中的功能定位将再次发生偏转。在工业社会中，由于知识体系的相对稳定，整个学校教育体系围绕教学理论展开。在知识社会中，由于知识体系的迭代速度加快，整个学校教育体系围绕课程理论展开。在人工智能时代，基于信息技术支持系统的学习体系有望建立，整个学校教育体系有望围绕学习理论进行重构。

第一，在人工智能时代，围绕工作和生活展开、具有"学以致用"特征的终身学习体系将有望确立。有鉴于教师职业的实践性专业定位，教师职前教育需要同时强调伦理性、应用性与学术性；以持续学习为中心的教师专业发展体系需要同时强调教师的研究意识、反思意识、问题解决能力和身体力行。

第二，围绕"不确定性"建构新的课程体系，需要同时强调教师的个体素养和社会素养。参考 OECD 2030 学习框架，我们尝试构建了人工智能时代的教师素养体系。其中，核心的个体素养包括：阅读；数字；数据；信息；健康（身体；心理；思想）。核心的社会素养包括：从科学性和人文性两个维度理解教育学知识体系（积极承担责任）；从知识生产和知识应用视角审视学科知识体系（勇于创造新价值）；围绕学生的学习和生活建构教学知识体系（努力解决冲突与困境）。

第三，基于"信息技术和人工智能时代"的教学理念和技术体系将逐渐确立。这种教学理论体系的核心内容包括：逻辑学知识（分析，综合）；策略性知识；程序性知识；因材施教（发掘潜力，激发兴趣，指导学习，成就价值）。

基于目前的教师队伍情况，我们预判未来教师的最低和最高发展目标应该具备如下特征。基于"胜任教师"的专业素养体系围绕有效教学和高质量教学展开，包括如下关键维度：课堂教学能力；育德能力；作业与考试命题；实验操作能力；家庭教育指导；自我管理（情绪劳动）。基于"卓越教师"的专业素养体系围绕有效管理和高质量管理展开，包括如下关键维度：热爱学生（兼顾关怀取向和效率取向）；班级管理（支持性学习氛围的创建）；学校管理（组织管理，专业共同体的建设）；专业示范和专业引领（经验总结和传播能力）。

附 表

每个参与国家和地区的校长工作时间分配情况

国家/地区	人数	行政和领导任务	课程和教学任务	与学生互动	与学生父母互动	与社区互动	其他
美国	122	30 (282.72)	24.76 (205.29)	20.47 (221.88)	11.41 (129.25)	4.2 (65.85)	9.16 (147.8)
智利	178	30.32 (79.29)	26.53 (66.6)	17.89 (55.82)	13.7 (37.36)	7.46 (34.04)	4.2 (57.73)
格鲁吉亚	194	33.58 (43.28)	24.8 (27.28)	18.66 (24.61)	12.06 (16.87)	7.22 (16.95)	3.84 (13.59)
巴西	1070	33.86 (109.03)	21.31 (64.39)	18.78 (68.08)	14.23 (45.1)	7.97 (33.61)	4.18 (37.66)
阿联酋—阿布扎比	166	33.97 (16.59)	23.45 (11.68)	17.58 (9.54)	13.46 (8.88)	7.74 (6.33)	3.91 (7.87)
以色列	195	34.57 (36.71)	24.09 (19.68)	18.82 (21.17)	12.25 (12.05)	7.12 (11.49)	3.15 (14.44)
中国—上海	199	34.87 (22.26)	32.99 (18.67)	14.1 (12.72)	7.95 (6.71)	5.63 (7.07)	4.5 (13.87)
韩国	177	35.05 (59.89)	26.89 (46.91)	14.14 (27.4)	11.02 (22.14)	8.19 (21.35)	4.74 (30.31)
日本	192	35.59 (97.53)	25.15 (71.15)	14.64 (47.43)	11.23 (37.34)	8.35 (34.73)	5.02 (55.51)
西班牙	192	36.1 (87.51)	24.6 (71.22)	15.63 (53.39)	13.7 (36.35)	6.01 (23.96)	3.99 (48.08)
意大利	194	36.13 (77.63)	24.64 (50.46)	12.59 (44.8)	14.39 (39)	9.62 (27.07)	2.63 (27.1)
罗马尼亚	197	37.02 (70.51)	24.07 (43.97)	13.79 (34.42)	11.3 (26.75)	8.62 (21.7)	5.18 (28.2)

续表

国家/地区	人数	行政和领导任务	课程和教学任务	与学生互动	与学生父母互动	与社区互动	其他
克罗地亚	199	37.41 (31.63)	22.3 (18.45)	13.05 (13.56)	10.86 (11.2)	9.65 (11.15)	6.49 (15.79)
墨西哥	187	37.88 (139.09)	22.07 (86.52)	18.23 (71.07)	13.27 (55.31)	6.59 (42.76)	2.17 (33.94)
塞尔维亚	191	38.19 (35.19)	22.38 (20.97)	12.64 (12.41)	10.93 (9.89)	10.37 (12.15)	5.6 (11.29)
加拿大—阿尔伯塔	182	38.74 (34.28)	23.06 (26.71)	21.11 (24.5)	11.67 (14.18)	4.2 (7.18)	1.29 (7.13)
拉脱维亚	116	39.69 (31.18)	17.12 (16.59)	17.42 (17.98)	13.05 (13.81)	8.1 (12.8)	4.62 (11.75)
冰岛	129	40.46 (14.69)	17.75 (10.45)	17.57 (8.87)	11.27 (5.27)	7.04 (4.44)	6.01 (8.95)
马来西亚	150	40.61 (52.72)	29.67 (42.56)	13.9 (21.07)	7.58 (13.39)	4.97 (9.2)	3.27 (10.47)
法国	204	41.16 (79.14)	21.13 (45.68)	17.06 (57.25)	10.92 (29.09)	6.75 (21.72)	2.98 (22.68)
波兰	195	42 (75.81)	22.9 (51.37)	15.02 (39.41)	10.5 (25.84)	6.69 (21.28)	2.88 (20.62)
塞浦路斯	98	42.59 (14.94)	16.25 (7.38)	18.48 (7.89)	13.56 (5.95)	6.51 (3.62)	2.49 (3.25)
英国—英格兰	154	42.76 (77.16)	21.2 (49.33)	15.8 (39.3)	9.66 (25.23)	6.29 (22.76)	4.36 (36.61)
新加坡	159	43.94 (15.11)	21.78 (8.3)	15.76 (6.62)	9.71 (4.94)	6.07 (3.69)	2.73 (5.12)
保加利亚	197	44.03 (41.87)	23.14 (28.34)	12.55 (17.96)	9.93 (14.17)	7.11 (11.77)	3.29 (13.47)
斯洛伐克	193	44.67 (44.59)	21.22 (25.26)	13.31 (21.64)	10.38 (17.24)	6.62 (12.17)	3.75 (13.85)
葡萄牙	185	44.85 (44.62)	18.5 (21.99)	14.43 (21.03)	10.79 (14.73)	6.66 (10.92)	4.92 (16.42)
新西兰	163	45.46 (36.42)	19.37 (19.6)	14.84 (17.67)	11.59 (15.74)	6.19 (9.17)	2.69 (9.23)
比利时—弗兰德语区	168	45.49 (34.18)	18.11 (20.02)	14.69 (17.8)	10.72 (13.37)	5.49 (8.26)	5.64 (18.36)
澳大利亚	123	46.85 (67.91)	17 (42.79)	14.34 (32.59)	12.14 (26.69)	6.9 (20.71)	2.82 (19.57)
爱沙尼亚	197	47.26 (22.27)	16.88 (12.61)	14.41 (11.7)	9.25 (6.67)	7.75 (7.63)	4.46 (6.91)
芬兰	146	47.92 (31.51)	18.39 (20.65)	13.93 (16.72)	10.21 (11.95)	5.48 (9.07)	4.07 (12.45)

续表

国家/地区	人数	行政和领导任务	课程和教学任务	与学生互动	与学生父母互动	与社区互动	其他
捷克	220	50.19 (48.41)	21.51 (32.17)	10.3 (19.48)	8.42 (13.83)	4.9 (11.2)	4.7 (18.51)
丹麦	148	50.53 (43.68)	17.62 (28.8)	11.72 (19.79)	10.43 (14.75)	5.94 (12.32)	3.76 (16.93)
瑞典	186	50.94 (40.65)	18.53 (26.72)	13.65 (20.17)	10.3 (15.42)	2.82 (7.21)	3.82 (14.29)
俄罗斯	198	53.26 (192.07)	15.76 (111.29)	10.56 (73.4)	10.95 (76.86)	6.83 (73.56)	2.65 (45.54)
荷兰	127	53.65 (44.85)	18.29 (30.67)	6.87 (14.05)	8.73 (14.7)	7.23 (11.18)	5.25 (23.26)
TALIS 均值	7259	42.12 (61.54)	21.76 (40.61)	15.1 (33.65)	11.18 (24)	6.79 (18.43)	4.09 (24.29)

注：标准差在括号里。TALIS 平均值和标准差，来源于 37 个参与 TALIS 2013 和 2013+ 的国家和经济体。

二、校长时间分配与学校管理情境之间的相关系数

Variable 变量	1	2	3	4	5	6	7	8	9	10	11	12	13	14	15	16
1 为新教师提供非正式的培训	1															
2 承担学校的预算分配	−0.04	1														
3 支持教师合作以改善教学	−0.12	−0.03	1													
4 包括副校长在内的学校管理团队	−0.04	−0.04	0.03	1												
5 包括学生家长在内的学校管理团队	0	0.05	−0.1	0.08	1											

续表

Variable 变量	1	2	3	4	5	6	7	8	9	10	11	12	13	14	15	16
6 包括学生在内的学校管理团队	0.01	0.07	-0.07	0.04	0.68*	1										
7 教学材料短缺	-0.06	-0.07	0.07	0.11	0.05	-0.02	1									
8 校长的专业发展不足	0.03	-0.05	-0.03	0.11	0.13	0.11	0.18*	1								
9 学校的社会情感危机感	0	-0.03	-0.1	0.14	0.03	0.03	0.2*	0.06	1							
10 学感的身体不安全感	-0.09	0.06	-0.06	0	-0.11	-0.1	0.11	0	0.52*	1						
11 行政和领导任务	-0.07	0.02	-0.17*	0	0.18*	0.11	-0.1	-0.05	0.12	0.13	1					
12 课程和教学相关任务	0.19*	-0.15*	0.08	-0.08	-0.16*	-0.17*	-0.03	-0.03	-0.14*	-0.17*	-0.4*	1				
13 与学生互动	-0.03	0.03	0.01	0.02	-0.02	0.03	0.24*	0.23*	0.09	0.02	-0.5*	-0.21*	1			
14 与学生父母互动	-0.11	0.03	0.18*	0.23*	0.02	0.01	0.05	0.06	0.01	-0.1	-0.38*	-0.16*	0.38*	1		
15 与社区互动	0.02	-0.01	-0.06	-0.03	-0.01	0.02	0.07	0.04	0.02	0.02	-0.3*	-0.16*	0.09	0.2*	1	
16 其他任务	-0.07	0.13	0.09	-0.01	-0.08	0.01	-0.09	-0.12	-0.1	0.04	-0.27*	-0.34*	-0.05	-0.12	0	1

注：* $p < .05$。

参考文献

教师教学国际调查中国上海项目组：《专业与卓越——2015年上海教师教学国际调查结果概要》，上海教育出版社2017年版。

《教育大词典》第1卷，上海教育出版社1990年版。

倪梅、陈建华：《参与式规划与学校发展》，北京大学出版社2009年版。

上海市教育委员会：《上海教育简明统计数据（2016）》，上海教育出版社2016年版。

魏志春、高耀明：《中小学校长专业标准研究》，北京大学出版社2009年版。

徐淑英、刘忠明主编：《中国企业管理的前沿研究》，北京大学出版社2004年版。

[菲] 洪（Tim Ang）、姜旭平：《我的时间管理课堂》，上海交通大学出版社2008年版。

[美] 艾尔·巴比：《社会研究方法》，邱泽奇译，华夏出版社2009年版。

[美] 彼得·德鲁克：《卓有成效的管理者》，许是祥译，机械工业出版社2005年版。

[美] 彼得·诺斯豪斯：《领导学：理论与实践》，吴荣先等译，江苏教育出版社2002年版。

[美] 哈里·F. 沃尔科特：《校长办公室里的那个人：一项民族志研究》，白亦方译，中国台湾：师大书苑2001年版。

杜娟：《父母过高期望与初中生数学学业成就关系的纵向研究》，硕士学位论文，曲阜师范大学，2018年。

贺新宇：《多元文化视域下的民族地区和谐教育研究》，博士学位论文，西南大学，2016 年。

刘文静：《培养教师的多元文化素养——威斯康星大学麦迪逊分校基础教育项目研究》，硕士学位论文，四川师范大学，2017 年。

孙军：《中小学校长的时间问题：校长调查与个案研究》，博士学位论文，南京师范大学，2014 年。

杨丽宁：《中小学校长时间管理的因素分析与策略探究》，硕士学位论文，华东师范大学，2004 年。

艾述华：《中澳中小学校长专业标准比较及启示》，《中国教育学刊》2013 年第 11 期。

白丽波：《关于中小学女校长决策形象现状调查》，《教育发展研究》2005 年第 2 期。

毕进杰、彭虹斌：《近 20 年美国教师工会研究的概念框架及应用》，《教师教育研究》2019 年第 3 期。

陈红燕：《在校长研究中引入社会性别视角：意义与策略》，《教育理论与实践》2014 年第 5 期。

陈劲良、陈勇、皮佩云：《国外校长专业发展研究的现状及发展态势：基于 WOS（2006—2018 年）的文献计量可视化分析》，《外国中小学教育》2019 年第 10 期。

陈茜、吴志宏：《中小学校长时间实际分配与愿望分配的相关研究》，《教育评论》2000 年第 6 期。

陈悦、陈超美、刘则渊等：《CiteSpace 知识图谱的方法论功能》，《科学学研究》2015 年第 2 期。

陈永明、许苏：《我国中小学校长专业评价指标体系探究》，《中国教育学刊》2009 年第 1 期。

陈玉琨：《中学校长培训的新理念与新策略》，《人民教育》2009 年第 20 期。

褚宏启：《走向校长专业化》，《教育研究》2007 年第 1 期。

褚宏启：《校长专业化的知识基础》，《教育理论与实践》2003 年第 23 期。

褚宏启、贾继娥：《我国校长专业标准：背景、结构与前景》，《中国教育学刊》2013 年第 7 期。

褚宏启、杨海燕：《校长专业化及其制度保障》，《教育理论与实践》2002年第11期。

代蕊华、万恒：《构建学习共同体中的校长教学领导力研究》，《教师教育研究》2016年第2期。

第六届世界大学女校长论坛：《第六届世界大学女校长论坛北京共识》，《现代传播》2014年第11期。

杜绍基：《从现代管理学看校长领导力的本质》，《新课程评论》2019年第5期。

范国睿：《从时代需求到战略抉择：社会转型期的学校变革》，《教育发展研究》2006年第1期。

范丽恒：《国外教师期望研究综述》，《心理科学》2006年第3期。

范勇、王寰安：《学校自主权与学生学业成就——基于PISA2015中国四省市数据的实证研究》，《教育与经济》2018年第1期。

蒿楠：《论教育治理体系下的学校自主发展》，《教育理论与实践》2016年第29期。

郭峰、窦珂：《学校多元文化育人功能的理性思考》，《教育理论与实践》2009年第22期。

黄春梅、司晓宏：《从校本课程到课程校本化——我国学校课程开发自主权探寻》，《中国教育学刊》2013年第3期。

黄希庭、张志杰：《青少年时间管理倾向量表的编制》，《心理学报》2001年第4期。

侯浩翔：《校长领导方式可以影响教师教学创新吗？兼论学校组织创新氛围的中介效应》，《教育科学》2018年第1期。

孔云：《教师期待与学生学业成绩：基于班级层面的研究》，《全球教育展望》2011年第5期。

李华、程晋宽：《为每所学校配备优秀校长：美国中小学校长支持策略研究》，《比较教育研究》2020年第3期。

李华、程晋宽：《校长领导力是如何影响学生成绩的？基于国外校长领导力实证研究五大理论模型的分析》，《外国教育研究》2020年第4期。

李卫兵、李轶：《校长职业化与校长专业化》，《中小学管理》2003年第11期。

参考文献

李学书、范国睿：《生命哲学视域中教师生存境遇研究》，《教师教育研究》2016年第1期。

李伟涛：《我国基础教育迈向2035的战略思考》，《中国教育学刊》2018年第9期。

李泽林：《校长减权：现代学校制度变革关键一步》，《中国德育》2015年第1期。

陆道坤、陈静怡：《论组织支持下的校长专业发展——基于澳大利亚中小学校长发展体系的研究》，《教育科学》2019年第2期。

陆根书、刘萍、陈晨等：《中外教育研究方法比较——基于国内外九种教育研究期刊的实证分析》，《高等教育研究》2016年第10期。

卢乃桂、陈峥：《赋权予教师：教师专业发展中的教师领导》，《教师教育研究》2007年第4期。

罗树庚：《放什么权，用好什么权》，《人民教育》2016年第7期。

马健生、蔡娟：《全球教育治理渗透：OECD教育政策的目的，基于PISA测试文献的批判性分析》，《比较教育研究》2019年第3期。

宁波：《校长日常工作时间分配：国际差异、个体倾向性及对策建议》，《中国教育学刊》2017年第9期。

宁波：《初中校长的性别结构和领导风格：以上海市为例》，《全球教育展望》2018年第2期。

沈伟：《城镇化背景下的校长领导力：基于空间社会学的考察》，《教育发展研究》2018年第18期。

宋洪鹏、陈丽：《西部农村小学校长专业发展现状调查及建议》，《北京教育学院学报》（社会科学版）2017年第4期。

索丰：《韩国中小学校长公选制度评析》，《外国教育研究》2009年第6期。

孙军、程晋宽、邓铸：《关于校长时间分配的调查与分析》，《江苏教育研究》2015年第1期。

王磊、靳玉乐：《社会分层理论视域下的教师身份考量》，《教师教育研究》2018年第1期。

王丽：《中小学生焦虑状况与父母期望的调查与分析》，《中国健康心理学杂志》2010年第4期。

王洁、宁波:《国际视域下上海教师工作时间与工作负担:基于 TALIS 数据的实证研究》,《教师教育研究》2018 年第 6 期。

王敬、刘怡:《美国高中校长在角色冲突、角色承担和工作满意度上的性别差异》,《外国教育研究》2005 年第 6 期。

王树涛:《学校氛围对留守与非留守儿童情绪智力影响的比较及启示》,《现代教育管理》2018 年第 4 期。

王纬虹、李志辉:《中西部地区中小学校长专业发展困境及突破》,《中国教育学刊》2016 年第 8 期。

魏翔、李伟:《生活时间对工作绩效影响的现场实验研究》,《中国工业经济》2015 年第 9 期。

谢晓非、胡天翊、林靖等:《期望差异:危机中的风险沟通障碍》,《心理科学进展》2013 年第 5 期。

荀渊:《新时代基础教育教师队伍建设的目标、内容与路径——基于〈中国教育现代化 2035〉教师队伍建设内容的分析》,《教师教育研究》2019 年第 2 期。

杨海燕:《建立和完善我国中小学校长管理制度:校长专业化的制度分析》,《教育理论与实践》2005 年第 1 期。

杨宇红:《对中小学女校长发展现状及成因的社会学分析》,《教学与管理》2014 年第 8 期。

叶宝娟、方小婷、董圣鸿等:《职业韧性对农村小学校长职业倦怠的影响:胜任力和工作满意度的链式中介作用》,《中国临床心理学杂志》2017 年第 3 期。

叶宝娟、雷希、刘翠翠等:《心理资本对农村小学校长工作绩效的影响机制》,《中国临床心理学杂志》2018 年第 3 期。

叶宝娟、刘林林、董圣鸿等:《农村小学校长心理授权对组织承诺的影响:职业认同的中介作用》,《中国临床心理学杂志》2017 年第 1 期。

叶宝娟、游雅媛、董圣鸿等:《情绪智力对农村小学校长职业倦怠的影响:领导效能和工作满意度的链式中介作用》,《心理科学》2018 年第 6 期。

叶宝娟、郑清:《心理授权对农村小学校长工作满意度的影响:职业认同的中介作用与情绪智力的调节作用》,《心理科学》2017 年第 3 期。

叶宝娟、郑清、董圣鸿等:《胜任力对农村小学校长工作满意度的影响:

领导效能与职业认同的中介作用》,《心理发展与教育》2017 年第 3 期。

于川、杨颖秀:《美国中小学校长资格认证制度的法学视角分析》,《外国教育研究》2016 年第 12 期。

曾天山、时伟:《京津沪渝四直辖市中小学校长专业化水平调查比较分析》,《教育理论与实践》2010 年第 10 期。

曾汶婷:《2000—2018 年教育管理领域研究热点与趋势:基于国际权威学术期刊的计量学分析》,《现代教育科学》2019 年第 8 期。

赵德成:《校长教学领导力:领导什么与怎么领导》,《教育情报参考》2010 年第 7 期。

赵磊磊、代蕊华:《校长的信息化领导力与领导效能:内涵、特征及启示》,《教师教育研究》2016 年第 5 期。

张军成、凌文辁:《时间领导研究述评与展望:一个组织行为学观点》,《外国经济与管理》2015 年第 1 期。

张俊华:《全球教育变革下的学校自主管理》,《人民教育》2014 年第 3 期。

张利冰:《对中小学校长领导行为的性别差异调查及分析》,《教学与管理》2014 年第 9 期。

张民选、闫温乐:《英国教师眼中的中国数学教育秘密——上海师范大学国际与比较教育研究院院长张民选教授专访》,《外国中小学教育》2015 年第 1 期。

张森、于洪霞、毛亚庆:《校长诚信领导对教师建言行为的影响:领导—成员交换的中介作用及程序公平的调节作用》,《教育研究》2018 年第 4 期。

张晓峰:《中小学校长专业标准的构建研究:英国的经验和启示》,《全球教育展望》2009 年第 8 期。

张新平:《"女人教书男人管校"现象探析——女性在学校管理中的应为与难为》,《教育发展研究》2010 年第 8 期。

张新平:《从校长喊"忙"说到校长的办学自主权》,《智慧管理》2015 年第 3 期。

郑玉莲:《轮岗后的校长继任与学校持续发展:十位"空降兵"校长的经验及启示》,《全球教育展望》2014 年第 2 期。

郑玉莲、陈霜叶：《促进教育均衡发展的校长培训机构改革：现状与政策评估》，《教育研究与实验》2014年第6期。

郑玉莲、卢乃桂：《个人职业生涯为本的校长培训与学校领导力发展》，《教育发展研究》2011年第6期。

支爱玲：《学生社会情感能力的培养路径》，《教育学术月刊》2019年第11期。

周建华：《教育家办学视野下的校长专业发展》，《中国教育学刊》2013年第6期。

周晓阳：《中学校长的个人时间管理》，《绍兴师专学报》（哲学社会科学版）1995年第1期。

周在人：《中外中小学校长素质比较研究》，《中小学教师培训》1999年第3期。

周仲秋：《论行政问责制》，《社会科学家》2004年第3期。

朱晓颖：《中学校长时间管理行为调查报告》，《学理论》2009年第31期。

熊丙奇：《教育家型校长到底该怎样养成》，2021年5月6日，《光明日报》2021年1月27日，https：//baijiahao.baidu.com/s？id=16899870541867 90373&wfr=spider&for=pc。

张润杰、齐成龙：《实现全员全程全方位育人》，《人民日报》2020年2月20日第9版。

周洪宇：《呼吁制定〈学校法〉，赋予学校办学、自主权》，《人民政协报》2016年4月6日第9版。

共青团中央：《"美丽中国·青春行动"实施方案（2019—2023年）》，人民出版社2019年版。

中华人民共和国教育部：《中共中央关于教育体制改革的决定》，人民出版社1985年版。

中华人民共和国教育部：《实施中小学校长轮岗交流制度的几点思考》，人民出版社2012年版。

中华人民共和国教育部：《义务教育学校校长专业标准》，人民出版社2013年版。

参考文献

中共中央、国务院：《中国教育现代化2035》，人民出版社2019年版。

程方平：《建议制定〈学校法〉明确学校的责权利边界》，2021年4月28日，中国教育在线（https：//baijiahao.baidu.com/s？id＝1594080195847736344&wfr＝spider&for＝pc）。

《关于进一步完善上海市中小学校校长负责制的若干意见》，2021年4月28日，https：//dtc.hpe.cn/hjgk/zdjs/501055.htm。

求是：《培养德智体美劳全面发展的社会主义建设者和接班人》，2021年4月28日，人民网（http：//theory.people.com.cn/n1/2018/1008/c40531-30328238.html）。

沈健：《代表倡议设立〈校法〉现代学校制度》，2021年4月28日，人民网（http：//js.people.com.cn/n/2015/0305/c360307-24079188.html）。

Anthony S. Bryk, Penny Bender Sebring, and Elaine Allensworth, et al., *Organizing schools for improvement：Lessons from Chicago*, Chicago：University of Chicago Press, 2010.

Bernard M. Bass and Ruth Bass, *The Bass handbook of leadership*, New York：Free Press, 2008.

Charol Shakeshaft, *Women in educational administration*, New York：Sage Publication Inc., 1989.

Dan Lortie, Gary Crow, and Sandra Prolman, *Elementary principals in suburbia：An occupational and organizational study*, Washing, DC：National Institute of Education, 1983.

Gary A. Yukl, *Leadership in organizations*, Englewood, Cliffs, NJ：Prentice Hall, 1981.

Harry F. Wolcott, *The man in the principals' office：An ethnography*, New York：Holt, Rinehart & Winston, 1973.

James L. Doud, *A Ten-year Study：K-8 Principal in 1998*, Alexandria, VA：National Association of Elementary School Principals, 1998.

Joe Hair, G. Tomas M. Hult, and Christian M. Ringle, et al., *A primer on partial least squares structural equation modeling（PLS-SEM）*（2nd ed.）, Sage：

Thousand Oaks, 2017.

Joseph F. Hair, G. Tomas M. Hult, Christian Ringle, and Marko Sarstedt, *A primer on partial least squares structural equation modeling (PLS-SEM)* (2nd ed.), Sage: Thousand Oaks, 2017.

Julian Betts, Andrew C. Zau, and Lorien A. Rice, *Determinants of student achievement: new evidence from San Diego*, San Francisco: Public Policy Institute of California, 2003.

Kenneth Leithwood, Karen Seashore Louis, and Stephen Anderson, et al., *How leadership influences student learning*, New York: The Wallace Foundation, 2004.

Kenneth Leithwood, Judith Chapman, and David Corson, et al., *International Handbook of Educational Leadership and Administration*, Kluwer Academic Publishers: Dordrecht, 1996.

Mark J. Martinko and William Gardner, *The behaviour of high performing educational manager: An observational study*, Tallahassee, FL: Florida State University, 1983.

Martin E. P. Seligman, *Flourish: A visionary new understanding of happiness and well-being*, NewYork: Free Press, 2011.

Michael Fullan, *the six secrets of change: What the best leaders do to help their organizations survive and thrive*, San Francisco: Jossey-Bass, 2011.

Michael Fullan, *the principal: Three keys to maximizing impact*, San Francisco, CA: Jossey-Bass, 2014.

Nicolae Sfetcu, *Emotional Labor*, MultiMedia Publishing, 2019, DOI: 10.13140/RG.2.2.32991.20640.

Paul B. Jacobson, James D. Logsdon, and Robert R. Wiegman, *The Principalship: New Perspectives*, Englewood Cliffs, NJ: Prentice Hall, 1973.

Robert J. House, Paul J. Hanges, and Mansour Javidan, et al., *Culture, leadership and organizations: The global study of 62 societies*, Thousand Oaks, CA: Sage, 2004.

Stephen Fineman, *Emotion in organizations* (2nd ed.), London: Sage, 2000.

Stephen P. Hencley, Lloyd E. McCleary, and J. H. McGrath, *The Elementary School Principalship*, New York: Dodd, Mead & Company, 1970.

Steve M. Jex and Thomas W. Britt, *Organizational psychology: a scientist-practitioner approach* (3rd ed.), Hoboken (NJ): John Wiley and Sons, 2014.

Thomas J. Sergiovanni, *The Principalship: A Reflective Perspective*, Boston, MA: Allyn & Bacon, 1995.

Viviane Robinson, Margie Hohepa, and Claire Lloyd, *School leadership and student outcomes: Identifying what works and why*, Auckland, New Zealand: University of Auckland, 2009.

U. S. Department of Education, *No Child Left Behind Act*, Washington, D. C.: U. S. Department of Education, 2002.

Carine Viac and Pablo Fraser, *Teachers' well-being: A framework for data collection and analysis*, OECD Education Working Papers, No. 213, Paris: OECD Publishing, 2020.

Organisation for Economic Co-operation and Development, *Shanghai (China) - Country note-Results from TALIS* 2013–2014, OECD Publishing, Paris, 2015, http://www.oecd.org/edu/school/TALIS-2014-country-note-Shanghai.pdf.

Organization for Economic Co-operation and Development, *Skills for Social Progress: The Power of Social and Emotional Skills*, OECDSkills Studies, Paris: OECD Publishing, 2015, https://doi.org/10.1787/9789264226159-en.

Organisation for Economic Co-operation and Development, *School leadership for learning: Insights from TALIS* 2013, Paris: OECD Publishing, 2016a.

Organisation for Economic Co-operation and Development, *TALIS* 2013 *results: An international perspective on teaching and learning*, Paris: OECD Publishing, 2016b, https://doi.org/10.1787/9789264196261-en.

Organization for Economic Co-operation and Development, *PISA* 2015 *Technical Report*, Paris: OECD Publishing, 2017.

Organisation for Economic Co-operation and Development, *Concept note: OECD Learning Compass* 2030, Paris: OECD Publishing, 2019a.

Organisation for Economic Co-operation and Development, *TALIS* 2018 *Technical Report*, Paris: OECD Publishing, 2019b, https://read.oecd-ilibrary.org/education/talis-2008-technical-report_ 9789264079861-en.

Organisation for Economic Co-operation and Development, *TALIS 2018 Results (Volume I): Teachers and School Leaders as Lifelong Learners*, TALIS, Paris: OECD Publishing, 2019c.

Organisation for Economic Co-operation and Development, *Working and learning together: Rethinking human resource policies for schools*, OECD Reviews of School Resources, Paris: OECD Publishing, 2019d, https://dx.doi.org/10.1787/b7aaf050-en.

Organisation for Economic Co-operation and Development, *TALIS 2018 Results (Volume II): Teachers and School Leaders as Valued Professionals*, Paris: OECD Publishing, 2020, https://doi.org/10.1787/19cf08df-en.

Tarek Mostafa and JuditPál, *Science teachers' satisfaction: Evidence from the PISA 2015 teacher survey*, OECD Education Working Papers, No. 168, Paris: OECD Publishing, 2018, https://dx.doi.org/10.1787/1ecdb4e3-en.

Aaron Drummond and R. John Halsey, "How hard can it be? The relative job demands of rural, regional and remote Australian educational leaders", *Educational Research*, Vol. 57, No. 1, 2013.

Adrian Carr, "Anxiety and depression among school principals-warning, principalship can be hazardous to your health", *Journal of Educational Administration*, Vol. 32, 1994.

Ágota Kun, Péter Balogh, Katalin Gerákné Krasz, "Development of the Work-Related Well-Being Questionnaire Based on Seligman's PERMA Model", *Periodica Polytechnica Social and Management*, 2017, DOI: 10.3311/PPso.9326.

Aimee Maxwell and Philip Riley, "Emotional demands, emotional labour and occupational outcomes in school principals: modelling the relationships", *Educational Management Administration and Leadership*, Vol. 45, January 2016.

A. Kartin Arens and Alexandre J. S. Morin, "Relations between teachers' emotional exhaustion and students' educational outcomes", *Journal of Educational Psychology*, Vol. 108, No. 6, 2016.

Amanda Keddie, "School autonomy reform and public education in Australia:

implications for social justice", *The Australian Educational Researcher*, Vol. 44, No. 4 – 5, Nov. 2017.

Anit Somech and Maayan Wenderow, "The impact of participative and directive leadership on teachers' performance: The intervening effects of job structuring, decision domain, and leader-member exchange", *Educational Administration Quarterly*, Vol. 42, No. 5, 2006.

A. Lorri Manasse, "Improving conditions for principal effectiveness: Policy implications of research", *The Elementary School Journal*, Vol. 85, No. 3, 1985.

Blake E. Ashforth and Ronald H. Humphrey, "Emotion in the workplace: A reappraisal", *Human Relations*, Vol. 48, No. 2, 1995.

Brenda R. Beatty, "The emotions of educational leadership: Breaking the silence", *International Journal of Leadership in Education*, Vol. 3, No. 4, October 2000.

Brigitte J. C. Claessens, Wendelien Van Eerde, and Christel G. Rutte, et al., "Planning behavior and perceived control of time at work", *Journal of Organizational Behavior*, Vol. 25, No. 8, 2004.

Brigitte J. C. Claessens, Wendelien Van Eerde, and Christel G. Rutte, "A review of the time management literature", *Personnel Review*, Vol. 36, No. 2, 2007.

Brikend Aziri, "Job satisfaction: A literature review", *Management Research and Practice*, Vol. 3, No. 1, 2011.

Bruce S. McEwen, "Brain on stress: How the social environment gets under the skin", *Proceedings of the National Academy of Sciences of the United States of America*, Vol. 109, No. 17, 2012.

Bo Ning, "Principals' daily work time allocation: international differences, individual tendencies and policy suggestions", *Chinese Education Journal*, No. 286, 2017.

Bo Ning, Jan Van Damme, Wim Van Den Noortgate, Xiangdong Yang, and Sarah Gielen, "The influence of classroom disciplinary climate of schools on reading achievement: A cross-country comparative study", *School Effectiveness and School Improvement*, Vol. 26, No. 4, 2015.

Cai Qijie, "Can principals' emotional intelligence matter to school turnarounds?",

International Journal of Leadership in Education：*Theory and Practice*，Vol. 14，2011.

Caryn M. Wells and Barbara Ann Klocko，"Principal Well-Being and Resilience：Mindfulness as a Means to That End"，*NASSP Bulletin*，Vol. 102，No. 2，2018.

Cassandra M. Guarino，Lucrecia Santibañez，and Glenn A. Daley，"Teacher recruitment and retention：A review of the recent empirical literature"，*Review of Educational Research*，Vol. 76，No. 2，2006.

Cheng-Ping Chang，Hao-Wan Chuang，and Hao-Wan Chuang，"Organizational climate for innovation and creative teaching in urban and rural schools"，*Quality & Quantity*，Vol. 45，No. 4，2011.

Chris Kyriacou，"Teacher stress：Directions for future research"，*Educational Review*，Vol. 53，No. 1，2001.

Cohen Jonathan，McCabe Libby，and Michelli Nicholas M.，et al.，"School climate research：Research，policy，teacher education，and practice"，*Teachers College Record*，Vol. 111，No. 1，2009.

Craig K. Enders and Amanda Gottschall，"Multiple imputation strategies for multiple group structural equation models"，*Structural Equation Modeling：A Multidisciplinary Journal*，Vol. 18，No. 1，2011.

Craig Pearce and Henry P. Sims，"Vertical versus shared leadership as predictors of the effectiveness of change management teams：An examination of aversive，directive，transactional，transformational，and empowering leader behaviors"，*Group Dynamics Theory Research & Practice*，Vol. 171，No. 6，2002.

Cynthia D. Fisher，"Happiness at work"，*International Journal of Management Review*，Vol. 12，No. 4，2017.

Da-Yee Jeung，Changsoo Kim and Sei-Jin Chang.，"Emotional Labor and Burnout：A Review of the Literature"，*Yonsei Medical Journal*，Vol. 59，No. 2，March 2018.

Daphna Oyserman and Spike W. S. Lee，"Does culture influence what and how we think? Effects of primingindividualism and collectivism"，*Psychological Bulletin*，Vol. 134，No. 2，2008.

Darmody Merike and Smyth Emer，"Primary school principals' job satisfaction and occupational stress", *International Journal of Educational Management*, Vol. 30, No. 1, 2016.

Daulatram B. Lund, "Organizational culture and job satisfaction", *The Journal of Business and Industrial Marketing*, Vol. 18, 2003.

Dewa Carolyn S., Dermer Stanley W., Chau Nancy, Lowrey Scott, Mawson Susan, and Bell Judith, "Examination of factors associated with the mental health status of principals", *Work*, Vol. 33, 2009.

Dieter Zapf, "Emotion work and psychological well-being: a review of the literature and some conceptual considerations", *Human Resource Management Review*, Vol. 12, 2002.

Dina Guglielmi, Silvia Simbula, Wilmar B. Schaufeli, and Marco Depolo, "Self-efficacy and workaholism as initiators of the job demands-resources model", *Career Development International*, Vol. 17, No. 4, 2012.

Edmonds Ronald, "Effective schools for the urban poor", *Educational Leadership*, Vol. 37, No. 1, 1979.

Edward J. Fuller and Liz Hollingworth, "Questioning the use of outcome measures to evaluate principal preparation programs", *Leadership Policy Schools*, Vol. 17, No. 2, 2018.

Edwin A. Locke, "What is job Satisfaction?", *Organizational Behavior and Human Performance*, Vol. 4, No. 4, 1969.

Eileen Lai Horng, Daniel Klasik, and Susanna Loeb, "Principal's time use and school effectiveness", *American Journal of Education*, Vol. 116, No. 4, 2010.

Ellen Goldring, Jason Huff, and Henry May, et al., "School context and individual characteristics: What influences principal practice?", *Journal of Educational Administration*, Vol. 46, No. 3, 2008.

Ellen B. Goldring and Rachel Pasternack, "Principals' coordinating strategies and school effectiveness", *School Effectiveness and School Improvement*, Vol. 5, 1994.

Eric Camburn, James P. Spillane, and Amber Pareja, "Taking a distributed perspective to the school principal's workday", *Leadership and Policy in Schools*, Vol. 6, No. 1, 2007.

Fei Wang, Katina Pollock, and Cameron Hauseman, "School principals' job satisfaction: The effects of work intensification", *Canadian Journal of Educational Administration and Policy*, Vol. 185, No. 1, 2018.

Gary A. Shouppe, "Teachers' perceptions of school climate, principal leadership style and teacher behaviors on student academic achievement", *National Teacher Education Journal*, No. 2, 2010.

Geert Devos, Dave Bouckenooghe, Nadine Engels, Gwendoline Hotton, and Antonia Aelterman, "An assessment of well-being of principals in Flemish primary schools", *Journal of Educational Administration*, Vol. 45, No. 1, 2007.

Geert Devos, Melissa Tuytens, and Hester Hulpia, "Teachers' organizational commitment: Examining the mediating effects of distributed leadership", *American Journal of Education*, Vol. 120, No. 2, 2013.

GeertDevos, Herman Van den Broeck, and Karlien Vanderheyden, "The concept and practice of a school-based management contest, integration of leadership development and organizational learning", *Educational Administration Quarterly*, Vol. 34, 1998.

Geoffrey D. Borman and N. Maritza Dowling, "Teacher attrition and retention: A meta-analytic and narrative review of the research", *Review of Educational Research*, Vol. 78, No. 3, 2008.

George P. Chrousos, "Stress and disorders of the stress system", *Nature Reviews Endocrinology*, Vol. 5, No. 7, 2009.

Gerdy ten Bruggencate, Hans Luyten, Jaap Scheerens, and Peter Sleegers, "Modeling the influence of school leaders on student achievement", *Educational Administration Quarterly*, Vol. 48, 2012.

Germán Fromm, Philip Hallinger, and Paulo Volante, "Validating a Spanish version of the PIMRS: Application in national and cross-national research on instructional leadership", *Educational Management Administration & Leadership*, Vol. 45, No. 3, 2017.

Göran Ekvall, "The Organizational Climate for Creativity and Innovation", *European Journal of Work and Organizational Psychology*, Vol. 5, No. 1, 1996.

Guglielmi Dina, Simbula Silvia, and Schaufeli, Wilmar B., "Depolo, Marco", *Career Development International*, Vol. 17, No. 4, 2012.

Handford Victoria and Kenneth Leithwood, "Why teachers trust school leaders", *Journal of Educational Administration*, Vol. 51, No. 2, 2013.

Heather E. Price and Kristen Weatherby, "The global teaching profession: How treating teachers as knowledge workers improves the esteem of the teaching profession", *School Effectiveness and School Improvement*, Vol. 29, No. 1, 2018.

Heck Ronald H. and Hallinger Philip, "Collaborative leadership effects on school improvement: Integrating unidirectional and reciprocal-effects models", *The Elementary School Journal*, Vol. 111, No. 2, 2010.

Helen M. Marks and Susan M. Printy, "Principal leadership and school performance: An integration of transformational and instructional leadership", *Educational Administration Quarterly*, Vol. 39, No. 3, 2003.

Henry May, Jason Huff, and Ellen Goldring, "A longitudinal study of principals' activities and student performance", *School Effectiveness and School Improvement*, Vol. 23, No. 4, 2012.

Henry Tran, "The impact of pay satisfaction and school achievement on high school principals' turnover intentions", *Educational Management Administration & Leadership*, Vol. 45, No. 4, 2017.

H. Kuper and M. Marmot, "Job strain, job demands, decision latitude, and risk of coronary heart disease within the Whitehall II study", *Journal of Epidemiology and Community Health*, Vol. 57, 2003.

Holger Ursin and Hege R. Eriksen, "The cognitive activation theory of stress", *Psychoneuroendocrinology*, Vol. 29, No. 5, 2004.

Izhak Berkovich and Ori Eyal, "Educational leaders and emotions: An international review of empirical evidence 1992 – 2012", *Review of Educational Research*, Vol. 85, No. 1, March 2015.

Jack Blendinger and Gail Snipes, "Managerial behavior of a first-year principal", *Administrator responsibility*, 1996, https://files.eric.ed.gov/fulltext/ED404726.pdf.

Jack P. Silva, George P. White, and Roland K. Yoshida, "The direct effects of principal-student discussions on eighth grade students' gains in reading achievement: An experimental study", *Educational Administration Quarterly*,

Vol. 47, 2011.

James Griffith, "The school leadership/school climate relation: Identification of school configurations associated with change in principals", *Educational Administration Quarterly*, Vol. 35, 1999.

James P. Spillane and Bijou R. Hunt, "Days of their lives: A mixed-methods, descriptive analysis of the men and women at work in the principal's office", *Journal of Curriculum Studies*, Vol. 42, No. 3, 2010.

James Sebastian, Eric M. Camburn, and James P. Spillane, "Portraits of principal practice: Time allocation and school principal work", *Educational Administration Quarterly*, Vol. 54, No. 1, 2018.

Janaki Gooty, Shane Connelly, Jennifer Griffith, and Alka Guptac, "Leadership and affect: A state of science review", *The Leadership Quarterly*, Vol. 21, 2010.

Jason A. Grissom and Brendan Bartanen, "Principal effectiveness and principal turnover", *Education Finance and Policy*, Vol. 14, No. 3, 2018.

Jason Grissom and Susanna Loeb, "Triangulating principal effectiveness: How perspectives of parents, teachers, and assistant principals identify the central importance of managerial skills", *American Educational Research Journal*, Vol. 48, No. 5, 2011.

Jason A. Grissom, Susanna Loeb, and Benjamin Master, "Effective instructional time use for school leaders: Longitudinal evidence from observations of principals", *Educational Researcher*, Vol. 42, No. 8, 2013.

Jason Grissom, Susanna Loeb, and Hajime Mitani, "Principal time management skills: Explaining patterns in principals' time use, job stress, and perceived effectiveness", *Journal of Educational Administration*, Vol. 53, No. 6, 2015.

Janaki Gooty, Shane Connelly, Jennifer Griffith, and Alka Guptac, "Leadership and affect: A state of science review", *The Leadership Quarterly*, Vol. 21, 2010.

Jeanne L. Tsai, "Ideal affect: Cultural causes and behavioural consequences", *Perspectives on PsychologicalScience*, Vol. 2, No. 3, 2008.

Jeff Kenner, "Re-evaluating the concept of working time: An analysis of recent case law", *Industrial Relations Journal*, Vol. 35, No. 6, 2004.

Jennifer M. George, "Emotions and leadership: the role of emotional intelligence", *Human Relations*, Vol. 53, No. 8, 2000.

Jill Blackmore, "Preparing leaders to work with emotions in culturally diverse educational communities", *Journal of Educational Administration*, Vol. 48, 2010.

Jingping Sun and Kenneth Leithwood, "Leadership effects on student learning mediated by teacher emotions", *Societies*, Vol. 5, No. 3, 2015.

John C. Pijanowski and Kevin P. Brady, "The influence of salary in attracting and retaining school leaders", *Education and Urban Society*, Vol. 42, No. 1, 2009.

John J. De Nobile and John McCormick, "Occupational stress of Catholic primary school staff: Astudy of biographical differences", *International Journal of Educational Management*, Vol. 24, 2010.

Jonathan Cohen, McCabe, and Nicholas M. Michelli, et al., "School climate research: Research, policy, teacher education, and practice", *Teachers College Record*, No. 111, 2009.

Joo-Ho Park, "The effects of principal's leadership style on support for innovation: evidence from Korean vocational high school change", *Asia Pacific Education Review*, No. 13, 2012.

Joseph Murphy, "The place of leadership in turnaround schools: Insights from organizational recovery in the public and private sectors", *Journal of Educational Administration*, Vol. 46, No. 1, 2008.

Joseph Sebastian and Allensworth, E., "The influence of principal leadership on classroom instruction and student learning: A study of mediated pathways to learning", *Educational Administration Quarterly*, Vol. 48, No. 4, 2012.

Joyce Zikhali and Juliet Perumal, "Leading in disadvantaged Zimbabwean school contexts: Female school heads' experiences of emotional labour", *Educational Management Administration and Leadership*, Vol. 44, No. 3, 2016.

Juanita Ross Epp, Larry E. Sackney, and Jeanne M. Kustaski, "Reassessing levels of androcentric bias in educational administration quarterly", *Educational Administration Quarterly*, No. 30, 1994.

Junjun Chen and Wei Guo, "Emotional intelligence can make a difference: The impact of principals' emotional intelligence on teaching strategy mediated by instructional leadership", *Educational Management Administration and Leadership*, Vol. 48, No. 1, June 2018.

Jingping Sun and Kenneth Leithwood, "Direction-setting school leadership practices: A meta-analytical review of evidence about their influence", *School Effectiveness and School Improvement*, Vol. 26, No. 4, 2015.

Katina Pollock, Fei Wang, and David Cameron Hauseman, "Complexity and volume: An inquiry into factors that drive principals' work", *Societies*, Vol. 5, No. 2, 2015.

Kenneth Leithwood, Alma Harris, and David Hopkins, "Seven strong claims about successful school leadership revisited", *School Leadership and Management*, Vol. 40, No. 1, 2019.

Kenneth Leithwood and Jantzi Doris, "The effects of transformational leadership on organizational conditions and student engagement with school", *Journal of Educational Administration*, Vol. 38, No. 2, 2000.

Kenneth Leithwood and Vera N. Azah, "Secondary principals' and vice principals' workload study: Final report", 2014, http://www.docin.com/p-1458956011.html.

Kim Garcia, "The National Standards for Headteachers-now being revised", *Management in Education*, Vol. 18, No. 2, 2004.

Louis Lambert and Nausheen Pasha-Zaidi, "Using the PERMA Model in the United Arab Emirates. Social Indicators Research: An International and Interdisciplinary", *Journal for Quality-of-Life Measurement*, Vol. 125, No. 3, 2016.

MacNeil Angus, Prater Doris, and Busch Steve, "The effects of school culture and climate on student achievement", *International Journal of Leadership in Education*, Vol. 12, No. 1, 2009.

Maja K. Schachner, Peter Noack, and Fons J. R. Van de Vijver, et al., "Cultural Diversity Climate and Psychological Adjustment at School-Equality and Inclusion Versus Cultural Pluralism", *Child Development*, Vol. 87, No. 4, 2016.

Mann, Sandi, "'People-Work': Emotion Management, Stress and Coping", *British Journal of Guidance and Counselling*, Vol. 32, No. 2, May 2004.

Marcus Pietsch, Pierre TulowitzkiandJohannes Hartigc, "Examining the effect of principal turnover on teaching quality: A study on organizational change with repeated classroom observations", *School Effectiveness and School Improvement*, Vol. 31, No. 3, 2020.

Margaret L. Kern1, Lea Waters, Alejandro Adler, and Mathew White, "Assessing Employee Wellbeing in Schools Using a Multifaceted Approach: Associations with Physical Health, Life Satisfaction, and Professional Thriving", *Psychology*, Vol. 5, 2014.

Maris G. Martinsons and Robert M. Davison, "Strategic decision-making and support systems: Comparing American, Japanese, and Chinese management", *Decision Support Systems*, Vol. 43, No. 1, 2007.

Marsh Herbert W., Parker Philip D., and Guo Jiesi, "Job satisfaction of teachers and their principals in relation to climate and student achievement", *Journal of Educational Psychology*, Vol. 112, No. 5, 2020.

MartinE. P. Seligman and Mihaly Csikszentmihalyi, "Positive psychology", *American Psychologist*, Vol. 55, 2000.

Martin Wammerl, Johannes Jaunig, Thomas Mairunteregger, and Philip Streit, "The German Version of the PERMA-Profiler: Evidence for Construct and Convergent Validity of the PERMA Theory of Well-Being in German Speaking Countries", *Journal of Well-Being Assessment*, Vol. 3, 2019.

Matthew Ronfeldt, Susanna Loeb, and James Wyckoff, "How teacher turnover harms student achievement", *American Educational Research Journal*, Vol. 50, No. 1, 2013.

MehmetŞükrüBellibaş, Okan Bulut, and Philip Hallinger, et al., "Developing a validated instructional leadership profile of Turkish primary school principals", *International Journal of Educational Research*, Vol. 75, No. 1, 2016.

Merike Darmody and Emer Smyth, "Primary school principals' job satisfaction and occupational stress", *International Journal of Educational Management*, Vol. 30, No. 1, 2016.

Michelle C. Partlow, "Contextual factors related to elementary principal turnover", *Planning and Changing*, Vol. 38, No. 1, 2007.

Moo Sung Lee and Philip Hallinger, "National contexts influencing principals' time use and allocation: Economic development, societal culture, and educational system", *School Effectiveness and School Improvement*, Vol. 23, No. 4, 2012.

Neena Banerjee, Elizabeth Stearns, and Stephanie Moller, et al., "Teacher job satisfaction and student achievement: The roles of teacher professional community and teacher collaboration in schools", *American Journal of Education*, Vol. 123, 2017.

Nystrom Paul C., "Organizational cultures, strategies and commitments in health care organizations", *Health Care Management Review*, Vol. 18, 1993.

O'Donnell, Robert J., and White, "Within the accountability era: Principals' instructional leadership behaviors and student achievement", *NASSP Bulletin*, Vol. 645, No. 89, 2005.

Philip Hallinger, "Leading educational change: Reflections on the practice of instructional and transformational leadership", *Cambridge Journal of Education*, Vol. 33, 2003.

Philip Hallinger, "Bringing context out of the shadows of leadership", *Educational Management, Administration and Leadership*, Vol. 46, No. 1, 2016.

Philip Hallinger and Bickman Leonard, "School context, principal leadership, and student reading achievement", *The Elementary School Journal*, Vol. 96, No. 5, 1996.

Philip Hallinger and Joseph F. Murphy, "The social context of effective schools", *American Journal of Education*, Vol. 94, 1986.

Philip Hallinger and Joseph F. Murphy, "Running on empty? Finding the time and capacity to lead learning", *NASSP Bulletin*, Vol. 97, No. 1, 2013.

Philip Hallinger and Ronald H. Heck, "Reassessing the principal's role in school effectiveness: A review empirical research, 1980–1995", *Education Administration Quarterly*, Vol. 32, No. 1, 1996.

Philip Hallinger and Ronald H. Heck, "Exploring the principal's contribution to school effectiveness: 1980–1995", *School Effectiveness and School Improvement*, Vol. 9, No. 2, 1998.

Philip Hallinger and Truong Dinh Thang, "Exploring the contours of context and leadership effectiveness in Vietnam", *Leading and Managing*, Vol. 20, No. 2, 2014.

Phillip Hallinger, Wen-Chung Wang, and Chia-Wen Chen, "Assessing the measurement properties of the Principal Instructional Management Rating Scale: A meta-analysis of reliability studies", *Educational Administration Quarterly*, Vol. 49, No. 2, 2013.

Rashimah Rajah, Zhaoli Song, and Richard D. Arvey, "Emotionality and leadership: Taking stock of the past decade of research", *The Leadership Quarterly*, Vol. 22, No. 6, 2011.

Rebecca J. Collie, Helena Granziera, and Andrew J. Martin, "School Principals' Workplace Well-Being: A Multination Examination of the Role of Their Job Resources and Job Demands", *Journal of Educational Administration*, Vol. 58 No. 4, 2020.

Rebecca J. Collie, Jennifer D. Shapka, Nancy E. Perry, and Andrew J. Martin, "Teachers' psychological functioning in the workplace: Exploring the roles of contextual beliefs, need satisfaction, and personal characteristics", *Journal of Educational Psychology*, Vol. 108, 2016.

Riyan Hidayat, Hemandra, Rado Yendra, Mohd Rashid Mohd Saad, Khairil Anwar, Afrizal M., and Amril Mansur, "Achievement goals, PERMA and life satisfaction: A mediational analysis", *Ilkogretim Online-Elementary Education Online*, Vol. 19, No. 2, 2020.

Roberta Derlin and Gail T. Schneider, "Understanding job satisfaction: Principals and teachers, urban and suburban", *Urban Education*, Vol. 29, No. 1, 1994.

Rod Green, Susan Malcolm, Ken Greenwood, Michael Small, and Gregory Murphy, "A survey of the health of Victorian primary school principals", *International Journal of Management Education*, Vol. 15, 2001.

Rodney T. Ogawa and Steven T. Bossert, "Leadership as an organizational quality", *Educational Administration Quarterly*, Vol. 31, 1995.

Roger A. Federici and Einar M. Skaalvik, "Principal self-efficacy: Relations with burnout, job satisfaction and motivation to quit", *Social Psychology of*

Education, Vol. 15, No. 3, 2012.

Ronald H. Heck and George A. Marcoulides, "The assessement of principal performance: A multilevel evaluation approach", *Journal of Personnel Evaluation in Education*, Vol. 10, No. 1, 1996.

Ronald H. Heck, Terry J. Larsen, and George A. Marcoulides, "Principal instructional leadership and school achievement: Validation of a causal model", *Educational Administration Quarterly*, Vol. 26, No. 2, 1990.

Roy F. Baumeister, Kathleen D. Vohs, and Dianne M. Tice, "The strength model of self-control", *Current Directions in Psychological Science*, Vol. 16, No. 6, 2007.

Rui Yan, "The influence of working conditions on principal turnover in K-12 public schools", *Educational Administration Quarterly*, Vol. 56, No. 1, 2020.

Sally S. Dickerson, Shelly L. Gable, and Michael R. Irwin, et al., "Social-evaluative threat and proinflammatory Cytokine Regulation: An experimental laboratory investigation", *Psychological Science*, Vol. 20, No. 10, 2009.

Samantha Phillips Dil Sen and Roseanne McNamee, "Prevalence and causes of self-reported work-related stress in head teachers", *Occupational Medicine*, Vol. 57, No. 5, 2007.

Scott C. Bauer and S. David Brazer, "The impact of isolation on the job satisfaction of new principals", *Journal of School Leadership*, Vol. 23, No. 1, 2013.

Scott Eacott, "The principals' workday: A relational analysis", *International Journal of Leadership in Education*, Feb. 2020, doi: 10.1080/13603124.2020.1725645.

Sheena Johnson, Cary Cooper, Sue Cartwright, Ian Donald, Paul Taylor, and Clare Millet, "The experience of work-related stress across occupations", *Journal of Managerial Psychology*, Vol. 20, 2005.

Soehner David and Ryan Thomas, "The interdependence of principal school leadership and student achievement", *Scholar-Practitioner Quarterly*, Vol. 5, No. 3, 2011.

Sophie Leontopoulou, "Measuring well-being in emerging adults: Exploring the PERMA framework for positive youth development", *Psychology: The Journal of the Hellenic Psychological Society*, Vol. 25, No. 1, 2020.

Sue Shellenbarger, "Companies are finding real payoffs in aiding employee satisfaction", *Wall Street Journal*, Vol. 236, No. 71, Oct. 2000.

Thang Dinh Truong, Philip Hallinger, and Kabini Sanga, "Confucian values and school leadership in Vietnam: Exploring the influence of culture on principal decision making", *Educational Management, Administration and Leadership*, Vol. 45, No. 1, 2017.

Theresa Dicke, Ferdinand Stebner, and Christina Linninger, et al., "A longitudinal study of teachers' occupational well-being: Applying the job demands-resources model", *Journal of occupational health psychology*, Vol. 23, No. 2, Apr. 2018.

Theresa Dicke, Herbert W. Marsh, and Philip Riley, et al., "Validating the Copenhagen Psychosocial Questionnaire (COPSOQ-II) using set-ESEM: Identifying psychosocial risk factors in a sample of school principals", *Frontiers in Psychology*, Vol. 584, No. 9, 2018.

Tiedan Huang, Craig Hochbein, and Jordan Simons, "The relationship among school contexts, principal time use, school climate, and student achievement", *Educational Management, Administration and Leadership*, Vol. 48, No. 2, 2018.

Tim R. V. Davis and Fred Luthans, "Managers in action, A new look at their behavior and operating modes", *Organizational Dynamics*, Vol. 9, No. 1, 1980.

Timar Thomas B. and Kirp David L., "State efforts to reform schools: Trading between a regulatory swamp and English garden", *Educational Evaluation and Policy Analysis*, No. 10, 1988.

Timothy A. Judge, Howard M. Weiss, and John D. Kammeyer-Mueller, et al., "Job attitudes, job satisfaction, and job affect: A century of continuity and of change", *Journal of Applied Psychology*, No. 102, 2017.

Tony Bush, "Emotional leadership A viable alternative to the bureaucratic model?", *Educational Management Administration and Leadership*, Vol. 42, No. 2, 2014.

Tsholofelo Maforah and Salome Schulze, "The job satisfaction of principals of previously disadvantaged schools: New light on an old issue", *South African Journal of Education*, Vol. 32, No. 3, 2012.

Uta Klusmann, Dirk Richter, and Oliver Lüdtke, "Teachers' emotional exhaustion is negatively related to students' achievement: Evidence from a large-scale assessment study", *Journal of Educational Psychology*, Vol. 108, 2016.

Vincent Dupriez, Bernard Delvaux, and Sandrine Lothaire, "Teacher shortage and attrition: Why do they leave?", *British Educational Research Journal*, Vol. 42, No. 1, Feb. 2016.

Virginia Snodgrass Rangel, "A review of the literature on principal turnover", *Review of Educational Research*, Vol. 88, No. 1, 2018.

Viviane M. J. Robinson, Claire A. Lloyd, and Kenneth J. Rowe, "The impact of leadership on student outcomes: An analysis of the differential effects of leadership types", *Educational Administration Quarterly*, Vol. 44, No. 5, 2008.

William L. Koh, Richard M. Steers, and James R. Terborg, "The effects of transformational leadership on teacher attitudes and student performance in Singapore", *Journal of Organization Behavior*, Vol. 16, 1995.

Wilmar B. Schaufeli, Marisa Salanova, Vicente González-Romá, and Bakker, A. B., "The measurement of engagement and burnout: A two sample confirmatory factor analytic approach", *Journal of Happiness Studies*, Vol. 3, 2002.

Allan David Walker, Clive Dimmock, "Moving school leadership beyond its narrow boundaries: Developing a cross-cultural approach", in Kenneth Leithwood, Philip Hallinger, and Gail C. Furman, et al., eds., *Second international handbook of educational leadership and administration*, Dordrecht, the Netherlands: Kluwer, 2002.

Bruce K. Britton and Shawn M. Glynn, "Mental management and creativity: A cognitive model of time management for intellectual productivity", in John A. Glover, Royce R. Ronning, and Cecil R. Reynolds, eds., *Handbook of creativity*, New York: Plenum Press, 1989.

David V. Day, "Leadership development", in Alan Bryman, David Collinson, Keith Grint, and Brad Jackson, eds., *The SAGE Handbook of Leadership*,

Thousand Oaks, CA; London: SAGE, 2011.

Ed Diener, Shigehiro Oishi, and Katherine L. Ryan, "Universal and cultural differences in the causes and structure of 'happiness'—A multilevel review", in C. Keyes, ed., *Mental well-being: International contributions to thestudy of positive mental health*, Dordrecht: Springer, 2013.

Ed Diener and William Tov, "National accounts of well-being", in Kenneth C. Land, Alex C. Michalos, and M. Joseph Sirgy, eds., *Handbook of social indicators and quality-of-life research*, New York: Springer, 2012.

Frederick Hess, Robert Maranto, and Scott Milliman, "Responding to competition: School leaders and school culture", in Paul E. Peterson and David E. Campbell, eds., *Charters, Vouchers and Public Education*, Washington, DC: Brookings Institution Press, 2001.

Katina Pollock and David Cameron Hauseman, "Canada: Principal Leadership in Canada", in Helene Ärlestig, Christopher Day, and Olof Johansson, eds., *A Decade of Research on School Principals: Cases from* 24 *Countries*, 2015.

Kenneth Leithwood and Doris Jantzi, "The effects of different sources of leadership on student engagement in school", in Kathryn Riley and Karen Seashore Louis, eds., *Leadership for Change and School Reform*, Falmer Press, 2000.

Khalid I. Khoshhal and Salman Y. Guraya, "Leading teacher learning in China: A mixed mothods study of scucessful school leadership", in Kenneth Leithwood, Jingping Sun, and Katina Pollock, eds., *How school leaders contribute to student success*, Springer International Publishing, 2017.

Mustafa Toprak and Mehmet Karakus, "Outcomes of school administrators' emotions: A review of empirical evidence in the Asian context", in Chen Junjun and Ronnel King, eds., *Emotions in Learning, Teaching and Leadership*, London: Routledge, December 2000.

Nancy A. Nicolson, "Measurement of cortisol", in Linda J. Luecken, Linda C. Gallo, eds., *Handbook of physiological research methods in health*, Thousand Oaks, CA: Sage Publications, Inc, 2008.

Richard Ingersoll and Elizabeth Merrill, "The status of teaching as a profession", in Jeanne H. Ballantine and Joan Z. Spade, eds., *Schools and Socie-*

ty: *A Sociological Approach to Education*, Thousand Oaks, CA: Sage Publications, 2018.

Ulf Leo, Roger Persson, Inger Arvidsson, and Carita Håkansso, "External Expectations and Well-Being, Fundamental and Forgotten Perspectives in School Leadership: A Study on New Leadership Roles, Trust and Accountability", in Moos L., Nihlfors E., Paulsen J. M., eds., *Recentring the Critical Potential of Nordic School Leadership Research. Educational Governance Research*, Cham: Springer International Publishing, Vol. 14, 2020.

Bo Ning, "A cross-country comparative study of school climate in relation to student reading achievement", Ph. D. dissertation, KU Leuven, 2014.

Conrad Tracey L., Rosser Vicki J., "Examining the satisfaction of educational leaders and the intent to pursue career advancement in public school administration", paper presented at the annual meeting of AERA, San Francisco, 2006.

Mark Boylan, Bronwen Maxwell, Claire Wolstenholme, and Tim Jay, "Longitudinal evaluation of the Mathematics Teacher Exchange: China-England (Third interim report)", 2019 – 1 – 25, https://www.gov.uk/government/publications/evaluation-of-the-maths-teacher-exchange-china-and-england, 2019 – 09 – 10.

National Center on Safe Supportive Learning Environments, "Safe supportive learning: Engagement, safe, engagement", 2016 – 02 – 12, https://safesupportivelearning.ed.gov/, 2019 – 12 – 25.

后 记

　　这项研究的一个重要动议是总结、继承和发展上海师范大学国际与比较教育研究院的校长研究传统。在本书的写作过程中，许多老师和同事给予我大量指导和帮助。张民选教授塑造了我重视政策分析和询证逻辑的学术视角。其中，第二章第一节是在张民选教授的直接指导下完成的。王洁教授带着我进入了教师研究的学术领域。崔一鸣同学协助我完成了一系列的校长调查项目。闫温乐副教授和吕杰昕副教授协助我完成了联合国教科文组织教师教育中心校长论坛的组织和实施，为本项成果的系统论证提供了重要帮助。我的学生张毓洁、董伊苇协助我完成了绪论部分的第一节和第四节，她们和李霓虹一起还参与了书稿的校对工作。没有他们的支持和参与，这项工作根本无法完成。

　　在本书的撰写工作中，我们还尝试开展了一些学术合作。特别感谢我的鲁汶校友们，包括：杭州师范大学的孙河川教授、河南工业大学的刘红强副教授、东北师范大学的霍明副教授、沈阳师范大学的王刚副教授。感谢华东师范大学的刘胜男副教授、金津副教授和陶媛博士。感谢北京联合大学的陈丹博士。感谢巴基斯坦 Sukkur IBA University 的 Irfan Ahmed Rind 教授。

　　在我的学术成长过程中，许多老师、同事和同学都对我细心呵护。感谢为我答疑解惑的老师们，特别是胡国勇教授、丁笑炯教授、陈建华教授、刘次林教授、高耀明教授、陈永明教授、徐晓明书记、夏惠贤教授、徐雄伟教授、娄立志教授、孙绵涛教授、Jan Van Damme 教授、David Reynolds 教授、Wim Van Den Noortgate 教授、唐雨青老师。感谢各位互助合作的同事，特别是黄海涛教授、黄友初教授、杨帆副教授、黄兴丰副教授、魏巍副教授、曾艳副教授、陈志禄博士、宋佳副教授、张华峰博士、谷纳海博士、孙阳博士、朱纯洁博士、宋庆清女士、王卓芸女士。感谢各位同窗好友，特别是张喜军、陆璟、徐士强、朱小虎、徐瑾劼、徐梦杰、郭婧、李学书、方乐、李军、陈慧、王菲、高光、王中奎、朱福建、李腾蛟、陈雷、徐雷、吴小玮。

宁　波

2022 年 6 月